Karl Theodor v(

Grundriß der Waffenlehre

Karl Theodor von Sauer

Grundriß der Waffenlehre

ISBN/EAN: 9783743315099

Hergestellt in Europa, USA, Kanada, Australien, Japan

Cover: Foto ©ninafisch / pixelio.de

Manufactured and distributed by brebook publishing software
(www.brebook.com)

Karl Theodor von Sauer

Grundriß der Waffenlehre

Grundriss

der

WAFFENLEHRE

entworfen

von

Karl Theodor von Sauer,

Artilleriehauptmann und Flügeladjutant Sr. Maj. des Königs von Bayern,

Ritter des Verdienstordens vom hl. Michael I. Cl., des preussischen rothen Adlerordens III., des grossherz. hessischen Philipp's und des herzogl. Sachsen-Ernestinischen Hausordens I. Cl.

Mit einem Atlas von 24 Tafeln.

München, 1866.

Literarisch-artistische Anstalt

der J. G. Cotta'schen Buchhandlung.

Grundriss

der

WAFFENLEHRE

entworfen

von

Karl Theodor von Sauer,

Artilleriemajor und Flügeladjutant Sr. Maj. des Königs von Bayern,

Ritter des Verdienstordens vom hl. Michael I. Cl., des k. k. österr. Leopoldordens, des k. preussischen rothen Adlerordens III. Cl., des grossherz. hessischen Philipp's- und des herzogl. Sachsen-Ernestinischen Hausordens I. Cl., Offizier des kgl. portugies. Thurm- und Schwert-Ordens, Comthur des kais. russischen St. Stanislausordens mit der Krone.

Mit 20 Tabellen und einem Atlas von 26 Tafeln.

München, 1869.

Literarisch-artistische Anstalt

der J. G. Cotta'schen Buchhandlung.

Vorwort.

Der vorliegende „Grundriss der Waffenlehre“ ist vielen meiner Kameraden keine ganz neue Erscheinung mehr, sondern hat bereits in seinen zwei ersten, durch autographischen Druck vervielfältigten Entwürfen, einige Verbreitung in der K. Bayerischen Armee erla gt und in den letzten fünf Jahren zum Unterrichte an der K. B. Kriegsschule und Pagerie gedient

Was ich damals in flüchtiger Skizze zu bieten vermochte, das hoffe ich jetzt, durch wiederholte, mit Benützung der ganzen, einschlägigen Literatur vorgenommene, fleissige Ueberarbeitung, in bessere und schönere Form und damit zur vollendeteren Reife gebracht zu haben.

Ich war bestrebt, den jüngeren Kameraden ein Buch zu verschaffen, das zwar keineswegs eine umfassende Beschreibung jedes einzelnen Musters der heute bestehenden Kriegswaffen enthalte, dessen Studium sie aber in den Stand setze, jede Waffe, ihrer Leistungsfähigkeit und ihrem taktischen Werthe nach, richtig beurtheilen zu können.

Diese Aufgabe in möglichst populärer Fassung zu lösen und damit, in zweckmässiger Weise, zur ferneren Ausbeute des weiten und so reichhaltigen Gebietes der Waffenlehre anzuregen, das war es, wornach ich trachtete.

**

Dabei sollte mein Werk immerhin detaillirte Notizen über die, zur Zeit hervorragendsten Kriegswaffen darbieten und besonders, hinsichtlich der bayerischen Modelle derselben, als Nachschlagbuch dienen, stets aber den Gesichtspunkt festhalten, dass es nicht für angehende Techniker geschrieben, vielmehr bestimmt sei, die Grundlage zum Studium der Taktik zu bilden.

Wenn es mir dort und da gelang, den richtigen Ton zu treffen und die wahre Grenze zwischen Nothwendigem und Ueberflüssigem zu finden, so verdanke ich diess, in erster Linie, den schätzbaren Rathschlägen derjenigen verehrten Vorgesetzten und Kameraden, welche sich der mühevollen Durchsicht meiner Entwürfe in aufopferndster Weise unterzogen nnd denen ich, durch dieses offene Bekenntniss, einen kleinen Theil meiner Schuld abtragen möchte.

Ganz besonders verpflichtet aber, bin ich meinem Freunde, Artilleriehauptmann Hörmann von Hörbach, unter dessen sachkundiger Leitung nicht allein die gesammte graphische Ausstattung des Werkes erfolgte, sondern dessen reger Theilnahme auch der Text des Buches zahlreiche Verbesserungen verdankt.

Somit empfehle ich denn mein Erstlingswerk einer wohlwollenden und nachsichtsvollen Aufnahme, bei welcher gewiss manche Lücke durch die zahlreichen Unterbrechungen entschuldigt werden darf, die diese, von mir als Lehrer der K. Bayer. Kriegsschule begonnene Arbeit, in meinem jetzigen Dienstverhältnisse erfahren musste.

München, im Oktober 1866.

K. Th. von Sauer,
Hauptmann und Flügeladjutant.

Notizen

über

einige der gebräuchlichsten Mass- und Gewichtsverhältnisse.

I. Längenmasse.

1) Allgemeine Vergleichungstabelle.

(in abgerundeten Zahlen.)

Bayer. Fuss	Rhein.[1] Fuss	Oesterr. (Wiener) Fuss	Pariser[2] Fuss	Meter	Bayer.[3] Infant. Schritte	Artiller.[4] Schritte	Yards[5] à 3 engl. Fuss
1000	930	923	899	292	400	388	319
1075	**1000**	993	966	314	430	417	343
1083	1007	**1000**	973	316	433	420	346
1113	1035	1028	**1000**	325	445	431	356
3426	3186	3164	3078	**1000**	1370	1328	1092
2500	2325	2308	2248	730	**1000**	970	798
2581	2400	2383	2319	753	1032	**1000**	838
3135	2915	2893	2818	914	1253	1205	**1000**

[1]) In der bayerischen, preussischen, grossherz. hessischen und dänischen Artillerie, sowie für das Festungsmaterial von Ulm und Rastatt als Masseinheit eingeführt.

[2]) Bei den Festungsbauten von Ulm, Mainz und Rastatt zu Grunde gelegt.

[3]) Zur Bestimmung der Schussweiten der bayer. Handfeuerwaffen.

[4]) Zur Portée-Bestimmung der Geschütze in Bayern und Preussen.

[5]) Englisches Distanzmass.

2) Reduktionstabelle für die Unterabtheilungen des rheinischen und metrischen Masses.

rhein. Zoll	Centimeter	Centimeter	rhein. Zolle
1	2,6154	1	0,38234
2	5,2309	2	0,76469
3	7,8463	3	1,14703
4	10,4618	4	1,52938
5	13,0772	5	1,91172
6	15,6927	6	2,29406
7	18,3081	7	2,67641
8	20,9236	8	3,05875
9	23,5390	9	3,44110
10	26,1545	10	3,82344

II. Flächenmasse.

1) Allgemeine Vergleichungstabelle.

Bayer □'	rhein. □'	österr. □'	Pariser □'	□meter	engl. □'
1	0,86475	0,85245	0,80725	0,08518	0,91692
1,15640	1	0,98577	0,93350	0,09850	1,06033
1,17309	1,01444	1	0,94698	0,09993	1,07564
1,23877	1,07123	1,05599	1	0,10552	1,13586
11,73960	10,15187	10,00739	9,47682	1	10,76430
1,09061	0,94311	0,92968	0,88039	0,09290	1

2) Reduktionstabelle für rheinischen Quadratfuss und Quadratmeter.

rhein. □'	mètre carré	mètre carré	rhein. □
1	0,0985	1	10,152
2	0,1970	2	20,304
3	0,2955	3	30,456
4	0,3940	4	40,607
5	0,4925	5	50,759
6	0,5910	6	60,911
7	0,6895	7	71,063
8	0,7880	8	81,215
9	0,8865	9	91,367
10	0,9850	. 10	101,519

III. Körpermasse.

1) Allgemeine Vergleichungstabelle.

Bayer. Cub.'	rhein. Cub.'	österr. Cub.'	Pariser Cub.'	Cubik-Meter	engl. Cub.'
1	0,80415	0,78705	0,72529	0,02486	0,87801
1,24354	1	0,97873	0,90193	0,03092	1,09184
1,27057	1,02173	1	0,92154	0,03159	1,11557
1,37875	1,10873	1,08515	1	0,03428	1,21056
40,22350	32,34587	31,65785	29,17385	1	35,31658
0,89640	0,91588	1,13894	0,82607	0,02832	1

2) Reduktionstabelle für rheinischen Cubikfuss und Cubikmeter.

rhein.Cub.'	mètre cube	mètre cube	rhein. Cub.'
1	0,0309	1	32,346
2	0,0618	2	64,692
3	0,0927	3	97,038
4	0,1237	4	129,383
5	0,1546	5	161,729
6	0,1855	6	194,075
7	0,2164	7	226,421
8	0,2473	8	258,767
9	0,2782	9	291,113
10	0,3092	10	323,459

IV. Hohlmasse.

Die bayer. Masskanne hält:
- 43,000 bayer. Dezim.-Cub. "
- 74,304 " Duodez.-Cub. "
- 59,435 rhein. " "
- 0,934 preuss. Quart.
- 0,755 österr. Mass.
- 1,069 franz. Litres.

Die preuss. Quart hält:
- 64 rhein. Cub. "
- 1,071 bayer. Mass.
- 0,809 österr. Mass.
- 1,145 franz. Litres.

Die österr. Mass hält:
- 76,414 österr. Cub. "
- 79,097 rhein. Cub. "
- 1,324 bayer. Mass.
- 1,235 preuss. Quart.
- 1,415 franz. Litres.

Der franz. Liter hält:
- 1 décimètre cube.
- 40,235 bayer. Dezim.-Cub. "
- 69,508 " Duodez.-Cub. "
- 55,599 rhein. " "
- 0,936 bayer. Mass.
- 0,873 preuss. Quart.
- 0,707 österr. Mass.

V. Gewichte.

1) Allgemeine Vergleichungstabelle.

Bayer. ℔	Nürnb. ℔ [1]	Zoll ℔ [2]	Oesterr. ℔	Kilogr. [3]	Englisch. ℔
1	1,09813	1,12000	0,99998	0,56000	1,23457
0,91064	1	1,01992	0,91063	0,50996	1,12407
0,89286	0,98047	1	0,89284	0,50000	1,10230
1,00002	1,09814	1,12002	1	0,56001	1,23460
1,78571	1,96094	2,00000	1,78568	1	2,20460
0,81000	0,88948	0,90720	0,80998	0,45360	1

2) Reduktionstabelle für bayer. Loth und franz. Gramme. [4]

Bayer. Lth.	Gramme.	Gramme.	Bayer. Loth.
1	17,5	1	0,057
2	35,0	2	0,114
3	52,5	3	0,171
4	70,0	4	0,229
5	87,5	5	0,286
6	105,0	6	0,343
7	122,5	7	0,400
8	140,0	8	0,471
9	157,5	9	0,514
10	175,0	10	0,571

---

[1]) In der bayerischen und mehreren anderen deutschen Artillerien als Nenngewicht der Geschützkaliber gebräuchlich.

[2]) In Preussen, Sachsen, Baden, der Pfalz u. a. deutschen Staaten auch als Landesgewicht eingeführt.

[3]) 1 Kilogramm ist das Gewicht eines Cubikdecimeters, oder Liters Wasser.

[4]) 1 Gramme (= 16 Gran) ist das Gewicht eines Cubikcentimeters Wasser.

Grundriss

der

WAFFENLEHRE.

Einleitung.

Begriffe.

Waffe. Jedes Werkzeug, dessen Zweck es ist, den Menschen im Kampfe mit einem Gegner — sei es durch Verstärkung des eigenen Angriffes, sei es durch Schutz vor dem Eindringen des Feindes — zu unterstützen, nennt man **Waffe** (*arme*).

Kriegswaffen, (*armes de guerre*), sind die, nach wissenschaftlichen Grundsätzen und Systemen hergestellten Waffen, welche, in wohlbestimmter und geregelter Weise, von den einzelnen Heeren und ihren Theilen im Gefechte gebraucht werden.

Waffenlehre (*art militaire, traité d'armes*) endlich, ist jene Wissenschaft, welche sowohl die eben berührten Grundsätze für die Construktion der Kriegswaffen, als auch die Regeln für deren richtigen Gebrauch feststellt, und die Beschaffenheit, Behandlung, Erhaltung, sowie die Wirkungsweise und das Leistungsvermögen derselben — mit steter Beziehung auf deren kriegerischen Zweck und Erfolg — lehrt.

Wie es nun die Waffe ist, welche immer Art und Weise des Kampfes bedingt, so bestimmen denn auch die Kriegswaffen die Gefechtsweise der Heere; in der Lehre vom Heerkampfe — in der Taktik (*tactique*) — wird demnach die Waffenlehre den ersten Hauptabschnitt bilden müssen.

Eintheilung der Waffen.

Die Waffen zerfallen in drei, ihrer Natur und Bestimmung nach verschiedene Gattungen, die man ihrem Zweck und Gebrauche entsprechend, als:

1*

Nähe-,
Ferne- und
Schutzwaffen bezeichnet.

Von diesen scheiden sich die Waffen der zweiten Gattung, je nachdem sie — wie diess bei den Waffen der ersten und dritten Gattung der Fall ist — vom einzelnen Manne geführt werden, oder zu ihrer Anwendung und Fortschaffung das Zusammenwirken Mehrerer und besondere Kräfte erfordern, in zwei Gruppen:

kleine und
grosse Fernewaffen.

Bei den heutigen Fernewaffen ist es die Spannung der, durch Verbrennung eines gewissen chemischen Präparates, des Schiesspulvers, (od. and.) sich entwickelnden Gase, welche die Triebkraft für das fortzuschleudernde Geschoss bildet. Die Wirkung derselben ist daher stets mit einer Feuererscheinung verbunden und haben sie dadurch allgemein den Namen: Feuerwaffen erhalten.

Die oben genannten zwei Hauptarten von Fernewaffen bezeichnet man hienach als:

kleine oder Handfeuerwaffen und
grosse Feuerwaffen oder Geschütze.

Eintheilung der Waffenlehre.

Die Eintheilung der Waffen wird selbstverständlich auch den Rahmen für deren Studium bilden. An die hiedurch bestimmten Abschnitte müssen jedoch noch weitere, von allgemeiner Geltung angefügt werden. Deren erster wird über die, zur Herstellung der Waffen, gebräuchlichen Materialien zu sprechen haben; ein weiterer, die, für alle Feuerwaffen gemeinschaftlich geltenden chemischen, physikalischen und mechanischen Gesetze behandeln.

In einem ferneren Theile soll dann die geschichtliche Entwicklung der Kriegswaffen dargelegt und damit die Aufgabe der Waffenlehre vollständig erschöpft werden.

Aus diesen Erörterungen ergibt sich die Eintheilung der Waffenlehre in folgende Abschnitte:

I. Technologie der Kriegswaffen.
II. Nähewaffen.
III. Allgemeine Theorie der Feuerwaffen.
IV. Handfeuerwaffen.
V. Geschütze.
VI. Schutzwaffen.
VII. Geschichte der Kriegswaffen.

Erster Abschnitt.

Technologie der Kriegswaffen.

Einleitung.

Unter **Technologie, Gewerbekunde**, versteht man die **Lehre von der Verarbeitung** der **Rohstoffe**.

Die **Technologie der Kriegswaffen** wird daher **Notizen**[1]) über **die**, bei **Herstellung dieser**, zur Verwendung kommenden **Materialien** und deren **hieher bezügliche Beschaffung, Untersuchung, Verarbeitung** und **Aufbewahrung** bieten.

Hiebei erscheint es zweckdienlich, die einzelnen Materialien nach den **Naturreichen** zu gruppiren, aus welchen sie entnommen sind.

I. Materialien aus dem Mineralreiche.

Schwefel (*soufre*).

Der **Schwefel** (spec. Gew. oder Dichte (*densité*) = 1,84) kömmt gediegen — als vulkanisches Produkt — auf Sicilien, in Unteritalien,

---

[1]) Diese Notizen müssen unumgänglich einige Vorkenntnisse der Naturwissenschaften voraussetzen und sind daher Demjenigen, welcher mit den Elementen der letzteren nicht vertraut ist, vielleicht dort und da schwerverständlich. Möchten sie in diesem Falle wenigstens mehr zum Studium der genannten Wissenschaften anregen, als es ihnen möglich sein dürfte, befriedigende Belehrung zu bieten.

Spanien, Ungarn, Tyrol etc., sowie sehr häufig an Metalle gebunden, oder — als Schwefelsäure[1]) — in Salzen[2]) vor.

---

[1]) Schwefelsäure (Monothionsäure) (*acide sulfurique*), ist die Verbindung von 3 chemischen Aequivalenten Sauerstoff mit einem Aequivalent Schwefel und enthält hienach, in 100 Theilen, 40 Thl. Schwefel und 60 Thl. Sauerstoff (über diesen siehe unter Eisen.) Sie ist die stärkste Mineralsäure und wird in rauchende oder concentrirte und wasserhaltige unterschieden.

Die rauchende Schwefelsäure oder das Nordhäuser Vitriolöl, wird durch Destillation des Eisenvitriols (siehe Eisenerze) gewonnen und ist eine Auflösung von wasserfreier in wasserhaltiger Schwefelsäure, welch' erstere stets abzudunsten strebt und mit der Feuchtigkeit der Luft den stechenden „Rauch" (wasserhaltige Schwefelsäure) bildet, der sich sofort entwickelt, wenn nur eine, mit solch' concentrirter Säure gefüllte Flasche geöffnet wird. Die rauchende Schwefelsäure, ist von brauner Farbe, (welche von den darin verkohlten Organismen herrührt), ölartigem Ansehen und bedeutender Schwere (spec. Gew. = 1,9). Durch Destillation derselben, wird wasserfreie Schwefelsäure gewonnen, die jedoch keine technische Verwendung findet.

Die wasserhaltige oder englische Schwefelsäure, ist eine chemische Verbindung von 81,6 Thl Schwefelsäure mit 18,4 Thln. Wasser. Sie wird durch Verbrennung des Schwefels und Sauerstoffzuleitung zu der, so gewonnenen, schwefligen (aus 2 Atomgewichten Sauerstoff auf 1 Aequivalent Schwefel bestehenden) Säure (*acide sufureux*) dargestellt, raucht nicht, ist — rein — geruch- und farblos, dickflüssig und leichter (spec. Gew. 1,85) als die rauchende findet auch allgemeinere Verwendung als diese. Die wasserhaltige Schwefelsäure kann zwar noch beliebig mit Wasser „verdünnt" werden. gibt dieses bei genügender Erwärmung aber sofort wieder ab — keineswegs jedoch ihren chemisch gebundenen Wassergehalt.

Die Schwefelsäure (rauchende wie englische) zerstört fast alle Pflanzen- und Thierstoffe, (daher ihre Beschädigungen an Kleidern) verkohlt Holz (indem es ihm seinen Wassergehalt entzieht), zersetzt die Mehrzahl der Salze, löst die meisten Metalle auf etc.

In ihrer Begier Wasser aufzunehmen, liegt eine Gefahr für ihre Behandlung, indem man sie bei Verdünnungen etc. nie selbst in Wasser giessen sondern dieses auf sie geben muss, um Explosionen zu verhüten.

Sie wird in der Militärtechnik zur Bereitung der Schiessbaumwolle, sowie zur Herstellung anderer explosibler Präparate verwendet.

[2]) Ueber Salze siehe unter Sauerstoff (1. Anmerkung zu Eisen.)

Er ist ein nicht metallischer Körper von hellgelber Farbe und — im amorphen[1]) Zustande — undurchsichtig; krystallisirt ist er durchscheinend.

Bei geringer (Gyps) Härte, besitzt er eine ausserordentliche Sprödigkeit, die noch erhöht wird, wenn man ihn auf Tuch, Wolle etc. reibt, oder in der Hand erwärmt. Durch diese Behandlung wird der Schwefel nämlich negativ electrisch, knistert und zerspringt selbst freiwillig in Stücke.

Er ist — jedoch nur in sehr geringem Masse — in Alkohol,[2]) sowie in Terpentinöl[3]) löslich[4]) und zeichnet sich besonders durch leichte Entzündlichkeit aus. An der Luft mit glühenden Körpern berührt, oder bis zum Sieden (siehe unten) erhitzt, verbrennt er, mit blauer Flamme, zu schwefliger Säure.

Er schmilzt bei 111° C. zu einer dünnen, gelben Flüssigkeit, wird von 160° C. an dickflüssig und dunkel rothbraun, bei 200° aber steif und zähe. In diesem Zustande rasch abgekühlt, bleibt er Tage lang weich und bildet so die, zu Abdrücken u. dgl. gebrauchte „Schwefelleber" (*foie de soufre.*) Bei 400° C. siedet der geschmolzene Schwefel und verdampft als gelbes Gas, das einen ca. 500mal grösseren Raum einnimmt, als der feste Schwefel. Durch Abkühlung verdichtet sich das Schwefelgas, in Gestalt eines feinen gelben Pulvers, zur sogenannten Schwefelblume (*fleur de soufre, soufre sublimé.*)

Auf dieser Schmelz- und Destillirbarkeit beruht die Gewinnung und Läuterung des Schwefels und kömmt derselbe im Allgemeinen erst, nachdem er von Schlacke (sogen. Rossschwefel) und metallischen Beimengungen befreit ist, als geläuterter Stangen- oder Blok-Schwefel in den eben genannten Formen oder — am reinsten — als Schwefelblume in den Handel.

Der Schwefel ist ein Bestandtheil des Schiesspulvers und findet ausserdem — seiner Entzündlichkeit wegen — zu Feuerwerkssätzen ausgedehnte Anwendung. Beim Ankaufe wird er durch Schmelzen und Verdampfen auf seine Reinheit untersucht. Schwarzgrauer Rückstand deutet auf Verunreinigung mit Thon,[5]) oder Kieselerde,[6]) Eisen oder Kupfer, röthlicher, auf Arsenikgehalt.[7])

---

[1]) Amorph heisst formlos und ist der Gegensatz zu krystallisirt.

[2]) Ueber Alkohol siehe unter Weingeist.

[3]) Ueber Terpentinöl siehe unter Oele.

[4]) Ueber Lösung und Auflösung siehe unter Salpeter.

[5]) Ueber Thonerde siehe unter Stahl.

[6]) Ueber Kieselerde siehe unter graues Gusseisen.

[7]) Ueber Arsenik siehe unter Legirungen des Bleies.

Eisen (*fer.*)

Das Eisen ist das verbreitetste und im ausgedehntesten Gebrauche stehende Metall, wesshalb es auch besonders eingehend abgehandelt werden soll. Aus den hiebei zu gebenden Andeutungen werden sich zugleich manche Folgerungen für die Gewinnung und Verarbeitung der andern, nachstehend erörterten Metalle ziehen lassen.

Das Eisen kömmt äusserst selten gediegen vor, ist dagegen in zahlreichen Verbindungen mit Sauerstoff,[1]) Schwefel[2]) und Säuren über die ganze organische und unorganische Natur verbreitet.

Selbst das gediegene Eisen ist stets mit anderen Metallen, wie Nickel[3]) oder Halbmetallen, wie Kobalt,[4]) Man-

---

[1]) Der Sauerstoff (*oxygène*), der verbreitetste Grundstoff der Natur, 89% des Wassers, 23% der Luft ausmachend, ist ein farb- und geruchloses Gas, das sich vorzüglich durch seine Unterstützung des Brennens auszeichnet. Er kann sich mit allen anderen einfachen Stoffen, und zwar oft in mehreren Verhältnissen, verbinden und entstehen hiedurch entweder basische Oxyde oder Salzbasen, sauere Oxyde oder Säuren und indifferente Ueber- oder Superoxyde.

Bei ersteren nennt man die niedrigste Oxydationsstufe Oxydul oder Suboxyd, die höhere Oxyd oder Sesquioxyd.

Basen bilden mit Säuren Salze.

Die Oxyde, oder wenigstens die niedersten Oxydationsstufen der Metalle, sind meistens Basen, nur einige Halbmetalle (wie Antimon und Arsenik) geben bloss sauere Oxyde. Unter den basischen Oxyden sind es wieder jene einiger Halbmetalle (wie Kalium, Natrium, Ammonium etc.) welche man Alkalien nennt und die ihrer Natur nach im grössten Gegensatze zu den Säuren stehen. Diese färben blaue Pflanzenfarben (wie Lackmus) roth, jene, gelbe dergleichen (wie Curcuma) braun. Ersteren Vorgang nennt man sauere, letzteren alkalische oder laugenartige Reaktion; diese hebt jene auf, neutralisirt sie, und umgekehrt.

[2]) Verbindungen der Metalle mit Schwefel heissen Kiese, Glänze, Blenden.

[3]) Ueber Nickel siehe unter Legirungen.

[4]) Kobalt (*cobalte*) (spec. Gew. 8,5) ist ein sprödes, hartes, schwer schmelzbares, sehr politurfähiges, magnetisches Metall von röthlich stahlgrauer Farbe, das vorzüglich an Arsenik gebunden und als treuer Begleiter des Nickels in der Natur vorkömmt. Seine gerösteten Erze heissen Safflore und werden zur Herstellung von Farben für Glas- und Porzellanmalerei, (Kobaltultramarin, Smalte etc.) verwendet; seine Salze sind giftig.

gan,[1]) Chrom[2]) gemengt und seinem Ursprunge nach entweder meteorisches oder tellurisches. Ersteres findet sich in vereinzelten Massen, resp. Blöcken, am Jenisey in Sibirien, am Cap, hie und da in Amerika, bei Ellenbogen und Bohumilitz in Böhmen, bei Hraschina in Kroatien etc. etc. Letzteres, unter lavaartigem Gesteine, bei Clermont-Ferrand in Frankreich, bei Guilford in Nordcarolina; im Glimmerschiefer, bei Canaan in Connecticut; im Eisenkonglomerat von Minas Geraes in Brasilien u. s. w.

Beide Arten sind jedoch gänzlich unbedeutend für die Technik, um so werthvoller aber als mineralogische Seltenheiten.

Für die Eisengewinnung kömmt ausschliesslich das vererzte und auch davon nur das oxydirte Eisen in Betracht, da die Schwefelverbindungen unschmiedbares Eisen liefern, die Eisensalze aber andere Verwendungen finden. Von jenen wird Schwefelkies auf Schwefel, Graueisen und Magnetkies aber auf Eisenvitriol (d. i. schwefelsaures Eisenoxydul) ausgebeutet.

Eisenerze (*minérais de fer*).

Unter den Eisenoxyd-Erzen sind die hevorragendsten folgende: Der Magneteisenstein, magnetisches Eisenerz, (daher sein Name) aus Eisenoxyduloxyd von 72% Eisengehalt[3]) bestehend, ist besonders in Schweden und Norwegen, in Mexico und am Ural verbreitet, ausserdem im Riesen- und Erzgebirge, in Tyrol und auch in Bayern (Bodenwöhr und Erbendorf) vorhanden.

Der Eisenglanz und Eisenglimmer, (krystallisirte Oxyde) mit 70% Metall- und geringem Schwefelgehalte, besonders auf Elba und am Lake superior und Michigan-See in Nordamerika, dann in Frankreich, den Schweizer- (St. Gotthard) und Steyreralpen, Sachsen und Schlesien, am Harze, in Bayern (bei Fichtelberg) etc. etc. auftretend.

---

[1]) Ueber Mangan siehe unter Spatheisenstein.

[2]) Chrom (*chrome*) (spec. Gew. 6,0), ist ein sehr hartes, sprödes, kaum schmelzbares, sich schwer oxydirendes, aber doch nur oxydirt vorkommendes Metall von stahlgrauer Farbe, das in Oxyd- und Salzverbindungen zu Farben für Porzellan, Email und Glas, sowie für gewöhnliche Zwecke angewandt wird. [So hat das — nicht giftige — Chromoxydhydrat neuestens, als Chromgrün, das schädliche Schweinfurtergrün (eine Verbindung von essigsaurem mit arseniksaurem Kupferoxyd) passend ersetzt.]

[3]) Nach seiner chemischen Zusammensetzung dem Hammerschlag ähnlich.

Der Rotheisenstein, Blutstein,[1] rothe Eisenocker,[2] rothe Glaskopf u. s. w. an Wasser gebundene (und dadurch gefärbte) Oxyde, Oxydhydrate[3] [von „hydrogenium" (*hydrogène*) d. i. Wasserstoff[4])] oft mit Thon, Kalk,[5] Mergel[6] u. a. Erden gemengt, von ähnlicher Güte wie Eisenglanz, finden sich am Harze, im Thüringer-, Bayer-, Böhmer- und Schwarzwald, im Erzgebirge, in Schlesien, den Tyroler-, Salzburger- und französischen Alpen.

Der Spatheisenstein oder Eisenspath, Flins, Sphärosyderit, ist kohlensaures Eisenoxydul von 48°/₀ Eisengehalt, meist an Manganoxydul,[7] Kalk- oder Bittererde[8] gebunden und oft mit Thonerde

[1]) Pulverisirt als Goldputz und Polirpulver verwendet.

[2]) Hieher gehört auch der Röthel.

[3]) So ist auch jeder Rost Oxydhydrat.

[4]) Der Wasserstoff findet sich nie frei, sondern nur gebunden in der Natur; er bildet mit dem Sauerstoffe zusammen das Wasser, von dessen Gewichte er 11 Prozente ausmacht und ist ein wesentlicher Bestandtheil aller organischen Stoffe. Ein farbloses Gas, ohne Geruch und Geschmack, entzündlich und mit sehr heisser, doch wenig leuchtender Flamme brennend, ist er der leichteste aller Körper (14,5 mal leichter als Luft und 11237,5 mal so leicht als Wasser.)

[5]) Kalk (*chaux*), ist die allgemeine Bezeichnung für die zahlreichen Varietäten, in welchen die kohlensaure Kalkerde, die Grundmasse des ganzen Alpengebirges, des Marmors, der Kreide etc. sich in der Natur findet. (Ueber Kohlensäure siehe unter Hochofenprocess.)

Kalkerde, (mit Erde bezeichnet die Chemie stets un- oder schwerlösliche Substanzen) das Oxyd des Metalles Calcium (worüber unter Schmiedeisen), ist jenes starke Alkali, das durch das „Brennen" des Kalkes gewonnen und beim „Ablöschen" des letzteren in Kalkerdehydrat verwandelt wird. Ausser im kohlensauren Kalke, kömmt die Kalkerde besonders in Verbindung mit Schwefelsäure, als Gyps, (plâtre) und mit Phosphorsäure, als Knochensubstanz vor.

[6]) Mergel (*marne*) ist Kalkstein, der mindestens 10°/₀ Thonerde als Beimengung enthält.

[7]) Mangan (*manganèse*) ist ein leicht oxydirbares, daher auch nicht gediegen vorkommendes, doch sehr verbreitetes Metall von 7,0 Dichte, grauweisser Farbe, geringem Glanze und grosser Sprödigkeit, bei unbedeutender Härte. Es ist sehr strengflüssig und wird nicht für sich, wohl aber seine Oxyde (besonders das Superoxyd, d. sogenannte Braunstein, zur Glasfabrikation) technisch verwerthet.

[8]) Ueber Bittererde siehe unter Salpeter.

gemengt; eignet sich vorzüglich zur Herstellung von Schmiedeeisen, aus welchem Stahl bereitet werden soll, (worüber unten Näheres) daher auch Stahlstein [1]) genannt.

Er findet sich in Kärnthen, Steiermark, Hessen, Nassau, Sachsen, Schlesien, Bayern (bei Fichtelberg) dann, mit 20% Kohlegehalt, als Kohleneisenstein, in den Steinkohlenformationen am Rhein, in England und Schottland, (dort *black band* — schwarze Schicht genannt.)

Der Brauneisenstein und Gelbeisenstein, gelbe Eisenocker, gleichfalls Oxydhydrate mit 40% Eisengehalt, an Kieselerde und Manganoxyd gebunden und wieder gewöhnlich mit Thonerde gemengt, daher auch Thoneisenstein, finden sich im Westerwalde (Siegen, Sayn) am Schwarzwalde, im Harz, bei Amberg, Bodenwöhr, Fichtelberg und Königstein in Bayern, in Schlesien, Sachsen und Böhmen, am Rhein, in Kärnthen, der franche comtée etc. etc.

Derlei Gelbeisensteine bilden sich auch durch Verwitterung des Schwefel- und Magnetkieses, und finden sich dann oft, als Bohnerz oder korniger Thoneisenstein, auf ganzen Lagern des Flötzgebirges und der Diluvialformationen, in Gestalt grobkörnigen Gerölles; so in Bayern bei Eichstädt, Amberg, Regensburg, Bergen, Sonthofen u. s. w.

Hieher gehören auch die, aus Gewässern, welche kohlensaures Eisenoxydul (Spatheisen) enthalten, unausgesetzt in Sümpfen, auf Wiesen etc. durch chemische Zersetzung sich abscheidenden Massen des Sumpf- oder Wiesenerzes (Altleiningen in der Oberpfalz.)

All' diese letztgenannten Erze, geben jedoch weniger schmiedbares, als Gusseisen und auch Stahl.

Eisenarten.

Das Eisen kann nicht rein für sich, sondern nur in chemischer Verbindung mit Kohlenstoff [2]) (*carbone*) verarbeitet werden; nach dem verschiedenen Gehalte an diesem, unterscheidet man dreierlei Eisenarten:

Roheisen (*fonte de fer*) oder Gusseisen (*fer fondu*) mit 3—4% Kohle; Stahl (*acier*) mit 1—1,5% Kohlengehalt und Stab- oder Schmiedeeisen (*fer forgé, battu*) mit ca. ½ Prozent Kohlenstoff.

---

[1]) Aus ihm bereitet Krupp seinen vorzüglichen Gussstahl.

[2]) Der Kohlenstoff findet sich rein im kristallisirten Zustande als Diamant und Graphit; er bildet einen wesentlichen Bestandtheil aller organischen Körper.

Mit dem grösseren Kohlengehalte nimmt die Schmiedbarkeit (*malléabilité*) des Eisens, sowie seine Neigung zu oxydiren ab, die Schmelzbarkeit (*fusibilité*) aber zu.

Das Roh- und Gusseisen,

wird aus den, oben angeführten Erzen durch den Hochofenprocess gewonnen.

Dieser hat eine doppelte Aufgabe zu lösen.

Einmal muss er das Eisen von seinen erdigen u. a. Beimengungen der „Gangart" (*gangue*) befreien. Hiezu ist es aber nicht genug, dass bloss jenes zum Schmelzen gebracht und dadurch in flüssigen Zustand versetzt werde, sondern es müssen ebendiese Beimengungen gleichfalls flüssig und dadurch möglich gemacht werden, dass sich Metall und Gangart, je nach der specifischen Schwere von einander scheide, wobei jenes nach unten drängen, diese, als Schlacke (*scorie*), obenauf schwimmen wird.

Die zweite Aufgabe des Hochofenprocesses ist die, das Eisen vom Sauerstoffe zu befreien, zu desoxydiren oder zu reduziren, wie man es technisch nennt, und ihm hiebei zugleich den nöthigen Kohlenstoff zuzuführen.

Diese beiden Aufgaben erfordern gewisse Vorbereitungen der Erze, deren erste das (wenn nöthige) Kleinen oder Pochen derselben ist. Je nach ihrer chemischen Beschaffenheit, lässt man dann die Erzstücke entweder einfach an freier Luft „verwittern", oder man glüht, „röstet" sie, wodurch sie nicht allein Wasser, Schwefel, Kohlensäure etc. ausscheiden, sondern auch an innerer Consistenz verlieren, „aufgelockert" werden.

Es folgt nun das „Gattiren" der Erze, bei welchem sowohl reichhaltigere mit ärmeren gemischt werden, um eine gewisse gleichmässige Durchschnittsmenge von ca. 40% bis 50% Eisengehalt, die zugleich in einem richtigen Verhältnisse zur Schlackenmasse steht, zu erzielen, als anderntheils getrachtet wird, die Erze auch nach ihren Gangarten so zu mengen, dass diese geneigt sind, sich zur Schlacke zu verbinden. So gibt man kalkhaltige Erze mit thonigen und diese beiden mit kieselhaltigen zusammen. Ist es nicht möglich, durch das Gattiren allein günstige Proportionen für die Schlackenbildung zu erhalten, so müssen noch eigene Flussmittel „Zuschläge" aus „taubem" (nicht erzhaltigem) Gesteine (d. s. eben wieder Kalk- oder Thonsteine etc.) beigemengt werden, um die Entstehung einer leichtflüssigen und keine höhere Schmelztemperatur als das Eisen verlangenden Schlacke zu sichern, da hiedurch allein eine gute, mit möglichster Oekonomie[1]) von Heizmaterial verbundene Ausbeute des Ofenbetriebs zu erwarten steht.

Die so vorbereiteten Erze bilden nun die „Beschickung" des Hochofens, dessen eigene Einrichtung sich in Folgendem zusammenfassen lässt.

Der Hochofen (*haut fourneau* Taf. II Fig. 1) ist ein Schachtofen (*fourneau à cuve*) von 20 bis 60′ (7—20 ᵐ) Höhe, dessen innerer Hohlraum (ss) sich aus zwei, mit ihren Grundflächen aneinanderstossenden (und hier den sogenannten Kohlensack (k) bildenden) abgestutzten Kegeln zusammensetzt. Der obere, ungleich höhere, hält durch seinen geneigten Mantel die Wärme zusammen, die Wände des unteren, bilden die sogenannte Rast (r), und dienen dem schmelzenden Eisen zum Abfluss nach dem cylindrischen Schmelzraume, dem sogenannten Gestelle (gs), an dessen Basis das Gebläse (*machine soufflante*) (gb) eintritt. Letzteres muss dem Ofen die, zur Verbrennung des eingegebenen Heizmaterials und zur Erzeugung der Schmelztemperatur nothwendige Luft zuführen und wird durch Dampf- oder Wasserkraft in Thätigkeit gesetzt.

Das „Chargiren" des Hochofens geschieht von dessen oberem Ende — der sogenannten Gicht (g) aus, indem abwechselnd Brennmaterial[2]) und Beschickung in den Schacht gegeben und damit dem unausgesetzten Gange des Ofens stets die nöthige Nahrung geboten wird.

Der Hochofenprocess selbst hat nun folgenden Verlauf: In dem obersten, der Gicht zunächst liegenden Theile des Schachtes, der sogenannten Vorwärmezone, (Taf. II Fig. 1 von 1—2) gelangen die Erze, bei einer Temperatur bis 400°, bereits zum schwachen Erglühen, wodurch die Auflockerung derselben möglichst gesteigert wird.

An die Vorwärmezone stösst die Reductionszone (2—3), in welcher die Erze bei 1000—1200° Celsius ihren Sauerstoffgehalt verlieren um, nun am Kohlensacke angelangt, die Aufnahme des Kohlenstoffes zu beginnen, von welchem Vorgange diese Schachtstelle auch den Namen

---

[1]) Bezüglich dieser sei auch erwähnt, dass man in neuerer Zeit die, sich im Hochofen entwickelnden, heissen Gase nicht mehr frei abziehen lässt, sondern sowohl zur Vorwärmung und Beheizung anderer Oefen oder dergl. als auch zur Gewinnung chemischer Produkte benützt.

[2]) Man verwendet hiezu fast nur noch in Tyrol, Steiermark und sonstigen sehr holzreichen Gegenden Holzkohlen, sonst allgemein Coaks. Von den Steinkohlen ist nur der Anthracit zum Niederschmelzen des Eisens brauchbar; die gewöhnlichen Steinkohlen sind dagegen meist schwefelhaltig und dürfen daher nicht mit dem Eisen zusammengebracht werden, um dieses nicht rothbrüchig (siehe Schmiedeeisen) zu machen. Einige Notizen über diese Brennmaterialien folgen später.

Kohlungszone (3—4) führt. In dieser, steigt die Temperatur auf 1500°, erhöht sich jedoch gegen die, jetzt folgende Schmelzungszone (4—5) hin, auf 1600—1700°, wobei das Eisen nunmehr (in Folge der fortgesetzten Aufnahme von Kohlenstoff!) in Fluss geräth. In diesem Zustande passirt es die Verbrennungs- oder Oxydationszone (5—6) nächst der Gebläsemündung. An dieser Stelle ist es die, indess gebildete Schlacke, welche das bereits reduzirte, kohlehaltige Eisen, vor der oxydirenden Einwirkung der Gebläseluft sowohl, als auch vor der, hier in reicher Menge anwesenden, erhitzten Kohlensäure[1]) schützt, welche das Eisen neuerdings zu entkohlen trachtet.

So gelangt das flüssige Eisen, bei einer Temperatur von 2000 bis 2600°, ungefährdet auf die Schachtsohle, den Herd (h) des Ofens, von wo es endlich durch den „Abstich" abgelassen werden kann.

Geschieht Letzteres unmittelbar in bestimmte, aus Lehm, Sand etc. gebildete Formen, (*moules*) so nennt man das gewonnene Produkt Gusseisen, wird das schmelzende Metall dagegen in Sandrinnen etc. ausgelassen, so erhält man Roheisen in sogenannten Flossen oder Gänzen, die stets wieder umgeschmolzen werden müssen, um anderweitig verarbeitet werden zu können.

Solches Umschmelzen geschieht in sogenannten Kupolo- oder in Flammöfen.

Erstere (*fourneaux à manche*) (Tafel II Fig. 2) sind kleinere Schachtöfen von 8—10′ (2½—3 m) Höhe; Letztere (z. B. Tafel II Fig. 3) (*fourneaux à réverbère*) sind liegende, gewölbte Essen, meist ohne Gebläse, dessen Thätigkeit sie durch sehr hohe Kamine ersetzen.

Ein wiederholtes Umschmelzen verfeinert das Gusseisen und wird, ausser für sehr grosse und rohgeformte Gussstücke, fast stets vorgenommen.

---

[1]) Kohlensäure (*acide carbonique*) ist die Verbindung von einem Atomgewichte Kohlenstoff mit zwei Aequivalenten Sauerstoff, enthält daher in 100 Theilen 27% des ersteren und 73% des letzteren Elementes. Sie ist ein schweres, farbloses Gas; das Produkt der Verbrennung und Verwesung aller Organismen, sowie des Athmungsprocesses, wirkt es giftig beim Einathmen (doch nicht im Magen!) löscht Flammen aus, ist aber nur eine schwache Säure. Sie kömmt ausserordentlich verbreitet, sowohl frei, als in den zahlreichsten Verbindungen (von denen beispielsweise nur des oben schon erwähnten kohlensauren Kalkes gedacht sei) in der Natur vor. Ihr Entweichen aus Flüssigkeiten (Bier, Champagner, Brausepulverlösung etc etc.) findet stets mit grosser Heftigkeit und unter Brausen statt. Die Vehemenz ihrer Entwicklung und Ausdehnung hat sie ja auch zur Haupttriebkraft der Feuerwaffen gemacht.

Das Resultat des Hochofenprocesses ist nicht immer dasselbe, sondern unterscheidet sich nach dreierlei Qualitäten, als:

graues (*fonte grise*)
weisses (*fonte blanche*) und
halbirtes Guss- oder Roheisen (*fonte moins-aminée.*)

Das graue Gusseisen[1]) (spec. Gew. 7,0) enthält (in runden Zahlen) 89 bis 90 Prozente Eisen, 3 bis 3½ Kohlenstoff und 4½ bis 5% Silicium[2]), wozu noch ca. je 1% Mangan und Aluminium kommen. Es entsteht bei guter Beschickung des Hochofens, ist dünnflüssig, (Schmelzp. 1200° Cels.) füllt die Gussformen gut aus, zeigt nach dem Erkalten einen (nach Schafhäutl vom Siliciumgehalte, nach Anderen vom beigemengten Kohlenstoffe) hell- bis dunkelgrau gefärbten, körnigen „Bruch" (*cassure*), lässt sich mit Feile, Hobel, Meissel und Bohrer bearbeiten und selbst — geglüht[3]) — etwas überschmieden. Es wird zu Gusswaaren gebraucht.

Das weisse Gusseisen (spez. Gew. 7,5) setzt sich aus 91 bis 91,5% Eisen, über 4% Kohlenstoff, mit ca. je ein Prozent Stickstoff[4]),

---

[1]) Es muss hier bemerkt werden, dass die Angaben über die chemische Zusammensetzung des Eisens, speciell der Gusseisenarten, noch nicht gleichheitlich feststehen, wozu vorzüglich auch die Verschiedenheit der einzelnen Sorten, besonders je nach ihrer Abstammung, beiträgt. Die hier gebotenen Anhaltspuncte sind aus Professor Kaiser's Vorträgen — in Uebereinstimmung mit Professor Schafhäutl's Analysen — entnommen und beziehen sich speciell auf französisches, graues Roheisen.

[2]) Das Silicium ist bis jetzt nur als ein dunkles, schwarzbraunes, unschmelzbares und unverbrennliches Pulver darstellbar und kömmt nur oxydirt, als Kieselsäure oder Kieselerde (*silice*), in dieser jedoch äusserst verbreitet vor.

Die Kieselerde besteht aus 1 Atomgew. Silicium und 3 Atomgew. Sauerstoff; sie findet sich rein im Bergkrystall, dann im Quarz, Feuersteine etc. etc., ausserdem aber in den zahlreichsten Verbindungen mit anderen — basischen — Erden, ist übrigens eine schwache Säure.

[3]) Im kalten Zustande ist Gusseisen nie hämmer- oder dehnbar.

[4]) Der Stickstoff (*azote*) ist ein gasförmiger, farbloser Körper, ohne Geschmack und Geruch; selbst unverbrennlich, löscht er jede Flamme aus und wirkt, für sich eingeathmet, tödtlich, (daher sein Name), bildet aber, im innigen Gemenge mit Sauerstoff, die atmosphärische Luft, von welcher er 77% ihres Gewichtes ausmacht und ist ein wesentlicher Bestandtheil aller thierischen Organismen. (Einiges Weitere siehe unter Salpeter.)

(der sich niemals im grauen Gusseisen findet), Aluminium[1]) und Silicium zusammen[2]); es ist zwar schmelzbarer (Schmelzpunkt: 1100° Cels.) als das graue, aber dickflüssig, schwindet beim Erkalten, füllt daher Gussformen schlecht aus, zeigt einen hellglänzenden, silberweissen Bruch mit spiegelnden Flächen (daher auch Spiegeleisen, Spiegelfloss genannt), ist sehr hart und spröde und dadurch vollständig unbearbeitbar, lässt sich jedoch poliren. Es wird zur Schmiedeeisen- und Stahlbereitung gebraucht und kann auch aus dem grauen Roheisen dargestellt werden, wenn man dieses umschmilzt und rasch abkühlt, wodurch sein Siliciumgehalt veroxydirt; umgekehrt, kann aber das weisse Gusseisen durch Umschmelzen und langsames Abkühlen in graues verwandelt werden.

Das halbirte Gusseisen ist ein mechanisches Gemenge[3]) von grauem und weissem Roheisen und theilt sich gewissermassen in die Eigenschaften seiner Bestandtheile. Bei einem ungefähren Kohlenstoffgehalte von 4% erreicht es ein mittleres, specifisches Gewicht von 7,2 und findet vorzüglich in der Kriegstechnik zu Geschützrohren und Artilleriegeschossen Anwendung.

Das Gusseisen besitzt, im Allgemeinen, eine absolute Festigkeit[4]) (*tenacité*) von 16000 bis 17000 bayer. Pfd. auf den □″ rh. nach

---

[1]) Ueber Aluminium siehe unter Stahl.

[2]) Diese Angaben beziehen sich speziell auf englisches weisses Roheisen.

[3]) d. i. eine Legirung — worüber später.

[4]) Unter absoluter oder Cohäsionsfestigkeit eines Körpers versteht man den Widerstand, welchen derselbe, vermöge seines inneren Zusammenhanges, seiner „Cohäsion“, gegen das Zerreissen leistet: der Widerstand gegen das Zerbrechen, heisst relative Festigkeit, jener gegen das Zerdrücken, rückwirkende und endlich der, gegen das Zerdrehen, die Torsionsfestigkeit.

Die absolute Festigkeit eines Körpers wächst einfach mit seinem Querschnitte und wird allgemein durch das Gewicht jener Last ausgedrückt, welche einen Stab, dessen Querschnitt gleich einer Flächeneinheit ist, auseinander zu reissen vermag.

Es versteht sich hiebei von selbst, dass die hierüber zu bietenden Angaben stets nur Näherungswerthe, nie allgemein gültige Grössen sein können, da das specielle Leistungsvermögen eines Materiales immer durch dessen besondere Qualität modificirt wird.

Ausserdem muss bemerkt werden, dass diese Daten sich nur auf gewöhnliche Temperaturverhältnisse beziehen und dass man in der Praxis, um sich vor Zufälligkeiten sicher zu stellen, bloss

Eisenlohr 5000 bis 6500 Kilogr. auf den □centimètre; es verträgt Erschütterungen — besonders unregelmässige — nicht gut (hierauf gründet sich der Inhalt der Note 3 Seite 15), ebensowenig raschen und dabei hohen Temperaturwechsel, welch' beide Ursachen sehr oft plötzliche Brüche veranlassen. Am geschätztesten ist belgisches (Lütticher) und schwedisches, dann steyerisches Gusseisen.

Das Schmiede- oder Stabeisen [1])

wird durch den sogenannten Frischprocess[2]) aus dem weissen[3]) Roheisen dargestellt.

Der Frischprocess (*affinage du fer*) besteht in einer Umschmelzung des Roheisens unter geeignetem Luftzutritt, wodurch der Kohlengehalt desselben grossentheils — zu Kohlensäure gebunden — entweicht, indess andere Beimengungen verschlackt werden.

Dieses Frischen kann bei offenem Schmelzfeuer auf eigenen sogenannten Frischherden (*foyers d'affinerie*) oder in Flammöfen vorgenommen werden. Das erstere Verfahren bedingt wieder Holzkohlenfeuer, da das Brennmaterial mit dem Eisen directe in Berührung kömmt, und erlaubt nur beschränkten Betrieb. Das letztere dagegen, gestattet die Anwendung von Steinkohlen und jedem anderen, wenn sonst genügend

---

den vierten Theil der absoluten oder Cohäsionsfestigkeit in Rechnung zieht.

Die Angaben der absoluten Festigkeit in bayer. Pfunden sind aus Hütz und Schmölzl's Artilleriehandbuch; jene in Kilogrammen, aus Eisenlohr's Lehrbuch der Physik und dem *Aide-mémoire à l'usage des officiers d'artillerie*, unter Abrundung der niederen Ziffern, entnommen.

[1]) Es ist zweckdienlich, die Abhandlung des Schmiedeeisens jener des Stahls vorhergehen zu lassen.

[2]) Es war früher allgemein und ist jetzt noch in den holzreichen Gegenden der Alpen (Hüttenwerk Bergen bei Traunstein) gebräuchlich, das Schmiedeeisen directe aus den Eisenerzen herzustellen, indem man diese auf offenem Herde — mit Hülfe des Gebläses — niederschmilzt und hiedurch ohne Zuführung grossen Kohlegehaltes reduzirt. Man nennt dieses Verfahren die Rennarbeit (*macération*) und sein Produkt Renneisen. Die Rennarbeit gibt zwar ein vorzügliches — stahlartiges — Eisen, ist aber nur bei Holzkohlenfeuerung und reichen Erzen ausführbar, beutet indess letztere ungenügend aus und gestattet nur höchst beschränkten Betrieb.

[3]) Graues Roheisen muss erst in der oben angegebenen Weise in weisses umgewandelt werden, ehe es gefrischt werden kann. Man nennt diese Zurichtung das Feinmachen des grauen Roheisens und bedient sich dazu des eigenen sogenannten Feineisenfeuers (*finerie, feu de finerie.*)

heizenden Brennmaterial,[1]) da dieses nicht selbst, sondern nur die daraus entwickelte Flamme, mit dem Eisen zusammentritt. Ebendiese Trennung von Heizung und Metall erlaubt aber auch einen viel massenhafteren, fast unausgesetzten Betrieb. Diese Vortheile des letzteren Verfahrens haben denn das Herdfrischen fast vollständig — ausser wieder in sehr holzreichen und weniger industriellen Gegenden — verdrängt. Die zum Frischprocess dienenden Flammöfen heissen Puddelöfen (Taf. II Fig. 3) (*fourneaux à la Puddler*), das Verfahren selbst Puddeln, Puddelprocess (*affinerie à l'Anglaise.*)

Nachdem das Eisen, im Frischfeuer oder Puddelofen, soviel an Kohlengehalt verloren hat,[2]) dass es vom dünnflüssigen Zustande in einen teigartigen, klumpigen übergegangen ist, beginnt seine mechanische Verarbeitung zu Stabeisen u. s. w. durch das Ausschmieden und Walzen. Man bildet hiezu, mittels Rührstangen u. dgl., eigene Pauschen oder Luppen von ca. 1 Centner Schwere und bringt diese, zur ersten Verdichtung, unter eigene Eisenhämmer, von denen die kleineren, 5—7 Centner schweren. durch Wasserkraft bewegt werden, indem die Daumen einer Triebradwelle den Hammerstiel abwechselnd heben, während die grösseren, bei 10 bis 200 Centner Gewicht, mit dem Kolben einer Dampfmaschine verbunden sind. Jene heissen Schwanzhämmer (Taf. II Fig. 4.), diese Dampfhämmer (Taf. II Fig. 5.)

Die durchschmiedeten und dabei in kurze Prismen geformten Luppen, werden entweder sofort, oder erst nach vorhergegangener wiederholter Glühung, in Stäbe ausgehämmert oder ausgewalzt,[3]) die dann als „Quadrateisen" — quadratischen, „Rundeisen" — runden, „Flacheisen" — oblongen Querschnitt erhalten.

Die dünnsten Sorten des Flacheisens nennt man „Band- oder Reifeisen", die kleinsten des Quadrateisens: „Nageleisen"; unter „Zain- oder Krauseisen" versteht man Quadrateisen mit nicht glatt geschmiedeter Oberfläche.

Eisenbleche (*fer en lames, tôles*) werden durch Auswalzen oder Hämmern von Flacheisenstücken erzeugt und erhalten auf ersterem Wege eine gleichmässigere Oberfläche, auf letzterem aber grössere Festigkeit, durch welche sie sich besonders zu Dampfkesseln etc. eignen. Die stärkeren Eisenblechsorten heissen Sturz- oder Schwarzbleche (*tôles de fer*), die schwächeren werden meist verzinnt, (worüber später Näheres) und dann Weissblech (*fer blanc*) genannt.

[1]) Neuestens benützt man hiezu auch Hochofengase.

[2]) Man erhält 70—75% Schmiedeisen aus 100 Theilen Roheisen.

[3]) Hiezu Tafel II Fig. 6. Walzwerk (*laminoir*) für Flacheisen.

Eisendraht (*fil de fer*), wird durch Walzen und Ziehen (*tréfiler*) von Rundeisen hergestellt. Der dünnste, im Handel vorkommende, hat einen Durchmesser von 1/16 Zoll (0,158mm) und heisst „Bleidraht."

Das Schmiedeisen (spec. Gew. 7,6—7,9) enthält 98 bis 99 Prozente reines Eisen und, ausser dem bekannten Kohlenstoffgehalte von 0,4 (bis 0,8) Prozenten, noch an 0,1% Silicium und Spuren von Mangan. [1]) Es erreicht eine absolute Festigkeit [2]) von 50000 bis über 60000 Pfd. b. auf den □" rh.; 5300 (nach Eisenlohr) bis 6300 und 6500 Kilogrammen (nach *Aide-mémoire*) auf den □ cm., gehört zu den schwerstschmelzbaren Körpern, [Schmelzpunct (*température de fusion*) 1500—1600° C.], ist dafür aber höchst schmiedbar und lässt sich, selbst im kalten Zustande, aushämmern oder ziehen, biegen, hobeln, bohren, feilen, schneiden u. s. w. [3]) Es glüht „kirschroth" bei 400° C., „roth" bei 500° C. und „weiss" bei 1000° C.

Letzterer Wärmegrad wird auch als „Schweisshitze" (*chaude soudante*) bezeichnet, weil in ihm Schmiedeisenstücke durch den Hammer innigst zusammengefügt, „geschweisst" (*souder*) werden können.

Die innere Structur des Schmiedeisens ist ein Aggregat von Fasern, welche durch Aneinanderreihung von äusserst kleinen Krystallen gebildet sind. Das, unter dem Hammer erzeugte Stabeisen, lässt die krystallinische, körnige, das Walzeisen, die sehnige, fadige Textur ausgebildeter erscheinen und im Bruche erkennen.

Das Schmiedeeisen hält die, in ihm vorhandene Faserrichtung, mit eigenthümlicher Beharrlichkeit fest und lässt sich in der, eben angegebenen Weise, bloss der Faserrichtung nach leicht bearbeiten; entgegen dieser, widerstrebt es dem Schweissen, Ausschmieden u. s. w. Durch starke, unregelmässige Erschütterungen, kann indess der Zusammenhang zwischen den, die Fasern bildenden kleinen Krystallen gestört und — neben dem zugleich eintretenden Bruche — die gänzliche Umwandlung der sehnigen in die körnige Textur herbeigeführt werden.

---

[1]) Diese Angaben beziehen sich auf englisches Schmiedeisen.

[2]) Bezüglich der absoluten Festigkeit von Ketten (*chaînes*) sei bemerkt, dass man dieselbe anderthalbmal so gross als jene einer Eisenstange annimmt, welche mit den Kettengliedern gleichen Querschnitt hat.

[3]) Die in der Militärtechnik gebräuchlichen Metalle bilden, nach der Leichtigkeit, mit welcher sie sich auswalzen lassen, die nachstehend erste, nach jener, die sie beim Drahtziehen zeigen, aber die zweite der folgenden Reihen:

1) Kupfer, Zinn, Blei, Zink, Eisen, Nickel.

2) Eisen, Nickel, Kupfer, Zink, Zinn, Blei.

Rasches Abkühlen aus der Glühhitze, macht Schmiedeeisen nicht härter, doch unbiegsamer, durch langsames Abkühlen wird es nicht weicher, doch biegsamer. Bei allmäliger Erwärmung, nimmt polirtes Eisen verschiedene, je nach dem Temperaturgrade bestimmte Farben[1]) an, die man Anlauffarben (*couleurs de recuit*) nennt und welche sich, bei eintretender Abkühlung, nicht mehr verlieren.[2])

Man bedient sich derselben, resp. des Anlassens (*recuire*), um gewissen Eisentheilen (Visiren, Garniturstücken, selbst Läufen etc.) eine dunkle Färbung zu geben.

Diese Farben beginnen mit:

Strohgelb, bei 200° C., das bald in dunkelgelb und roth — 212° C. — übergeht; bei 230° C. tritt carmoisin, dann blau — — 300° C. — auf und mit grau — 380° C. — schliessen die Anlauffarben.

Gewisse, fremdartige Beimengungen, können, selbst wenn sie in ausserordentlich geringen Verhältnissen auftreten, das Schmiedeeisen unbrauchbar machen.

So wird es durch Verunreinigung mit Schwefel oder Kupfer, „rothbrüchig" (*rouverin*) d. h. es zerbröckelt, in der Glühhitze, unter dem Hammer.

Phosphor,[3]) Zinn, Arsenik, Antimon,[4]) machen es „kaltbrüchig" (*cassant à froid*) d. h. es bricht, wenn es kalt gebogen wird.

---

[1]) Die Oberfläche des Eisens überzieht sich nämlich mit einer Oxydhaut, die mit steigender Temperatur an Dicke zunimmt, welcher entsprechend dann die Lichtbrechung — also die Farbenerscheinung — wechselt.

[2]) Sie können jedoch durch ätzende Säuren entfernt werden.

[3]) Phosphor (*phosphore*) (Lichtträger) ist ein schwerlöslicher, nichtmetallischer, farblos bis gelber, durchsichtiger, gewöhnlich wachsweicher, in der Kälte aber spröder Körper, der sich besonders durch grosse Verwandtschaft zum Sauerstoffe und seine, damit verbundene, ausserordentliche Entzündlichkeit auszeichnet. So zieht er, an freier Luft, unausgesetzt Sauerstoff an, wobei er zerfliesst und verdunstet — „raucht" — indem er sich in phosphorige Säure (*acide phosphoreux*) (aus 1 Atomgew. Phosphor und 3 Aequivalenten Sauerstoff bestehend) verwandelt, und muss daher stets unter Wasser aufbewahrt werden. Durch Erwärmung bis 38° C. entzündet er sich (bei Luftzutritt) und verbrennt, mit heller Flamme und starkem Rauche, zu wasserfreier, aber höchst begierlich Wasser anziehender Phosphorsäure (*acide phosphorique*), (aus 1 Atomgew. Phosphor und 5 Aequivalenten Sauer-

Silicium, Nickel oder Kobalt, machen es „faulbrüchig" (*mou*) d. h. mürbe und spröde in allen Wärmegraden.

Calcium[1]) endlich macht es „hadrig" d. h. unschweissbar, (*insoudable*)

Die Anwendung des Schmiedeeisens in der Waffentechnik ist eine höchst ausgedehnte; seine Untersuchung geschieht nach dem Bruche, der Schmied- und Schweissbarkeit, (*soudabilité*) sowie bezüglich des Verhaltens im kalten Zustande, durch Aushämmern, Lochen und Bohren, Anschneiden von Schraubengängen, Umbiegen u. s. w. Das steyerische Eisen ist, seiner Weichheit wegen, besonders geschätzt.

Der Stahl

kann aus Roheisen, durch mindere Entkohlung desselben, als für die Darstellung des Schmiedeisens nöthig ist, sowie auch aus Schmiedeeisen, indem man diesem geeignet Kohlenstoff zuführt, bereitet werden. Auf ersterem Wege, erhält man Roh- oder Schmelzstahl (*acier brut, acier naturel, fonte d'acier*), der wieder, je nachdem er im Frisch- oder Puddelprocesse

---

stoff zusammengesetzt.) Er riecht knoblauchartig, leuchtet im Dunklen, ebenso seine Dämpfe (Phosphoresciren des Meeres oder faulender Pflanzen) und wirkt, wie diese, giftig. Am eigenthümlichsten ist sein Verhalten bei Erwärmung unter Luftabschluss. Hier schmilzt er bei 44° C., also auch im lauwarmen Wasser und kann, durch Zusammenschütteln mit solchem, pulverisirt werden. Bei 290° C. siedet und verdampft er, wird aber vorher, bei 250° C. dunkelroth, nimmt hiebei etwas an Dichte zu, leuchtet nicht mehr, lässt sich gefahrlos pulverisiren und mit anderen Substanzen mischen, und bleibt, an die Luft gebracht, unveränderlich. (Allotropie des Phosphors.) Bei weiterer Erwärmung bis 290° wird er wieder farblos u. s. w. wie vorher. Der Phosphor findet sich, in der Natur, nur zu Phosphorsäure oxydirt und zwar am verbreitetsten als phosphorsaurer Kalk in den thierischen Knochen, welch' letztere denn auch, ausschliesslich, zur Phosphorgewinnung im Grossen, benützt werden.

Zur Tauche für Zündhölzchen wird er mit Metalloxyden, wie Mennige (siehe unter Blei) u. a. gemengt und mit Gummilösung zu einem Breie angerührt. Als rother Phosphor dient er zur Herstellung explosibler Mischungen (worüber unter chlorsaurem Kali.)

[4]) (zu S. 20 gehörig.) Antimon siehe unter Legirungen des Blei's.

[1]) Calcium ist das verbreitetste Alkalimetall und findet sich als Kalkerde in allen drei Naturreichen. Es ist weiss, glänzend, oxydirt rasch an der Luft und in Wasser, findet sich nie gediegen und kann nur vermittels des electrischen Stromes abgeschieden werden.

gewonnen wurde, in Frisch- oder Puddelstahl unterschieden wird. Die zweite Methode, bei welcher Stabeisenstücke, in eigenen, feuerfesten, (thönernen) Kasten, zwischen kohle- und stickstoffhaltigen Substanzen, (pulverisirter thierischer Kohle, Cementirpulver), anhaltend geglüht werden, liefert den sogenannten Cement-, Brenn- oder Blasenstahl (*acier cémenté.*)

Neben diesen Hauptdarstellungsweisen des Stahles, war schon früher eine solche direkte aus den Eisenerzen (ähnlich der Rennarbeit) gebräuchlich und nannte man deren Produkt: Wolfstahl, während in der neueren Zeit, in welcher ja die Stahl- und Eisenindustrie so ausserordentlichen Aufschwung genommen hat, andere Verfahrungsweisen aufgetaucht sind, unter denen die Bessemer'sche entschieden die hervorragendste ist

Bessemer leitet das flüssige Roheisen, unmittelbar aus dem Hochofen, in einen kleinen Schachtofen, in welchen ein starkes Gebläse eintritt. Der Sauerstoffgehalt der Luft des letztern, bindet den Kohlenstoff des Roheisens zu Kohlensäure und verwandelt es so (in ca. 10 Minuten) in Stahl. [1])

An dieses Verfahren reiht sich jenes, den Stahl durch Zusammenschmelzen von Spiegeleisen und Schmiedeeisen herzustellen, sowie der Vorschlag Tunner's, weisses Roheisen mit Körpern zusammenzuglühen, welche Sauerstoff (zur Kohlensäurebildung) abgeben, wodurch der sogenannte Glühstahl gewonnen wird.

Endlich das Verfahren von Uchatius[2]), welcher das flüssige Roheisen zuerst durch Zertheilung und plötzliche Abkühlung, „granulirt" und dann mit Spatheisenpulver zusammenschmilzt.

Bei all' diesen Methoden, bleibt indess die Auswahl des Materiales ebensowichtig für die Güte des Produktes, als es die sorgsame, fleissige Um- und Verarbeitung ist, welcher der Stahl seine bessere Qualität zu verdanken hat.

Rohstahl sowohl wie Cementstahl, leiden nämlich stets an grösserer oder geringerer Ungleichartigkeit und müssen erst durch Zusammenschweissen verschiedenartiger Stücke, und erneuerte Verarbeitung derselben unter dem Hammer u. s. f., oder durch wiederholtes Umschmelzen (in Schmelztiegeln) gleichartig, „homogen" gemacht werden.

---

[1]) Die Anwendung der Bessemer'schen Methode zur Darstellung von Schmiedeisen, hat sich bis jetzt nicht so unumstösslich bewährt. (Bessemer, ein geborner Deutscher, ist englischer Ingenieur.)

[2]) k. k. österr. Artillerie-Major.

Durch das erstere Verfahren erhält man „Gerbstahl“ (*acier corroyé, affiné*) auch „Scheerenstahl,“ den man wieder in ein- und zweimal gegerbten, oder raffinirten unterscheidet.

Auf dem zweiten Läuterungswege,[1]) erzielt man Gussstahl, (*acier fondu*), von welchem man den, nach dem Erkalten abermals geglühten und dann gehämmerten, auch als raffinirten Gussstahl — in England als homogenes Eisen (Armstrong) — bezeichnet.

Die Möglichkeit, durch entsprechende Zusammengabe der geeigneten Stahlsorten, dem Gussstahle beliebige Vorzüge zu ertheilen, sowie die, sowohl durch Bessemer's Methode, als besonders durch die Verdienste Krupp's in Essen erzielte Lösung des schwierigen Problemes, dieses vorzügliche Material im Grossen herzustellen, haben der Gussstahlproduktion, in neuester Zeit, den ausserordentlichsten Aufschwung und die hervorragendste Bedeutung auf dem Gebiete der Eisenindustrie gegeben.

Der Stahl (spec. Gew. 7,7 —7,9) besteht im Allgemeinen aus 93—94 Prozenten Eisen, an 1½% Kohlenstoff, 0,1—0,2% Stickstoff, bis 2% Mangan und ½ Proz. Silicium. Er theilt die Schmelzbarkeit (Schmelzpunct 1300 bis 1400° C.) mit dem Roheisen und die Schmiede- und Schweissbarkeit, sowie die ausgedehnteste Bearbeitbarkeit[2]) mit dem Schmiedeeisen, das er dabei, um mehr als das Doppelte, an absoluter Festigkeit (100000 – 120000 Pfd. bayer. auf den □" rh., 10000 Kilogramm auf den □ Centim.), sowie an Unempfindlichkeit gegen Erschütterungen und Wärmeunterschied und an Elasticität übertrifft.

Stahl ist von weissgrauer Farbe, feinkörnigem, gleichartigem Gefüge und zeigt einen, diesem entsprechenden, sammtähnlichen Bruch.

Während er, an sich, die Geschmeidigkeit (*ductilité*) und Weichheit des Schmiedeeisens besitzt, kann ihm, durch blosse rasche Abkühlung aus der Glühhitze, eine ganz ausserordentliche und um so bedeutendere Härte ertheilt werden, je grösser der Unterschied der Gluthwärme, von der Temperatur des Abkühlungsmittels (Wasser, Fett, Oel, Säuren, Salzlösungen etc.) war. Bei langsamer Abkühlung bleibt er dagegen weich und biegsam und wird es auch, selbst wenn

---

[1]) Der zuerst von dem englischen Uhrmacher Huntsman (1740) versucht wurde.

[2]) Es sei hiebei nur an die Uhrfedern erinnert, bezüglich welcher, beispielsweise, bemerkt werde, dass von deren kleinster Sorte, den Spiralen für Taschenuhren, ca. 64000 auf 1 bayr. Pfd. gehen; das Stück kostet 6 kr. Der Preis des Stahles steigt daher durch solche Verarbeitung auf das 6000 fache seines Rohwerthes und damit auf das 7 fache des Gold- und 114 fache des Silberwerthes.

er gehärtet war, hiedurch, bei erneutem Ausglühen gänzlich, oder eben um so mehr wieder, je höher man ihn dazu erhitzt.

Von dieser höchst werthvollen Eigenschaft der Härtbarkeit, wird denn auch der ausgedehnteste Gebrauch gemacht und der Stahl im Allgemeinen nur gehärtet (*trempé*) verwendet.

Er gibt in diesem Zustande, bei Schlag oder Reibung gegen Quarz, Kiesel, Porzellan etc. Funken (indem sich glühende Spähnchen von ihm ablösen), greift Eisen an (daher er als Schärfe- und Polirmittel für selbes dient) und kann selbst so hart gemacht werden, dass er Glas ritzt, doch verliert er durch das Härten etwas an absoluter Festigkeit.

In der richtigen Ausführung des Härtens liegt indess eine Hauptschwierigkeit der Stahlbearbeitung; denn die Erzielung des eben bedingten Härtegrades, fordert nicht allein an sich schon eine ganz besondere Uebung, sondern wird auch noch durch die Verschiedenheit der einzelnen Stahlsorten selbst, bedeutend erschwert. Ein wiederholtes Nachhärten aber, erneut — abgesehen vom Brennmaterial- und Zeitaufwande — jedesmal die Gefahr, dem Stahl durch das Glühen Kohlenstoff zu entziehen und ihn so zu verderben — zu „verbrennen" — eine Beschädigung, die nur durch die sorgfältigste Behandlung wieder ausgeglichen werden kann. Welchen Werth es jedoch habe, bestimmte Härtegrade für gewisse Stahlwerkzeuge einzuhalten, ergibt sich schon daraus, dass mit dem Härtegrade auch die Sprödigkeit des Stahles zunimmt und daher, wenn jener zu hoch gewählt wurde, die bezüglichen Gegenstände den, an sie gestellten Forderungen der nöthigen Biegsamkeit nicht mehr zu genügen vermögen; umgekehrt, würde der Stahl, in anderen Fällen, durch eine zu geringe Härte unbrauchbar erscheinen. Dem letzteren Mangel muss durch erneutes Härten, dem ersteren durch Ausglühen mit langsamer Abkühlung nachgeholfen werden. Letzteres ist indess der allgemeinere Fall: man macht den Stahl durch „Ablöschen" aus der Rothgluth glashart und benützt, behufs Herabstimmung der Härte, die Anlauffarben, die sich beim Stahle in ähnlicher Weise wie beim Schmiedeisen zeigen, als erwünschte Anhaltspuncte.

Dieselben sind hier:

Blassgelb — 220° Cels., Strohgelb — 230° C., Braun — 255° C., Purpurroth 270° C., Hellblau — 288° C., Dunkelblau — 293° C., Schwarzblau — 320° C. und verschwinden bei 360° C.

Diese Anlauffarben haben beim Stahl, wo sie zugleich einem bestimmten Härte- und Elasticitätsgrade entsprechen, eine grössere Bedeutung als beim Eisen und wird das Anlassen daher, hier, namentlich bei feineren Instrumenten, mit ganz besonderer Genauigkeit vorgenommen.

Statt derlei Gegenstände auszuglühen, taucht man selbe nämlich in sogenannte Metallbäder[1]) ein, deren Schmelzpunkt gerade der Temperatur der gewünschten Anlauffarben entspricht.

Stahl kann mit Stabeisen zusammengeschweisst werden; diese Operation erfordert indess einige Vorsicht, da die Schweisshitze des Stahles eine niederere ist, als jene des Eisens, aber es wird durch sie möglich, eiserne Geräthe mit Stahlspitzen, Stahlschneiden etc. zu versehen, während ausserdem die Schweissverbindung von Stahl und Eisen ein sehr elastisches Product liefert, das man Federstahl,[2]) Federzeug (*acier à ressort*) nennt und von welchem der, aus zusammengeschweissten Stahl- und Eisendrähten[3]) bestehende Damast- oder Damascenerstahl (*acier de Damas*), eine hervorragende Nebengattung ist.[4])

Die eigenthümlich wolkig geaderte, graugefleckte Oberfläche des Letztern, wird durch Aufstreichen von Säuren erreicht, da diese auf Stahl dunkle Flecken geben, hellere aber, auf kohlenstofffreierem Eisen.[5])

In neuester Zeit hat man beobachtet, dass nicht bloss die Schweissverbindung mit Schmiedeeisen, sondern auch das Legiren — Zusammenschmelzen — mit geringen Mengen anderer Metalle, dem Stahle besondere Eigenschaften zu verleihen vermag. So stellt man in Steyermark durch Zusatz von Wolfram[6]) den, seiner Festigkeit wegen vorzüglichen Wolframstahl her, während Wolfram und Aluminium[7]) es sind, welche dem ostindischen Gussstahle, dem sogenannten Wootz, seine ausserordentliche Feinheit, bei grösster Cohäsion, verleihen.

---

[1]) Dieselben bestehen aus Legirungen von Zinn und Blei, worüber später Näheres.

[2]) Auch ein, durch geeignetes Ausglühen, gehörig elastisch-biegsam gewordener Stahl heisst Federstahl.

[3]) Oder härteren und weicheren Stahlsorten.

[4]) Aehnlich wie die Sensen durch das „Dengeln," erhalten Damascenerklingen ihre feine Schneide durch Aushämmern, ein Verfahren, das indess selbst für feinste Rasirmesserklingen Anwendung findet.

[5]) Das Aufträufeln von Säuren dient daher auch zur Untersuchung des Stahles, sowie zum künstlich „damasciren." —

[6]) Wolfram (*tungstène*), ein sprödes Metall von ziemlicher Seltenheit und nur als Säure in der Natur vorkommend, ist sehr hart, von eisengrauer Farbe, höchst strengflüssig und von bedeutender Dichte (= 17.)

[7]) Aluminium (*alumine*) ist das Metall der Thonerde, daher höchst verbreitet, aber sehr schwer, resp. nur kostspielig darstellbar; es ist weicher

Die Anwendung des Stahles in der Waffentechnik ist wohl noch vielseitiger als jene des Stabeisens; seine Untersuchung richtet sich auf Cohäsion, Härtungsfähigkeit, Elasticität, Schweiss- und Schmiedbarkeit, Bruch etc. Besonders geschätzt sind der Steyrer-, Tyroler- und Brescianer-Stahl, der rheinische (Solinger) Gerb- und Federstahl; der englische und rheinische Puddel- und Gussstahl.

Verstählen und Härten des Eisens.

Um Schmiedeisenstücke nur oberflächlich mit einer Stahlschichte zu überziehen — zu „verstählen" (*aciérer*, *acérer*) — oder Gusseisen hämmerbar, also geschmeidig zu machen — zu „adouciren," zu „tempern" — bedient man sich der, für die Cement- und Rohstahlerzeugung kennen gelernten Darstellungsmethoden in entsprechend modifizirter Weise.

Zum ersteren Behufe bestreut man die rothwarmen Eisengegen-

---

als Zink, aber härter als Zinn; seine grauweisse Farbe liegt zwischen jener der beiden ebengenannten Metalle; seine Dichte beträgt nur 2,5; es schmilzt bei ca. 700° C, ist geschmeidig, doch wenig cohärent, und nicht gut feilbar, gibt einen sehr hellen Klang; riecht beim Anhauchen thonig. Wird, für sich, zu feinen Gewichten und Instrumenten, Schmuckgegenständen u. s. w., ausserdem in Legirungen verwendet.

In technisch ausgedehnterem Gebrauche als das Aluminium, stehen aber sein Oxyd — die Thonerde — und das von ihm (mit Kali — siehe Salpeter) gebildete, schwefelsaure Salz — der Alaun.

Die Thonerde findet sich — rein — nur kristallisirt in den Edelsteinen Sapphir, Rubin etc. etc. und im Smirgel oder Schmirgel (*émeri*), der mit jenen die ausserordentliche Härte gemein hat, durch welche er sich ganz vorzüglich zum Putz-, Polir- und Schleifmittel für Metalle eignet.

In diesem Sinne wird derselbe denn auch allgemein verwendet und hiezu im grob- bis feinstpulverisirten Zustande, mit Baumöl angerührt, auf Polirscheiben und Lederfeilen aufgetragen, sowie zur Herstellung des sogenannten Rost- oder Schmirgelpapieres und der Schmirgelleinwand gebraucht.

Die schwefelsaure Kali-Thonerde, oder der Alaun, (*alun*) ist ein zusammenziehend schmeckendes, und auch in diesem Sinne wirkendes Salz, das ganz besonders in der Gerberei (siehe Leder) und Färberei die wichtigste Verwendung findet. In den Artillerielaboratorien wird es dem Kleister beigemengt, um Mäuse- und Mottenfrass etc. abzuhalten.

stände entweder bloss mit Cementirpulver[1]) oder man glüht sie zwischen solchem aus und löscht sie ab. Man nennt letzteres Verfahren Einsetzen oder Einsatzhärtung (*trempe par cémentation*) und erhalten die bezüglichen Eisentheile durch sie eine graue Farbe (daher „grau einsetzen"[2]), welche man belassen oder durch eine Anlauffarbe ersetzen kann.

Um Gusseisengegenstände zu verstählen, glüht man sie zwischen Cementpulver, das entkohlend wirkt, also Substanzen enthält, welche Sauerstoff zur Bindung des Kohlenstoffes abgeben. (Eisenoxyde u dgl.)

In neuester Zeit werden mancherlei Instrumente, Scheeren, Messer — selbst Rasirmesser — Schlüssel etc. etc. (in Oesterreich auch Gewehrschlosstheile) aus solch' adoucirtem und dann gehärteten Gusseisen hergestellt.

Magnetismus (*magnétisme*) des Eisens.

Da das eigenthümliche Verhalten der verschiedenen Eisenarten, gegenüber den magnetischen Kräften, auch zu Constructionen benützt wird, welche in der Waffentechnik verwendet werden (elektromagnetische Pendel u. dgl., worüber unter Pulverproben Näheres), so scheint es zweckdienlich, die magnetische Natur des Eisens nicht gänzlich unerörtert zu lassen.

Durch Streichen mit Magneteisenstein oder Magnetkies, ja durch den blossen Einfluss der Luft oder der Erde, sowie durch gewisse Erschütterungen, kann jedes Stück Eisen magnetisch gemacht

---

[1]) In diesem Falle werden auch Borax und Blutlaugensalz zu Cementirpulvern gebraucht. Letzteres Salz ist stick- und kohlenstoffhaltig und wird unter Knallquecksilber eingehender besprochen werden; bei ersterem dagegen ist es das Bor selbst, welches die Eigenschaft besitzt, Eisen zu härten.

Bor ist ein äusserst wenig verbreiteter, nur oxydirt vorkommender Grundstoff; es bildet ein grünlich braunes Pulver ohne Geschmack und Geruch und ist weder schmelzbar noch flüchtig. Sein Oxyd, die Borsäure, setzt sich aus einem Atomgewichte Bor und 3 Aequivalenten Sauerstoff zusammen und ist eine sehr schwache Säure, deren Hauptverbindung jene mit Natron (worüber unter Natronsalpeter) nämlich das borsaure Natron, der oben genannte Borax (*borax*) ist. Eine weitere Anwendung desselben siehe unter „Löthen," bei Legirungen von Kupfer und Zink.

[2]) So sind meistens Schlossblech, Hahn etc. „grau eingesetzt."

werden, d. h. die Eigenschaft erlangen, kleinere Eisenstücke anzuziehen. Das magnetisch gewordene Eisen besitzt die Fähigkeit, durch blosses Bestreichen, andere Eisenstücke gleichfalls magnetisch zu machen.

In ganz besonderer Weise aber, kann die magnetische Kraft des Eisens durch den Einfluss der Elektricität — den elektrischen Strom etc. — erregt werden und nennt man die, auf solche Weise gebildeten Magnete, Electromagnete.

Bei allen diesen Erscheinungen aber besteht ein sehr grosser Unterschied zwischen hartem Stahl und weichem Eisen.

Dieses, wird durch die oben angedeuteten Behandlungsweisen nie dauernd, wenn auch, besonders durch Einwirkung des elektrischen Stromes, kräftiger magnetisch als jener; ja mit dem Aufhören des anregenden elektrischen Stromes, hört auch das, unter dessen Einfluss gewesene weiche Eisen auf, Magnet zu sein. Anders gehärtetes Eisen und Stahl. Diese behalten, einmal magnetisch gemacht, dauernd ihre Anziehungskraft bei, und gerade diese Unterschiede sind es, auf welche später zurückgekommen werden wird.

Rostschutz.

Das Eisen ist dem Rosten (*rouiller*) in höherem Masse, als alle anderen Metalle unterworfen. Neben dem Einflusse der Feuchtigkeit, sind es vorzüglich Säuren und Salze, welche Rost (*rouille*) erzeugen, dessen Ansatz auf rauhen Flächen rascher, als an polirten, aber, wie schon erwähnt, bei grösserem Kohlenstoffgehalte (Gusseisen) später, als bei Kohlenstoffarmuth (Schmiedeisen) erfolgt.

Die Mittel, welche hiegegen angewandt werden, sind der Natur der Eisengeräthe nach, verschieden.

So erhalten die Gussstücke schon dadurch eine rostbeständigere Oberfläche, dass man die Formen mit Graphit ausstreicht; ausserdem schützt man sie durch Lack-, Firniss- (siehe Leinöl) oder Theeranstriche.[1])

Neben den gleichen Mitteln, ist für Schmiedeeisen, besonders für Bleche, Draht etc. das Verzinnen und Verzinken,[2])

[1]) Hiezu ist nur Steinkohlentheer zu gebrauchen, da Holztheer stets Holzessig etc. enthält und durch derlei saure Substanzen dem Rosten nur Vorschub geleistet würde.

[2]) Kleinere Gegenstände werden auch verkupfert, oder mit Messing, Bronze, Neusilber (worüber später), selbst Silber überzogen, indem man sie mit den Ammoniak- (siehe unter Salpeter) Doppelsalzen dieser Metalle und Legirungen glüht. Man nennt dieses Verfahren: „Argentiren."

im Gebrauche, was Beides durch Eintauchen des, an seiner Oberfläche vollkommen gereinigten Eisengeräthes in die betreffenden, flüssig gemachten Metalle vorgenommen wird.

Das Verzinnen (*étamer*) macht das Eisen, oft mehr als erwünscht ist, weich, welchem Umstande durch Legirung des Zinns mit ca. 6% Nickel vorgebeugt werden kann.

Eine nicht vollkommene oder schadhaft gewordene Verzinnung beschleunigt indess den Rostansatz an den fehlerhaften Stellen.

Das Verzinken, beruht auf dem gleichen Verhalten des Eisens und Zinks gegenüber der Elektricität. Diese beiden Metalle sind nämlich electropositiv, ihre innige Berührung verhindert daher den Eintritt des Oxydationsprocesses. Dieser physikalischen Eigenschaft wegen, nennt man das verzinkte Eisen auch galvanisirt.

Das „Galvanisiren" schützt das Eisen besser, als das Verzinnen, erweicht es auch nicht so sehr, macht es feuerbeständiger u. s. w., ist aber nur bei Geräthen anwendbar, welche keinem bedeutenden Temperaturwechsel ausgesetzt sind; denn da Zink und Eisen sich in der Wärme sehr verschieden ausdehnen, so reisst der, aus ersterem gefertigte Ueberzug, oder löst sich vom Eisen ab und legt dieses dadurch bloss.

Ein weiteres, für Guss-, Schmiedeisen- und Stahlgeräthe gleichmässig anwendbares Verfahren, besteht in dem sogenannten Brüniren oder Beizen,[1]) auch Bronziren (*brunir, bronzer*), das auf der Herstellung eines künstlichen Rostüberzuges beruht, den man durch Auftragen von Säuren,[2]) oder Salzlösungen[3]) hervorruft. Die überrosteten Gegenstände werden mit Fett, Baumöl etc. abgerieben, bis sie nicht mehr abfärben.

Das ganze Verfahren wird zuweilen — und wenn es zulässig ist — bei gleichzeitiger Erwärmung des Eisens vorgenommen und kann nach Bedarf wiederholt werden, wenn die schützende Rostschichte schadhaft wird.

Aehnlich dem Brüniren, doch minder nachhaltig, wirkt auch das Anlassen und Einsetzen.

---

[1]) Die Beize für die preussischen Gussstahlgeschützrohre besteht aus 1 Thl. Gallussäure, (d. i. aus Galläpfeln gewonnene Gerbsäure — siehe unter Leder), 2 Thln. Eisenchlorid (siehe Chlor unter chlorsaurem Kali) und 3 Thln. Spiessglanzbutter (d. i. Antimonchlorür.)

[2]) Besonders Salzsäure (siehe Chlor.)

[3]) Besonders Chlor-Eisen-Salze wie Eisenchlorid und Eisen-Chlorür (siehe Chlor) sind hiezu geeignet.

Um Eisengeräthe vorübergehend, bei Aufbewahrung in Magazinen etc. vor Rost zu schützen, werden sie mit reinen Fetten oder Oelen[1]) (worüber bei diesen Näheres) eingeschmiert, oder mit Kalkbrei[2]) bestrichen.

Kupfer (*cuirre*.)

Das Kupfer kömmt zuweilen gediegen, meistens aber — als Rothkupfererz, Kupferlasur und Malachit — oxydirt, oder — als Kupferkies, Buntkupfererz und Fahlerz — an Schwefel gebunden vor und findet sich vorzüglich in Schweden und Norwegen, am Ural und in Sibirien, in Nordamerika und Chile, in Frankreich, England, Ostindien und Japan, in Ungarn, Tyrol, am Mittelrhein und Harzgebirge, in Thüringen, Sachsen und Schlesien, in Bayern bei Bayreuth u. s. w.

Es wird gewöhnlich aus seinen Schwefelverbindungen, seltener aus den Oxyden, durch Ausschmelzen in Schacht- oder Flammöfen, als Roh- oder Schwarzkupfer gewonnen, zuweilen aber auch, auf nassem Wege durch die Zersetzung des, in Wasser gelösten Kupfervitriols (schwefelsauren Kupferoxydes) mittels Eisen, Zink oder Einleitung des galvanischen Stromes, als Cementkupfer „metallisch niedergeschlagen.“ Letzteres Verfahren ist besonders in Ungarn gebräuchlich.

Das Schwarzkupfer (*cuirre noir*), ist noch mit anderen Metallen u. dgl. verunreinigt und muss erst durch wiederholtes Umschmelzen „rohgar“ gemacht werden.

Das so erhaltene raffinirte, oder Garkupfer (*rosette*) (spec. Gew. 8,7—8,8; absolute Festigkeit, im Mittel = 30000 Pfd. bayer. auf den Quadratzoll rh., 2000 Kilogramm auf den Quadratcentimeter) wird allgemein in runde Scheiben ausgegossen und hienach auch als Rosetten-

---

[1]) Unter diesen verdient neuestens das ätherische Steinöl (*naphte, huile de pétrole*) eine besondere Erwähnung; dasselbe, eine Verbindung von Kohlen- und Wasserstoff, ist — rein — vollständig sauerstofffrei und enthält daher kein rosterzeugendes Element. Es kömmt sowohl, und dann meistens verunreinigt, in der Natur vor. (in grossen Lagern in Nordamerika, dann in Ostasien, am kaspischen Meere, an den Karpathen, in einzelnen Quellen in den Alpen — Tegernsee — etc), als es auch aus dem Steinkohlentheere, dem Torfe u. s. w. dargestellt wird. Gereinigt, wird es auch als Belmontin- oder Belmontyl-Oel bezeichnet, da das, bei seiner Läuterung abgeschiedene Paraffin, zum Unterschiede von dem, aus dem Theere gewonnenen, „Belmontin“ heisst.

[2]) Der Schutz des Eisens durch Kalkbrei rührt von der alkalischen Natur des letztern her und ist ein sehr verlässiger.

oder Scheibenkupfer bezeichnet. Es enthält stets Kupferoxydul, welches seine Dehnbarkeit beeinträchtigt und von dem es erst, durch einen weiteren Reductionsprocess, befreit werden muss, ehe es schmiedbar ist und „hammergar" (*malléable*) genannt werden kann.

Das Schmiedekupfer (spec. Gew. 8,9—9,0; Cohäsionsfestigkeit auf 1 Quadratzoll rh. = 32500 Pfd. bayer. auf 1 Quadratcentimeter = 2300 Kilogramm [nach Eisenlohr] und. 4100 Kilogramm [nach *Aide-mém.*]) lässt sich wie weiches Schmiedeeisen verarbeiten und übertrifft dieses sogar noch an Dehnbarkeit, wird aber nie schweissbar. Durch geeignetes Hämmern, kann es auf einen Grad der Dichtigkeit, Härte und Zähigkeit gebracht werden, welcher bedeutend über jenem des Eisens steht, doch gibt es nie Glühspähne (Funken) am Steine.

Das Kupfer zeichnet sich durch seine rosenrothe Farbe und hellen Glanz aus; es hat einen körnigen, zackigen bis — geschmiedet — kurzsehnigen Bruch von seidenartigem Ansehen, schmilzt bei 1200—1400° C., lässt sich aber für sich nicht zum Gusse gebrauchen, da es stets blasig erkaltet. Es ist weit rostbeständiger als Eisen, verbindet sich dagegen leichter mit Schwefel. Seine stets schön grün oder blau gefärbten Salze sind giftig [1]) und verbrennen — wie Kupfer selbst — mit grüner [2]) Flamme. Durch Verunreinigung von (nur 0,5%) Blei wird Kupfer unschmiedbar. Besonders geschätzt ist das schwedische (Riddartbytter) und norwegische (Drontheimer), wenig das deutsche Kupfer.

In der Waffentechnik wird es, seiner Gefahrlosigkeit wegen, zu den Werkzeugen der Pulverfabriken und Laboratorien, dann seiner Zähigkeit wegen, zu Zündkernen, seiner Geschmeidigkeit und Rostbeständigkeit wegen zu Zündhütchen und (in später folgender Weise) — legirt — zum Geschütz- und Messinggusse verwendet. Seine Untersuchung geschieht besonders nach Reinheit und Schmiedbarkeit.

Zinn (*Étain*).

Das Zinn kommt nie gediegen, sondern am häufigsten ver-

---

[1]) Vergiftungen mit Grünspahn u. dgl. können am einfachsten durch Zuckerwasser mit Milch neutralisirt werden.

[2]) Doch wird auf künstlichem Wege ein Kupfersalz hergestellt, dessen sich die Feuerwerkerei zu Sätzen für blaue Signalfeuer etc. bedient. Es ist diess das, als Malerfarbe bekannte Mineral- oder Bergblau, welches in seiner Zusammensetzung dem Kupferlasur ähnelt und — wie dieses — aus kohlensaurem Kupferoxyd (das auch kristallisirt, als Malachit vorkömmt, künstlich dargestellt aber das Mineralgrün gibt) und Kupferoxydhydrat besteht.

oxydirt, im Zinnsteine, selten mit Schwefel verbunden, als Zinnkies, in der Natur vor und wird nur aus jenem, durch einfachen Reduktions- und Schmelzprocess gewonnen.

Am vorzüglichsten findet es sich in England (Cornwallis) und in Ostindien (auf Banca und Malacca), dann in China, Mexico, im sächsischen Erzgebirge, in Böhmen, sparsamer in Schlesien, in Bayern bei Fichtelberg und Cham.

Im Handel erscheint es als Block-, Stangen-, Rollen- oder Körnerzinn, in den, diese Namen bedingenden Formen und ist das englische und ostindische, dann das sächsische das geschätzteste.

Zinn (spec. Gew. 7,28—7,47) besitzt eine silberweisse, etwas wenig in's Bläuliche schimmernde und um so hellere Farbe, je reiner es ist. Bei lebhaft glänzender Oberfläche hat es einen matten Bruch von grauer Farbe, zackigem, aber sehnigem — nicht körnigem — krystallinischem Gefüge.

In letzterem liegt der Grund des knisternden Geräusches — „Schreien“ genannt — das man beim Biegen des Zinnes wahrnimmt und welches um so kräftiger auftritt, je reiner das Metall ist.

Zinn ist so weich, dass es die Eindrücke des Fingernagels annimmt, es lässt sich daher nicht feilen, wohl aber schneiden; dabei besitzt es zugleich eine gewisse Zähigkeit, die es — besonders unter dem Hammer — höchst ausdehnsam und geschmeidig macht, [1]) wogegen es sich weniger gut walzen und gar nicht zu Draht ziehen, auch niemals schmieden oder schweissen lässt. Seine absolute Festigkeit nimmt, wie seine Dichte, durch Hämmern etwas zu und variirt zwischen 300 und 500 Pfd. bayer. auf den Quadratzoll rh., von 30—40 Kilogramm auf den Quadratcentim. Es hinterlässt, beim Reiben zwischen den Fingern einen eigenthümlichen Geruch und schmilzt schon bei 235—244° C., ist jedoch — chemisch rein — nicht zum Gusse zu gebrauchen. Es rostet kaum an der Luft, wird dagegen heftig von Säuren angegriffen und bildet mit diesen giftige Verbindungen.

In der Kriegstechnik wird das Zinn nur zu Legirungen und darunter vornehmlich zu Geschützbronze verwendet und beim Ankaufe auf seine Reinheit und Dehnbarkeit untersucht. Ein mattes Ansehen und dunkle Farbe, deuten auf Verunreinigungen mit Eisen und Antimon, blaugraue Farbe und grosse Weichheit, auf Beimengung von Blei, weisse Farbe und Härte auf Zusatz von Arsenik.

---

[1]) So sind die Zinnfolien, oder das Stanniol, dessen dünnste Gattung zum Spiegelbelege dient, ausgehämmertes Zinn.

Es muss sich öfters umbiegen lassen, ehe es bricht und hiebei teigartig auseinander gehen. Ausgehämmert darf es keine Kantenrisse bekommen.

Zink (*zinc*).

Das Zink kömmt nur vererzt, entweder an Schwefel — als Zinkblende — oder an Sauerstoff — Zinkoxyd — und Säuren — kohlensaures und kieselsaures Zinkoxyd, Galmey — gebunden, und meistens mit Cadmium [1]) verunreinigt, in der Natur vor. Es findet sich besonders in Ungarn, Böhmen, Schlesien, im sächsischen Erzgebirge, am Harze, im Westphälischen, in Kärnthen und Tyrol, in Bayern bei Rauschenberg und Weiding, im Badischen, dann in Sibirien, Polen u. s. f.

Es wird vorzüglich aus dem Galmei, seltener aus der Zinkblende, stets aber durch Destillation gewonnen.

Das Zink, dessen Schmelzpunct schon bei 336° C. liegt, geräth nämlich bei höherer Temperatur in's Kochen und verflüchtigt sich endlich in der Weissglühhitze des Eisens — kann also bei dieser Temperatur destillirt werden, mit welchem Vorgange jedoch, bei der Ausbeute des Galmei, auch die Reduktion des Letztern, mittels Kohle, verbunden werden muss. Es kömmt in Tafeln oder Stangen gegossen in den Handel.

Zink (spec. Gew. 6,8—7,2) ist von krystallinisch blättrigem Gefüge, hat eine weissgraue, etwas in's Bläuliche spielende Farbe, hellen Metallglanz und gibt einen zackigen, dem Gefüge entsprechenden Bruch, dessen Krystallflächen gleichfalls hellen Glanz besitzen. Es ist etwas weicher als Kupfer, verstopft, wie Zinn, die Zähne der Feile und erscheint in der Kälte wenig ausdehnsam und spröde; bei einer Erwärmung bis zur Siedhitze des Wassers (und etwas darüber) jedoch, wird es walz- und hämmerbar und lässt sich nun nicht allein in Blech ausarbeiten und zu Draht ziehen, sondern bleibt auch nach dem Erkalten geschmeidig, wird aber nie schmiede- oder schweissbar. Bei höherer Temperatur wird das Zink wieder spröde, so dass es bei 200° Cels. zu

---

[1]) Das Cadmium (spec. Gew. 8,6) ist ein, dem Zinke sehr ähnliches, jedoch vollkommen geschmeidiges und weicheres Metall; sehr leicht schmelzbar und flüchtiger als Zink. Ausser in den Erzen des Letzteren, findet es sich auch, doch immerhin spärlich, als krystallisirtes Schwefelkadmium, in der Natur und ist dieses als (gelbe) Malerfarbe sehr geschätzt, während das reine Metall, zwar nicht für sich, wohl aber zu (leichtflüssigen) Legirungen Anwendung findet.

Pulver zerstossen werden kann. Durch Hämmern und Walzen verdichtet es sich und nimmt zugleich an absoluter Festigkeit bedeutend zu. So beträgt diese bei gegossenem Zink ca. 2400 Pfd., auf den Quadratzoll rh.; 200 Kilogramm auf den Quadratcentimeter (nach Eisenlohr), während sie für Blech und Draht auf nahezu 20,000 Pfd., 2400 Kilogramm (nach *Aide mém.*) steigt.

Zink dehnt sich in der Wärme sehr merklich (bei der Siedeh. d. W. schon um $^{1}/_{340}$—$^{1}/_{310}$ seiner Länge in der Richtung dieser) aus und muss daher beim Gusse, zu dem es sich sonst ganz gut eignet, sehr langsam abgekühlt (d. h. in erwärmte Formen gegeben) werden.

In der Schmelzhitze, verbrennt Zink mit grünlich blauer Flamme zu weissen Flocken — Zinkoxyd. Es überzieht sich an der Luft rasch mit einer reifartig aussehenden Oxydschichte, die jedoch das, unter ihr liegende Metall vor weiterem Roste schützt.

Das Zink ist ein Wasser zersetzendes Metall,[1]) wird von Säuren stark angegriffen und geht mit ihnen, zwar nicht giftige, aber doch gesundheitsschädliche Verbindungen ein.

In der Waffentechnik wird es neuestens zu Kartätschkugeln (für gezogene Geschütze), ausserdem zu zahlreichen Legirungen verwendet[2]) und hiezu auf seine Reinheit untersucht. Geringe Beimengung von Blei (bis 0,5%) macht es zwar geschmeidiger, aber (schon mit 0,25 Proz.) unbrauchbar zu Legirungen mit Kupfer; Verunreinigung mit Eisen ist nur in sehr kleinen Mengen (bis 0,3%) unschädlich und macht das Zink sonst spröde.

Das aus dem Galmei gewonnene Zink ist geschätzter, als das der Blende.

Blei (*plomb*).

Das Blei kömmt nur höchst selten gediegen, dagegen sehr verbreitet als Schwefelblei — Bleiglanz — aber, wieder nur sparsam, in Verbindung mit Sauerstoff oder Säuren, natürlich vor und findet sich besonders in Sibirien, Ungarn, Böhmen, Kärnthen, Sachsen, Schlesien, am Harze, am Rhein, in Baden und Württemberg,

[1]) Auch Eisen zersetzt das Wasser, in der Rothgluth, oder bei Zugabe von Säuren, jedoch minder heftig als Zink.

[2]) Sein Oxyd, das Zinkweiss, wird neuestens zum Ersatze von Bleiweiss (siehe Blei) bei Anstrichen verwendet, da es sich nicht, wie dieses, durch Einwirkung von schwefelhaltigen Dämpfen (Schwefelwasserstoff der Kloaken etc.) verfärbt, weil eben das hiedurch entstehende Schwefelzink auch weiss ist.

sowie in der bayerischen Oberpfalz. Es wird hauptsächlich aus dem Bleiglanze durch „Niederschlagsarbeit" in eigenen Bleischmelzöfen, oder durch Rösten in Flammöfen gewonnen und heisst als erstes Rohprodukt „Werkblei" (*plomb d'oeuvre riche*), das noch Silber, Kupfer, Antimon und andere Metalle enthält. Es muss daher, vor weiterem Gebrauche, entsilbert und das, hiebei entstehende Bleioxyd, (die Bleiglätte, d. i. geschmolzenes, gelbes Bleioxyd) durch Frischen (Glühen mit Kohle) reduzirt werden, um reineres Blei zu erhalten.

Auch das gefrischte Blei enthält noch metallische Beimengungen, die es härter als das chemisch reine Blei erscheinen lassen, daher dieses „Weich-" jenes „Hartblei" heisst.

Es kömmt in muldenförmigen Blöcken, als Blockblei in den Handel und ist das Villacher (Kärnthen) das gesuchteste.

Das Blei (spec. Gew. 11,4) hat eine lichtgraue, hellglänzende Farbe, die jedoch an der Luft sehr rasch matt und dunkel wird. Es ist weicher und biegsamer als Zinn, und lässt sich daher ebensowenig feilen, dafür aber schneiden und mit dem Fingernagel eindrücken; durch wiederholtes Pressen, Walzen etc. wird es jedoch etwas härter und dichter.

Auf Papier, Leinwand etc. färbt es ab, ist unter Hammer und Walze sehr ausdehnsam (Tabaksblei) kann auch zu feinen Röhren, doch nicht gut zu Draht ausgezogen werden, da es nur eine sehr geringe Cohäsionsfestigkeit besitzt, die sich zwar durch die Verarbeitung bedeutend steigert (fast verdoppelt), aber dennoch ungenügend für den letztgenannten Zweck bleibt.

Sie beträgt, für gegossenes Blei, 900 Pfd. bayer. auf den Quadratzoll rh., 60 Kilogramm (nach Eisenlohr) auf den Quadratcentimeter; für gewalztes Blei, resp. 1650 Pfd. bayer. und 240 Kilogramm (nach *Aide mem.*) Es schmilzt bei 300° C. und wird vor der Schmelzhitze spröde.

In der Weissglühhitze des Eisens kann es — durch Luftabschluss — zum Kochen und Verdampfen gebracht werden. Bei seiner geringen Neigung zum Krystallisiren, hat es einen gleichartigen, dunklen Bruch, in welchem sich weder eine körnige, noch eine sehnige Struktur zeigt. Mit Sauerstoff und Säuren geht es giftige Verbindungen ein, ist aber dem Rosten in keinem sehr hohen Grade geneigt.

Das Blei wird nicht allein für sich, sondern auch legirt und oxydirt in der Waffentechnik verwendet.

Es bildet das ausschliessliche Material für die Geschosse der Handfeuerwaffen, das Liederungsmittel (Umguss oder Mantel genannt) für die Eisengeschosse gezogener Hinterladungsgeschütze etc. Hiezu wird es auf seine Reinheit und Dehnbarkeit durch Aushämmern untersucht und muss sich so weich zeigen, dass es nicht klingt, sich aber gut schneiden lässt.

Das Blei hat vier Oxydationsstufen, von welchen hier nur die zwei mittleren, das gelbe und das rothe Bleioxyd zu erwähnen sind.

Ersteres, aus je einem Aequivalent Blei und Sauerstoff bestehend, bildet sich als gelbes Pulver bei Erwärmung des Blei's unter Luftzutritt; es ist unter dem Namen Massicot (*massicot*, *jaune de plomb*) bekannt und früher als Malerfarbe verwendet worden.

Durch Schmelzen dieses gelben Bleioxydes entsteht die, wie schon bemerkt, beim Blei- und Silberverhüttungsprocesse sich bildende Bleiglätte, (*litharge de plomb*), welche zur Firnissbereitung gebraucht (und dort wieder erwähnt werden) wird.

Das rothe Bleioxyd, zwei Atomgew. Blei auf drei Aequivalente Sauerstoff enthaltend, kömmt technisch vorzüglich in der Mennige (*oxyde rouge de plomb*) zur Verwendung. Diese ist eine Verbindung des gelben und rothen Bleioxydes und bildet sich beim Glühen des letzteren an freier Luft. Sie wird vorzüglich als Grundirmittel bei Oelfarbanstrichen und — unter dem Namen Pariser Roth — auch als Goldputzpulver gebraucht.

Das gelbe Bleioxyd bildet mit Essigsäure (siehe unter Essig) den sogenannten Bleizucker (*acétate de plomb*), ein farbloses, glänzendes widerlich süsses, in Wasser lösliches Salz, das die Eigenschaft besitzt, die Pflanzenfaser leichtentzündlich und ohne Flamme, mit gleichmässiger Gluth, verbrennlich zu machen, daher als Luntenbeize dient.

Mit Kohlensäure dagegen, bildet das Bleioxyd das, als Malerfarbe allgemein bekannte Bleiweiss (*céruse*), wovon das „Kremser Weiss" das geschätzteste ist.

Metalllegirungen (*alliages*).

Allgemeines.

Verbindungen, welche durch Mischung zwei-, oder mehrerer Metalle, im schmelzenden Zustande, erzeugt werden, nennt man Legirungen. Sie gehen in jedem beliebigen Mengeverhältnisse vor sich und zeichnen sich, gegenüber ihren Bestandtheilen dadurch aus, dass sie stets leichter schmelzbar,[1]) klangvoller

---

[1]) Man hat Legirungen hergestellt, die in der Siedehitze des Wassers (Rose'sche Mischung aus 2 Thln. Wismuth, 1 Thl. Blei und 1 Thl. Zinn bestehend) ja selbst im lauwarmen Wasser flüssig werden. (Lipowitz'sche Mischung von 15 Thln. Wismuth, 8 Thln. Blei, 4 Thln. Zinn und 3 Thln. Cadmium; schmilzt bei 55—64° C. (Ueber Wismuth, siehe unter Legirungen des Zinnes).

und härter,[1]) als diese für sich sind. Wenige unter ihnen sind schmiedebar, die meisten aber lassen sich im erkalteten oder wenig erwärmten Zustande hämmern, walzen, feilen, bohren und sonst verarbeiten.

Ihre Farbe richtet sich im allgemeinen nach jener ihrer Bestandtheile und deren Mischungsverhältniss, muss aber stets eine gleichmässige sein, wenn die Legirung nicht mangelhaft erscheinen soll.

Um Letzteres zu vermeiden, ist es nothwendig, die flüssig gemachten Metalle fleissig umzurühren,[2]) und den verschiedenen Schmelzpunkten derselben, gehörig Rechnung zu tragen.

Legirungen aus mehreren Metallen dürfen nicht auf einmal, sondern müssen nach und nach zusammengesetzt werden.

Die, in der Militärtechnik vorzüglich Anwendung findenden Metalllegirungen sind folgende:

1. Legirungen des Kupfers mit Zinn.

Dieselben sind — erklärlicherweise — um so härter und cohärenter, je mehr sie Kupfer, um so leichtflüssiger und klangvoller[3]), aber auch spröder, je mehr sie Zinn enthalten.

Die hier zu nennenden sind:

Das Geschützbronze[4]) (*bronze*), aus 10—11 Theilen Zinn auf

---

Ebenso gelang es, fast für jeden technisch wichtigen Temperaturgrad bestimmte, dabei schmelzende Metallcompositionen herzustellen, deren Werth sich besonders für die Sicherheitsventile der Dampfkessel, dann als Metallbäder für Stahlinstrumente, u. s. w geltend macht.

[1]) Hieher gehören die Legirungen für Zapfen- und Achsenlager, so dient z. B. eine Mischung von 90 Thln. Zinn, 8 Antimon und 2 Kupfer als Zapfenlagermetall für bayerische Eisenbahnmaschinen.

Die v. Maffei'sche Maschinenfabrik Hirschau bei München benützt dagegen hiefür unter dem Namen „Weissmetall" eine Composition von 81 Thln. Zinn, 7 Kupfer und 12 Antimon; woneben noch eine sogenannte „harte Composition" aus 52 Thln. Kupfer, 40 Zink und 8 Gusseisen für besonders widerstandsfähige Zapfenlager und eine weitere, als „Rothguss" für minder angestrengte Theile, aus 78 Thln. Kupfer 12 Zink, 5 Zinn und 5 Blei bestehend, im Gebrauche ist.

[2]) Hiezu dienen eiserne, bei sehr hohen Temperaturgraden, thönerne Rührstangen.

[3]) So besteht die Glockenspeise aus 78 Thln Kupfer und 22 Thln. Zinn.

[4]) Man versuchte vor ca. 10 Jahren das Geschützbronze durch eine Legirung von 9 Kupfer zu 1 Aluminium zu ersetzen; dieses Aluminiumbronze

100 Theile Kupfer bestehend,[1]) ist von dunkelgelber Farbe, welche im körnigen, glänzenden Bruche mehr in's Röthliche spielt und nur durch Beimengungen von Zink oder Blei gelb und matt erscheint.

Es hat im Mittel eine Dichte von 8,7, schmilzt bei 900° C., besitzt eine absolute Festigkeit von 30000 bis 36000 Pfd. bayer. auf den Quadratzoll rh., 1800 bis 2300 Kilogramm auf den Quadratcentimeter (nach *Aide-mém.*), ist etwas hämmerbar, und lässt sich sehr gut zuarbeiten.

Das Hartbronze besteht aus 8 Thln. Kupfer und 1 Thl. Zinn und dient zu Hämmern, Stampfschuhen u. dgl. in Pulverfabriken und Laboratorien. Es hat eine absolute Festigkeit von ca. 18000 Pfd. bayer. auf den Quadratzoll rh. (1300 Kilogr. auf den Quadratcentimeter) und besitzt eine sehr bedeutende Härte.

2. Legirungen des Kupfers mit Zink.

Unter diesen nimmt das Messing (*cuivre jaune, laiton*) die hervorragendste Stelle ein. Dasselbe ist eine der ältest-bekannten Legirungen[2]) und setzt sich je nach seiner bestimmten Verwendungsweise verschieden zusammen. So geben 60 Thl. Kupfer mit 40 Thl. Zink ein schmiedbares[3]) Messing, während die gewöhnliche, nur im kalten Zustande hämmer-, walz- und ausziehbare Mischung, 40—30 Prozente Zink enthält.

Mit der Zunahme des letztern, wird die Farbe des Messings heller, lichtgelber, aber auch seine Dehnbarkeit geringer.

Durch Verarbeitung vergrössert sich Cohärenz und Dichte der Legirung und beträgt erstere im Allgemeinen 15000 Pfd. bayer. auf den

---

hatte zwar 80000 Pfd. bayer. Cohäsion auf 1 Quadratzoll rh., war jedoch sehr theuer und gelangte um so weniger zur Annahme, als fast gleichzeitig der Gussstahl, mit seinen unübertrefflichen Vorzügen, als Geschützmaterial auftrat.

[1]) Die Geschützlegirungen bestehen in Bayern aus: 90 Theilen Kupfer und 10 Thln. Zinn für Feldgeschütze und 89 Thln. Kupfer und 11 Thln. Zinn für Batteriegeschütze, 91,30 Thln. Kupfer, 6,53 Thln. Zinn und 2,17 Thln. Zink für den Pulverprobemörser.

[2]) Schon die Römer bedienten sich dieser Legirung zu Münzen, Waffentheilen u. dgl., wobei bemerkt sei, dass die römischen Legirungen überhaupt aus Kupfer und Zink, jene der Griechen dagegen aus Kupfer und Zinn bestanden.

[3]) Das sogenannte *yellow metal* — gelbe Metall — der Engländer. Eigentlich eine Nebenart desselben ist das, in neuerer Zeit componirte Eichmetall, das aus 60 Thln. Kupfer. 38,2 Thln. Zink und 1,8 Thln. Eisen besteht, und sich durch besondere Festigkeit auszeichnen soll.

Quadratzoll rh., oder, nach Eisenlohr, 1300, nach *Aide-mém.* über 3000 Kilogramm auf den Quadratcentimeter, während letztere zwischen 7,8 und 8,4 variirt. Der Schmelzpunkt des Messings liegt ungefähr bei 900° C.

Beim Walzen und Ziehen ist ein öfteres Ausglühen nothwendig, um die Geschmeidigkeit zu erhalten.

Das Messing wird zuweilen — und war diess besonders früher allgemein der Fall — durch Zusammenschmelzen von Galmey und Schwarzkupfer, besser aber erst aus den gereinigten Metallen hergestellt und findet sowohl gegossen, (Säbelgriffe) wie als Blech und Draht (Reibzündröhrchen) die ausgedehnteste Verwendung in der Waffentechnik.

Gleichsam als Unterabtheilungen und Nebenarten der so sehr verbreiteten Messinglegirung, verdienen genannt zu werden:

Das Tombak-, oder Similor-, auch Rothmetall, (*tombac, similor*), das stets mehr als 2,5 Thl. Kupfer auf 1 Thl. Zink enthält und ein goldähnliches Ansehen hat, daher zu Säbelgriffen u. dgl. für Officierswaffen Verwendung findet und

die Löthe-Legirungen,[1]) Hartloth und Schlagloth, (*soudure forte*), deren erstere sich zwischen den Verhältnissen 1—2 Thl. Kupfer auf 1 Thl. Zink, letztere 2,5 bis 3 Thl. Kupfer auf 1 Thl. Zink bewegt und von welchen diese wieder hämmerbar erscheint, jene aber nicht.

---

[1]) Unter „Löthen" (*braser, souder*) versteht man die Vereinigung zweier Metallstücke durch ein, wieder metallisches Bindemittel. das Loth (*soudure*), welches im flüssigen — schmelzenden — Zustande, zwischen die bezüglichen Verbindungsflächen dringt und diese sodann, nach dem Erkalten, zusammenhält. Es folgt hieraus, dass das Löthemittel, bei grosser Leichtflüssigkeit, stets einen weit niedereren Schmelzpunct, als die aneinanderzufügenden Metalle und endlich eine, diesen entsprechende Härte und Cohärenz besitzen müsse. Nach den über die Legirungen gemachten Andeutungen, sind es gerade diese, welche derlei Eigenschaften besitzen und sich daher vorzüglich zu Lothen eignen.

Die Löthеoperation selbst, geschieht entweder durch einfaches Bestreichen der zu verbindenden Flächen, mit dem schmelzenden Lothe (wie beim Löthen des Weissbleches), oder durch Glühen der Löthstücke sammt Löthemittel im Kohlenfeuer. Im letzteren Falle ist es gewöhnlich nöthig, die zu löthenden Metalle vor Oxydation zu schützen und dient hiezu eine, über die Löthstelle gegebene Schichte von pulverisirtem Borax (*borax*). Dieses Salz, hat nämlich die Eigenschaft, bei 300° C. zu einer glasigen Masse zusammenzuschmelzen und erfüllt hiedurch den, hier geforderten Zweck der Herstellung einer deckenden Hülle.

3. Legirungen des Messings mit Nickel (*nickel*).

Wenn man dem Messing einen Zusatz von 15 bis 30 Prozenten Nickel[1]) gibt, so erhält man eine sehr geschmeidige, äusserst leicht versilber- und vergoldbare, politurfähige Legirung von silberartigem Ansehen, deren zahlreiche Abstufungen[2]) unter dem allgemeinen Namen Neusilber oder Argentan zusammengefasst werden.

Obwohl nur zu feineren Geräthen gebraucht, findet sich das Neusilber doch ausserordentlich vielseitig verwendet im allgemeinen Verkehre, während es in der Technik besonders zu Messinstrumenten, Reisszeugen etc. im Waffenwesen, neuestens, und zwar auch in Bayern, zu Geschützaufsätzen dient.

4. Legirungen des Zinns mit Blei und anderen Metallen.

66 Thl. Zinn mit 34 Thln. Blei, geben das Weich- oder Schnellloth (*soudure fondante*) zum Löthen des Weissbleches; dasselbe schmilzt bei 190° C. und besitzt eine Dichte von 8,2.

Eine Legirung von gleichen Theilen Zinn und Blei dient in Bayern zum Gusse der Granat-Kartätsch-Zünderschrauben, und wird ausserdem ebenfalls als Weichloth gebraucht.

Von anderweitigen, sehr zahlreichen Legirungen des Zinnes[3]), sei noch des Britanniametall's und der sogenannten Composition gedacht. Ersteres enthält 10 Proz. Antimon,[4]) Letztere, kleine Mengen

---

[1]) Das Nickel ist ein edles Metall, das jedoch nie gediegen, sondern meistens an Arsenik, Antimon, Kupfer oder Schwefel gebunden und überhaupt ziemlich selten in der Natur vorkömmt. Es hat eine, zwischen gelblichweiss und stahlgrau variirende Farbe, lebhaften Glanz, nahezu die Strengflüssigkeit des Schmiedeisens und ein specifisches Gewicht von 8,8; ist magnetisch, lässt sich schmieden u. s. w., findet indess nur zu Legirungen Anwendung.

[2]) Als Chinasilber, Alpaka, Christofle u. s. w.

[3]) Die zum Anlassen des Stahles benützten Metallbäder sind, wie bereits dort erwähnt, gleichfalls Legirungen von Zinn und Blei.

[4]) Das Halbmetall Antimon (*antimoine*) findet sich nur selten gediegen, häufig aber an Schwefel gebunden in der Natur vor. Es ist fast zinnweiss, von krystallinisch blättrigem Gefüge, sehr spröde, härter als Kupfer, hat eine Dichte = 6,7 und schmilzt bei 425° C. Wird nur zu Legirungen verwendet. Fast von ausgedehnterer Anwendung als es selbst, ist sein oben erwähntes Erz, das Schwefelantimon (*sulfure d'antimoine*) oder Grauspiessglanzerz, auch Schwefelspiessglanz genannt. Dasselbe enthält 27 Thl. Schwefel auf 73 Thl. Antimon, ist dunkelgrau, glänzt

des ebengenannten Metalles, neben gleichfalls geringen Zusätzen von Kupfer und Wismuth.[1])

5. Legirungen des Blei's mit Antimon und Arsenik.

Durch den Zusatz von Antimon oder Arsenik[2]) wird das Blei härter[3]) und hat man daher ersteres neuestens in Vorschlag gebracht, um den Geschossen (besonders den expansiblen) der Handfeuerwaffen mehr Festigkeit zu geben und sie widerstandsfähiger gegen deformirende Einflüsse zu machen.

Die bisher gebräuchlichen Mischungen für solches Hartblei sind:

Das Letternmetall, aus 4 Thln. Blei und 1 Thl. Antimon bestehend und das Schrotblei, das einen Zusatz von 0,3—0,8 Prozent Arsenik enthält.

Salpetersaure Salze.

Unter den salpetersauren Salzen ist es vor allem das salpetersaure Kali, das als ein Bestandtheil des Schiesspulvers sowohl, wie der meisten Feuerwerkssätze, eine hervorragende Stelle in der Waffentechnik einnimmt.

1. Das salpetersaure Kali,

oder der Kalisalpeter, gewöhnlich nur Salpeter (*salpêtre*) genannt, enthält in 100 Theilen 53,46 Theile Salpetersäure[4]) auf 46,54 Theile

---

Graphit ähnlich, hat eine Dichte = 4,5 bis 4,7 und entzündet sich sehr leicht durch Funken u. dgl. Mit Pulver oder Salpeter gemischt, brennt es mit intensiver, weisser Flamme und dient desshalb zu Leucht- und Zündsätzen.

[1]) Wismuth (*bismuth*), gleichfalls ein Halbmetall, kömmt meist gediegen, selten an Schwefel gebunden vor. Es ist röthlich weiss, sehr hart und spröde, hat ein spec. Gew. = 9,9 und schmilzt bei 246° C. Findet auch nur legirt technische Verwendung.

[2]) Arsenik, auch zu den Halbmetallen gerechnet, findet sich gediegen, geschwefelt und legirt; es hat eine hell bleigraue Farbe, krystallinisch blättriges Gefüge, eine Dichte = 5,63 und verflüchtigt sich beim Erhitzen, ohne zu schmelzen, unter Verbreitung knoblauchartiger Dämpfe. Seine Verbindungen sind giftig. Gegenmittel: Seifenwasser.

[3]) Man bedient sich sogar vielfach einer Mischung von 80 Thln. Blei und 20 Thln. Antimon als Lagermetall für Wagenachsen.

[4]) Die Salpetersäure (*acide nitrique*), ist die zweitkräftigste Mineralsäure und wird demnach nur von der Schwefelsäure an Stärke übertroffen. (Daher ihre Gewinnung durch Zersetzung des Salpeters, wie unter diesem folgt.)

Kali [1]) und kömmt, sowohl bereits gebildet, in grösseren Massen: in den Niederungen der Marosch in Ungarn, an den Binnenseen Südrusslands,

---

Sie ist die Verbindung der zwei Grundbestandtheile der atmosphärischen Luft — Stick- und Sauerstoff — nach dem Verhältnisse von einem Atomgewichte des ersteren mit fünf Aequivalenten des letzteren, enthält demnach in 100 Theilen 26 Theile Stickstoff (*azote*) und 74 Theile Sauerstoff. Im technischen Gebrauche kömmt sie nur mit einem Gehalte von 14,25 Proz. chemisch gebundenen Wassers, als wasserhaltige Salpetersäure vor. Es bildet diese eine farblose, stechend riechende, ätzende, an der Luft in röthlich gelben (salpetrigsauren) Dämpfen rauchende Flüssigkeit, von 1,521 spec. Gew. Sie färbt Holz und die menschliche Haut gelb, zerstört alle Organismen, löst Metalle auf, siedet bei 86° C., zieht Wasser aus der Luft an, und lässt sich mit jenem beliebig verdünnen, wodurch sich ihr Siedepunkt erhöht. Sie ist indess sehr leicht zersetzbar und kann schon durch Entziehung ihres chemisch gebundenen Wassers, (mittels conc. Schwefelsäure, oder anhaltender Einwirkung des Sonnenlichtes) in Sauerstoff und salpetrige Säure (*acide nitreux*) zerlegt werden. Letztere, aus 1 Atomgew. Stickstoff und 3 Aequivalenten Sauerstoff bestehend, ist gasförmig, von dunkel gelbrother Farbe, welche sich der Salpetersäure beim Lichteinflusse mittheilt. Verdünnte, unreine Salpetersäure heisst Scheidewasser (*eau forte.*)

In der Waffentechnik wird die Salpetersäure vorzüglich zur Bereitung der Schiessbaumwolle und anderer explosibler Präparate, dann zur Auflösung des Kupfers bei der Analyse des Geschützbronzes u. s. w. verwendet.

[1]) Kali (*potasse*), ist das Oxyd des Halbmetalles Kalium (*potassium*), das zwar nie gediegen, dagegen ausserordentlich verbreitet, in Verbindung mit Säuren vorkommt. So enthält die gewöhnliche Holzasche kohlensaures Kali, das, durch Auslaugen und Abdampfen, als eine braune, zerfliessliche Salzmasse, die rohe Pottasche — das Salz der gemeinen Waschlauge — gewonnen und durch Glühen etc. von den färbenden Beimischungen befreit, geläutert und nun als calcinirte Pottasche in den Handel gebracht wird.

Das Kalium ist zinnweiss, stark glänzend, sehr weich und geschmeidig, hat nur 0,865 spec. Gew., ist bei 0° C. hart und brüchig, bei 55° aber schon vollkommen flüssig. In der Rothglühhitze (des Eisens) verdampft es zu einem grünen Gase. An der Luft geschmolzen, entzündet es sich und verbrennt. Es hat eine solche Begierde Sauerstoff anzuziehen, dass es sich nicht allein an der Luft sofort, zu Kali, oxydirt, weshalb es unter

in Ostindien; in kleinen Mengen: an Keller- und Senkgrubenwänden, im Schutte, an altem Mauerwerk etc. etc. in der Natur vor, als es auch auf sehr einfache Weise künstlich dargestellt werden kann.

Bei der Verwesung animalischer Organismen, verbindet sich nämlich der Stickstoffgehalt derselben, mit ihrem Wasserstoffe, zu jenem allbekannten, stechend riechenden Gase, das den Namen Ammoniak [1]) führt; da nun der Sauerstoff, sowohl zum Stickstoff, als zum Wasserstoffe eine grössere chemische Verwandtschaft hat, als diese beiden Stoffe unter sich, so trennt er, bei seinem Zutritte (aus der atmosphärischen Luft) zum Ammoniakgase, die Zusammensetzung desselben und bildet, mit dessen Stickstoffgehalt, Salpetersäure, mit seinem Wasserstoffe, Wasser. So entsteht bei jeder, unter Zutritt der Luft stattfindenden Verwesung thierischer Substanzen, von selbst, Salpetersäure, die denn sofort von vorhandenen erdigen Stoffen, wie Kalk, Bittererde [2]) etc. angezogen und zur Salzbildung benutzt wird.

---

sauerstofffreiem Steinöl (worin sich seine Oberfläche verseift) aufbewahrt werden muss, sondern auch fast allen oxydirten Körpern den Sauerstoffgehalt entzieht. So zersetzt es denn auch das Wasser mit grösster Heftigkeit und entzündet sich, auf selbes geworfen, augenblicklich, um, mit rother Flamme, zu Kali zu verbrennen. Es wird dieser Eigenschaft wegen in der Feuerwerkerei zu sogenanntem „griechischen", d. h. auf Wasser brennendem Feuer, gebraucht, hat aber sonst keine eigentlich technische Anwendung.

Das Kali enthält in 100 Theilen 83 Thl. Kalium und 17 Thl. Sauerstoff, d. h je ein Atomgewicht des ersteren und letzteren Stoffes, findet jedoch — für sich — keine gewerbliche Verwendung, wohl aber als Kalihydrat (*hydrate de potasse*), (mit einem chemisch gebundenen Wassergehalte von 16 Proz.), als welches es das Aetz- oder kaustische Kali (*potasse caustique*) bildet. Ausserdem wird es — allerdings um so ausgedehnter — in seinen Säureverbindungen verwerthet.

[1]) Das Ammoniak (*ammoniaque*) besteht aus 1 Aequivalent Stick- und 3 Atomgewichten Sauerstoff oder 82 Proz. des ersteren und 18 Proz. des letzteren Stoffes; es ist ein starkes Alkali und bildet mit Salzsäure (siehe unter Chlor) den Salmiak (*sel ammoniac*), der, wie das Ammoniak selbst, eine ausserordentlich vielseitige technische Verwendung findet.

[2]) Bittererde, Magnesia oder Talkerde ist das Oxyd des Halbmetalles, Magnesium. Das Magnesium (*magnesium*), (spec. Gew. = 1,8) ist geschmeidig, silberweiss, in Luft und Wasser unveränderlich, verbrennt aber beim Erhitzen mit ausserordentlich hellem Lichte (Magnesiumlicht). Das Produkt dieser Verbrennung ist die Talkerde, welche aus einem

Uebergiesst man nun salpetersauren Kalk, oder solche Bittererde, mit Pottasche, also kohlensaurer Kalilauge, so tritt die Kohlensäure der letztern an die genannten Erden, während die Salpetersäure dieser, mit dem freigewordenen Kali, salpetersaures Kali bildet.[1]) Lässt man dieses — durch Abkühlung der Lauge — auskrystallisiren, so erhält man sogenannten Rohsalpeter (*salpêtre brut*), der noch fremde Salze und erdige Beimengungen enthält, die ihm ein gelbliches Aussehen geben und welcher, vor seiner technischen Verwendung, natürlich noch gereinigt werden muss.

Der reine Salpeter (spec. Gew. 1,9—2) ist ein weisses, kühlend bitter schmeckendes Salz, das in sechsseitigen rhombischen Prismen, mit dachförmiger Spitze, krystallisirt und auf glühender Kohle mit violetter Flamme verpufft. Er schmilzt bei 350° C. zu einer wasserhellen Flüssigkeit, die mit krystallinischem Gefüge erkaltet, hiebei wieder undurchsichtig wird und einen strahligen Bruch erhält; körniger Bruch deutet auf fremde Beimengungen.[2])

In Alkohol ist Salpeter unlöslich, dagegen in Wasser,[3]) (und zwar

---

Atomgewichte Magnesium und einem Aequivalente Sauerstoff besteht und an Kiesel- oder Kohlensäure, sowie mit Kalkerde gebunden, als Hauptbestandtheil zahlreicher Gebirgsarten auftritt. So ist der Bitterkalk, Dolomit oder Donaukalkstein (der beim Bau der Festung Ingolstadt ausgedehnte Verwendung fand) aus kohlensaurer Kalk- und kohlensaurer Bittererde zusammengesetzt. Letztere dient — als Hydrat — vielfach in der Medizin, (*Magnesia alba*), was ebenso vom Bittersalze, oder der schwefelsauren Talkerde gilt, welches sich in den Mineralbitterwässern und im Meerwasser findet.

[1]) Der hier angedeutete Vorgang, liegt der, noch allenthalben gebräuchlichen Darstellungsweise des Salpeters durch die sogenannten Salpetergräber oder Salitterer zu Grunde, welche, durch Vermengung gewöhnlicher, kalkhaltiger Erde mit verwesenden, animalischen Substanzen, sogenannte Salpetererde (die also salpetersauren Kalk etc. enthält) herstellen und diese sodann mit Pottaschenlösung (von selben „Bruchwasser" genannt) auslaugen (den Salpeter „brechen".) Ein weit einfacheres Verfahren, wird beim Natronsalpeter erörtert werden.

[2]) Hierauf gründet sich die Schwarz'sche — schwedische — Salpeterprobe.

[3]) Es sei hier daran erinnert, dass die Chemie einen strengen Unterschied zwischen Lösung (*solution*) und Auflösung (*dissolution*) macht.

Erstere verändert die Natur eines Körpers nicht und kann dieser, durch Entfernung des Lösungsmittels (Abdampfen etc.) leicht wieder gewonnen werden, (so ist z. B. Zuckerwasser eine Lösung), die Auflösung

unter Abkühlung[1]) desselben), in um so grösserer Menge löslich, je wärmer dieses ist. So fordert er die 6 bis 7 fache Gewichtsmasse an kaltem, dagegen nur ⅓ seiner eigenen Schwere an kochendem Wasser, um sich vollständig in diesem zu lösen.[2])

Auf dieses Löslichkeitsverhältniss, gründen sich die Verfahrungsweisen zur Läuterung und Untersuchung des Salpeters.

Erstere geschieht durch Abkühlung einer gesättigten, kochenden Lösung desselben, wobei das reine, salpetersaure Kali in dem Masse auskrystallisiren wird, in welchem die Temperatur jener fällt, während andere Beimengungen, vermöge ihres Löslichkeitsverhältnisses, in Lösung bleiben.

Was die Untersuchung des Salpeters aber anbelangt, so wird eine gesättigte Lösung reinen salpetersauren Kalis, auf Salpeter gegeben, bei einem bestimmten Temperaturgrade, nichts mehr von diesem selbst, wohl aber noch dessen Beimengungen aufnehmen können.[3])

---

dagegen, verändert die Natur eines Körpers vollständig, indem sich aus dem Auflösungsmittel und dem dazu gegebenen Körper, eine neue chemische Verbindung herstellt. (So entsteht z. B. durch die Auflösung des Eisens in verdünnter Schwefelsäure, das schwefelsaure Eisenoxydul, oder der Eisenvitriol u. s. w.)

Lösungsmittel sind vorzüglich Wasser (für nicht brennbare sogenannte „kalte" Stoffe) und Alkohol (für brennbare Körper), doch auch, besonders für organische Substanzen, Aether (über diese und Alkohol siehe unter „Weingeist") und Oele. Körper, die sich in einem dieser Mittel lösen, sind gewöhnlich unlöslich in den anderen.

Die Aufnahmsfähigkeit der Lösungsmittel erhöht sich im allgemeinen mit ihrem Temperaturgrade, doch ist für jeden der letzteren ein bestimmter Sättigungspunkt vorhanden. Eine, mit einem gewissen Körper gesättigte Lösung, ist aber oft noch fähig, andere Stoffe in sich aufzunehmen.

Auflösungsmittel sind Säuren und Laugen, wovon letztere selbst wieder Lösungen alkalischer (d. i. laugenartiger, ätzender) Körper in Wasser sind. (So gibt die Lösung des Aetzkali's in Wasser die Kalilauge.)

Mischungen pulverisirter Körper mit Flüssigkeiten, in welchen sie weder löslich noch auflöslich sind, heissen Breie. (So sind alle Anstreichfarben Breie.)

[1]) Daher der kühlende Geschmack und die Anwendung des Salpeters zu Kältemischungen.

[2]) Gay-Lussac hat das Löslichkeitsverhältniss für jeden einzelnen Temperaturgrad festgestellt.

[3]) Hierauf gründet sich die Riffault'sche in Frankreich und auch in Bayern gebräuchliche Salpeterwaschprobe.

Unter Letzteren sind Natronsalpeter, Kochsalz und Glaubersalz die gewöhnlichsten und sind diess sämmtlich hygroscopische Körper, d. h. sie haben das Bestreben, stets Feuchtigkeit anzuziehen, eine Eigenschaft, welche der Kalisalpeter nicht hat.[1]) Dieser wird daher an freier (feuchter) Luft nicht nass und damit schwerer, wenn ihm nicht hygroscopische Salze, wie die eben genannten, beigemengt sind.

Zur speciellen Entdeckung dieser selbst, bedient man sich jedoch noch weiterer Mittel, die man chemische Reagentien nennt.

So erzeugt antimonsaures Kali,[2]) in eine Salpeterlösung gegeben, in dieser einen krystallinischen Niederschlag, sobald sie Natronsalpeter (über welchen ausserdem später Näheres) enthält, indem sich antimonsaures Natron bildet.

Zur Erkennung des Kochsalzes,[3]) dient ein anderes salpetersaures Salz, das salpetersaure Silberoxyd,[4]) das in Salpeterlösung geträufelt, selbst Spuren des Kochsalzes durch eine blaue, am Lichte immer dunkler werdende Trübung, grössere Verunreinigungen damit, aber durch einen, Anfangs weissen, allmälig gleichfalls dunkel werdenden, käsigen Niederschlag andeutet, indem sich sein Silbergehalt, mit dem Chlor des Kochsalzes zu Chlorsilber verbindet.

Glaubersalz[5]) endlich, wird durch Chlorbarium[6]) entdeckt,

---

[1]) Darauf beruht ja gerade seine Brauchbarkeit als Pulverbestandtheil etc.

[2]) Antimonsaures Kali entsteht, wenn man Antimon mit Salpeter erhitzt. Die Antimonsäure setzt sich gerade so aus Antimon und Sauerstoff zusammen, wie die Salpetersäure aus diesem und Stickstoff; sie ist eine sehr schwache Säure.

[3]) Kochsalz, ist die chemische Verbindung von 61 Theilen Chlor mit 39 Thln. Natrium. (Ueber dieses siehe Natronsalpeter, über jenes: chlorsaures Kali.) Es löst sich, gleichmässig, in seinem 3 fachen Gewichte kalten, wie heissen Wassers.

[4]) Das salpetersaure Silberoxyd, auch, nach seiner Darstellung, „Silberauflösung" genannt, bildet farblose, in der Luft unveränderliche Krystalle, die sich leicht in Wasser lösen. Es zersetzt und schwärzt organische Stoffe und wirkt dabei ätzend giftig. Geschmolzen, erstarrt es krystallinisch und bildet so den „Höllenstein" der Chirurgie.

[5]) Glaubersalz ist schwefelsaures Natron; es hat sein grösstes Löslichkeitsvermögen bei 33° C., bei welcher Temperatur es sich im 3. Theile seines Gewichtes Wasser löset, während es bei 0° C. das 8 fache, bei 18° das 2 fache seiner eigenen Menge an Wasser fordert.

[6]) Chlorbarium ist die Verbindung des Halbmetalles Barium mit Chlor. (Ueber jenes siehe salpetersauren Baryt.)

das den Schwefelsäuregehalt des ersteren zur Bildung von schwefelsaurem Baryt[1]) benützt. der als weisser, unlöslicher Niederschlag zu Boden fällt.

Der Salpeter wird endlich durch Schwefelsäure in schwefelsaures Kali und Salpetersäure zersetzt und dient dieser Process zur Erzeugung der letzteren.

2. Das salpetersaure Natron.

Das salpetersaure Natron[2]) oder der Natronsalpeter (*nitrate de natron*), findet sich in unerschöpflichen Lagern in Peru und Chili, und wird von dort, unter dem Namen Chilisalpeter, in so ergiebiger Weise ausgeführt, dass eine künstliche Erzeugung desselben überflüssig ist. Es verhält sich im Allgemeinen wie das salpetersaure Kali, unterscheidet sich von diesem jedoch äusserlich durch seine Krystallform — Rhomboëder — bezüglich seiner chemischen Eigenschaften aber dadurch, dass es mit gelber Flamme verbrennt und sehr hygroscopisch ist.

Seine Wichtigkeit für die Militärtechnik besteht in der Verwendung zur einfachsten Erzeugung des Kalisalpeters, der daraus durch blosse Behandlung mit Pottaschenlauge oder mit Chlorkalium[3]) dargestellt werden kann.

Bei Anwendung ersterer, tritt das Kali an Stelle des Natrons zur Salpetersäure, während dieses zu kohlensaurem Natron (Soda) gebunden wird; mittels des zweitgenannten Salzes wird neben dem Kalisalpeter, Chlornatrium (Kochsalz) erzeugt.

3. Der salpetersaure Baryt und das salpetersaure Strontian.

Der salpetersaure Baryt[4]) und das salpetersaure Strontian[5]) (*ni-*

---

[1]) Siehe hierüber unter salpetersaurem Baryt.

[2]) Natron ist das Oxyd des Halbmetalles Natrium, das sich wieder — wie Kalium — nicht gediegen, dagegen höchst verbreitet, an Säuren, am häufigsten aber, als Koch- oder Steinsalz, an Chlor — zu Chlornatrium — gebunden in der Natur findet.

Das Natrium (spec. Gew. = 0,97) ist dem Kalium sehr ähnlich, d. h. etwas minder leicht oxydirbar als dieses; so zersetzt es das Wasser mit grosser Heftigkeit, entzündet sich aber nur, wenn dieses erhitzt wird. Das Natron enthält 26 Theile Sauerstoff und 74 Theile Natrium, findet — wie das Aetzkali, dem es auch ganz ähnlich ist — als Natronhydrat und kaustisches Natron eine ausgedehnte Verwendung und bildet, als kohlensaures Natron, das, unter dem Namen Soda (*soude*) bekannte Aschensalz der Seepflanzen.

[3]) Ueber Chlorkalium siehe chlorsaures Kali.

[4]) Baryt oder Baryterde ist das Oxyd des — noch wenig bekannten — Halbmetalles Barium. Dieses findet sich, schon seiner ausserordentlichen

trate de baryte et de strontiane) sind zwei Salze, die hier Erwähnung finden sollen, weil sich ihrer die Pyrotechnie — und zwar des ersteren, zur Zusammensetzung grüner, des letztern für rothe Signalfeuer bedient.

Explosible Salze.

Zur Herstellung von Zündsätzen, die durch Schlag oder Reibung (Percussions- und Frictionszündung) explodiren, bedient sich die Waffentechnik vornehmlich zweier, ihrer übrigen Natur nach, sehr verschiedener Metallsalze: des chlorsauren Kali's und des Knallquecksilbers.

1. Das chlorsaure Kali.

Das chlorsaure Kali [1]) (*chlorate de potasse muriatique*) bildet perlenmutterartig glänzende Krystallblättchen, die sich nur schwer in kaltem Wasser lösen und wie Salpeter schmecken.

Oxydirbarkeit wegen, nie gediegen, ist dagegen in Verbindung mit Schwefel- und Kohlensäure, als krystallisirter schwefelsaurer Baryt im Schwerspath und krystallisirte kohlensaure Baryterde im Witherit, ziemlich verbreitet.

[4]) (zu Seite 47 gehörig.) Strontian, oder Strontianerde, ist das Oxyd des, gleichfalls wenig bekannten, Halbmetalles Strontium, das, an sich und in seinen Verbindungen, dem Barium ebenso ähnelt, wie das Natrium dem Kalium. Natürlich, findet es sich wieder mit Schwefel- oder Kohlensäure gebunden und bildet mit letzterer, als krystallisirte kohlensaure Strontianerde, den Strontianit.

[1]) Chlorsäure (*acide muriatique*), eine syrupdicke, sehr saure, fast geruchlose Flüssigkeit, in welcher sich Papier und Alkohol entzünden, ist die, nur in wasserhaltigem Zustande bekannte und künstlich darstellbare Verbindung von 1 Atomgew. Chlor mit 5 Aequivalenten Sauerstoff.

Dieser verbindet sich ausserdem in noch 3 Verhältnissen mit Chlor und zwar:

je 8 Aequivalente zu 1 Atomgew. Chlor, als Ueberchlorsäure,
„ 3 „ „ 1 „ „ „ Chlorige Säure und
„ 1 „ „ 1 „ „ „ Unterchlorige Säure.

Das Chlor (*chlore*) ist ein gasförmiger Grundstoff von blassgrüner Farbe und erstickendem Geruche. Es findet sich niemals frei in der Natur, ist dagegen in seinen Verbindungen, besonders als Chlornatrium (Kochsalz) sehr verbreitet.

Das Chlor vereinigt sich mit allen übrigen einfachen Stoffen und — besonders mit den Metallen — sogar oft energischer als der Sauerstoff. Es besitzt die Eigenschaft, mit basenbildenden Metallen directe, ohne Sauerstoffzutritt, Salze zu geben (Chlornatrium, Kochsalz) d. h. es ist ein

Mit leichtentzündlichen Stoffen, wie Schwefel, Phosphor (rother!) Schwefelantimon etc. gemengt, explodirt das chlorsaure Kali bei Stoss oder Reibung, oder Hinzutritt von Schwefelsäure, unter heftigem Knalle und lebhafter Feuererscheinung. Bei langsamer Erwärmung zersetzt es

Salzbilder. Man nennt solche salzbildende Stoffe Hallogene und bezeichnet die, in ebenerwähnter Weise zusammengesetzten Salze, als Halloidsalze.

In der Regel verbindet sich das Chlor in ebensovielen Verhältnissen mit einem Metalle, als dieses Oxydationsstufen hat. Das in seiner Zusammensetzung dem Oxydule eines Metalles proportionale Halloidsalz wird als Chlorür, das dem Oxyde entsprechende Chlormetall aber Chlorid genannt. Jene Verbindungsstufen, welche den Säuren entsprechen, heissen Superchlorüre und Superchloride.

Eine ganz besondere Neigung hat das Chlor zum Wasserstoffe, den es fast überall aus seinen Verbindungen austreibt, um sich selbst damit vereinigen zu können. Auf dieser Eigenschaft beruhen die Veränderungen, welche die meisten organischen (also Wasserstoff enthaltenden) Substanzen, durch die Einwirkung von Chlor erleiden.

So bleicht es Pflanzenfarben, zerstört selbst miasmatische u. a. Produkte der organischen Verwesung und wird daher zum Bleichen der Gewebe (deren Faser es dabei allerdings schädigt) zu Desinfectionen u. s. w. im ausgedehntesten Masse und zwar vorzüglich als Chlorwasser und Chlorkalk verwendet.

Ersteres ist die Lösung von Chlorgas in Wasser und vermag dieses die dreifache Menge seines eigenen Volumens von jenem aufzunehmen.

Chlorkalk ist unterchlorigsaure Kalkerde.

Die Verbindung des Chlors mit Wasserstoff, ist aber die drittstärkste Mineralsäure, die Chlorwasserstoffsäure (*acide hydrochlorique*). Dieselbe besteht aus je einem chemischen Mischungsgewichte Chlor und Wasserstoff, enthält daher 97 Theile Chlor und 3 Theile Wasserstoff und bildet ein farbloses, an der Luft stark rauchendes, erstickend riechendes Gas, das durch Zersetzung des Kochsalzes mittels englischer Schwefelsäure dargestellt wird, wobei der Wassergehalt dieser den nöthigen Wasserstoff abgibt und schwefelsaures Natron (Glaubersalz) im Rückstande bleibt.

Diese gasförmige Chlorwasserstoffsäure (spec. Gew. 1,25) wird in ganz ausserordentlicher Menge von Wasser absorbirt und zwar vermag ein Volumenmass Wasser, 500 Masse Chlorwasserstoffsäure aufzunehmen, durch welchen Vorgang die vornehmlich im technischen Gebrauche stehende flüssige Chlorwasserstoffsäure oder Salzsäure gewonnen wird.

sich in Chlorkalium[1]) und Sauerstoff, daher es auch zur einfachsten Darstellung des letzteren dient.

2. Das Knallquecksilber.

Das Knallquecksilber (*muriate de mercure, mercure fulminant*) oder knall-, auch cyansaure Quecksilberoxyd, entsteht durch Uebergiessen salpetersauren Quecksilberoxydes[2]) mit Alkohol,

---

Dieselbe bildet (wenn sie nicht, wie im Handel meistens, verunreinigt ist und darum gelblich erscheint) eine farblose, stark rauchende, stechend riechende, höchst saure und ätzende Flüssigkeit von 1,19 Dichte, welche zur Auflösung der Erden, sowie — unter Zusatz von ⅓ Salpetersäure, als Königswasser (*eau réale*) — zu jener des Goldes und Platina's dient und den zerstörendsten Einfluss auf alle organischen Stoffe übt.

Als einer weiteren erwähnenswerthen Chlorverbindung, sei endlich noch des Chlorstickstoffes gedacht, eines Präparates, das sich durch eine ganz ausserordentliche Explosibilität auszeichnet und auch unter dem Namen Dulong'sches Höllenöl bekannt ist.

[1]) Chlorkalium ist ein dem Chlornatrium (Kochsalz) sehr ähnliches, nicht selten auch dem chlorsauren Kali beigemengtes Salz, von welch' letzterem es jedoch leicht wieder durch die Reaction auf salpetersaures Silberoxyd zu unterscheiden ist.

[2]) Salpetersaures Quecksilberoxyd wird durch Auflösung des Quecksilbers in kochender Salpetersäure erhalten.

Quecksilber (*mercure*) ist das einzige, tropfbarflüssige Metall und findet sich sowohl gediegen, als — vorzüglich mit Schwefel (zu Zinnober) — vererzt in der Natur. Hauptfundorte sind Idria in Krain, Almadon in Spanien, Moschellandsberg und Wolfstein in Rheinbayern, dann Neustadt in Bayern und einige Orte in Böhmen, Sachsen, Ungarn, Siebenbürgen, Kärnthen, Steiermark und am Mittelrheine.

Es ist von silberweisser Farbe und bedeutender Schwere (spec. Gew. 13,6), verdunstet schon bei gewöhnlicher Temperatur und erstarrt erst bei —39° C., kocht dagegen bei 360° C., kann also aus seinen Verbindungen durch Destillation gewonnen werden. Seine Dämpfe sind farblos, wirken aber giftig. (Gegenmittel: Schwefelwasserstoffwasser.)

Es hat zwei Oxydationsstufen, von denen das Quecksilberoxyd die Verbindung von einem, das Oxydul aber jene von zwei Atomgewichten Quecksilber mit je einem Aequivalente Sauerstoff ist.

In der Waffentechnik wird es zum sogenannten Centriren oder Polen kugelförmiger Artilleriegeschosse verwendet.

indem sich der Kohlenstoffgehalt des Letztern mit dem Stickstoffe der Salpetersäure zu Cyan[1]) vereinigt und dieses den überschüssigen Sauerstoff zu Cyansäure[2]) bindet.

Das Knallquecksilber krystallisirt in weissen, seidenartig glänzenden Nadeln, muss mit grösster Vorsicht behandelt und darf nie trocken, sondern stets nur mit mindestens 30 Prozent Wasserzusatz behandelt werden, da es — auch wenn es nicht mit leichtentzündlichen Stoffen ge-

---

[1]) Cyan (*cyane*) ist eine eigenthümliche Verbindung von zwei Atomgewichten Kohlenstoff und einem Aequivalente Stickstoff, oder 46 Prozenten des ersteren und 54 des letzteren Stoffes, welche sich vorzüglich dadurch auszeichnet, dass sie sich, den einfachen Stoffen gegenüber, selbst wie ein einfacher Stoff und zwar sehr ähnlich dem Chlor verhält. Es ist ein farbloses, stets künstlich dargestelltes, giftiges Gas, von höchst durchdringendem Geruche, entzündlich und mit violetter Flamme brennend. Mit Eisen gibt es das Berlinerblau (daher der Name Cyan, d. i. Blaustoff), mit diesem und Kalium zusammen aber, das sogenannte Blutlaugensalz, ein — unter Zutritt von Wasser - gelbe, tafelförmige Krystalle bildendes, nach Verlust des Krystallwassers (durch Erwärmung bis 100° C.) aber, weisses Salz, das in neuerer Zeit zu Mischungen für Schiesspulversurrogate (*Augendre's*, weisses Pulver etc etc.) Anwendung fand. Sein Name rührt wohl davon her, dass das Cyan im thierischen Blute enthalten ist und man sich auch des letztern selbst zur Darstellung des ebenfraglichen Salzes bedient, wozu man das getrocknete Blut (mit andern stickstoffhaltigen Substanzen). unter Zugabe von Pottasche, in eisernen Gefässen glüht und das dadurch erhaltene Schmelzprodukt mit Wasser auslaugt. Das Blutlaugensalz enthält in 100 Theilen 37 Thl Kalium, 17 Kohlenstoff, 20 Stickstoff, 13 Eisen und 13 Wasser. Um es nicht mit dem, aus ihm darstellbaren — in der Färberei Anwendung findenden — rothen Blutlaugensalze zu verwechseln, wird es auch speciell als gelbes Blutlaugensalz bezeichnet.

[2]) Cyansäure ist das Oxyd des Cyans und enthält in 100 Theilen 35% Kohlenstoff, 41% Stickstoff und 24 Theile Sauerstoff. Sie ist nur in wasserhaltigem Zustande bekannt, höchst unbeständig und bildet eine stets künstlich darzustellende, farblose Flüssigkeit, von stechend saurem Geruche; auf der Haut erzeugt sie schmerzhafte Blasen. Der höchst explosiblen Natur wegen, welche ihre Verbindungen mit Quecksilber und Silber zeigen, hat sie auch den Namen Knallsäure erhalten.

(Hiebei sei noch bemerkt, dass das Cyan mit dem Wasserstoffe die höchst giftige Blausäure (*acide prussique*) bildet, welche aus 44% Kohlenstoff, 52% Stickstoff und 4% Waserstoff besteht.)

mischt ist — schon bei ganz geringer äusserer Einwirkung (Schlag oder Reibung) mit enormer Heftigkeit explodirt.

Die Erfahrung hat gelehrt, dass das Knallquecksilber — besonders bei längerer Aufbewahrung — sich, ohne auffällige Ursache, selbst zersetzen kann, wobei es natürlich seine Explosibilität verliert.

Mineralische Brennmaterialien.

1. Stein- und Braunkohle.

Stein- und Braunkohle, sind die Produkte jener grossartigen, unterirdischen Verkohlungen[1]) vegetabilischer Stoffe, welche die fortschreitende Veränderung des Erdkörpers in ihrem Gefolge hatte, und gerade die vollständigere oder unvollkommenere Durchführung des Kohlungsprocesses ist es, worauf hauptsächlich der Unterschied zwischen den beiden genannten brennbaren Mineralien beruht.

So sind an der Braunkohle (*houille brune*) Gestalt und selbst Struktur des Holzes noch zu erkennen, nicht mehr aber an der Steinkohle (*houille*); jene enthält neben den, beiden gemeinschaftlichen Hauptbestandtheilen: Kohlenstoff und Wasserstoff, noch eine weit bedeutendere Menge Bitumen[2]) als diese, ja die vollkommenst

---

[1]) Verkohlung (*carbonisation*) ist Verbrennung unter Luftabschluss, im eigenen Sauerstoffgehalte, unvollständige Verbrennung, bei welcher nur die gasförmigen und flüssigen Bestandtheile eines organischen Körpers ausgetrieben, die festen aber nicht zerstört werden.

Der Verkohlung gegenüber, steht die totale Verbrennung, (*incinération*) oder Einäscherung, bei welcher selbst die festen Bestandtheile eines Körpers zerstört werden. Das Produkt der Verkohlung — die Kohle (*charbone*) — ist stets noch brennbar, das der Verbrennung — die Asche (*cendre*) — jedoch nicht mehr.

[2]) Bitumen, ist der allgemeine Name für gewisse, in der Erde vorkommende, harzige und ölige Produkte, welche ihre Entstehung wohl demselben Verkohlungsprocesse verdanken, durch den die Steinkohlen gebildet wurden. Sie bestehen wieder vorzüglich aus Kohlenstoff und Wasserstoff und zeichnen sich besonders durch einen eigenthümlichen brenzlichen Geruch aus. Für sich allein kommen die bituminösen Substanzen in flüssiger, zäher bis fester Form vor und zählt zu jenen der ersteren Gattung das, schon als Mittel gegen Rostansatz erwähnte Erd-, Berg-, oder Steinöl, auch Petroleum und Naphta genannt. Dieses hat oft Erdharze in sich gelöst, verdickt dann und heisst das, dadurch entstandene zähe Produkt: Bergtheer.

verkohlte, sogenannte harzlose Steinkohle, oder der Anthracit (*anthracite*), ist sogar gänzlich frei von Bitumengehalt. Der letztere ist es, welcher sich bei Behandlung der Braunkohle mit kochender Kalilauge theilweise auflöst und die Lauge braun färbt; eine Reaktion, welche bei der Steinkohle nicht eintritt. Diese ist stets von tiefschwarzer, pechartig glänzender Farbe, die Braunkohle dagegen gewöhnlich glanzlos und braun, doch erreichen manche Sorten derselben fast ganz das Aussehen der Steinkohle, nur gibt diese Letztere beim Schaben einen schwarzen, die Braunkohle aber immer einen braunen Strich.[1])

Beide Kohlenarten sind mehr oder minder mit verschiedenen Erden, sowie mit Schwefelmetallen u. dgl. verunreinigt, und enthalten noch eine gewisse Menge Sauerstoff, nur der Anthracit ist fast reiner (amorpher) Kohlenstoff.

Härte und Dichte beider Mineralien sind nahezu gleich; erstere entspricht jener des Gypses, letztere variirt zwischen 1—1,5; in beiden Beziehungen steht die Braunkohle etwas Weniges unter der Steinkohle.

Die Hauptfundorte der Letzteren sind England, Nordamerika, Belgien, Nordfrankreich, dann die Ruhr- und Saarbecken am Mittelrheine (von Letzterem St. Ingbert in Rheinbayern), Westphalen, Schlesien, Zwickau in Sachsen, Pilsen in Böhmen, Stockheim im Fichtelgebirge u. a. Nur in Russland, Schweden und Norwegen, sowie in Italien fehlen dieselben gänzlich. Die Braunkohle dagegen findet sich in grosser Ausdehnung zwischen Chiemsee und Bodensee (Miesbach, Peissenberg), in der Oberpfalz, in der Lausitz, in Thüringen, am untern Mittelrheine, im Erzgebirge, dann bei Paris und London u. s. w.

Was nun den technischen Werth der mineralischen Kohlen anbelangt, so besteht hierin allerdings der bedeutendste Unterschied zwischen denselben; denn nicht allein, dass die Steinkohle die doppelte bis dreifache Heizkraft der Braunkohle besitzt[2]) und diese kaum

---

Die festen Erdharze sind unter dem Namen Erdpech, Judenpech oder Asphalt bekannt und findet sich dieser besonders an den Ufern und auf dem Spiegel des todten Meeres und auf dem Asphaltsee der Insel Trinidad in Westindien. Er dient in der Waffentechnik zu wasserdichten Kitten u. dgl. (Reibzündröhrchenkitt in Bayern).

[1]) Strich ist die Bezeichnung für das beim Schaben etc. der Mineralien entstehende Pulver.

[2]) Ein Pfund Steinkohle vermag 60 Pfd. Wasser vom Gefrier- bis zum Siedepunkte zu erhitzen.

mehr als 50% wirklich brennbarer Stoffe[1]), jene davon bis über 80% enthält, so ist es noch ganz besonders die Möglichkeit der Vercoakung, welche die Steinkohle ausserordentlich über die Braunkohle stellt.

Wenn man nämlich die Steinkohle unter Luftabschluss glüht — verkohlt — so erhält man ein Produkt, das von schwefligen und andern flüchtigen Beimengungen[2]) fast gänzlich frei, vorzüglich nur aus Kohlenstoff (bis über 90%) und unverbrennlichen Erden (3—5%) zusammengesetzt und allgemein unter dem Namen Coaks (*cokes*) bekannt ist.

Die Coaks sind natürlich leichter als Steinkohle und bilden eine schwarzgraue, graphitartig glänzende, poröse, doch ziemlich consistente Masse, ihre Heizkraft ist nicht ganz doppelt so stark, wie jene der Steinkohlen[3]).

Diese selbst werden indess bezüglich ihres Verhaltens bei der Vercoakung in 3 Arten unterschieden:

Backkohlen, welche sich beim Glühen aufblähen und deren Coaks eine zusammenhängende, gleichförmige Masse bilden.

Sinterkohlen, welche bei der Vercoakung schwinden, aber doch zusammenhängend bleiben, und

Sandkohlen, welche nicht allein sehr geschwundene, sondern auch unzusammenhängende Coaks liefern.

Die Braunkohlen lassen sich nicht vercoaken, sondern geben beim abgeschlossenen Glühen einen leicht zerfallenden Rückstand[4]).

Alle mineralischen Kohlen fordern starken Luftzug — Sauerstoffzufluss — um gut zu brennen; im höchsten Masse gilt diess vom Anthracit, der sogar erst durch andere Brennstoffe entzündet werden

---

[1]) Kohlenstoff und Wasserstoff.

[2]) Die flüchtigen Beimengungen geben Leuchtgas, die flüssigen, Steinkohlenöl und Theer (*goudron.*)

Was den Letzteren anbelangt, so hat man aus demselben, in neuester Zeit, durch allmälige Destillation, eine sehr beträchtliche Zahl verschiedener flüchtiger und harziger Oele, Säuren u. s. w. abgeschieden, welche für die Technik von grösstem Werthe sind und besteht daher gegenwärtig eine eigene Theerindustrie, die es sich zur Aufgabe macht, den sonst so gering geachteten Theer allseitigst auszubeuten.

[3]) Man nimmt im Allgemeinen an, dass 2 Pfd. Coaks die Heizkraft von 3 Pfd. Steinkohlen haben.

[4]) Auch zur Leuchtgasgewinnung sind sie nicht tauglich und selbst ihr Theer, wird durch seinen Holzessiggehalt in der Anwendbarkeit beschränkt, doch werden sie neuestens vortheilhaft auf Paraffin, Solaröl, Photogen etc. etc. ausgebeutet.

muss, dann von den Coaks, und den Backkohlen; am leichtesten brennen Braunkohlen.

Da die Kohle bei hohen Temperaturgraden das Wasser zersetzt, um dessen Sauerstoff zum Brennen zu benützen, hiedurch aber Wasserstoffgas frei und mit verbrannt wird, so erhöht eine bemessene Anfeuchtung (bis 10%) die Heizkraft jeder Kohle, indem sie derselben jene des entwickelten Wasserstoffgases[1]) zufügt.

2. Torf (*tourbe*).

Der Torf ist, wie die mineralische Kohle, das Produkt theilweiser Verbrennung vegetabilischer Stoffe, welch' letztere hier vorzüglich aus den Wurzelfasern gewisser, stark wuchernder Moor- und Haidepflanzen bestehen, durch stagnirendes Wasser von der atmosphärischen Luft abgesperrt und so unterirdisch theilweise zersetzt, oxydirt, verkohlt werden.

Er ist in den ausgedehntesten Lagern auf der Erde verbreitet und überall vorhanden, wo sich Sümpfe, Moore und Haidestrecken finden.

Der Torf hat ein filziges, mit erdigen Beimengungen stark gemischtes Gefüge, ist glanzlos, leicht (Dichte = 0,5—0,6) und lässt sich unschwer mit der Hand zerbröckeln.

In den obersten Schichten ist er braun, locker und von minderer Güte; in den unteren, vollkommener verkohlten und durch den darauf lastenden Druck mehr verdichtenden Lagen, hat er eine schwarze Farbe und grössere Consistenz. Stets enthält er viel Wasser, dessen Menge selbst beim lufttrockenen Torfe noch bis 25% (ohne das weitere, chemisch gebundene, ungefähr ebenso grosse Quantum!) beträgt. (Hiedurch erklärt es sich, dass der Torf beim Trocknen fast um die Hälfte leichter wird.)

Die brennbaren Bestandtheile des Torfes erreichen im Allgemeinen 50 Prozenttheile seines Gewichtes und variirt seine Heizkraft hiedurch zwischen jener der Braunkohle und des Holzes.

Je nach der Gewinnungsweise unterscheidet man Stech-, Press- und Baggertorf.

Der erstere ist zwar am einfachsten herzustellen, behält aber stets viel Wasser, ist wenig dicht, nimmt ein grosses Volumen ein etc. Mängel, die man durch das Pressen[2]) zu beseitigen sucht.

---

[1]) Das Wasserstoffgas hat ungefähr die 10fache Heizkraft der Steinkohle.

[2]) Hiebei sei bemerkt, dass der Torf vor dem Pressen stets gekleint werden muss, da er sonst feucht bleibt. In Haspelmoor wird der gekleinte, getrocknete Torf, nach einem, von Exter aufgestellten Verfahren, bei einer Temperatur gepresst, durch welche er zugleich theilweise verkohlt und der hiebei entwickelte Theer als Bindemittel wirkt.

Baggertorf heisst der, vorzüglich in den Niederlanden, Westphalen, u. s. w. aus breiförmiger Moormasse gewonnene Torf.

In neuester Zeit hat man sowohl die Herstellung von Torfkoaks, die jedoch nur aus dichtem Presstorf genügend consistent zu erzeugen sind, sowie, in Verbindung hiemit, die Ausbeute des Torfes auf Paraffin, Solaröl, Theer etc. nicht ohne Erfolg versucht.

II. Materialien aus dem Pflanzenreiche.

Holz (*bois*).

Allgemeines.

Das Holz wird nach zweierlei Richtungen technisch verwerthet:

als Brennmaterial und

als Nutz- oder Werkholz.

Hier wird vornehmlich die letztere Verwendungsweise eine eingehendere Erörterung finden müssen, dazu aber einige Andeutungen über den Wachsthum des Baumes etc. füglich die passendste Einleitung bilden.

Wenn man den Querschnitt eines Stammes betrachtet, so kann man an ihm, von aussen nach innen fortschreitend, folgende Theile unterscheiden:

Die Rinde, (*écorce*),

den Bast, (*liber*),

den Splint oder das junge Holz, (*aubier*),

das eigentliche Holz, (*bois mûr*), und

das Mark oder den Kern (*coeur*).

So lange der Baum im Wachsen begriffen ist, bildet sich mit jedem Jahre, durch die, im Frühlinge eintretende Lebensthätigkeit, je eine neue äusserste Splint- und innerste Bastlage, während die bisherige äusserste Bastschichte zu Rinde, die innerste Splintschichte aber, zu eigentlichem Holze wird.

Es entstehen auf diese Weise gewisse, je nach den verschiedenen Holzgattungen, mehr oder minder deutlich ausgeprägte, concentrische Schichten, welche man die Jahrringe (*cernes*) des Baumes nennt, und durch die, wenigstens für die Zeit der Zunahme des Baumes, ein Anhaltspunkt für dessen Alter geboten ist.

Die Jahrringe reichen — selbstverständlich — nur soweit am Stamme empor, als dieser zur Zeit ihrer Bildung hoch war, üben aber, in Folge ihrer einschubweisen Entstehung, einen gewissen Druck auf die inneren Holzschichten aus, durch welchen diese stets mehr und mehr verdichtet werden. Unter einander sind sie durch radiale, strahlenförmige Faserbüschel verbunden, welche Spiegelfasern (*mailles*) heissen.

Zu einem gewissen, je nach der Gattung des Baumes allerdings sehr verschiedenen Zeitpunkte, hört die Erzeugung neuer Jahrringe auf; der Baum ist nun ausgewachsen, sein Organismus hat die höchste Kraftfülle erreicht und geht dann, nach einem längeren oder kürzeren Stillstande, allmälig in seiner Lebensthätigkeit zurück; der Baum altert und steht ab.

Auf die regelmässige und gute Entwicklung des eben geschilderten, vegetabilischen Lebensprocesses, haben sowohl klimatische, als zufällige Verhältnisse und ganz besonders die Bodenbeschaffenheit am Standorte des Baumes, den entschiedensten Einfluss; nur das günstige Zusammenwirken aller dieser Bedingungen wird das wahrhaft gesunde und kräftige Holz liefern, das die Technik — vorzüglich die militärische — zur Herstellung dauerhafter und guter Geräthe bedarf.

Das Werkholz (*bois de construction.*)

Auswahl und Fällung desselben.

Aus den vorstehenden Andeutungen über den Wachsthum des Holzes, ergeben sich von selbst die Hauptregeln, nach welchen dessen Auswahl für gewerbliche Zwecke geschehen muss. Es kann denselben noch beigefügt werden, dass es im Allgemeinen nur gerade, wenig verästete und in voller Kraft stehende Stämme sind, deren man sich mit Vorzug bedient. Selbst vom gesunden und kräftigen Stamme aber, darf nur das „eigentliche Holz" — niemals der Splint — zur Verwendung kommen, wo es sich um dauerhafte Constructionen handelt. Ebenso muss das Mark stets ausgeschieden werden.

Verräth sich die Unbrauchbarkeit eines Baumes, resp. dessen Kränklichkeit nicht schon durch das blosse Aussehen, so gibt hierüber leicht der Ton, welcher beim Anschlagen des Stammes entsteht und der, beim gesunden Holze, hellklingend sein muss, einen weiteren Anhaltspunkt; endlich aber ist durch die, beim Anbohren des Baumes zu Tage kommenden Bohrspähne, ein sicheres Mittel zur Beurtheilung seiner innerlichen Beschaffenheit geboten.

In der Regel wird das Werkholz im Herbste ausgewählt und im darauffolgenden Winter gefällt. Hiebei liegt die Annahme zu Grunde, dass in der erstgenannten Jahreszeit die Qualität eines Baumes am sichersten richtig zu erkennen sei, während die Stockung der Saftcirculation im Winter die spätere Trocknung des Holzes erleichtere.

Indess fällt man in neuester Zeit, besonders bei Anwendung künstlicher Trocknung — das Nutzholz vielfach auch im Frühjahre, wenn der Saft (*sève*) in ihm am dünnflüssigsten ist, und hat bisher noch keine nachtheiligen Folgen hievon beobachtet.

Trocknung und Conservirung des Werkholzes.

Es wurde soeben der Trocknung des Nutzholzes erwähnt und soll daher sofort auf diesen höchst wichtigen Theil der Brauchbarmachung des Holzes näher eingegangen werden.

Das frische, „grüne" Holz, enthält stets, bis nahe an 50% seines Gewichtes, Saftstoffe und Wasser. Diese flüssigen Beimengungen vergrössern nicht allein das Gewicht, sondern auch das Volumen des Holzes und veranlassen, selbst in Gährung übergehend, die Zersetzung und Fäulniss der, an sich unverweslichen Holzfaser. Ehe daher an eine rationelle Verarbeitung des Nutzholzes gedacht werden kann, ist die gründliche Entfernung oder Neutralisirung seines Saft- und Feuchtigkeitsgehaltes unumgänglich nothwendig.

Die erstere Aufgabe, die Trocknung des Werkholzes, kann entweder auf natürlichem Wege — durch einfache Lagerung — oder künstlich vorgenommen werden, die letztere wird durch chemische Veränderung der Saftstoffe vollzogen.

Die natürliche Trocknung des Werkholzes wird durch dessen Lagerung an einem schattigen, luftigen, doch windstillen und vor Regen geschützten Orte — am besten also in eigenen Magazinen — bewerkstelligt und entweder im ganzen Stamme, oder erst mit den, bereits ihrer künftigen Bestimmung entsprechend roh zugearbeiteten Werkholzstücken vorgenommen.

Im ersteren Falle wird der Stamm gewöhnlich theilweise entrindet, „beringelt," um die Verdunstung der Saftstoffe zu erleichtern; ein vollständiges Abschälen ist nicht zu empfehlen, da hiedurch meist Längenrisse, in Folge des zu raschen Trocknungsvorganges entstehen. Das Belassen der Rinde begünstigt dagegen den Wurmfrass, dessen Hauptsitz in Splint und Rinde ist.

Da an den Endquerschnitten, den „Hirnseiten" des Holzes, die Austrocknung rascher, als am Längentheile vor sich gehen wird, so müssen jene durch Theer-, Kalk-, Lehm- oder andere poröse Anstriche, oder aufgenagelte Brettchen etc. geschützt und jedenfalls so gelagert werden, dass sie nie einem schädlichen Luftzuge direkte ausgesetzt sind.

Ueberhaupt ist es die gehörige Regelung des Luftzutrittes, wodurch die natürliche Trocknung des Holzes am meisten gefördert werden kann, während jede Ungleichmässigkeit hierin, nachtheilig wirkt.

So „wirft“ sich (*se déjeter*) das Holz, wenn es auf der einen Seite rascher trocknet, als auf der andern, d. h. es krümmt oder wölbt sich concave gegen die trockenere Seite, da eben seine einzelnen Zellen und Fasern einschrumpfen, sich zusammenziehen — „schwinden“ (*retraire*) — sobald sie ihren Saftgehalt verlieren. [1])

In ähnlicher Weise wird das Holz durch ungleichmässige Trocknung „windschief“ oder „reisst“ u. s. w.

Die Hölzer müssen daher stets so geschichtet werden, dass die Luft sie auf allen Seiten ordentlich umspülen, nirgend aber besonders heftig zuströmen und dadurch einseitige Wirkungen hervorbringen kann.

Alle derlei Vorkehrungen müssen aber ganz besonders von einer fleissigen Nachsicht der magazinirten Hölzer, durch welche wurmstichige, verstockte etc. Theile sofort entdeckt und entfernt werden können, begleitet sein.

Der natürliche Trocknungsvorgang erfordert eine, der Gattung[2]) des Holzes nach sehr verschiedene Vollendungszeit, die sich für den ganzen Stamm, selbstverständlich, höher stellt, als für zugerichtetes Holz, meistens aber mehrere Jahre beträgt.

Indess lässt sich selbst durch die andauerndste Lagerung keine absolute Austrocknung des Holzes erzielen, da der Feuchtigkeitsgehalt desselben nie unter den der atmosphärischen Luft sinken wird. Auf diese Weise enthält das bestgelagerte, sogenannte „lufttrockene“ Holz, stets noch eine Wassermenge von 10 Prozenttheilen seines Gewichtes.

Dieser Umstand sowohl, als wie auch, ganz besonders, die lange Dauer des Trocknungsvorganges und die Sorge, das Holz dabei, selbst mit aller Vorsicht, nicht immer gänzlich vor jedem Schaden[3]) bewahren zu können, haben — vorzüglich mit dem gesteigerten Bedarfe der heutigen Industrie — in neuerer Zeit vielfach dazu angeregt, das Holz auf künstlichem Wege von seinen Saftstoffen zu befreien.

Die künstliche Trocknung des Holzes wird entweder durch wohlbemessene Erwärmung desselben (bis zum Braunwerden) oder durch Auslaugen der Saftstoffe vorgenommen.

Zu ersterem Verfahren bedient man sich sowohl offener Röstfeuer, als auch — und natürlich mit besserem Erfolge — eigener, geheizter Trockenräume. Das Hauptaugenmerk dabei, muss, erklär-

---

[1]) Die einseitige Trocknung des Holzes dient ja sogar zur Herstellung künstlicher Krümmungen, wie z. B. bei den Fassdauben u. dgl.

[2]) Bei Abhandlung der Werkholzgattungen werden auch Angaben über ihre Trockenzeit folgen.

[3]) Besonders Wurmfrass.

licherweise, auf die Einhaltung des bestimmten Temperaturgrades gerichtet sein und liegt hierin eben die Schwierigkeit der Erzielung gleichmässiger Resultate. Indess ist diese Trocknungsweise nur für kleinere Holztheile anwendbar und schadet stets der Zähigkeit der Holzfaser.

Das Auslaugen der Saftstoffe geschieht entweder durch Einsenken des Holzes in fliessendes, kaltes Wasser, oder durch Auskochen, oder endlich durch Behandlung des Holzes mit Wasserdampf.

Der erstere Weg erfordert wieder 2—3 Jahre Zeit und hienach eine weitere Trocknung.

Das Auskochen ist nur für kleinere Holztheile anwendbar und jedenfalls durch das „Dämpfen"[1]) weit übertroffen.

Allein alle diese Verfahrungsweisen lohnen sich eigentlich nur dann, wenn die einmal getrockneten Hölzer auch ferner vor dem Einflusse der Feuchtigkeit bewahrt bleiben; sobald diess nicht der Fall ist, wird das Holz immer wieder Wasser anziehen und damit aufschwellen, sich werfen, reissen, wieder schwinden[2]) etc., gerade wie während seiner Lagerung.

Die Conservirung des Holzes fordert daher dessen Schutz durch möglichst wasserdichte Anstriche[3]) mit Oelfarben, Firnissen[4]), Theer etc., wobei jedoch wohl zu sorgen ist, dass diese Schutzmittel nur auf wohl getrocknete Gegenstände aufgetragen werden, indem sonst eine Zerstörung resp. Fäulniss derselben von innen heraus gerade dadurch veranlasst würde, dass die noch im Holze vorhandenen Saftstoffe nicht mehr nach aussen verdunsten können.

---

[1]) Dasselbe wird in Oesterreich für das Schaftholz angewandt und liefert dort sehr befriedigende Resultate.

[2]) Es sei hiemit bemerkt, dass das Holz am wenigsten nach der Richtung seiner Längenfaser schwindet, daher ganz gut zu Massstäben verwendbar ist.

Ausserdem kann in gewissen Fällen den nachtheiligen Wirkungen der Feuchtigkeitsanziehung sehr zweckmässig durch geeignete Zusammensetzung des Holzes (Parketböden, Billardqueues) begegnet werden.

[3]) Hiefür wurde auch das, 1818 vom bayerischen Oberbergrathe Fuchs zuerst dargestellte Wasserglas (d. i. kieselsaures Natron oder Kali, im fünffachen Gewichte kochenden Wassers löslich) vorgeschlagen, welches das Holz zugleich schwerentzündlich macht. (Wird daher für Theaterdecorationen, sowie vorzüglich zur Herstellung von Wandgemälden, nach Schlotthauer's „Stereochromie" gebraucht.)

[4]) Hiezu muss auch die Politur gerechnet werden.

Ebenso geben schadhafte Stellen im Anstriche, oder nothwendige Unterbrechungen desselben (durch Beschlägtheile, Bolzen etc.) leicht Veranlassung zu innerlicher Fäulniss u. dgl., wesshalb in dieser Richtung ein ganz besonderes Augenmerk auf fertige und im Gebrauche befindliche Holzconstructionstheile zu richten ist. Bei Hölzern, welche in Folge ihrer Verwendung in die Erde gesenkt werden (Palissaden, Bettungen etc.) ersetzt man den Anstrich zweckmässig durch oberflächliche Verkohlung.

Gerade für den letztberührten Zweck, der Conservirung in Erde gegrabener Hölzer, sowie in allen anderen Fällen, wo das Holz durch seine Verwendungsweise hauptsächlich Verwesung erzeugenden Angriffen ausgesetzt ist, empfiehlt sich ganz besonders die chemische Veränderung oder Neutralisirung, Mineralisirung, Petrificirung, Metallisirung der Saftstoffe, durch Imprägnirung des Holzes. Hiezu dienen dünne (2prozentige) Lösungen von Metallsalzen, welche mit den Pflanzensäften unlösliche Verbindungen einzugehen vermögen, oder kreosothaltige[1]) Substanzen, durch welche das Eiweiss des Saftgemenges zum Gerinnen gebracht wird.

Unter den ersteren ist es besonders Kupfervitriol und Chlorzink, welche gute Erfolge gaben; minder bewährte sich das, anfänglich von M. Kyan[2]) vorgeschlagene giftige und theure Quecksilberchlorid.

Die Hauptschwierigkeit, der genügenden Imprägnirung, besteht in der gründlichen Durchdringung des ganzen Zellgewebes des Holzes, mit dem conservirenden Mittel.

Es wurde hiezu sowohl gewaltsames Einpumpen, als hydrostatischer

---

[1]) Das Kreosot ist ein Product der Destillation des Holztheeres, (der seinerseits ein Produkt der Holzverkohlung ist) und besteht aus 26 chemischen Aequivalenten Kohlen- bis 16 Mischungsgewichten Wasser- und 4 Atomgewichten Sauerstoff. Es ist ein farbloses, giftiges Oel, von durchdringendem Rauchgeruche und brennendem Geschmacke, in Alkohol und Aether löslich und besonders durch seine Eigenschaft, die Verwesung organischer Substanzen (eben durch die oben erwähnte Reaktion auf das Eiweiss) zu verhindern, ausgezeichnet.

Der Kreosotgehalt ist es, welcher dem Rauche jene conservirende Wirkung auf das Fleisch verleiht, wodurch sich denn auch der Name dieses Stoffes: Kreosot, d. i. Fleischbewahrer, begründet. Seine Anwendung zur Conservirung des Holzes findet vorzüglich in Oesterreich auf Gewehrschäfte statt, indem diese, nach der oben berührten Auslaugung durch Wasserdampf, noch der Einwirkung von kreosothaltigen Dämpfen ausgesetzt werden.

[2]) Daher die Bezeichnung Kyanisirung des Holzes.

Druck u. s. w. angewandt, vollkommene Erfolge aber nur durch das, von Boucherie vorgeschlagene Verfahren erreicht, nach welchem der frischgefällte Stamm in die Imprägnirungsflüssigkeit gestellt und diese, durch die noch rege Lebensthätigkeit des Baumes, in wenigen Tagen, selbst bis in die Blätter befördert wird.

Technische Benennungen des Werkholzes.

Am gefällten Baume unterscheidet man das Wurzel- oder Stamm- — und das Gipfel- oder Zopfende.

Den ganzen, unbehauenen Stamm (*bois en grume*) bezeichnet man als Rund-, den der Länge nach getheilten, als Halbholz.

Rundholz bis zu 5″ (13 cm.) Stärke, heisst Stangenholz.

Durch Bearbeitung mit der Axt (*hache*), wird der Stamm (*tige*), zum Balken (*poutre*) zugehauen, oder in Spaltholz zertheilt; durch die Säge (*scie*) aber in Schnittholz (*bois de sciage*) zerlegt, das seinen Dimensionen nach folgende Bezeichnungen führt:

Rippen oder Riegel (*lambourdes, gîtes, barres*) bei 6/6″ (15/15 cm.) Querschnitt.

Bohlen, Läden, Riemlinge oder Borde (*madriers*) bei 2—4″ (5—10 cm.) Stärke.

Falzbretter (*planches à pliage*) bei 1¼ bis 2″ (3—5 cm.) Stärke.

Gemeine Bretter (*planches, ais*) bei ⅔ bis 1″ (18—26mm) Stärke.

Tafelbretter (*planches à boisserie, tables*) bei geringerer Stärke als ⅔″ (18mm).

Latten (*liteaux*), sind nach der Länge zerschnittene Bretter.

Kernbohle (*madrier du coeur*), heisst der, das Mark enthaltende.

Schalbretter oder Schwarten (*dosses, flaches*), sind die äussersten Schnitte des Stammes.

„Baumkantig" nennt man Schnitthölzer, wenn sie noch die cylindrische Seitenfläche des Stammes zeigen, „besäumt", jene, welche rechteckig zugearbeitet sind.

Werkholzgattungen.

Die Nutzhölzer zerfallen, ihrem technischen Verhalten nach, in harte und weiche Hölzer. Zu den ersteren zählen nur Laubholzgattungen (*arbres en feuilles*), zu den letztern, neben wenigen Laubhölzern, die verschiedenen Nadelhölzer (*bois conifères*).

1. Harte Hölzer (*bois durs*).

Eichenholz [1]) (*chêne*), ist gelblich braun, sehr fest (absolute

[1]) Von den mehr als hundert verschiedenen Eichenarten sind es vorzüglich nur

Festigkeit[1]) im Mittel = 20000 Pfd. bayer. auf den Quadratzoll rh. oder 1500 Kilogramm auf den Quadratcentimeter) schwer, (spec. Gew. = 0,62 bis 0,85) ziemlich elastisch und zähe, doch wenig biegsam.

Es bedarf 12—15 Jahre[2]) zum Trocknen, reisst hiebei gerne, lässt sich — besonders frisch — leicht spalten, splittert daher stark wenn es von Geschossen etc. getroffen wird und hält, aus dem gleichen Grunde, Beschlägenägel nicht fest.

Es verträgt Feuchtigkeitswechsel und Nässe gut, lässt sich nur rauh zuarbeiten und hält, besonders in verticaler Stellung, grossen Druck aus.

Gewöhnlich werden 80—100jährige Stämme, von 2—3′ (0,6 bis 1 mètre) Stärke, zu den Wänden schwerer (Belagerungs- und Festungs-) Laffeten, Pulverfässern, Rädern schwerer Geschütze etc. verarbeitet.

Ulmen- oder Rüsternholz[3]) (*orme*) ist von hellrothbrauner Farbe, derber Struktur, weicher, elastischer und etwas leichter (specifisches Gew. im Mittel 0,7) doch eben so wenig biegsam, aber zäher als Eichenholz; es erreicht eine absolute Festigkeit bis 12000 Pfd. auf den □″ rh. oder fast 1000 Kilogramm auf den Quadratcentimeter, lässt sich schwer spalten, hält aber Beschlägenägel gut und splittert nicht.

Es trocknet in 6—8 Jahren, reisst und wirft sich weniger als Eichenholz, verträgt gleichfalls Feuchtigkeit und Nässe gut, lässt sich glatt zuarbeiten und wird in 100jährigen und älteren, 2—3′ starken Stämmen zu den Wänden und Rädern leichter (Feld-) Laffeten, sowie zu den mannigfaltigsten Wagnerarbeiten verwendet.

Nussbaumholz (*noyer*) ist von brauner Farbe, sehr zähe und ziemlich hart, erreicht beinahe die Festigkeit des Ulmenholzes, ist aber etwas leichter als dieses. Bei grosser Elasticität, lässt es sich leicht spalten und vorzüglich bearbeiten. Es trocknet in 3—5 Jahren, wirft sich und reisst wenig, leidet jedoch eher vom Wurme. Es ist das beste Material für Gewehrschäfte.

Buchenholz kömmt in zwei, an sich sehr verschiedenen Arten, als Roth- und Weissbuchenholz in der Technik zur Anwendung.

---

die sogenannten Stiel- und die Traubeneiche, welche in der Militärtechnik Verwendung findet.

[1]) Die Angaben über absolute Festigkeit und specifisches Gewicht der verschiedenen Nutzhölzer sind aus Hütz und Schmölzl's „Artilleriehandbuch“, Bastien's „Artillerieschule“ und Weissbach's „Ingenieur“ entnommen und gelten natürlich für trockenes Holz.

[2]) Diese Angaben beziehen sich, hier wie in der Folge, auf das Trocknen durch Lagerung im ganzen Stamme.

[3]) In der Militärtechnik wird nur das Holz der Rothulme verwendet.

Das Rothbuchenholz (*hêtre*), ist von rothgelber Farbe, trocknet in 2—3 Jahren, schwindet und reisst hiebei wenig, wird aber leicht vom Wurme beschädigt. Es hat die Schwere und Härte des Ulmenholzes, übertrifft dieses aber an absoluter Festigkeit. (Dieselbe beträgt an 18000 Pfd. bayer. auf den Quadratzoll rh. oder bei 1400 Kilogramm auf den Quadratcentimeter.) Bei ziemlicher, besonders in jüngeren (bis zu 50) Jahren vorhandener Elasticität, lässt es sich gut spalten und sehr sauber zuarbeiten. Ganz unter Wasser ist es sehr dauerhaft, im Freien aber leidet es durch Feuchtigkeitswechsel, unter Dach durch Wurmfrass, soll daher nie in grossen Vorräthen gehalten werden. Es wird — 50 bis 100 jährig — zu allerlei Wagnerarbeiten, Schanzgeräthen u. s. w., in Oesterreich selbst zu Lanzenschäften[1]) verwendet.

Das Weissbuchenholz (*charme*) ist härter, aber weniger elastisch, als jenes der Rothbuche. Es hat eine helle, weissgelbe Farbe, trocknet etwas langsamer, als das Rothbuchenholz, leidet jedoch hiebei auch vorzüglich vom Wurme. Es ist so schwer wie Eichenholz, aber weniger fest als das Rothbuchenholz (seine absolute Festigkeit beträgt bei 17000 Pfd. bayer. auf den Quadratzoll rh. oder an 1200 Kilogramm auf den Quadratcentimeter) und verträgt Feuchtigkeitseinflüsse schlecht. Leicht spaltbar, lässt es sich sehr gut zuarbeiten und wird vorzüglich zu Geräthen benützt[2]), welche eine grosse Reibung auszuhalten haben, wie Schraubenspindeln, Zahn- und Kammräder.

Eschenholz (*frêne*) ist von lichtbrauner Farbe, sehr elastisch, biegsam und bei ziemlicher Härte auserordentlich zähe. Es trocknet langsam, reisst jedoch hiebei nicht leicht, seine Festigkeit entspricht jener der Weissbuche, sein Gewicht dem des Ulmenholzes. Es lässt sich schwer spalten, aber sehr glatt abdrehen und zuarbeiten. Ausser zu Deichseln und Radspeichen, Hammerstielen und Hebebäumen, ist es das vorzüglichste Material für Lanzenschäfte[3]), wird jedoch durch Feuchtigkeitseinflüsse leicht beschädigt und ist unter Wasser ganz unhaltbar.

Birkenholz (*bouleau*) erscheint jung, gelblich weiss, älter, röthlich, bis hellbraun; es ist so schwer wie Rüsternholz, dem es auch an absoluter Festigkeit gleich steht, trocknet schnell, behält jedoch immer viel gebundenes Wasser, zieht auch stets gerne wieder Feuchtigkeit an und verstockt daher leicht. Ebenso ist es dem Wurmfrasse sehr unterworfen und kann somit kein dauerhaftes Holz genannt werden. Indess ist es ausserordentlich zähe und sehr elastisch, doch wenig biegsam und

---

[1]) Auch in Bayern bediente man sich anfänglich des Rothbuchenholzes zur Anfertigung der Uhlanenlanzen, ist jedoch sehr bald wieder hievon abgegangen.

[2]) Dient zuweilen auch zu Palissaden.

[3]) Hiezu dient es neuestens auch in Bayern.

schwer spaltbar, dabei ziemlich weich. Schönes, gerades Stammholz, findet sich nur selten, dagegen machen es die auftretenden Verkrümmungen oft für mancherlei specielle Zwecke besonders brauchbar. Im Allgemeinen wird es ähnlich dem Eschenholze verwendet; seine Aeste dienen auch zu Fassreifen.

Ahornholz (*érable*) ist von weisser Farbe, sehr hart, schwer spaltbar, elastisch, zähe, biegsam und von ausserordentlich feiner Textur. Sein spec. Gew. ist 0,65—0,7; seine absolute Festigkeit beträgt bei 15000 Pfd. bayer. auf den Quadratzoll rh. oder ca. 1100 Kilogramm auf den Quadratcentimeter. Es trocknet langsam und verträgt den Einfluss der Feuchtigkeit nicht gut, lässt sich aber sehr schön zuarbeiten und wird daher zu feineren Dreherarbeiten, Modellen, Platten, zuweilen — als Ersatz des Nussbaumes — auch zu Gewehrschäften verwendet.

Birn- und Apfelbaum, (*poirier, pommier*), sowie die Hölzer anderer wilder Obstbäume, dienen zuweilen als Ersatz für das eine oder andere der oben aufgeführten Nutzhölzer und zeichnen sich im Allgemeinen durch feine Textur und Zähigkeit, bei ziemlicher Härte aus.

2. Weiche Hölzer (*bois blancs*).

a) Laubhölzer.

Lindenholz (*tilleul*) ist weiss, sehr elastisch und weich, dabei aber doch zähe und fest. (Seine absolute Festigkeit erreicht beinahe jene des Nussbaumes). Es trocknet ziemlich schnell, ohne biebei besonderen Gefahren ausgesetzt zu sein, lässt sich leicht spalten und ganz vorzüglich schön zuarbeiten, besonders auch quer über die Fasern schneiden, ist jedoch nicht sehr biegsam und verträgt Feuchtigkeit und Nässe schlecht. Es zeichnet sich durch grosse Leichtigkeit aus (sein spec. Gew. ist im Mittel 0,6) und wird in der Militärtechnik vorzüglich zu Brandrohren, Geschossspiegeln u. dgl. (zuweilen auch zu Pulverkohle) verwendet.

Erle (*aune*) und **Pappelbaum** (*peuplier*) ersetzen die Linde nicht selten in ihrer technischen Anwendung.

b) Nadelhölzer.

Lärchenholz (*mélèze*) ist von rothgelber Farbe, ziemlich elastisch, weich und biegsam, aber sehr zähe und kernig; es trocknet leicht und wird, seines Harzgehaltes wegen, nicht von Würmern angefressen, verträgt Feuchtigkeit und Nässe, und ist unter allen Verhältnissen sehr dauerhaft; ganz unter Wasser wird es steinhart.

Es lässt sich leicht spalten und gut zuarbeiten und nimmt, nicht allein unter den Nadelhölzern den ersten, sondern überhaupt einen hervorragenden Rang unter den Nutzhölzern ein. Seine absolute Festigkeit [1]) erreicht jene des Lindenholzes [2]), sein spec. Gew. beträgt im Mittel 0,5.

Seiner Theuerung wegen, findet das Lärchenholz in der Waffentechnik nur selten Anwendung, eignet sich jedoch ganz vorzüglich zu Wassergefässen, Schiffsconstruktionen, Flussbauten etc., sowie seiner grossen — horizontalen — Tragfähigkeit wegen, zum Ersatze des Eichenholzes und endlich auch zu Schreinerarbeiten u. dgl.

Föhren- oder Kiefernholz (*pin*) ist weiss bis röthlich gelb, mit braunrothen Jahrringen, hat starken Harzgehalt, der sich durch seinen Terpenthingeruch zu erkennen gibt und das Holz zwar vor Wurmfrass schützt, es zugleich aber — durch sein Ausschwitzen in der Wärme — für viele Zwecke unanwendbar und schwer anstreichbar macht. Die Föhre ist im Allgemeinen mit 100 Jahren ausgewachsen, erreicht aber oft das Doppelte und selbst das Fünffache dieses Alters, ohne abzustehen. Ihr Holz trocknet ziemlich schnell, zieht aber immer wieder leicht Feuchtigkeit an und schwindet und reisst ausserordentlich. Es ist zwar, ganz unter Wasser, oder im Trocknen, sehr dauerhaft, verträgt aber Feuchtigkeitswechsel schlecht. Bei grosser Zähigkeit, Biegsamkeit, und ausserordentlicher Festigkeit (gleich der Esche), ist es ziemlich elastisch und weich, aber schwer spaltbar. Sein spec. Gew. variirt von 0,5 bis 0,9. Es dient zu Wasserrädern, Wasserröhren u. s. w., eignet sich jedoch, seiner Verästung wegen, selten zu Schreinerarbeiten, splittert auch leicht beim Nageln.

Tannenholz, worunter das Holz der Weiss- oder Edeltanne (*sapin blanc*) verstanden wird, ist von weisser Farbe, weich, sehr leicht spaltbar und ziemlich elastisch und zähe, doch wenig biegsam. Die Edeltanne (auch kurzweg Tanne genannt) erlangt erst mit 100 Jahren die höchste Kraft, steht aber meistens schon mit 200 Jahren wieder ab. Sie zeichnet sich vorzüglich durch einen schlanken, wenig verästeten und geraden Wuchs aus, trocknet rasch, schwindet und wirft sich dabei zwar wenig, reisst aber leicht und leidet vom Borkenkäfer. Sie erreicht eine absolute Festigkeit [3]) von 8600 Pfd. bayer. auf den Quadratzoll rh. oder 650 Kilogr. auf den Quadratcentimeter und hat ein spec. Gew. von 0,5—0,75. Ihre Hauptverwendung ist zu Brettern und den daraus gefertigten Schreiner- und Kistler-Arbeiten aller Art, sowie zu Mastbäumen und Segelstangen. Ganz unter Wasser ist Tannenholz ziemlich dauerhaft, ebenso im Trockenen, Feuchtigkeitswechsel aber, verträgt

---

[1]) Ist nach dem Standorte des Baumes sehr verschieden.

[2]) Nach Bastien, nach Hütz und Schmölzl beträgt sie nur 7640 Pfd. bayer. auf den Quadratzoll rh.

[3]) Nach Bastien sogar jene des Lärchenholzes.

es schlecht. Altes Tannenholz wird sehr hart, hornartig und dadurch schwer bearbeitbar.

Fichten- oder Rothtannenholz (*sapin rouge*) hat eine gelb- bis röthliche Farbe und ist wohl die verbreitetste aller Holzgattungen. Bei geringer Biegsamkeit ist es doch elastisch, sehr leicht spaltbar, zähe und gut zu bearbeiten. Seine absolute Festigkeit übersteigt 7000 Pfd. bayer. auf den Quadratzoll rh., oder 550 Kilogr. auf den Quadratcentimeter; sein spec. Gew. variirt zwischen 0,4 und 0,8. Die Fichte hat den stattlichen Wuchs der Tanne, erreicht ein Alter von 200 Jahren, trocknet schnell, leidet hiebei jedoch vom Borkenkäfer, sowie durch Schwinden und Reissen. Ihr Holz wird fast ebenso verwendet wie jenes der Tanne, ist jedoch etwas dauerhafter als dieses.

Das Holz als Brennmaterial.

Als Brennmaterial (*combustible*) kömmt das Holz entweder lufttrocken, oder verkohlt in Anwendung.

Zu **Brennholz** wird von den Laubhölzern vorzüglich Buchen- und Birken-, von den Nadelholzgattungen Föhren und Fichtenholz verwendet.

Ein Pfund lufttrockenes (also ca. 20% Wasser enthaltendes) Holz, (einerlei welcher Gattung), bringt 26 Pfd. Wasser vom Gefrier- bis zum Siedepunkte.

Ein bestimmter Heizraum kann nur zu zwei Drittheilen bis vier Fünftheilen seines Volumens mit Holz angefüllt werden, wenn diesem genügende Luft zum Brennen geboten sein soll.

Holzkohle (*charbon*) (spec. Gew. 0,33) wird gewöhnlich in Meilern, neuestens aber auch in eigenen, sogenannten Destilliröfen[1]) und zwar im Allgemeinen wieder aus den, oben unter Brennholz aufgeführten Holzgattungen erzeugt.

Sie ist das Hauptfeuerungsmaterial für Schmiedeessen und alle anderen gewerblichen Zwecke.

Gute Kohle muss noch die ganze Holzstruktur zeigen, schwarzglänzend, staub- und aschenfrei, leicht und hellklingend sein, und darf sich nur schwer mit den blossen Händen zerbrechen lassen.

Die Kohle zieht stets Feuchtigkeit aus der Luft an[2]) und „verwittert"

---

[1]) Solche werden im 3. Abschnitte unter „Schiesspulver", gelegentlich der Abhandlung über Bereitung der „Pulverkohle" näher erörtert werden.

[2]) Diese Feuchtigkeitsanziehung findet — besonders bei ganz frischer Kohle — mit solcher Heftigkeit statt, dass durch die, den in Rede stehenden Process begleitende Wärmeentwicklung, sogar Selbstentzündungen veranlasst werden können, wenn die Kohle in zu grossen und sehr enge gelagerten, gekleinten Massen aufbewahrt wird.

hiedurch bei längerer Aufbewahrung, ist also frisch am besten. 100 Pfd. Holz geben, in Meilern ca. 16, im Destillirofen selbst über 20 Pfd. Kohle. 1 Pfd. Holzkohle vermag 73 Pfd. Wasser von 0° bis 100° C. zu erhitzen.

Bis zu 10% Feuchtigkeitszugabe — nach geschehener Entzündung — erhöht auch hier den Hitzeffect.

Flachs (*lin*), Hanf (*chanvre*) und Baumwolle (*coton*).

Die Fasern der drei obengenannten Pflanzen, haben so viele Eigenschaften und Beziehungen mit einander gemein, dass sie füglich unter einem Titel abgehandelt werden dürfen, so sehr sie sich auch in mancher Hinsicht von einander unterscheiden.

Der **Flachs** oder **Lein** gibt jene ausserordentlich dauerhaften und festen Gewebe, deren stärkste Sorten als Zelt- und Packleinwand, Gradl, Zwillich und Drill etc. auch in der Militärtechnik Anwendung finden und allgemein mit dem Namen „Leinwand" (*toile*) bezeichnet werden.

Die Flachsfaser ist von Natur aus gelblichgrau, kann aber durch Einwirkung des Sonnenlichtes, sowie auch — jedoch nur mit Nachtheil für ihre Haltbarkeit — mit Chlor „gebleicht" werden, lässt sich dagegen weniger gut färben.

Im kalten Wasser zieht sie sich — besonders das erste Mal — zusammen — „geht ein" — und erhält, bei nachfolgender Trocknung, nur dann ihre frühere Ausdehnung (wenigstens annähernd) wieder, wenn sie — noch feucht — gewaltsam gereckt (und, womöglich, dabei erwärmt) wird.

Durch den Einfluss der Feuchtigkeit verdirbt — „verstockt" — die Leinenfaser, ebenso wird sie vom Salpeter angegriffen.

Der **Hanf** ist sowohl äusserlich, als auch seinem Verhalten nach, dem Flachse sehr ähnlich, hat jedoch eine weit kräftigere und längere Faser als dieser, lässt sich aber weniger leicht durch Sonnenlicht bleichen.

Er wird vorzüglich zu Seilwerk (*cordage*) aller Art verarbeitet, wofür folgende Anhaltspunkte aufgestellt werden können:

1. Jedes Seil muss durchaus gleichmässig und richtig „gedreht" — d. h. darf weder zu stark, noch zu wenig gewunden [1]) sein und sich nicht leicht aufdrehen lassen.

2. Sowohl das ganze Seil (*corde*), wie jede seiner einzelnen Litzen (*torons*), müssen überall die bestimmte, gleiche Stärke haben, und die letzteren stets in der gehörigen Anzahl vorhanden sein.

3. Seile, welche eine sogenannte „Füllschnur" oder „Seele"

---

[1]) Im Allgemeinen kann die Richtung der Windung mit der Axe des Seiles einen halben rechten Winkel bilden.

(*ame*), d. i. eine Einlage enthalten, welche nicht mit den anderen Litzen zusammengedreht ist, sind unverlässig.

4. Gute Seile müssen sich durch gehörige Belastung um 8 bis 10 Prozente ihrer Länge dehnen lassen und von selbst wieder um die Hälfte dieses Masses sich verkürzen, sobald die Belastung aufhört.

5. Seile reissen im Allgemeinen bei einer Belastung von $4830 \times d^2$ bayer. Pfd. oder $4 \times \delta^2$ Kilogr., wenn d deren Durchmesser in rh. Zollen, δ jenen in Millimetern angibt.

Nur die Hälfte dieser Belastung darf als Tragfähigkeit in Ansatz gebracht werden. Vor dem Zerreissen dehnen sich — neue — Seile um $^1/_5$ bis $^1/_4$ ihrer Länge aus und verlieren im gleichen Verhältnisse an Stärke.

6. Die Tragfähigkeit der Seile kann durch Anfeuchtung, in Folge der, damit veranlassten Zusammenziehung ihrer Fasern beinahe um $^1/_4$ erhöht werden, doch schadet Nässe ihrer Dauerhaftigkeit

7. Durch Einschmieren mit Fett oder Oel wird die Tragfähigkeit der Seile vermindert, ohne ihre Daüer zu erhöhen. Theer beeinträchtigt das Tragvermögen zwar erst nach und nach, verringert aber die Dauerhaftigkeit.

8. Alte gebrauchte, sowie längere Zeit magazinirte Seile, müssen stets mit Vorsicht und dürfen niemals gleich neuen belastet und angestrengt werden.

Bei der Verarbeitung von Flachs und Hanf entsteht ein Abfall, den man **Werg** oder **Hede** (*étoupe*) nennt; dasselbe dient als Zwischenlage bei Verpackung der Geschützmunition, zum Putzen der Waffen etc. und muss hiefür von Häckerlingen und anderen, besonders erdigen und sandigen Verunreinigungen frei sein.

Aus dem besseren Hanfwergé wird selbst noch Seilwerk gefertigt, das aber natürlich an Leistungsfähigkeit weit hinter dem, aus der ersten Verarbeitung des Hanfes hervorgegangenen, zurücksteht, sich jedoch äusserlich nur durch ein geübteres Auge von dem letztbezeichneten unterscheiden lässt.

Altes Seilwerk dient zur Herstellung des, durch seine ausserordentliche Zähigkeit, bei grosser Feinheit, besonders geschätzten Pflanzenpapieres[1]) (*papier végétal*), dessen sich die Militärtechnik[2])

---

[1]) Ein ähnliches Präparat ist das, durch Tränkung ungeleimten Papieres in englischer Schwefelsäure hergestellte „Pergamentpapier," das neuestens bereits in der Schweiz zur Anfertigung der Gewehrpatronen Anwendung findet.

[2]) Speciell in Bayern.

zu Geschosshülsen für Infanteriepatronen, sowie zur Anfertigung von Brandrohren etc. bedient.

Leinene und hänfene Lumpen bilden endlich das Material zur Anfertigung jener überaus dichten, zähen, elastischen und dabei höchst unwandelbaren, d. h. wenigst möglich hygroscopischen Sorte von Pappe oder Pappendeckel, die man mit dem Namen Pressspahn[1]) bezeichnet und neuestens zu luftdichten Expansionsspiegeln bei Hinterladungsgeschützen etc. verwendet.

Die **Baumwolle** ist die Samenwolle einiger, unter den warmen Himmelsstrichen heimischer und besonders in Südamerika und Indien, doch auch in Italien cultivirter Straucharten.

Sie ist von gelblich weisser Farbe, sehr leicht zu bleichen und zu färben, weit zarter und weicher, aber auch minder fest, als Flachs und Hanf, von welchen sie sich ferner durch grössere Entzündlichkeit und rückstandslosere, jedoch immerhin mit nachglimmender Kohle stattfindende Verbrennung unterscheidet.

Sie dient in der Kriegstechnik, sowohl ungesponnen, als in Garnen (*coton filé*), zur Bereitung der Schiessbaumwolle, ausserdem — in letzterer Form — zur Anfertigung der Zündschnüre oder Stuppinen, endlich in Geweben — als Barchent (*futaine*) — zu Kugelpflastern, und auch — als Kalikot — zu Geschützpatronenbeuteln.

Fälschungen leinener Stoffe mit Baumwolle, sind — nach Kindt — am einfachsten durch Eintauchen der Gewebe in concentrirte Schwefelsäure zu erkennen, da diese die Baumwollenfaser rascher, als den Flachs zerstört.

Wachstuch, Wachsleinwand (*toile cirée*) etc., nennt man Baumwoll- und Leinengewebe, welche durch Anstriche mit Oelfarben, Lacken und Firnissen wasserdicht gemacht wurden. Man bedient sich solcher zu Decken für Artilleriefahrzeuge, Granatenpflastern u. s. w.

Weingeist (*esprit de vin*).

Wird ein süsser, also Zucker[2]) enthaltender Pflanzensaft, einige Zeit

[1]) Wohl weil derlei Pappetafeln zuerst in den Tuchfabriken und Druckereien als Zwischenlagen beim Pressen der Stoffe und des Papieres etc. verwendet wurden.

[2]) Der, in süssen Pflanzensäften enthaltene, gährungsfähige Zucker, besteht aus je 12 chemischen Aequivalenten Kohlen-, Wasser- und Sauerstoff. Zum Unterschiede von dem — für sich — nicht gährungsfähigen, gewöhnlichen, oder Rohrzucker, welcher, neben 12 Atomgewichten Kohlenstoff, nur je 11 Aequivalente Wasser- und Sauerstoff

dem Einflusse einer mittleren Wärme (Sommertemperatur) ausgesetzt, so lässt sich an demselben sehr bald eine gewisse Trübung und das Aufsteigen von Gasbläschen wahrnehmen; diese Erscheinungen steigern sich allmälig, die Flüssigkeit erwärmt sich dabei erheblich und geräth in eine vollständige innere Bewegung. Man nennt diesen Vorgang Gährung (*fermentation*).

Sobald durch dieselbe die ganze, ihr unterworfene Flüssigkeit zersetzt ist, wird diese — indem sich ihre Trübung zu einem breiartigen Bodensatze niederschlägt — wieder klar, kühlt sich ab und tritt in vollständige Ruhe zurück. Die Flüssigkeit selbst aber enthält keinen Zucker mehr, sondern Alkohol[1]) (*alcohol*), in den entwickelten Gasbläschen schied sic Kohlensäure aus, und der entstandene Bodensatz erweiset sich als eine Pilzpflanze, die man Hefe (*ferment*) nennt.

Durch geeignete Destillation einer gegohrenen Flüssigkeit wird zuerst

---

enthält, wird er Trauben- oder Krümelzucker genannt.

Letzterer kann auch gebildet werden, oder bildet sich, sobald Stärkemehl Gelegenheit oder Veranlassung findet, sich in den geeigneten Verhältnissen mit den Bestandtheilen des Wassers zu verbinden.

Stärkemehl (*amidon*), jener ausserordentlich verbreitete Nahrungsstoff der Pflanzenwelt, scheidet sich aus den verschiedenen Getreidemehlarten, sobald man dieselben in kaltem Wasser wäscht, als weisser, unlöslicher Bodensatz ab und ist eine, an sich unverwesliche, in kochendem Wasser zu Stärkekleister (*colle d'amidon*) aufquillende Substanz, welche aus 12 Aequivalenten Kohlenstoff und je 10 Wasser- und Sauerstoff besteht, also nur die Zuführung von je 2 Atomgew. Wasser- und Sauerstoff bedarf, um zu Traubenzucker und damit gährungsfähig zu werden.

Hiedurch erklärt sich die Verwerthung stärkehaltiger Substanzen zu Gährungsprocessen.

[1]) Die constante — wie ein einfacher Stoff sich verhaltende — Verbindung von 4 Aequivalenten Kohlen- mit 5 Atomgew. Wasserstoff, bildet ein sogenanntes organisches Radikale, und wird in der Chemie mit dem Namen Aethyl bezeichnet.

Das Oxyd des Aethyls heisst: Aether, das Hydrat des Aethers: Alkohol. Aether und Alkohol sind farblose, flüchtige, erstere mit hellleuchtender, starkrussender Flamme, letztere wie Weingeist brennende Flüssigkeiten. Diese ist mit Wasser in allen Verhältnissen, jene (Aether) nur mit Weingeist (in diesem aber auch mit Wasser) mischbar.

Der Alkohol wird gewonnen, indem man dem Weingeiste seinen Wassergehalt entzieht, der Aether aber mittels Einwirkung von Säuren auf Alkohol, wodurch dieser in Wasser und Aether zerlegt wird.

Branntwein (*eau de vie*) — d. i. eine 30 bis 40procentige Lösung von Alkohol in Wasser — dann Weingeist, oder Spiritus, aus derselben abgeschieden.

Auch der Weingeist ist eine Mischung von Wasser mit Alkohol und zwar im Verhältnisse von 60 bis zu 90 Prozenttheilen [1]).

Er bildet eine flüchtige, dabei hygroscopische, sehr leicht entzündliche und mit wenig leuchtender, aber stark hitzender, nicht russender, bläulicher Flamme brennende Flüssigkeit, welche sich nach allen Verhältnissen mit Wasser mischt, nicht gefriert und schon bei ca. 60° C. siedet. Reiner Weingeist ist vollständig farblos, darf beim Verdampfen keinen Rückstand lassen und Wasser nicht trüben. Da er den Salpeter nicht löset, dient er in der Kriegstechnik vorzüglich zur Bereitung des Pulverbreies [2]) (bei Anfertigung der Stuppinen u. dgl); ausserdem als Lösungsmittel für Harze. Um diesen Aufgaben genügen zu können, darf er jedoch nicht zu sehr verdünnt sein [3]).

Harze (*résines*) und Oele (*huiles*).

Harze und Oele sind Bestandtheile verschiedener Pflanzensäfte, welche theils schon gebildet in der Natur vorkommen, theils erst, durch Destillation u. s. w. der bezüglichen Vegetabilien dargestellt werden müssen. Sie treten nicht selten gleichzeitig neben und miteinander auf, werden ebenso häufig mit und nebeneinander technisch verwerthet und sollen daher auch, in gleicher Nebeneinanderstellung, abgehandelt werden.

Allgemeine Erklärungen.

Harze sind meistens oxydirte, selten sauerstofffreie, zähflüssig bis feste Kohlenwasserstoffverbindungen, die sich durch einen eigenthümlichen Geruch, Unlöslichkeit in Wasser, leichte Schmelzbarkeit, grosse Entzündlichkeit, Verbrennung mit heller, stark russender Flamme und heftigem

---

[1]) Im Sprachgebrauche nennt man den 60prozentigen auch gewöhnlichen Weingeist, den 80 bis 85procentigen rectifizirten Weingeist oder Alkohol, den gänzlich wasserfreien Weingeist aber rectifizirten, oder absoluten Alkohol.

[2]) Zur Herstellung des Pulverbreies kann im Nothfalle auch Essig (*vinaigre*) verwendet werden.

Essig ist, mit Wasser verdünnte, Essigsäure (*acide acétique*); das Produkt der sogenannten sauren Gährung d. h. der Oxydation des Alkohols. Er greift — wenn er nicht zu sehr verdünnt ist — den Salpeter nur wenig an.

[3]) Noch brauchbarer Weingeist muss an dem in der Technik allenthalben gebräuchlichen Aräometer (Dichtigkeitsmesser) von Beaumé 30 Grade zeigen.

Geruche u. s. w. auszeichnen. Sie leiten die Elektricität nicht, werden aber durch Reibung stark negativ electrisch [1]), haben ungefähr das spec. Gew. des Wassers, sind — rein — farblos und durchsichtig, bei ihrem natürlichen Vorkommen aber meist gelb, röthlich oder braun, selbst schwarz gefärbt und gewöhnlich — wenigstens die heller gefärbten — durchscheinend bis durchsichtig. Erhärtet sind sie spröde und zeigen einen muschligen, glänzenden Bruch.

Sie lösen sich in Weingeist und Aethern und reagiren dann, in der Regel, schwach sauer.

Oele sind gleichfalls sauerstofffreie oder oxydirte Kohlenwasserstoffverbindungen und zerfallen in zwei sehr verschiedene Arten: flüchtige oder ätherische und fette Oele.

Die flüchtigen Oele (*huiles volatiles*) kommen meistens schon gebildet in der Natur vor und werden leicht — durch nasse Destillation — aus den sie begleitenden Harzen oder anderen Pflanzensäften abgeschieden. Sie zeichnen sich durch grosse Entzündlichkeit, starken Geruch [2]) und scharfen, brennenden Geschmack aus, sind die natürlichen Lösungsmittel der Harze und besitzen im Allgemeinen die Fähigkeit, an der Luft — bei theilweiser Verflüchtigung und durch Sauerstoffaufnahme — selbst Harze zu bilden. Sie fühlen sich rauh an, sind etwas in Wasser und leicht in Alkohol und Aethern, sowie auch in fetten Oelen löslich, sieden bei 150—160° C., sind meistens minder schwer als Wasser und bei gewöhnlicher Temperatur tropfbar flüssig. Sie erscheinen oft durch Pflanzenstoffe gelb oder roth etc. gefärbt, sind aber — chemisch rein — wasserhell.

Die fetten Oele (*huiles fixes*) werden durch Auspressen der sie enthaltenden Pflanzentheile gewonnen und sind, ihrer chemischen Zusammensetzung nach, Gemenge mehrerer fetter Körper, welche wieder Verbindungen fetter Säuren mit einem anderen, nicht für sich isolirbaren Stoffe sind. Rein, sind sie farb-, geruch- und geschmacklos, bei ihrem gewöhnlichen Vorkommen aber, erscheinen sie — ähnlich den flüchtigen Oelen — gefärbt, haben meist einen bestimmten, wenn auch schwachen Geruch und süsslich milden Geschmack. Sie fühlen sich weich an, sind brennbar, doch nicht leicht entzündlich, sieden erst bei ca. 300° C., lösen sich nicht in Wasser, schwimmen aber, ihrer specifischen Schwere nach, auf selbem, werden dagegen von Thon begierig eingesogen und von ätherischen Oelen, seltener von heissem Alkohol, gelöst.

---

[1]) Man nennt ja die „negative" Electricität auch „Harz-Electricität", zum Unterschiede von der „positiven" oder „Glas-Electricität".

[2]) Der Duft der Pflanzen stammt ja nur von ihrem Gehalte an ätherischen Oelen.

Sie besitzen die Eigenschaft, mit starken Salzbasen, besonders kaustischen Alkalien, also mit Laugen, zusammengekocht, Seifen zu bilden, indem die in ihnen enthaltenen Fettsäuren an das Alkali treten, in der kaustischen Lösung aber Glycerin zurückbleibt.

Das Glycerin ist ein farbloser, nicht krystallisirbarer, süsser, leicht in Wasser und Alkohol löslicher Syrup, der, seiner chemischen Natur nach, eben wieder nur als das Hydrat einer oxydirten Kohlenwasserstoffverbindung erscheint.

In der Kriegstechnik findet es — abgesehen von dem später zu erwähnenden Nitroglycerin oder Sprengöl — neuestens zur Fettung der Seele gezogener Rohre Anwendung.

Bezüglich ihres Verhaltens an freier Luft zerfallen die fetten Oele in zwei Gruppen: trocknende und nichttrocknende; die ersteren (*huiles siccatives*) verdicken und verhärten sich durch Sauerstoffaufnahme, die letzteren werden niemals trocken, aber consistenter, indem sie zugleich verderben, d. h. sauer, oder „ranzig“ werden, (was sich schon durch den Geruch verräth).

Einzelne Harze und flüchtige Oele.

Der **Terpenthin** (*térébenthine*), das weitverbreitetste Harz Europas, tritt — in (ätherischem, sauerstofffreiem) Terpenthinöl (*huile de térébenthine*) gelöst — während des Sommers aus den Rinden der Nadelhölzer aus und wird in gemeinen und Venetianerterpenthin unterschieden, je nachdem er von Fichten, Tannen, Föhren etc. oder von Lärchenbäumen stammt.

Durch blosses Eintrocknen, resp. Verflüchtigung des Lösungsmittels, wird der Terpenthin hart und fest und heisst nun Fichtenharz oder Galipot; durch Umschmelzen aber stellt man aus ihm das gemeine braune Pech (*poix*) dar, dessen man sich sowohl zu wasserdichten Umhüllungen (Auspichen von Fässern etc.) als auch in der Ernstfeuerwerkerei, zu Pechfackeln, Pechkränzen etc. bedient.

Das Terpenthinöl wird mittels nasser Destillation aus dem Terpenthine abgeschieden und dient — als billigstes, flüchtiges Oel — zum einfachsten Lösungsmittel bei Herstellung von Firnissen und Lacken, sowie zur Anfeuerung von Zündmitteln u. dgl.

Der, bei der Destillation des Terpenthines gewonnene Rückstand gibt — umgeschmolzen — das Kolophonium oder Geigenharz (*colophone*), das zu Feuerwerkssätzen Anwendung findet.

Der **Schellack** oder **Gummilack** (*gomme-laque*) entsteht, in Folge des Stiches gewisser Insekten, als Ausschwitzung auf den Zweigen mehrerer ostindischer Bäume. Er kömmt — noch auf den Zweigen festsitzend — als Stocklack, davon abgelöst und gewaschen, als Körnerlack in den Handel und wird erst, durch läuternde Umschmelzung des Letzteren, in röthlich braunen, sehr spröden und ziemlich harten, glänzenden Blättchen gewonnen.

In Weingeist gelöst, dient er zu wasserdichten Anstrichen [1]), zur Herstellung von Lacken [2]) und Firnissen, (siehe unten) zu Kitten u. dgl.

Das **Kautschuck** (*caoutchouc*), seiner ausserordentlichen Elasticität wegen, auch Federharz, oder elastisches Gummi [3]) genannt, ist, seiner Natur nach, von den gewöhnlichen, harten Harzen ausserordentlich verschieden.

Es fliesst als zäher, milchiger Saft aus den, hiefür gemachten Einschnitten gewisser Bäume Ostindiens und Südamerika's und wird, noch flüssig, auf thönerne Platten, oder Flaschen und Beutel ähnliche Formen gestrichen, da diese den Wassergehalt desselben einsaugen und so die gänzliche Trocknung besser vorbereiten. Diese Letztere geschieht über offenem Feuer und erhält hiedurch das, an sich farblose, bis blassbraune, durchsichtige Harz, seine schwarze Färbung.

Das Kautschuck ist nicht ohne Zersetzung schmelzbar, in Weingeist, Säuren und Alkalien, sowie in kochendem Wasser unlöslich, wenig leichter als Wasser, weich, sehr biegsam und zähe, und ohne jedes faserige Gefüge. Bei —3° C. erhärtet es und wird durch gesteigerte Kälte unbiegsam und brüchig, doch niemals spröde. Es enthält keinen Sauerstoff, löset sich in dem, durch seine trockene Destillation gewonnenen, flüchtigen Kautschucköl, sowie in Aethern, Terpenthin-, Steinkohlen- und Steinkohlentheeröl, scheint jedoch mit keinem anderen Stoffe chemische Verbindungen einzugehen.

Es dient — wie bekannt — zum Auswischen der Bleistiftstriche, ausserdem aber zur Anfertigung wasserdichter Anstriche und Zeuge, zur Herstellung elastischer Röhren u. s. w., hat jedoch seine Verwerthung im

---

[1]) Auch die Tischlerpolitur ist eine Lösung von Schelllack in Weingeist.

[2]) Siegellack ist eine Mischung von Schelllack, Venetianerterpenthin und einem metallischen Farbestoff.

[3]) Es sei hiebei bemerkt, dass das sogenannte arabische Gummi, dessen man sich allgemein als Klebemittel bedient, zwar ein sehr verbreiteter Bestandtheil der verschiedenen Pflanzensäfte, aber kein Harz ist. Wie Terpenthin aus den Nadelhölzern, so schwitzt das Gummi aus Kirschen- und Pflaumenbäumen, und ganz besonders aus mehreren Acacien-Arten Arabiens und des Senegals aus, unterscheidet sich jedoch, sowohl seiner chemischen Zusammensetzung nach, (es ist eigentlich das Hydrat von Stärke), sowie auch äusserlich, schon durch seine Löslichkeit in Wasser, gänzlich von den Harzkörpern.

Grossen erst dadurch gefunden, dass es gelang, seine Elasticität und Biegsamkeit unabhängig von bedeutenderen Temperatureinflüssen zu machen. Es geschieht diess durch die sogenannte Vulkanisirung des Kautschucks, welche zuerst, im Jahre 1815, von Lüdersdorff und Hancock versucht wurde und gewöhnlich in dem blossen, 10—15 Minuten dauernden Eintauchen, der fertigen Kautschuckgegenstände in schmelzenden Schwefel besteht.

Das so vulkanisirte Kautschuck ist von grauer Farbe, fast gänzlich unlöslich, 10 bis 15% schwerer als das reine, riecht schwefelig und färbt staubig ab.

Ein neueres Verfahren, von Parkes, benützt ein Gemenge von 40 Theilen Schwefelkohlenstoff[1]) und 1 Theile Chlorschwefel zur Tauche und liefert ein schwarzes, nicht abfärbendes Produkt, ist aber minder verbreitet als das erstbeschriebene.

Dasselbe gilt von anderen, hieher bezüglichen Vulkanisirungsmethoden.

Ausser zu den gleichen Geräthen wie das reine, dient vulkanisirtes Kautschuck vorzüglich zu Puffern bei Eisenbahnwaggons[2]), zu elastischen Gurten und Riemen, zu Schläuchen, Gefässen und anderen Utensilien aller Art[3]).

Neben der Vulkanisirung muss aber auch der Hornisirung des Kautschucks gedacht werden, welche in einem, jener sehr ähnlichen Verfahren, jedoch unter Beimengung weiterer, härtender Substanzen besteht, als welche sich Gutta Percha (siehe unten) und Schelllack, dann Kreide, Schwerspathpulver, Metalloxyde u. s. f. eignen.

Das hornisirte Kautschuck ist höchst politurfähig, lässt sich drehen, bohren, sägen etc. und kann ohne Nachtheil selbst mit warmem Wasser gereinigt werden, eignet sich daher vielfach zum Ersatze von

---

[1]) Schwefelkohlenstoff, auch Schwefelalkohol oder Kohlensulfid genannt, entsteht, wenn man Schwefeldämpfe über glühende Kohlen leitet. Er ist die Verbindung von 2 Atomgewichten Schwefel mit 1 Aequ. Kohlenstoff oder 84,21% des ersteren mit 15,79% des letzteren Körpers, bildet eine farblose, eigenthümlich riechende, sehr flüchtige, mit blauer Flamme brennbare, ätherartige Flüssigkeit von 1,272 Dichte, und ist das Hauptlösungsmittel des Schwefels.

[2]) Zu gleichen Zwecken wird es neuestens auch bei Geschützlaffeten verwerthet, (preuss. gez. Feld-Vierpfünder u. a.), während es selbst bei Hinterladungsrohren des Wahrendorff-preussischen Systemes in ähnlicher Verwendung steht (Stossplatte der Verschlussthüre).

[3]) In Bayern, unter anderem, zu Auswaschröhrchen für Handfeuerwaffen.

Bein, Horn oder Holz etc., in welcher Richtung es denn auch als Hartgummi, Melanite etc. verwendet wird.

Die **Gutta Percha** oder das plastische Gummi, ist gleichfalls ein Milchharz, das auf Borneo, Malacca, Singapore etc. von der Isonandra Gutta gewonnen wird und sich ganz besonders dadurch höchst werthvoll auszeichnet, dass es durch blosses Kochen, oder auch durch Erwärmung bis zur Siedehitze des Wassers, teigartig weich wird und sich in diesem Zustande auf einfachste Weise beliebig formen, walzen, pressen etc. lässt. Sie kömmt in Klumpen von röthlich marmorirter Farbe in den Handel, lässt sich, wie Holz, schneiden, fühlt sich fettig an und erscheint, gereinigt, in dickeren Lagen, braun gefärbt, in ganz dünnen Schichten jedoch durchsichtig und fast farblos, wie das Kautschuck, mit dem es, im Allgemeinen, auch die Lösungsmittel gemein hat.

Im Grossen findet die Gutta Percha sehr geschätzte Anwendung zu Treibriemen für Maschinenwerkstätten, da diese aus ihr in jeder beliebigen Länge, ohne alle Nath etc. angefertigt, bei eintretender Beschädigung auf die einfachste Weise reparirt und, unbrauchbar geworden, sehr leicht wieder anderweitig umgearbeitet werden können. Ebenso dient sie als Isolator für unterirdische und unterseeische Telegraphenleitungen, dann zu Abdrücken, wasserdichten Schläuchen etc. und wird unzweifelhaft mit der Zeit auch in der Kriegstechnik dort oder da Anwendung finden können, obwohl ihr hiebei bis jetzt ein Umstand entgegensteht, der, vorläufig wenigstens, noch nicht ganz erklärt und beseitigt ist.

Die Gutta Percha verliert nämlich, besonders wenn sie in sehr dünne Folien ausgearbeitet ist, durch jahrelanges Liegen, ihren Zusammenhang und ihre Geschmeidigkeit so vollständig, dass sie entweder selbst in Staub zerfällt, oder ganz leicht, mit den blossen Fingern, zu Pulver zerrieben werden kann.

Einzelne fette Oele.

Von den fetten Oelen sind es vorzüglich zwei, ein trocknendes, das Leinöl, und ein nichttrocknendes, das Baumöl, welche in der Kriegstechnik Verwendung finden und demgemäss hier eine nähere Betrachtung verdienen.

Das **Leinöl** (*huile de lin*), durch Auspressen des Leinsamens gewonnen, ist gewöhnlich von gelber Farbe, kann aber durch die Sonne gebleicht werden und gibt sich durch einen eigenthümlichen, wiewohl nicht sehr durchdringenden Geruch zu erkennen. Sein rasches Eintrocknen an der Luft, besonders wenn es in dünnen Schichten aufgetragen ist, macht es nicht allein zur Bereitung der Oelfarben geeignet, sondern befähigt es auch zur Herstellung des Oelfirnisses.

Firnisse (*vernis*) sind politurartige, schnell trocknende, wasserdichte Anstriche, welche entweder aus Harzlösungen, oder verdicktem Oele bestehen und hienach in Weingeist- oder Terpenthinöl- (Harz-) und in Oelfirnisse unterschieden werden.

Ueber die Natür der Harzfirnisse, dürfte, nach allem bereits Gesagten, kaum mehr etwas beizufügen sein.

Die Oelfirnisse werden, für technische Zwecke, stets aus Leinöl bereitet, indem man dieses, unter entsprechender Erwärmung, mit Körpern in Berührung bringt, welche Sauerstoff an das Oel abzugeben und hiedurch dessen Trocknung möglichst vorzubereiten, also zu beschleunigen vermögen. Solche Körper sind vorzüglich Bleiglätte, Braunstein, Zink und andere Metalloxyde, welchen — je nach Wunsch — auch Färbemittel[1]) zugesetzt werden können.

Leinölfirniss, mit geschmolzenen Harzen zusammen gekocht und das Produkt in Terpenthinöl gelöst, gibt eine besonders geschätzte Sorte von Firnissen, die man mit dem Namen Oellackfirnisse bezeichnet.

Firnisse müssen, wie Leinöl selbst, verschlossen und kühl aufbewahrt werden, um nicht einzutrocknen.

Das **Baumöl** (*huile d'olive*). Durch das Auspressen der getrockneten Früchte des Oelbaumes, der Oliven, wird ein fast geruchloses, hellgelbes, mildeschmeckendes Oel gewonnen, das man Oliven- oder Provencer-Oel nennt. Der hiebei sich ergebende Rückstand wird erwärmt und dann wiederholt unter die Presse gebracht, und gibt nun das Baumöl ab, welches sich durch eine dunklere Farbe und einen sehr bestimmten Geruch von dem feineren Vorgänger unterscheidet. Diese beiden Oele eignen sich, eben weil sie nicht eintrocknen, ganz besonders zum Einschmieren von Eisentheilen, um sie entweder vor Rostansatz zu schützen, oder — wie bei Gewehrschlössern, Maschinen u. dgl. — ihre Reibung zu vermindern.

Da diese Oele jedoch nicht selten mit säuerlichen Pflanzensafttheilen verunreinigt sind, so ist es gut, sie vor dem Gebrauche durch Lackmuspapier zu untersuchen. Gelinde Erwärmung auf glühenden Kohlen, Eingiessen von Blei etc. können hiebei als einfachste Läuterungsmittel empfohlen werden.

Um vor dem Ranzigwerden geschützt zu sein, müssen diese Oele kühl und gut verschlossen aufbewahrt werden.

---

[1]) So ist Druckerschwärze, mit Kienruss gefärbter Leinölfirniss. Letzteren mit Kreide gemischt, gibt den allgemein gebräuchlichen Glaserkitt.

III. Materialien aus dem Thierreiche.

Fette (*gras*).

Die thierischen Fette sind, ihrer chemischen Natur nach, den nichttrocknenden fetten Oelen des Pflanzenreiches vollkommen ähnlich und dienen daher, wie diese, zu Schmiermitteln aller Art.

Die gebräuchlichsten darunter sind:

Der **Thran** (*huile de poisson*), ein dunkelgelbes Oel, das sich durch einen sehr ausgeprägten, widerlichen Fischgeruch zu erkennen gibt. Er wird aus dem Specke mehrerer Seefische, (besonders der Walle) und Robben (vorzüglich der Seehunde) ausgeschmolzen oder ausgekocht und allgemein zur Lederschmiere verwendet.

Das **Klauenfett** (*graisse des pieds du gros bétail*), ist gleichfalls ölartig und wird aus den, vom Horne befreiten Klauen der Rinder etc. ausgekocht. Es verdickt sich langsamer als andere Oele, wird — rein — nicht sobald ranzig, gefriert erst bei grosser Kälte und eignet sich daher ganz vorzüglich zum Einschmieren feiner Maschinen[1]), der Gewehrschlösser u. s. w.

Das **Kammfett**, aus dem Pferdekamme gewonnen, dient zu Wagenschmieren.

Die verschiedenen **Talg-** oder **Unschlitt-Arten**, (*suifs*), als: Rindstalg, Schaftalg, Schweinefett und andere, werden — entweder für sich allein, oder mit anderen Substanzen (Wachs oder Wallrath, siehe unten) gemischt — zu Waffenschmiere[2]), oder zur Fettung der Geschosse für gezogene Handfeuerwaffen gebraucht.

Das **Wallrath** (*sperme de baleine*), findet sich im Kopfe des Pottwalles und bildet ein weisses, wachsähnliches Fett, das — mit anderen Oel- oder Talgarten gemischt — besonders zu Waffenschmieren und Geschossfettungen[3]) dient.

Das **Wachs** (*cire*), unterscheidet sich durch eine etwas grössere Consistenz und einen eigenthümlichen, angenehmen Geruch von den übrigen Fettarten. Es wird — durch Ausschmelzen der Bienenzellen — als gelbes Wachs gewonnen und entweder — an der Sonne — gebleicht, oder nach Bedarf gefärbt.

---

[1]) Uhren.

[2]) Die französische Waffenschmiere (*graisse pour les armes*) besteht aus 1 Thl. Provenceröl und ½ Thl. Schaftalg.

[3]) In Bayern dient eine Mischung von 3 Thln. Rindstalg und 1 Thl. Wallrath als Fettung für die Geschosshülsen der Infanteriepatronen.

In der Kriegstechnik dient es zum Abschlusse wasserdicht zu machender Fugen, zum Imprägniren und Wichsen des Steiflederwerkes, dann, mit anderen Fetten gemischt, zu Waffenschmieren [1]) u. s. f.

Es ist zuweilen — in betrügerischer Absicht — mit Unschlitt oder Mehl vermischt, und erscheint dann, im ersten Falle zu weich, im letztern bröckelig, lässt diese Fälschungen indess leicht durch den Geruch und beim Schmelzen erkennen.

Leim (*colle*).

Der gewöhnliche Tischlerleim wird, durch Auskochen von Hautabfällen, als Lederleim, oder durch Auflösung der festen Substanz [2]) der Knochen und Knorpeln in verdünnter Salzsäure und nachheriges Versieden des zurückbleibenden Gellatine's, als Knochen- und Knorpel-Leim gewonnen.

Neben diesen Leimsorten [3]) besteht noch eine weitere, welche durch Aussieden der Schwimmblasen des Hausens und Störs erhalten und Fischleim genannt wird.

Guter Leim darf in kaltem Wasser nur aufquillen, muss sich aber in kochendem vollständig lösen.

Der Fischleim übertrifft die anderen Leimsorten an Bindekraft und können diese daher, durch geeignete Mischung mit jenem, verstärkt werden.

Seide (*soie*) und Wolle (*laine*).

Seide und Wolle sind für die Kriegstechnik besonders dadurch von Wichtigkeit, dass sie, bei grosser Festigkeit ihrer Gewebe, ohne nachglimmende Kohle verbrennen und sich desshalb ganz vorzüglich zu Patronenbeuteln für Geschütze eignen.

Die **Wolle** löst sich in kochender Kalilauge, wird von Chlorwasser nicht gebleicht, sondern gelbgefärbt und besitzt die Fähigkeit, durch Kneten und Pressen, unter gleichzeitiger Einwirkung heisser Dämpfe, sich zu Filz (*feutre*) verarbeiten zu lassen. Sie kömmt — für den oben genannten Zweck — in ungebleichten oder (jedoch, wegen der damit leicht verbundenen Schädigung der Festigkeit, — nie schwarz) gefärbten Ge-

---

[1]) So besteht die bayerische Waffenschmiere aus gleichen Theilen weissem Wachs und Provenceröl.

[2]) Phosphorsaurer Kalk!

[3]) Flüssiger Leim wird durch Behandlung des festen mit Salpetersäure, oder Aufkochen desselben unter Zusatz von Essig, Alkohol und Alaun dargestellt.

weben in Verwendung, welche die Namen Etamin[1]) (*étamine*), Sarsche[2]) (*serge*), Kamelot[3]), Rasch u. s. w. führen.

Bei ihrer Aufbewahrung fordert sie die peinlichste Vorsicht bezüglich genügenden Schutzes vor Mottenfrass. Als Präservative hiegegen sind alle starkriechenden Substanzen, wie Terpenthinöl, Nussblätter, frische Eichenrinde, für besonders nachhaltig aber Kampher[4]), daneben jedoch fleissige Nachsicht, Lüftung und öfteres Ausklopfen zu empfehlen.

Die **Seide** ist erst in neuerer Zeit als Surrogat der Wolle in der hier berührten Richtung aufgetreten. Sie leidet nicht vom Mottenfrasse, kann jedoch, des Kostenpunctes wegen, nur in Geweben von Abfallseide zur Verwendung kommen, welche nicht immer den nöthigen Anforderungen der Festigkeit zu genügen vermögen. Diese hieher bezüglichen Stoffe werden allgemein als: *toile amiantine*, (*tissu de soie*) bezeichnet und haben solche neuestens auch in der bayerischen Artillerie Annahme gefunden.

Leder (*cuir*) und Pelzwerk (*fourrure*).

Um die thierische Haut[5]) geschmeidig zu machen und dauernd vor Verwesung zu schützen, muss dieselbe einestheils von allen, in den Zellen ihres Gewebes enthaltenen und der Fäulniss unterworfenen Substanzen, als Blut, Eiweiss, Fett u. s. w. gereinigt, dann aber mit Stoffen imprägnirt werden, welche ihr die oben verlangten Eigenschaften zu verleihen im Stande sind.

Wird, bei diesem Umwandlungsprocesse, die Haut auch von den auf ihr sitzenden Haaren (oder der Wolle) befreit, so heisst das gewonnene Produkt Leder, nimmt man dagegen Bedacht darauf, gerade die haarige Bedeckung zu erhalten, so erzeugt man Pelzwerk.

Die Fabrikation des Leders ist Aufgabe der Gerberei (*tannerie*), jene des Pelzwerkes aber, der Kürschnerei (*pelleterie*).

---

[1]) In Bayern gebräuchlich.

[2]) In Frankreich eingeführt.

[3]) In Preussen angewandt.

[4]) Kampher (*camphre*), ist ein fest gewordenes, flüchtiges Oel, (seiner chemischen Zusammensetzung nach, oxydirtes Terpenthinöl) und findet sich bereits gebildet in der Natur (in Japan und auf Borneo als Harz des Kampher-Lorbeerbaumes), kann aber auch künstlich (durch Einwirkung der Salpetersäure auf Terpenthinöl etc.) dargestellt werden. Er ist farblos, leicht krystallisirbar und durch einen höchst vehementen Geruch ausgezeichnet.

[5]) Die Bezeichnung „Haut“ gilt in der Technik nur für die Bedeckung grösserer Thiere; jene der kleineren heisst man „Felle“, die des höheren Wildes „Decken“.

Das Leder nimmt natürlich, je nach den Substanzen und Verfahrungsweisen, welche zu seiner Herstellung dienten, besondere Eigenschaften an und wird hienach in

roth- oder lohgares
weissgares und
sämischgares unterschieden.

Die Roth- oder Lohgerberei (*tannerie*), bedient sich des vegetabilischen Gerbestoffes, der Gerbsäure (Tannin), welche in den Galläpfeln[1]), Knoppern[1]) und der Rinde der Eichen etc. enthalten ist und verfertigt das sogenannte Sohl- oder Pfundleder (*cuir à semelle*) und das Schmal- oder Fahlleder (*cuir à jusée*). Zu ersterem werden Ochsen- und Büffelhäute, zu letzterem Kuh-, Rind-, Pferde-Häute und Kalbfelle verarbeitet. Das Schmalleder wird nach dem Gerben noch mit Thran und Schweinefett getränkt, um es weicher und wasserbeständiger zu machen. Es steht unter allen Ledersorten in der ausgedehntesten Anwendung (als Stiefel-Oberleder, Sattlerleder etc.).

Eine hervorragende Nebenart[2]) dieses Gerbeverfahrens ist die Juchten- oder — richtiger — Juftengerberei[3]), welche sich der Pappel-, Weiden- und Birkenlohe zur Verarbeitung von Pferde- und Kuhhäuten, Kalb-, Schaf- und Ziegenfellen bedient und das erzeugte Leder, zur Herstellung grösserer Geschmeidigkeit und Wasserdichte, mit Birkentheer oder Birkenöl einschmiert, welche Stoffe demselben jenen eigenthümlichen Geruch verleihen, der es allgemein kennzeichnet.

Diese Gerbeweise ist vorzüglich in Russland ausgebildet und wird unter ächtem Juchtenleder stets nur russisches (*cuir de Russie, cuir roussi*) verstanden.

Die technische Anwendung dieser Ledersorten ist beschränkter, als

---

[1]) Galläpfel und Knoppern sind kleine Auswüchse, welche durch den Stich und das Eierlegen der Gallwespe an den Blatt- und Fruchtstielen der Eichen entstehen.

[2]) Weitere Nebenarten der Lohgerberei sind die dänische, welche sich der Weidenlohe zur Herstellung von Handschuhleder aus Schaf- und Ziegenfellen bedient; dann die Saffian- oder Maroquin- (weil aus Marokko stammend), die Corduan- (von Cordova) und die Chagrin-Gerberei.

[3]) Im Russischen wird nämlich mit dem Worte „Jufti" „ein Paar" bezeichnet und bezieht sich dieser Ausdruck hier darauf, dass die gegerbten Felle stets paarweise miteinander — indem man sie zu einem Sacke zusammennäht — gefärbt werden.

jene des gewöhnlichen Fahlleders, und findet vorzüglich nur für Gegenstände, von denen eine besondere Haltbarkeit gefordert wird, statt [1]).

Die Weissgerberei (*mégie, mégisserie*), bedient sich einer Auflösung von Alaun und Kochsalz, um Felle und dünnere Häute in jenes weissliche Leder zu verwandeln, das man besonders zum Füttern anderer Lederarbeiten [2]) gebraucht.

Ihr steht die sogenannte ungarische Weissgerberei (*mégisserie hongroise*), zur Seite [3]), welche die gegerbten Häute und Felle noch durch Tränkung mit Fett weich und geschmeidig macht. Sie liefert das Material für Säbel- und Taschen-Bandeliere u. s. w.

Die Sämischgerberei (*mégie de chamois*), behandelt vorzüglich Wilddecken, dann Schaf- und Ziegenfelle etc. mit reinem Fette, um daraus Waschleder [4]) zu bereiten.

Diejenige Seite des Leders, welche früher die behaarte war, nennt man die Narben- (*fleur du cuir*), die entgegengesetzte die Fleischseite (*côté de la chair*) desselben. Die letztere ist es, welche — besonders beim Schmalleder — geschwärzt oder lackirt wird, wonach dieses dann Blankleder oder Lackleder heisst.

Gutes Leder muss biegsam, etwas elastisch, von gleichmässiger Dicke und Schnittfläche sein; darf (ausgenommen Waschleder) das Wasser nur langsam einsaugen und soll sich beim Hämmern nur verdichten, nicht ausdehnen. Sehr fette und alte, sowie — nach längerer Krankheit — gefallene Thiere, geben schlechtes, matt aussehendes Leder; Felle der letztern Art nennt man Sterblingsfelle.

Der Lederankauf geschieht nach dem Gewichte und werden die gelieferten Felle hiebei oftmals, in betrügerischer Absicht, angefeuchtet, was durch wiederholtes Wiegen, nach vorausgegangener Trocknung, leicht zu entdecken ist.

---

[1]) So sind in Bayern die Patronentornister der Artillerie aus Juchtenleder gefertigt.

[2]) So dient es als inneres Beleg der Stiefelsohlen, zu Sattlerarbeiten u. s. w. Es darf nie mit Eisentheilen in Berührung kommen, da es diese stets zum Rosten veranlassen und dabei selbst zersetzt werden würde.

[3]) Hieher gehört auch: die sogenannte französische oder Erlanger Weissgerberei, welche zarte Felle neben Alaun und Salz noch mit Weizenmehl, Eidotter etc. behandelt und das Glacéleder liefert.

[4]) Hiemit ist das gesuchte, französische Vache-, d. h. Kuhleder — ein lohgares Produkt — nicht zu verwechseln.

Man nimmt an, dass Riemen von 1,5" rh. (3,92 cm.) Breite folgende Lasten zum Abreissen fordern[1]):

Pferdeleder	4000 Pfd. bayer.	(an	2000 Kilogr.)
Rindeleder	3900 „ „	(an	1950 Kilogr.)
Kalbleder	1800 „ „	(an	900 Kilogr.)
Schafleder	1600 „ „	(an	800 Kilogr.)

Leder ist — unter gehöriger Nachsicht, rechtzeitiger Lüftung und Nachfettung — kühl, aber trocken aufzubewahren, um einestheils vor dem Sprödewerden, anderntheils vor dem Verschimmeln geschützt zu bleiben. Letzteres tritt bei geschwärztem Leder leichter ein, als beim naturfarbenen, das, seinerseits, am besten durch Behandlung mit Schmierseife[2]) conservirt wird.

Pelzwerk. Die Kürschnerei behandelt vorzüglich Wilddecken und Raubthierfelle mit Fett und Salz, um sie zur Verarbeitung brauchbar zu machen. Sie liefert — aus Schaffellen — das Material für Sattelpelze, — aus Kalbfellen — jenes für Tornister u. dgl.

---

[1]) Diese Angaben sind aus Hütz und Schmölzl's Artilleriehandbuch entnommen.

[2]) Kaliseife.

Zweiter Abschnitt.

Nähewaffen.

Allgemeines.

Erklärung. Die Nähewaffen sollen, entsprechend mit der Hand geführt und ohne diese zu verlassen, den Gegner im Kampfe von Mann gegen Mann beschädigen, sowie das Abwehren — Pariren — der feindlichen Waffe und eine gewisse Deckung des Körpers gegen diese gestatten. Man nennt sie, ihrer Führungsweise wegen, auch Hand-, oder, ihrer äusseren Natur halber, blanke Waffen (*armes de main, armes blanches*).

Eintheilung. Die Thätigkeit des menschlichen Armes kann sich im Handgemenge vorzüglich nur auf zweierlei Weise äussern: stossend oder schlagend. Je nachdem nun die Nähewaffen die eine oder andere, oder jede dieser Armbewegungen unterstützen, oder zu ihrer Führung bedingen, zerfallen sie in drei Hauptgattungen:

I. Stoss-,

II. Hau- und

III. Hau- und Stoss- oder gemischte Waffen.

Hauptheile jeder Nähewaffe. Jede Nähewaffe lässt zwei Haupttheile an sich unterscheiden:

1) jenen, welcher den Gegner directe beschädigen soll, und
2) jenen, welcher die Führung des ersteren ermöglicht.

Bei den meisten Handwaffen kömmt hiezu noch:

3) jener Theil, welcher zum leichteren Tragen und zum Schutz des ersten Theiles dient.

Die zwei erstgenannten Bestandtheile der Waffen müssen natürlich fest mit einander verbunden sein, der dritte aber jeden Augenblick leicht entfernt werden können, damit der Gebrauch der Waffe durch ihn nicht gehindert wird.

Man nennt diese 3 Waffenbestandtheile:

1) Klinge,
2) Gefäss oder Griff, und
3) Scheide;

und lassen sich über deren Material und Herstellungsweise einige allgemeine Angaben aufstellen, welche im Nachstehenden folgen sollen.

1. Die Klinge (*lame*).

Um durch die Umhüllungen des feindlichen Körpers und in diesen selbst eindringen, sowie die Wirkung der gegnerischen Waffen abweisen zu können, muss die Klinge aus einem möglichst harten, dabei aber elastischen Materiale hergestellt werden. Als solches dient allgemein zwei bis dreimal gegerbter Schmiede- oder Guss- und auch Damaststahl.

Die Anfertigung der Klingen geschieht, ihrem Materiale entsprechend, durch Schmieden und beginnt mit dem Anschweissen desjenigen Theiles, welcher die Verbindung der Klinge mit dem Gefässe vermittelt.

Dieser Verbindungstheil heisst Angel (Taf. II Fig. 22), (*plion, soie*), und wird aus weichem Schmiedeeisen hergestellt, um bei den zahlreichen und heftigen Prellungen, denen er beim Gebrauche der Waffe ausgesetzt ist, nicht abzuspringen.

Die Angel muss — besonders bei Hauwaffen — in einem richtigen Stärkeverhältnisse zur Klinge stehen und dient bei Ausarbeitung der letzteren gleich als Handhabe.

Für das weitere Ausschmieden der Klingen geben eigene Schablonen (*profils*), Lehren und Gesenke (*étampes*), die nöthigen Anhaltspuncte, um die festgesetzten Formen und Dimensionen gleichmässig einhalten zu können.

Die gleichen Instrumente benützt man zur Untersuchung der Klingen in dieser Richtung, und wird eine solche sofort nach dem Ausschmieden und Härten vorgenommen.

Es dienen hiebei flache Hiebe auf Tischplatten von hartem Holze, sowie über schiefstehende, cylindrische Holzblöcke, dann langsames Biegen aus freier Hand, oder — bei kurzen Klingen — in Schraubstöcken, zur Prüfung der Elasticität und Biegsamkeit, scharfe Hiebe, gegen weiche Eisenklammern, zur Erprobung der Härte.

Der ersten Untersuchung folgt das Schleifen (*aiguiser*), das, besonders bei gekrümmten Klingen, grosse Aufmerksamkeit erfordert und wiederholte Proben nach sich zieht.

Mittels Abziehen (*limer*) und Poliren (*polir*) auf geschmirgelten Holz- und Lederscheiben, erhält die Klinge endlich ihre Vollendung.

An jeder Klinge unterscheidet man:

a) im Querschnitte:
die Schneide (*taillant*) (Taf. II Fig. 16 **s**),
den Rücken (*dos*) (Taf. II Fig. 16 **r**), oder
mehrere Schneiden (Taf. II Fig. 7 **ss**), und
die Seitenflächen (*pans*) (Taf. II Fig. 16 **ff**); diese sind eben, oder mit Hohlkehlen (*pans creux*) (Taf. II Fig. 9 **hh**) versehen.

b) nach der Länge:
die Spitze (*pointe*) (Taf. II Fig. 8 **sp**), ihr zunächst
die Schwäche (*faible*) (**sw**), sodann
das Mittel (*milieu*) (**m**), hierauf
die Stärke (*fort*) (**st**), zum Pariren bestimmt, und endlich
den Fuss (*pied*) (**f**), mit der Angel (Taf. II Fig. 22).

Die Klingenspitze bezeichnet man, ihrer Gestaltung nach, als herzförmig (Taf. II Fig. 11, 14 und 21), schilfblattförmig (Taf. II Fig. 8), abgerundet (Taf. II Fig. 15) u. s. w.

2. Das Gefäss (*monture*).

Der Hauptzweck des Gefässes ist, die Führung der Klinge in bestmöglichster Weise zu vermitteln; diese Anforderung soll daher bei der Construction des Gefässes vor Allem berücksichtigt, dann erst einer weiteren, meist ebenfalls gestellten Bedingung: dem Schutze der führenden Hand, Rechnung getragen werden.

Nach diesen beiden Bedingungen bestimmt sich nicht allein die Form des Gefässes, sondern auch dessen Material, als welches entweder Schmiedeisen, oder eine Messinglegirung dient.

Messinggefässe sind specifisch schwerer, doch leichter (durch den Guss) herzustellen und (durch Löthen) zu repariren, als schmiedeiserne; diese sind fester, rosten aber eher und sind schwieriger rein zu halten als jene, welche endlich stets noch zum Umgusse verwerthbar bleiben.

Von gleicher Wichtigkeit, wie die Construction des Gefässes selbst, ist dessen richtige, feste und dauerhafte Verbindung mit der Klinge, für die Leistungsfähigkeit der Waffe. Diese Verbindung wird am einfachsten durch gute Vernietung des oberen Angelendes (Taf. II Fig. 9 und 10 **a**) bezweckt, wozu jedoch die Angel den „Griff" (**g**) des Gefässes der ganzen Länge nach durchtreten und zugleich möglichst enge von diesem umschlossen werden muss, um dadurch einigermassen in ihren Vibrationen beschränkt zu sein.

Letztere müssen vom Griffe aufgenommen und dadurch gedämpft werden; hiezu eignen sich Holzgriffe[1]) (Taf. II Fig. 8, 9. 10, 11) besser, als metallene (Taf. II Fig. 14 und 15).

Das Verschrauben des oberen Angelendes ist minder verlässig, als das Vernieten; die Angel durchgreifende Quernieten (Taf. II Fig. 15 und 20 q) schädigen nicht selten die Widerstandsfähigkeit jener selbst mehr, als sie der Festigkeit ihrer Verbindung mit dem Gefässe nützen, und sind jedenfalls nur bei sehr breiten Angeleisen (Taf. II Fig. 16 und 17) ohne Nachtheil zulässig.

3. Die Scheide (*fourreau*).

Die Scheide soll die Klinge vor Beschädigungen schützen und das Tragen der Waffe erleichtern, ohne deren raschen Gebrauch zu hindern. Sie bildet im Allgemeinen einen, dicht um die Klinge liegenden Ueberzug, der für Reiterwaffen meist aus Eisen- oder Stahlblech (schlechter Messingblech), für Infanteriewaffen gewöhnlich aus Leder (Kuh- oder Rindsleder) gefertigt ist.

Eisenscheiden werden durch Zusammenbiegen und Löthen eines geeignet vorgerichteten Blechstreifens über einem entsprechenden Dorne hergestellt und erhalten gewöhnlich convex gewölbte Seitenflächen, um dadurch an Widerstandsfähigkeit zu gewinnen.

Lederscheiden werden durch Zusammennähen über einem Formholze angefertigt.

Beide Gattungen sind meistens innen ausgespähnt, die Eisenschneiden, um die Klinge nicht abzustumpfen, die ledernen, um nicht selbst von der Schneide angegriffen und weniger leicht verbogen werden zu können.

Zugleich fördern die Spähne das Festhalten der Klinge, wozu bei Eisenscheiden auch kleine Druckfedern, bei Lederscheiden eingelegte Streifen von Sämischleder u. dgl. dienen. Die Scheiden sind an ihrem oberen und unteren Ende in der Regel durch eiserne oder metallene Bänder und Schuhe verstärkt, die man Mundblech (*barette*), (Taf. II Fig. 9, 12 und 13 m), und Ohrband (*bracelet*, *bélière*), (Taf. II Fig. 13 o), nennt, und wozu noch Tragringe (*anneaux*), (Taf. II Fig. 8 und 12 r), Haften (*tenons*), (Taf. II Fig. 13 h) etc., kommen, um das Einhängen der Waffen in Kuppeln, Bandeliere u. dgl. zu vermitteln.

Schleppsäbelscheiden haben endlich an ihrem unteren Ende ein massives Eisenstück angesetzt, das Schleif- oder Schleppeisen (*dard*), (Taf. II Fig. 8, 9 und 12 e), heisst.

---

[1]) Meistens von Weissbuchenholz.

I. Die Stosswaffen (*armes d'estoc*).

Allgemeines.

Der Stoss wird durch das kräftige Ausstrecken des vorher eingezogenen Armes ausgeführt; er kann sehr rasch und ohne grosse Entblössung des eigenen Körpers abgegeben werden und ergibt leicht einen sehr bedeutenden Erfolg, besonders im Verhältnisse zu der geringen Anstrengung, die er erfordert. Seine Wirkung äussert sich in Verlängerung der Armlinie; eine Waffe, welche den Effect des Stosses erhöhen soll, muss demnach:

1) auch geradlinig sein, d. h. eine gerade Klinge haben;
2) diese Klinge muss eine, leicht in den feindlichen Körper eindringende Spitze zeigen, und
3) muss die ganze Waffe so construirt sein, dass der stossende Arm sie leicht in der Stossrichtung erhalten kann, d. h. der Schwerpunkt jener muss in der führenden Faust selbst, oder doch möglichst nahe an dieser liegen.

Die hieher gehörigen Waffen sind Lanze, Bajonet und Degen.

1. Die Lanze (*lance*). (Taf. II Fig. 7).

Die Lanze, früher auch vom Fussvolk [1]), jetzt nur mehr von Reiterei geführt, besteht:

1) aus einer — um damit gerade den Körper eines Gegners durchbohren zu können — 8—10″ (20—26 cm.) langen, selten zwei-, meistens — der grösseren Festigkeit wegen — drei- bis vierschneidigen Klinge (*fer*) (k), deren Fuss in eine eiserne Dülle (*douille*) (d), endigt, mittels welcher die Klinge auf den Lanzenschaft gesteckt werden kann.

An die Dülle sind zwei, mehrere Fuss lange, schmale Eisenschienen angeschweisst oder gelöthet, die man Federn (*branches*) (f) nennt und welche ganz, oder zur Hälfte ihrer Stärke in's Schaftholz eingelassen und mittels Schrauben daran festgehalten werden; sie sind es, welche die nöthige, innige Verbindung der Klinge mit dem Schafte vermitteln und zugleich den Letztern einigermassen vor Beschädigungen im Gefechte schützen.

Am unteren Ende, oder in der Mitte der Dülle, ist endlich eine Stossplatte oder eine wulstförmige Verstärkung (w) angebracht, durch welche das zu tiefe Eindringen der Lanze verhindert wird.

2) aus dem Schafte (*hampe*) (h), der hier die Stelle des Gefässes

---

[1]) Als Waffe des Fussvolkes, tritt die Lanze jedoch noch in neuester Zeit, in Gestalt der Sense (*faux*), bei Insurrectionskriegen auf, während sie ausserdem eben durch das Bajonet ersetzt ist.

vertritt, d. h. die Führung der Waffe vermittelt. Hiedurch bestimmen sich von selbst die Mass- und Schwerverhältnisse, und auch die Bedingungen für das Material des Schaftes. So muss derselbe vor allem die nöthige Länge haben, um den Gebrauch der Lanze vom Pferde aus zu ermöglichen; es werden hiefür allgemein 8—10′ (2,5—3 m) angenommen. Er muss ferner stark genug sein, um, bei dieser Längenausdehnung, jene bedeutende Festigkeit zu besitzen, welche der Gebrauch der Waffe in so hohem Masse erfordert. Diese Stärke wird jedoch anderntheils durch den Wunsch grösstmöglicher Leichtigkeit, ganz besonders aber durch die Nothwendigkeit begränzt, den Schaft auch gut umfassen zu können. Es ergibt sich hieraus eine Beschränkung des Durchmessers auf 1—1¼″ (2,5—3 cm.) und eben damit die Anforderung ausserordentlicher Festigkeit, Zähigkeit und Elasticität, bei geringer specifischer Schwere, für das Material des Schaftes.

Am besten eignet sich hiefür gutes Eschenholz, das jedoch auch durch Buchen-, Birken- und selbst durch Tannenholz ersetzt wird.

Es sei hiebei bemerkt, dass niemals Stangenholz, sondern nur kernfreies Spaltholz, zu Lanzenschäften verwendbar ist.

Die Letzteren erhalten eine cylindrische, oder doch ausserordentlich wenig geneigte, konische Oberfläche, deren Durchmesser von der Mitte aus gegen die Spitze und den Fuss hin sich verjüngt, in letzterer Richtung jedoch weniger abnimmt, als nach der ersteren.

Sie werden möglichst glatt zugearbeitet und entweder polirt oder bloss mit Oel eingelassen, manchmal auch mit einem dunklen Anstriche versehen. Am untersten Ende sind sie durch einen eisernen Schuh (*sabot*) (u) gegen Abnützung geschützt.

Die Untersuchung der Schäfte geschieht durch kräftiges Biegen derselben nach allen Seiten hin und wird hiebei eine Beugungshöhe von 12—15″ (30—40 cm.) gefordert, um welche sie sich ohne jeden Nachtheil krümmen lassen müssen.

Um die Lanze sowohl in, als ausser dem Gefechte leichter tragen zu können, und vor ihrem Verluste gesichert zu sein, wird in der Mitte des Schaftes eine breite Riemenschleife, der sogenannte Armriemen (r) angebracht und zum Gebrauche über die Schulter gehängt.

In manchen Armeen sind die Lanzen endlich, theils der Zierde wegen, theils in der Absicht, die feindlichen Pferde scheu zu machen, am vorderen Schaftende mit kleinen, meist nach den bezüglichen Landesfarben zusammengesetzten Fähnchen, von Wollen- oder Seidenzeug versehen, welche durch drei bis vier Schrauben mit Oehren (o) festgehalten werden.

Das Gewicht der gebräuchlichen Lanzenmodelle [1]) variirt zwischen 3¼ und 4 Pfd. (2 Kilogr. im Mittel).

Für den Kampfgebrauch der Lanze sind eigene, der Stossfechtkunst entnommene Regeln aufgestellt; ausser dem Gefechte wird sie vom Reiter mit dem Fussende in einen am Steigbügel angebrachten ledernen Stiefel versorgt.

Um die Lanze nach Bedarf auf der rechten oder linken Seite tragen zu können, sind gewöhnlich beide Steigbügel mit Lanzenstiefeln versehen.

Die mit der Lanze bewaffneten Regimenter bilden sowohl eine besondere Gattung Reiterei und heissen dann Uhlanen oder Lanciers, oder, sie gehören, ihrer Natur nach, bereits zu einer bestimmten Art der Cavalerie und führen die Lanze nur als Nebenwaffe. (Diess war z. B. bei den, früher mit Lanzen ausgerüsteten russischen Cuirassieren der Fall und diente die Lanze hier nur zur Verstärkung des Chocs). Die Uhlanen und Lanciers rechnen ferner bald zur leichten, bald zur schweren Cavalerie und werden im letzteren Falle weniger für das Gefecht in aufgelöster Ordnung und den Einzelkampf verwendet und wohl auch geschult, als im ersteren. Für diesen mag die Ausbildung des Mannes zum vollendeten Lanzenfechter, sowie die Beschaffung eines, dabei weiter erforderlichen wendsamen, flüchtigen Pferdes, manchmal auf Schwierigkeiten stossen, jedenfalls aber wird die Lanze dem damit geübten Manne ein ganz ausserordentliches Uebergewicht, sowohl im Reiterkampfe, als im Gefechte gegen Infanterie geben. Es besteht dieses Uebergewicht nicht allein in der Vehemenz des Lanzenstosses, sondern auch in der Kraft des Hiebes mit der Lanze, durch welch' letzteren das Entwaffnen des Feindes so ausserordentlich erleichtert ist. Zugleich vermag keine Waffe den Gegner so sehr vom Leibe zu halten, als wieder die Lanze, mit welcher auch das eigene Pferd am leichtesten zu decken ist. Dabei darf allerdings nicht vergessen werden, dass all' diese Vortheile hauptsächlich nur so lange gelten, als der Lanzier seinen Gegner unmittelbar vor sich, oder zur rechten Seite hat; er theilt jedoch hierin einfach das Geschick des Reiters überhaupt, dessen schwächere Seite ja stets die linke ist.

2. Das Bajonet (*bayonnette, baïonnette*), (Taf. II Fig. 18 und 19).

Um den Gebrauch des Infanteriegewehres nicht bloss auf die Fernewirkung zu beschränken, sondern sich desselben auch im Nähekampfe mit Vortheil bedienen zu können, pflanzt man auf sein Mündungsende

[1]) Ueber die bayerische Uhlanenlanze und die übrigen bayerischen Nähewaffen siehe die diesem Abschnitte angehängte Tabelle.

eine Stossklinge auf und verwandelt es hiedurch in eine, der Lanze ähnliche Waffe, an welcher das Gewehr selbst nur als Schaft erscheint.

An eine solche Vervollständigung des Infanteriegewehres wird man indess vor allem die Hauptanforderung stellen: den Feuergebrauch desselben in keiner Weise zu beeinträchtigen. Gerade diese Bedingung und damit die Möglichkeit, den Gebrauch als Nähewaffe unmittelbar mit jenem zur Fernewirkung zu vereinigen, erfüllt keine Waffe so vorzüglich als das, nach dem Orte seiner ersten Anfertigung (Bayonne) benannte und in allen Armeen gebräuchliche Stossbajonet.

Dasselbe besteht aus folgenden Theilen:

1) aus der Klinge (k), deren Länge einestheils durch den Wunsch bestimmt wird, im Bajonetgewehre eine möglichst weit vorreichende und besonders auch gegen Reiterei brauchbare Waffe zu besitzen, anderntheils aber von der Bedingung genügender Festigkeit und Stärke, bei möglichst geringem Vordergewichte beschränkt ist und im Allgemeinen $1\frac{1}{4}'$ ($\frac{1}{4}$ m) beträgt, so dass damit die ganze Waffe an 6′ (2 m) Höhe erreicht.

Wie die Lanzenspitze, erhält auch die Bajonetklinge einen drei- oder vierschneidigen Querschnitt und ist es besonders der erstere, welcher hier meistens vorgezogen wird, weil es bei seiner Anwendung möglich ist, die Klinge so zum Laufe zu stellen, dass sie diesem keine Schneide, sondern eine Hohlkehle zuwendet, wodurch — bei Vorwärtsladungsgewehren — die Hand des ladenden Mannes weniger der Gefahr der Verletzung ausgesetzt ist, als beim vierschneidigen Querschnitte.

Aus der gleichen Sorge für die ladende Hand gibt man der Bajonetklinge auch eine kleine Neigung (ca. $\frac{1}{4}''$, 6 mm) nach auswärts.

2) Die oben geforderte Nichtbehinderung des Feuergebrauches wird durch den zweiten Hauptheil des Bajonetes — den Hals (*coude*) (h) desselben — erreicht.

Der Bajonethals, aus Rundeisen gefertigt, ist einestheils an den Klingenfuss, anderntheils an demjenigen Theil des Bajonetes angeschweisst, welcher hier die Stelle des Gefässes vertritt.

Er bildet demnach gewissermassen die Angel der Bajonetklinge, liegt aber nicht in gleicher Richtung mit dieser, sondern schliesst mit ihr ein nahezu rechtwinkliges Knie ein, und stellt sie hiedurch soweit seitwärts der Verlängerung des Laufes, als diess die in Rede stehende Nichtbehinderung des Feuergebrauches erfordert. Im Allgemeinen beträgt diese Seitwärtsstellung der Bajonetklinge 2″ (5 cm.), die Stärke des Halses aber ca. $\frac{1}{4}''$ (6 mm).

3) Zur Verbindung des Bajonetes mit dem Laufe dient dessen dritter Haupttheil, die Dülle (oder Dille) mit der Sperrvorrichtung.

Die Dülle (*douille*) (d) ist, entgegengesetzt der Klinge, an den Bajonethals angeschweisst und bildet eine ungefähr fausthohe (3—4″, 8 bis

10 cm.) cylindrische Röhre, welche das Mündungsende des Laufes möglichst enge umfasst.

Die Sperrvorrichtung, welcher die dauernde Befestigung des Bajonetes am Laufe obliegt, besteht entweder aus einer, am Gewehre (oder auch an der Dülle) angebrachten, starken Feder (*ressort*), deren Kopf in eine Hafte oder Kerbe der Dülle (resp. des Laufes) eingreift, — Federbefestigung — oder aus einer, zwar complicirteren, aber doch auch — weil nicht von Federung abhängigen — dauerhafteren Einrichtung, welche Sperrringbefestigung heisst.

Für die Letztere wird die Dülle mit einem rechtwinklig gebrochenen (Taf II Fig. 19ᵃ), oder spiralförmig gewundenen (Taf. II Fig. 19ᵇ) Schlitze (*fente*) versehen, in welchen eine an den Lauf gelöthete, vierseitige Hafte — die Bajonethafte (*bouton*, *tenon*) — greift, deren Höhe etwas beträchtlicher ist, als die Eisenstärke der Dülle. Um diese Letztere läuft endlich — zwischen geeigneten Verstärkungen — ein etwas ellyptischer, offener Ring — der Sperrring (*virole*, *bague*) (Taf. II Fig. 18 und 19 r), dessen Enden lappenförmig gestaltet und durch eine Stellschraube zusammengehalten sind, mittels welcher sie, nach Bedarf, fester angezogen werden können.

An ihrem unteren Ende ist die Dülle mit einer kleinen Ausbauchung (Fig. 18 und 19 a) versehen, durch welche es möglich ist, sie über die Bajonethafte weg zu schieben, und diese in den Düllenschlitz treten zu lassen.

Eine gleiche Ausbauchung enthält der Sperrring an dem, den Lappen entgegengesetzten Theile (Fig. 19ᵃ), oder unmittelbar unter diesen selbst, (Fig. 19ᵇ).

Sobald beim Aufpflanzen des Bajonetes die Hafte bis an das obere Ende des Schlitzes getreten ist, wird der Sperrring, der sich hart unter jene legt, im Viertel nach rechts gedreht und hiedurch die Befestigung des Bajonetes vollzogen. Eine Viertelsdrehung nach links stellt die Ausbauchung des Sperrrings über die Bajonethafte und erlaubt somit die Abnahme der Dülle.

Um eine besondere Hafte zu ersparen, benützt man zuweilen das Korn, resp. dessen Sattel (Taf. V Fig. 9) zur Anlehnung des Sperrringes, ohne hiedurch — bei guter Anpassung aller einzelnen Theile — Beschädigungen für das erstere fürchten zu müssen.

Bei guten Gewehrmodellen ist endlich auch darauf Rücksicht genommen, dass — bei aufgepflanztem Bajonete — die Lappen des geschlossenen Sperrringes unmittelbar unter den Bajonethals zu stehen kommen, um damit die Sperrvorrichtung möglichst gegen das Oeffnen durch feindliche Säbelhiebe zu schützen.

Das ganze Bajonet erreicht im Allgemeinen eine Schwere von

nahezu ³/₄ Pfd. (kaum ¹/₂ Kilogramm), womit ein, die Schuss- oder Stosswirkung des, für sich meist an 8 bis 9 Pfd. (4—5 Kilogr.) schweren Gewehres beeinträchtigendes Vordergewicht nicht veranlasst ist.

Ausser dem Gebrauche wird das Bajonet in einer, am Bandeliere (*buffleterie*) oder Leibgurt (*ceinturon*) hängenden **Lederscheide** versorgt.

Die **Anwendung des Bajonetes** geschieht im Einzelkampfe nach den Regeln der Stossfechtkunst, kann aber leichter, als jene der Lanze, zu einiger Vollkommenheit gebracht werden, da dem Infanteristen beide Arme zur Führung seiner Waffe zu Gebote stehen und kein Pferd seine Bewegungen hindert.

Durch diese Führungsweise wird nicht allein die, in Folge des Gewichts der Waffe schon sehr bedeutende Gewalt des Stosses noch gesteigert, sondern es ist auch die Möglichkeit geboten, den letzteren rascher und sicherer abzugeben, als mit anderen Waffen. Dabei kann der eigene Körper mit dem Bajonetgewehre sehr gut gedeckt, feindliche Waffen leicht parirt und der Gegner unschwer vom Leibe gehalten werden.

Im Massenkampfe ist es der unmittelbare Uebergang vom Feuer- zum Nahegefecht, welcher dem Bajonetgewehre auch hier den hervorragendsten Platz unter allen Handwaffen sichert.

Eine Anwendung des Bajonetes im abgenommenen Zustande ist zwar zufällig denkbar, jedenfalls aber tactisch völlig bedeutungslos.

3. Der Degen (*épée*), (Taf. II Fig. 13).

Der **Stossdegen** ist nur als Officierswaffe in manchen Heeren gebräuchlich, kömmt jedoch selbst hiefür nach und nach immer mehr in Abnahme. Seine Haupttheile sind:

1) eine, selten mehr als zwei-, gewöhnlich nur einschneidige, jedoch an der Spitze auf circa 6″ doppeltgeschliffene, volle, oder auch, zur Erleichterung, mit Hohlkehlen versehene **Klinge**, deren Breite kaum 1″ (2¹/₂ cm.) erreicht, während ihre Länge, der bequemen Tragbarkeit der Waffe wegen und dem Kampfe zu Fuss entsprechend, um 30″ (75—80 cm.) variirt.

2) Um dem für eine Stosswaffe erforderlichen Schwereverhältnisse Rechnung zu tragen, ist das **Degengefäss** meist aus einer Messinglegirung (Tombak etc.) im Ganzen gegossen — seltener aus Stahl geschmiedet — und besteht aus: **Griff** (*poignée*) (g), **Bügel** (*garde*) (b), **Parirstange** (*croisée*) (p) und **Stichblatt** oder **Muschel** (*coquille*) (m).

Der **Griff**, in welchen die Angel eingelassen ist, entspricht in Form und Länge einer bequemen Führung (4″ [10 cm.] lang); er wird zuweilen auch, für sich, aus hartem Holze gefertigt und ist dann meistens mit einem Drahtnetze bezogen, das der führenden Hand möglichst viel Unebenheiten bietet und dadurch der Waffe einen festen Halt verschafft.

Der Bügel schützt die Hand, wenigstens einigermassen, gegen feindliche Hiebe, ebenso die Parirstange, das Stichblatt dagegen, in Form einer Muschel oder Glocke gewölbt, hält Gegenstösse und Hiebe zugleich ab.

Die ganze Waffe erreicht ein Gewicht von $1\frac{1}{2}$ Pfunden ($\frac{3}{4}$ Kilogrammen) und darüber.

3) Die Degenscheide ist gewöhnlich von Lackleder, seltener aus Stahlblech gefertigt, und hängt in einem, um die Hüften oder über die Schulter gelegten Degengehänge (*porte d'épée*).

Der Degen gewährt dem geübten Fechter allerdings die sämmtlichen Vortheile der Stosskunst, ist aber zur Vertheidigung gegen fast alle andern Nähewaffen zu schwach.

II. Die Hauwaffen (*armes tranchantes*).

Allgemeines.

Der Schlag oder Hieb bedingt eine Erhebung des Armes, auf welche ein gewaltsam beschleunigtes Niederfallen desselben folgt, und ist kaum so rasch, mit so geringer Entblössung des eigenen Körpers und so wenig Kraftanwendung — besonders bei vorausgesetzt gleich bedeutendem Erfolge — auszuführen, als der Stoss.

Um die Wirkung des Hiebes zu verschärfen muss:

1) Die Klinge der Hauwaffe einen, das Eindringen in den feindlichen Körper begünstigenden d. h. einen keilförmigen Querschnitt (Taf. II Fig. 16) haben; denn der Hieb soll nicht mit der Spitze, sondern mit der Schneide verwunden; und ist es die längs der Schwäche der Klinge liegende Stelle jener, in welcher sich die Wirkung des Hiebes concentrirt.

2) Eine krumme Klinge (Taf. II Fig. 16 und 17) wird — mechanischen Gesetzen [1]) zufolge — das Eindringen der Schneide erleichtern und die Wucht des Hiebes vergrössern.

---

[1]) Die Gesetze, nach welchen die Wirkung des Hiebes erfolgt, und die Verhältnisse, wodurch diese auf's Höchste gesteigert werden kann, finden sich in der Construction des Beiles am vollständigsten berücksichtigt.

Eine gute Hauwaffe muss demnach die Einrichtungen des eben genannten Werkzeuges möglichst mit den Bedingungen zu vereinigen suchen, welche sich durch die Anforderung der Abwehr des Gegners — des Parirens — sowie durch den Zweck und die Gebrauchsweise einer Kriegswaffe für diese ergeben.

3) Der letztere Zweck kann auch durch eine Verbreiterung der Klinge gegen ihre Schwäche zu (Taf. II Fig. 15 und 16) erreicht werden, muss aber ganz besonders die Anforderung begründen, dass der Schwerpunkt der Waffe möglichst weit gegen deren Spitze vor verlegt, jedenfalls also nicht im Gefässe selbst gesucht, dieses daher specifisch leicht angeordnet werde.

Es ist aus diesen Construktionsbedingungen zu ersehen, dass eine vollkommene Hauwaffe sehr wenig zur Führung eines Stosses geeignet ist; eben hierin aber liegt der Grund für die geringe und stets mehr und mehr abnehmende Verbreitung jener. Gegenwärtig ist nur hie und da noch die leichte Reiterei (speciell der Husar) mit einem krummen Säbel bewaffnet, welcher annähernd zu den reinen Hauwaffen gezählt werden kann, zu welchen ausserdem die taktisch bedeutungslose Handwaffe der Fusstruppen — der Infanteriesäbel oder das Faschinenmesser — gerechnet werden muss.

1. Der krumme Säbel (*sabre courbe*), (Taf. II Fig. 11).

Die verschiedenen Modelle des krummen Reitersäbels haben im Allgemeinen:

1) eine, am Rücken des Fusses bis ¼" (6mm) starke, an 1½" (4 cm.) breite, und nur ca. 30" (80 cm.) lange Klinge, die in einem Kreisbogen [1]) von 2—3" (5—8 cm.) Höhe nach rückwärts gekrümmt, und an der Spitze doppelt geschliffen, sonst aber einschneidig ist, einen scharfkantigen Rücken hat und gewöhnlich mit seichten Holzkohlen versehen wird.

2) Ein leichtes Gefäss, das sich nur aus einem gerippten, lederbezogenen Holzgriffe (g), einer schmiedeeisernen Kappe (k) und einem schmalen Bügel (b) zusammensetzt, welch' letzterer nach rückwärts zur Parirstange (p) verlängert ist.

3) eine Eisenblechscheide.

Ohne Letztere entziffert sich das Gewicht dieser Waffe auf circa 3 Pfd. (1½ Kilogr.), mit ihr auf 4 Pfd. (2 Kilogr.)

Als Reiterwaffe wird der Säbel an einer, aus Leibgürtel, Trag- und Schwungriemen bestehenden Kuppel (*ceinturon à double bélière*) an

---

[1]) Es sei hier daran erinnert, dass die Krümmung einer Säbelklinge stets im Kreisbogen geschehen muss, wenn diese in eine Scheide versorgt werden soll, deren Hohlraum der Gestalt der Klinge vollständig ähnlich ist. Eine Krümmung nach anderen, als kreislinigen Kurven, bedingt entweder, dass die Scheide an der Rückseite ihres Endes offen, oder dieses sehr verbreitet sei.

der linken Seite getragen, am Gefässe aber, mit einem sogenannten Schlagriemen (*dragonne*) versehen, welcher, beim Gebrauche der Waffe, mittels eines Schubknopfes fest um das rechte Handgelenk gelegt wird, um das Ergreifen der Pistole etc. bei gezogenem Säbel zu ermöglichen und den Reiter vor Desarmirung zu schützen.

Was den Gebrauch des krummen Säbels betrifft, so verlangt selber, insoferne es dabei nicht auf ein feineres Hiebfechten ankömmt, eine geringere Ausbildung des Mannes, als die Anwendung einer Stosswaffe, und gewährt durch seine kräftige Wirkung manche Vortheile, schützt aber die führende Hand sehr wenig und eignet sich — wie allerdings natürlich — nur schlecht zum Stiche, dessen, wenn auch unsichere Abgabe, man aber doch durch die Anordnung des ganzen Modelles, mindestens möglich machen wollte.

2. Der Infanteriesäbel (*sabre briquet*), (Taf. II Fig. 14, 15, 20).

Es erwies sich bisher nützlich genug, dem Infanteristen, ausser dem Bajonetgewehre, noch eine Waffe [1]) zu geben, die ihn, beim Mangel des ersteren, doch nicht völlig wehrlos erscheinen lasse und ihm zugleich im Feldwirthschaftsgebrauche dienlich sei, um die, damit verbundene grössere Belastung des Mannes, sowie die bezüglichen Kosten vollständigst aufzuwiegen.

Die hiedurch bestimmte, blanke Waffe, heisst Infanteriesäbel und ist in verschiedenen Modellen gebräuchlich, für welche sich folgende allgemeine Grundsätze aufstellen lassen:

1) eine starke, nur an 20″ ($^1/_2$ m) lange, einschneidige, gerade, oder doch sehr unbedeutend gebogene Klinge;

2) leichtes, nur aus Griff und Parirstange oder einfachem Bügel bestehendes Gefäss;

3) lederne (weil leichte) Scheide.

Die gegenwärtig am meisten verbreiteten Muster dieser Waffe ähneln den antiken Formen der Schwerter des Fussvolks, (Taf. II Fig. 14 und 15), oder jenen der orientalischen, vorwärts gekrümmten Yatagans (Taf. II Fig. 17 und 20), oder endlich denen eines Waidmessers oder Hirschfängers.

Sie sind zuweilen mit, gegen vorne sich verbreiternder, zuweilen mit doppelschneidiger, voller, oder gekehlter Klinge versehen und führen manchmal die, ihrer Form entsprechenden Benennungen.

Aehnliche Modelle werden auch von den übrigen Fusstruppen, der Artillerie, den Pionnieren u. s. w. getragen, und ist die Handwaffe der

[1]) Ein „Seitengewehr“ (*arme blanche*), welche Bezeichnung man für alle Säbel gebraucht.

Letztern nicht selten am Rücken der Klinge mit Sägezähnen versehen (Preussen und Oesterreich).

Das Gesammtgewicht dieser Waffen erreicht kaum 2 Pfund (1 Kilogr.) und werden sie — wie das Bajonet — entweder am Bandeliere über die Schulter, oder an einem Leibgurte getragen.

III. Die Hau- und Stosswaffen (*armes d'estoc et de taille*).

Allgemeines.

Die Möglichkeit der Abgabe des raschen, in seiner Wirkung so überlegenen Stosses, mit der Wucht des Hiebes zu vereinen, ist die Aufgabe der hieher gehörigen Waffen. Da aber die theoretischen Bedingungen des Stosses, jenen des Hiebes gerade entgegengesetzt sind, so lässt sich nur annehmen, dass eine Waffe zwar dem einen Zwecke vorherrschend dienen, die Ausführung des anderen aber bloss mit geringerem Erfolge zulassen könne, jedoch hiedurch schon den ersteren Hauptzweck beeinträchtigen müsse, keinenfalls aber beide gleich gut gewähre. Indess gehört aber gerade die überwiegende Mehrzahl aller Nähewaffen den gemischten Waffen an und rechtfertigt sich diess sowohl durch die praktische Erprobung der Brauchbarkeit dieser, als auch dadurch, dass es eben nicht möglich ist, reine Stoss- [1]) oder Hauwaffen herzustellen, welche den Anforderungen an tüchtige Kriegswaffen vollständig entsprechen.

So ist der Degen an sich wohl eine vorzügliche Waffe und bleibt es, solange ihm wieder nur ein Degen, oder ein sehr leichter Säbel gegenüber steht; es ist aber oben schon angedeutet worden, wie wenig Aussicht auf Erfolg er verspricht, wenn es gilt, den Schlag einer Lanze oder eines Reitersäbels, oder den Stoss des Bajonetgewehres abzuwehren. Sobald man aber diesem Missverhältnisse durch Verstärkung der Klinge des Degens abhilft, so verliert dieser eben seine Eigenschaft als reine Stosswaffe.

Ebenso ist es mit dem krummen Säbel; wollte man ihn noch mehr zur reinen Hauwaffe machen, als diess zur Zeit der Fall ist, so wird er den Kampf mit guten Stosswaffen noch schwerer aufnehmen können, während er in seiner (oben beschriebenen) jetzigen Anordnung, noch immer selbst keinen sicheren Stoss zulässt, diesem aber doch schon Concessionen gemacht hat, welche ihn bereits nicht mehr als reine Hauwaffe im strengsten Sinne des Wortes erscheinen lassen.

Eben diese Anschauungen rechtfertigen es, dass — da die Kriegshandwaffe einestheils sich sowohl gegen Hieb als gegen Stich vertheidigen können muss, man anderntheils auch bestrebt sei, sie so herzustellen,

---

[1]) Abgesehen von Lanze und Bajonet.

dass mit ihr sowohl gehauen als gestochen werden könne, wenn beides auch — einzeln — besser mit dieser oder jener Klingen- und Gefässform ausführbar wäre.

Der ihrer Construktion und Entstehungsweise zu Grunde liegenden Absicht nach, zerfallen die gemischten Waffen:

a) in solche, welche eigentlich Stosswaffen, aber doch auch zur Führung des Hiebes geeignet sind, und
b) in Hauwaffen, welche auch die Abgabe eines sicheren Stosses gestatten.

Der Kürze wegen seien erstere als Stich- und Hieb-, Letztere als Hieb- und Stichwaffen bezeichnet.

a) Stich- und Hiebwaffen.

1. Der Pallasch oder Haudegen (*épée à deux mains*), (Taf. II Fig. 9).

Der Pallasch ist die gewöhnliche Waffe der schweren Reiterei und besteht:

1) aus einer geraden, an der Spitze doppelt-, sonst einschneidigen, starken, jedoch durch tiefe Hohlkehlen (h,h) erleichterten, bis 36" (an 1m) langen und damit, zum Stiche vom Pferde aus, bestens geeigneten Klinge.

2) einem Gefässe, das zwar ähnlich dem Degengefässe gestaltet, und mit dem Stichblatte (b), neben diesem aber noch mit einem sogenannten Korbe (*panier*) (k) versehen ist, welcher die Hand gegen feindliche Hiebe schützt. Es wird — in entsprechend starken Verhältnissen — aus Messingguss hergestellt.

3) aus einer Eisenblechscheide.

Mit Letzterer erreicht die ganze Waffe ein Gewicht von ca. 4 Pfd. (2 Kilogr.), wovon jedoch nahezu die Hälfte auf die Scheide trifft.

b) Hieb- und Stichwaffen.

2. Der Reitersäbel (*sabre*), (Taf. II Fig. 8, 10 und 12).

Indem der, dem Stiche zu wenig günstige krumme Säbel mit etwas geringerer Biegung hergestellt und einem volleren Gefässe versehen ward, entstand ein Modell, das, mit Ausnahme der schweren[1]), fast durchgehends bei der Reiterei angenommen ist, und selbst darüber hinaus, mit entsprechenden Modificationen, als Säbel für Officiere und Unterofficiere der Infanterie, Artillerie u. s. w. Einführung fand.

---

[1]) In Oesterreich führt auch die schwere Reiterei diesen schwachgekrümmten Säbel und findet sich die Abbildung des bezüglichen Modelles auf Taf. II Fig. 8.

Diese, so sehr verbreitete Waffe, setzt sich folgendermassen zusammen:

1) aus einer, an der Spitze zwei-, sonst einschneidigen, unbedeutend (um 1'', 2½ cm. und weniger) rückwärts gekrümmten, seicht gekehlten Klinge von 1'' bis 1½'' (4 cm.) und darüber, Breite, ca. ¼'' (6mm) Stärke am Fusse und etwas über 30'' (80 cm.) Länge.

2) aus einem, gewöhnlich schmiedeeisernen Korb-, (Taf. II Fig. 10) oder einem sogenannten Bügelgefässe[1]) (Taf. II Fig. 8 und 12). Ersteres schützt die Hand zwar auf der Aussenseite mehr, als das Letztere, dieses deckt jedoch nach jeder Seite gleichmässig und erleichtert dadurch auch die sichere Führung der Waffe; es ist das, neuestens immer mehr an Verbreitung gewinnende Modell.

3) aus einer Scheide von Eisenblech

Das Gewicht der ganzen Waffe kömmt 4 Pfd. (2 Kilogr.) nahe, wovon wieder die Hälfte auf die Scheide trifft.

Die als Officierswaffe bestimmten Modelle sind etwas leichter gehalten.

3. Das Haubajonet (*sabre-baïonnette*), (Taf. II Fig. 20 und 21).

Um kurze Gewehre, Büchsen, Stutzen etc. noch genügend zu einer, auch gegen Reiterei wirksamen Stosswaffe zu verlängern, und zugleich dem Manne die Belastung mit zwei Nähewaffen zu ersparen, hat man entweder dem Bajonete eine Säbelklinge gegeben, (Taf. II Fig. 21), oder die Handwaffe des Infanteristen so eingerichtet, dass sie auf das Gewehr aufgepflanzt werden kann (Taf. II Fig. 20).

Diese verschiedenen Waffen sind hier unter dem Namen „Haubajonet" zusammengefasst worden, doch wird deren letztere Art vorzugsweise und wohl auch richtiger als Säbelbajonet bezeichnet.

Beide Arten unterscheiden sich im Grunde nur durch die Form des Gefässes, die eben bei den Waffen der ersteren Gattung (Taf. II Fig. 21), genau jene des Bajonetgefässes — Dülle mit Hals und Sperrvorrichtung — bei der zweiten Art aber, die des Säbelgriffes der bezüglichen Handwaffe ist (Taf. II Fig. 20). Nur muss der Letztere durch eine, am Rücken, oder an der Seitenfläche angebrachte Nuthe (n), in welcher eine Sperrfeder (f) liegt, zum Anlegen an eine entsprechende Hafte des Laufendes geeignet eingerichtet und im ersteren Falle auch noch die Parirstange mit einer Erweiterung und Ausbohrung (d) versehen sein, um sie, beim Aufpflanzen der Waffe, wie eine Dülle an die Mündung anstecken zu können.

---

[1]) Auch als Glockengefäss bezeichnet.

über die Schneiden.		Stärke des Halses am Klingenfusse		Länge der [illegible]	
1,0	2,62	0,6	1,57	20,64	5[illegible]8
über die Verstärkungsrippen		Durchmesser der Dülle am oberen Ende d. Hohlkugel		Breite der Schienen	
0,7	1,83	0,9	2,35	0,54	1,[illegible]
		Durchm. d Hohlkug.			
		2,1	5,49		
	2,62	.	.	Neigung nach [illegible]	
				0,5	1,3

Die Klingen der Hau- oder Säbelbajonete erreichen eine Länge von 25" (60 cm.) und sind sonst nach den, unter „Infanteriesäbel" entwickelten Grundsätzen construirt.

Als Scheidenmaterial dient Leder oder — besonders neuestens, für Säbelbajonete — Eisenblech (Frankreich, Baden etc.)

Die ganze Waffe erreicht ein Gewicht von 1¼ bis 2 Pfd. (¾ bis 1 Kilogr.), wovon ca. ½ Pfd. (¼ Kilogr.) auf die Scheide trifft.

Im aufgepflanzten Zustande geben diese Waffen dem Gewehre ein, Schuss- und Stosswirkung immerhin etwas beeinträchtigendes Vordergewicht; die Säbelbajonete erschweren dabei die Ladung von der Mündung aus erheblichst, während ihre Verbindung mit dem Gewehre, sowohl durch Gegenhiebe, als selbst durch den eigenen Schuss, leicht zerstört oder aufgehoben wird.

Im abgenommenen Zustande dagegen, entspricht das Säbelbajonet den Bedingungen einer Hauwaffe vollständig, weniger das, mit Hals und Dülle, statt Griff, versehene Haubajonet.

Dritter Abschnitt.

Allgemeine Theorie der Feuer-Waffen.

Einleitung.

Um einen Gegner zu beschädigen, ehe man ihm nahe ist, muss man demselben irgend einen zerstörenden Körper entgegenschleudern können.

Geschieht diess nicht bloss durch den einfachen Wurf aus freier Hand, sondern durch ein eigens dazu bestimmtes und vorgerichtetes Werkzeug — die Fernewaffe — so werden sich an dieser stets drei Elemente unterscheiden lassen, deren geeignetes Zusammenwirken erst den gewünschten Erfolg bedingt. Diese Elemente sind: die schleudernde Kraft, der Körper, welcher fortgeschleudert werden soll — das Geschoss — und endlich die Vorrichtung, durch welche das Ineinandergreifen der beiden ersten Elemente in entsprechender Weise vermittelt wird, d. i. die Waffe selbst.

Wenn es nun die Aufgabe des vorliegenden Abschnittes sein soll, die Erscheinungen kennen zu lernen, welche die Thätigkeit einer jeden, der heutzutage gebräuchlichen Fernewaffen begleiten, so wird sich derselbe vor allem mit dem Studium dieser einzelnen Elemente und dann erst mit ihrem gemeinschaftlichen Zusammenwirken zu befassen haben.

A. Die schleudernde Kraft.

Einleitung.

Es gehört zu den selbstverständlichsten Grundbegriffen einer jeden Waffe, dass ihre Wirkung stets erst dann und nur in dem Augenblicke eintrete, in welchem man sich ihrer überhaupt bedienen will. Wenn man diesen Satz festhält, so eignet sich kaum eine andere Naturkraft, als die Elastizität zum fortbewegenden Elemente einer Fernewaffe; denn nur sie ist es, deren Thätigkeit durch eine gewisse Spannung vorbereitet und durch die plötzliche Aufhebung dieser, zur augenblicklichen Aeusserung gebracht werden kann. Es wurde nun bereits in der Einleitung zur Waffenlehre erwähnt, dass es gegenwärtig nur das Schiesspulver und ihm verwandte explosible Präparate sind, welche ausschliesslich als Erzeugungsmittel der Triebkraft für die heutigen Fernewaffen in Anwendung stehen, und erübrigt daher bloss, die Ursachen anzuführen, welche diese Thatsache begründen. Hiezu mögen folgende Betrachtungen dienen:

1) Ist die Grösse der Spannkraft ausdehnsam flüssiger Gase, jener fester Körper (wie stählerner Federn, elastischer Thier- oder Pflanzenstoffe etc.) so ausserordentlich überlegen, dass Wirkungen, wie sie durch die Pulver- und dergleichen Gase hervorgebracht werden, geradezu unerreichbar für andere Mittel sind.

2) Ist die Vereinigung des, die schleudernde Kraft erzeugenden Mittels, mit der Waffe und die plötzliche Entwicklung jener selbst, in keinem Falle einfacher herzustellen, als bei Anwendung explosibler Substanzen.

   Es bedarf hiezu ja nichts Weiteren, als der Einschliessung dieser im Ladungsraume; denn dadurch, dass die Verbrennung des Pulvers etc. in einem engen, abgeschlossenen Raume vor sich geht, ist die Spannung der hiebei entwickelt werdenden Gase schon erzielt.

   Andere, als durch chemischen Prozess erzeugte Triebkräfte, müssten dagegen erst besonders gespannt werden, ehe sie zur Wirkung gelangen könnten. (So z. B. die atmosphärische Luft, der Wasserdampf.)

3) Mit keinem anderen Mittel, würde sich ein solches Mass von Gleichheit und Unabhängigkeit von äussern Einflüssen erreichen und die ganze Fernewirkung derart beherrschen und regeln lassen, wie mit den in Rede stehenden expansiblen Gasen. Hier bleibt die Wirkung einer bestimmten Menge eines gewissen Pulvers unter gleichen Umständen stets dieselbe; Nässe und Temperaturunterschiede, beeinflussen die Leistung der Spannkraft durchaus nicht in dem Masse, als diess z. B. bei Stahlfedern, Thiersehnen etc. der Fall sein würde, und endlich bedarf es der blossen Veränderung der Quantität oder Qualität einer Ladung, um deren Krafteffekt beliebig zu modifiziren. Indess wird sich die Reihe dieser Vergleiche am besten durch das Studium der mehrgenannten Schiesspräparate selbst vervollständigen lassen, und sei beim

Uebergange auf dieses nur noch bemerkt, dass die hier darüber folgenden Erörterungen in drei Hauptabtheilungen geschieden werden sollen. Die erste derselben, wird sich ausschliesslich mit dem, zur Zeit immer noch hervorragendsten und verbreitetsten der explosiblen Gemische, dem Schiesspulver befassen; die zweite sodann jene Präparate kennen lehren, welche zum gänzlichen oder theilweisen Ersatze des Pulvers anzuwenden versucht wurden, während endlich die dritte Unterabtheilung die Zündmittel, d. h. jene Mittel erörtern soll, deren man sich bedient, um den — zur ganzen Entwicklung der Pulver- und anderen Gase unumgänglich nothwendigen Entzündungs- und Verbrennungsprozess bestmöglichst einzuleiten

I. Das Schiesspulver (*poudre*, *poudre à canon*).

Das Schiesspulver ist ein, nach bestimmten Verhältnissen zusammengesetztes, inniges, gekörntes Gemenge von Salpeter, Schwefel und Kohle.

Von diesen drei Bestandtheilen ist es der Salpeter, dessen Sauerstoffgehalt bei Entzündung des Pulvers mit dem Kohlenstoffe der Kohle Kohlensäure bildet, welche die Hauptmenge der expansiblen Pulvergase ausmacht.

Der Schwefel, ergänzt die, durch die Kohle eingeleitete Zersetzung des Salpeters [1]), indem er dessen Kaliumgehalt zur Bildung von Schwefelkalium benützt; zugleich aber unterstützt er die Verbrennung des Pulvers, vermindert dessen Hygroscopität und dient den beiden anderen Bestandtheilen desselben gewissermassen als Bindemittel, wodurch er auch die Consistenz des Pulverkornes erhöht.

Die Kohle endlich, leitet — abgesehen von ihrer nothwendigen Mitwirkung zur Kohlensäurebildung — den ganzen Verbrennungsvorgang des Schiesspulvers ein; sie ist es, die — bei geeigneter äusserlicher Einwirkung — zuerst Feuer fängt und durch ihr Erglühen sowohl die Zersetzung des Salpeters verursacht, als auch den Schwefel entzündet.

Aus dieser allgemeinen Darstellung, ergibt sich nicht allein die besondere Funktion eines jeden Pulverbestandtheiles und damit die Unmöglichkeit der Weglassung des einen oder anderen derselben, sondern auch die Nothwendigkeit ihres richtigen Zusammenwirkens. Es liegt nahe, dass dieses Letztere vorzüglich von dem richtigen Mischungsverhältnisse (auch „Dosirung" (*dosage*) genannt) und der Innigkeit der Mengung und gegenseitigen Berührung der gedachten Bestandtheile abhängig ist.

---

[1]) Der Schwefel zersetzt den Salpeter erst bei einer Temperatur von 432° C., die Kohle aber schon bei 400° C.

Was das Erstere betrifft, so ist dasselbe schon mit dem frühesten Auftreten des Schiesspulvers zu 6 Theilen Salpeter auf je 1 Theil Schwefel und Kohle angegeben und diesen Proportionen sehr nahe, in neuerer Zeit durch die Chemie ein solches von 74,65 Salpeter, 11,90 Schwefel und 13,45 Kohle als dasjenige festgesetzt worden, bei welchem die vollständigste gegenseitige Zersetzung der drei Bestandtheile eintritt. Obwohl sich nun in der Folge zeigen wird, dass man sich in der Praxis nicht strenge an dieses theoretisch richtigste Gemenge hält, so kann dasselbe doch bis dahin im Sinne behalten werden, um bei den Erörterungen über Fabrikation, Verbrennung, Kraftäusserung u. s. w. des Pulvers, der Vorstellungskraft als Anhaltspunkt für die Zusammensetzung desselben zu dienen.

Die zweite Bedingung für das vollkommene Zusammenwirken der Pulverbestandtheile, die Innigkeit ihrer Mengung und gegenseitigen Berührung, wird durch die Fabrikation des Schiesspulvers zu erstreben sein, über welche die nachstehenden Erörterungen das Wesentlichste enthalten sollen.

Fabrikation des Schiesspulvers.

Die Fabrikation des Schiesspulvers, deren Aufgabe soeben angedeutet wurde, zerfällt in folgende einzelne Stadien:

1) die Bereitung der Pulverkohle,
2) das Kleinen der Bestandtheile,
3) das Mengen derselben,
4) das Verdichten, und
5) das Körnen des Pulversatzes, wozu einige weitere, die Festigkeit und Form des Kornes betreffende Nebenfunktionen, als Mengen, Poliren und Rundiren gerechnet werden müssen

und welchen endlich — da die Mengung und Verdichtung zur bessern Verhütung von Explosionen, gewöhnlich unter Wasserzugabe geschieht,

6) das Trocknen und
7) das Aussieben folgt, durch welch' Letzteres das gewonnene Pulver sowohl vom Staube befreit, als auch — der Korngrösse nach — sortirt wird.

Zu 1. **Bereitung der Pulverkohle.** Während Salpeter und Schwefel — ersterer von den Salpeterraffinerien an die Pulverfabriken geliefert, letzterer von diesen durch den Handel bezogen wird, fordert es schon die Rücksicht auf die Qualität frischer, gegenüber magazinirter Kohle, die Bereitung der letzteren mit der Fabrikation des Pulvers selbst zu verbinden.

Man wählt hiezu möglichst feinfaserige, harzfreie Holzarten, unter denen Faulbaum (*bourdaine*) und Weisserle (*aune*) die hervorragendsten sind, dort und da jedoch durch Haselnuss- (*coudrier, noisetier*) oder Weidenholz (*saule*) ersetzt werden, fällt die bezüglichen, meist schwachen, strauchartigen Bäume im Sommer, entrindet sie, theilt die (3—6", 8—16 cm. starken) Stämme in ca. 2' (60 cm.) lange, 1—2" (2½ — 5 cm.) starke Scheiter, die Aeste in ebenso lange Stücke und bereitet sie durch vollständige Trocknung, Auslaugen oder 2—3jährige Lagerung etc. zur Verkohlung vor.

Die Holzkohle ist — wie schon im ersten Abschnitte erwähnt wurde — aus Kohlen-, Wasser- und Sauerstoff (neben mineralischen und anderen Verunreinigungen) zusammengesetzt und es lässt sich leicht denken, dass ihr Gehalt an jedem einzelnen dieser Stoffe einestheils verschieden sein muss, nach dem Temperaturgrade, unter welchem der Verkohlungsvorgang, resp. je mehr oder weniger vollständig dieser stattfand, dass aber anderntheils mit der verschiedenen Zusammensetzung der Kohle sich auch deren Eigenschaften ändern. So nimmt mit der Verminderung ihres Wasserstoffgehaltes auch die Entzündlichkeit, mit jener des Sauerstoffes die Lebhaftigkeit ihrer Verbrennung ab, und umgekehrt. Die Verminderung dieser Stoffe tritt aber mit der grösseren Ausdehnung des Verkohlungsprozesses ein und kann bis zu einem Grade fortgesetzt werden, bei welchem die Kohle ebenso schwer entzündlich als verbrennlich wird. Man nennt solche, durch ihr mattes, dunkles Aussehen, Klanglosigkeit und geringe Consistenz, gekennzeichnete Kohle, todte, oder todtgebrannte und es bedarf wohl kaum der weiteren Erwähnung, dass selbe unbrauchbar zur Schiesspulverbereitung ist, obwohl hier ein grosser Kohlenstoffgehalt günstig für die Gasentwicklung (d. h. Kohlensäurebildung) wäre.

Die entgegengesetzten Erscheinungen, welche der Mangel an Wasser- und Sauerstoff bewirkt, verursacht deren Ueberschuss, bei nicht vollständig verkohltem Holze, und (erhält man) hier, bei einer Temperatur von 270—300° C., eine ausserordentlich leichtentzündliche, doch auch sehr hygroscopische und explosible Kohle, die nur ca. 70 Proc. Kohlenstoff enthält und ihres eigenthümlichen, röthlichen Schillers wegen, rothe Kohle (*charbon roux*) genannt wird. Dieser bedient man sich zu Jagd- und Scheibenpulversorten, doch nicht für Kriegszwecke. Dem Letzteren entspricht dagegen am vorzüglichsten die, bei einer Temperatur von 350° —360° C. erzeugte Schwarzkohle, mit einem Kohlenstoffgehalte von ca. 85 Proc.

Die Hauptaufgabe der Methoden, welcher man sich zur Erzeugung der Pulverkohle bedient, liegt nun jedenfalls darin, ein möglichst gleichmässiges, den richtigen Verhältnissen und nothwendigen Bedingungen wohl entsprechendes Resultat zu liefern. Indess lösen die zwei gebräuchlichsten Verfahrungsweisen diese Aufgabe nicht immer sehr vollkommen; es sind diess die Grubenverkohlung und die Destillation.

Die Grubenverkohlung (*carbonisation dans des fosses*) wird in cylindrischen, ausgemauerten, oder mit Gusseisenkesseln gefütterten Gruben, von 4—5' (1¼—1½ M.) Tiefe und eben solchem Durchmesser vorgenommen, indem man vorerst eine kleine Quantität des bestimmten Holzes auf dem Boden der Grube entzündet und diese dann derart allmälig füllt, dass einestheils das entstandene Feuer nicht mehr erstickt, anderntheils aber eine totale Verbrennung des bereits eingegebenen Holzes, durch die stete Zugabe neuen Brennmaterials, thunlichst verhütet werde.

Die volle Grube wird nun hermetisch verschlossen (hiebei jedoch Anfangs den sich entwickelnden Gasen ein Abzugsrohr offen gehalten) und so 2—3 Tage lang sich selbst überlassen, nach welcher Zeit der Verkohlungsvorgang vollendet ist.

Die Grubenverkohlung liefert im Durchschnitte 16 bis 20 Pfd. brauchbarer Kohle auf 100 Pfd. eingegebenen Holzes.

Die Bereitung der Pulverkohle durch Destillation wird in eigenen Destilliröfen (*fourneaux de digestion*) [Taf. III. Fig. 1] vorgenommen, in welchen das Holz nicht selbst in Brand gesetzt, sondern in cylindrische Gusseisenretorten [1]) (c) eingeschichtet wird, welche rings vom Feuer umspült und hermetisch geschlossen sind.

Um eine gleichartigere Verkohlung zu ermöglichen, sind bessere Destilliröfen so eingerichtet, dass die Retorten von Zeit zu Zeit um ihre Axe gedreht werden können [2]); zugleich sind an diesen besondere Abzugsrohre für die gasförmigen (bei g) und flüssigen (bei t.) Verkohlungsprodukte angebracht; ~~und~~ (werden, erstere) gewöhnlich mit zur Beheizung verwendet, indess letztere reiches Material für die Theerindustrie liefern.

Die Cylinderverkohlung ist für ca. 200 Pfd. (100 Kilog.) Holz per Retorte, in 10—12, bei sehr gut construirten Oefen selbst in 4—6 Stunden vollendet und ergibt im Allgemeinen eine Ausbeute von 25 bis 35 Proc.

Weit vorzüglicher als Gruben- und Cylinderverkohlung, doch zur Zeit noch wenig verbreitet, ist die Verkohlung durch überhitzten Wasserdampf. Das Holz wird hiezu gleichfalls in eiserne Retorten (Cylinder) luftdicht eingeschlossen und in diese dann der, mittelst Passirung von feuerumspülten Röhren geeignet erhitzte Wasserdampf einge-

---

[1]) Von diesen hat das Verfahren auch den Namen „Cylinderverkohlung."

[2]) Es sind nämlich in die gewöhnlichen, eingemauerten Retorten noch weitere, drehbare eingelegt.

leitet. Diese Methode liefert nicht allein die reichhaltigste, (30 — 36 Proc.) sondern auch die gleichartigste Ausbeute und erlaubt — wie keine andere — die beliebige Regulirung des Verkohlungsvorganges, der hier für Quantitäten von 50 — 60 Pfd. (25 — 30 Kilog.) Holz nur 2 Stunden Vollendungszeit beansprucht.

Die frischerzeugte Pulverkohle wird — nach gehöriger Abkühlung — ausgesucht, von Aschen- und Staubtheilen befreit und — um Selbstentzündungen und Explosionen vorzubeugen — ungekleint und in geringen Quantitäten (bis 30 Pfd., 15—16 Kilog.), in Kupfer oder Eisen gefütterte, wohlverschlossene Holzkisten bis zur baldigen Verwendung aufbewahrt.

Zu 2. **Das Kleinen** (*trituration*, *pulvérisation*) des Schwefels und der Kohle [1]), geschieht in horizontal um ihre Axe rotirenden, wohl verschlossenen und mit einem Staubkasten oder Mantel umgebenen, hölzernen Trommeln, Tonnen oder Fässern (*barils*) [Taf. III. Fig. 7], die — wie alle bezüglichen Maschinen der Pulverfabriken — durch Wasserkraft in Bewegung gesetzt werden und, ausser einer bestimmten Quantität des bezüglichen Stoffes, noch das doppelte bis vierfache Gewicht jener an kleinen Metall- oder Kupferkugeln (*gobilles*) enthalten.

Der gekleinte Schwefel muss hierauf erst durch Aussieben oder eigene, Mühlbeuteln ähnliche Sortirmaschinen in Schwefelmehl und Schwefelgries geschieden und letzterer wiederholt in's Verkleinerungsfass (*baril à triturer*) gegeben werden, für die Kohle ist jedoch ein derartiges Sortiren nicht nothwendig.

Zu 3. **Das Mengen** (*mélange*) der Bestandtheile, dem natürlich ein genaues Abwägen [2]) derselben vorhergehen muss, wird manchmal mit dem Verdichten des Satzes vereinigt, indem der aus freier Hand gemischte Pulversatz — unter gehöriger (5—10 Proc.) Anfeuchtung [3]) (*humectation*) mit destillirtem (oder doch filtrirtem Regen- oder Fluss-) Wasser — sofort auf Walzwerke [4]) (*usines à meules*) [Taf. III. Fig. 4]

---

[1]) Der Salpeter — wie er von den Raffinerien geliefert wird — bedarf keiner Pulverisirung mehr; nur zu Feuerwerkssätzen (sieh' V. Abschnitt) bedient man sich zuweilen noch weiter verfeinerten, sogen. Mehlsalpeters (*salpêtre en farine*).

[2]) Hiebei wird — des Verstaubens wegen — gewöhnlich ein kleiner Ueberschuss von Kohle zugegeben.

[3]) Die Anfeuchtung ist vorzugsweise von den Witterungsverhältnissen abhängig, welche während der Fabrikationsperiode herrschen. Bei sehr nasser Witterung genügen zuweilen schon 3 Proc. Wasserzusatz, bei sehr trockener, kann dieser bis 18 Proc. betragen.

[4]) Läufer (l) und Trog (t) solcher Walzmühlen [Taf. III. Fig. 4] sind

oder Stampfmühlen[1]) (*moulins à pilons*) [Taf. III. Fig. 2] gegeben und hier nicht allein gemengt, sondern schliesslich auch zu einer steinfesten Masse von schieferartigem Ansehen verdichtet wird, welche man Pulverkuchen (*galette*) nennt.

Durch den grossen Bedarf an Schiesspulver, welchen die französische Revolution und ihre Kriege veranlassten, wurde jedoch ein beschleunigtes Fabrikationsverfahren für jenes in's Leben gerufen, das heute noch den Namen der Revolutions- oder revolutionären Methode führt und in neuester Zeit sehr verbreitete Aufnahme[2]) fand.

Nach demselben, wird das Mengen, für sich, in (den Verkleinerungsfässern ähnlichen) rotirenden Tonnen [Taf. III. Fig. 7], unter Zugabe von Holz- oder kleinen Bronzekugeln vorgenommen und die Mühlwerke nur zur Verdichtung des Satzes benützt. Hiedurch kann nicht allein gleichzeitig eine Satzmenge gemischt werden indess eine andere verdichtet wird, sondern diese beiden Manipulationen gehen auch zusammen rascher vor sich, als diess bei dem früheren Verfahren der Fall war.[3]) Endlich aber, wird dem Pulver auf diesem Wege weniger Wasser zugesetzt, als bei der ausschliesslichen Bearbeitung auf Walz- oder Stampfwerken; hiedurch verkürzt sich nicht allein die Trockenzeit, sondern es erhöht sich damit auch die Qualität des Pulvers. Indess kann nicht geleugnet werden, dass die revolutionäre Mengung schon vielfach Explosionen verursachte.

Zu 4. **Das Verdichten** (*compression*) des Pulversatzes wird entweder in der, unter 3. bereits erörterten Weise, auf Stampf- und Walzmühlen, oder mittels eigener hydraulischer, oder, rascher, auf Walzenpressen [Taf. III. Fig. 6] vorgenommen und hat den Zweck, das pulverisirte Satzgemenge in einen starren, festen Körper umzuwandeln,

---

gewöhnlich aus quarzfreiem Kalksteine, zuweilen aber erstere auch aus Gusseisen gefertigt (dann jedoch mit Kupfer, und ihre Bahn mit Holz belegt). Die Walzen haben bis 60" (157 cm.) Durchmesser und an 70 Zentner Schwere. Derlei kleinere Walzwerke dienen auch zum Pulverisiren der Bestandtheile.

[1]) Die Stampfe solcher Werke sind von hartem Holze, mit Kupfer- oder Bronze-Schuhen beschlagen und haben, bei 15 — 16" (40 cm.) Fallhöhe, ein Gewicht von 40 (in Bayern), bis 80 (in Frankreich) Pfunden (20—40 Kilogr.). Der Stampftrog, „Grubenstock" genannt, ist aus Eichenholz.

[2]) Sie ist auch in Bayern gebräuchlich.

[3]) So erfordert die Mengung und Verdichtung mittelst der Stampfmühle allein gewöhnlich 12—20 Stunden, während das Mengen auf revolutionärem Wege nur 4—5 Stunden und die Verdichtung durch Walzen oder Stampfen ungefähr ebensoviel Zeit verlangt.

wodurch nicht allein die innige Mischung der drei Bestandtheile mechanisch fixirt, sondern auch die Körnung des Pulvers vorbereitet wird. (Der verdichtete Pulversatz enthält nur mehr 4 — 5 Proc. Wasser.)

Zu 5. **Das Körnen** (*granulation*) des verdichteten Pulversatzes, bedingt sich nicht bloss durch die, sehr begreifliche, grössere Bequemlichkeit der Behandlung einer gekörnten, gegenüber einer festen Masse, sondern ganz unumstösslich auch durch die Verbrennungsweise des Pulvers (sieh' dortselbst). Es wird dadurch bewerkstelligt, dass man den gewonnenen Pulverkuchen aus freier Hand, mit Hülfe von hölzernen oder kupfernen Hämmern, in kleine Stücke zerschlägt [1]) und diese auf Drahtsiebe gibt, die durch Maschinen (Taf. III. Fig. 3, preussische Körnmaschine), oder bloss mit den Händen in eine kreisförmige Bewegung versetzt werden, wobei eine auf die zerbröckelte Pulvermasse gelegte Holzscheibe, (Läufer [*tourteau*] genannt) jene noch mehr zerkleint und so durch die Oeffnungen des Körnsiebes (*grenoir*) drückt. (Mit dem Körnen ist meistens ein erstmaliges Sortiren und Ausstauben verbunden.)

Um rundes Pulver zu erhalten, gibt man das frischgewonnene Korn auf die **Rundirmaschine** (Taf. III. Fig. 5), indem man es in Quantitäten von circa ¼ Zentner in starke Zwillichsäcke (**s**) füllt und diese zwischen zwei horizontale, gerippte Holzscheiben legt, von welchen die untere (**r**), durch ein, mit einem Wasserwerke correspondirendes Zahnrad (**z**), in Rotation um eine vertikale Spindel (*bobine*) (**w**) versetzt werden kann, während die obere (**d**) in Seilen hängt und durch Bleiplatten derart beschwert wird, dass sie die eingelegten (2—3) Pulversäcke genügend belastet, um das, in diesen befindliche Korn, bei geeigneter Bewegung der untern Scheibe, sich gegenseitig abschleifen und dadurch rund werden zu lassen. Diese Operation ist gewöhnlich in 10—15 Minuten vollendet.

Durch das Körnen (und ebenso durch das Rundiren) verliert das Pulver einigermassen an seiner Consistenz; um diesen Verlust wieder zu ersetzen, bringt man das frische, sogenannte grüne Korn (*grain vert*) abermals in eine horizontal rotirende Tonne (Taf. III. Fig. 7) und lässt es hier 5—10 Minuten lang sich selbst abstossen. Man nennt diesen Vorgang das **Mangen**. (Ihm folgt das erste Trocknen.)

Aehnlich dem Mangen geschieht das **Poliren** (*lissage*), das jedoch mehrere (4—12, selbt 16) Stunden in Anspruch nimmt und dem [hiezu gewöhnlich durch Eingabe eines nassen Lappens oder nasses Auswischen des Polirfasses (*lissoir*) neuerdings angefeuchteten, ausserdem aber noch 2—2,5 Proc. Wasser enthaltenden] Korne, neben grösserer Festig-

---

[1]) Zuweilen dienen zum Zerbrechen des Pulverkuchens auch canellirte Walzen.

keit, auch eine glatte, etwas glänzende Oberfläche gibt, durch welche es zwar ein wenig an Entzündlichkeit, zugleich aber sehr an Hygroscopität verliert und erst gehörig transportfähig wird.

Zu 6. **Das Trocknen** (*séchage*) kann, bei günstiger, warmer Witterung, an schattigen, windstillen Plätzen, im Freien, ausserdem im Sommertrockenhause (*séchoir*) — einem luftigen Schuppen mit Wind- und Sonnenschirmen — oder endlich in Trockenstuben (*sécheries*) vorgenommen werden, die durch gewöhnliche Oefen mit doppelten Mänteln, oder mittels Luft- oder Wasserdampfheizung auf 50 bis 60° C. erwärmt sind. Das Pulver wird hiezu auf Leinwand überspannten Trockenrahmen ausgebreitet und öfters mit Rechen oder den blossen Händen gewendet, um von allen Seiten abdünsten zu können.

Der Trockenvorgang muss allmälig eingeleitet und durchgeführt werden, wenn die Festigkeit des Kornes und die Qualität des Pulvers nicht leiden sollen. Er wird (wie oben schon angedeutet wurde) gewöhnlich in zwei Perioden getheilt, deren erste den Feuchtigkeitsgehalt des grünen Kornes (4—5 Proc.) ungefähr auf die Hälfte, d. h. nur so weit reducirt, dass jenes polirbar bleibt, während die gänzliche Abtrocknung des polirten Pulvers erst in der zweiten Periode erfolgt. (Doch bleibt auch hier noch immer ein Wassergehalt von $^1/_4$ bis $^1/_2$ Proc zurück.) Das erste Trocknen erfordert im Freien oder Trockenschuppen an 3—4 Stunden, das letzte bei 2—3 Stunden Zeit; im geheizten Trockenraume ist (des geringeren Luftwechsels wegen) die doppelte bis dreifache Dauer hiefür nothwendig.

Zu 7. **Das Sortiren** (*égalisage*) und **Ausstauben** (*époussetage*) geschieht mit Hülfe von Draht- und Haarsieben (*cribles*), deren Oeffnungen den gewünschten Korngrössen entsprechen, oder nur den Staub durchlassen. Auch dieses Fabrikationsstadium wird in zwei Abtheilungen vorgenommen, deren erste wieder unmittelbar nach dem Körnen erfolgt, während die letzte den Schluss des ganzen Fabrikationsverfahrens bildet. Jene liefert den grünen, diese den trockenen Staub; ersterer kann sofort wieder verdichtet und gekörnt, letzterer (der sogenannte Nachsatz) aber, muss vor weiterer Verarbeitung erst wiederholt gemengt werden.

Untersuchung des Schiesspulvers.

Die Untersuchung des Schiesspulvers zerfällt in eine äusserliche und in eine solche auf den inneren Gehalt.

a. Die äusserliche Untersuchung

geschicht:

1) nach der Farbe. Dieselbe muss, bei leichtem Glanze, schiefer-

grau sein und darf beim Zerquetschen des Kornes nicht ungleichmässig werden, da diess auf ungenügende Mengung deuten würde. Tiefe Schwärze und matter Glanz lassen auf zu grossen Feuchtigkeitsgehalt schliessen; heller Glanz zeigt auf zu starke Politur oder Beimengung von Graphit [1]); weisse Punkte würden auf stattgehabte Auswitterung von Salpeter schliessen lassen.

2) nach dem Staubgehalte. Das Pulver darf nicht abfärben, wenn man es über die Hand oder auf weisses Papier schüttet. Der genaue Staubgehalt kann ausserdem durch Sieben oder Ausbeuteln ermittelt werden.

3) nach der Festigkeit. Das Korn darf sich nicht mit den blossen Fingern zerdrücken lassen, zerquetschtes Pulver muss sich aber mehlig anfühlen und darf keine rauhen Körperchen enthalten, die auf ungenügende Verfeinerung des Schwefels etc. deuten würden.

4) nach dem Gewichte. [2]) Durch genaues Abwägen eines bestimmten Volumens und den Vergleich der entzifferten Schwere mit den, dafür bestehenden, normalen Angaben.

5) nach der Feuchtigkeitsanziehung, [3]) indem man gleiche Quantitäten guten „normalen" (*poudre type*) und des zu untersuchenden Pulvers an einem feuchten Orte (über dem siebartigen Zwischenboden eines halb mit Wasser gefüllten Fasses) aufstellt und nach einiger Zeit (circa 14 Tagen) wiederholt wiegt. Wenn das so geprobte Pulver mehr an Gewicht zunahm, als das normale, so ist es in Folge ungenügender Politur etc. zu porös.

6) durch Abbrennen einer kleinen Menge auf weissem Schreibpapier und polirten Kupferplatten.

Das Pulver muss sich hiebei leicht entzünden und in Einem Augenblicke, mit gerade aufsteigender Flamme und Rauch, ohne Funkensprühen zusammenbrennen; das Papier darf nicht in Brand gerathen, sondern nur wenig geschwärzt und muss der Rückstand strahlenförmig darauf vertheilt sein. Die Kupferplatte soll nur wenig erwärmt erscheinen und keine öligen Brandflecke zeigen.

---

[1]) Kommt vorzüglich bei englischem Privatpulver vor.

[2]) Das specifische Gewicht des Pulvers ist 1,6—1,9; das Gewicht eines gewissen Volumens Pulver ist nahezu dem desselben Volumens Wassers gleich, wobei das Pulver jedoch nicht gewaltsam zusammengerüttelt oder comprimirt sein darf.

[3]) Eine Untersuchung auf den Gehalt an hygroscopischem Wasser, kann durch Entfernung des Letzteren mittels Trocknung bei einer Temperatur von 80 bis 90° C. und geeignetes Abwägen geschehen.

7) nach der Korngrösse mittelst der Anwendung normalmässiger Siebe.

b) Die Untersuchung auf den inneren Gehalt

kann einestheils durch die chemische Analyse [1]), muss aber ganz vorzüglich durch die Beobachtung jener Wirkung geschehen, deren Leistung ja die ganze Aufgabe des Schiesspulvers ist — der Kraftäusserung desselben. Man wird hiebei nicht allein eine gewisse Grösse der letzteren, sondern ganz besonders eine regelmässige Gleichförmigkeit derselben fordern müssen. Diese hauptsächlichste und wichtigste Prüfung des Pulvers wird denn auch speziell mit dem Namen der Pulverprobe (*épreuve de poudre*) bezeichnet und sind zur Vornahme derselben sehr verschiedene Mittel im Gebrauche. Die verlässigsten und vorzüglichsten unter diesen sind jene, welche die Kraftäusserung des Pulvers möglichst unmittelbar erkennen lassen und hiezu weder eine so kleine Quantität verwenden, dass ein Körnchen darunter oder darüber von Einfluss auf das Resultat der Probe ist, noch aber eine so grosse Menge benützen, dass kleinere Gewichtsdifferenzen unberücksichtigt bleiben könnten.

Die gebräuchlichsten Pulverproben.

sind folgende:

1. **Die Wurfprobe.** Sie wird mittels eines sogenannten Pulverprobemörsers (*mortier éprouvette*) (Taf. III Fig. 10) vorgenommen, indem aus diesem eine bestimmte Kugel, mit einer gewissen Ladung und unter einem stets gleich bleibenden (gewöhnlich 45° betragenden) Elevationswinkel abgefeuert — „geworfen" — wird. Die erhaltene Wurf- oder Tragweite (*portée*) gibt den Massstab für die Triebkraft des untersuchten Pulvers. Mit grosser Einfachheit der Ausführung, verbindet die Wurfprobe sehr verlässige, sowie ganz unmittelbare Resultate und ist daher vielseitigst in Anwendung.[2])

2. **Die Geschwindigkeitsprobe.** Wie die Wurfprobe die Länge

---

[1]) Hiebei kann der Salpetergehalt durch Wasser, der Schwefel durch Schwefelkohlenstoff oder kochende Kalilauge gelöst und dadurch ausgeschieden werden.

[2]) Sie ist auch in Bayern eingeführt. (Siehe bayerische Pulversorten). Es möge hiebei angedeutet sein, dass das Prinzip der Wurfprobe sich am besten zur raschen Prüfung eroberten, oder sonst fremden Pulvers im Felde eignet und in derlei Fällen auf jede Handfeuerwaffe übertragen werden kann. Man braucht nur unter gleichen Ladungsverhältnissen mit dem eigenen, bekannten und dem zu prüfenden Pulver gegen nahestehende Ziele zu feuern; stärkeres Pulver wird hiebei Hochschuss, schwächeres Tiefschuss ergeben und dadurch ein Ausgleich möglich sein.

des Weges, den ein — unter bestimmten Umständen — abgefeuertes Geschoss zurücklegt, als Anhaltspunkt für die Beurtheilung der Wirkung einer gewissen Pulvermenge darbietet, so kann auch aus der **Anfangsgeschwindigkeit**[1]) (*vitesse initiale*), welche einem Geschosse durch seine Ladung ertheilt wird, auf die Kraftäusserung dieser geschlossen werden. Da die Anfangsgeschwindigkeit ausserdem ein sehr wichtiger Faktor für das ganze Studium der Theorie der Fernewaffen (speziell der Schusswaffen) ist, so war man stets darauf bedacht, Wege zu finden, durch welche dieselbe mit genügender Richtigkeit ermittelt werden könnte. In neuester Zeit sind es vorzüglich zwei Hauptgattungen von Instrumenten, welche zu diesem Zwecke in Anwendung kommen: **ballistische Pendel und elektromagnetische Chronographen.**[2])

Die **ballistischen Pendel**[3]) (hiezu Taf. III Fig. 8) (*pendules balistiques*) unterscheiden sich von gewöhnlichen Pendeln im Wesentlichen dadurch, dass bei ihnen die Schwingungen des Pendelgewichtes durch

---

[1]) Unter „**Geschwindigkeit**" (*vitesse*) versteht man den Weg, welchen ein, in Bewegung befindlicher Körper, in einer **Zeiteinheit** zurücklegt, oder — bei gleichmässiger Fortschreitung in seiner Bahn — zurücklegen würde. Mit jeder Angabe einer Geschwindigkeit, muss also die Zeiteinheit, auf welche sich dieselbe bezieht, genannt sein; im Allgemeinen ist diess die **Sekunde**.

Wenn sich aber das Fortschreiten eines Körpers nicht einmal durch eine Sekunde lang gleich bleibt — und das ist bei jedem abgefeuerten Geschosse (in Folge des Luftwiderstandes und der Anziehungskraft der Erde — worüber später Näheres) der Fall — so lässt sich doch die Geschwindigkeit, welche der Körper in irgend einem Augenblicke hat, dadurch bezeichnen, dass man sagt: wenn der Körper von dem gedachten Momente an gleichmässig fortschreiten würde, so müsste er in der Zeiteinheit einen Weg von der und der Länge zurücklegen.

So kann man also auch sagen: wenn ein Geschoss sich mit **der** Geschwindigkeit unverändert fortbewegen würde, welche es beim Verlassen der Rohrmündung besitzt, so würde es per Sekunde so und so viel Schritte oder Meter durchfliegen; **diese** Geschwindigkeit heisst man die **anfängliche** oder **Anfangsgeschwindigkeit**.

[2]) Chronograph heisst Zeitzeiger, Zeitmesser.

[3]) Die ersten ballistischen Pendel wurden von den Engländern **Robins** u. **Hutton** construirt. Die Bezeichnung „ballistisch" kömmt von dem Namen jener Wissenschaft her, welche sich speziell mit der Erforschung der Bewegungsgesetze geworfener Körper (abgefeuerter Geschosse) beschäftigt und **Ballistik** heisst.

die Einwirkung des Schusses hervorgerufen wird, um dann aus der relativen Grösse jener auf die Kraftäusserung des Letzteren schliessen zu können.

Hiezu wird entweder eine Vorrichtung als Pendelgewicht gebraucht, auf welche man — ohne Nachtheil für das ganze Instrument — aus ganz naher Entfernung schiessen kann; (es ist diess gewöhnlich eine kurze eiserne Röhre, die von ihrer Bestimmung den Namen Receptor [*récepteur*] (Taf. III Fig. 8.—r) führt, seltener ein eisenbeschlagener Block), oder es wird das bezügliche Feuerrohr selbst pendelartig aufgehangen, (also durch den Rückstoss [1]) beim Schusse in Schwingung versetzt) oder endlich diese beiden Anordnungen werden combinirt in Anwendung gebracht und damit die Beobachtung der Kraftäusserung des Schusses an zwei Pendeln möglich. Behufs der Vornahme dieser Beobachtungen sind endlich Gradbogen (q) an den Pendelgerüsten befestigt, auf welchen der „Ausschlag" des Geschützes oder Receptors durch einen Stellzeiger (z) bemerkt wird. Je nachdem diese Vorrichtungen für Versuche mit grossen oder kleinen Feuerwaffen angeordnet sind, führen sie die Namen Geschütz- oder Gewehrpendel (ein solches der letzteren Art — östreichisches Modell — zeigt die obengenannte Fig. 8 der Taf. III).

Der Gebrauch des ballistischen Pendels erklärt sich nunmehr wohl sehr leicht: Man feuert das, für sich allein, oder dem Receptor ganz nahe gegenüber, pendelartig aufgehängte oder feststehende Geschütz (Gewehr) ab, substituirt die erhaltene Ausschlagweite des Pendels in die, für dieses, nach den bezüglichen physikalischen und mechanischen Gesetzen berechneten speciellen Formeln und ermittelt hiedurch diejenige Geschwindigkeit, welche das verfeuerte Geschoss hart vor der Mündung, oder in dem Augenblicke hatte, in welchem es das Rohr verliess. Es kann diese Geschwindigkeit, ohne erheblichen Fehler, als die wirkliche Anfangsgeschwindigkeit des geworfenen Projektiles angesehen und als solche zu weiteren ballistischen Berechnungen benützt werden. Dieses Verfahren, die Kraftäusserung einer bestimmten Pulverladung zu ermitteln, heisst Pendelprobe, und ist eine sehr zweckdienliche Ergänzung der Wurfprobe, neben welcher sie denn auch im ausgedehntesten Gebrauche steht [2]).

Die elektromagnetischen Chronographen (*chronographes électro-magnetiques*) messen nicht die Heftigkeit des Stosses, welches das abgefeuerte Geschoss (oder Geschütz) auf ein Pendel hervorbringt, um daraus die Geschwindigkeit zu berechnen, mit welcher jenes sich bewegt, sondern sie geben die Zeit an, in der das Projectil eine sehr kurze

---

[1]) Ueber „Rückstoss" siehe unter „Schwerverhältnisse der Feuerrohre".

[2]) Auch in der bayerischen Normalpulverfabrik ist ein ballistisches Gewehrpendel aufgestellt.

Wegstrecke durchfliegt und benützen diese zur Ermittlung der bezüglichen Geschossgeschwindigkeit. Eine solche Probe kann natürlich nur zum gewünschten Ziele führen, wenn man im Stande ist, jene ausserordentlich kleinen Zeittheile mit genügender Genauigkeit zu messen, in welcher ein, mit grosser Kraft fortgeschleudertes Geschoss sehr kurze Wegstrecken zurücklegt. [1])

Zur Vornahme solch' subtiler Zeitmessungen, bietet nun der elektrische Strom (*courant électrique*) ein ganz vorzügliches Mittel und sind es besonders zwei Haupteigenschaften desselben, welche seine Verwendbarkeit zu den in Rede stehenden Zwecken begründen.

Die eine ist die ausserordentliche Schnelligkeit seiner Bewegung in guten Leitungsmitteln (Kupferdraht [2]), die andere, die, durch seine Einwirkung erfolgende Anregung der magnetischen Kraft des Eisens.

Bezüglich dieses letztern Umstandes wurde schon in der Technologie (S. 28) auf den Unterschied aufmerksam gemacht, der zwischen der Magnetisirung weichen Schmiedeisens (*fer doux*) und gehärteten Stahles besteht.

Denkt man sich nun zwei Ströme, von denen die Leitung des ersten durch den Austritt des abgefeuerten Geschosses aus der Mündung, die des zweiten wieder durch dieses, aber in einer Entfernung [3]) von vielleicht 50+ (35 m.) vom Rohre veranlasst wird und nimmt man jeden dieser Ströme mit einem Elektromagneten von weichem Eisen verbunden an, die beide, zur bequemen Beobachtung in einer passenden Entfernung vom Geschütze nebeneinander aufgestellt sind, so lässt sich leicht vorstellen, dass zwischen dem Aufhören der Anziehungskraft in dem Elektromagneten des ersten und jenem des zweiten Stromes genau dieselbe Zeitspanne verstreichen werde, welche das Geschoss zum Zurücklegen der oben angenommenen Entfernung von 50+ (35 m) braucht. Würde hiebei z. B. jeder der Elektromagnete mit einem Gewichte beschwert („armirt", in magnetischen Contakt gesetzt) sein, so müsste, in Folge des, durch die

---

[1]) Ein abgeschossenes Projektil erreicht in der ersten Sekunde seiner Bewegung im Allgemeinen eine Schussweite von 400—500+ (280—350 m.)

[2]) Nach Wheatstone durchläuft der elektrische Strom 62,000 geographische Meilen Kupferdrahtleitung per Sekunde (Eisenlohr's Physik).

[3]) Wenn es sich darum handelt, die Anfangsgeschwindigkeit eines Geschosses zu bestimmen, wird es immer geboten sein, den Durchbruch des zweiten Stromes so rasch als möglich auf jenen des ersten folgen zu lassen, indem die Geschwindigkeit der Geschossbewegung — ohne grobe Fehler — nur in sehr kleinen Zeittheilen als nahezu gleichmässig angenommen werden darf.

angenommenen Unterbrechungen der elektrischen Ströme, bedingten Aufhörens der magnetischen Anziehung, das Gewicht des ersten Magnetes früher zu Boden fallen, als jenes des zweiten. Nach einer, vom Abfeuern des Schusses an gerechneten, bestimmten Zeit (angenommen mit dem Abflusse der ersten Sekunde nach dem Feuergeben) wird sohin das Gewicht des ersten Magneten einen grössern Fallraum zurückgelegt haben müssen, als das des zweiten. (Beide Gewichte vollkommen gleich gross und congruent angenommen.) Die Differenz dieser Fallräume ist ohne Schwierigkeit genau messbar und mit diesem Masse auch der nöthige Faktor gewonnen, durch welchen der Zeitdifferenz zwischen der Durchbrechung der ersten und zweiten elektrischen Leitung [1]) berechnet werden kann. In dieser Zeitquote durchflog aber das abgefeuerte Geschoss eine Strecke von 50⁺ (35 m.), es lässt sich daher nunmehr sehr leicht bestimmen, welchen Weg es — bei unverminderter Geschwindigkeit — in der ersten Sekunde seiner Bewegung zurückgelegt haben würde und diese Grösse ist ja die gesuchte Anfangsgeschwindigkeit.

Diese Betrachtung mag im Allgemeinen das Prinzip erklären, welches der Construktion elektro-ballistischer Chronographen zu Grunde liegt. Sie kömmt dabei dem einfachsten und neuesten dieser Instrumente, demjenigen des belgischen Artillerielieutenants Le Boulengé [2]) ziemlich nahe. Neben demselben ist es das elektro-ballistische Pendel von Navez [3]) (belgischer Artillerie-Major), welches besonderer Erwähnung verdient.

Dasselbe benützt — statt des freien Falles — wieder ein, mit den mehrgenannten elektrischen Strömen verbundenes Pendel zur Messung des, zwischen der Unterbrechung jener, verstreichenden Zeittheilchens, daher sein Name. Seine Angaben geschehen mit einer Genauigkeit, deren grösster Fehler 0,00036 Sekunden beträgt; es wird aber auch hierin noch von Le Boulengé's Apparat übertroffen.

Mit grösserer Genauigkeit, vereinigen die elektromagnetischen Chronographen etc., gegenüber den ballistischen Pendeln, den weiteren Vortheil, auch zur Untersuchung über die Geschwindigkeit der Bewegung

---

[1]) Nach den Gesetzen vom freien Falle, worüber später einiges Nähere.

[2]) Näheres hierüber findet sich im „Archive für die Offiziere des k. preussischen Artillerie- und Ingenieurkorps". 28. Jahrgang. 56. Band. S. 189.

[3]) Dasselbe findet sich — neben mehreren anderen, weniger vollkommenen Apparaten von Wheatstone, Konstantinoff u. s. w. in der Schrift: „Application de l'électricité à la mesure de la vitesse des projectiles" par Navez etc. Paris. Corréard. 1853, genau beschrieben.

des Geschosses an beliebigen Stellen der Bahn des letztern verwendbar zu sein, indess jene ausschliesslich Behelfe zur Berechnung der anfänglichen Geschwindigkeit bilden.

3. **Die (Wagner'sche) Hebelprobe** (hiezu Taf. III Fig. 9). In Oesterreich bedient man sich eines, in seinem Scheitel aufgehängten Winkelhebels (**h**), als Probeinstrument für die Kraftäusserung des Pulvers. An dem freien Ende des einen Schenkels dieses Hebels, ist nämlich ein kleiner Mörser (**m**), zur Aufnahme der, nur 30 Gran, d. i. ¼ Quint bayr. (2,2 Grammes) betragenden Ladung angebracht, während der andere Hebelsarm ein Gegengewicht (**g**) trägt, welches den erstgenannten Schenkel in nahezu horizontaler Lage erhält. Mit dem Abbrennen der Ladung wird der bisher wagrecht gestellte Hebelsarm, in Folge des Rückstosses gegen abwärts bewegt; die Grösse des hiedurch sich ergebenden „Ausschlages" wird an einem gezahnten Gradbogen (**q**), in welchen ein „Steller" (**s**) eingreift, gemessen und damit ein Faktor zur Beurtheilung der Pulverwirkung gewonnen.

4. **Die hydrostatische Probe** (von Regnier) ist vorzüglich in Sachsen gebräuchlich und bedient man sich einer graduirten, an einem Ende beschwerten (und dadurch, gleich einem Aräometer, vertikal im Wasser schwimmenden), am andern mit einem kleinen Ladungsgefässe versehenen Röhre zur Ausführung ihrer Versuche. Das, durch den Rückstoss erfolgende, mehr oder minder tiefe Eintauchen des Instrumentes in die Flüssigkeit, in welcher es schwimmt, gestattet die Beurtheilung der geäusserten Pulverkraft. Auch diese Probe leidet — wie die Hebelprobe — an dem Missverhältnisse minutiöser Ladung.

5. **Schlag-, Feder-**[1]**, Zahn- und Stangenprobe**, sind die Namen jener Versuchsweisen, welche sich kleiner Handinstrumente und damit unzulänglicher Pulverquantitäten bedienen, um zu sehen, wie stark durch selbe eine zweiarmige Feder zusammengedrückt, oder ein Gewicht an einer gezahnten Stange emporgehoben wird u. s. w. Derlei Experimente entbehren natürlich aller gründlichen Genauigkeit.

Aufbewahrung des Schiesspulvers.

Die Aufbewahrung des Pulvers geschieht in eigenen, luftigen, trockenen Magazinen und wird es hiezu in Leder- oder Zwillich-Säcke gefüllt und diese meistens in eichene, gewöhnlich einen Zentner

---

[1]) Auch die Federprobe wird manchmal als Regnier'sche bezeichnet, da Regnier ein hierauf bezügliches Instrument (*éprouvette à ressort, à main* genannt) construirt hat, das in Frankreich vielfach zum Privatgebrauche (für Jäger und Schützen) dient.

haltende, mit Kupfer und verzinnten Nägeln beschlagene Fässer gegeben. Für Seetransporte wird das Pulver nicht selten in Zinn- oder Kupfer-Kisten, oder Büchsen verpackt.

Das magazinirte, ganz besonders aber transportirtes Pulver, bedarf der fleissigsten Nachsicht, und kann wenig beschädigtes durch Trocknen, Ausstauben, Sortiren und Poliren, je nach Bedarf, zuweilen wieder brauchbar gemacht werden.

Verbrennung des Pulvers.

Die Verbrennung des Pulvers muss nach zweierlei Richtungen betrachtet werden:

absolut, d. h. als Körper oder Substanz an sich,

und **relativ**, als Ladung.

An die Erörterungen hierüber wird sich sodann eine weitere anzuschliessen haben, welche die Verbrennungsprodukte behandelt.

1. Die absolute Verbrennung.

Zur Entzündung (*inflammation*) des Pulvers ist eine rasche Erwärmung desselben bis ca. 300° C. nothwendig; eine solche kann durch Reibung, Schlag oder Feuerwirkung etc. hervorgebracht werden, doch modifizirt sich durch die Intensität der Entzündungweise, d. h. durch die, mit dieser verbundene, grössere oder geringere Durchwärmung, auch die Raschheit der Verbrennung (*combustion*).

So bewirkt eine spitze, bohrende Flamme — ein Feuerstrahl — oder die Berührung mit einem glühenden Körper, der elektrische Funke u. s. w., die Entzündung des Pulvers mit grösster Sicherheit; ebenso ein kräftiger Schlag von Eisen auf Eisen oder Stein, auf Messing, minder ein solcher gegen Blei und Kupfer.

Zu kurze Dauer der Wärmeeinwirkung, oder rasche Abkühlung des schon entzündeten Pulvers, hindern die totale Verbrennung desselben [1]), allmälige Erwärmung, führt gar keine Detonation, sondern nur eine Zersetzung durch Schmelzen des Schwefels und Salpeters herbei.

In Folge der, entsprechend stattgefundenen Wärmeeinwirkung, entzündet sich die Oberfläche [2]) des Pulverkörpers und geht von

---

[1]) Ein naheliegendes Beispiel hiezu sind die unverbrannten, resp. halbverbrannten Pulverkörner, welche vor der Mündung überladener, oder mit Spielraum (worüber später) versehener Feuerwaffen beim Schusse gefunden werden.

[2]) Es wurde schon erwähnt, dass es hiebei die Kohle ist, welche zuerst Feuer fängt.

dieser die Verbrennung schichtenweise nach innen, zwar äusserst rasch[1]), doch nicht in Einem Momente von Statten, wesshalb grössere Körper langsamer als kleinere verbrennen müssen.

Aus gleichen Gründen wird ein regelmässiger Körper, z. B. eine Kugel, rascher verbrennen, als ein gleich grosser unregelmässiger, wobei jedoch bemerkt werden muss, dass die Spitzen und Ecken des letztern, der primitiven Entzündung, dem Feuerfangen, günstiger sind, als runde Flächen. Dass die Trockenheit, Festigkeit, das Mischungsverhältniss u. s. w. des Pulvers auf die Entzündlichkeit und die Raschheit der Verbrennung desselben vom grössten Einflusse sind, ist wohl ebenso erklärlich, als die Art und Weise dieses Einflusses selbst.

2. Die relative Verbrennung.

Der soeben kennen gelernte Vorgang wird sich bei einer Pulvermenge einfach entsprechend oft wiederholen, die Allmäligkeit der Verbrennung demnach hier nur noch mehr zu Tage treten.

Das einzelne Korn vermag in freier Luft im 4—5fachen, (nach Piobert im 8—10fachen) Abstande seines eigenen Durchmessers noch ein anderes zu entzünden, und eine sehr zerstreut liegende Menge Pulver, könnte so, ganz nach und nach zur Auflösung gebracht werden. Dagegen würde die letztere, durch gleichzeitige Entzündung mehrerer Körnchen beschleunigt werden können und müsste hiebei die Lage, welche die, zuerst entzündeten Körner in der gedachten Pulvermenge einnehmen, von ganz entschiedenem Einflusse auf die Raschheit der Verbrennung jener sein. So wird ein Pulverhaufen, dessen Basis man entzündet, rascher verbrennen, als ein gleich grosser, bei welchem man dieselbe Zahl Körner, jedoch an seiner Spitze in Brand setzt.

Dasselbe gilt für eine, in cylindrische Form gebrachte Pulvermasse, bei welcher es entschieden vortheilhafter für die Schnelligkeit ihrer Zersetzung sein wird, wenn die Entzündung von den, in der Axe des Cylinders liegenden Körnern ausgeht, statt von solchen einer Grundfläche[2]) u. s. w.

Je gedrängter das Pulver liegt, um so rascher wird — bei gleicher Entzündungsweise — seine Verbrennung werden können, insolange diese Zusammendrängung nicht so gross ist, dass die Pulvermenge nur mehr Einem einzigen, kompakten Pulverkörper gleicht.

Eine gleiche Menge kleinen Kornes, wird — ihres kleineren Volumens wegen — schneller, als eine solche grossen Kornes ver-

---

[1]) Man kann annehmen, dass ein Pulverkorn von 0,1" rh. (2,5 mm) Durchmesser (grösstes Geschützpulverkorn) in 0,1 Sekunden vollständig verbrennt.

[2]) Wenn die Höhe des Cylinders nicht weit geringer als sein Durchmesser ist.

brennen, wenn Zündweise und sonstige Umstände in beiden Fällen gleich sind.[1])

Die Verbrennung einer Menge ganz gleichmässigen, runden Kornes, wird regelmässiger und gleichartiger, also auch rascher von Statten gehen, als jene einer gleichen Quantität verschiedenen, eckigen Kornes, sowohl der Form der Körner, als auch der gleichen Räume zwischen denselben wegen.

Eine, aller Zwischenräume entbehrende Menge, verbrennt wie ein massiver Pulverkörper.[2])

Endlich aber hat wieder die Qualität des Pulvers, der Temperatur- und Feuchtigkeitsgrad der umgebenden Luft, die Entzündungsweise und das Zündmittel etc. den entschiedensten Einfluss auf die Raschheit des in Rede stehenden Vorganges.

Ganz besonders steigert jedoch die Schnelligkeit des letzteren die Einschliessung des Pulvers als Ladung. Es wiederholen sich hiebei nicht allein sämmtliche bisher aufgestellten Sätze bezüglich Form, Grösse und Aneinanderlagerung des Kornes, Entzündungsweise und Zündmittel etc., sondern es treten, als Haupteinflüsse, auch noch die Grösse und Gestalt des Einschliessungsraumes und die Natur und Festigkeit des Einschliessungsmittels hinzu.

Je enger und durch je dichtere Mittel[3]) das Pulver und damit

---

[1]) Feinkörniges, auf einer Ebene ausgebreitetes Pulver ergab, nach französischen Versuchen, (Piobert „Traité d'artillerie") eine Geschwindigkeit der Entzündung von 2,5 m. (8'), grobkörniges dagegen nur eine solche von 2,3 m (7.3') per Sekunde.

[2]) Diess gilt auch für Mehlpulver, dessen Zwischenräume schon zu gering sind, um das Pulvergas noch durchdringen zu lassen und das daher schichtenweise verbrennt.

[3]) So ist aus französischen Versuchen (Piobert) bekannt, dass von einer Pulverleitung, bei welcher 0,16 Kilogr. auf den laufenden Meter (ungefähr 3 Lth. b. auf den laufenden Fuss rh.) kamen, folgende Längen per Sekunde verbrannten:

2,4 m. (7,65' rh.), wenn das Pulver als „Lauffeuer" (*trainée de poudre*) auf einer Fläche ausgeschüttet,

2,48 m. (7,9' rh.), wenn es in einer Rinne gelagert,

3,47 m. (11' rh.), wenn es als „Zündwurst" (*saucisson*) in einen Leinwandschlauch gefüllt,

5,33 m. (17' rh.), wenn die Zündwurst in eine Holzrinne gelegt, u. endlich

8,5 m. (27' rh.), wenn diese Holzrinne in die Erde vergraben war (wie diess bei Feuerleitungen zur Minenzündung stattfindet).

die Verbrennungswärme desselben zusammengehalten wird, je regelmässiger der Laderaum gestaltet ist und je günstiger die Entzündungsweise dieser Gestalt der Ladung angepasst ist, um so rascher wird die letztere verbrennen.

3. Die Verbrennungsprodukte des Pulvers.

Die Verbrennungsprodukte des Schiesspulvers sind, sowohl ihrer Quantität, als ihrer Natur nach, noch keineswegs unbestritten festgestellt, und haben selbst die neuesten, wissenschaftlichen Untersuchungen in dieser Richtung, keine allgemein anerkannten, wohl aber vielfach von einander abweichende Resultate zu Tage gefördert.

Es liegt diess nicht allein in den ausserordentlichen Schwierigkeiten, mit welchen, selbstverständlich, jede Analyse der Produkte explosibler Substanzen zu kämpfen hat, sondern auch darin, dass, im vorliegenden Falle, diese Produkte verschiedene sind, je nach der Zusammensetzung des Schiesspulvers und, selbst bei einerlei Qualität des letztern, je nach den Temperaturgraden und andern Nebenumständen, unter welchen die Zersetzung desselben stattfand

Eben diese Verschiedenheiten erlauben nur eine sehr allgemeine Erörterung der fraglichen Verbrennungsprodukte [1]), welche indess in

---

[1]) Indess dürften hier — wenigstens anmerkungsweise — die Resultate einer der hervorragendsten hieher bezüglichen Analysen berechtigte Aufnahme finden.

Es sind diess die Ergebnisse, welche die Chemiker Bunsen (zu Heidelberg) und Schischkoff im Jahre 1857 veröffentlichten. Das von denselben benützte Pulver bestand aus:

78,99	Theile	Salpeter,	
9,84	„	Schwefel,	
7,69	„	Kohlenstoff,	zusammen 11,17 Thl. Kohle.
0,41	„	Wasserstoff,	
3,07	„	Sauerstoff,	

und ergab bei seiner Verbrennung:

an Gasen:			an festen Produkten,		
52,67	Thl.	Kohlensäure,	62,10	Thl.	schwefelsaures Kali,
41,12	„	Stickstoff,	18,58	„	kohlensaures Kali,
3,88	„	Kohlenoxyd,	4,80	„	unterschwefligsaures Kali,
1,21	„	Wasserstoff,	3,18	„	Schwefelkalium,
0,60	„	Schwefelwasserstoff,	0,45	„	Rhodankalium.
0,52	„	Sauerstoff,	5,47	„	salpetersaures Kali,
			1,07	„	Kohle,
			0,20	„	Schwefel,
			4,20	„	2drittel-kohlens. Ammoniak.

zwei Hauptarten zerfallen und daher hienach getrennt besprochen werden müssen.

Der eine Theil derselben ist ein Gemenge von expansiblen Gasen und bildet die sogenannte Pulverluft, der andere, aus festen Körpern zusammengesetzt, heisst Rückstand.

a. Die Pulverluft (*souffle de la poudre*),

deren ausserordentliche Spannung beim Schusse die Triebkraft der Feuerwaffen erzeugt, ist von dichter, dampf- oder rauchartiger Consistenz, (also undurchsichtig) und besteht vorherrschend aus Kohlensäure und Stickstoff.

Man kann als Mittel aus älteren und neueren [1]) Berechnungen an-

Dabei fand sich die Verbrennungswärme des Pulvers im geschlossenen Raume . . . . = 619° C.,
in freier Luft . . . . . = 1039° C.

Dagegen die Flammentemperatur desselben:
im geschlossenen Raume . . = 3340° C.,
in freier Luft . . . . . . = 2993° C.

Zugleich berechnete sich, dass ein Gramme Pulver 193,10 Cubikcentimeter Gase gab und dass hienach der Druck, welchen die Pulverluft auf die einschliessenden Wände des Ladungsraumes ausübe, nicht über 4500 Atmosphären (sieh' S. 125) betrage. (Aus Poggendorff's Annalen. Jahrgang 1857. Band CII.)

Die Untersuchungen Bunsen's sind in neuester Zeit von Karolyi wieder aufgenommen worden und fand dieser, dass die Verbrennungsprodukte der oben angegebenen Pulversorte, dem Gewichte nach, aus folgenden Körpern zusammengesetzt seien:

gasförmige			feste		
20,12	„	Kohlensäure,	42,27	Thl.	schwefelsaures Kali,
9,98	„	Stickstoff,	12,64	„	kohlensaures Kali,
0,94	„	Kohlenoxyd,	3,27	„	unterschwefligs. Kali,
0,02	„	Wasserstoff,	2,13	„	Schwefelkalium,
0,18	„	Schwefelwasserstoff,	0,30	„	Schwefelcyankalium,
0,14	„	Sauerstoff,	3,72	„	salpetersaures Kali,
			0,73	„	Kohle,
			0,14	„	Schwefel,
			2,86	Thl.	kohlensaures Ammoniak.

(Aus Ed. Schultze „das neue chemische Schiesspulver".)

[1]) Piobert gibt das Gasvolumen auf das 8000fache des Pulvervolumens an; Proust fand, dass 1 Gran, d. i. $^1/_{16}$ Gramme Pulver, 1 C'' Gase

nehmen, dass ein bestimmtes Volumenmass Pulver, 400 gleiche Volumina expansible Gase liefert, deren Temperatur, im Augenblicke der Erzeugung, nahezu 3000° C. beträgt.

b. Der Pulverrückstand (*crasse*)

ist von schwarzgrauer Farbe, erscheint Anfangs schleimig (Pulverschleim), erhärtet aber bei trockener, warmer Witterung rasch (harter Brand) und besteht vorzüglich aus Schwefelkalium, schwefelsaurem, kohlensaurem und reinem Kali, nebst Kohle.

Derselbe ist — frisch — in sehr hohem Grade hygroskopisch, wird aber hiedurch wohl weit weniger gefährlich, als durch die schädliche Einwirkung, welche er auf die Metalle (besonders Kupfer, sowie Zinn und Zink) äussert, indem er sie zur Bildung von Schwefelmetallen zu benützen strebt. Er ist es auch, der, besonders trocken, das Laden oft bedenklich erschwert, oder selbst ganz unmöglich macht und so die Thätigkeit und Leistungsfähigkeit der Feuerwaffen vielfach beeinträchtigt. Er bildet auf diese Weise die übelste Seite des Schiesspulvers und hat das Streben, ihn zu beseitigen, oder doch zu verringern (er macht ca. 60% des verbrannten Pulverquantums aus!), schon zu den zahlreichsten Versuchen über veränderte Dosirung u. s. w., ja selbst zu dem Wunsche geführt, das Pulver durch andere Präparate zu ersetzen (worüber später Näheres), während es wieder seine beste Wegschaffung aus dem Feuerrohre beim Schusse ist, welche die Waffenkonstrukteure im höchsten Grade beschäftigt.

Kraftäusserung des Pulvers.

Die Kraftäusserung der Pulvergase ist noch nicht absolut (wie z. B. die Dampfkraft etc.) festgestellt, also auch noch nicht ermittelt worden, wie gross der Widerstand sein müsste, welcher einer gewissen Menge Pulver sicher unüberwindlich wäre. Annähernd wird diese Kraft aus dem Volumen [1]) der erzeugten Gase und deren Spannung [2])

liefere. Die sehr rationellen Versuche des bayer. Artillerie-Generals Rumford (i. J. 1793) ergaben bis 500 Volumina Gase auf 1 Volumen Pulver u. s. w

[1]) Ueber das man aber eben, wie oben erwähnt, nicht einig ist!

[2]) Es sind zwei Gesetze, welche hiebei vorzüglich Anwendung finden:

Das Mariotte'sche: Die Spannung einer Gasmasse, deren Temperatur gleich bleibt, ändert sich im umgekehrten Verhältnisse des Volumens, welches sie einnimmt, — und das Gay-Lussac'sche: Die Ausdehnung der Gase ist bei einerlei Temperatur für alle Gase dieselbe, also von deren verschiedener Natur unabhängig.

berechnet, oder durch die Resultate am ballistischen Pendel u. s. w. zu ermitteln versucht; alle diese Methoden haben aber wieder zu den verschiedensten Annahmen für die Grösse der Pulverkraft geführt. So hielt Piobert den äussersten Druck der Pulvergase 50000, ja selbst — unter besondern Umständen — bis 100000 mal grösser, als den Druck der uns umgebenden Luft;[1]) Robins dagegen gab die Kraft des Pulvers nur zu 1000, Hutton, wie Meinecke und Munke, zu 2000 — 2300 Atmosphären an.

Die oben schon erwähnten, auch in dieser Richtung höchst genialen Versuche Rumford's ergaben einen Druck von 55000 Atmosphären, wogegen Prechtl 14000 bis 15000, Bunsen[2]) 4500 und Longridge nur 3700 Atmosphären für die absolute Grösse der Pulverkraft annimmt.

Die relative Kraftäusserung des Pulvers, d. h. der Effekt, welchen eine gewisse Ladung unter gewissen Umständen entwickelt, ist das direkte Resultat des Verbrennungsvorganges und der Einschliessungsweise jener,[3]) und wird, abgesehen von anderen Umständen, stets da heftiger sein, wo eine bestimmte Menge Pulver rascher, oder eine grössere Quantität auf einmal verbrennt.

Je rascher die Zersetzung einer Ladung vor sich geht, um so concentrirter, stossartiger, zertrümmernder, „offensiver," wird sich die Wirkung derselben auf ihre Einschliessung äussern.

Ein solcher Effekt kann für Sprengzwecke ganz erwünscht sein, für den Gebrauch der Feuerwaffe hätte er aber vor allem den Hauptnachtheil, dass ja gerade diese selbst am meisten durch ihn beschädigt werden müsste.

Regnault hat nun allerdings nachgewiesen, dass das letztere Gesetz nicht ganz streng richtig ist — für die Praxis bleibt es aber immerhin genau genug — und fand eben Regnault, dass die Spannkraft einer Gasmenge für jede Temperaturerhöhung von 1° C. um $^{11}/_{3000}$ der Spannkraft wächst, welche die Gase bei 0° C. hatten.

[1]) Der Druck der uns umgebenden Luft, Atmosphärendruck genannt, beträgt 11 Pfd. (genauer 10,915 Pfd.) bayer. auf den bayer. Duod. □", oder 15 Pfd. auf den □" rh. (1 Kilog. [genau 1,038 Kil.] auf den □ cm.), und dient allgemein als Masseinheit zur Bestimmung des Druckes gespannter Gase.

[2]) Sieh' hierüber die, unter „Verbrennungsprodukte des Schiesspulvers", als Anmerkung gegebene Analyse.

[3]) So gibt eine und dieselbe Ladung bei warmer, trockener Witterung, erhitztem Laufe, festaufgesetztem Geschosse, angebrandeter Bohrung: Hochschuss, bei feuchter Atmosphäre, frischgewischtem oder gefettetem Rohre, leicht angesetztem Geschosse: Tiefschuss.

Hier wird es eine weniger plötzliche, nicht so stossartige, sondern mehr druckähnliche Kraftäusserung, mit geregelten, wohlbemessenen und gleichförmigen Resultaten sein, welche man anzustreben hat.[1])

In der Feuerwaffe wird die Ladung bekanntlich derart eingeschlossen, dass der treibenden Kraft nach Einer Richtung hin, ein, von ihr zu bewältigender, beweglicher, nach allen anderen Seiten aber ein fester Widerstand entgegenstehe.

Jener bewegliche Widerstand wird durch das, auf dem Pulver sitzende Geschoss, der feste durch die Wände des Feuerrohres gebildet.

Die, bei dieser Anordnung auftretenden Erscheinungen, finden ihre Erklärung einestheils in den, bereits bei Abhandlung der Pulververbrennung aufgestellten Sätzen,[2]) anderntheils sollen die nachstehenden Betrachtungen zu ihrer näheren Erläuterung dienen:

1) Da es im Allgemeinen unzulässig ist, den Geschosswiderstand in der Feuerwaffe so zu erhöhen, dass derselbe nicht schon durch einen Theil der, zu seiner Fortbewegung bestimmten Gase gelockert, von der Stelle gerückt werde, so

---

[1]) Dieses Streben hat auch in neuester Zeit den Versuch einer Aenderung der äusseren Form des Pulvers hervorgerufen, der die eingehendste Beachtung verdient. Es ist diess die Herstellung sogen. comprimirter Patronen. Das Pulver wird hiezu in der gewöhnlichen Weise angefertigt, gekörnt etc. und nun in Blechformen gefüllt, welche der zu bildenden Patrone genau entsprechen und mit kochendem Wasser umgeben sind. Die Wärme des Letzteren macht das Pulver nicht allein vollkommen trocken, sondern erweicht auch dessen Schwefel, so dass dieser, bei der nun folgenden Comprimirung der Ladungen, um ungefähr $\frac{1}{3}$ ihrer Länge, als Bindemittel dient.

Diese comprimirten Patronen sind steinhart, höchst transportbeständig, ziehen keine Feuchtigkeit an, verstauben nicht und geben sehr gleichmässige Resultate beim Schusse. Sie entzünden sich zwar langsamer als gewöhnliches Pulver, verbrennen aber dann — da ja die Zwischenräume des Kornes in ihnen nicht beseitigt und auch ihre Dimensionen geringer als jene des Ladungsraumes sind, endlich ihrer absoluten Trockenheit wegen — sehr rasch, jedoch — der anfänglichen Allmäligkeit des Zersetzungsvorganges etc. wegen — ohne offensive Wirkung.

[2]) Sieh' Seite 125, Note 3.

müssen die, allmälig sich entwickelnden Gase schiebend, auf das Geschoss wirken und wird dieses somit — bis zur Erlangung seiner vollen Geschwindigkeit — in eine fortschreitende Bewegung mit abnehmender Beschleunigung[1]) versetzt werden.

2) Dieses allmälige Fortschieben des Geschosses, wird bei langsamer Verbrennung merklicher hervortreten, bei einer enge zusammengepressten Ladung früher beginnen, als bei einer losen, keinenfalls aber darf hiebei der ganze Widerstand des Geschosses schon überwunden und beseitigt (dieses also aus dem Rohre getreten) sein, ehe das letzte Atom der Ladung zur Wirkung gekommen ist: wenn jene richtig bemessen sein will.

3) Wenn man das Einschliessungsvolumen einer Ladung so bestimmt, dass die ersten, zur Entwicklung kommenden Gase, einigen, ihre grösste Spannung etwas vermindernden leeren Raum zur anfänglichen Ausbreitung vorfinden, so wird man hiedurch die erste Lockerung des Widerstandes etwas verzögern, und damit erreichen, dass diese Lockerung nur unter Zusammenwirkung einer grösseren Menge entwickelter Pulvergase, dann aber mit heftigerer Fortbewegung und endlich unter rascherer Geschwindigkeitszunahme des Geschosses erfolgt, als bei einer, nach gleichen Verhältnissen angeordneten, aber (statt „hohlen") enge zusammengedrängten Ladung.

4) Die eben beschriebene raschere Zunahme (resp. geringere Abnahme der Beschleunigung) der Geschossgeschwindigkeit, ist nun von so grossem Einflusse, dass man durch eine wohlbemessene Hohlladung[2]) selbst grössere Anfangs-

---

[1]) Beschleunigung (*accélération*), heisst Geschwindigkeitszunahme; sie erklärt sich hier als abnehmende, weil ja — bei gleichmässig fortschreitend gedachter Verbrennung — der, im $(n + 1)^{ten}$ Zeittheile dieser erfolgende Geschwindigkeitszuwachs, gegen den im n^{ten} erhaltenen, um so viel kleiner ist, als durch die, dem $(n + 1)^{ten}$ Momente entsprechende Vergrösserung des Einschliessungsraumes der Gase — in Folge der steten Verschiebung des Geschosses — an Spannung verloren geht.

[2]) Es dürfte zweckmässig sein, hier sofort einige Bemerkungen über den Begriff des „hohl Ladens" und die, durch dasselbe oft veranlassten Beschädigungen der Gewehre anzufügen.

geschwindigkeiten erzielen kann, als durch die zugehörige „volle" (d. h. den bezüglichen Laderaum gänzlich ausfüllende) Ladung; damit ist aber der weitere, sehr erhebliche Vortheil einer geringeren offensiven Wirkung der kleineren, hohlen, gegenüber der vollen Ladung verbunden [1])

Man nennt jede Ladung, bei welcher das Geschoss nicht fest auf dem eingegebenen Pulver sitzt, eine hohle. Eine solche tritt nicht selten beim Gebrauche der Waffen — speziell gezogener Gewehre — dadurch ein, dass — in Folge starker Brandanlage oder dergl. — ein Geschoss nicht mehr ganz in den Laderaum hinabgeschoben (oder gestossen) werden kann. Wenn dasselbe nun hiebei an einer Laufstelle stecken bleibt, an welcher die Wandungen schwächer sind, als zunächst dem Laderaum, wenn das Geschoss zugleich durch die vorausgegangenen Bemühungen, es genügend weit hinabzubringen, vollständig festgekeilt wurde (wie das in solchen Fällen ja gewöhnlich geschieht), so ist sich wohl nicht zu verwundern, wenn ein derartig verladenes Gewehr beim Schusse springt. (Man hat hiebei weiter angenommen, dass bei solch' übermässiger Hohlladung auch die, zwischen Pulver und Geschoss befindliche Luftschichte, durch die Verbrennungshitze des Pulvers derart gespannt werde, dass sie wesentlich zur Vermehrung des, die Explosion veranlassenden, Gasdruckes beitrage.) Dass es eine solche Hohlladung nicht sein könne, welche oben mit dem Prädikate „wohlbemessen" bezeichnet werden wollte, bedarf nunmehr wohl ebenso wenig näherer Erklärung, wie der Begriff eben jener selbst, über welchen indess die nächstfolgende Anmerkung weitere Andeutungen enthält.

[1]) Zu diesen Behauptungen bieten die sogen. verlängerten Patronen (*cartouches allongées*) der Artillerie den unumstösslichsten Beleg. Dieselben verdanken ihre Entstehung dem Bestreben, die offensive Wirkung des Pulvers in den Geschützen zu verringern und sind anfänglich mit den gleichen Ladequantitäten hergestellt worden, welche vorher gebräuchlich waren, nur füllte man diese in Beutel von geringerer Weite, aber entsprechend grösserer Länge. Es zeigte sich jedoch bald, dass man mit diesen Ladungsmengen um ein ziemliches Mass herabgehen dürfte, ohne die mit der früheren vollen Ladung erzielten Schussleistungen zu alteriren. (Nach den bezüglichen Versuchen in Bayern ergibt eine Hohlladung, bei welcher der Patronendurchmesser zur Weite des Laderaumes sich verhält wie 9 : 10, das Volumen des Letzteren aber zu jenem der Ladung wie 6 : 5, die grössten zulässigen Anfangsgeschwindigkeiten.)

5) Bei der, gewöhnlich cylindrischen oder etwas konischen[1]), immerhin aber regelmässigen[2]) Form des Ladungsraumes, ist das Verhältniss der Länge desselben zu seinem Durchmesser, auf die Verbrennung und Kraftäusserung der Ladung von entschiedenstem Einflusse[3]) und darf im Allgemeinen angenommen werden, dass die bezüglichen Anordnungen um so günstiger sind je mehr sich die Grössen der beiden obengenannten Dimensionen einander nähern.

6) Endlich aber ist es wieder die Zündweise, d. h. die Stelle an und die Richtung in welcher die Ladung entzündet wird, und das Zündmittel, welche den Krafteffekt des Pulvers entsprechend modifiziren.

Was die Entzündungsstelle betrifft, so ist es — nach Rumford's bezüglichen, aber allerdings nur mit kleinen (Gewehr-) Ladungen angestellten Versuchen — von untergeordneter Bedeutung für die Kraftentwicklung des Pulvers, ob dasselbe am vorderen oder hinteren Ende oder von der Mitte der Länge des Laderaumes aus entzündet wird; von höchstem Werthe ist es dagegen, wenn dessen Verbrennung von der Axe des Pulversackes aus eingeleitet werden kann, während es wieder gleichgültiger für die Kraftäusserung ist, ob die Zündung senkrecht oder geneigt gegen die Mittellinie des Laderaumes eintritt.[4])

Ein, mit der Entzündung von aussen aber unbedingt verbunde-

---

[1]) Nur bei ganz schweren Geschützen, z. B. beim französischen Marinemörser von 32 cm. Bohrung (Taf. XIV Fig. 10), kommen birnförmige Kammern, welche die Gase mehr zusammenhalten sollen, vor.

[2]) Die regelmässige Gestalt des Laderaumes wird indess nicht selten durch die Brandanlage im Rohre und damit dann natürlich auch der Ladungseffekt alterirt. (Hierauf bezieht sich auch die untenstehende Note 4.)

[3]) Dieser Umstand fordert z. B. die Anordnung verengter Ladungsräume, sogenannter „Kammern" (*chambres*), bei Feuerwaffen, welche grosse Geschosse mit schwachen Hinterladungen zu verfeuern haben. (Es sind diess alle Wurfgeschütze). Ebenso aber verhindert die Enge des Pulversackes, bei Schusswaffen sehr kleinen Kalibers, oft eine gewünschte Vermehrung der Ladung, da diese sonst zu lange werden würde.

[4]) Wohl aber hat die seitliche geneigte Zündung sehr leicht schiefe Stösse auf das Geschoss und Verunstaltung des Laderaums durch eine ungleichmässige Anbrandung zur Folge, und verdient auch in dieser Hinsicht die centrale Zündung den Vorzug vor jeder anderen Anordnung.

ner Missstand, ist das **Entweichen der Pulvergase** durch die Zündöffnung und die hiedurch eintretende Verminderung ihrer Spannung.

Bezüglich des **Zündmittels** ist es — abgesehen von dem Einflusse, welchen die Intensität desselben auf den Verbrennungsvorgang äussert — von fernerem Belange für den Ladungseffekt, ob den Pulvergasen, bei ihrer Entwicklung, noch **weitere treibende Dämpfe** — wie diess durch die Anwendung der müriatischen und Knallpulver-Präparate (worüber S. 140) als Zündmittel geschieht — zugeführt werden, oder nicht.

Wenn es aber überhaupt die **Regelmässigkeit der Verbrennung** ist, durch welche die Gleichartigkeit der Wirkung des geladenen Pulvers am meisten gefördert werden kann, so folgt daraus, dass es gerade die **Umstände der Entzündung** des Letzteren sein müssen, deren allseitig beste Anordnung den wesentlichsten Einfluss auf dessen Kraftäusserung, sowie auf die ganze Leistung einer Feuerwaffe haben werden.

Die verschiedenen Pulversorten.

Aus den vorstehenden Erörterungen über Verbrennung und Kraftäusserung des Pulvers lässt sich von selbst der Schluss ziehen, dass — unter der Annahme nahezu gleicher Zündmittel und Zündweisen — mit der **Grösse** einer Ladung füglich auch **jene** des dafür zu verwendenden **Pulverkornes** zunehmen müsse, um einestheils grössere Zwischenräume für die Fortpflanzung der Entzündung zu gewinnen, anderntheils aber ebensosehr von der Möglichkeit zu rascher Verbrennung und damit offensiver Kraftäusserung, als vor den Nachtheilen einer, durch Zusammenrütteln auf dem Transporte u. s. w. kompakt gewordenen Ladung geschützt zu sein.

Gleich erklärlich ist es, dass man Pulver, dessen Zündfähigkeit voraussichtlich durch Witterungsverhältnisse u. dergl. Schaden leidet, zur möglichsten Erhöhung jener mit **eckigem** Korne herstellt, **rundes** dagegen dort anwendet, wo die Regelmässigkeit des Verbrennungsvorganges Hauptaufgabe, oder die Gefahr gänzlicher Nichtentzündung durch die Möglichkeit besserer Schonung des Pulvers vermieden ist.

Wie diese Betrachtungen die **äusserlichen** Eigenschaften des Pulvers modifiziren, so lässt es sich wohl auch bezüglich des **inneren** Gehaltes desselben rechtfertigen, wenn man — mit Vernachlässigung des chemisch-richtigen Mischungsverhältnisses — dort bestrebt ist, die **Festigkeit** des **Kornes** durch relative **Vermehrung** des **Schwefels** zu erhöhen, hier — für den Gebrauch in kleineren, also bei offensiver Wirkung minder nachtheiligen Mengen, oder unter der Voraussetzung unfreiwilliger Herabminderung der anfänglichen Güte — durch möglichste Steigerung des Salpeter- und Kohlegehaltes, die Kraftäusserung zu potenziren sucht. Dagegen endlich eine schwache Dosirung wählt, wo der hiedurch bedingte Kraftverlust minder wichtig, oder leicht durch Vermehrung der Quantität einer Ladung zu ersetzen ist.

Auf diese Weise haben denn, den verschiedenen Anforderungen der Praxis entsprechend, allenthalben viererlei Pulversorten Eingang gefunden, als:

Jagd-, Scheiben- oder **Büchsenpulver** (*poudre de chasse*),
Musketen- (*poudre à fusil*),
Geschütz- (*poudre à canon*), und
Minen- oder **Sprengpulver** (*poudre de mine*).

Hierunter ist das — neuestens auch vielfach für die gezogenen Handfeuerwaffen gebräuchliche — Jagd- und Scheibenpulver am kräftigsten dosirt und mit rundem, gewöhnlich auch nach verschiedenen Grössen fein sortirten Korne hergestellt.

Das Musketen- und Geschützpulver (die eigentlichen, alten Kriegspulversorten) erhalten gewöhnlich eine schwefelreichere Mischung und eckiges Korn, durch dessen verschiedene Grösse sie sich ausschliesslich unterscheiden.

Das Minenpulver endlich ist, bei geringem Salpetergehalte, sehr schwefelreich, um bei längerem Verbleiben unter der Erde minder durch Feuchtigkeitsanziehung zu leiden.[1]) Sehr oft wird es aber, statt besonderer Herstellung, einfach durch nicht mehr probehaltiges Geschützpulver ersetzt.

Bayerische Pulversorten.

Die in Bayern eingeführten Pulversorten sind:

1) das Jagd- und Scheibenpulver, aus 76 Thl. Salpeter, 10 Thl. Schwefel und 14 Thl. Kohle zusammengesetzt, mit rundem Korne, in 6 verschiedenen Grössen (Nr. 0 bis Nr. 5, dieses das grösste) hergestellt;

---

[1]) Zu diesem Zwecke sowie zur grösseren Festigung des Kornes, schlägt Bennet (im Leipziger chemischen Centralblatte) vor, dem Pulver Kalk beizumischen und empfiehlt hiebei, für Sprengpulver, eine Zusammensetzung aus 65 Thln. Salpeter, 18 Thln. Kohle, 10 Thln. Schwefel und 7 Thln. Kalk.

2) das neue Gewehrpulver, für das gezogene Infanteriegewehr bestimmt, ist Jagdpulver Nr. 3 (bis 4),
3) das Musketenpulver, aus 75 Thln. Salpeter, 12½ Thln. Schwefel und 12½ Thln. Kohle[1]) bestehend, für die glatten Handfeuerwaffen etc. bestimmt, hat eckiges Korn, ebenso das, ihm an Zusammensetzung gleiche, aber gröbere
4) Geschützpulver.
5) Minenpulver, wird nicht eigens bereitet, sondern verdorbenes (um 15 Klafter zu kurz werfendes) Geschützpulver dazu verwendet.

Zu den beiden erstgenannten Pulversorten wird Faulbaum, —, zu den übrigen Erlenkohle[2]) verarbeitet.

Das Musketen- und Geschützpulver muss mit dem Pulverprobemörser[3]) bei 5¼ Loth (92 Gr.) Ladung eine 52½ Pfd. (29,4 Kilogr.) schwere Kugel unter 45° Wurfwinkel 133—134 rh. Klafter (245—250 M.) weit werfen; dagegen gibt das Jagd- und neue Gewehrpulver bei gleichen Verhältnissen 136 Klafter (256 M.) Portée.

Ein rhn. Cubikfuss (0,03092 Cub. M.) soll wiegen:
Geschützpulver: 52½ Pfd. (29,4 Kilogr.),
Musketenpulver: 53¼ Pfd. (29,82 Kilogr.),
neues Gewehrpulver: 55 Pfd. (30,8 Kilogr.),
wobei 2 Pfd. (1,12 Kilogr.) Ueber- oder Mindergewicht als Toleranz gestattet sind.

Fremde Pulversorten.

Als Beispiele fremder Pulversorten seien angeführt:

Oesterreichisches Kriegspulver enthält:
75 Thl. Salpeter, 12 Thl. Schwefel, 13 Thl. Kohle.
„ „ Minenpulver:
62—64 Thl. Salp., 19 Thl. Schwefel, 20—22 Thl. Kohle.

Preussisches Geschützpulver:
75 Thl. Salpeter, 11½ Thl. Schwefel, 13½ Thl. Kohle.
„ „ Gewehrpulver:
74 Thl. Salpeter, 10 Thl Schwefel, 16 Thl. Kohle.

Englisches Kriegspulver:
75 Thl. Salpeter, 10 Thl. Schwefel, 15 Thl. Kohle.

Russisches Kriegspulver:
75 Thl. Salpeter, 10 Thl. Schwefel, 15 Thl. Kohle.

---

[1]) Französisches Mischungsverhältniss.
[2]) Zum neuen Gewehrpulver auch beide Kohlensorten gemischt.
[3]) Französischen Modelles.

Schweizerisches Kriegspulver:
77½ Thl. Salpeter, 9 Thl. Schwefel, 13½ Thl. Kohle.
Französisches Kriegspulver:
75 Thl. Salpeter, 12½ Thl. Schwefel, 12½ Thl. Kohle.
„ „ Minenpulver:
72 Thl Salpeter, 12 Thl. Schwefel, 16 Thl. Kohle.
„ „ Jagdpulver:
78 Thl. Salpeter, 10 Thl. Schwefel, 12 Thl. Kohle.

Das Letztere wird mit rother Faulbaumkohle, ohne Anfeuchtung, bereitet und locker gekörnt, es ist daher ausserordentlich explosibel.

II. Die Surrogate des Schiesspulvers.

1. Die Schiessbaumwolle oder das Pyroxylin[1]),
(coton-poudre, pyroxyle).

Unter den Präparaten, welche bisher als Ersatzmittel des Schiesspulvers versucht wurden, nimmt die Schiessbaumwolle entschieden die erste Stelle ein. Sie wurde im Jahre 1846 durch die Professoren Schönbein (zu Basel) und Böttcher (zu Frankfurt a. M.) erfunden, [2]) und bald hierauf von Professor Otto (zu Braunschweig) verbessert, erhielt aber ihre grösste und eigentliche kriegsmässige Vervollkommnung erst durch den k. k. österreichischen Artillerie-Hauptmann (jetzt Generalmajor) Baron von Lenk.

Wenn man gewöhnliche, rohe, oder gegarnte und verwebte [3]), reine Baumwolle, einige Zeit der Einwirkung eines Gemisches von concentrirter

---

[1]) Unter Pyroxylin wird oft nur jene Schiessbaumwolle verstanden, welche, statt durch Tränken mit Salpeter- und Schwefelsäure, durch Mengung mit Salpeter und Uebergiessen dieses Gemisches mit Schwefelsäure (welche ja den Salpeter zersetzt und so dessen Säueregehalt an die Baumwolle treten lässt) bereitet ward. Solches Pyroxylin soll in Aether löslicher sein, als die anders erzeugte Schiessbaumwolle.

[2]) Die französischen Chemiker Braconnot und Pelouze hatten durch Uebergiessen von Pflanzenfasern mit Salpetersäure bereits früher (1833 und 1838) ähnliche Präparate hergestellt, ohne jedoch von den explosiven Eigenschaften derselben praktische Anwendung zu machen.

[3]) Zur Verwendung für Kriegsmunition bedient man sich, des leichteren Abmessens der Ladungen etc. wegen, nur gegarnter oder gewebter Baumwolle.

Salpeter- und Schwefelsäure aussetzt, [1]) d. h. sie darin tränkt, so bildet sich zwischen dem Faserstoffe („Cellulose") jener, und den genannten Säuren eine chemische Verbindung [2]), welche man ihrer, dem Pulver ähnlichen, explosiven Eigenschaften wegen, Schiessbaumwolle nennt. Dieselbe wird, nachdem sie genügend durchsäuert ist, in filtrirtem Wasser so lange ausgewaschen, bis sich keine Spur einer sauren Reaktion mehr zeigt [3]), und bedarf nun nur noch der vollständigen Trocknung [4]), um sofort brauchbar zu sein.

---

[1]) Die Mischungsverhältnisse und Fabrikationsweisen sind hiebei nicht allenthalben dieselben; so wurde an manchen Orten ein Gemenge von gleichen Gewichts-, an anderen von gleichen Volumentheilen, in Oesterreich angeblich ein solches von 3 Gewichtstheilen Salpeter- auf 1 Gewichtstheil Schwefelsäure, in Frankreich von 1 Volumen der ersteren auf 2 Volumina der letztern Säure in Anwendung gebracht. Die Tränkung dauerte manchmal nur einige (10—15) Minuten, in Oesterreich wurde sie auf 24 und 48 Stunden ausgedehnt und sogar wiederholt vorgenommen.

[2]) Es ist diess ein wesentlicher Unterschied zwischen Schiesspulver und Schiessbaumwolle; jenes ist ein, seinen Proportionen nach veränderliches Gemenge, dieses ein homogener, fixer Körper, ein salpetersaures Salz, das auch mit dem Namen „nitrirte Cellulose" bezeichnet wird.

(Die chemische Zusammensetzung der Pflanzenfaser, also der Baumwolle, ist:

12 Aequiv.	oder	44,47	Gewichtsprozente	Kohlenstoff,
10 „	„	6,17	„	Wasserstoff,
10 „	„	49,36	„	Sauerstoff,

jene der Schiessbaumwolle dagegen:
(nach Schönbein und Böttcher)

9 Aequiv.	oder	24,54	Gewichtsprozente	Kohlenstoff,
6 „	„	2,73	„	Wasserstoff,
13 „	„	47,28	„	Sauerstoff,
4 „	„	23,45	„	Stickstoff.)

[3]) So lange der Schiessbaumwolle überschüssige Säure anhaftet, ist sie, der Feuchtigkeitsanziehung dieser wegen, unbrauchbar. Nach Lenk's Verfahren, wurde die „Schiesswolle" wochenlange in fliessendes Wasser gelegt, um jede Spur von Schwefelsäure und damit alle Hygroscopität zu verlieren.

[4]) Auch feucht gewordene Schiessbaumwolle kann durch blosses Trocknen wieder zur vorherigen Güte gebracht werden.

Die Schiessbaumwolle ist um 50—70% schwerer (je schwerer desto besser!), doch weniger elastisch als reine Baumwolle, fühlt sich etwas rauh an, knirscht beim Zusammendrücken und wird durch Reiben elektrisch, unterscheidet sich aber sonst, äusserlich, selbst unter dem Mikroscope, nicht von gewöhnlicher Baumwolle, in welche sie auch wieder durch Uebergiessen mit Schwefelwasserstoffwasser oder Eisenvitriollösung umgewandelt werden kann. In Aethern löst sie sich zu einer, unter dem Namen Collodion oder Collodium bekannten und neuestens in der Technik[1] (Photographie und Chirurgie) vielfach verwertheten, wasserhellen Flüssigkeit auf[2], welche an der Luft rasch zu einem wasserdichten, membranartigen Häutchen erstarrt.

Die Schiessbaumwolle entzündet sich durch Schlag, Reibung, Erwärmung etc. (jedoch nicht durch den elektrischen Funken) bei einer, je nach ihrer Bereitungsweise sehr verschiedenen, im Allgemeinen zwischen 90° und 120° C. (von Lenk auf 136° C.) angegebenen Temperatur, verbrennt jedoch weit rascher als Pulver, so dass dieses selbst nicht einmal entzündet wird, wenn man Schiessbaumwolle darüber abbrennt.[3]

Sie liefert ungefähr die drei- bis vierfache Menge expansibler Gase, und damit den ebensovielfachen Krafteffekt, wie eine gleiche Quantität Schiesspulvers, ergibt aber fast gar keinen festen Rückstand. Das Gemenge jener ist durchsichtig und besteht — nach Lenk — aus Stickstoff, Kohlenoxydgas, Kohlensäure, Kohlenwasserstoffgas und Wasserdampf, wozu — nach Anderen — noch salpetrige Säure und Cyangas kommen sollen.[4] Die letztern beiden Gase würden die Verbrennungsluft der Schiessbaumwolle entschieden

---

[1]) Es wurde auch als Ueberzug für komprimirte Patronen versucht.

[2]) Die Lenk'sche Schiesswolle eignet sich nicht zur Herstellung des Collodion's.

[3]) Man kann Schiessbaumwolle auf der flachen Hand verbrennen, ohne diese zu beschädigen.

[4]) Nach Károlyi bestehen die Verbrennungsprodukte der Schiesswolle, dem Gewichte nach, aus: 28,92 Theilen Kohlenoxyd,

30,48	„	Kohlensäure,
6,47	„	Grubengas,
9,59	„	Stickoxydgas,
8,71	„	Stickstoff,
1,60	„	Kohle und
14.18	„	Wasser.

gesundheitsschädlich erscheinen lassen, ein Vorwurf, der für die österreichische Schiesswolle, durch geeignete Versuche, gründlich widerlegt wurde.

Aus der ebenerwähnten, ausserordentlichen Raschheit, mit welcher die reichhaltige Gasentwicklung der Schiessbaumwolle stattfindet, erklärt sich von selbst, dass die Anwendung dieses Präparates von höchst bedenklichen Rückwirkungen auf die Feuerwaffen[1]) begleitet sein müsse.

Um diese Offensivität möglichst zu bekämpfen, war es wieder die Hohlladung und die Verlangsamung der Verbrennung durch Verdichtung der Baumwolle, deren man sich (d. h. speziell Baron Lenk) mit günstigem Erfolge bediente.

Die erstere wurde dadurch bewerkstelligt, dass man die Schiesswollpatronen selbst hohl anfertigen liess, indem das hiefür gebrauchte Baumwollengarn oder Gewebe über hohle Holz- oder Cartoncylinder, oder auch — für Gewehrpatronen — über kleine Holzstäbchen gezogen wurde.

Die Verlangsamung der Verbrennung wurde durch die stärkere Drehung oder festere Verwebung des Baumwollengarnes regulirt.

So bediente man sich in Oesterreich zu Gewehrpatronen langer dochtartiger Gewebe, von welchen — an freier Luft — 10′ per Sekunde verbrannten, indess zur Geschützladung Garn verwendet wurde, das so fest gedreht war, dass davon nur 1′ laufend per Sekunde verzehrt ward. Die Patronen waren im Allgemeinen nur ¼ bis ⅓ so

---

[1]) Es sei hier erwähnt, dass man bei Anwendung der Schiessbaumwolle einen geringeren Rückstoss beobachtet hat, als beim Gebrauche des Schiesspulvers. Jener soll sich, bei gleichen Anfangsgeschwindigkeiten, zu dem des Pulvers verhalten wie 2 : 3. Diese auffallende und, so zu sagen, abnorme Erscheinung, lässt sich wohl nur wieder durch die ausserordentliche Raschheit des ganzen Zersetzungsprozesses der Schiessbaumwolle erklären; denn so sehr es feststeht, dass die Expansion der entbundenen Pulver- oder Schiesswolle-Gase nach allen Seiten hin gleichmässig wirken, also das Geschoss mit derselben Kraft vorwärts, wie das Rohr zurückbewegen müsse, so klar ist es auch, dass jener Zeittheil, welchen die bewegende Kraft braucht, um die von ihr angegriffenen Körper wirklich in Bewegung zu setzen, für das schwere Rohr grösser sein müsse, als für das leichte Geschoss. Eine bloss momentane Wirkung der Gasspannung kann daher allerdings eine geringere Rückbewegung des benützten Feuerrohrs veranlassen; diese wird aber eben wieder durch eine mehr offensive Kraftäusserung ersetzt werden.

schwer, als die entsprechenden Pulverladungen, nahmen aber $^1/_{10}$ mehr Raum ein als diese.

Allein trotz der hinreichenden Beseitigung der offensiven Rückwirkung und trotz aller Vervollkommnungen der Schiesswolle durch Lenk, wurde dieselbe dennoch, und zwar gerade in dem Augenblicke, in Oesterreich selbst verworfen, in welchem man ihre wirkliche Einführung erwarten zu müssen glaubte. Die Ursachen hiefür liegen wohl in folgenden Thatsachen:

1) Die Baumwolle ist kein Landesprodukt.
2) Die Herstellung wirklich brauchbarer (Lenk'scher) gleichartiger Schiesswolle, ist nur durch eine ganz ausserordentliche, geradezu pedantische, bei ausgedehnterer Fabrikation kaum durchführbare Sorgfalt und Achtsamkeit möglich; die geringsten Vernachlässigungen hierin haben nicht bloss eine veränderte Kraftäusserung, oder ähnliche Uebelstände zur Folge, sondern können — durch Nichtbeseitigung der Hygroskopität, durch Vermehrung der Offensivität etc. — sehr bedenkliche Nachtheile, ja sogar freiwillige Selbstzersetzungen und Explosionen verursachen.[1])
3) Die gleiche Genauigkeit und Aufmerksamkeit — besonders in Abmessung der Quantität, in Bestimmung der Dichtigkeit etc. — wie die Fabrikation selbst, erfordert auch die Verarbeitung der Schiesswolle zur Munition.
4) Selbst das vervollkommnete Lenk'sche Präparat, muss so vorsichtig behandelt, d. h. vor Schlag und Reibung dermassen geschützt werden, dass die Patronen nicht einmal mit dem Ladestocke angesetzt werden dürfen, wenn unzeitigen Explosionen mit Sicherheit vorgebeugt sein soll.[2])
5) Abgesehen hievon, müssten mit Einführung der Schiessbaumwolle auch die zugehörigen Waffen bedeutenden Umänderungen unterworfen werden, wenn wirklich gute Leistungen erzielt werden wollten.

---

[1]) So soll die plötzliche Rückkehr zum Schiesspulver in Oesterreich — woselbst man ja im Jahre 1862 bereits begonnen hatte, Schiesswollebatterien in die Feldartillerie einzustellen — vorzüglich auch durch das freiwillige Auffliegen eines Schiesswollemagazines veranlasst worden sein.

[2]) Wohl dieser ausserordentlichen Empfindlichkeit und der damit verbundenen Gefahren beim Transporte, Laden u. s. w. wegen, wurde die Schiesswolle nun auch als Füllung der Artillerie-Sprenggeschosse, wozu sie in Oesterreich noch bis in die neueste Zeit gedient hatte, verworfen.

6) Hiezu kommt dann endlich, dass die Kosten der Schiessbaumwolle — besonders der brauchbaren — jene des Schiesspulvers um 10—25 % übersteigen.[1]

Indess scheint man dort und da sich immer noch mit der Hoffnung zu tragen, all' diese Bedenken, oder doch die hauptsächlichsten derselben, beseitigen und die Schiessbaumwolle zu einem kriegstüchtigen Präparate umwandeln zu können.

In neuester Zeit soll es England[2] sein, das sich mit der Lösung dieses Problemes beschäftigt und auch in Oesterreich, behauptet man, stehe neuerdings ein, der Schiesswolle sehr ähnliches Produkt im Versuche. Die Erfahrung wird lehren, ob die Hoffnungen, welche sich an solches Vorgehen knüpfen, berechtigte sind oder nicht.

2. Das neue chemische Schiesspulver.

Die Darstellung der Schiessbaumwolle führte, in sehr erklärlicher Folge, sehr bald zu den mannigfaltigsten Versuchen, sowohl andere Pflanzenfasern, als auch Stoffe von ähnlicher Zusammensetzung wie diese, durch Behandlung mit Salpetersäure explosibel zu machen.

So stellte Seguier in Paris schon fast gleichzeitig mit der Erfindung der Schiessbaumwolle, Schiesspapier her; bald darauf versuchte man in Russland Baumrinde zu nitrificiren, während man hiezu anderwärts Werg und Sägespähne benützte.

Diese Experimente bewiesen zwar (was ohnehin nicht zu bezweifeln stand), dass jede Pflanzenfaser, d. h. also, dass die Cellulose und ihr

---

[1]) Nach Ed. Schultze, aus dessen „das neue chemische Schiesspulver" etc., (sieh' hierüber den nächsten Paragraphen) entnommen.

Nach österreichischen Angaben bedurfte man beim Ausbaue der Festung Comorn 462 Pfd. Schiesswolle, um 1000 Kubikklafter Bruchsteine zu sprengen, eine Leistung, welche den Aufwand von 3000 Pfund Minenpulver erfordert haben würde. Die genannte Quantität des Letztern hätte 1100 fl. gekostet, während jene 462 Pfund Schiesswolle um 616 fl. hergestellt worden waren.

Nach preussischen Sprengversuchen, bei Graudenz (1862), kam Schiessbaumwolle sechsmal theurer als Sprengpulver.

[2]) Einem Beamten des chemischen Departements zu Woolwich, Herrn Dr. Kellner aus Frankfurt a/M., soll es bereits gelungen sein, die Schiessbaumwolle in Körnerform zu bringen und damit für die Regelung des Krafteffektes etc. einen bedeutenden Schritt vorwärts zu thun. (Aus „Schiesspulver und Feuerwaffen" von C. v. H.)

ähnlich zusammengesetzte Körper [1]), durch geeignete Einwirkung der Salpetersäure zu explosiblen Nitraten verwandelt werden können; allein

---

[1]) Das sind Stärkemehl, Zucker, Glycerin u. a. Von den hiemit dargestellten Präparaten sind nennenswerth:

1) Der Nitromanit, d. i. nitrifizirte Manna (ein süsser, also zuckeriger, in der Esche und andern Baumarten enthaltener Pflanzensaft), explodirt vorzüglich durch den Hammerschlag und zwar mit gleicher Kraft wie das Knallquecksilber, ist aber weit gefahrloser und wohlfeiler als dieses, das er indess noch nicht zu verdrängen vermochte.

2) Das Nitroglycerin oder Sprengöl wird durch Behandlung des Glycerins mit Salpeter- und Schwefelsäure dargestellt. Es ist vor wenigen Jahren von dem schwedischen Ingenieur Nobel entdeckt worden, und explodirt nur durch den Schlag, nicht durch blosse Erwärmung, wohl aber durch den elektrischen Funken. Es gibt — bei halbem Preise — die fünf- bis zehnfache Sprengwirkung des Pulvers, ist aber natürlich zur Verwendung im Feuerrohre ungeeignet, dagegen für Steinbrüche und besonders für Explosionen unter Wasser sehr geschätzt.

3) Das Nitroamylum, d. i. mit Salpetersäure behandeltes Stärkmehl, wurde von Uchatius als Pulversurrogat vorgeschlagen, neuestens aber als Ersatz des theuereren Nitroglycerin's empfohlen.

4) Das Diazobenzol von Professor Hofmann gelegentlich der Untersuchungen desselben über das Anilin dargestellt, explodirt vorzüglich durch Erwärmung und Reibung, stets aber mit ausserordentlicher Heftigkeit.

(Die Styrax Benzoin, d. i. eine ostindische Baumart, liefert ein Harz, das den Namen Benzoë führt und das Hydrat einer oxydirten Kohlenwasserstoffverbindung enthält, welche als Benzoë-Säure bezeichnet wird und ausserdem in der Teka-, oder Tabaksbohne, der Vanille-Pflanze, mehreren Grasarten und daher auch im Pferdeharne etc. vorkommt.

Durch Glühen u. s. w. gibt krystallisirte Benzoësäure das Benzol, eine aus 12 Aequiv. Kohlen- und 6 Wasserstoff bestehende, ölartige Substanz ab, die sich auch bei der Destillation des Steinkohlentheeres entwickelt.

Das hieraus — durch Behandlung mit Salpetersäure — dargestellte Nitrobenzol, auch seines Geruches wegen künstliches Bittermandelöl genannt, kann durch den Einfluss gewisser Reagentien in das, jetzt als Färbemittel so ausserordentlich verbreitete Anilin (12 Aeq. Kohlen- mit 7 Aeq. Wasser- und 1 Aeq. Stickstoff) übergeführt und aus diesem endlich, durch Behandlung mit salpetriger Säure, das Diazobenzol dargestellt werden.)

die, bis jetzt dadurch gewonnenen Produkte erschienen, wenn auch hie und da zu Sprengzwecken, so doch niemals zur Anwendung für Feuerwaffen geeignet.

Indess ist in neuester Zeit doch ein Präparat aufgetreten, das im Grunde wohl auch nur nitrirte Cellulose (vermuthlich mit Salpetersäure imprägnirtes geraspeltes Erlenholz), jedoch mit solcher Sachkenntniss zusammengesetzt ist, dass es mit der Schiessbaumwolle nicht allein in Concurrenz zu treten vermag, sondern dieselbe, zwar nicht an Heftigkeit der Wirkung, dafür aber gerade in den Punkten übertrifft — welche die eigentlichen Mängel jener ausmachen.

Es ist diess das, vom kgl preuss. Artilleriehauptmann Eduard Schultze dargestellte und von demselben mit dem Namen „Chemisches Schiesspulver" bezeichnete Produkt, dessen Vorzüge, gegenüber dem gewöhnlichen Pulver, hauptsächlich in völlig gefahrloser Herstellung und Behandlung, bedeutender Verminderung des Rückstandes, Durchsichtigkeit des Rauches, grösserem, aber doch nicht offensivem Krafteffekte, und endlich in Herabsetzung der Anschaffungskosten um circa 30 Proc. bestehen sollen.

Hauptmann Schultze hat in Potsdam eine Fabrik zur Bereitung seines chemischen Schiesspulvers eingerichtet und findet dieses sowohl zum Jagdgebrauche, als auch für Sprengzwecke, vielseitige Anwendung.

III. Die Zündmittel (*artifices*).

Um die Entzündung der eingeschlossenen Ladung stets sicher [1]) und mit genügender Intensität hervorzurufen, bedient man sich gegenwärtig fast ausschliesslich [2]) eigener, chemischer Präparate, deren Explosion leicht durch Schlag oder Reibung veranlasst und auf einfache Weise so angeordnet werden kann, dass der hiebei entwickelte Feuerstrahl, die Ladung geeignet berührt.

Unter den zahlreichen, leicht explosiblen Gemischen und Verbindungen [3]), finden indess nur zwei die eben angedeutete Verwendung in der Waffentechnik: das muriatische Pulver und das Knallpulver.

---

[1]) d. h. also vor allem unabhängig von Witterungseinflüssen u. dgl.

[2]) In der Artillerie finden aushilfsweise, in Festungen etc., zuweilen noch Lunte und Zündlicht Anwendung und wird über diese Zündmittel im V. Abschnitte das Nöthige erörtert werden.

[3]) Es sei hiebei an das Dulong'sche Höllenöl (Chlorstickstoff, Technologie Seite 50), sowie an das Nitroglycerin, den Nitromonnit etc. erinnert.

Unter **müriatischem Pulver** (*poudre muriatique*) verstand man anfänglich (dasselbe wurde im Jahre 1788 von dem französischen Chemiker Berthollet erfunden) eine, dem Schiesspulver ganz ähnliche Mischung, in welcher jedoch das (eben von Berthollet entdeckte) chlorsaure, die Stelle des salpetersauren Kali's vertrat. Dasselbe sollte auch zuerst das Schiesspulver, dem es allerdings an Krafteffekt bedeutend überlegen ist, ersetzen [1], erwies sich aber bald — abgesehen von seiner weit grössern Explosibilität, also gefährlicheren Behandlungsweise — als zu kräftig, d. h. als höchst offensiv und damit unbrauchbar für den gedachten Zweck. Um so vorzüglicher bewährte es sich als Zündmittel, als welches es bald das Steinfeuer- durch das Perkussionsschloss, die Lunte durch das Friktions- (Schlag-) Röhrchen verdrängte.

Hiebei wurde indess seine Zusammensetzung dort und da in verschiedener Weise modifizirt und neben, oder selbst statt der gewöhnlichen Pulverbestandtheile — Schwefel und Kohle — vielfach Schwefelantimon [2]) zur Beimengung benützt.

---

[1]) Der Versuch, ein Schiesspulversurrogat herzustellen, dessen Hauptbestandtheil chlorsaures Kali ist, wurde erst in neuester Zeit wiederholt. Das bezügliche, von dem französischen Chemiker Augendre erfundene Gemenge, erhielt den Namen weisses Schiesspulver und bestand (nach Pohl) aus:

28 Theilen gelbem Blutlaugensalz,
23 „ Zucker und
49 „ chlorsaurem Kali,

welche Substanzen, ohne Wasserzusatz, bloss durch Sieben oder dergleichen gut gemischt und weder verdichtet noch gekörnt wurden.

Das weisse Pulver ist durch den blossen Schlag leichter zu entzünden, als das gewöhnliche Schiesspulver, muss daher mit grösserer Behutsamkeit behandelt werden als dieses, dem es jedoch an Krafteffekt beinahe um das Doppelte überlegen ist, (60 Thl. weisses geben dieselbe Kraftleistung wie 100 Thl. gewöhnliches Pulver), dabei aber nur halb so viel Rückstand liefert. Der letztere enthält indess giftiges Cyankalium neben Chlorkalium und Kohleneisen, während die gasförmigen Verbrennungsprodukte des weissen Pulvers aus Stickstoff, Kohlenoxyd, Kohlensäure und Wasserdampf bestehen.

Die Gefährlichkeit der Behandlung dieses Präparates einestheils, dann jene seines Rückstandes und endlich die Theuerung seiner Bestandtheile etc. haben indess der Anwendung desselben sehr bald Schranken gesetzt.

[2]) Sieh' hierüber auch nächste Seite, Anmerkung 2.

Man versteht daher gegenwärtig unter einem müriatischen Zündsatze jedes explosible Gemenge, dessen Hauptbestandtheil chlorsaures Kali ist und dessen Nebentheile in Schwefel, Kohle oder Schwefelantimon bestehen.

Das **Knallpulver** (*poudre fulminante*) (von dem Engländer Howard, zu Anfang des gegenwärtigen Jahrhunderts, zuerst hergestellt), besteht wesentlich aus Knallquecksilber, das zuweilen mit chlorsaurem [1]) Kali, salpetersaurem Kali etc. gemischt ist.

Seiner ausserordentlich gefährlichen Behandlung, dann auch der Nothwendigkeit des Wasserzusatzes, also nachheriger Trocknung wegen u. s. w. hat das Knallpulver nur eine beschränktere Anwendung in der Militärtechnik gefunden und dürfte, besonders in neuester Zeit, durch die, in dieser Richtung angestellten Versuche [2]), die Vorzüglichkeit der müriatischen, gegenüber den knallsauren Präparaten, zur Evidenz erwiesen sein.

---

[1]) So ist die Füllung der Jagdzündhütchen meist eine Mischung von Knallquecksilber und chlorsaurem Kali.

[2]) Diese Versuche sind vorzüglich dem churfürstlich hessischen Artilleriehauptmann Darapsky (Dy.) zu verdanken und waren durch die vielen Mängel, speziell die rasche Oxydation und damit eintretende Verderbniss veranlasst, welche man an den, mit müriatischem Satze gefüllten Gewehrzündhütchen auszusetzen hatte. Darapsky erwies, dass diese Verderbniss zum Oeftesten durch die, den Kupferhütchen anhängenden Spuren von Schwefelsäure (mit solcher werden jene nämlich meistens vor ihrer Füllung gereinigt und ist dieselbe sowohl ein Zersetzungsmittel des chlorsauren Kali's, als auch höchst hygroscopisch), sowie auch durch die, nicht selten den beigemischten Schwefel begleitende schweflige Säure, ebenso durch die Feuchtigkeitsanziehung der eingemengten Kohle, oder endlich durch Mängel im Fabrikationsverfahren veranlasst sei und widerlegte nicht minder den Vorwurf, dass das chlorsaure Kali die Feuerwaffen mehr angreife, als das Knallquecksilber, dessen, besonders bei feuchtwarmer Atmosphäre auftretende Neigung zur Selbstzersetzung er zugleich feststellte.

Als beste und — bei sorgfältiger Herstellungsweise — für alle Verhältnisse (also Perkussions- und Friktionszündung jeder Art) gleichmässig brauchbare, müriatische Mischung, bezeichnet Darapsky eine solche von gleichen Theilen chlorsauren Kali's und Schwefelantimon's. (Näheres über diese Versuche findet sich im Jahrgange von 1868 der „Allgemeinen Militärzeitung", sowie in W. v. Plönnies' „das Zündnadelgewehr").

B. Das Geschoss.

Der Körper, welchen die schleudernde Kraft dem Feinde entgegenwerfen soll — das Geschoss (*projectile*) — muss zwei Hauptanforderungen genügen; nämlich:

1) hinreichende Beschädigungen und Zerstörungen etc. hervorzubringen vermögen und
2) so gestaltet sein, dass er die Luft leicht durchschneidet.

Die erste dieser Bedingungen bezieht sich auf Material und Gewicht des Geschosses, die zweite auf die Gestalt des letztern.

Das Geschossmaterial muss fest, hart und konsistent genug sein, um einestheils selbst den Stoss der treibenden Gase aushalten zu können, anderntheils die geforderte, beschädigende Einwirkung auf den Gegner, oder dessen Schutzmittel zu ermöglichen, ohne dabei die eigene Waffe übermässig anzugreifen.

Es muss ferner leicht formbar und spezifisch schwer sein.

Diesen Bedingungen entsprechend, ist allgemein Blei für die Geschosse der Handfeuerwaffen, Eisen für Geschützprojektile (hier aushilfsweise auch Zink) in Anwendung.

Die Geschossform ist vor allem durch die Bewegungsweise des Projektiles im Raume, also durch die Rücksicht, wie dasselbe die Luft durchschneidet, bedingt. Bleibt hiebei stets eine und dieselbe Seite nach vorwärts gekehrt, so ist es wohl sehr selbstverständlich, dass der ganze Geschosskörper einer solchen Bewegungsweise angepasst, d. h. länglich geformt und dabei jener, der Luft unmittelbar entgegenstehende Theil — die „Spitze" desselben, derartig gestaltet werden müsse, dass sie einen möglichst geringen Luftwiderstand errege.

Wenn aber das Geschoss der Luft keinen bestimmten Theil ausschliesslich zuwendet, sondern bald diese, bald jene Seite vorwärts kehrt, so ist es nothwendig, dasselbe so zu construiren, dass es von allen Seiten den gleichen Luftwiderstand veranlasse.

Die Lösung der ersten Aufgabe liegt in der Construktion des Lang- oder Spitzgeschosses[1]) (*balle pointée*), den Anforderungen der zweiten vermag ausschliesslich die Kugelgestalt zu genügen.

C. Die Feuerwaffe.

Um die Fortbewegung eines Geschosses durch die, im engsten Raume veranlasste Entwicklung elastischer Gase bewirken zu können, ist es vor allem nothwendig, Geschoss und Ladung geeignet einzuschliessen.

---

[1]) Hierüber wird das Nähere bei Abhandlung der „gezogenen Feuerwaffen," am Ende des gegenwärtigen Abschnittes folgen.

Man bedient sich hiezu allgemein einer, am rückwärtigen Ende verschlossenen Röhre, welche hier mit dem Namen Feuerrohr (*canon*) bezeichnet werden soll.

Dasselbe bildet den eigentlichen Grundbestandtheil einer jeden Feuerwaffe und ist zugleich der einzige Faktor der letzteren, welcher einer allgemein gültigen Erörterung unterzogen werden kann. Wenn daher die, im gegenwärtigen Paragraphe enthaltenen Construktionsgesetze u. s. w. für jede Feuerwaffe Geltung haben sollen, so werden dieselben ausschliesslich das Feuerrohr zum Gegenstande haben können.

1. Material der Feuerrohre.

Neben den ohnehin selbstverständlichen Eigenschaften der Feuerbeständigkeit, grossen absoluten Festigkeit und geringen Porosität, bei genügender Härte und hinreichender Geschmeidigkeit, ist es ganz besonders Elastizität ohne Sprödigkeit, welche vom Materiale eines Feuerrohres gefordert werden muss. Unelastische und ebenso spröde Stoffe würden, selbst bei grösster Festigkeit und Härte, nicht im Stande sein, die ausserordentlichen Erschütterungen zu ertragen, denen das Feuerrohr beim Schusse ausgesetzt ist.

Die Summe der oben geforderten Eigenschaften findet sich nur bei metallischen Körpern vereinigt und sind es unter diesen die verschiedenen Arten des Eisens und das Geschützbronze, welche für den vorliegenden Zweck in Anwendung stehen.

2. Allgemeine Einrichtungen und Benennungen der Feuerrohre.

Das Feuerrohr muss einestheils (wie diess schon oben angedeutet wurde) die Ladung so in sich aufzunehmen vermögen, dass die Entzündung und Verbrennung des Pulvers, sowie dessen Kraftäusserung in möglichst zweckentsprechender und günstiger Weise vor sich gehe, anderntheils aber hat es dem Geschosse als Leitrinne für dessen richtige Fortbewegung zu dienen. Es ist hiezu — allgemein — mit einer cylindrischen Ausbohrung versehen, welche man die Seele (*âme*) heisst.

Die (gedachte) Mittellinie dieser Bohrung heisst Seelen- oder Rohraxe, auch Kernlinie (*ligne de l'axe du canon*, *axe du canon*), den Seelendurchmesser nennt man das Kaliber (*calibre*) des Rohres und dient selbes — besonders bei Geschützen — vielfach als Masseinheit für die Construktionsverhältnisse des Rohres.

Das vordere Seelenende wird Mündung (*bouche*), der durch diese gelegte Endquerschnitt des Rohres Mündungsfläche, der rückwärtige Abschluss der Bohrung Stossboden (*fond de l'âme*) genannt; der dem letzteren zunächst liegende Theil der Seele bildet den Laderaum oder Pulversack (*tonnerre*), und steht dieser mit der Aussenseite des Rohres durch den Zündkanal oder das Zündloch (*lumière*) in Verbindung, vermittels welcher der Feuerstrahl des Zündpräparates zur Ladung geleitet wird.

Die Innenfläche der Rohrwände (*parois du canon*) nennt man die Seelenwand, die Aussenfläche derselben bildet den Rohrmantel. Auf der Oberfläche des Letzteren sind, gewöhnlich am vorderen und rückwärtigen Ende des Rohres, Marken angebracht, welche die Bestimmungspunkte für eine Linie bilden, die man sich hart über den Rohrmantel hinweg, in der Vertikalebene der Seelenaxe gezogen denken kann. Diese Linie dient zur Vornahme der Richtung des Rohres beim Schusse (siehe Theorie des Zielens) und heisst Visirlinie (*ligne de mire*). Ihre obengenannten Marken bestehen im Allgemeinen aus einer kleinen prismatischen oder kegelförmigen etc. Erhöhung am Mündungsende und einer ausgerundeten oder spitzwinkligen Kerbe (oder Kimme) am Bodenstücke des Rohres; erstere wird Korn, Mücke oder Absehen (*guidon, bouton de mire*), letztere Visireinschnitt, Visirkerbe oder Kimme) oder kurzweg Visir (*rainure, cran de mire*) genannt.

3. Stärkeverhältnisse der Feuerrohre.

Die Stärkeverhältnisse der Feuerrohre sind durch die zwei Hauptanforderungen bedingt:

1) dem Gasdrucke[1]) welcher das, für das Rohr bestimmte Ladungsverhältniss[2]) in dessen Seele veranlasst, sowohl dem Querschnitte, als der Längenrichtung nach, vollkommenen[3]) und dauernden[4]) Widerstand zu leisten und

---

[1]) Die Grösse des Gasdruckes, welchen ein Feuerrohr überhaupt auszuhalten vermag, ist durch die absolute Festigkeit seines Materiales begrenzt.

[2]) Unter Ladungsverhältniss wird hier und im Folgenden nicht die absolute Grösse der Pulverladung, sondern die, zwischen dem Gewichte dieser und der Schwere des zugehörigen Geschosses stattfindende Beziehung gemeint.

[3]) D. h. das Rohr muss nicht nur gegen das Zerspringen, sondern auch davor gesichert sein, selbst bei heftiger Reibung des Geschosses an den Seelenwänden, weder nach seinem Querschnitte erweitert, aufgetrieben, noch der Länge nach verdehnt zu werden.

[4]) Wobei also auch auf Abnützungen verschiedener Art Rücksicht genommen werden muss.

2) durch diejenigen äusseren Einwirkungen [1]), welchen das Rohr im praktischen Gebrauche muthmasslich ausgesetzt ist, nicht verbogen, oder eingedrückt zu werden.

Es ist selbstverständlich, dass diesen Bedingungen mit um so geringeren Wandstärken entsprochen werden kann, je widerstandsfähiger — d. h. je fester und elastischer — das Material des Feuerrohres ist; allein es muss hiebei doch darauf hingewiesen werden, dass die genannten Anforderungen einen sehr verschiedenen Einfluss auf die Art und Weise der nöthigen Zu-, oder erlaubten Abnahme der Rohrstärken äussern.

So würde man z. B. den Biegungswiderstand [2]) eines Rohres nur sehr wenig erhöhen, wenn man dessen Metallstärke gegen innen vergrösserte, während eine solche Zugabe an der Aussenfläche, die Widerstandsfähigkeit der Wände gegen den Gasdruck, durchaus nicht in dem Masse, wie jene gegen das Verbiegen, steigern würde.

Ebenso ist die Länge des Feuerrohres, für dessen Widerstand gegen den Angriff der Pulverluft von weit untergeordneterer Bedeutung als für den Biegungswiderstand; für diesen ist die Rohrlänge der bestimmende Hauptfaktor, mit dessen Zunahme — bei gleichbleibender Rohrstärke und Bohrungsweite — die Widerstandsfähigkeit des Rohres gegen äussere Einwirkungen abnimmt. [3])

Da ferner die Gasspannung an und zunächst dem Ladungsraume am grössten ist, so werden die Rohrwandungen an dieser Stelle auch

---

[1]) Solche beschädigende äussere Einwirkungen, als Stösse und Verbiegungen, sind wohl vorzüglich nur für das Infanteriegewehr zu besorgen, bei welchem sie durch den Gebrauch des Bajonets, durch rohe Behandlung etc. veranlasst werden.

[2]) Die Gesetze über den „Biegungswiderstand" kann man sich sehr leicht durch einfache Versuche mit Blechröhren versinnlichen.

[3]) Hieraus folgt also, dass man z. B. einen, seiner Bohrungsweite nach bestimmten Flintenlauf nicht beliebig verlängern darf, ohne nicht auch seine Rohrstärken und damit sein Gewicht entsprechend zu vergrössern (oder ihn aus widerstandsfähigerem Materiale herzustellen), und ebenso, dass man, wenn Gewicht und Länge eines Laufes begränzt sind, die Bohrungsweite desselben nicht vermindern kann, ohne dessen Biegungswiderstand (bei gleichem Materiale) zu verringern.

Gerade dieser Umstand ist es, welcher der, besonders in neuester Zeit allseitig angestrebten Verkleinerung des Infanteriekalibers, sehr entschiedene Grenzen setzt, resp. zum Ersatze des Schmiedeisens durch Gussstahl, als Laufmaterial zwingt.

am stärksten gehalten werden müssen, gegen die Mündung zu aber entsprechend abnehmen dürfen. In den meisten Fällen ist diese Abnahme — ohne dadurch den Biegungswiderstand zu beeinträchtigen — derart zulässig, dass die Rohrstärken nächst der Mündung ungefähr die Hälfte jener am Ladungsraume betragen. Es ergibt sich hieraus im Allgemeinen eine kegelförmige Gestaltung des Rohrkörpers.

4. Länge der Feuerrohre.

Die Länge der Feuerrohre bestimmt sich einestheils durch gewisse Anforderungen, welche der praktische Gebrauch an eine Feuerwaffe stellt, anderntheils durch das Ladungsverhältniss der Letzteren.

In ersterer Beziehung ist z. B. für das Infanteriegewehr eine gewisse Länge durch das Feuern in zwei Gliedern, oder den wirksamen Bajonetgebrauch etc. geboten, während beim Geschütze dort ein möglichst weites Hineinragen des Rohres in die Schussscharten, hier hingegen die Ausführung der Ladung von vorne, mit der blossen Hand bedungen wird.

In Beziehung auf das Ladungsverhältniss, ist es eine bestimmte Minimalgrenze, welche das Rohr jedenfalls erreichen muss, wenn seine Construktion nicht fehlerhaft genannt werden soll.

Dieses Minimum der Rohrlänge ergibt sich durch die Forderung, dass das Geschoss nicht früher aus der Mündung treten darf, ehe nicht auch das letzte Atom der Ladung gänzlich verbrannt [1]), also die Gasentwicklung dieser wirklich vollendet ist. [2])

5. Schwerverhältnisse der Feuerrohre.

Die Schwerverhältnisse der Feuerrohre ergeben sich einestheils schon durch die Stärken und die Länge der Rohre, sie sind aber anderntheils noch durch die Rückwirkung der Ladung auf die Waffe selbst, d. h. durch den Rückstoss, in gewisser Weise bedingt.

Der Rückstoss (*recul*).

Es ist bereits in der Verbrennungstheorie des Pulvers, sowie bei den Sätzen über die Kraftäusserung desselben und seitdem wiederholt erwähnt worden, dass die gespannten Pulvergase auf ihre Einschliessung nach jeder Richtung hin denselben Druck ausüben. So gut sich nun dieser Druck im Feuerrohre nach oben und unten, und rechts und links gegenseitig aufhebt [3]), ebenso sicher wird

---

[1]) Vergleiche hiemit S. 127 Absatz 2.

[2]) Die raschere Gasentwicklung der Schiessbaumwolle gestattet demnach eine Abkürzung der Feuerrohre.

[3]) Dieser Ausgleich des Gasdruckes nach den Seitenwänden des Lade-

sich derselbe in ganz gleicher Weise nach vorwärts und rückwärts geltend machen, hiedurch also die Feuerwaffe selbst mit der nämlichen Kraft nach rückwärts bewegt werden, mit welcher das Geschoss nach vorwärts geschleudert wird. [1]) Diese Rückwirkung der Ladung auf die Waffe nennt man den Rückstoss.

Da nun die Grösse einer bewegenden Kraft durch das Produkt aus der Masse [2]) des durch sie bewegten Körpers in die, demselben ertheilte Geschwindigkeit ausgedrückt und gemessen wird, so muss im vorliegenden Falle das Produkt aus der Masse des Geschosses in dessen Anfangsgeschwindigkeit, gleich sein dem Produkte aus der Masse der zugehörigen Feuerwaffe in deren Rückstossgeschwindigkeit.

Dieses Verhältniss rechtfertigt einestheils die Benützung des Rückstosses als Massstab für die Kraftäusserung einer Ladung (wie beim ballistischen Pendel etc.), anderntheils lehrt es aber auch, dass die Rückstossgeschwindigkeit nur durch entsprechende Massenvermehrung der Feuerwaffe vermindert werden könne und diese Bedingung ist es, aus welcher die Anforderung einer gewissen Schwere für das Feuerrohr hervorgeht; denn wenn es auch die Masse der ganzen Feuerwaffe ist, welche dem Angriffe des Rückstosses entgegensteht, so bleibt es doch immer das Feuerrohr, welches diesen Angriff zuerst auszuhalten hat und von welchem aus derselbe erst auf dessen Unterlage etc. übertragen wird.

D. Die Thätigkeit der Feuerwaffe.

Aus dem Bisherigen ist wohl schon klar geworden, dass zwischen den 3 Elementen einer jeden Feuerwaffe stets eine unumstösslich feste,

---

raumes hin, wird jedoch gewöhnlich durch das Zündloch unterbrochen, welcher Umstand Seitenstösse nach der entgegengesetzten Richtung des letzteren zur Folge haben muss, die — besonders bei leichten Rohren und weiten oder ausgebrannten Zündkanälen — immerhin von störendem Einflusse auf die Schusssicherheit etc. sein können.

[1]) Vergleiche hiezu S. 136 Anmerkung 1.

[2]) Unter der Masse eines Körpers versteht man das Gewicht desselben (d. h. den Druck, welchen er auf eine Unterlage ausübt) getheilt durch die Anziehungskraft.

Gegenüber einer und derselben Anziehungskraft (und auf der Erde ist diess eben das Attraktionsvermögen dieser selbst — die Schwere also) sind demnach die Massen zweier Körper gleich, wenn ihre Gewichte gleich sind.

gegenseitige Beziehung, eine unabänderliche Wechselwirkung besteht, welcher zufolge einem gegebenen Rohre eigentlich nur Ein bestimmtes Ladungsverhältniss entspricht, und umgekehrt.

Diese theoretischen Gesetze lassen sich indess in der Praxis nicht immer einhalten und sehr oft muss ein und dasselbe Rohr verschiedene Geschosse und verschiedene Ladungen aufzunehmen vermögen. In solchen Fällen wird sich die Construktion nach demjenigen Ladungsverhältnisse zu richten haben, das die grösste Widerstandsfähigkeit erfordert, oder — wenn diess, aus anderen Gründen, unerreichbar ist — nach demjenigen, das am öftesten in Anwendung kommen soll. Im letzteren Falle muss aber den Ausnahmsladungen, welche höhere Widerstandsansprüche stellen, wenigstens so weit Rechnung getragen werden, dass das Rohr sie immerhin auszuhalten vermag, ohne zu grossen Schaden zu nehmen.

Bei allen solchen Proportionsbestimmungen einer Feuerwaffe, ist manchmal das, seiner Masse nach gegebene Geschoss, manchmal auch das, fixen Verhältnissen angepasste Rohr der bestimmende Faktor, welchem die übrigen Elemente nach den, oben kennen gelernten Wechselbeziehungen angepasst werden müssen.

Wenn durch die vorstehenden Betrachtungen diejenigen Gesichtspunkte erörtert wurden, welche sich auf das Zusammenwirken von Ladung und Geschoss im Rohre und in Rücksicht auf dieses beziehen und damit die Bedingungen für die richtige Construktion einer Feuerwaffe enthalten, so erübrigt es nunmehr, die Wirkungen kennen zu lernen, welche das abgefeuerte Geschoss ausserhalb des Rohres hervorzubringen vermag und welche ja den eigentlichen taktischen Werth und Erfolg der Feuerwaffe ausmachen.

Diese Betrachtungen lassen sich in 4 gesonderte Abhandlungen zerlegen, deren

erste den Weg kennen lehren soll, den ein abgefeuertes Geschoss beschreibt;

die zweite wird sodann die Mittel und Verfahrungsweisen besprechen, durch deren Anwendung die Feuerwaffe so gerichtet werden kann, dass das Geschoss, beim Verfolge seiner Bahn einen bestimmten Gegenstand trifft;

die dritte umfasst jene Unregelmässigkeiten und besonderen Einflüsse, durch welche die Geschosse aus der normalen Bahn abgelenkt werden; indess endlich

die vierte jene Einrichtungen erläutern wird, durch welche man die ebengenannten Unregelmässigkeiten möglichst zu beschränken und damit die Leistungsfähigkeit der Feuerwaffen aufs Höchste zu steigern strebt.

Diese Abhandlungen sollen demnach folgende Titel führen:

I. Ueber die Flugbahn der Geschosse.
II. Ueber Zielen und Richten.
III. Von den Abweichungen der Geschosse.
IV. Die gezogenen Feuerwaffen und ihre Einrichtungen.

I. Ueber die Flugbahn der Geschosse.

Allgemeine Entwicklung der Flugbahnkurve.

Jeder im Raume fortgeschleuderte Körper wird von 3 Kräften angegriffen:

1) von dem schleudernden Stosse,
2) der Anziehungskraft der Erde (Schwerkraft),
3) und dem Widerstande der Luft.

Flugbahn im luftleeren Raume.

Würde nur die erste Kraft allein wirksam sein, so müsste sich der Körper stets in gerader, und zwar in der, durch den Stoss bestimmten Richtung gleichförmig fortbewegen, also mit unveränderter Geschwindigkeit, in gleichen Zeittheilen gleiche Wege zurücklegen.

Diese Bewegungsweise ändert sich jedoch sofort, wenn man neben dem Stosse auch die Anziehungskraft der Erde auf den Wurfkörper einwirken lässt.

Die Anziehungskraft der Erde, oder die Schwerkraft (*gravité*), veranlasst jeden, frei, d. h. ohne Unterstützung, im Raume befindlichen Körper, lothrecht gegen die Erde zurückzufallen; hiebei ist ihre Wirkung aber keine bloss momentane, wie die des Stosses, sondern eine kontinuirliche.

Es folgt hieraus, dass ein fallender Körper, die, im ersten Zeittheilchen seiner Bewegung durch die Schwerkraft gewonnene Geschwindigkeit nicht unverändert beibehalten könne, sondern dass er nach dem zweiten Zeittheilchen die doppelte, nach dem dritten die dreifache, nach dem n^{ten} die $n$malige Fallgeschwindigkeit besitzen werde, als nach dem ersten, weil die gleichmässige Fortwirkung der Schwerkraft, in jedem neuen Zeittheilchen ebensoviel Geschwindigkeit als Zuwachs zu der bereits vorhandenen liefern müsste, als sie dem fallenden Körper im ersten Zeitabschnittchen ertheilte.

Man nennt diese, durch die Schwerkraft hervorgebrachte Bewegung eine gleichförmig beschleunigte, jener gleichmässige Geschwindigkeitszuwachs, heisst Beschleunigung der Schwere, und wenn man denselben, wie allgemein gebräuchlich, mit g (Gravitation) bezeichnet, so wird die Fallgeschwindigkeit (v), welche ein Körper nach t Sekunden erlangt hat,

$$v = gt.$$

Die Grösse g beträgt hiebei — für unsere Verhältnisse erfahrungsgemäss 31,25′ rh. oder 9,81 m.; da dieselbe aber nicht diejenige Geschwindigkeit ist, mit welcher ein fallender Körper seine Bewegung gegen die Erde beginnt, sondern jene, welche er erst nach Ablauf einer Sekunde erlangt hat, so kann sie auch nicht dem Wege gleich sein, welchen der Körper in der ersten Sekunde durchfällt, sondern muss dieser Weg kleiner als g erscheinen.

Den Gesetzen einer gleichförmig beschleunigten Bewegung zufolge, ist dieser Weg gerade der halben Beschleunigung dieser selbst (also $\frac{1}{2}$g) gleich. Es wird demnach die Fallhöhe (h) nach t Sekunden

$h = \frac{1}{2} vt$ oder $= \frac{1}{2} gt^2$ sein müssen, woraus sich

$$t = \sqrt{\frac{2h}{g}} \text{ und}$$

$$v = \sqrt{2gh} \text{ ergibt.}$$

Man ersieht aus diesen Formeln, dass zwar die Geschwindigkeiten, welche ein frei fallender Körper in irgend einem Augenblicke seiner Bewegung gegen die Erde gewonnen hat, der Zeit proportional sind, welche seit dem Anfange der Fallbewegung verfloss, nicht aber die in dieser zurückgelegten Wege, welche sich dagegen wie die Quadrate der Fallzeiten verhalten.

Wendet man nun diese Gesetze (immer noch unter Vernachlässigung des Luftwiderstandes!) auf einen geworfenen Körper an, so lässt sich die Bahn, welche derselbe beschreiben muss, sehr leicht feststellen. (Hieher Tafel IV. Fig. 1.)

Hätte der Wurfkörper z. B. eine Anfangsgeschwindigkeit von v^+ per Sekunde, so müsste er nach Ablauf der ersten Sekunde ($aw_1 =$) v^+ in der Richtung (ac) des Stosses zurückgelegt haben, zugleich aber um ($w_1 g_1 =$) $\frac{1}{2}$ g lothrecht gefallen sein. Nach 2 Sekunden wäre er um ($aw_2 =$) $2v^+$ in der Stossrichtung und ($w_2 g_2 =$) $\frac{1}{2} g \times 2^2$ in der Fallrichtung fortgeschritten, und so weiter.

Auf diese Weise kann für jeden Moment der Bewegung des Körpers ein Punkt seiner Bahn aufgefunden und endlich diese selbst sehr einfach dadurch hergestellt werden, dass man alle diese Punkte ($a, g_1, g_2, g_3 \ldots g_n$, b) durch eine stetige krumme Linie miteinander verbindet.

Die so erhaltene Flugbahn eines Wurfkörpers im luftleeren Raume (*dans le vide*), ist eine der bekannten 3 Kegelschnittslinien, nämlich die **gemeine Parabel**[1]) und lassen sich an derselben, bei näherer Betrachtung,[2]) folgende Eigenschaften wahrnehmen:

1. Der höchste Punkt der Bahn (g_1) ist zugleich die Mitte derselben und theilt die Kurve in zwei congruente Hälften. Er heisst **Scheitel**, jene Hälften aber der **auf-** und der **absteigende Ast** der Bahn.
2. Der senkrechte Abstand ($d_1 g_1$) des Scheitels von der, den Anfangs- und Endpunkt der Bahn verbindenden (horizontalen) Linie (ab) ist gleich der Fallhöhe ($w_1 g_1$) des Scheitelpunktes. Jener Abstand ($g_1 d_1$) wird **Pfeilhöhe** oder **grösste Pfeilhöhe**, die bezügliche Grundlinie (ab) aber die **Spann-** oder **Wurfweite** der Bahn genannt.
3. Die Fallhöhe (cb) des Endpunktes (b) der Bahn, d. i. die **grösste Fallhöhe**, ist viermal so gross, als die grösste Pfeilhöhe, (also $cb = 4 g_1 d_1$).
4. Die angenommene Stossrichtung (ac) ist die, im Anfangspunkte der Bahn an diese gelegte **Tangente** und kann der, von ihr mit der horizontalen Spannweite (ab) der Bahn eingeschlossene Winkel (α) durch die Formel $\operatorname{tgt} \alpha = \frac{cb}{ab}$ berechnet werden. Dieser Winkel heisst der **Abgangs-**, **Richtungs-**, **Wurf-** oder **Elevationswinkel** der Bahn.
5. Legt man an den Endpunkt (b) der Kurve eine Tangente (fb), so schliesst diese mit der horizontalen Grundlinie (ab) einen Winkel (β) ein, der dem Elevationswinkel gleich ist. Er wird **Einfallswinkel** genannt.
6. Aus der Congruenz des auf- und absteigenden Astes der Bahn folgt, dass alle jene Punkte der letztern, welche gleichweit vom Horizonte (ab) abstehen (**gleiche Pfeilhöhen** haben), auch in einerlei Entfernung von der Scheitellinie ($g_1 d_1$) der Bahn liegen. (So muss, weil $d_2 g_2 = d_3 g_3$ ist, auch $g_2 m = g_3 m$ sein.)
7. Ebenso erklärt sich, dass **symmetrisch** liegende Bahnstücke einander congruent sein müssen (also z. B. das Curvenstück $g_3 g_1 \cong$ sei dem Abschnitte $g_1 g_2$ oder $g_4 g_3 \cong g_2 g_1$ u. s. f.)
8. Gleiche Wege in gleicher Zeit, setzen aber auch gleiche Geschwin-

[1]) Man fasst daher die Lehren über die Flugbahn im luftleeren Raume unter dem Namen der „**parabolischen Theorie**" zusammen.

[2]) Es bleibt bei **diesen** Betrachtungen immer vorausgesetzt, dass der Anfangspunkt (a) und das Ende (b) der Flugbahnkurve in **einem Horizonte** liegen.

digkeiten voraus und wird demnach die Geschwindigkeit des Wurfkörpers im luftleeren Raume an symmetrisch liegenden Punkten seiner Bahn, also auch seine Endgeschwindigkeit[1]) der Anfangsgeschwindigkeit gleich sein.

An diese Sätze lassen sich noch weitere anfügen, sobald man mehrere parabolische Bahnen untereinander vergleicht. Man wird dann finden, dass:

9. bei gleicher Anfangsgeschwindigkeit und Elevation, stets gleiche Bahnen erzielt werden.
10. Bei einerlei Anfangsgeschwindigkeit wird die kleinere Elevation stets flachere Bahnen und kürzere Flugzeiten ergeben, als die grössere; die hiebei erzielten Wurfweiten verhalten sich wie die Sinuszahlen der doppelten betreffenden Elevationswinkel, müssen demnach für Complementswinkel (also z. B. 30° und 60°) einander gleich, für den Wurfwinkel von 45° aber am grössten sein.

    Von den, unter der gedachten Voraussetzung erhaltenen Bahnen, sind diejenigen auf kürzere Entfernungen kongruente Abschnitte jener auf grössere Wurfweiten. (So ist das Kurvenstück $a\,g_1\,g_2\,g_3\,g_4\,g_5\,g_6\,g_7\,g_8$, mit der Spannweite $a\,g_8$ also die Bahn für 8 Sekunden Flugzeit, ein blosser Abschnitt der ganzen für 10 Sekunden konstruirten Bahn $a\,g_5\,b$. Der Scheitel der kürzeren Bahn läge in g_4, ihre grösste Pfeilhöhe wäre $g_4\,n$ und ihr Elevationswinkel $c\,a\,g_4 = \gamma$.)
11. Bei einerlei Elevation wird die grössere Anfangsgeschwindigkeit eine, an sich zwar gestrecktere, doch aber höher liegende, weil weiter gespannte Bahn erzielen, als die geringere Stosskraft; die hiebei erfolgenden Wurfweiten verhalten sich wie die Quadrate der Anfangsgeschwindigkeiten.
12. Eine bestimmte Wurfweite kann also erreicht werden:
    a. durch die relativ kleinste Anfangsgeschwindigkeit, wenn man einen Wurfwinkel von 45° anwendet;
    b. durch die relativ flachste Bahn und kürzeste Flugzeit, wenn man die grösste Anfangsgeschwindigkeit mit der kleinstmöglichen Elevation verbindet;

---

[1]) Endgeschwindigkeit (*vitesse finale*) ist wieder jene Wegstrecke, welche der Körper in einer Sekunde zurücklegen müsste, wenn er sich mit der, am Endpunkte (b) seiner Bahn erreichten Schnelligkeit unverändert fortbewegen würde.

c. durch die relativ steilste Bahn und grösste Flugzeit, wenn man die, unter b. verlangte Anfangsgeschwindigkeit mit dem Complementswinkel der, ebendort (unter b) bedingten Elevation, als Wurfwinkel kombinirt.

Flugbahn im lufterfüllten Raume.

Der Angriff des Luftwiderstandes erfolgt im Allgemeinen gerade im entgegengesetzten Sinne jener Richtung, nach welcher ein Körper im Raume fortschreitet. Sein Einfluss ist ein kontinuirlicher und wächst:

a. mit der Geschwindigkeit des Körpers, welcher sich gegen ihn bewegt und zwar im quadratischen Verhältnisse [1]) dieser;
b. im geraden Verhältnisse mit der Grösse der Oberfläche des Wurfkörpers, oder doch des, der Luft unmittelbar entgegengewendeten Theiles derselben;
c. mit der ungünstigen Gestalt [2]) und Unebenheit [3]) jener Oberfläche;
d. mit der Dichtigkeit, und
e. mit der Heftigkeit der Gegenströmung der Luft.

Es folgt hieraus, dass der Luftwiderstand nichts weniger als eine feststehende, wohl aber eine stets veränderliche, nie genau berechenbare Kraft ist, deren Einfluss auf den Wurfkörper sich ja schon mit jeder Geschwindigkeits-Zu-, oder Abnahme desselben erheblich ändert.

Indess hat es sich eine eigene Wissenschaft — die Ballistik (*balistique*) zur Aufgabe gemacht, sowohl das Gesetz des Luftwiderstandes aufzusuchen, als auch die Bewegung und die Bahn der Geschosse im lufterfüllten Raume festzustellen. Es ist selbstverständlich, dass diese Aufgaben nicht vollkommen gelöst werden konnten, ihre Bearbeitung muss aber immerhin als eine werthvolle Ergänzung und Erläuterung derjenigen Resultate angesehen werden, welche auf dem Wege praktischer Experimente über die Geschossbahnen u. dergl. ermittelt wurden.

Diese praktischen und anderntheils durch die Theorie bestätigten

---

[1]) Diese Angabe ist nur bis zu einer Geschwindigkeit von 1300' (400 m) per Sekunde richtig, für grössere Geschwindigkeiten ist sie noch zu klein; solche kommen indess bei Geschossen selten vor.

[2]) Je leichter die Luft an den Wänden eines Körpers abgleiten — „abfliessen" — kann, um so weniger wird sie die Fortschreitung desselben behindern.

[3]) Unebenheiten vergrössern nicht allein die Körperoberfläche, sondern stören auch den Abfluss der Luft.

Resultate, lassen nun folgende allgemeine Sätze über die wirkliche Flugbahn oder ballistische Kurve (*trajectoire*) gegenüber der Parabel feststellen:

1. Die Gestalt der Geschossbahn weicht um so mehr von jener der Parabel ab, je grösser der Einfluss des Luftwiderstandes wird.
2. Diese Abweichung macht sich vorzüglich durch Verminderung der Pfeilhöhe und Wurfweite der Bahn und steilere Krümmung ihres absteigenden Astes [1]) geltend.
3. Es folgt hieraus, dass der Scheitel der Bahn nicht mehr in deren Mitte liegen und noch weniger die Kurve in zwei kongruente Hälften zerlegen könne. (Er liegt im Allgemeinen $^3/_4$ der Tragweite vom Rohre entfernt.)
4. Ebenso wird der Einfallwinkel grösser sein müssen, als der Abgangswinkel [2]), dagegen
5. Die Endgeschwindigkeit kleiner, als die Anfangsgeschwindigkeit. [3])
6. Die grösste Tragweite ergibt sich nur mehr bei sehr kleinen Anfangsgeschwindigkeiten unter nahezu 45°, genauer 42—43°, für mittlere Geschwindigkeiten dagegen unter 30° bis 36°, und bei sehr grossen Ladungen selbst unter 15—20° oder 25°.
7. Endlich verhalten sich die, unter einerlei Elevation erzielten Tragweiten nicht mehr wie die Quadrate, sondern nur noch wie die Quadratwurzeln der zugehörigen Anfangsgeschwindigkeiten und ist selbst dieser Satz nur für grosse Geschwindigkeiten und gleiche Geschosse [4]) anwendbar.

---

[1]) Die wirkliche Flugbahn liegt also unter- und innerhalb derjenigen, welche das Geschoss beschreiben würde, wenn es nicht vom Luftwiderstande zu leiden hätte

Indess muss hier schon darauf aufmerksam gemacht werden, dass diese Sätze, vielfach durch die eigenthümlichen Ablenkungen alterirt werden, welche kugelförmige Geschosse, in Folge ihrer jeweiligen Rotationsweise zu erfahren haben. (Worüber im gegenwärtigen Abschnitte unter III. Von den Abweichungen der Geschosse, das Nähere.)

[2]) Wenn das Ziel nicht viel höher als der Aufstellungspunkt des Geschützes liegt.

[3]) Wobei natürlich wieder angenommen ist, dass Geschütz und Ziel nahezu im gleichen Horizonte liegen. Für sehr tiefstehende Ziele kann die End- (resp. Fall-) Geschwindigkeit schon grösser werden als die anfängliche.

[4]) Mit gleicher Bewegungs- resp. Rotationsweise! —

Aufschlag und Auslauf des Geschosses.

Es war bisher nur von demjenigen Wege die Rede, welchen das Geschoss zurücklegt, ehe es den Boden erreicht; mit der Ankunft an letzterem, dem sogen. Aufschlage, oder ersten Aufschlage (*chute*) tritt aber das Geschoss nicht immer schon in den Zustand der Ruhe zurück, sondern prallt, in Folge seiner eigenen Elastizität, sowie jener des Bodens, von diesem ab, erhebt sich damit neuerdings und setzt diese Bewegungsweise fort, bis seine Endgeschwindigkeit gleich Null geworden ist.

Man nennt diesen Vorgang das Gellen, Ricochetiren oder Auslaufen (*bondir*, *ricocheter*) des Geschosses und ist leicht einzusehen, dass dasselbe in um so höherem Masse eintreten wird, je elastischer das bezügliche Terrain einestheils und das Material des Geschosses anderntheils, dann je grösser die Geschwindigkeit und Masse des letztern und je kleiner sein Einfallwinkel ist.

Mit der Zunahme des Einfallwinkels bis zu einer gewissen Grenze (ca. 20°) werden die einzelnen — besonders aber die ersten — Absprünge (*bonds*) zwar höher, die Sprungweiten aber kürzer; steiler einfallende Geschosse dringen dagegen bei einigermassen weichem Boden, schon so tief in diesen ein, dass ein Abprall nicht mehr erfolgen kann, was natürlich auch der Fall ist, wenn die Geschwindigkeit des Geschosses beim Aufschlage bereits eine sehr geringe ist.

Kugelförmige Geschosse gellen leichter und andauernder als längliche, auf weichem (Acker-,) oder durchwühltem Boden findet selbstverständlich gar kein Auslauf statt, der seinerseits jedoch wieder durch einen geringen Abfall des (genügend festen) Terrains in erklärlicher Weise begünstigt werden kann.

Obwohl nun zuweilen Fälle eintreten, in welchen die Bahn des Geschosses **nach** seinem ersten Aufschlage zur beabsichtigten Fernewirkung beigezogen wird,[1]) so ist doch ebenso oft der willkürliche Auslauf des Projektiles nichts weniger als erwünscht, stets aber bleibt die Kurve, welche das Geschoss **bis** zum ersten Aufschlage beschreibt, die eigentlich wichtige Linie für den Erfolg der Feuerwaffe, da ja das Gellen einestheils von zufälligen Einflüssen, anderntheils jedoch, besonders wenn es erwünscht ist, gerade von der Gestalt der Bahn bis zum ersten Aufschlag abhängig ist, in andern, sehr zahlreichen Fällen aber, das Ziel gar nicht auf dem natürlichen Boden, sondern in Gegenständen, welche sich über diesem aufgestellt, oder in Bewegung befinden, gesucht wird. Der Be-

---

[1]) Siehe Rollschuss, Ricochetschuss, Kartätschenschuss etc. im V. Abschnitte.

griff „Geschossflugbahn“, bezieht sich daher im Allgemeinen nur auf den Weg, welchen das Projektil bis zum ersten Aufschlage, oder bis zum Auftreffen auf ein vor diesem befindliches Ziel beschreibt.

Vom Geschosse bestrichener Raum.

Bei der Feuerwirkung gegen Truppen, nennt man denjenigen Theil der Geschossbahn, welcher sich nur bis zur Höhe jener über den Boden erhebt, bestreichend, oder rasant (*rasant*) und den Längenraum unter diesem Bahnstücke, den bestrichenen Raum (*champ de feu*).

So wäre z. B. in Figur 2 der Tafel IV., der Raum PN für Infanterie (die Höhe des Infanteristen zu 6′ = 1.88ᵐ angenommen) die Länge MN aber für Reiterei (diese zu 9′ = 2,8ᵐ Höhe gerechnet) bestrichen; d. h. eine bezügliche Truppe dürfte sich (statt in dem angenommenen Zielpunkte über B) an irgend einer Stelle zwischen P, resp. M und N befinden, oder sich auf dieser Strecke hin und her bewegen, oder endlich ihre Entfernung vom Rohre als gleich AB, statt AN oder AP resp. AM geschätzt worden sein, sie würde doch immer in den Wirkungsbereich der betreffenden Geschossbahn fallen.

Gleiche bestrichene Räume finden sich nächst dem Geschütze selbst, in AS und AL, doch sind diese, gegenüber jenen am Ziele, nur von untergeordnetem Werthe. Insoferne dieses letztere nicht im ersten Aufschlage (bei N) liegt, sondern vor diesem (in B) errichtet ist, kann der bestrichene Raum in einen solchen vor und hinter dem Ziele geschieden werden, welche Unterscheidung denn auch bei Berechnungen dieses, für die Feuerwirkung gegen Truppen so ausserordentlich wichtigen Längenmasses, in der Regel unter der weiteren Voraussetzung stattfindet, dass der eigentliche Treffpunkt des Geschosses — der gewöhnlichen, normalen Aufstellungs- oder Haltungsweise des Feuerrohres beim Schusse entsprechend — im Horizonte der Mündung (resp. der Visirlinie, wie diess auch in der angezogenen Figur geschah) liegen solle.

Der bestrichene Raum nimmt mit der Abnahme der Pfeilhöhen (also Vergrösserung der Anfangsgeschwindigkeit und Verminderung der Elevation [1]), sowie mit der Verkleinerung der Einfallswinkel, und mit der

[1]) Eine Verminderung der Elevation lässt sich auch dadurch erreichen, dass man den Treffpunkt des Geschosses statt im Horizonte der Mündung, unter diesem annimmt, mit andern Worten: dass man auf die Füsse statt auf die Brust des Gegners zielt; indess geht eben bei diesem, nicht gut für alle Feuerwaffen, sondern wohl nur für Gewehre durchführbaren Verfahren, der bestrichene Raum hinter dem Ziele — abgesehen von allenfallsigen Gellern — verloren, wodurch sich der, vor dem Ziele erlangte Vortheil, so ziemlich wieder ausgleicht.

Verkürzung des Abstandes der feuernden Waffe vom Boden, [1]) zu und kann endlich durch ein entsprechendes Gellen der Geschosse auch über deren ersten Aufschlag hinaus verlängert werden.

Schiessen und Werfen.

Die ganze Thätigkeit der Feuerwaffen zerfällt, je nach der verschiedenen Anfangsgeschwindigkeit und Elevation, unter welcher die Fernewirkung der Geschosse stattfindet, in zwei Haupt-Feuer-Arten

Wird ein Geschoss mit sehr bedeutender Anfangsgeschwindigkeit (1000—1500', 300—500 m. per Sekunde), aber unter geringer Elevation (0°—5°, höchstens 10°) verfeuert, so nennt man diesen Vorgang Schiessen (*tirer*), direktes oder Horizontalfeuer (*feu directe, horizontal*); die entgegengesetzte Weise der Feuerwirkung, mit geringerer Anfangsgeschwindigkeit und grösserer Elevation heisst Werfen (*jeter, lancer*).

Der Schuss (*tir directe*) ist im Allgemeinen stets gegen aufrechtstehende, sichtbare Ziele gerichtet und soll dieselben vor dem ersten Aufschlage treffen; er bildet die taktisch wichtigste, weil verbreitetste (alle Handfeuerwaffen sind ja Schusswaffen) und vorzüglich von Truppen gegen Truppen zur Anwendung kommende Feuerart.

Ein und dasselbe Geschoss wird in der Regel nur mit einer und derselben Ladung, also mit constanter Anfangsgeschwindigkeit abgeschossen und verspricht hiebei eine desto erfolgreichere Wirkung gegen Truppen, je grösser der bestrichene Raum seiner Flugbahn wird.

Der Wurf zerfällt in einen hohen und in einen flachen, wovon der erstere sich durch Einfallwinkel von 40° und darüber, der letztere durch solche um 30° und darunter kennzeichnet.

Der hohe Wurf oder das Vertikalfeuer (*feu vertical*) wird mit den geringstgebräuchlichen Anfangsgeschwindigkeiten (300—400', ca. 100 m. per Sekunde) unter Elevationen von 30°, 45°, 60° und 75° abgegeben, für den flachen Wurf (*jet mou*) sind Anfangsgeschwindigkeiten bis 700' und 800', 200—250 m. per Sekunde und alle Elevationen von jenen des direkten Schusses bis zu 20° und darüber hinauf, in Anwendung.

Das Wurffeuer ist ausschliesslich Aufgabe der Artillerie und wird gewöhnlich gegen verdeckt stehende, dem direkten Schusse nicht erreichbare, sowie vorzüglich gegen unbewegliche Ziele angewandt und sollen diese letzteren hiebei in der Regel erst durch den Aufschlag des Geschosses erreicht werden; indess kommt der flache Wurf auch gegen aufrecht stehende Ziele zur Ausführung, welche vor dem ersten Aufschlage

[1]) Feuern im Liegen, hinter Einschneidungen etc.

des Geschosses errichtet sind und nennt man diese Feuerart den **indirekten Schuss**, während man einen sehr gestreckten flachen Wurf auch als **Bogenschuss** (*tir courbé*) bezeichnet.

Die Lösung der mannigfaltigen Probleme des Wurffeuers wird einigermassen dadurch erleichtert, dass man neben der Elevation auch die Ladung beliebig verändern und dadurch stets alle Mittel anwenden kann, durch welche die Leistung der Feuerwaffe modificirt wird.

Aus den angeführten Gründen werden sich übrigens die nachstehenden Erörterungen vorzüglich auf den **direkten Schuss** zu beziehen, ein näheres Eingehen auf den Wurf aber der Artilleriewissenschaft zu überlassen haben; doch werden die, im V. Abschnitte folgenden Erklärungen über die Schuss- und Wurfarten der Artillerie immerhin noch einige weitere Andeutungen über die Anwendung des Wurffeuers enthalten.

Berechnung und Darstellung von Flugbahnen.

Nach allen bisherigen Erörterungen bedarf es keiner weitern Begründung mehr, dass man die Leistungsfähigkeit und die ganze Wirkungsweise einer Fernewaffe erst dann vollständig zu beurtheilen vermöge, wenn man eine genaue Kenntniss der Flugbahn habe, welche das, aus der gedachten Waffe, unter gewissen Ladungsverhältnissen entsendete Geschoss beschreibt.

Obwohl sich nun erschöpfende Studien hierüber nur mit Hilfe der Ballistik [1]) anstellen lassen und selbst die Resultate dieser Wissenschaft

---

[1]) Zu **ballistischen Studien** empfehlen sich ganz besonders die, hierauf bezüglichen, verschiedenen Schriften und Werke der königl. preuss. Artillerie-Obersten **Otto** und **Neumann**, zu welchen die, unter dem Titel: „**Die Ballistik der gezogenen Geschütze** (sowohl im Separatabdrucke, als im „Archive für die Offiziere der k. preuss. Artillerie- und Ingenieurcorps". 28. Jahrgang, 55. Band. 1864) erschienene Abhandlung des k. preuss. Oberfeuerwerkers der Garde-Artillerie-Brigade, M. **Prehn**, eine höchst werthvolle Zugabe bildet.

Demjenigen aber, welcher mit dem höheren mathematischen Calcul nicht vollständig vertraut ist, dürfte für ballistische Arbeiten kaum eine Anleitung willkommener sein, als die höchst populär gehaltene, äusserst praktische „**Ballistik**, abgeleitet aus der **graphischen Darstellung** der Schuss- und Wurftafeln" von R. **Roerdansz**, Hauptmann der Rheinischen Artillerie-Brigade, Lehrer der k. preuss. Artillerie- und Ingenieurschule und der Kriegsakademie u. s. w. Berlin 1863, Vossische Buchhandlung.

nur Näherungswerthe sind, so ist man doch auch im Stande, durch blosse Anwendung geometrischer und trigonometrischer Lehrsätze, wenigstens die Elemente der Schussbahnen [1]) mit einer Genauigkeit zu ermitteln, welche für den praktischen Zweck der Taktik vollständig ausreicht.

Man legt hiebei eine, der parabolischen Theorie entlehnte und freilich nicht absolut richtige, aber bis zu den gewöhnlichen Elevationen des direkten Schusses [2]) entschieden erlaubte Annahme zu Grunde, nach welcher — bei gleich bleibender Anfangsgeschwindigkeit, — jede, auf eine kürzere Entfernung erhaltene Flugbahn, einfach als abgeschnittenes Stück der Bahn auf die weiteste Distanz und diese letztere selbst somit als eine fixe Kurve im Raume angesehen werden darf.

Hätte man z. B. in der, Taf. IV, Fig. 3 über dem Horizonte HH_1, resp. der zu diesem parallelen (Visir-) Linie VV, dargestellten Kurve V M'B'C eine, einer bestimmten Feuerwaffe und Ladung für die Distanz V C entsprechende Flugbahn gezeichnet, so wäre der, durch die Linie VB' bezeichnete Abschnitt V M'B' derselben, einfach als die, unter gleichen Verhältnissen, auf die Entfernung VB' = VB mit dem Elevationswinkel N'VB' = a' = NVB = a erhaltene Flugbahn zu betrachten.

Wenn man daher die Bahn VMB, um ihren Anfangspunkt V soweit aufwärts dreht, dass die Schenkel des Winkels a jene von a' decken, so muss sie in die Kurve VM'B', umgekehrt, dieser eben genannte Abschnitt aber auf VMB fallen, sobald die Bahn VM'B'C um den festen Punkt V und den Winkel $a' + \beta$ abwärts bewegt wird.

Hiezu muss jedoch bemerkt werden, dass, bei jeder Stellung der Schusskurve im Raume, die Pfeil- und Fallhöhen derselben stets im vertikalen Sinne zu messen sind.

So wäre z. B. die Fallhöhe NB des Punktes B zwar gleich der Fallhöhe N'B' für den Punkt B', zugleich aber anzunehmen, dass N'B' nicht senkrecht zu VB' sondern zu VV' stehe; wobei ebenso, nicht bloss VB = VB' und VN = VN', sondern auch VB = VN und VB' = VN' anzusehen wäre. [3])

Endlich bietet das *Aide-Mémoire à l'usage des officiers d'artillerie* einen interessanten Auszug aus dem Traité de ballistique des Obersten Didion.

[1]) Die Berechnung von Wurfbahnen muss füglich der Artilleriewissenschaft überlassen bleiben; doch sei bemerkt, dass sich jene der Spitzgeschosse ausserordentlich der parabolischen Kurve nähern; weniger ist diess bei kugelförmigen, excentrischen Bomben und Granaten der Fall.

[2]) Nach Roerdansz ungefähr bis 15° Elevation.

[3]) Alle diese Annahmen sind eben — ohne grobe Fehler — nur bei sehr kleinen Elevationswinkeln zulässig! —

Um nun mit Hilfe der definirten Annahme Anhaltspunkte für die Berechnung von Flugbahnen zu gewinnen, ist es vor allem nothwendig, die Elevationswinkel zu kennen, unter welchen das Geschoss der gegebenen Waffe abgefeuert werden muss, um bestimmte Entfernungen zu erreichen.

Diese Winkel sind für neue oder unbekannte Waffen durch eingehende Schiessversuche etc. zu ermitteln, [1]) bei gegebenen können sie entweder durch Abmessung gefunden, oder einfach aus deren Schiesstafeln [2]) (*tables de tir*) oder Zielvorschriften entnommen werden.

Sind die Elevationswinkel [3]) bekannt, so können zweierlei Wege eingeschlagen werden, um deren zugehörige Flugbahnen zu berechnen: man ermittelt entweder deren grösste Fallhöhen, oder deren Pfeilhöhen.

Flugbahnkonstruktion mittelst Fallhöhen.

Die grössten Fallhöhen können entweder durch Berechnung, auf geometrischem oder trigonometrischem Wege, oder durch graphische Construktion gefunden werden.

---

[1]) Auch hierüber gibt die oben citirte Schrift des Hauptmanns Roerdansz die praktischsten Aufschlüsse

[2]) „Schuss- und Wurftafeln sind Tabellen, welche in übersichtlicher Form die Beziehungen zwischen Elevationen, Ladungen, Wurfweiten, Flugzeiten und Einfallwinkeln für ein Geschütz und jede seiner Schussarten angeben.“ (Roerdansz Ballistik S. 1.) Dieselben werden durch die Artillerie-Berathungs- oder Prüfungs- und Schiesskommissionen zusammengestellt (wozu gerade Roerdansz' Ballistik die vorzüglichste Anleitung bietet) und bilden die hauptsächlichste und unentbehrlichste Anweisung für den Feuergebrauch der Geschütze. Für die Infanteriegewehre etc. sind diese Schusstafeln durch einfache Ziel- oder Schiessvorschriften etc. ersetzt, welche auch der Anordnung ihrer Visire zu Grunde liegen.

[3]) Die Elevationswinkel bilden eine, um so regelmässigere arithmetische Reihe, je geringer der Einfluss des Luftwiderstandes auf ein Geschoss einwirkt. Es ist daher möglich, diese Reihe durch Interpolation zu ergänzen, wenn nur einige Glieder derselben bekannt sind.

Bei horizontal gestellter Visirlinie sind die Elevationswinkel stets den Visirwinkeln gleich. (So ist z. B. in Fig. 6 der Tafel IV der Elevationswinkel $S^1C_1V_1$ = dem Visirwinkel VC_1b)

Berechnung der Fallhöhen.

a. geometrisch.

Zur Fallhöhenberechnung auf geometrischem Wege, empfiehlt sich, besonders für die Untersuchung kleiner Feuerwaffen, vor allem das, vom Direktor der k. b. Gewehrfabrik zu Amberg, Artillerie-Obersten Freiherrn v. Podewils zur Anwendung gebrachte Verfahren der Fallhöhenermittlung durch das sogen. Ausschiessen.

Es ist nämlich allgemein gebräuchlich, neugefertigte Gewehre, durch einige, wohlgezielte Schüsse gegen eine sehr nahe Scheibe, auf ihre Strichhaltigkeit, d. h. dahin zu prüfen, ob ihre Seele vollkommen richtig gebohrt etc. also kein Mangel vorhanden sei, in Folge welchen das Geschoss seitwärts, aus der, durch die Rohraxe gedachten Vertikalebene, der sogen. Schussebene (*plan de tir*) abgelenkt werde.

Es findet sich zu dem Ende ein Vertikalstrich auf der erwähnten Scheibe eingezeichnet, die hievon selbst den Namen Strichbrett und darum auch die, in Rede stehende Probe, die oben angegebene Bezeichnung führt.

Richtet man nun das gegebene Gewehr nicht nur allgemein auf die Vertikallinie des Strichbrettes, sondern auch auf einen bestimmten, in jener und zwar im Horizonte der Aufstellungshöhe des Gewehrs liegenden Punkt desselben, so wird man — bei der angenommenen kurzen Entfernung des Strichbrettes — auf diesem einen um so grössern Hochschuss erhalten, je bedeutender die Elevation war, unter welcher man schoss. Dieser Hochschuss oder Ausschuss,[1]) wie er genannt wird, ist aber der Fallhöhe des gewählten Abgangswinkels proportional.

Hätte man z. B. in Fig. 6 der Tafel IV. ein Feuerrohr unter der, der Entfernung $MZ = D$ entsprechenden Elevation $S'CV_1$, gegenüber

[1]) Wie die Elevationswinkel, müssen auch die Ausschüsse eine arithmetische Reihe bilden. Beispielsweise folgen hier die Ausschüsse des bayerischen Podewils-Gewehres (Muster 1858) mit dem Bemerken, dass dieselben durch die proponirte Umänderung des Gewehres zur Rückwärtsladung nicht bedeutend alterirt werden dürften.

Diese Ausschüsse sind — bei 0,68" Kornhöhe für Modell I und II, und 0,69" für Modell III —

für 100+	0,65"	für 600+	14,55"
„ 200+	3,23"	„ 700+	17,73"
„ 300+	5,89"	„ 800+	21,09"
„ 400+	8,65"	„ 900+	24,65"
„ 500+	11,53"	„ 1000+	28,43"

dem, um MN = d[1]) von der Mündung abstehenden Strichbrette BN aufgestellt und wäre P der gewählte Zielpunkt, (er ist zugleich der Nullpunkt einer, längs dem Vertikalstriche angebrachten Zoll- oder metrischen Scala), so würde, nach der hier angenommenen Flugbahn, das Geschoss in H das Strichbrett treffen und PH der bezügliche Ausschuss (a) für die angewandte Elevation resp. die Distanz MZ oder D sein müssen.

In den, durch die Verlängerung der Seelenaxe (SS'), die horizontale Visirlinie (VV_1) und die Falllinien (GP und $S'V_1$) gebildeten, ähnlichen Dreiecken CGP und $CS'V_1$ verhält sich nun

$$S'V_1 : GP = CV_1 : CP.$$

In dieser Proportion ist $S'V_1$ die gesuchte grösste Fallhöhe (F) des Geschosses bis zum Horizonte der Visirlinie; GP ist gleich dem gefundenen Ausschusse plus der für eine und dieselbe Waffe konstanten Fallhöhe[2]) (GH = f) des Geschosses auf die Entfernung des Strichbrettes; CP_1 und CV_1 aber unterscheiden sich nur um das kleine Stück C_2n von den Distanzen d und D und man kann sie daher (besonders bei kleinen Feuerwaffen) ohne zu grosse Fehler diesen letztern gleich setzen, in welchem Falle aus der Proportion

$$F : (f + a) = D : d$$

$$F = \frac{(f + a)\,D}{d} \quad . \quad . \quad . \quad I_{(a)}$$

wird.

Für genauere Berechnungen muss man entweder die Grösse von C_2n ermitteln oder — statt der gewählten Dreiecke $CS'V_1$ und CGP — die Dreiseite $C_2S'V_2$ und C_2GP_1 wählen.

In beiden Fällen wird es nothwendig, den Abstand (Cn) der Parallelen C_1V_1 und C_2V_2 zu kennen. Dieser Abstand ist gleich der Höhe der Spitze des Visirkornes (C_1) über dem Mittelpunkte der Mündung (C_2) und wird allgemein als Kornhöhe (k) bezeichnet.

Zur Berechnung der Entfernung CC_1 hat man nun folgende Proportion

$$C_2n : bC_1 = Cn : Vb$$

worin bC_1 der Länge der Visirlinie des gegebenen Feuerrohres, Cn der Kornhöhe und Vb der Aufsatzhöhe[3]) gleich gesetzt werden kann.

---

[1]) In Bayern ist die Entfernung des Strichbrettes von der Mündung des Gewehres auf 25 Infanterie-Schritte festgesetzt.

[2]) Für die bayerischen Handfeuerwaffen ist f = 1'' rh. bestimmt.

[3]) Ueber Aufsatz siehe S. 175.

Wäre hieraus $C_1 a = \delta$ gefunden, so ergäbe sich für den Werth von F die Gleichung:

$$F = \frac{(f + a)(D - \delta)}{(d - \delta)} \quad . \; . \; . \; . \quad I_{(b)}$$

Endlich aber hätte man als dritte Formel für F, aus der Proportion

$$S^1V_1 : GP_1 = C\,V_1 : C_1P_1$$

$$\text{oder: } (F + k) : (f + a + k) = D : d$$

$$F = \frac{(f + a + k)\,D}{d} - k \quad . \; . \; . \; . \quad I_{(c)}$$

b. trigonometrisch.

Die grössten Fallhöhen sind trigonometrische Funktionen[1]) der zugehörigen Elevationswinkel und lassen sich daher sehr einfach nach folgenden Formeln berechnen:

Die Fallhöhen bis zum Horizonte der Mündung (Taf. IV Fig. 6 S^1V_1) durch

$$F = tg\,\alpha \times D \quad . \; . \; . \; . \quad II_{(a)}$$

Die Fallhöhen bis zum Horizonte der Visirlinie (Taf. IV Fig. 6 S^1V_1 oder Fig. 4 $S\,V_1$) aber durch:

$$F = tg\,\alpha \times (D - \delta) \quad . \; . \; . \; . \quad II_{(b)}$$

oder

$$F = (tg\,\alpha \times D) - k \quad . \; . \; . \; . \quad II_{(c)}$$

Flugbahnzeichnung.

(Hieher Tafel IV Fig. 4.)

Um nun mit Hilfe der berechneten Fallhöhen eine Schussbahn zu konstruiren[2]), wird zuerst, in der Anschlags- oder Aufstellungshöhe der Waffe, die zum Horizonte parallele Visirlinie ($V\,V_1$) gezogen und auf dieser die einzelnen Schussweiten ($V\,a$, $V\,b$, $V\,V_1$), für welche die Fallhöhen berechnet wurden, aufgetragen. In den Distanzepunkten (a, b, V_1) errichtet man sodann Senkrechte, ($a\,c'$, $b\,d'$, $V_1 S$), misst auf der letzten derselben (d. i. auf $V_1 S$), die, der zugehörigen Schussweite ($V\,V_1$)

[1]) Auch die Fallhöhen bilden eine arithmetische Reihe.

[2]) Zu derlei Arbeiten bedient man sich sehr zweckmässig sogenannten Gitter- oder carrirten Papieres, wie man es zu Stickmustern gebraucht, da die, auf selbem gebotene Eintheilung der Zeichnungsfläche in kleine Quadrate, die Anwendung des Zirkels fast ganz entbehrlich macht. (Ein Beispiel hierüber findet sich in Taf. IV. Fig. 8.)

entsprechende grösste Fallhöhe (V_1 S) ab [1]) und verbindet deren Endpunkt (S) mit dem Anfangspunkte (V) der Visirlinie.

Von den Schnittpunkten (c' und d') der erhaltenen Hypothenuse (V S) mit den, an den Zwischendistanzen errichteten Lothlinien (a c' und b d') aus, trägt man nun, auf diesen, die, für die bezüglichen Schussweiten (V a und V b) gefundenen grössten Fallhöhen (c'a' = ca und d'b' = db) herab und hat damit, in den Endpunkten (a' und b') dieser letzteren, Punkte der gesuchten Flugbahn erhalten.

Für Bahnen, deren Elevationswinkel 10° übersteigen, würde sich das Construktionsverfahren jedoch etwas complizirter gestalten, indem es dann unzulässig würde, die Hypothenusen V d' und V c' gleich V d und V c anzunehmen. In diesem Falle müssten daher V d und V c vorerst construirt oder berechnet, dann ihre wirkliche Länge (V c' und V d') auf V S aufgetragen und von den Endpunkten (c' und d') dieser erst, die Lothlinien (c' a' und d' b') gefällt werden, auf welchen die Fallhöhen c a = c' a' und d b = d' b' abzumessen wären.

Man erhielte dadurch die Punkte a' und b' als Kurvenpunkte, deren geeignete Verbindung mit V und V_1 wieder das Bild der gesuchten Flugbahn ergäbe.

Ermittelung einzelner Beziehungen der Flugbahn.

Um die dargestellte Flugbahn nicht bloss allgemein, als einen Behelf der Vorstellungskraft, sondern — so zu sagen — mathematisch zu verwerthen, ist es nothwendig, einige Details derselben näher zu ermitteln. Es gehören hiezu vor allem die Abstände der Bahn vom Schusshorizonte, der erste Aufschlag des Geschosses, die Einfallwinkel und der bestrichene Raum.

Diese verschiedenen, zur Beurtheilung des eigentlichen Werthes einer Flugbahn und ihrer zugehörigen Waffe nothwendigen Faktoren, können entweder sofort aus einer genauen graphischen Darstellung der ballistischen Kurve entnommen, oder auch durch Rechnung gefunden werden und sollen die nachstehenden Andeutungen Behelfe hiezu bieten.

a. Berechnug der Pfeilhöhen.

Die Berechnung der Pfeilhöhen kann durch einfache geometrische Proportionen geschehen, da ja zwischen der grössten Fallhöhe der Bahn und den, an den Mitteldistanzen errichteten Lothlinien ein

---

[1]) Es sei hiebei bemerkt, dass es in der Ausführung gewöhnlich unthunlich ist, Schussweiten und Fallhöhen u. s. w. in ein und demselben Massstabe aufzutragen, und nimmt man daher für die Höhenmasse gewöhnlich ein 10mal grösseres Verhältniss an, als für die Längen.

bestimmtes Verhältniss besteht. So wäre in der oben angezogenen Fig. 4 der Tafel IV:

$$bd' : SV_1 = Vb : VV_1$$

oder, wenn allgemein F die grösste Fallhöhe für die Schussweite D, f die Fallhöhe und p die gesuchte Pfeilhöhe für die Zwischendistanz d bezeichnet, so verhält sich:

$$(f + p) : F = d : D, \text{ woraus}$$

$$p = \frac{F \times d}{D} - f \text{ wird.}$$

Addirt man zu dem gefundenen Werthe von p, den Abstand der Visirlinie vom Schusshorizonte, so hat man die gesuchte Höhe des angenommenen Bahnpunktes über der Erde.

b. Berechnung des ersten Aufschlages.

Um die Verlängerung einer, nur bis zu einem gewissen Zielpunkte im Horizonte der Visirlinie oder der Mündung konstruirten Flugbahn bis zum ersten Aufschlage herzustellen, ist es einfach nothwendig, die Berechnung der Bahnelemente über deren bisherigen Endpunkt hinaus fortzusetzen. Sollten die nöthigen Daten hiezu fehlen, so müssten dieselben eben durch Entwicklung der Visirwinkel- resp. Fallhöhenreihe ermittelt und damit Punkte der Kurve zu bestimmen gesucht werden, welche jenseits des bisherigen Endes derselben liegen.

Hätte man z. B. den ersten Aufschlag für die, in Taf. IV. Fig. 7, über dem Horizonte HH_1 und der Visirlinie VV_1, auf die Entfernung VV_1 dargestellte Flugbahn zu suchen, so würde man vor allem die, der bekannten Entfernung VV_2 entsprechende Fallhöhe ($S'Z$) ermitteln, sodann im Endpunkte (V_2) der genannten Distanz (VV_2) eine Vertikale errichten und diese so weit nach oben verlängern, bis sie von der Richtung der Seelenaxe (VS, in S) geschnitten wird.

Von diesem Schnittpunkte (S^1) trägt man nun die letztberechnete Fallhöhe ($S'Z$) nach abwärts auf und erhält in deren Endpunkt (Z) einen weiteren Punkt der angenommenen Flugbahn, die demnach (durch geeignete Verbindung von V_1 mit Z) entsprechend verlängert wird. Da diese Verlängerung den Horizont (in A) trifft, so ist es nicht nothwendig, das eben eingeschlagene Verfahren weiter fortzusetzen, sondern kann sogleich die nähere Ermittlung der Lage des Aufschlagpunktes (A) vorgenommen werden.

Nimmt man hiezu das, zwischen V_1 und Z liegende Kurvenstück als nahezu geradlienig an, so bildet dasselbe die Hypothenusen der zwei ähnlichen Dreiecke V_1H_1A und V_1V_2Z und man hat in diesen:

$$H_1A : V_1V_2 = V_1H_1 : V_2Z$$

woraus H_1A, d. i. die Entfernung des ersten Aufschlages vom früheren Endpunkte (V_1), der angenommenen Flugbahn, leicht gefunden werden kann.

c. Berechnung des Einfallwinkels.

Die Berechnung des Einfallwinkels kann entweder dadurch geschehen, dass man das letzte Kurvenstück am Ziel- oder Aufschlagspunkte, einfach als geradlienig und damit als Hypothenuse eines rechtwinkligen Dreieckes annimmt, das eben den Einfallwinkel einschliesst, oder — wenn man mit grösserer Genauigkeit verfahren will, — indem man das Endstück der Flugbahn als einen Parabelbogen betrachtet.

Nach dem ersteren Verfahren hätte man z. B. in Fig. 7. der Tafel IV:

$$\mathrm{tgt}\,\beta = \frac{V_1 H_1}{H_1 A}$$

Wäre dagegen — um die zweite Methode[1]) zu erklären — in Fig 5 der Tafel IV, $MAB = \alpha$ der Elevationswinkel für die, auf die Distanz AB ermittelte Schussbahn ACB, $NBA = \beta$ der gesuchte Einfallwinkel, ferner (nach erlaubter Annahme) AD (d. i. die nächst kleinere Schussweite nach AB) gleich AC und würde das Kurvenstück CB als Parabel, die Gerade EB als Tangente hieran (in B) betrachtet, so müsste

$$\mathrm{tgt}\,\beta = \frac{ED}{DB} \text{ sein.}$$

Nach dem Gesetze der Parabel ist aber, wenn FB wie DE $\perp$ AB, $FB = ED$, folglich

$$\mathrm{tgt}\,\beta = \frac{FB}{DB}$$

da nun $FAB = MAB - MAF = \alpha - \gamma$, d. h. gleich dem Differenzwinkel der, den Distanzen AB und AD entsprechenden Elevationen (α und γ) ist,

$$\text{so wird } FB = AB \times \mathrm{tgt}\,(\alpha - \gamma),$$

$$\text{daher } \mathrm{tgt}\,\beta = \frac{AB \times \mathrm{tgt}\,(\alpha - \gamma)}{DB}.$$

d. Ermittlung des bestrichenen Raumes.

Durch die oben gezeigte Berechnung der Entfernung des ersten Auf-

---

[1]) Dieselbe findet sich auch in Roerdansz' Ballistik S. 37.

schlages vom Ziele, ist zugleich die Länge des bestrichenen Raumes **hinter** diesem gefunden. Der bestrichene Raum **vor** dem Ziele, ermittelt sich dagegen sehr leicht aus den **Pfeilhöhen**, während die **Gesammtlänge** desselben auch mit **annähernder Genauigkeit** berechnet werden kann, wenn man sie als die **Cotangente** des Einfallwinkels annimmt.

So wäre in Fig. 7 der Tafel IV:

$$AB = NB \cdot \operatorname{cotg.} \beta,$$

worin AB die gesuchte **Länge des bestrichenen Raumes**, NB die Reiter- oder Mannshöhe und β den Einfallwinkel bezeichnet.

Ermittlung der Fallhöhen durch Construktion.

Zur Ermittlung der Fallhöhen auf graphischem Wege empfiehlt sich am besten das, in der schwedischen Artillerie gebräuchliche und aus deren „**Lärobok i Artilleriet**“ af **Hazelius** entnommene, hier in Fig. 8 der Tafel IV dargestellte Verfahren, dessen Prinzip auf der Gleichheit von Visir- und Elevationswinkel und dem daher einerseits zwischen Rohrlänge und Schussweite, anderseits zwischen Visir- und Fallhöhe bestehenden Verhältnisse beruht.

Construirt man sich nämlich mittels Rohrlänge und Visir- oder Aufsatzhöhe als Katheten, ein rechtwinkliges Dreieck, so wird der, in selbem der Aufsatzhöhe gegenüberliegende spitze Winkel der Visir- oder Elevationswinkel sein; verlängert man nun die Schenkel desselben bis zu der ihm entsprechenden Schussweite, so ist das, zwischen diesen Schenkeln liegende Stück einer, am Ende der genannten Distanz zur Aufsatzhöhe gezogenen Parallelen die gesuchte Fallhöhe (bis zum Horizonte der Mündung!)

Dieses Verfahren wurde in der, oben angezogenen Figur 8 der Tafel IV, auf einer, nach Zoll- und Linien carrirten und nach der Höhe in 10fach grösserem Verhältnisse als nach der Länge eingetheilten Zeichnungsfläche in folgender Weise ausgeführt:

In dem, der Mündungshöhe über dem Boden entsprechenden Abstande von 3′ wurde zum Horizonte (HH_1) eine Parallele (MM_1) gezogen und auf dieser (von M aus) die Rohrlänge (M**b**) (in $\frac{1}{10}$ der natürlichen Grösse) aufgetragen; am Endpunkte derselben (in **b**) eine Vertikale (**bc**) errichtet und gleich der Aufsatzhöhe (in $\frac{1}{1}$) [1]) für die, hier angenommene

---

[1]) Es bedarf kaum der Erinnerung, dass eben zwischen dem Verjüngungsmassstabe der Rohrlänge und der Aufsatzhöhen, dasselbe Verhältniss bestehen muss, wie zwischen den Längen- und Höhenmassen der darzustellenden Kurve.

grösste Schussweite von 500^+ gemacht, sodann vom Endpunkte (c) dieser Senkrechten die Aufsatzhöhen [1]) für die Zwischendistanzen von 100^+, 200^+, 300^+ und 400^+ herabgetragen und die, dadurch gewonnenen Punkte, ebenso wie jener Endpunkt (c) mit dem Anfangspunkte (M) der Rohrlänge verbunden.

Die Schnittpunkte (**d**, **e**, **f**, **g** und **h**) dieser Verbindungslinien mit den an den Zwischendistanzen errichteten Senkrechten, sind die Endpunkte der, anderseits durch die Hypothenuse **Mc** und deren Verlängerung **ck** begränzten Fallhöhen (**ld**, **me**, **nf**, **og** und **kh**) für 100^+, 200^+, 300^+, 400^+ und 500^+ [2]), also (**d**, **e**, **f**, **g** und **h**) selbst Punkte der bezüglichen Flugbahn.

Dieses Beispiel zeigt zugleich, wie einfach sich, bei der Anwendung von carrirtem Papiere, die Pfeilhöhen, der bestrichene Raum, u. s. w. ablesen lassen.

Flugbahnkonstruktion mittelst Pfeilhöhen resp. Coordinaten.

Wenn man der graphischen Darstellung einer Flugbahn ein rechtwinkliges Coordinatensystem zu Grunde legt, und demnach die, auf dem Mündungshorizonte abgemessenen Distanzen als Abscissen, die zugehörigen Pfeilhöhen als Ordinaten betrachtet, so erhält man für die Berechnung dieser Coordinaten der Bahn folgende, höchst einfache Formeln:

$$\text{Abscisse } X_m = D_m \times \cos. (\alpha_s - \alpha_m)$$
$$\text{Ordinate } Y_m = D_m \times \sin. (\alpha_s - \alpha_m)$$

worin α_s den, der angenommenen grössten Schussweite (D_s), für welche die Bahn dargestellt werden soll, entsprechenden Elevationswinkel, α_m dagegen denjenigen der Zwischendistanz (D_m) bedeutet.

Bezeichnet in Fig. 9 der Tafel IV, HH, den natürlichen, AZ den Mündungshorizont, die Krumme AB'C'DZ die, mit dem Elevationswinkel NAZ ($= \alpha_s$) auf die Entfernung AZ ($= D_s$), ferner die Kurve ABC die — bei unveränderten Ladungsverhältnissen, aus derselben Feuerwaffe — mit der Elevation MAC ($= \alpha_m$) auf die Zwischendistanz AC ($= D_m$) sich ergebende Schussbahn, so muss diese (d. h. die Kurve ABC) früherer Annahme gemäss, wenn sie um den Punkt A als Drehpunkt, um den Winkel NAM ($= \alpha_s - \alpha_m$) nach aufwärts bewegt wird, in die Kurve AB'C DZ fallen, indem B nach B' und C nach C' zu liegen kömmt. Zieht man nun von C' die Lothlinie, resp. Pfeilhöhe, C'O,

---

[1]) Die Aufsatzhöhen sind wieder aus den Schiesstafeln zu entnehmen, oder aus Visirwinkel und Rohrlänge zu berechnen.

[2]) Bis zum Horizonte der Mündung!

so ist selbe die **Ordinate** (Y_m), die Entfernung (AO) ihres Fusspunktes (O) von A aber, die **Abscisse** (X_m) von C'.

Da nun der Winkel LAC = NAC — NAL = $a_s - a_m$ ist, so wird im rechtwinkligen Dreiecke AOC':

$$AO = AC' \times \text{cosin.} (a_s - a_m) \text{ und}$$

$$C'O = AC' \times \text{sinus} (a_s - a_m)$$

oder, da

$$AO = X_m, \; C'O = Y_m \text{ und } AC' = AC = D_m$$

$$X_m = D_m \times \text{cosin.} (a_s - a_m)$$

und $Y_m = D_m \times \text{sinus} (a_s - a_m)$, was zu beweisen war.

Die **Zeichnung** einer Bahn mittelst ihrer — nach eben entwickelter Formel — berechneten Coordinaten, erklärt sich von selbst.

Man trägt die gefundenen Abscissen vom Anfangspunkte des Mündungshorizontes auf diesen selbst auf, errichtet in ihren Endpunkten Senkrechte von der Länge der zugehörigen Ordinaten und verbindet endlich die höchsten Punkte der Letztern durch eine stetige Kurve.

Für Schussbahnen **unter** 5° und selbst **bis** 10° Elevation, ist es hiebei stets zulässig, statt der — von den wirklichen Distanzen nur sehr wenig differirenden Abscissen — eben **jene selbst** aufzutragen und demnach nur die Ordinaten resp. Pfeilhöhen zu berechnen.

Die Ermittlung der weiteren Beziehungen der Geschossbahn geschieht wieder analog der, früher hierüber gegebenen Andeutungen.

Am Schlusse der Abhandlung über die Darstellung von Flugbahnen soll es nicht unterlassen werden, nachdrücklichst darauf aufmerksam zu machen, dass das Studium dieses Gegenstandes durch fleissige, **praktische Ausarbeitungen** am meisten gefördert und nur mittels desselben ein sicherer Blick über die eigenthümliche rasche Zunahme der Bogenhöhen, nach Ueberschreitung gewisser Distanzen, sowie endlich die, hierauf beruhende, für das Verständniss der Feuertaktik so nothwendige, richtige Beurtheilung der relativen Leistungsfähigkeit und des besten Gebrauches einer Schusswaffe, erreicht und hiezu die Zusammenstellung von **vergleichenden Tabellen** [1]) über die **Pfeilhöhen** und **bestrichenen Räume** etc. nicht genug empfohlen werden könne.

Nur durch solche praktische, und mit dem nöthigen Verständnisse vorgenommene Ausarbeitungen, gelangt man dahin, einen zuverlässigen Massstab für den taktischen Werth einer Schusswaffe, in der **Visirwinkelreihe** derselben zu erkennen.

---

[1]) Sieh' hierüber die vorzüglichen Arbeiten von W. v. **Plönnies** in dessen „Neuen Studien über die gezogenen Feuerwaffen der Infanterie."

II. Ueber Zielen und Richten.

Allgemeines.

Soll der Zweck der Feuerwaffe erreicht werden, so muss deren Geschoss treffen. Diess ist nur möglich, wenn das Ziel von der Geschossbahn geschnitten wird, resp. ein Punkt des ersteren mit einem Punkte der letzteren zusammenfällt; die Lage der Flugbahn im Raume, muss daher durch geeignete Aufstellung — Richtung — der Feuerwaffe so angeordnet werden, dass die eben genannte Treffbedingung eintritt.

Die Richtung (*pointage*) zerfällt in 2 gesonderte Operationen, die man als

Seiten- oder **horizontale**, und

Höhen- oder **vertikale Richtung** bezeichnet.

Durch die erstere soll das Feuerrohr so gestellt werden, dass die vertikale Mittellinie des Zieles (allgemein gesprochen und vorbehaltlich späterer Modifikationen) in die Schussebene, d. i. in die Vertikalebene der Rohraxe falle.

Die Höhenrichtung dagegen bestimmt die, der Entfernung des Rohres vom Ziele etc. entsprechende Elevation.

Die **Seitenrichtung** wird bei allen Feuerwaffen so ziemlich auf dieselbe Weise vorgenommen, nur bedarf man zu ihrer Ausführung gegen verdeckte Ziele, umständlicherer Hilfsmittel als zum Richten auf freistehende, sichtbare Objekte.

Diese werden eben einfach anvisirt, indem man die Visirmarken des Rohres und den gegebenen Zielpunkt gleichzeitig mit Einem Auge zu übersehen, also den letztgenannten mit den zwei erst bezeichneten Punkten in eine gerade Linie zu bringen sucht, wobei dann das Rohr so lange seitwärts gerückt werden muss, bis der angestrebte Zweck erreicht ist.

Sind die Ziele vom Aufstellungsplatze des bezüglichen Geschützes (Mörsers etc.) aus nicht sichtbar, so muss man sich ihre Lage und damit die Richtungslinie für die Waffe durch eigene Zwischenpunkte bezeichnen.

So markirt man den beim Uebungsfeuer mit Mörsern gewöhnlich im natürlichen Horizonte liegenden Zielpunkt (Fig. 4, Tafel V, Z) durch ein darüber aufgestelltes Fässchen (f).

Im Ernstfalle dagegen bezeichnet man sich die Richtungslinie für Mörser etc. durch sogen Pikete, d. h. kleine Pfähle oder zugespitzte Ladestöcke etc., die man in geeigneter Weise auf der Brustwehrkrone, oder im Terreplein etc. aufstellt. (Fig. 4, Tafel V. pp) Das Geschütz selbst wird dann mit Hilfe besonderer, über seine Mittellinie gehaltener Senkel (s) in die Richtungslinie einvisirt.

Die vertikale Richtung wird beim Wurffeuer fast immer durch blosse Aufstellung des Rohres unter einem gewissen Winkel vorgenommen, ohne dass hiezu eine weitere Anvisirung des Zieles nothwendig wäre; anders ist diess beim Schusse und fordert die Ausführung der Höhenrichtung hiefür eine eingehendere Erörterung.

Der Schuss, diese taktische Hauptfeuerart, muss nicht allein sehr oft mit grosser Schnelligkeit, sondern gewöhnlich auch von Einem Manne allein, abgegeben und daher die Schusswaffe so eingerichtet werden, dass das Zielen mit derselben auf möglichst einfache und darum leicht begreifliche und schnell ausführbare, dennoch aber völlig sichere Weise vorgenommen werden könne.

Es darf sich also hier nicht um Abmessungen oder Uebertragungen kleiner Elevationswinkel oder dergl. handeln, sondern mit dem geeigneten Anvisiren des Zieles, muss, wie die Seiten-, so auch die Höhenrichtung schon vollendet sein.

Um sich nun klar darüber zu werden, ob und wie diese Anforderung erfüllt werden kann, ist es vor allem nothwendig, zu untersuchen, welche Lage diejenige Linie, die ja zur ganzen Richtung benützt werden soll, die mehrerwähnte Visirlinie also, zur Rohraxe und zur Geschossbahn einnimmt.

Diese Untersuchungen und die, aus denselben sich ergebenden Folgerungen, begreift man zusammen unter dem Titel der „Theorie des Zielens".

Theorie des Zielens.

Die, über die höchsten Punkte des Rohrmantels gelegte, sogen. natürliche Visirlinie, ist entweder parallel oder geneigt zur Seelenaxe; im erstern Falle schneidet sie die Flugbahn gar nicht, im letztern aber zweimal.

Ein Feuerrohr, dessen natürliche Visirlinie parallel zur Seelenaxe liegt, heisst ein verglichenes, Rohre, bei welchen diess nicht der Fall ist, nennt man unverglichene.

Die Vergleichung setzt entweder cylindrisch gestaltete Rohre, oder eine genügende Erhöhung des Kornes voraus, die man bei kleinen Feuerwaffen durch einen sogen. Kornsattel (Taf. V. Fig. 9). bei Geschützen durch den Vergleichungs-Kegel oder Stollen (Taf. V, Fig. 10) zu erlangen sucht.

Der Winkel, welchen — bei unverglichenen Rohren — die natürliche Visirlinie mit der Seelenaxe einschliesst, heisst Metall-, oder natürlicher Visirwinkel (*angle de mire naturel*) (Tafel V, Fig. 2^b, Winkel $V_b MS_b$).

Denkt man sich nun ein verglichenes (Tafel V, Fig. 2ᵃ A) und ein unverglichenes Feuerrohr (Taf. V, Fig. 2ᵇ B) so aufgestellt, dass ihre natürlichen Visirlinien parallel zum Horizonte liegen, so wird in diesem Falle zwar das verglichene Rohr (A) (resp. dessen Seelenaxe $S_a S_{a,1}$) horizontal stehen, nicht aber das unverglichene (B), dessen Kernlinie ($S_b S_{b,1}$) bereits um die Grösse des natürlichen Visirwinkels ($V_b M S_b$) elevirt erschiene.

Um die Seelenaxe des unverglichenen Rohres horizontal zu stellen, müsste dessen Bodenstück erst um so viel gehoben [1], oder das Mundstück um das gleiche Mass gesenkt (plongirt) werden, um welches der Abstand des Visireinschnittes von der Rohraxe — die Visirhöhe ($V_b S_b$) — grösser ist, als die Kornhöhe.

Aus der nähern Betrachtung [2] der Figuren 2ᵃ und 2ᵇ der Tafel V ergibt sich aber ferner, dass man die beiden Visirlinien ($V_a V_{a,1}$ und $V_b V_{b,1}$) nur in sehr beschränkter Weise zur sicheren Richtung auf einen bestimmten Punkt benützen könnte.

Mit der Vergleichungsvisirlinie ($V_a V_{a,1}$) würde man höchstens bis zum Punkte K, d. h. bis zu jener Entfernung, auf welche die Geschossbahn noch nicht merklich von der Seelenaxe abweicht, ein Ziel durch directes Anvisiren nehmen können [3], für Abstände jenseits von K, müsste man dagegen, um die Fallhöhe der Flugbahn auf die betreffende Distanz über den Zielpunkt halten, wenn dieser getroffen werden sollte.

Den Abstand von K nennt man die Kernschussweite, oder den Kernschuss (*tir de plein fouet*) eines Rohres.

---

[1]) Man bezeichnet das Horizontalstellen der Axe eines unverglichenen Rohres artilleristisch mit dem Ausdrucke: „Vergleichen" und sagt z. B. „ein Geschütz sei mit 2 Armen (A) verglichen", wenn man andeuten will, dass das Bodenstück eines, horizontal über Metall gerichteten Rohres, noch um 2 (Viertels) Richtschraubendrehungen gehoben werden müsse, bis die Seelenaxe desselben parallel zum Horizonte stehe.

[2]) Zu einer recht deutlichen Versinnlichung der Theorie des Zielens bedient man sich am zweckmässigsten einer Vorrichtung, die aus zwei übereinanderliegenden Platten besteht, deren obere entweder durchsichtig (Pauspapier, Glas) oder nach Gestalt einer Flugbahn ausgeschnitten ist und ausser dieser, die Rohraxe und die Visirlinie eingezeichnet enthält. Auf der anderen Platte werden Ziele und Schusshorizonte dargestellt und endlich die Einrichtung getroffen, dass die erste Tafel um den Anfangspunkt der Geschossbahn über der zweiten auf- und abwärts gedreht werden kann.

[3]) Wenn man die Kornhöhe vernachlässigte!

Mit der zur Rohraxe geneigten Visirlinie ($V_b V_{b_1}$) würde dagegen nur dann ein Ziel durch direktes Anvisiren getroffen werden, wenn es entweder im Punkte M, dem ersten, oder in N, dem zweiten Durchschnittspunkte der Geschossbahn mit der Visirlinie läge. Für Ziele zwischen M und N müsste um ebensoweit tiefer gehalten werden, als die Erhebung der betreffenden Stelle der Geschossbahn über die Visirlinie (die bezügliche Pfeilhöhe) beträgt. In der Kernschussdistanz würde aber wieder einfach Horizontalstellung des Rohres („Vergleichung" nach Anmerkung 1) genügen, um das Ziel zu treffen.

Mit Benützung der geneigten Visirlinie werden also alle, in ihrem Horizonte zwischen M und N liegenden Punkte überschossen, mit der Vergleichungsvisirlinie dagegen alle zwischen Rohr und erstem Aufschlage (O) gedachten Ziele unterhalb des Mündungshorizontes getroffen.

Es ergibt sich hieraus die taktisch höchst wichtige Lehre, dass, beim Feuer gegen Truppen (wo es sich also nicht um das Treffen eines Punktes, sondern eines Zieles von gewisser Höhenausdehnung handelt!), das verglichene Rohr einfach horizontal angeschlagen zu werden braucht, um den ganzen Raum bis zum ersten Aufschlage zu bestreichen, dagegen aber, der Anschlag mit horizontal gestellter, unverglichener Visirlinie, nur dann ganze Bestreichung bis zum ersten Aufschlage gewährt, wenn die Summe aus der grössten Pfeilhöhe der zugehörigen Geschossbahn und der Anschlagshöhe der Waffe, die Ziel- (also Infanteristen- oder Reiter- etc.) Höhe nicht übertrifft.

Für den praktischen Gebrauch ist der erste Durchschnittspunkt (M) der geneigten Visirlinie ($V_b V_{b_1}$) mit der Flugbahn um so weniger von Bedeutung, je näher er dem Rohre liegt (also je grösser der Visirwinkel ist), wichtiger dagegen, ist der zweite Durchschnittspunkt (N), dessen Entfernung vom Rohre man die Visirschussweite oder den Visirschuss (*tir de but en blanc*) einer Waffe nennt.

Es ist leicht einzusehen, dass für diese Entfernung, die Höhenrichtung der Waffe auf die einfachste Weise und wirklich nur durch blosses Anvisiren des Zielpunktes (N) genau und sicher ausgeführt werden kann, während ebenso klar ist, dass für Punkte jenseits der Visirschussweite wieder um die Fallhöhe über das Ziel gehalten werden müsste, wenn dasselbe getroffen werden sollte.

Ganz besonders aber träte diese Nothwendigkeit des Höherzielens, trotz der allenfallsigen Anrechnung des bestrichenen Raumes, jenseits des ersten Aufschlages (O) und zwar dann gleich unabweislich für das verglichene wie für das unverglichene Rohr ein.

Welche Schwierigkeiten es haben müsste, dieses Höherzielen praktisch richtig auszuführen, bedarf nun wohl kaum einer eingehenden Begründung: Man denke sich nur einmal die Aufgabe, 14 oder 29 Fusse über den Kopf eines Gegners zu halten, um diesen zu treffen!

Es ist also nothwendig, andere Auskunftsmittel zu schaffen, wenn das Zielen mit Schusswaffen nicht komplizirter werden soll, als die Richtung eines Wurfgeschützes. Diese Auskunftsmittel liegen sehr nahe und bestehen in der Herstellung weiterer, sogen. künstlicher Visirlinien, die man sich einfach durch entsprechende Vergrösserung des Visirwinkels resp. der Visirhöhe verschafft.

Es dürfte aus dem Bisherigen schon klar geworden sein, dass, mit jeder Vergrösserung des Visirwinkels, für ein und dieselbe Flugbahn, auch die Entfernung ihres zweiten Durchschnittspunktes mit der Visirlinie vergrössert, also die Visirschussweite des Rohres verlängert wird.

Wenn man demnach an dem letztern eine Vorrichtung anbringt, durch welche die Visirhöhe in einer wohlbemessenen Scala vergrössert werden kann, so wird man sich damit in den Stand setzen, auch die Höhenrichtung für Zielpunkte jenseits der Visirschussweite — nach richtig gestellter Visirhöhe — durch blosses Anvisiren jener Treffpunkte ausführen zu können.

Solche Vorrichtungen sind denn an sämmtlichen, zur Wirkung auf weitere Entfernungen bestimmten Schusswaffen vorhanden und werden mit dem Namen Aufsatz (*hausse*) oder Visirvorrichtung bezeichnet.

Ein, mit vergrösserter Visirhöhe abgegebener Schuss, heisst Aufsatzschuss (*tir élevé. tir à hausse*), (Taf. V, Fig. 3) der bezügliche vergrösserte Visirwinkel (Taf. V, Fig 3 $V^{k}MS$) wird ein künstlicher (*angle de mire artificiel*) genannt.

Die Aufsatzvorrichtungen sind gewöhnlich für Distanzen von 100 zu 100 Schritten oder Metern eingetheilt und müssen die Zwischen-Entfernungen immer noch durch geeignetes höher oder tiefer Anvisiren des Zieles ausgeglichen werden.

Sehr einfach vermitteln sich derlei feinere Correkturen durch das verschiedene „Nehmen" des Kornes.

Je mehr man das Korn beim Zielen in die Höhe, über den Visireinschnitt heraus bringt, um so mehr wird man das Rohr eleviren, also Hoch-, oder weiteren Schuss erhalten müssen; bei dem umgekehrten Verfahren wird das Entgegengesetzte eintreten.

Man hat für dieses verschiedene Einvisiren des Kornes besondere Bezeichnungen und nennt es „gestrichenes Korn nehmen", wenn die Spitze oder oberste Kante des Abschens gerade mit der Oeffnung des Visireinschnittes abschneidet (Taf. V, Fig. 5$^{a, b, c u. d}$). Es ist diess die eigentliche normale Visirung.

Mit „grobem oder vollem Korne zielen", heisst die Mücke möglichst ganz in den Visireinschnitt bringen (Taf. V, Fig. 6a u. b), „feines Korn haben", heisst beim Anvisiren des Zieles nur die oberste Spitze des Absehens benützen (Taf. V, Fig. 7a u. b).

Einfluss fehlerhafter Rohrstellung auf die Richtung.

Um eine genaue Richtung vornehmen zu können, muss vor allem die Aufstellung des bezüglichen Feuerrohres eine solche sein, dass dessen Visirlinie wirklich in der Vertikalebene der Seelenaxe liegt. Diess ist (abgesehen von Unvollkommenheiten der Waffe) aber nicht der Fall, sobald der Aufstellungsort eines Geschützes keine horizontale Ebene bildet, oder das Rohr beim Anschlage verdreht gehalten wird.

Bezeichnet z. B. in Fig. 1 der Tafel V, die Gerade Ss die Kernlinie und sS' die Verlängerung der Axe eines Feuerrohres, dessen Bodenquerschnitt in der Ebene $E_7 E_7$, die Mündungsfläche aber in $E_3 E_1$ liegt, so ist die Ebene $E_1 E_1 E_1 E_1$ die, durch die Seelenaxe gedachte Vertikalebene, in welcher sich — bei richtiger Aufstellung des Geschützes — auch die Visirlinie $V V_1$ befindet.

Wäre aber nun das, hiebei — vorläufig als unverglichen — angenommene Rohr nicht auf einer horizontalen Unterlage aufgestellt, sondern käme dessen Visirlinie, dadurch, dass die Aufstellungsfläche des Geschützes gegen rechts (das Gesicht dem Ziele zugewendet gedacht) abfiele, in die mit V'K' bezeichnete Lage, so würde die, durch Visirlinie (V'K') und Rohraxe (Ss) gelegte Ebene ($E_3 E_4 E_4 E_4$) nicht mehr mit der Vertikalebene der Seelenlinie zusammen fallen, sondern zu dieser, um den Winkel α, geneigt sein.

Die Visirlinie V'K' träfe die Zielebene ($E_1 E_1$) hinter. resp. links der Schussebene $E_1 E_1$ im Punkte Z', und wenn man sich derselben zur Richtung bedienen, mit ihr also den gegebenen Treffpunkt Z anvisiren würde, so müsste man der Rohrmündung eine, dem Abstande ZZ' resp. VV' entsprechende Seitenverschiebung nach rechts und eine der Höhe Z'n resp. Va äquivalente Senkung geben und damit beim wirklichen Schusse um ebensoviel rechts und tiefer treffen, als man, in Folge der falschen Lage der Visirlinie V'K', zu weit rechts und zu tief gerichtet hatte.

Hiebei bedarf es kaum der Bemerkung, dass diese Fehler, nicht allein mit der Zunahme der Verdrehung des Rohres, sondern ganz besonders auch mit der Vergrösserung des Visirwinkels wachsen müssen und ergibt sich hieraus von selbst die allgemein gebotene Regel, um solche Richtungsfehler mindestens auf das kleinste Mass zu beschränken — die horizontale Richtung stets nur über Metall, nie über den Aufsatz vorzunehmen.

Anders als beim unverglichenen, äussert sich der Einfluss fehlerhafter Aufstellung (schiefen Räderstandes) beim verglichenen Rohre. Sobald die normale Visirlinie VK eine Parallele zur Seelenaxe ist, wird es auch die Linie V'K', deren Verlängerung dann einfach um den Abstand VV' rechts und um Va unterhalb von VV, liegt und das Ziel also nicht links, sondern — in der eben angedeuteten Weise — rechts und unterhalb Z trifft.

Die Benützung der falsch gestellten Vergleichungs-Visirlinie zur Richtung, würde also einen unbedeutenden Links- und Hochschuss zur Folge haben.

Eine unvermeidliche Rohrverdrehung, müsste daher bei einer, zur Seelenaxe geneigten Visirlinie, durch geeignetes „Aushalten", nach der höher stehenden Seite (dem höher stehenden Rade) bei verglichener Visirlinie, durch eine ähnliche, doch unbedeutendere Correktur nach der tieferen Seite ausgeglichen werden.

Ueber die Anordnung von Visir und Korn.

Wenn die Richtung einer Schusswaffe unter allen Umständen verlässig vorgenommen werden soll, ist es nicht allein nothwendig, Visir und Korn genau in die Vertikalebene der Seelenaxe zu setzen, sondern diese beiden Fixirungsmittel der Visirlinie, müssen auch an und für sich eine, ihrem Zwecke günstige Gestalt und Grösse haben und in einer richtigen Entfernung von einander auf dem Rohrmantel angebracht sein.

Im Allgemeinen ist die Gestalt der Visirkerbe sowohl, wie des, durch dieselbe mit dem zielenden Auge zu erfassenden Kornquerschnittes, eine gleichschenklig dreiseitige, nur dass die, in die Vertikalebene der Seelenaxe fallende Dreiecksspitze, bei ersterer gegen unten, bei letzterem aber nach oben gerichtet ist (Taf. V, Fig. 5[b]). Bei gröberen Waffen (glatten Gewehren), erhält die Visirkerbe zuweilen auch eine halbrunde Form (Taf. V, Fig. 5[c]), für Präcisionswaffen, wird manchmal eine runde Durchsicht, in die nicht selten noch ein Kreuz aus feinen Seidenfäden eingesetzt ist (Taf. V, Fig. 5[d]) und welche dann mit dem Namen Diopter (*pinnule*) bezeichnet wird, zur Visirung gebraucht.

Die Gestalt des Kornes wird einestheils durch die oben bezeichnete beste Form seines Querschnittes, anderntheils aber durch die Anforderung bedingt: nicht allzuleicht beschädigt oder abgenützt werden zu können.

Man vermeidet deshalb meistens rein pyramidale oder conische Formen und gibt gewöhnlich einer mehr prismatischen Gestaltung den Vorzug, bei welcher die Visirlinie somit nicht blos durch eine feine Spitze, sondern durch eine Kante markirt erscheint. Der grösseren Dauerhaftigkeit wegen, wird indess selbst diese in der Regel noch abgestumpft, zugleich aber — der Stellung der Visirlinie beim Schusse entsprechend — nach vorwärts etwas gegen die Seelenaxe geneigt. (Vergl. Taf V, Fig. 8, 9 und 10.)

Das Grössenverhältniss von Visir und Korn ist sowohl gegenseitig, als auch gegenüber den in Aussicht genommenen Zielobjekten ein bedingtes.

In ersterer Hinsicht ist es sehr erklärlich, dass der Kornquerschnitt die Visirkerbe weder gänzlich verdecken, noch zu klein für ein bequemes Einvisiren oder „Zusammensehen“ werden darf, wobei nicht zu vergessen ist, dass dieses gegenseitige Grössenverhältniss von Visir und Korn besonders durch deren Entfernung voneinander beeinflusst wird.

Je näher das Korn am Visireinschnitte steht, um so kleiner muss sein Querschnitt werden, wenn ein feines Zielen möglich sein soll.

Gegenüber den Zielobjekten ist es vorzüglich die Korngrösse, welche durch die Anforderung beschränkt wird, das Ziel beim Einvisiren der Waffe nicht zu sehr, oder gar vollständig zu verdecken. Diese Bedingung ist — ausser von der Grösse der Zielobjekte selbst — von der Ausdehnung der Distanzen abhängig, auf welche eine Waffe noch gebraucht werden soll, indem ja mit der Zunahme der Entfernung eines bestimmten Gegenstandes vom Auge, der Sehwinkel, unter welchem derselbe diesem erscheint, stets kleiner wird. Es liegt in dieser Thatsache ein sehr entschiedenes Hinderniss für die Ausführung der Richtung auf grosse Entfernungen und damit eine physische Begrenzung des sicheren Gebrauches einer Schiesswaffe.

Diese Grenze wird selbst durch die, beim Geschütze mögliche Anwendung von Fernrohren nicht allzusehr hinausgerückt, erklärt sich aber für Kleingewehre sehr leicht, wenn man bedenkt, dass auf eine Entfernung von 1000⁺ ein Infanterist von 6′ Höhe dem Auge unter einem vertikalen Winkel (α) erscheint, dessen Oeffnung durch die Gleichung $\operatorname{tg} \alpha = \frac{6'}{2500}$ gemessen ist. (Vergl. hiemit auch S. 183 und Taf. V, Fig. 11.)

Soll ein solches Ziel durch das gestrichen genommene, beim Anschlage 3′ vom Auge abstehende Korn nicht gänzlich verdeckt werden, so muss die Höhe des hiebei in den Visireinschnitt tretenden Kornquerschnittes kleiner sein als $\frac{6 \cdot 3'}{2500}$, weil dieser Ausdruck sich aus der Proportion: 2500 : 6' = 3' : X ergibt, worin X jene Höhe bezeichnet, welche die Grösse des Infanteristen, unter den vorausgesetzten Annahmen, gerade decken würde.

Die, auf solche Weise ermittelte Korngrösse gibt — nach den oben berührten Wechselbeziehungen — von selbst wieder einen Massstab für die Bestimmung der Visirkerbe.

Ueber die Anordnung der natürlichen Visirlinie.

Diejenige Distanz, auf welche über Metall gerichtet werden kann, also weder ein Aufsatz gegeben, noch unter dem Treffpunkte gehalten werden muss, auf welche demnach das rascheste und doch sicherste Feuer möglich ist, wird eben deshalb von ganz besonderem taktischen Werthe, d. h. mehr oder minder eine Entscheidungsdistanz für das Feuergefecht einer Waffe sein müssen.

Die Bestimmung dieser Entfernung ist nun nicht so ganz dem jeweiligen Belieben anheim gegeben, als diess vielleicht dadurch scheinen möchte, dass man ja den, die Grösse des natürlichen Visirwinkels bestimmenden Metallunterschied zwischen Visir und Korn willkürlich erhöhen oder ausgleichen kann. Die Gränzen, zwischen welchen die Visirschuss- oder Vergleichungsdistanz einer Waffe verändert werden kann, sind im Gegentheile sehr enge gezogen und werden in erster Linie durch die grössere oder geringere Krümmung der bezüglichen Geschossbahn bestimmt. In zweiter Reihe steht der Wunsch: einestheils das lästige und unsichere Tieferzielen innerhalb der Visirschussweite vermeiden zu können, anderntheils aber nicht schon auf sehr nahe Distanzen den Aufsatz anwenden und damit diesen selbst, für die grösseren Entfernungen übermässig hoch machen zu müssen, wodurch die bequeme Handhabung der Waffe beeinträchtigt würde.

Das Tieferzielen innerhalb der Entfernung, auf welche über Metall gerichtet werden kann, lässt sich am einfachsten durch gänzliche Vergleichung beseitigen; eine solche ist aber nur anwendbar, wenn der erste Aufschlag des Geschosses, bei horizontal gestelltem Rohre, in einer genügenden Entfernung von der Mündung liegt, die bezügliche Waffe also eine sehr gestreckte Flugbahn hat.

Sobald diess nicht der Fall ist, kann dem Nachtheile eines zu frühen Gebrauches des Aufsatzes, nur durch eine geneigte Visirlinie begegnet werden.

Hiebei wird es wieder die gestrecktere Flugbahn sein, welche schon bei einem kleinen Visirwinkel eine genügende Visirschussweite gibt. Die äusserste Gränze der letztern, darf indess keinesfalls über diejenige Entfernung hinausgerückt werden, bei welcher die Geschossbahn noch vollständig bestreichend ist, indem sonst gerade auf den nächsten, innerhalb des Visirschusses liegenden

Distanzen, das Zielen unter den Treffpunkt unvermeidlich und mit der Ungenauigkeit dieses Verfahrens, das Ueberschiessen des Gegners wahrscheinlich wird.

Richtung bei geneigtem Terrain. (Hieher Taf. V, Fig. 16.)

Ist das, zur Wirkung einer Feuerwaffe gebotene Terrain steigend oder fallend geneigt, liegen also Ziel und Rohr nicht in Einem Horizonte, so hat diess auf die vertikale Richtung einer Schusswaffe nur insoferne Einfluss, als die Elevation (α) des Rohres um den betreffenden Terrainwinkel (βo und βu) vermehrt oder vermindert werden muss, je nachdem das Ziel höher oder tiefer liegt, als das Geschütz. Indess beeinträchtigen derlei Neigungen des Terrains immerhin die Genauigkeit des Feuers, und wird besonders der tiefer stehende Gegner sehr leicht überschossen.

Richtung gegen sich bewegende Ziele.

Im offenen Gefechte wird sehr häufig der Fall eintreten, gegen Ziele — Truppen — feuern zu müssen, die sich in Bewegung befinden. Hiebei kann sich der Gegner in der Schusslinie selbst vorwärts oder zurück, oder, von der Seite her, gegen die Schusslinie bewegen. Im ersten Falle wird die vertikale, im letztern aber die horizontale Richtung geeignet modifizirt und hiebei stets getrachtet werden müssen, die Raschheit der Bewegung des Zieles mit der Flugzeit des Geschosses, bis zu einem bestimmten Distanzpunkte, in Einklang zu bringen.

Es bieten sich hiezu die allgemeinen Anhaltspunkte, dass

Infanterie:	im Marsche	2^{+}—3^{+}
„	„ Laufe	4^{+}—5^{+}
Cavalerie:	im Schritte	3^{+}
„	„ Trabe	5^{+}—6^{+}
„	„ Galopp	8^{+}—10^{+}
„	in der Carriere	12^{+} per Sekunde

zurückzulegen vermag, nach welchen Daten ungefähr bemessen werden kann, wie viel dem Gegner — auf die bezügliche Distanz — „vorgehalten“ werden muss, damit das abgefeuerte Geschoss ihn treffe, sobald er einen bestimmten Punkt der Schusslinie erreicht.

Ueber Distanzschätzung.

Eine aufmerksame Verfolgung der bisherigen Abhandlungen über das Richten, musste von selbst zu der Ueberzeugung führen, dass es nur dann möglich sei, die Elevation einer Feuerwaffe richtig zu bestimmen, wenn man die Distanz kennt, um welche das Ziel vom Rohre entfernt ist.

Diese Distanz wird in den meisten Fällen mit freiem Auge geschätzt werden müssen und ist es daher, besonders für Truppenführer, dringend nothwendig, sich eine genügende Fertigkeit in der Beurtheilung jener Entfernungen anzueignen, auf welche die, ihnen anvertraute Feuerwaffe gebraucht werden soll.

Es kann diese Fertigkeit nur durch fleissige, systematische Uebung und um so mehr bloss durch persönliche Thätigkeit erlangt werden, als ja die Befähigung dazu, in erster Linie, vom individuellen Sehvermögen abhängig ist.

Zur Vornahme solcher Schätzungs-Uebungen, empfiehlt sich vor allem fleissiges Messen — Abschreiten etc. — und wiederholte Anschauung der gemessenen Entfernungen, bis zu deren vollständigen und sicheren Erfassung durch das Auge.

Man wird hiebei mit denjenigen Hauptdistanzen den Anfang machen müssen, welche für den taktischen Gebrauch der Waffe die entscheidenden sind, wie die Visirschussweite und die äusserste Gränze des Feuerbereiches u. s. w. Ebenso empfiehlt es sich, eine bestimmte Masseinheit, wie z. B. 300+ oder 500+ etc fest im Sinne zu behalten.

Auf diese Weise lernt man beurtheilen, ob eine Entfernung diess- oder jenseits der Visirschussweite, oder des wirksamen Feuerbereiches, ob sie kleiner oder grösser als 300+ oder 500+ sei u. s. w.

Um dann gewisse Anhaltspunkte für die Schätzung sowohl dieser, wie anderer Distanzen zu gewinnen, beobachte man, wie deutlich z. B. die Monturstücke eines Mannes auf diese oder jene Entfernung noch unterschieden werden können, messe die Grösse des Abstandes, auf welchen man die Kopfbedeckung, oder den ganzen Anzug eines Mannes nicht mehr erkennen kann u. s. f.

Alle diese Uebungen müssen jedoch bei verschiedener Beleuchtung, von der Höhe in die Tiefe und umgekehrt, sowie endlich über Wasserflächen hinweg angestellt werden, wenn sie erschöpfend genannt werden sollen.

Indess hat die Möglichkeit, Entfernungen sicher schätzen — nicht bloss errathen — zu können, selbst für das beste Auge ihre Gränzen, die sich im Allgemeinen bis 1500+ höchstens 2000+ erstrecken.

Für solche und weitere Entfernungen, die übrigens nur mehr in den Bereich des Geschützfeuers fallen, bietet jedoch die Geschwindigkeit des Schalles immer noch ein brauchbares Schätzungsmass.

Der Schall (*son*) legt nämlich — im Mittel — 420+ [1])

[1]) Nach dem „Hand- und Taschenbuche für Offiziere der Preuss. Feldartillerie." Nach Hütz und Schmölzl durchläuft der Schall per Sekunde:

(333 m. [1]) per Sekunde zurück. Wenn man daher die Zeit beobachtet, welche zwischen der Feuererscheinung, dem „Aufblitzen" eines feindlichen Geschützes und dem Augenblicke liegt, in welchem man dessen Knall wahrnimmt, so kann man aus dem Verhältnisse derselben zur Schallbewegung, die Entfernung jenes Geschützes sehr annähernd schätzen. Zur Bestimmung der, zwischen Blitz und Knall verstreichenden Zeitquote bedient man sich sehr zweckmässig des Zählens [2]) (z. B. bis 3 oder 4, per Sekunde), doch ist es unerlässlich, auch hierüber genügende Uebungen anzustellen, wenn man sich nicht bedeutenden Irrungen aussetzen will.

Endlich ist es die Beobachtung des eigenen Schusses, durch welche man einen weiteren Anhaltspunkt für die Correktur der Richtung gewinnen kann; dabei muss diese anfänglich stets so gewählt werden, dass man eher Kurz- als Hochschuss erwarten darf, da der Auf- oder Einschlag des letztern sich gewöhnlich einer genauen Beobachtung entzieht, während der erstere nicht selten noch durch die Geller und die Vorwärtswirkung des Geschosses überhaupt, zu beschädigen vermag.

Neben all' diesen Regeln wird es jedoch in manchen Fällen immer noch möglich sein, die Schätzung durch Berechnungen, oder die Anwendung von Messinstrumenten zu unterstützen.

In ersterer Beziehung empfehlen sich besonders geometrische Operationen sowohl durch die Einfachheit ihrer Ausführung, als durch ihre verhältnissmässige Genauigkeit.

Hätte man z. B. — wie Figur 14 der Taf. V. darstellt — zwei, in gleicher Höhe und um den gemessenen Abstand a von einander entfernt stehende Geschütze (bei A und B) nach einem Zielpunkte (z) gerichtet, dessen Entfernung (D) unbekannt ist, so dürfte man nur, vom Standpunkte der Geschütze (A und B) aus, gleiche Masse ($AM = BN = c$) auf deren Richtungslinien (AZ und BZ) auftragen, um dadurch in einem gleichschenkligen Dreiecke (ABZ) eine Parallele (MN) zur Grundlinie (AB) construirt zu haben. Misst man die Länge (b) dieser Parallelen (MN), so kann man die gesuchte Distanz (D) sehr leicht durch die Proportion,

$$a : b = D : (D - c)$$

---

bei günstigem Winde 500+, bei unbewegter Luft 450+, bei Regenwetter 400+ und bei Gegenwind nur 380+.

[1]) Nach dem *Aide-Mémoire portatif de campagne à l'usage des officiers d'artillerie.* 1864.

[2]) Das Preussische Handbuch schlägt hiefür rasches Zählen bis 6 vor, was indess schon ziemliche Geläufigkeit verlangt.

aus welcher sich die Gleichung:

$$D = \frac{a \times c}{a - b} \text{ ergibt,}$$

berechnen.

Auf demselben geometrischen Prinzipe beruht ein sehr einfaches, aber allerdings weder für grosse Entfernungen[1]) brauchbares, noch sehr genaues Messinstrument, das unter dem Namen Stadia (*stadia*) bekannt ist und sich in zweierlei Arten in den Figuren 12 und 13 der Taf. V abgebildet findet.

Die Stadia ist eine Metallplatte, in welche eine Durchsicht eingeschnitten ist, deren Oeffnung nach den Grössenverhältnissen eingetheilt wird, in welchen ein Mann (von 6' Höhe) auf verschiedene Entfernungen erscheint.

Man hat hiezu, nach Taf. V Fig. 11 die Proportion

$$m : M = d : D, \text{ woraus}$$

$$m = \frac{M \cdot d}{D} \text{ wird.}$$

Der Gebrauch des Instruments erklärt sich von selbst. Man hält es in der, bei der Eintheilung seiner Scala bestimmten Entfernung (d, Fig. 11 Taf. V) senkrecht dem Auge gegenüber, stellt den untern Rand der Durchsicht auf den Fusspunkt des Gegners ein und sucht nun den Theilstrich, bei welchem der obere Rand des Stadienausschnittes mit der Kopflinie des anvisirten Mannes zusammenfällt; die dabei gefundene Ziffer der Scala gibt die Entfernung jenes Mannes an.

Dem Prinzip der Stadia entsprechende Vorrichtungen hat man auch mit den Visiren der Gewehre in Verbindung zu bringen versucht und ebenso vorgeschlagen, das Korn selbst als Mass für die Entfernung eines Gegners zu benützen.

Nach der letzteren Methode, soll der Mann angewiesen werden, die Grundlinie des Kornquerschnittdreieckes stets auf den Fusspunkt des Gegners einzustellen und nun zu beobachten, wie viel von diesem noch über die Spitze des Absehens hervorragt. Verdeckt das Korn bloss die Kniee, so ist der Gegner vielleicht 200+, reicht es bis zur Brust, 500+ u. s. w. entfernt. Ist der Gegner aber gänzlich vom Kornquerschnitte verdeckt, so befindet er sich ausserhalb des wirksamen Feuerbereiches.

Neben solch' einfachen Hilfsmitteln sind aber noch ganz komplizirte optische Distanzmesser, also eigens vorgerichtete Fernrohre, nach den verschiedensten Anordnungen in Vorschlag gebracht, bis jetzt aber wohl noch nirgends definitiv als Kriegsausrüstungsartikel eingeführt worden.

[1]) Und überhaupt nur bei völlig sichtbarem Gegner!

Die einfachsten darunter sind wieder auf das Grössenverhältniss der Mannshöhe basirt und enthalten hiezu im Objektive (also den gegen vorwärts gewendeten Gläsern) Parallelfäden eingezogen, deren Abstand nach Bedarf vergrössert oder verringert werden kann u. s. w.

Mit besserem Erfolge, als derlei optische Distanzmesser, hat man in neuester Zeit die einfachen Instrumente, welche man zum Abstecken bestimmter Winkel gebraucht — Winkelspiegel, Prismenkreuz etc. — zum Messen von Entfernungen zu benützen versucht. [1])

Die hiebei zu lösende Aufgabe (Taf. V. Fig. 15) besteht darin, über einer, gegenüber dem Zielpunkte (Z) geeignet abgemessenen Standlinie (A B) als Basis, ein gleichschenkliges Dreieck (A Z B) abzustecken, dessen Spitze mit dem Punkte (Z), dessen Entfernung (A Z = B Z) gesucht ist, zusammenfällt und dessen Grundwinkel die, durch das benützte Winkelinstrument bestimmte Grösse haben.

In diesem Dreiecke sind also Grundwinkel und Grundlinie bekannt, die beiden Schenkel demnach leicht zu berechnen.

Indess sei hiemit nochmals ausdrücklichst darauf hingewiesen, dass all' diese Instrumente, deren Anwendung ausserdem gleichfalls gehörige Uebung fordert und bei schlechtem Wetter, ungünstiger Beleuchtung u. s. w. sowie in der Hitze des Gefechts ohnehin nicht zulässig ist, dem Truppenführer nie des Distanzschätzens gänzlich überheben werden, dagegen im Feuergefechte stets derjenige überlegen sein wird, der zuerst die richtige Entfernung des Gegners erkennt.

III. Von den Abweichungen der Geschosse.

Es wurde schon bei der Abhandlung der ballistischen Kurve darauf aufmerksam gemacht, dass die Geschosse — in Folge ihrer Selbstbewegung — Ablenkungen unterworfen seien, welche die bisher kennen gelernten Flugbahn-Gesetze nicht unerheblich modifiziren.

Diese Selbstbewegung der Geschosse ist eine rotatorische, die durch sie, d. h durch den Einfluss des Luftwiderstandes auf das rotirende Geschoss, verursachte Ablenkung des letztern, heisst man dessen Derivation (*dérivation*).

Neben diesen, mit einer gewissen Regelmässigkeit eintretenden Ablenkungen, sind aber noch weitere zu verzeichnen, die ihren Grund in

[1]) Auch in Bayern sind hierauf bezügliche, vom Infanteriehauptmanne K. Franz gestellte, Vorschläge, eingehender Prüfung unterzogen worden.

Aehnliche Instrumente wurden nach *Aide-mémoire de campagne p.* 219 u. 220 — in Frankreich und Belgien versucht.

den Unvollkommenheiten haben, welche an den einzelnen Elementen sowohl, als in der ganzen Thätigkeit einer Feuerwaffe vorkommen. Diese unregelmässigen Ablenkungen nennt man Streuungen (*déviations*).

Beide Ablenkungsarten treten in der Regel gemeinschaftlich beim Schusse auf, sollen jedoch — besseren Verständnisses wegen — vorerst gesondert abgehandelt werden.

1. Rotation und Derivation der Geschosse.

Allgemeines.

Jeder frei bewegliche Körper, der von einer Kraft angegriffen wird, die nicht durch seinen Schwerpunkt geht, wird hiedurch in eine Umdrehungsbewegung um seinen Schwerpunkt versetzt. Es findet diese, leicht bei jedem, nicht besonders regelmässig gestalteten, frei fallenden Körper wahrnehmbare Rotation, stets um eine sogen freie Axe [1]), d. h. um eine Linie statt, um welche herum — nach allen Seiten hin — die Centrifugalkräfte [2]) des Körpers sich gegenseitig aufheben. Diese Axe geht durch den Schwerpunkt des Körpers und wird, da sie das Resultat einer gewissen Gleichgewichtsbestrebung ist, während der ganzen Dauer der Rotation mit grosser Beharrlichkeit festgehalten [3]), und zwar erstreckt sich diese Stabilität nicht bloss auf die Lage der Drehungsaxe im Körper, und gegenüber dessen einzelnen Theilen, sondern auch auf ihre Stellung im Raume.

Die freie Drehungsaxe eines rotirenden und zugleich fortschreitenden Körpers wird demnach während der letzteren Bewegung stets eine, ihrer ersten Stellung nahezu parallele Lage im Raume einnehmen, dadurch aber auch die Körperbahn selbst an Stabilität gewinnen müssen.

a. Die Rotation der Kugel und deren Ablenkungen.

(Hieher Taf. VI Fig. 1—3).

Denkt man sich eine nicht ganz mathematisch genaue, also excentrische, d. h. eine Kugel, deren Schwerpunkt (S) nicht mit ihrem Mittelpunkte (M) zusammenfällt, so geladen, dass ihr Schwerpunkt (S) in die

---

[1]) Jeder Körper hat mindestens drei, eine Kugel aber unendlich viele freie Axen.

[2]) Centrifugal- oder Fliehkräfte sind jene, welche die einzelnen Theile (Moleküle) des rotirenden Körpers von dessen Drehungsaxe wegzuziehen, loszureissen trachten; ihnen entgegen, die Moleküle nach der Axe hinziehend und an dieser festhaltend, wirken die Centripetalkräfte.

[3]) Das eigenthümliche Festhalten der Drehungsaxe rotirender

obere Körperhälfte (zugleich aber doch in die Vertikalebene der Seelenaxe) fällt (Taf. VI Fig. 1 und 3), so wird dieselbe beim Schusse in eine Umdrehungsbewegung von unten über vorne und oben nach rückwärts versetzt werden, d. h. „aufwärts" rotiren müssen; denn da ihre untere Halbkugel leichter ist, als ihre obere, so wird jene von der Pulverkraft eher vorwärts bewegt werden als diese. Beide Halbkugeln erregen aber, in Folge der Kongruenz ihrer Oberflächen, denselben Luftwiderstand, die untere wird demnach nicht mehr in ihrem Fortschritte gehemmt als die obere, jene wird sich also um diese herum bewegen müssen und daraus eben die oben bezeichnete Aufwärtsrotation der Kugel entstehen.

Die entgegengesetzte, d. h eine Rotation von oben über vorne nach unten und rückwärts, würde eintreten müssen, wenn der Schwerpunkt (S) der geladenen Kugel in deren untere Hälfte fiele (Taf. VI Fig. 2) und bezeichnet man diese Umdrehung als „Abwärtsrotation".

Wäre aber statt der oberen oder unteren, die rechte oder linke Halbkugel schwerer als die ihr entgegengesetzte Hälfte, so würde die Kugel in analoger Folge beim Abfeuern in Rechts- oder Linksrotation versetzt werden.

Diese Umdrehungsbewegung erfolgt also stets nach der Seite hin, an welcher der Schwerpunkt (S) der Kugel liegt, und wird bei dem, bisher angenommenen centralen Stosse (St Rs) der Pulvergase nur dann nicht eintreten, wenn der Schwerpunkt der Kugel mit ihrem Mittelpunkte (M) zusammen-, oder doch in die (zugleich als Stossrichtung angesehene) Seelenaxe des Rohres fällt.

Selbst bei der letzteren Annahme aber, wird die Kugel, und zwar immer nach Massgabe ihrer Schwerpunktslage, in Rotation versetzt werden müssen, sobald der Stoss der Pulvergase nicht in ganz centraler Weise [1]) auf sie erfolgt.

Hiebei wird die freie Drehungsaxe, um welche die rotatorische Bewegung geschieht, senkrecht zur vertikalen Schnittebene des Rohres stehen, wenn der Kugelschwerpunkt selbst in diese Ebene fällt (reine Auf- oder Abwärtsrotation), sie wird parallel zur Schussebene sein, wenn der Kugelschwerpunkt in die horisontale Schnittebene der Rohrseele trifft (reine Rechts- oder Linksrotation) und sie muss endlich eine schräge Lage gegen die Schussebene einnehmen, wenn der Kugelschwerpunkt zwischen die horizontale und vertikale Quadrantenebene fällt.

Körper lässt sich leicht durch die einfachsten Experimente (z. B. mit dem Kreisel) nachweisen, den grossartigsten Beleg dafür geben aber die Himmelskörper.

[1]) Sieh' hierüber das nächste Kapitel: „Vom Spielraume".

Diese Drehungsaxe hat also stets eine, quer gegen die Rohraxe laufende Richtung und kann niemals mit dieser letztern selbst zusammenfallen.

Um nun die Ablenkungen kennen zu lernen, welche sich aus der Rotationsweise der Kugel ergeben, muss vor allem daran erinnert werden, dass jeder rotirende Körper die, ihn unmittelbar umgebende Luftschichte gleichfalls in Rotation versetzt, d. h. bei seiner Umdrehung mit sich herumreisst.

Eine aufwärts rotirende Kugel (Taf. VI Fig. 3) wird also von einem gleichfalls aufwärts rotirenden Luftstrome (RR) umgeben sein, der nun mit dem, der Fortschreitung des Geschosses entgegengesetzten Strome (LW) oberhalb der Kugel in gleichem, unterhalb derselben aber in entgegengesetztem Sinne fliesst. Oberhalb der Kugel gehen die beiden Luftströme also ineinander über, unterhalb derselben stauen sie sich aber gegenseitig.

Aus dieser continuirlichen einseitigen Stauung der Luftströme entsteht nun eine fortwährende Ablenkung der Kugel nach der, der Stauung entgegengesetzten Richtung (d. h. nach der Rotations- oder Schwerpunktsseite) hin, woraus sich, in dem hier gewählten Beispiele, gewissermassen ein Tragen der Kugel, durch Ablenkung derselben nach oben und damit eine gestrecktere und verlängerte Flugbahn des Geschosses ergibt.

Gerade entgegengesetzt müsste, bei Abwärtsrotation, Ablenkung der Kugel nach unten, d. h. Verkürzung und Verkrümmung der Bahn eintreten, während bei Rechts- oder Links-Rotation, Ablenkung nach rechts, resp. links erfolgen würde u. s. f.

Seitliche Ablenkungen der letztgenannten Art verursachen eine doppelte (d. h. neben der vertikalen auch eine horizontale) Krümmung der Flugbahn und damit ein entsprechendes Austreten derselben aus der Schussebene.

Wie sehr solche Ablenkungen — deren Grösse selbstverständlich mit der Schussweite wächst — die Genauigkeit des Feuers beeinträchtigen müssen, bedarf wohl keiner weiteren Erörterung. Mit der Erkenntniss der Ursache dieser Abweichungen musste daher auch das Bestreben entstehen, die nachtheiligen Folgen der Rotation kugelförmiger Geschosse möglichst zu beseitigen.

Man erreichte diess vorzüglich dadurch, dass man eine gewisse Regelmässigkeit in die Rotationserscheinungen brachte, indem man dem Kugelschwerpunkte[1]) beim Laden immer ein und dieselbe be-

---

[1]) Um die Schwerpunktslage einer Kugel zu ermitteln, lässt man die-

stimmte Lage gab, damit also stets die gleiche Rotationsweise und die, dieser entsprechende Ablenkung erhielt.

Dieses Verfahren ist indess nur bei Geschützkugeln ausführbar, wurde jedoch hier, in neuerer Zeit, sogar dahin ausgedehnt, dass man geflissentlich excentrische Geschosse[1]) konstruirte, um bei deren Aufwärtsrotation[2]) weiter gestreckte und rasantere Schuss-, durch deren Abwärtsrotation[3]) aber gekrümmtere Wurfbahnen mit steileren Einfallswinkeln zu erhalten.

Für Kleingewehre versuchte man dagegen die Schusssicherheit dadurch zu erhöhen, dass man der Kugel, im Rohre, eine Rotationsbewegung um einen in die Seelenaxe fallenden Durchmesser aufzwang und so das Eintreten einer Drehung um eine Queraxe und die daraus entspringenden Ablenkungen verhinderte.

Von dieser künstlich hervorgebrachten Rotationsweise handelt der nächstfolgende Absatz.

b. Die Rotation der Langgeschosse und deren Ablenkungen.

Allgemeines.

Das soeben angedeutete Verfahren, die Kugel in Umdrehung um eine, in die Kernlinie des Rohres fallende Axe zu versetzen, erreichte zwar den Zweck, die Schusssicherheit zu erhöhen, allein es war zu umständlich, um auf alle kleinen Feuerwaffen ausgedehnt werden zu können und erhöhte dabei deren Tragweite nur in sehr geringem Masse. Dasselbe war aber von weit grossartigeren Resultaten begleitet, als man es auf länglich geformte Geschosse übertrug, deren — in Folge der hervorgerufenen Rotation — stets vorwärts gekehrte, zweckmässig construirte Spitze, einen geringeren Luftwiderstand erregte, als die Kugelfläche.

Diese Resultate wurden um so werthvoller, als die ausgedehnte Anwendung des Spitzgeschosses weit geringere Schwierigkeiten bot, wie die

---

selbe einfach in Quecksilber schwimmen. Hiebei wendet sich die leichtere Halbkugel nach oben, die schwerere nach unten, der Schwerpunkt selbst aber fällt in denjenigen Kugeldurchmesser, welchen man durch den. in der Schwimmlage obersten Punkt der Kugel ziehen kann. Man nennt diesen Punkt den leichten Pol der Kugel und bezeichnet ihn gewöhnlich mit einer aufgemalten Pfeilspitze etc.

[1]) Hieher die excentrische Granate des bayer. und preuss. glatten leichten Feld-12-Pfünders.

[2]) „Pfeilspitze unten".

[3]) „Pfeilspitze oben".

der Kugel (wenn dieselbe in Rotation um den in der Rohraxe liegenden Durchmesser versetzt werden sollte!).

Es erklärt sich daher sehr leicht von selbst, dass das Langgeschoss überall da, wo ihm die nothwendige Rotation zur sicheren Vorwärtsstellung seiner Spitze, d. h. die Umdrehung um seine, in die Mittellinie des Rohres fallende Längenaxe aufgezwungen werden konnte, die Kugel verdrängen musste.

Die letztere Geschossform steht daher gegenwärtig nur mehr bei den Kriegswaffen in Anwendung, welche den Eintritt der Drehung um eine, quer zur Schussrichtung liegende freie Axe nicht behindern, während für Rohre, welche diese Drehungsweise durch eine solche um die, in die Seelenlinie fallende Geschossaxe verhüten und ersetzen wollen, ausschliesslich Langgeschosse in Gebrauch sind.

Die letztgenannte, künstlich hervorgerufene Rotationsweise, die sogen. bohrende- oder Längenaxerotation, hat also den Hauptzweck, den Eintritt einer Drehung um eine Queraxe zu verhindern. Es wirft sich daher vor ihrer näheren Erörterung wohl die Frage auf, ob es denn kein anderes und besseres Mittel zur Verhütung der Queraxenrotation gäbe, als den Ersatz derselben durch eine andere Drehungsweise, und ob es nicht möglich wäre, ein Geschoss so vortheilhaft zu gestalten. dass es keiner künstlich aufgezwungenen Rotation bedürfe, um seine nur geringen Luftwiderstand erregende Spitze bei der Fortbewegung sicher vorwärts gekehrt zu behalten.

Ein solches Mittel läge unbedingt in der Construktion eines Geschosses, dessen Längenaxe von der Resultante (LWRs) des Luftwiderstandes hinter seinem Schwerpunkte getroffen würde (Taf. IV Fig. 6c); denn in diesem Falle müssten die Luftwiderstände selbst das Geschoss immer wieder mit der Spitze nach vorwärts stellen. Diese Construktion bedingt aber, dass der Schwerpunkt des Geschosses sehr weit nach vorne, d. h. in dessen Spitze liege eine Anforderung, die sich wohl nur durch eine Massenvergrösserung dieser letztern erreichen lässt.

Eine Massenvergrösserung der Spitze, gegenüber dem übrigen Geschosskörper, ist jedoch nur denkbar, wenn entweder jene aus einem spezifisch schwereren Materiale hergestellt wird als dieser, oder wenn die Spitze auch ein bedeutendes Volumen und damit wieder eine grosse, minder günstig gestaltete Oberfläche erhält.

Die erste Verfahrungsweise würde eine, dem alten Holzpfeile mit Eisenspitze ähnliches, die letztere aber ein Geschoss adoptiren müssen, das nicht viel weniger Luftwiderstand erregen, also auch nicht viel mehr Tragweite ergeben dürfte, als die Kugel.

Abgesehen nun von den erheblichen technischen Schwierigkeiten, welche die Herstellung eines pfeilartigen Projektiles, für den Gebrauch aus Feuerrohren haben müsste, würde mit der Construktion eines solchen schwerlich etwas gewonnen sein, da einestheils die grossen Seitenflächen, welche unzertrennlich mit der Gestalt eines derartigen Geschosses verbunden sind, dieses in übergrossem Masse für jeden seitlichen Luftdruck empfänglich machen würden, anderntheils aber, eben der Mangel einer rotatorischen Bewegung, auch denjenigen des Festhaltens einer bestimmten Axenlage nach sich ziehen und damit abermals den Widerstand des Geschosses gegen ablenkende Ursachen, verringern müsste.

Die zweite oben angedeutete Geschossform (unter dem Namen Nessler-Geschoss bekannt und Taf. VII Fig. 20 abgebildet), wurde indess praktisch versucht, konnte jedoch — wie leicht erklärlich — mit dem günstiger gestalteten, rotirenden Spitzgeschosse nicht konkurriren.

Stellung des rotirenden Langgeschosses zur normalen Flugbahn.

Diese Betrachtungen erklären es, warum und dass sich die Waffentechnik, um die Anwendung günstig geformter Langgeschosse zu ermöglichen, resp. zur sicheren Vorwärtsstellung der Spitze derselben, ausschliesslich der Längenaxenrotation bedient.

Für die Flugweite und die Stellung, welche das Spitzgeschoss bei seiner Fortbewegung im Raume einnehmen muss, ergibt sich hieraus die Nothwendigkeit, dass, wenn die Rotationsaxe desselben im Rohre mit der Seelenlinie der letztern zusammenfiel, diese, auch ausserhalb der Mündung, eine, zur Richtung der Seelenaxe nahezu parallele Lage festzuhalten bestrebt sein werde. Die Längenaxe des Spitzgeschosses wird also, bei dessen Fortbewegung, nicht mit der Flugbahn zusammenfallen, sondern einen stets zunehmenden Winkel[1]) mit dieser einschliessen. (Taf. VI Fig. 4ª.)

In Folge dieser eigenthümlichen Stellung der Rotationsaxe, kann sich nun der Widerstand der Luft nicht gleichmässig auf die Geschossspitze vertheilen, wie diess der Fall wäre, wenn jene Axe mit der Flugbahn zusammenfiele (Taf. VI Fig. 5ª), sondern er wird durch die untere Geschosshälfte mehr herausgefordert werden, als durch die obere und daher in seiner Resultante (LWRs) mehr eine von unten nach oben gehende, der Geschossaxe also nicht direkte entgegengesetzte,

---

[1]) Im Allgemeinen kann die Rotationsaxe des Spitzgeschosses im aufsteigenden Aste der Flugbahn als Tangente an diese angenommen werden; im absteigenden Aste ist diess nur bei sehr flachen Schussbahnen zulässig(

wohl aber schräg auf dieselbe treffende Richtung einnehmen müssen. (Taf. VI Fig. 5[b].)

Bei dieser besonderen Angriffsweise des Luftwiderstandes, kann die Resultante (LWRs) desselben, die Rotationsaxe des Langgeschosses, nun im Geschossschwerpunkte (Taf. VI Fig 6[a]), oder vor (Taf. VI Fig. 6[b]), oder hinter (Taf. VI Fig. 6[c]) diesem schneiden.

Nach den hierüber angestellten Versuchen[1]), tritt im ersten dieser drei Fälle, keine Ablenkung des Geschosses ein, im zweiten, erfolgt dieselbe nach jener Seite, nach welcher das Geschoss rotirt, im dritten aber, gerade nach entgegengesetzter Richtung.

In der Praxis hat man es gewöhnlich nur mit dem zweiten Falle zu thun, und da es allgemein gebräuchlich ist, die Langgeschosse in Rechtsrotation, d. h in eine Umdrehung von links über oben nach rechts (für einen gegen das Ziel sehenden Beobachter) zu versetzen, so wird an denselben allenthalben eine Ablenkung nach rechts beobachtet.

Durch diese Ablenkung wird die Längenaxe des Spitzgeschosses und damit dieses selbst. schräg gegen die vertikale Schussebene gestellt, aus welcher dann auch die, nunmehr in eine doppelt gekrümmte Kurve verwandelte Geschossbahn, seitlich heraustritt. (Taf. VI Fig. 4[b].)

Die Grösse dieser Ablenkungen wird wieder mit der Schussweite, ganz besonders aber mit der Entfernung des Durchschnittspunktes der Luftwiderstandsresultante und der Geschossaxe vom Schwerpunkte zunehmen, daher am sichersten, durch recht günstig gestaltete Geschossformen, auf ein Minimum reduzirt werden können.

Correktur der Derivation der Langgeschosse.

Für ein und dasselbe Rohr, Geschoss und Ladungsverhältniss, wird die Derivation aber immer ein und demselben Progressionsgesetze folgen müssen und daher — nach der Ermittelung dieses Gesetzes — die Möglichkeit geboten sein, diese regelmässige Abweichung nachtheilslos für die Schusssicherheit zu machen. Man braucht ja nur ebensoviel links vom vorgesetzten Treffpunkte auszuhalten, als die Rechtsabweichung des Geschosses auf die bezügliche Distanz beträgt, um das gegebene Ziel zu treffen.

---

[1]) Die Derivationserscheinungen der Langgeschosse sowohl, wie der rotirenden Kugel, wurden mit ganz besonderer Gründlichkeit von Professor Magnus in Berlin erforscht und finden sich dessen Versuche und Anschauungen hierüber in der, von ihm veröffentlichten, höchst empfehlenswerthen Schrift „Ueber die Abweichung der Geschosse" (Berlin 1860) niedergelegt.

Hiemit würde indess — besonders auf grössere Entfernungen — nicht selten das Zielen in's Blaue ebenso nothwendig werden, wie, in ähnlichen Fällen, für die vertikale Richtung ohne Benützung einer künstlichen Visirlinie. Es liegt daher sehr nahe, dass man sich auch für die Correktur der Seitenrichtung künstliche Visirlinien zu verschaffen suchte, durch deren Anwendung die Richtweise nicht allein genauer, sondern — Dank der Möglichkeit, wieder den Treffpunkt selbst als Zielpunkt nehmen, d. h. direkte anvisiren zu können — auch vereinfacht und beschleunigt wurde.

Diese künstlichen Visirlinien entstehen durch eine geeignete, der bezüglichen Rechtsabweichung proportionale Linksverschiebung des Visireinschnittes und lehrt der blosse Anblick der, in Taf. VI Fig. 7 gegebenen Ansicht eines Rohres (A B) und seiner zugehörigen Flugbahn von oben, wie einfach die Grösse dieser Linksverschiebung ermittelt werden kann.

Aus der genannten Figur ist nämlich ersichtlich, dass sich diese Seitenverschiebung ($VS = s$) zur zugehörigen Rechtsabweichung ($V_1 S_1 = d$) verhält, wie die Rohrlänge (l) zur Schussweite (E), also

$$s : d = l : E \text{ und hieraus}$$

$$s = \frac{d \times l}{E} \text{ wird.}$$

Darstellung doppelt gekrümmter Flugbahnen.

Aus der gleichen Proportion kann die Grösse der Rechtsabweichung gefunden werden, wenn die Seitenverschiebung [1]) bekannt ist.

Dieses Aufsuchen der Derivation wird nothwendig, wenn man die Horizontalprojektion einer doppelt gekrümmten Flugbahn, d. h. die Ansicht derselben von oben darstellen will.

Das bezügliche graphische Verfahren, ist aus Taf. VI Fig. 8 zu entnehmen und bedarf wohl keiner weiteren Erklärung.

Für Handfeuerwaffen (bei welchen übrigens die Derivation durch gute Geschosskonstruktion bis zu einer, auf die gebräuchlichen Distanzen unmerklichen Grösse reduzirt werden kann) lässt sich auch das Ausschiessen (Taf. VI Fig. 9) zur Ermittlung der Rechtsabweichung ($S_1 V_1 = d$) der Geschossbahn benützen, indem man mit

[1]) Für, im Gebrauche befindliche Waffen, kann dieselbe wieder aus deren Schiess- und Wurftafeln entnommen werden und braucht kaum bemerkt zu werden, dass sie, wie die Derivation selbst, ebensogut eine arithmetische Reihe bilden muss, wie Visirwinkel, Aufsatz, Fall- und Pfeilhöhen etc.

einem, unter bestimmter Elevation und Seitenverschiebung (VS) auf den Nullpunkt des Strichbrettes (St) eingestellten Gewehre (AB) in jenem, neben dem bekannten Hoch-, auch einen gewissen Linksausschuss (l) erhalten wird, mit Hilfe dessen [1]) sich die Proportion

$$d : l = n^{+} : 25^{+}$$

ergibt.

2. Vom Spielraume und den Streuungen.

a. Der Spielraum und seine Einflüsse.

Unter den Ursachen, durch welche — neben den im vorigen Absatze kennen gelernten Abweichungen — solche von minder regelmässiger Art veranlasst werden, nimmt der Spielraum (*vent*) die erste Stelle ein.

Spielraum heisst jener kleine Unterschied, um welchen, bei Rohren, deren Ladung von der Mündung aus vollzogen werden muss, Behufs leichter, und auch nach erfolgtem Brandansatze [2]) ungehinderter Ausführung dieser, der Durchmesser des Geschosses geringer ist, als die Seelenweite.

In Folge desselben schliesst das Geschoss den Ladungsraum nicht völlig ab, sondern es entsteht beim schussbereiten Rohre — da das Projektil, vermöge seiner Schwere, an die untere Seelenwand drückt, also — wenn nicht besondere Vorkehrungen dagegen getroffen sind — excentrisch im Rohre liegt — oberhalb und an den Seiten der geladenen Kugel etc. ein freier, im Querschnitte sichelförmig erscheinender Raum (Tafel VI, Fig. 10 a b c), durch welchen ein Theil der Pulvergase auszutreten ver-

---

[1]) Beispielsweise folgen hier die Hoch- und Linksausschüsse der, vor Einführung des Podewilsgewehres (Muster 1858), für die bayerischen Jägerbataillone im Gebrauche gewesenen Dornbüchse (Muster 1854):

Distanz in bayer. Infant. Schr.	Hochausschuss in rhein. Zoll.	Linksausschuss in rhein. Zoll	Distanz in bayer. Infant. Schr.	Hochausschuss in rhein Zoll.	Linksausschuss in rhein. Zoll.
100	1,65	0,33	600	21,92	1,48
200	5,13	0,57	700	27,02	1,73
300	8,72	0,79	800	32,43	1,99
400	12,74	1,01	900	38,12	2.27
500	17,13	1,25	1000	44,08	2,57

Die Kornhöhe dieser Waffe beträgt 0,76" rh.

[2]) Ein solcher fand bekanntlich bei Anwendung von Schiessbaumwolle nicht statt, wesshalb auch, hiefür bestimmte Rohre, des Spielraumes fast ganz entbehren konnten.

mag, ohne eine fortbewegende Wirkung auf das Geschoss zu äussern, das sie dafür heftigst gegen die untere Rohrwand drängen.

Dieser excentrische Stoss hat, bei der, dem Rohrmateriale und oft auch dem Geschosse eigenen Elastizität, einen Abprall des letztern gegen die obere Seelenwand zur Folge, von welcher dasselbe — aus gleichen Gründen — wieder gegen die untere Seelenwand zurückgeworfen werden wird. (Taf. VI, Fig. 11.)

Diese Anschläge müssen — besonders unter dem Einflusse der, dem Geschosse gleichzeitig ertheilten, fortschreitenden Geschwindigkeit — allerdings sehr rasch an Intensität und Grösse des Anprallwinkels abnehmen, das Geschoss wird aber die Mündung doch nur dann nicht nach einer, zur Seelenaxe geneigten Richtung verlassen, wenn die eben beschriebenen Schwankungen in seiner Bahn vorher auf Null reduzirt worden sind und die nachdrängenden Pulvergase es von allen Seiten gleichmässig umspülen.

Diese Möglichkeit könnte allerdings bei einer hiefür genügenden, d. h. sehr bedeutenden Rohrlänge eintreten, bei den, aus andern, früher entwickelten Gründen in der Praxis gebräuchlichen Seelenlängen aber, wird diess in der Regel nicht der Fall sein, sondern die Kugel — in Folge ihres letzten Anschlages im Rohre, eine, diesem entsprechende Ablenkung aus der normalen Richtung erfahren. Neben solchen Ablenkungen haben diese Anschläge ferner eine gewisse Verzögerung der Geschwindigkeit des Geschosses, sowie die sichere Einleitung der Rotation desselben [1]) um eine Queraxe, und endlich Verunstaltungen des Projektiles, wenn dieses aus weicherem Materiale besteht als das Rohr, in dem, dem letzteren entgegengesetzten Falle jedoch, Beschädigungen der Seelenwände zur Folge.

Diese Nachtheile beeinträchtigen sämmtlich wieder die Sicherheit der Feuerwirkung, die Beschädigungen der Rohrseele aber auch die Dauer und Brauchbarkeit der Waffe. [2])

Es äussern sich diese, im Allgemeinen nur bei bronzenen, mit

---

[1]) Selbst eine mathematisch genaue Kugel, ebenso aber auch ein pfeilartiges (nicht um die Längenaxe rotirendes) Geschoss würde durch die, mit dem Spielraume verbundenen Einflüsse, in Querrotation versetzt werden. (Daher, beim oben erwähnten Nessler-Geschosse, das Bestreben, den Spielraum aufzuheben!)

[2]) Bronzene Geschützrohre sind (besonders beim Gebrauche starker Ladungen) zuweilen schon nach 600 scharfen Kugelschüssen „ausgeschossen“, selten halten sie mehr als 2000 Schüsse aus.

eisernen Vollkugeln feuernden Geschützrohren vorkommenden Verlezungen, durch muldenförmige Vertiefungen, welche man Kugellager (*logemens des projectiles*) nennt und deren bedeutendste sich natürlich zunächst dem Laderaume befindet.

Bei allen diesen Nachtheilen, deren Grösse noch durch eine ungünstige seitliche Entzündung [1]) sowie durch eine zu plötzliche Wirkung der Ladung [2]) gesteigert wird, ist es wohl selbstverständlich, dass die Waffentechnik ihr Augenmerk in erster Linie auf die gänzliche Beseitigung, oder doch auf die gleichmässige Vertheilung des Spielraumes beim Schusse richten musste.

Diese Vervollkommnung wurde denn auch mit der Annahme des Spitzgeschosses fast allgemein erreicht, in neuester Zeit aber, ganz besonders durch die zunehmende Einführung der Rückwärtsladung von selbst geboten.

Bei Anwendung kugelförmiger, um eine Queraxe rotirender Geschosse, wurde jedoch eine vollkommene Beseitigung des Spielraumes nicht erstrebt, wohl aber getrachtet, denselben auf ein bestes, dem bezüglichen Ladungsverhältnisse sowohl, als auch der Qualität [3]) des hiezu benützten Pulvers entsprechendes Mass zu reduziren.

Das Herabgehen unter dieses Mass, also eine übermässige Verringerung des Spielraumes, hat — neben wahrscheinlichen Ladungsschwierigkeiten — durchaus keine Erhöhung der Schusssicherheit, sondern, im Gegentheile, eine Verminderung der Gleichmässigkeit des Feuereffektes zur Folge.

b. Ueber die Streuungen und die Wahrscheinlichkeit des Treffens.

Abgesehen von den — bei der überwiegenden Mehrzahl der Feuerwaffen ohnehin beseitigten Nachtheilen des Spielraumes, ist es ganz besonders die Ungenauigkeit der Geschosse, welche eine weitere und zwar die wenigst regelmässige Quelle für deren Ablenkung bildet.

Vor allem ist es hiebei die stets verschiedene Lage des Schwerpunktes, aus welcher sich ebenso oft eine veränderte Stellung derjenigen freien (Quer- oder Längen-) Axe ergibt, um welche das Geschoss, nachdem es die Mündung verlassen hat, rotiren wird.

---

[1]) Mit ihren schiefen Stössen auf das Geschoss und der, durch sie veranlassten ungleichmässigen Anbrandung des Laderaumes.

[2]) Wogegen durch die Anwendung der verlängerten Patronen, die Dauerhaftigkeit der Geschützrohre bedeutend erhöht wurde.

[3]) Je nach seiner rascheren oder allmäligeren Verbrennung und grösseren oder geringeren Rückstandsmasse.

Wie die Schwerpunktslage, variirt aber — wenn immer auch innerhalb bestimmter Gränzen — Gewicht und selbst Volumen und Gestalt der Geschosse.

Aehnliche Mängel wie die Projektile, zeigen die Rohre bezüglich der Genauigkeit ihrer Bohrung, der Gleichheit ihrer Seelenweite, der Grösse ihrer Abnützung u. s. w, während es schliesslich die Pulverladung ist, die nicht minder an Gewichts- und Volumendifferenzen leiden dürfen muss, wie das Geschoss. Rechnet man hiezu die verschiedene Qualität des Pulvers und der Zündmittel, sowie die weiteren, beim Schusse selbst eintretenden Zufälligkeiten aller Art, so ergibt sich hieraus die unumstössliche Gewissheit, dass niemals von einer absoluten Treffsicherheit, sondern nur von einer gewissen Treffwahrscheinlichkeit (*probabilité du tir*) des Feuers gesprochen werden kann.

Die Treffwahrscheinlichkeit wächst natürlich mit der Genauigkeit der einzelnen, integrirenden Bestandtheile einer Feuerwaffe und ihres Zusammenwirkens, sie vermindert sich jedoch, unter allen Umständen, mit der Zunahme der Feuerdistanz. In Folge derselben erscheint die bisher angenommene, durch den Zielpunkt selbst gelegte Flugbahnkurve, als eine ideale Linie, die nur in seltenen Fällen wirklich vom Geschosse beschrieben wird, während die, aus einer Waffe gewonnenen Bahnen thatsächlich eine kegelförmige Garbe bilden, deren Spitze in der Rohrmündung liegt. (Taf. VI. Fig. 12.)

In derjenigen Wahrscheinlichkeit des Treffens, welche eine Feuerwaffe unter möglichst normalen Verhältnissen bietet, liegt natürlich ein Hauptanhaltspunkt zur Beurtheilung ihrer Güte. Man ermittelt dieselbe auf praktischem Wege durch eine hinreichende Anzahl Schüsse oder Würfe gegen eine Scheibe oder die freie Ebene und bezeichnet die gewonnenen Resultate entweder direkte, durch die Quotienten aus Schuss- und Trefferzahl, oder, durch die Dimensionen der Streuungsfläche.

Im erstern Falle sagt man: diese Waffe gibt auf eine gewisse Distanz n Prozente Treffer gegen eine Scheibe von so und so viel Flächeninhalt, im zweiten aber sucht man das, durch die Einschläge des Geschosses in der Scheibe oder einer begränzten horizontalen Ebene gewonnene „Scheiben- oder Bodenbild" genauer zu charakterisiren, indem man die Abstände dieser Einschläge von dem eigentlichen Zielpunkte abmisst. Man sagt dann, der Streuungskreis einer Waffe habe auf jene bestimmte Entfernung den und den Durchmesser, oder man theilt die Streuung, je nach der Abweichung der Geschosse aus der einen oder andern Richtung in eine Höhen-, vertikale, oder Längen- und in eine horizontale, oder Seitenstreuung, und bezeichnet die Treffwahrscheinlichkeit nun, indem man die grösste Längen- und die grösste Seitenstreuung [1]) angibt. Hiebei kann die erstere in eine positive, und in eine negative für zu weite und zu kurze Schüsse, die letztere in eine solche nach rechts und links geschieden werden u. s. w.

IV. Die gezogenen Feuerwaffen und ihre Einrichtungen.

Allgemeines.

Es ist in den vorstehenden Abhandlungen vielfach davon die Rede gewesen, dass die Anwendung des Spitzgeschosses Einrichtungen bedinge, durch welche es in eine Umdrehungsbewegung um seine Längenaxe versetzt werde. Diese Einrichtungen bestehen im Allgemeinen [2]) darin, dass das Geschoss gezwungen wird, bei seiner Fortbewegung im Rohre, dem schraubenartigen Windungsgange rinnenförmiger Vertiefungen zu folgen, welche in die Seelenwände eingeschnitten sind.

Derartig vorgerichtete Rohre heissen gezogene (*canons rayés*), jene rinnenförmigen Vertiefungen aber Züge (*rayures*) und die, zwischen diesen stehen bleibenden, rippenartigen Erhöhungen Felder oder Balken (*filets*, *cloisons*). Nicht mit Zügen versehene Rohre nennt man glatte (*non rayés*).

Von der Geschossführung.

Nach dem Vorstehenden bedarf es keiner weitern Erörterung, dass die Leistung gezogener Waffen, nicht allein von der Anordnung der Züge und der Construktion des Geschosses, sondern ganz besonders von dem richtigen Gange, d. h. von der guten „Führung" des letztern, in den Zügen abhängen werde.

---

[1]) Auch bezüglich der Verwerthung der Scheibenbilder etc. kann Roerdansz' mehrerwähnte Ballistik bestens empfohlen werden.

[2]) Man hat — bei grossen Feuerwaffen — auch versucht, dass Spitzgeschoss selbst so einzurichten, dass es, ohne in Zügen geführt zu werden, bei seiner Fortbewegung, um die eigene Längenaxe rotire. Es wurden zu diesem Zwecke spiralförmige, oder schräg gestellte Luftkanäle in den Geschosskörper eingeschnitten und die gewünschte Rotation durch das Eindringen der Pulverluft in diese Kanäle hervorzurufen gestrebt.

Solche, als „Turbinengeschosse" bezeichnete Projektile, ergaben zwar, auf sehr geringe Entfernungen, immerhin ganz erträgliche Resultate, konnten aber doch nicht über den Versuch hinaus und am allerwenigsten zur Einführung im Grossen gelangen.

Diese Führung kann und muss, je nach der Ladeweise des Rohres und dem Materiale des Geschosses etc. auf verschiedene Weise erstrebt und erreicht werden, stets aber wird sie nur dadurch möglich sein, dass das Geschoss entweder ganz unmittelbar oder doch mittelbar in die Zugrinnen eingreift, also der Querschnitt desselben demjenigen der gezogenen Rohrseele nahezu congruent oder mindestens ähnlich ist.

Es kann diess durch eine geeignete Gestaltung des Geschosses, durch besondere, an diesem angebrachte Führungsleisten, Zapfen, Flügelansätze (*ailettes*) etc. bezweckt werden — Zapfenführung — oder es muss die Herstellung solcher Führungsleisten beim Passiren der Rohrseele veranlasst, d. h. entweder das Geschoss in die Züge, oder die, zwischen letzteren stehenden Balken in den Geschosskörper eingepresst werden.

Diese gewaltsame Erzeugung der Führungsleisten ist natürlich nur bei einem genügend weichen (Blei) Geschosskörper oder einer solchen Umhüllung desselben denkbar und setzt im ersten Falle eine Vergrösserung des Geschossquerschnittes, also eine Ausdehnung desselben, im letzteren aber die entgegengesetzte Operation voraus.

Die Vergrösserung des Geschossquerschnittes kann wieder auf zweierlei Weise bewirkt werden: durch Stauchung des Geschosses nach seiner Längenaxe — Compression — oder durch Ausdehnung desselben von innen nach aussen — Expansion.

Die Verkleinerung des Geschossquerschnittes, d. h. das Einzwängen des Geschosses in ein engeres Rohr — Pressionsführung — ist, selbstverständlich, nur bei Rückwärtsladung möglich.

Eine gute Führung erfordert nun nicht bloss ein genügendes Eingreifen der Führungsleisten in die Zugrinnen, sondern auch eine vollkommene Aufhebung allen Spielraumes, also eine luftdichte Anlehnung des Geschosses an die Seelenwände, jedoch ohne hiedurch die leichte Fortbewegung des Projektiles im Rohre zu behindern, d. h. hemmende Pressungen und Stauungen zu erzeugen.

Man hat diese hermetische und dennoch weiche Anlehnung des Geschosses an die Bohrungswände, entsprechend dem ähnlichen, zwischen Kolben und Cylinder von Pumpen etc. stattfindenden Berührungsverhältnisse, die Geschossliederung genannt und bedient sich auch ähnlicher Mittel wie beim Kolbengange, um eine gute Liederung, und damit eine vollkommene Führung des Geschosses herzustellen.

Diese Mittel liegen nicht allein in der genauen Einhaltung eines wohlbestimmten Masses für die Compression, Expansion oder Pression des Geschosses, sondern auch in der möglichsten Verminderung der Reibung des Projektiles an den Seelenwänden.

Zu letzterem Behufe sucht man sowohl die unmittelbare Berührung des Geschosskörpers mit der Bohrung zu vermeiden und die Anlehnung des ersteren an den Wandungen dieser, durch geschmeidige, glatte Zwischenlagen — „Liederungsmittel" — zu bewerkstelligen, als auch den Gang des Geschosses durch geeigne Fettung zu erleichtern, deren Nothwendigkeit übrigens mit der Anbrandung der Rohrseele wächst.

Ein vorzügliches, der Umständlichkeit seiner Anwendung wegen aber nur mehr für Privatwaffen gebräuchliches Liederungsmittel, ist das bekannte Barchentpflaster; für Gewehrprojektile wird dasselbe durch ein möglichst feines und dabei doch zähes Patronenpapier [1]), sowie auch durch Einsetzen des Geschosses in einen Pappespiegel (Spiegelführung — Zündnadelgewehr) zu ersetzen versucht, für die Artilleriegeschosse aber, bietet die Einlage eines Liederungsmittels solche Schwierigkeiten, dass man gezwungen ist, sich mit blosser Fettung [2]) zu begnügen.

Mit der Abnahme der Vollkommenheit der Liederung vermindert sich natürlich auch die Vollkommenheit der Führung und damit die ruhige Gleichmässigkeit des Geschossganges.

Nach diesen Auseinandersetzungen über das Zusammenwirken von Geschoss und Rohr bei gezogenen Feuerwaffen, soll auf die Einrichtungen dieser selbst übergegangen werden.

1. Das gezogene Rohr.

a. Ueber dessen Material.

Wenn man sich wiederholt die Aufgabe vergegenwärtigt, welche das gezogene Rohr beim Schusse zu leisten hat, so bedarf es kaum einer weiteren Begründung, dass diejenigen Anforderungen, welche man an das Material eines Feuerrohres im Allgemeinen stellt (s. S. 144), im höchsten Masse von dem, mit Zügen versehenen Rohrkörper bedungen werden müssen.

Während das glatte Rohr der Fortbewegung des Geschosses kein anderes Hinderniss als eine geringe Reibung an den Seelenwänden entgegensetzt, wird das Geschoss durch die Führung in Zügen, sehr energisch daran gehindert, dem Stosse der Pulvergase auf kürzestem Wege Folge zu geben. Hiedurch muss unbedingt die Reibung des Projektiles an den Seelenwandungen erheblich gesteigert, damit aber auch die Gasspannung im Rohre, also das Bestreben, dieses abzureissen oder zu zersprengen erhöht werden.

---

[1]) Pflanzenpapier, Pergamentpapier, siehe S. 69.

[2]) Hiezu Glycerin (S. 74) oder thierische Fette (S. 79) und Baumöl (S. 78).

Anderntheils, wird von den, das Geschoss in den Zügen erhaltenden Feldern, resp. den Kanten derselben, eine Festigkeit gefordert werden müssen, die sie in den Stand setzt, ihrer Aufgabe wirklich und auf die Dauer zu genügen.

Endlich aber sind es die Zugrinnen selbst, welche den Rohrkörper, je nach ihrer grösseren oder geringeren Breite, Tiefe und Zahl, mehr oder minder schwächen und besonders dessen Widerstand gegen innere Spannungen verringern.

Alle diese Gründe rechtfertigen die oben gestellte Anforderung des bestmöglichen Rohrmaterials (d. i. des Gussstahles) für die gezogene Waffe.

b. Die Zugeinrichtungen.

Die Verschiedenheit der inneren Anordnungen des gezogenen, gegenüber dem glatten Rohre, besteht ausschliesslich in den Zügen des ersteren. Die Erörterung ihrer Einrichtung lässt sich in drei Gesichtspunkte scheiden, deren erste Art und Neigung des Windungsganges, der zweite sodann die Anzahl und die dritte endlich das Profil der Züge zum Gegenstande hat.

α. Drall der Züge (*pas de hélice*).

Es wurde bereits bei Besprechung der Derivation des Spitzgeschosses erwähnt, dass die Rotation desselben um seine Längenaxe allgemein nach einem und demselben Sinne, d. h. von links über oben nach rechts (für den nach dem Ziele gewendeten Beobachter) eingeleitet werde.

Hieraus folgt, dass die Richtung des Windungsganges, oder Dralles der Züge allgemein die eben genannte, gleiche sein müsse und die gezogene Rohrseele demnach als eine gewöhnliche (aber doch sehr steil gewundene) rechte Schraubenmutter angesehen werden könne.

Nicht so übereinstimmend wie die Frage nach der Richtung, beantwortet sich diejenige nach der Steigung des Dralles.

Um sich, bei dem Mangel eines allgemeinen Gesetzes hiefür, ein richtiges Urtheil über die beste Grösse des Dralls bilden zu können, ist es vor allem nothwendig, die Aufgabe zu erfassen, welche der Drall überhaupt zu lösen hat, sodann sind die Einflüsse kennen zu lernen, welche diese Aufgabe erschweren, oder erleichtern, endlich aber sind die Wirkungen zu betrachten, welche eine Vergrösserung oder Verminderung des Drallmasses zu äussern vermag.

Die Aufgabe des Dralles besteht darin, dem geladenen Geschosse eine so heftige Rotation um seine Längenaxe aufzuzwingen, dass dasselbe, bis auf die grössten Gebrauchsdistanzen hinaus, eben jene Umdrehungsbewegung energisch genug beibehalte, um seine Bahn stets mit vorwärts gekehrter Spitze zurückzulegen und jedem Einflusse, der es überschlagen machen, resp. in Queraxenrotation versetzen wollte, sicheren Widerstand zu leisten.

Diese Aufgabe wird für gut construirte, d. h. für Geschosse, deren Schwerpunkt ihrer Spitze möglichst nahe liegt, leichter zu lösen sein, als für Geschosse entgegengesetzter Construktion. Projektile der letzteren Art erfordern also einen kürzer gewundenen, „stärkeren" Drall, als solche der ersteren. Ebenso wird es geringere Schwierigkeiten haben, ein kleines, leichtes Geschoss in eine beliebige Umdrehung zu versetzen, als ein schweres, ungefüges Projektil. Der Drall wird also mit der Zunahme des Kalibers eher abnehmen müssen als wachsen dürfen. Den gleichen Einfluss wie die Geschossconstruktion selbst, wird aber auch die Führung des Projektiles in den Zügen auf die Drallgrösse haben.

Je sicherer und vollkommener das Geschoss dem Windungsgange der Züge zu folgen vermag, oder, — je nach den bezüglichen Anordnungen — voraussichtlich folgen wird, um so geringer kann der Drall des Rohres gehalten werden, ohne befürchten zu müssen, dass er eine ungenügende Rotationsbewegung hervorrufen werde.

Anderntheils erlaubt gerade eine sehr sichere Führung des Geschosses eine Verstärkung des Dralles, ohne damit die Gefahr herbeizuführen, dass das Projektil durch die Wirkung der treibenden Kraft verzerrt, oder über die Züge fortgerissen werde, ohne diesen zu folgen.

Was endlich den Einfluss betrifft, den die Zu- oder Abnahme des Windungsganges der Züge äussert, so scheint es unbezweifelbar, dass mit jeder Vergrösserung der Winkelgeschwindigkeit [1]) der rotatorischen Bewegung, auch die aus derselben folgenden Ablenkungen zunehmen, die fortschreitende Geschwindigkeit des Projektiles aber abnehmen werde und dass die Sorge, unmässige Spannungen im Rohre oder das Ueberspringen der Züge durch das Geschoss zu verhüten, eine Herabsetzung der Pulverladung, also wieder eine Verminderung der Anfangsgeschwindigkeit zur Folge haben müsse, sobald der Drall ein gewisses Mass übersteige.

An die Frage über das Mass des Dralles, reiht sich sofort die weitere, ob es zweckmässiger ist, die Züge gleichförmig in dem, praktisch als besten ermittelten Gange zu winden, oder ob es nicht vorzuziehen wäre, das Geschoss mehr allmälig in seine rotatorische Bewegung einzuführen, den Drall also, vom Ladungsraume aus, an Stärke zunehmen und erst gegen die Mündung hin, jenes Mass erreichen zu lassen, das als das günstigste für die bezügliche Waffe und ihr Projektil festgestellt wurde.

---

[1]) Die „Winkelgeschwindigkeit" einer rotatorischen Bewegung, misst sich durch die Zahl der Umdrehungen, welche diese in der Zeiteinheit hervorruft.

Man kann diese Frage weder in dem einen noch in dem anderen Sinne unbedingt bejahen; der zunehmende — sogen. progressive Drall, mag in manchen Fällen vortheilhaft erscheinen, jedenfalls ist er nicht allgemein und zwar besonders dann nicht anwendbar, wenn die Rippen oder Zapfen, mittels welcher das Geschoss in die Züge tritt, unveränderlicher Natur sind.

Gleichförmig gewundene Züge, sind ferner auf einfachere und minder kostspielige Weise herzustellen als progressive und stehen diesen keinenfalls an technischer Leistung nach, sie finden daher auch allgemeinere Anwendung, als diejenigen mit zunehmender Windung.

Um das Mass des Dralles zu bezeichnen, sind vorzüglich zweierlei Ausdrucksweisen gebräuchlich; man gibt entweder die Dralllänge, d. h. dasjenige Wegstück an, auf welches der Windungsgang der Züge, (also auch das, durch diese geführte Geschoss) gerade eine ganze Umdrehung vollendet, oder man benützt den Drallwinkel zur Bezeichnung der Zugwindung.

Im erstern Falle sagt man: dieses Rohr hat eine Dralllänge von so und so viel Zoll oder Fussen, oder es hat halben etc. Drall, wenn seine Züge auf die Rohrlänge gerade eine halbe etc. Umdrehung vollenden u. s. w.

Diese Bezeichnungsweise gibt allerdings sofort einen Massstab für die Zahl der Umdrehungen an die Hand, welche ein, dem angegebenen Dralle folgendes Geschoss, auf eine gewisse Flugbahnstrecke zurücklegen müsse, allein sie führt in die Versuchung, den Windungsgang zweier Rohre von gleicher Dralllänge, aber verschiedenem Kaliber, für gleich anzunehmen, was thatsächlich nicht der Fall ist.

Je grösser der Bohrungsdurchmesser eines Rohres wird, um so kleiner wird für eine und dieselbe Dralllänge der Winkel, welcher die Steigung der Züge angibt, um so stärker erscheint also deren Windung.

Dieser eben angedeutete, von der Zuglinie mit der senkrechten Querschnittebene der Rohrseele eingeschlossene, die sanftere oder steilere Neigung des Schraubenganges der Züge bestimmende Winkel, ist aber der Drallwinkel[1]) (in Taf. VII, Fig. 1, wozu gleich weiter unten

[1]) Manche Schriftsteller bezeichnen dagegen den, von der Zugrichtung mit der Seelenlinie eingeschlossenen (in Taf. VII, Fig. 1 mit β bezeichneten) den oben genannten complementirenden Winkel als Drallwinkel.

Indess können bei derlei bezüglichen Angaben nicht leicht Irrungen eintreten, da der erstere dieser beiden Winkel (Taf. VII, Fig 1, α) stets sehr nahe einem Rechten, der andere (β) dagegen, immer sehr spitz erscheinen wird.

die nähere Erklärung folgt, mit α bezeichnet) und kann man sich leicht vergegenwärtigen, dass mit der Abnahme desselben, der Drall des Rohres, also auch die Winkelgeschwindigkeit des Geschosses zunimmt.

Der Drallwinkel lässt sich sehr leicht aus dem Quotienten: Dralllänge, getheilt durch die Peripherie der Rohrseele berechnen, welcher Ausdruck die Tangente des gesuchten Winkels gibt und wiederholt beweiset, dass dieser, für eine bestimmte Dralllänge, mit der Verringerung der Bohrungsweite zunimmt.

Um sich eine genaue Vorstellung von der wirklichen Stärke eines gegebenen Dralles zu verschaffen und überhaupt ein anschauliches Bild über die innere Construktion eines gezogenen Rohres zu gewinnen, empfiehlt sich die Anfertigung einer geeigneten graphischen Darstellung.

Construirt man sich ein Rechteck (Taf. VII, Fig 1, MN_1), dessen schmale Seite gleich der Peripherie der Bohrung des gegebenen Rohres (Bohrungsdurchmesser mal ludolfische Zahl) und dessen Länge gleich der Dralllänge ($MP = n''$) desselben ist, so gibt die, in diesem Rechtecke gezogene Diagonale (MN_1) die Richtung der Züge jenes Rohres an. Schneidet man von diesem Rechtecke (MN_1) ein solches (MN) von der Länge der gezogenen Rohrseele ab, (oder verlängert man das erstere bis zum Masse der letzteren, wenn das Rohr mehr als ganzen Drall hat) und zieht in demselben je um Zug- und Feldbreite von einander abstehende Parallelen zur gefundenen Drallrichtung (MO), so hat man die graphische Entwicklung der Seele des gezogenen Rohres, deren wirkliche Gestaltung man sich nun, durch Aufrollen der gefertigten Darstellung über einen kalibermässigen Cylinder, noch weiter verdeutlichen kann.

Züge mit progressivem Dralle erscheinen in der Entwicklung gewöhnlich als Kreis-, seltener als parabolische Bogenstücke, an welche — gegen die Mündung zu — Tangenten gezogen sind.

(Taf. VII, Fig. 2 gibt die Darstellung kreisliniger Progressivzüge.)

Wie die Darstellung der abgewickelten Seele, bietet auch die Construktion des Längenschnittes gezogener Rohre eine nähere Belehrung über deren innere Beschaffenheit.

Die Figuren 4 und 5 der Tafel VII geben die einfache Anleitung, wie solche Längenschnitte, mit Hülfe des Bohrungsquerschnittes und der Dralllänge hergestellt werden können. (Fig. 4 zeigt die Bohrung des bayer. Infanteriegewehres, M. 1858. — Fig. 5 diejenige eines Rohres mit Whitworth'schen „Polygonalzügen", worüber Näheres unter Zugprofil).

β. Zahl der Züge.

Mit der Zahl der Züge wächst die Zahl der Punkte, an welchen das Geschoss, zur Einführung in die rotatorische Bewegung, auf seiner Aussenfläche angegriffen wird, um so mehr vertheilt sich also der Widerstand des Projektiles gegen die drehende Kraft, um so leichteres Spiel hat demnach diese.

Dem, durch diesen Satz gerechtfertigten Bestreben nach möglichst vielen Zügen, tritt aber sehr bestimmt die Forderung eines genügend starken Zugprofiles (speziell einer hinreichenden Zugbreite) gegenüber, das seinerseits, in erster Linie, von der bezüglichen Führungsweise des Geschosses abhängig ist.

Bei gleichem Profile und einerlei Führungsweise wird demnach die Zahl der Züge mit dem Bohrungsdurchmesser wachsen, stets aber mit der Grösse des Zugquerschnittes (speziell der Zugbreite) und der Verminderung des Rohrkalibers abnehmen müssen.

Hiebei hat die Praxis gelehrt, dass es von untergeordnetem Werthe sei, ob die Zugzahl eine gerade oder ungerade Summe betrage und dass der Nachtheil der letzteren, die Geschossoberfläche in unsymmetrische Hälften zu theilen, nahezu bedeutungslos erscheine.

Unter allen Umständen sind indess mindestens zwei Züge zur Herstellung einer genügenden Geschossführung nöthig.

γ. Profil der Züge.

Die Erörterung über das Profil (also die Querschnittform) der Züge, lässt sich in zwei Hauptgesichtspunkte trennen:

in die Bestimmung von Breite und Tiefe, und
in die Betrachtung der Gestalt des Zugprofiles.

Breite und Tiefe, diese beiden Hauptdimensionen des Zugprofiles sind es, durch welche sich die Stärke und der Kubikinhalt der Führungsleisten mit bedingt, welche das widerstrebende Projektil in den Zugrinnen zu erhalten haben. Dieser Kubikinhalt bleibt (für gleiche Längen) unverändert, so lange das Produkt aus Breite und Tiefe dasselbe ist. Diese beiden Masse stehen demnach in einer gewissen Wechselbeziehung zu einander, in Folge welcher die Verminderung der einen Dimension die entsprechende Vergrösserung der andern fordert, während beide mit der Verkürzung der Führungsleisten zunehmen müssen, wenn der bestimmte und natürlich wieder von der speziellen Führungsweise abhängige Kubikinhalt dieser, unverändert bleiben soll.

Was nun jede dieser Dimensionen für sich betrifft, so kann sich die Zugbreite nie über ein Mass vergrössern, durch welches die Felder zur Führung zu schwach würden; dagegen entspricht es dem Streben nach einer gleichmässigen Anlehnung des Geschosses, Zug- und Feldbreite gleich gross zu machen.

Dieser Anschauung wird besonders bei Compressions- oder Expansionsführung Rechnung getragen, weniger bei Pressionssystemen, für welche das Einpressen der Felder in den Geschosskörper, durch geeignete Reduktion der Feldbreite entschieden erleichtert werden kann.

Die Zugtiefe wird einestheils von der Möglichkeit vollständiger Ausfüllung durch das Geschoss, oder dessen Liederungsmittel, anderntheils aber durch die Anforderung leichter Reinigung, sowie auch durch den Umstand beschränkt, dass tiefe Züge nicht allein die Rohrwände erheblich schwächen, sondern auch hohe Führungsleisten, also grössere Unebenheit der Geschossoberfläche veranlassen.

Der Vergrösserung der Zugtiefe an sich, besonders aber auf Kosten der Zugbreite, stehen demnach weit erheblichere Bedenken entgegen, als der entsprechenden Zunahme der letzteren Dimension auf Rechnung der Zugtiefe und ist es daher sehr erklärlich, dass seichte, breite Züge allenthalben derlei schmalen und tiefen vorgezogen werden.

Um — bei Expansionssystemen — die, vielleicht im ersten Momente der Fortbewegung des Geschosses im Rohre nicht ganz vollkommen erreichte Liederung des Projektiles zu vervollständigen, ehe dasselbe die Mündung erreicht, oder — bei Pressionsführung — den Widerstand des Geschosses gegen die treibenden Gase mit der zunehmenden Entwicklung und der Dauer der Einwirkung dieser zu erhöhen, hat man versucht, die Tiefe oder Breite der Züge gegen die Mündung hin allmälig abnehmen zu lassen.

Die Verflachung der Züge – wurde zuerst von Minié — dem Erfinder der Expansionsführung — in Anwendung gebracht und auch für diese Construktion die Bezeichnung „Progressivzüge" gebraucht.

Die Verengerung der Züge fand ihre neueste Verwerthung bei der Construktion des preuss. gezogenen Feld-4Pfünders, dessen Bohrungsquerschnitte in den Fig. 8ª — Mündungsquerschnitt — und 8ᵇ — Bodenquerschnitt — der Tafel VII abgebildet sind. In den preussischen Vorschriften werden diese Züge, der convergirenden Stellung ihrer Seitenflächen wegen, als Keilzüge[1]) bezeichnet. (Taf. VII, Fig. 3 gibt die Darstellung einer, mit derlei Keilzügen versehenen, abgewickelten Rohrseele.)

Was die Gestalt des Zugprofiles betrifft, so bestimmt sich dieselbe wieder in erster Linie durch die Anforderungen und die Art der Führung, in zweiter aber durch die Bedingungen leichter Herstellung und Reinigung.

---

[1]) Zur genaueren Unterscheidung, nennt man Züge mit gleich bleibender Breite, auch speziell „Parallelzüge".

Hiebei sind manche Construkteure von der, bei unvollständiger Liederung ganz richtigen und erfahrungsgemässen Anschauung ausgegangen, dass die Geschossführung sich nicht gleichmässig auf beide Zugkanten vertheile, sondern die, der Drallrichtung entgegengesetzte (also für den Blick nach dem Ziele die linke, für den Blick in die Mündung aber die rechte Zugkante) es sei, welche das Geschoss ganz hauptsächlich im Zuggewinde festzuhalten und den Widerstand des Projektiles gegen die rotatorische Bewegung zu bekämpfen habe.

Man hat daher auch diese Zugkante ganz speziell die Führungskante (*flanc de tir*), die ihr entgegengesetzte, also an der Drallseite selbst liegende aber, Ladekante (*flanc de charge*) genannt, weil sich an diese das, von der Mündung aus eingesetzte Geschoss, resp. dessen Führungsleisten, beim Hinabschieben in den Laderaum anlehnen.

Unter diesen Voraussetzungen ergaben sich dort und da verschiedene Anordnungen für Führungs- und Ladekante, die indess, von andern Technikern, auch in ganz gleicher Weise hergestellt wurden.

Als Hauptformen der verschiedenen Zugprofile seien folgende erwähnt:

1) das vierseitige (Taf. VII, Fig. 6, 7 u. 8) mit concentrischem Grunde (*fond*), scharfen Zug- und eben solchen oder — leichterer Reinigung und vollkommener Liederung wegen — ausgerundeten (Fig. 7) Grundkanten, gleichmässig für Vorder- und Rückwärtsladung, Blei-, Papier- u. Spiegel-Liederung, allseitig im Gebrauche.
2) Das trapezförmige (Taf. VII, Fig. 9), beim französischen Vorderladungsgeschütze (Feld-4Pfünder, System La Hitte) für Zapfenführung in Anwendung.
3) Das sägeförmige, mit steiler Führungs- und ausgerundeter Ladekante (Taf. VII, Fig 10), beim englischen Armstronggeschütze für Pressionsführung im Gebrauche.
4) Die Reliefzüge (Taf. VII, Fig. 14), eine Erweiterung des Armstrong'schen Profiles — nicht über den Versuch hinaus gekommen.
5) Das kreisförmige oder ausgerundete (Taf. VII, Fig. 15), für Zapfenführung angewandt.
6) Die Whitworth'sche Polygonalbohrung für Zapfen- und Pressionsführung versucht.
7) Die Lenk'sche Keilbohrung für Schiesswollgeschütze mit Vorderladung und Zapfenführung im Gebrauche gewesen, (Taf. VII, Fig. 12), unterscheidet sich von der gewöhnlichen, mit Zügen versehenen Rohrseele hauptsächlich dadurch, dass um den Bohrungscylinder (**abcd**) herum, ein Keil (**acbfcgdhi**) aufgewunden ist und erst in die, dadurch entstandene, excentrische Seelenwand (**efgh**) drei trapezförmige Züge eingeschnitten sind.

Der Rücken (ic) des Keilzuges erscheint hiebei als Lade-, die Keilspitze aber als Führungskante, an welche das, mit entsprechenden Leisten versehene Geschoss, beim Einsetzen der Ladung, durch eine geeignete Drehung des Setzers „angeschraubt" und dadurch mit der Keilfläche (efgh) in Liederung gebracht, der Spielraum aber auf die, neben den Geschossleisten, am Keilrücken und in den Zugrinnen frei bleibenden Stellen vertheilt wurde.

8) Die Bogenzüge (Taf.VII, Fig. 11) des österreichischen Vorderladungsgeschützes beruhen auf einem ähnlichen Prinzipe,[1]) wie die Keilbohrung, indem hiebei jeder einzelne Zug als ein Lenk'scher „Keilzug"[2]) erscheint, längs dessen abgeschrägter Ladekante (ab) das, mit Leisten versehene Geschoss eingeführt, dann, mittels des Setzers, an die ausgerundete Führungskante angeschraubt, damit also wieder in Liederung gebracht und der Spielraum längs der Ladekante vertheilt wird.

2. Das Langgeschoss (*projectil oblong*).

Das Langgeschoss erschien in seiner ersten Form (nach Delvigne's Construktion [Taf. VII, Fig. 16*]) einfach aus Cylinder und Kegel zusammengesetzt und wurde daher früher ausschliesslich als Spitzgeschoss (*balle pointée*) bezeichnet, welche Benennung sich erst mit seiner Vervollkommnung in die oben ausgesetzte verwandelte.

Diese Vervollkommnung bestand vor allem in der Verbesserung der Spitze.

Man überzeugte sich, sowohl durch Versuche, als durch angestellte Berechnungen, bald von der Thatsache, dass es, besonders bei beschränkter Höhe, nicht der reine Kreiskegel sei, welcher den geringsten Luftwiderstand errege, sondern dass — bei gleicher Höhe — schon der abgestutzte Kegel die Luft leichter durchschneide, als der volle, von gleicher Grundfläche, der, seinerseits, noch dazu ungünstigere Schwerpunktsverhältnisse darbot, als jener.

---

[1]) Eine, den Keilzügen verwandte Idee lag auch den dort und da versuchten sogen. Wechselzügen zu Grunde.

Man führte das Geschoss durch eigene breite „Ladezüge" ein, drehte es dann im cylindrischen, bis zum Zuggrunde erweiterten Laderaume, um ein bestimmtes Mass und stellte die Geschossleisten hiedurch auf die schmaleren „Führungszüge" ein.

[2]) Nicht zu verwechseln mit den „Keilzügen" des preuss. Feld-4 Pfünders.

Mit der blossen Abplattung der Geschossspitze war aber weder die beste Form dieser erreicht, noch vermieden, dass Kegel und Cylinder, oder Spitze und Führungskörper des Geschosses in einer wohlmarkirten Kante zusammenstiessen. Dieser Nachtheil konnte nur durch die Anwendung gewölbter, „ogivaler" Geschossspitzen beseitigt werden und führte diess zum Ersatze des geraden Kreiskegels durch den parabolischen (Taf VII, Fig. 18, 19, 21), in dessen bester Anordnung (z. B. Taf. VII, Fig 19) dann endlich die vollkommenste Form des Langeschosses gefunden wurde.

Mit der Spitze änderte sich auch der Führungskörper des Geschosses.

Neben der richtigen Bestimmung seines Höhenverhältnisses, war hier besonders die Frage der Canellirung oder Reifelung zu entscheiden.

Zur Verminderung der Reibung an den Seelenwänden, brachte man nämlich am Führungscylinder ringförmige Einschnitte — „Reifelungen, Canellirungen" (*cannelures*) (Taf. VII, Fig. 16ᵃ, 17, 18) — an, die zugleich zur festern Anlage des Liederungs- oder zur Aufnahme des Schmiermittels geeignet erschienen, deren Anordnung aber, nach der Absicht mancher Construkteure, auch den Vortheil bieten sollte, das Geschoss, durch das Andrängen der Luft gegen diese Ringflächen, am Ueberschlagen zu hindern.

Diese Anschauung hatte mancherlei Variationen in der Form der Reifelungen zur Folge.

Bald glaubte man den Anprall der Luft durch sägeartige Einschnitte (Fig. 18) möglichst verstärken zu müssen, erzeugte aber damit selbstverständlich einen empfindlichen Geschwindigkeitsverlust des Geschosses, der dann, durch gerade entgegengesetzte oder doch weniger scharf angeordnete Absätze (Fig. 17) wieder vermindert werden sollte.

Nach derartigen Um- und Abwegen kam jedoch auch in dieser Beziehung die eigentliche Wahrheit zur Geltung, wodurch die Reifelungen auf ihren ursprünglichen Zweck zurück- und demgemäss immer mehr in Umrissen ausgeführt wurden, welche die Reibung des Geschosses im Rohre nicht auf Kosten seiner Luftreibung verminderten.

In diesem Bestreben, den Abfluss der Luft an den Geschosswänden möglichst zu erleichtern, ging man jedoch noch weiter und vermied nicht allein an vielen Modellen (z. B. Taf. VII, Fig. 16ᵇ) alle Canellirungen, sondern vertauschte bei andern selbst den cylindrischen Führungskörper mit einem conischen oder ogivalen, woraus die eiförmigen wohlgestalteten Geschosse des preussischen Zündnadelgewehres — das (für Spiegelführung bestimmte!) sogen. Langblei (Taf. VII, Fig. 21) — und der Whitworth-Waffen (Taf. VII, Fig. 22) entstanden.

Aber nicht allein die Ausbildung von Spitze und Führungskörper für sich, sondern ganz besonders die richtige Bestimmung des Verhältnisses der Länge des Geschosses zu seinem Durchmesser war es, welcher das Spitzgeschoss seine Vollkommenheit verdankte; denn während die Kugel nur Eine Dimension hat, welche ihren Inhalt bedingt, kann ein gegebenes Massengewicht beim Spitzgeschosse durch die Veränderung seiner Höhe oder seines Kalibers erreicht werden.

Gerade hiedurch ist es möglich, Geschosse zu konstruiren, welche eine bestimmte Masse in derjenigen Form vereinigen, welche der Fortbewegung am günstigsten ist und den geringsten Luftwiderstand erregt.

Nach den gewonnenen Erfahrungen bestimmt sich das gewöhnliche Verhältniss von Durchmesser zur Länge bei den besseren gegenwärtigen Geschossmodellen auf 1 : 2, steigt jedoch bis 1 : 2,5 und selbst bis 1 : 3,

Um aber ein ungefähres Bild derjenigen Gränzen zu geben, innerhalb welchen sich die Modifikationen von Durchmesser und Länge für Geschosse von gleicher Masse bewegen können, wurden in Taf. VII, Fig. 16ᵃ und 16ᵇ (dann Fig. 19 und 20) Projektile von nahezu gleicher Masse, aber verschiedenen Construktionsverhältnissen abgebildet und wird der blosse Anblick dieser Figuren sofort diejenige erkennen lassen, welche die günstigeren Proportionen enthält.

Ein vollkommneres Urtheil über die wirkliche Grösse der Vortheile, welche durch die Verkleinerung des Kalibers, innerhalb der praktisch zulässigen Grenzen, für ein Geschoss von bestimmter Masse gewonnen werden können, lässt sich jedoch nur durch den Vergleich der Schussleistungen, d. h. der Flugbahnen und Streuungsgrössen der bezüglichen Projektile erringen und solche vergleichende Studien sind es, welche hiemit wiederholt und eindringlichst empfohlen sein sollen.

Wie der Werth des besser oder minder gut konstruirten Spitzgeschosses aus den eben angedeuteten Untersuchungen kennen gelernt werden kann, so geben dieselben auch das verlässigste Mittel an die Hand, um die ganze Summe derjenigen Vorzüge zu erfassen, welche das Langgeschoss gegenüber der Kugel auszeichnen und damit das Bestreben zur immer grösseren Verbreitung der gezogenen Feuerwaffen rechtfertigen.

Allgemein lassen sich diese Vorzüge in folgende Hauptsätze zusammenstellen:

1) Bei gleicher Masse und Anfangsgeschwindigkeit erreicht das Langgeschoss, vermöge seiner Form, grössere Schussweiten, als die Kugel unter denselben Umständen überhaupt zu erreichen vermag.

2) Die stets gesicherte, gleiche Längenaxenrotation bürgt unter allen Verhältnissen für grössere Schussgenauigkeit; bei guter Geschossführung und vollkommener Liederung wird aber die

Treffwahrscheinlichkeit des Langgeschosses, besonders auf weitere Distanzen, so überwiegend, dass dieselbe für die glatte Feuerwaffe geradezu unerreichbar erscheint.

3) Bei ein und demselben Ladungsverhältnisse muss das Langgeschoss seiner Form und des daraus folgenden geringeren Geschwindigkeitsverlustes wegen, flachere Bahnen als die Kugel, besonders auf die grösseren Entfernungen hinaus, ergeben. (Hiebei sind jedoch die, durch die Aufwärtsrotation excentrischer Kugeln erreichbaren, besonderen Streckungen der Bahn nicht eingerechnet.)

4) Bei gleichem Ladungsverhältniss hat das Langgeschoss auf die gleichen Entfernungen, der geringeren Geschwindigkeitsabnahme und des kleineren Querschnittes wegen, grössere Durchschlagsfähigkeit[1]) als die gleichschwere Kugel.

5) Die Gestalt des Langgeschosses gestattet eine Kaliberverringerung, bei welcher die Kugel unbedeutend an Wirkung würde.

6) Schon die — dem Pulvergasstosse und der Fortbewegung günstigere Form des Langgeschosses — sowie auch die, meistens mit ihm verbundene, und jedenfalls leichter und mit entschiedenerem Vortheile als bei der Kugel herzustellende Liederung desselben, gestattet, auch bei gleicher Geschossschwere, eine bedeutende Verringerung der Pulverladung, ohne hiedurch an Schussweite, bestrichenem Raume und Durchschlagsfähigkeit einbüssen zu müssen, im Gegentheile — innerhalb gewisser Grenzen — mit bleibender Ueberlegenheit dieser Faktoren.

---

[1]) Die Durchschlagsfähigkeit eines Geschosses ist einestheils und in erster Linie von der Aufschlagskraft, dann von Material, Form und Anschlagweise desselben abhängig, anderntheils wird sie im umgekehrten Verhältnisse zur Querschnittgrösse, also zur Länge des Durchmessers stehen.

Die Auf- oder Anschlagskraft, d. i. die „lebendige Kraft" des Geschosses am Ziele, ist gleich dem Produkte aus Masse in das Quadrat der Endgeschwindigkeit.

Vierter Abschnitt.

Handfeuerwaffen.

Allgemeines.

Erklärung. Jene kleinen Feuerwaffen, welche, durch den blossen Gebrauch der Hände, von Einem Manne allein in Thätigkeit gesetzt und ebenso — sammt Munition u. s. w. — von dem einzelnen Manne transportirt werden können, nennt man Handfeuerwaffen (*armes à feu portatives*). Dieselben sind lediglich Schusswaffen und müssen eine genügende Wirkungsfähigkeit besitzen, um beim jedesmaligen Gebrauche mindestens Einen Gegner ausser Gefecht setzen zu können.

Eintheilung. Die Handfeuerwaffen zerfallen in zwei Gruppen:

I. Infanteriefeuerwaffen und

II. Reiterfeuerwaffen.

Die erste derselben umfasst jene Kleingewehre, deren Anordnungen das doppelte Bestreben zu Grunde liegt, die Bedingungen einer möglichst vollkommenen Schusswaffe mit denen einer guten Nähewaffe zu vereinigen, während die zweite diejenigen Schiesswaffen enthält, deren erstes Construktionsgesetz leichteste Handhabung ist.

Hauptheile der Handfeuerwaffen. Jede Handfeuerwaffe setzt sich aus

1) **Rohr** oder **Lauf,**

2) **Schaft,**

3) **Schloss** und den, diese drei Haupttheile verbindenden

Nebenbestandtheilen zusammen, zu welchen noch weitere, zur Handhabung etc. der Waffe dienende Werkzeuge und — für den Feuergebrauch selbst —

4) die **Munition** hinzukommen.

Die allgemeine Beschaffenheit dieser einzelnen Faktoren, soll in den nachstehenden Erörterungen abgehandelt werden.

1. Der Lauf (*canon*).

a. Material und Herstellung des Laufes.

Der **Lauf**, in seinen Construktionsbedingungen durch die, beim „Feuerrohre" aufgestellten Gesetze bestimmt, bildet meistens einen, gegen die Mündung wenig verjüngten, abgestutzten Kegel, seltener einen Cylinder, oder ein achteckiges Prisma, in welch' letztere Form er zuweilen auch, gegen den Pulversack hin, (sieh' Taf. VIII, Fig. 1^a, die sogenannten Falten bei fff) übergeht.

Die Läufe der Handfeuerwaffen werden aus Schmiedeeisen oder Gussstahl[1]) hergestellt.

Die Erzeugung der Schmiedeisenläufe geschieht aus eigens vorgerichteten Eisenschienen, sogen. Platinen (*lames à canon*). Durch allmäliges — so zu sagen zollweises — Zusammenbiegen und Schweissen der Langende dieser, über einem geeigneten „Dorne", wobei die äussere Laufgestalt durch Gesenke und Setzhämmer geregelt wird.

Man nahm diese mühsame Arbeit ehedem lediglich mit Hilfe starker Handhämmer vor und musste der (Infanteriegewehr-) Lauf hiezu oft über dreissigmal in's Feuer gebracht werden [dreissig „Hitzen" (*chaudes*) erhalten], bis er vollendet war.

In neuerer Zeit bedient man sich auch kleiner Schwanz- oder Dampfhämmer zum Laufschmieden und beschleunigt dieses dadurch erheblich.

Die Herstellung der Gussstahlläufe geschieht durch geeignetes Strecken massiver cylindrischer oder prismatischer Stahlstücke.

Die ausgeschmiedeten und — nach geeigneter Untersuchung — tauglich befundenen Läufe werden auf horizontalen oder vertikalen Bohrmaschinen, einzeln, oder mehrere zugleich, je nach ihrer (im Allgemeinen zwischen $^{4}/_{10}$ und $^{7}/_{10}$ Zoll; 10—17mm. betragenden) Seelenweite[2]),

---

[1]) Damast- und Bandstahlläufe sind nur für Privatwaffen gebräuchlich.

[2]) Es sei hiebei bemerkt, dass man die Seelenweite gegen den Pulversack hin, gewöhnlich um ein unendlich kleines Mass zunehmen lässt; man nennt diese unmessbare Erweiterung der Bohrung den Fall derselben.

ausgebohrt und sodann, nach wiederholter Revision bezüglich Kalibermässigkeit und Concentricität, der ersten Schiessprobe unterworfen.

Man verschliesst sie hiezu, am Pulversenkende, mit einer provisorischen Schwanzschraube und gibt ihnen eine, das normale Verhältniss bis um das Doppelte übersteigende Gewalt-Ladung.

Nach dem „Beschiessen" (*épreuve de tir*) kommen die, bei demselben nicht sichtbar beschädigten Läufe ungereinigt in den sogen. Schweisskeller.

Neben einer entsprechenden Oxydation, veranlasst die feuchte Atmosphäre dieses Raumes auch das Austreten — „Ausschwitzen" des Pulverschleimes an allen unganzen Stellen des Laufes und gibt hiedurch ein vorzügliches Mittel an die Hand, um die feinsten Risse im Laufe mit Sicherheit entdecken zu können.

Der „Schwitzprobe" folgt die weitere Ausarbeitung des Laufes mit dem Anschweissen des Zündstollens (Taf. VIII, Fig. 1, Z), bei Zündhütchengewehren, dem Einschneiden des Muttergewindes (Taf. VIII, Fig. 1 a, M) für die Schwanzschraube, bei Vorderladungsgewehren und dem „Ziehen" bei Präcisionswaffen.

Die letztere Arbeit wird wieder auf eigenen, horizontalstehenden Maschinen vorgenommen und dabei Zug für Zug mittels eines entsprechend geführten Schneidezahnes, Gaisfuss genannt, eingeschnitten.

Ihre Vollendung erhält die Rohrseele durch Ausschmirgeln, mittels Maschinen, oder — besser — aus freier Hand, indess die Aussenfläche des Laufes durch Abdrehen oder (grosse Vorsicht und Geschicklichkeit erforderndes) Schleifen und Abziehen auf ihre bestimmten Ausmasse gebracht und geglättet wird.

Nach wiederholter Revision wird der Lauf mit den, zu seiner Befestigung am Schafte, oder zu derjenigen des Bajonetes, Visirs u. s. w. dienenden Oehsen und Haften versehen, welche entweder (wie der Fuss des, in Taf. X, Fig. 6 dargestellten Visirs) „eingeschleift", oder angelöthet werden.

Endlich wird der Zündkanal eingebohrt, der Zündstollen mit dem Muttergewinde (Taf. VIII, Fig. 1 b, m) für den Zündkegel versehen und — wo diess bestimmt — der Lauf zuletzt noch „angelassen" (*mis au bleu*) oder — besser — um eine wiederholte Erwärmung und die damit verbundene Gefahr des „Verziehens" zu vermeiden — kalt brünirt. [1])

Zur Conservirung fertiger Läufe, ist vor allem eine gute, trockene Magazinirung derselben, dann aber auch fleissige Nachsicht und entsprechende Behandlung mit Waffenschmiere [2]) nothwendig.

---

[1]) Siehe Technologie S. 29.

[2]) Siehe Technologie S. 79.

Im täglichen Gebrauche, sind es besonders äussere Beschädigungen, welche die Läufe ruiniren und nimmt unter diesen das, die Wände schwächende Putzen mit Hammerschlag u. dgl. die erste Stelle ein. Hiegegen schützt allerdings eine gute Brünirung am besten, nur muss eine solche öfters erneuert werden, was eben auch die Rohrwände schwächt.

Nach Schiessübungen soll womöglich heisses Wasser zur Reinigung [1]) des Laufes benützt und dieser sodann trocken warm gerieben und hierauf wieder gehörig eingefettet werden.

Beschädigte und abgenützte Läufe, können durch Ausschmirgeln und Nachziehen wieder brauchbar gemacht — „gefrischt" (*rafraichir*) werden, so lange es die Wandstärken und der Spielraum erlauben.

b. Zubehör des Laufes.

Als Laufzubehör sollen hier jene Gewehrtheile aufgeführt werden, welche entweder mit dem Rohre fest verbunden sind, also mit ihm Ein Ganzes bilden, oder doch die Bestimmung desselben theilen, d. h. vornehmlich den Feuergebrauch der Waffe vermitteln.

α. Die Schwanzschraube (*culasse*).

Die Schwanzschraube hat den Zweck, das rückwärtige Laufende genügend sicher zu verschliessen. Sie kömmt demnach nur bei Vorderladungsgewehren vor, dient aber bei diesen zugleich zur Befestigung des Laufes am Schafte, indem sie an ihrem rückwärtigen Theile entweder einen nasenförmigen (Taf. VIII, Fig. 2, n) oder einen hakenähnlichen (Taf. VIII, Fig. 3) Ansatz erhält und damit im ersten Falle (bei k) zur Aufnahme der sogen. Kreuzschraube

---

[1]) Es sei hiebei eines, auch in Bayern zur Einführung gelangten Instrumentes erwähnt, das sich ganz vorzüglich praktisch für die rascheste und leichteste Reinigung des Gewehres nach dem Schiessen bewährt hat.

Es ist diess das, in Taf. VIII, Fig. 28 abgebildete, sogen. Auswaschröhrchen.

Dasselbe besteht aus einem dünnen Schlauche von vulkanisirtem Kautschuk (k), der an dem einen Ende mit Blei (b) beschwert, an dem andern aber mit einem messingenem Mundstücke und einem Schraubengewinde (g), zum Einsetzen in den Zündstollen versehen ist.

Das angeschraubte Röhrchen wird mit seinem Bleikopfe in Wasser gesenkt und vermittelt — bei Benützung des Wischers als Pumpenkolben — die Reinigung der Rohrseele, ohne den Lauf selbst in's Wasser stellen, oder nur aus dem Schafte nehmen zu müssen.

(Taf. VIII, Fig. 10) und zuweilen auch (bei s) einer Schlossschraube (Taf. VIII, Fig. 25, S.), im letztern aber zum Eingriffe (sieh' Taf. VIII, Fig. 4 b) in eine am Schafte festgeschraubte Hakenscheibe (*bascule*) (Taf. VIII, Fig. 4 a) vorgerichtet ist.

Die Schwanzschraube wird aus Eisen oder Gussstahl geschmiedet, mit einer genügenden Anzahl Gewinde (7—14) versehen und dann gehärtet.

Man stellt sie nicht selten als Hohlschraube (Taf. VIII, Fig. 3 und 5) her und bestimmt sie zur Aufnahme des Pulversackes, in welchem Falle sie „Patentschwanzschraube" genannt und auch mit dem Zündstollen versehen wird (Taf. VIII, Fig. 5).

β. Der Zündstollen (*piston*) mit dem Zündkegel (*cheminée*).

Um das — bei Perkussionsgewehren — die Entzündung der Ladung vermittelnde Zündhütchen (Taf. X, Fig. 14) (worüber das Nähere unter „Munition" abgehandelt werden wird) in geeigneter Weise anbringen zu können, wird an den Pulversack ein kegelförmiger Stollen — der Zündstollen (Taf. VIII, Fig. 1, Z) angeschweisst, (angeschraubte Zündstollen finden sich nur bei älteren, abgeänderten Gewehren) und in diesen ein, gleichfalls konischer Zapfen eingeschraubt, dessen Form dem Hohlraume des Hütchens entspricht und dieses daher, wenn es aufgesetzt wird, genügend fest zu halten vermag.

Dieser letztere Körper heisst Piston oder Zündkegel (Taf. VIII, Fig. 6, 7 u. 8) und ist natürlich, wie der Zündstollen selbst und die an diesem anliegende Wand des Pulversackes, durchbohrt, um den Feuerstrahl des, im Kopfe des Hütchens befindlichen Knallpräparates, zur Pulverladung durchdringen zu lassen.

Man nennt diese Durchbohrung den Zündkanal und mündet derselbe gewöhnlich an der rechten Seite des Laderaumes, also keineswegs in einer, der Pulververbrennung günstigen Weise, in den Lauf.

Um dieses Verhältniss zu bessern, hat man bei manchen Gewehren den Zündstollen möglichst tief in die Wandungen des Pulversackes eingesetzt und den Zündkanal so geführt, dass er den Ladungsraum in der Rohraxe trifft. Man nennt diese Anordnung die direkte Zündweise und findet sie vorzüglich bei Patentschwanzschrauben (Taf. VIII, Fig. 5) eingerichtet.

Bei besseren Modellen wird der Zündstollen gegen rückwärts mit einem eigenen Ansatze versehen, welcher den Zweck hat, sowohl den Schützen, als auch den, unter dem Stollen liegenden Schlossmechanismus, vor Beschädigungen durch das sogenannte Spritzen des Zündhütchens zu schützen und daher Feuerschirm (Taf. VIII, Fig. 1) genannt wird.

Eine gute Anordnung des Zündstollens fordert endlich eine so abgerundete und wohlzugearbeitete Form desselben, dass er die Handhabung des Gewehres nicht behindere und leicht zu reinigen sei.

Der Zündkegel (Taf. VIII, Fig. 6, 7 u. 8) wird, mit Hilfe geeigneter Gesenke, aus Stahl geschmiedet und gehärtet. Er besteht aus drei Theilen: dem, zum Aufsetzen des Zündhütchens bestimmten, kegelförmigen Stücke (Taf. VIII, Fig. 6 •, k), einer, an dieses anstossenden tellerähnlichen Basis (Taf. VIII, Fig. 6 •, tt) und dem, zum Einsetzen in den Zündstollen bestimmten Gewindstücke (Taf. VIII, Fig. 6 •, g).

Die Basis (t) des Zündkegels deckt dessen Anschluss an den Zündstollen und ist mit zwei Abplattungen (a) versehen, um den Angriff des, zum Einsetzen oder Abnehmen des Zündkegels nöthigen Schraubenschlüssels (des sogen. „Zündkegelziehers", worüber unter „Schlosszubehör") zu vermitteln.

Der, im Zündkegel enthaltene Zündkanal muss, des ohnehin — selbst im Stahl — sehr bald erfolgenden Ausbrennens wegen, sowie auch um das seitliche Ausströmen der Pulvergase, möglichst zu vermindern, auf den kleinstzulässigen Durchmesser beschränkt werden, der einerseits noch die Füllung des Zündkanales mit dem zu gebrauchenden Pulver und das Durchschlagen des Zündstrahles sichert, anderntheils aber auch eine leichte Reinigung mit Hilfe stählerner Raumnadeln gestattet.

Um den Feuerstrahl des Knallpräparates sicher zu umfassen, endigt der Zündkanal gegen aussen gewöhnlich trichterförmig, während der innere Theil seiner Bohrung zuweilen cylindrisch, vielfach aber auch conisch angeordnet ist. Im letzteren Falle verjüngt sich die Weite des Kanales manchmal nach innen, um den Feuerstrahl möglichst zu concentriren (Taf. VIII, Fig. 8), oder aber nach aussen, um die Füllung des Zündkanales mit Pulver zu erleichtern (Taf. VIII, Fig. 7). Diese Construktion beschleunigt übrigens das Ausbrennen. (Die bayerische Anordnung (Taf. VIII, Fig. 6) versucht die Vortheile der beiden eben genannten Constructionen zu vereinen, ohne damit ihre Nachtheile in den Kauf zu nehmen.)

γ. Die Visireinrichtungen.

Bei älteren, glatten Feuerwaffen findet sich die Visirkerbe gewöhnlich an der Schwanzschraubennase (wie in Taf. VIII, Fig. 2, bei V) angebracht und das Korn einfach auf den Lauf gelöthet. (Die Visireinrichtungen gezogener Gewehre werden erst bei diesen selbst abgehandelt werden.)

δ. Der Ladstock (*baguette*).

Um, bei Vorderladungsgewehren das Geschoss an den Pulversack hinabschieben und geeignet ansetzen zu können, bedient man sich eines cylindrischen (Taf. VIII, Fig. 18) oder wenig conischen (Taf. VIII, Fig. 19 u. Taf. XV, Fig. 2 b) Stabes, den man Ladstock nennt. Derselbe wird entweder am Gewehre selbst — in der Ladstocknuthe des Schaftes (sieh' Schaft) — oder an einem eigenen Bandeliere hangend, mitgeführt und muss aus einem genügend festen und dabei elastischen Materiale hergestellt werden, um seinem Zwecke genügen zu können. Bei Kriegswaffen dient hiezu allgemein Federstahl.

Die Länge des Ladestockes überragt diejenige der Bohrung nur um so viel, als zu seiner bequemen Handhabung nothwendig ist; seine Stärke wird, grösstmöglicher Leichtigkeit wegen, so gering gewählt, als diess ohne Beeinträchtigung der nöthigen Festigkeit geschehen kann. Hiebei muss jedoch das, unmittelbar zum Ansetzen bestimmte Ende des Ladestockes — der centralen Führung [1]) des letztern selbst wegen — mit einer angemessenen Verstärkung versehen werden, welche man den Setzerkopf nennt und, zur Schonung der Seele, bei gezogenen Waffen, mit Messing, oder — besser — Kupfer (Taf. VIII, Fig. 17, kk) umlegt.

Die Basis des Setzerkopfes wird gewöhnlich etwas konisch ausgehöhlt, um damit die Geschossspitze besser erfassen zu können.

Das, dem Setzerkopfe entgegengesetzte Ladstockende, ist entweder gleichfalls — zur bequemeren Handhabung — mit einer Verstärkung versehen (Taf. VIII, Fig. 18), oder es ist — zum Zwecke der Bandelierbefestigung — ringförmig gebogen (Taf. XV, Fig. 2 b).

Der Ladestock dient zugleich als Wisch- und Entladestock und wird, zu ersterem Behufe mit einem messingenen oder doch messinggefütterten Wischkolben (Taf VIII, Fig. 15), zu letzterem mit einem ähnlich vorgerichteten Geschossbohrer (Taf. VIII, Fig. 16) oder einem Kugelzieher (*tire-balle*) (Taf. VIII, Fig. 20) versehen, welche Instrumente, je nach Bedarf, gewöhnlich am freien Ladstockende, seltener und nur wenn dieses ringförmig gebogen ist, am Setzertheile angeschraubt werden können.

Bei Hinterladungswaffen, ist der Ladestock, als solcher, natürlich überflüssig, nicht aber als Wischer und Entladestock, zu welch' letzterem Zwecke er indess hier eines Geschossbohrers etc. nicht bedarf. [2])

---

[1]) Zum gleichen Zwecke hatte man dem Ladestocke des k. württembergischen Infanteriegewehres, nach dem Vorschlage des damaligen Hauptmanns, jetzigen Majors Dorn, wadenförmige Ansätze in seiner Mitte gegeben.

[2]) Als weiteres Laufzubehör sei hier noch der Gewehrpfropf (*tampon*),

2. Der Schaft (*fût*, *bois*).

Die gleiche Aufgabe, welche das Gefäss einer Handwaffe gegenüber deren Klinge zu erfüllen hat, ist dem Schafte eines Feuergewehres, bezüglich dessen Laufes gestellt. Der Schaft vermittelt demnach die ganze Handhabung des Feuerrohrs und muss daher, sowohl dieses, als auch das Schloss, fest mit ihm verbunden sein.

a. Die Schaftform.

Die Aufgabe, welche der Schaft zu erfüllen hat, bestimmt auch dessen Form.

Man kann an derselben im Allgemeinen zwei Haupttheile unterscheiden, die durch einen dritten mit einander verbunden sind.

Der erste Haupttheil, der Vorderschaft (*devant du bois*) (Taf. VIII, Fig. 12ᵃ, v) enthält die, zur Aufnahme des Laufes bestimmte Laufrinne (*encastrement du canon*) (Taf. VIII. Fig. 12ᵇ ll) und, entgegengesetzt dieser, gewöhnlich auch den Aufbewahrungsort für den Ladstock, die sogen. Ladstocknuthe (*voie de baguette*) (Taf. VIII, Fig. 12ᶜ nn).

Der zweite Haupttheil — der Hinterschaft (*bas du bois*) — dient zur Anlehnung und zum Festhalten des Gewehres beim Schusse und bildet bei den kleinsten Feuerwaffen, den sogen. Pistolen (sieh' Taf. XV, Fig. 2), nur einen einfachen, gegen abwärts gebogenen Handgriff (*poignée*), bei grösseren Gewehren aber den, zur Anlehnung derselben an die Schulter bestimmten Kolben (*crosse*) (Taf. VIII, Fig. 12ᵃ k).

Der Kolben (oder die Kolbe), geht mittels des Kolbenhalses oder der Kolbendünnung (*poignée de crosse*) (Taf VIII, Fig. 12ᵃ h) in das Verbindungsglied von Vorder- und Hinterschaft, den sogen. Mittelschaft (*milieu du bois*) (Taf. VIII, Fig. 12ᵃ, zwischen m und h) über und enthält dieser das Schlosslager oder den Schlosskasten (*encastrement de la platine*) (sieh' Taf. VIII, Fig. 12ᵃ) das Lager für die Schwanzschraube (*encastrement de la culasse*) (sieh' Taf. VIII, Fig. 12ᵇ) und — diesem entgegengesetzt — jenes für die Abzugsvorrichtung (*encastrement de la détente*) (Taf. VIII, Fig. 12ᶜ).

Der Schaft heisst ein ganzer, wenn die Länge der Laufrinne jener des Laufes nahezu gleich ist (Taf. VIII, Fig. 12 und Taf. X, Fig. 11), ein halber, wenn er nur bis zur Hälfte der Rohrlänge reicht (Taf. X, Fig. 21).

---

zum Verschlusse der Mündung (am besten von hartem Holze und mit Tuch gefüttert, minder gut von Korkholz, das zu hygroscopisch ist) und das Visirschutzleder, wenigstens dem Namen nach, erwähnt.

b. Material und Herstellung des Schaftes.

Um die, bei der Handhabung des Gewehres und besonders beim Feuergebrauche desselben, eintretenden Stösse und Erschütterungen aushalten zu können, muss das Schaftmaterial bedeutende Festigkeit und Elastizität besitzen. Mit diesen Anforderungen gehen diejenigen eines geringen spezifischen Gewichtes und leichter Bearbeitbarkeit Hand in Hand.

Diese Bedingungen finden sich am besten bei harten, zähen Holzarten vereinigt und ist unter diesen das Nussbaumholz [1]) allgemein, und um so mehr als das vorzüglichste Schaftmaterial anerkannt, da seine dunkle Farbe auch jeden Anstrich entbehrlich macht. In Ermangelung des Nussbaumholzes, bedient man sich indess auch des Ahorn-, oder Eschen- und selbst des Ulmen- und Buchenholzes zur Schäftung.

Die Herstellung des Schaftes beginnt mit dem Ausschneiden der rohen Schaftform, aus der 2—3" (5—8 cm.) starken, wohl ausgetrockneten, riss- und astfreien Schaftbohle, wozu jene, auf dieser, nach eigenen Schablonen, und zwar derart vorgezeichnet wird, dass das Lauflager in die Richtung der Längenfasern des Schaftholzes fällt.

Mit Hülfe von Schneidmessern und Hobeln, oder auch auf Drehbänken und Hobelmaschinen, wird der Schaft sodann weiter zugerichtet, mit den nöthigen Einstemmungen und Bohrlöchern für Schloss und Beschläge versehen und endlich mit Leinöl getränkt, angestrichen oder polirt.

b. Zubehör des Schaftes. (*garniture*).

Als Zubehör des Schaftes seien hier jene Gewehrtheile aufgeführt, welche entweder zur Verstärkung desselben, oder zu seiner Verbindung mit dem Laufe oder endlich zum gleichen Zwecke wie er selbst, d. i. zur Handhabung des Gewehres dienen. Sie werden gewöhnlich unter dem Namen des Beschläges oder der Garnitur des Gewehres zusammengefasst und am besten aus Schmiedeeisen, zuweilen aber auch — jedoch minder dauerhaft — aus Messing hergestellt.

α. Beschläge zur Verstärkung des Schaftes.

Die **Griff**- (Taf. XV, Fig. 2, g) oder **Kolbenkappe** (Taf. VIII, Fig. 12, 13 u. 14, b), auch **Stosskappe** [2]) oder **Kolbenblech** (*plaque de couche*)

---

[1]) Sieh' S. 63.

[2]) Bei der grössten Gattung der Handfeuerwaffen, den sogen. Wallbüchsen oder Wallgewehren (Taf. X, Fig. 21) ist gewöhnlich auch das vordere Schaftende durch einen Beschlägetheil verstärkt, der gleichfalls Stosskappe (Taf. X, Fig. 21, sk) genannt wird.

genannt, schützt das rückwärtige Ende des Pistolenhandgriffes oder Gewehrkolbens vor Abnützung; sie wird in das Schaftholz eingelassen und mittels ein bis drei versenkten Holzschrauben (*vis à bois*) (Taf. IX, Fig. 15) daran festgehalten

β. Beschlägtheile zur Verbindung von Schaft und Lauf.

Zur Verbindung von Schaft und Lauf dient:

1) Die **Kreuzschraube** (*vis de culasse*) (Taf. VIII, Fig. 10), welche vertikal durch den Schaft tritt und in das Abzugsblech (Taf. IX, Fig. 14 bei **ks**) eingreift. [1])
2) Die **Hakenscheibe** (*bascule*) (Taf. VIII, Fig. 4 a. b), welche bei Hakenschwanzschrauben die Stelle der Kreuzschraube vertritt, ist am rückwärtigen Ende der Laufrinne vertikal in diese eingesetzt, mittels kleiner Schrauben am Schaftholze befestigt und mit einer, dem bezüglichen Schwanzschraubenhaken entsprechenden, schrägen Ausfeilung versehen.
3) **Ringe** oder **Bünde**, welche über Rohr und Schaft geschoben (sieh' Taf. X, Fig. 11) und sowohl durch genaue Anpassung, als auch mittels eigener, im Schafte eingelassenen Federn, [2]) oder Schrauben am Gewehre festgehalten oder endlich — wie bei englischen Modellen (sieh' Taf. VIII, Fig. 22) — ähnlich dem Sperrringe des Bajonetes, so hergestellt werden, dass man sie selbst, mittelst einer Klemmschraube, nach Bedarf fester anziehen, oder lüften kann.

An grösseren Gewehren finden sich gewöhnlich drei solcher Ringe und zwar sämmtliche am Vorderschafte angebracht. [3]) Der erste derselben — der Oberring [4]) (*brassadelle, embouchoir, ca-*

---

[1]) Es wurde bereits erwähnt, dass auch die hintere Schlossschraube (Taf. VIII, Fig. 25, $S_{,}$) nicht selten quer durch die Schwanzschraube tritt und dadurch mit zur Laufbefestigung beiträgt.

[2]) Fig. 12 a der Taf. VIII zeigt — bei **f** — die Einstemmungen für die Ringfedern (*logemens des ressorts à bois*), Fig. 21 der Taf. VIII gibt die Ansicht der Oberringfeder (*ressort de brassadelle*), welche mit ihrem Arme (**a**) quer durch den Schaft, mit ihrem Kopfe (**k**) aber in eine bezügliche Durchlochung des Oberringes tritt. Die Verstärkung (**v**) dient zum Anlegen des Daumens beim Eindrücken der Feder.

[3]) Sieh' hierüber Taf. VIII, Fig. 12 a und Taf. X, Fig. 11.

[4]) Bei älteren Modellen findet sich — sehr fehlerhafter Weise — nicht selten auch das Korn am Oberringe angebracht.

pucine du haut) umschliesst das vordere Schaftende und bildet — bei Gewehren mit Ladstocknuthe — eine trichterförmige Oeffnung (*entonnoir*) über dieser, wird daher auch Trichterbund genannt.

Am Ende des Vorderschaftes sitzt der Unterring (*demi-capucine*) und zwischen diesem und dem oberen Ringe der Mittelring (*grenadière*) (Taf. VIII, Fig. 23), welcher gewöhnlich mit dem oberen Bügel für den Gewehrriemen [1]) versehen ist.

Bei kleineren Gewehren (Taf. XV) fehlt der Mittel- und meistens auch der Unterring.

4) Minder solide als durch Ringe, wird die Verbindung von Schaft und Lauf mittels **Schieber** (*tiroirs*) (Taf. VIII, Fig. 9) hergestellt, welche quer durch den Schaft gesteckt sind (sieh' Taf. X, Fig. 21), dabei in eigene, am Gewehrlaufe angebrachte Oehsen eingreifen und durch Federung [2]) festgehalten werden.

3. Das Schloss (*platine*).

Das Schloss ist jene Vorrichtung, welche die Einwirkung des Zündmittels auf die Ladung hervorruft. Da es nun allgemein die bereits (S. 140) erwähnten Knallpräparate, also durch den blossen Schlag explodirende Körper sind, welche die Zündmittel der jetzigen Feuerwaffen bilden, so erscheint das Schloss stets als ein Schlagwerk, für dessen Mechanismus sich folgende Bedingungen aufstellen lassen:

1) muss derselbe fest mit dem Gewehre verbunden und hiebei möglichst gegen äussere Einflüsse geschützt sein;
2) stets einen genügend kräftigen, sicher wirkenden Schlag zu äussern vermögen;
3) muss es in der Hand des Schützen liegen, diesen Schlag zu jedem beliebigen Zeitpunkte erfolgen lassen zu können, während derselbe

---

[1]) Der Gewehrriemen (*porte-fusil, bretelle de fusil*) (Taf. X, Fig. 11, g r) dient zum Umhängen und leichteren Tragen des Gewehres über die Schulter und bildet demnach einen, zum Schaftzubehöre zu rechnenden Garniturtheil.

Er ist gewöhnlich an eigenen Bügeln befestigt, welche am Mittelringe und am Abzugsbleche (sieh' Taf. IX, Fig. 14), oder — bei kürzeren Gewehren — am Kolben angebracht sind und muss leicht verlängert werden können, wenn er seinem Zwecke genügen soll.

[2]) Als ein weiterer Garniturtheil ist endlich noch der Ladstockfeder (*ressort de baguette*) zu erwähnen, die gewöhnlich (wie in Fig. 11 u. 12 b der Taf. VIII angedeutet) am unteren Ende der Ladstocknuthe in das Schaftholz eingelassen ist.

4) anderntheils auch nur erfolgen darf, wenn der Schütze ihn hervorrufen will;
5) soll die Thätigkeit des Schlosses die Richtung des Gewehres nicht beeinträchtigen, noch sonst nachtheilig auf den Gebrauch der Waffe einwirken;
6) muss der Mechanismus einfach genug sein, um vom gemeinen Manne leicht behandelt, gereinigt und zerlegt, sowie von jedem Büchsenmacher oder guten Schlosser reparirt werden zu können.

Diesen theoretischen Gesetzen ist durch verschiedene Constructionen zu entsprechen versucht worden, unter welchen das gewöhnliche Perkussionsschloss (*platine à percussion*), seiner ausserordentlichen und lange Zeit ausschliesslichen Verbreitung wegen, um so mehr den ersten Rang einnimmt, als eine grosse Zahl der übrigen Anordnungen nur Modifikationen desselben sind.

1. Das gewöhnliche Perkussionsschloss.

Das gewöhnliche Perkussionsschloss (Taf. VIII, Fig. 25) besteht aus folgenden Haupttheilen:

1) dem aus **Schloss-** und **Seitenblech** (**sb** u. **Sb**) mit den beiden **Schlossschrauben** (S_1 u. S_2) gebildeten Schlossgehäuse,
2) dem, als Hammer wirkenden **Hahne** (**h**),
3) dem durch **Nuss** (**n**) und **Studel** (**st**) hergestellten Getriebe,
4) der, den Hahn bewegenden **Schlagfeder** (**sf**),
5) der **Stange** (**sg**) mit der **Stangenfeder** (**sfg**), welche den Hahn vor seinem Abgange in Spannung erhält, und
6) der **Abzugsvorrichtung** (**az**).

Zu 1. Das **Schlossblech** (Taf. VIII, Fig. 25, **sb**) (*tablette, corps de la platine*) dient sämmtlichen Schlosstheilen zur gemeinschaftlichen Unterlage und schützt den ganzen Mechanismus gegen äussere Einflüsse und Beschädigungen, sowie es endlich — im Vereine mit Seitenblech und Schlossschrauben — die Verbindung desselben mit dem Schafte vermittelt. Es hat eine längliche, blattähnliche Form, wird aus Eisen geschmiedet, mit den nöthigen Ansätzen (Stollen), Lochungen, Einstemmungen und Muttergewinden zur Befestigung der Schlosstheile und Schlossschrauben versehen, aussen und innen glatt abgezogen und gehärtet.[1])

Es ist nach seiner ganzen Grösse und Stärke in den Schaft eingelassen und bestimmt daher, durch seinen Umfang, die Oeffnung des Schlosskastens.

Das **Seitenblech** (Taf. VIII, Fig. 25, **Sb**) (*contreplatine*), meist

---

[1]) „grau eingesetzt" — wie S. 27 erwähnt.

in S-Form — aus Eisen geschmiedet, dient den Köpfen der Schlossschrauben zur Unterlage und wird auf der linken Seite des Schaftes in diesen eingestemmt.

Die **Schlossschrauben** (Taf. VIII, Fig. 25, S_1 und S_2) (*grandes vis de platine*), gewöhnlich zwei, bei kleinen Schlössern nur eine an der Zahl, gehen quer durch den Schaft und fassen das Schlossblech am vorderen und hinteren Ende, oder vorne und in der Mitte oder endlich nur zunächst dieser.

Zu 2. Der **Hahn** (Taf. VIII, Fig. 25, **h** u. Taf. IX, Fig. 1) (*chien*), ist der einzige, ausserhalb des Schlossbleches angebrachte Schlosstheil und bestimmt, nicht allein das Zusammenwirken der inneren Schlosstheile zur Geltung zu bringen, sondern auch das Spannen des Schlosses zu vermitteln.

Er wird in der, aus den angezogenen Figuren zu entnehmenden, S ähnlichen Form aus Eisen geschmiedet und gehärtet und lässt an sich folgende Theile unterscheiden:

die Hahnenscheibe (Taf. IX, Fig. 1, **hs**) (*centre*),
den Hals (**h**) (*corps*),
den Schlagkörper (**sk**) (*tête*),
und den Hahnenkamm (**k**) (*crête*).

Die Hahnenscheibe[1]) ist auf ihrer inneren — am Schlossbleche anliegenden — und äusseren Fläche vollkommen glatt zugearbeitet und enthält in ihrem Centrum eine quadratische Ausstemmung, in die jene Axe (die Nusswelle, Taf. IX, Fig. 3, v) eingreift, um welche die Bewegung des Hahnes stattfindet, und an welcher der letztere, durch die sogen. Nuss- oder Hahnschraube (Taf. IX, Fig. 2) (*vis de noix, vis de chien, vis du carré, clou du chien*) festgehalten wird.

Ihrer Form wegen, heisst diese Ausstemmung die Vierung oder das Gevierte (v) (*carré*). Mit der Zunahme der Vierung wächst — durch den bezüglichen Hebelsarm — die Leichtigkeit des Spannens und Losschlagens des Hahnes; die Grösse der Vierung bedingt aber auch jene der Hahnscheibe und muss diese in jeder Richtung Eisenstärke genug besitzen, um den Prellungen des Hahnenschlages zu widerstehen. Sie hat im Allgemeinen den dreifachen Durchmesser der Vierung.

Der Hals bildet den Verbindungstheil zwischen Hahnscheibe und Schlagkörper[2]); mit seiner Länge wächst die Leichtigkeit des Spannens,

---

[1]) Die vordere Seite der Hahnenscheibe nennt man auch die Brust des Hahnes.

[2]) Die Uebergangsstelle des Halses in den Schlagkörper heisst Kehle (*gorge*) des Hahnes.

doch beeinträchtigt eine Zunahme derselben über ein bestimmtes Mass die bequeme Handhabung des Gewehres. Die Stärke des Halses regelt sich nach denselben Bedingungen, wie jene der Hahnenscheibe.

Der Schlagkörper bildet eine, gegen die innere Seite des Hahnes (sieh' Taf. VIII, Fig. 25) hervortretende Verstärkung des letztern, ist glockenähnlich geformt und an seiner Vorderseite ungefähr um die Höhe des Zündkegels ausgehöhlt (*évidé*), um dadurch das Spritzen des Zündhütchens unschädlich zu machen. Die Bodenfläche dieser Aushöhlung heisst Schlagfläche (*fond de la fraisure. fond de l'évidement*) (**sf**) und muss, beim Abgange des Hahnes, genau senkrecht auf die Axe des Zündkegels treffen.

Der Hahnenkamm hat einfach den Regeln einer bequemen Handhabe zu entsprechen. Er schliesst sich in einer Rundung an den Schlagkörper an, um das Anlegen des Daumens, wie es der Gebrauch erfordert, zu erleichtern. Seine Stellung variirt zwischen der beinahe vertikalen, bis zu einer fast wagerechten Richtung; die erstere Anordnung erleichtert das Spannen des Schlosses, die letztere (Taf. IX, Fig. 12) vermeidet mehr das Hängenbleiben und Anstreifen beim Gebrauche der Waffe und findet sich vorzüglich bei Reitergewehren.

Um das Abgleiten des Daumens beim Spannen zu verhüten, ist der Hahnenkamm meistens mit schräg laufenden Kerben (*quadrillage*) versehen.

Der ganze Hahn muss die, zum geforderten Schlage nöthige Masse besitzen, mit dieser aber zugleich im richtigen Verhältnisse zur Schlagfeder des Schlosses stehen.

Seine Höhe soll so bestimmt werden, dass die Axe des Zündkegels den Bogen tangirt, welchen das Centrum der Schlagfläche bei der Bewegung des Hahnes beschreibt, eine, auf jene Axe, am äusseren Ende des Zündkanales errichtete Senkrechte aber, die Mitte der Vierung trifft. (Taf. VIII, Fig. 24).

Zu 3. Die **Nuss** (*noix*) (Taf. VIII, Fig. 25, **n** u. Taf. IX, Fig. 3), das eigentliche Triebrad des Schlosses, lässt als solches zwei Haupttheile an sich unterscheiden. Die Nussaxe (*axe de la noix*) (Taf. IX, Fig. 3[a], w, w_1) und die Nussscheibe (*corps de la noix*) (**gg**).

Die Nussaxe bildet auf der inneren Schlossseite nur einen kleinen, runden Drehstift, den sogen. Nussstift oder Nusszapfen (*pivot de la noix*) (w_1), auf der äusseren aber einen stärkeren Cylinder, die sogen. Nusswelle (*arbre de noix*) (w_1), welche dem vierkantigen Nusskopfe (*carré de la noix*) (**v**) zur Basis dient.

Mit dem Nusszapfen liegt die Nussaxe in der Studelplatte, mit der Nusswelle aber im Schlossbleche auf, der Nusskopf tritt in die Vierung der Hahnscheibe und enthält das Muttergewinde (Taf. IX, Fig. 3[b], **m**) für die Nussschraube.

Die Scheibe oder der Getriebekörper der Nuss geht gegen vorwärts in den sogen. Nusskrapfen (*griffe de noix*) (Taf IX, Fig. 3* k) über, welcher der bewegenden Kraft des Schlosses — der Spannkraft der Schlagfeder — zum Angriffspunkte und dazu der letzteren selbst als Auflager dient. (Sich' Taf. VIII, Fig. 25).

An der Peripherie des Nussgetriebes, befinden sich dagegen die Angriffsstellen für die Hemmung des Schlosses, die sogen. Rasten (*crans*) zum Eintritte des Stangenschnabels angebracht.

Solcher Rasten sind gewöhnlich zwei — die Ruhrast (Taf. IX, Fig. 3* rr) (*cran de répos*) und die Spannrast (sr) *cran du bandé*) vorhanden.

Die letztere bildet nur einen einfachen, kurzen Absatz, über welchen der hemmende Stangenschnabel (sich' Taf. VIII, Fig. 25) beim Abziehen des Schlosses leicht herabgedrückt werden kann, um den Hahn der Wirkung der Schlagfeder preiszugeben. Sie muss so weit rückwärts gelegt werden, dass beim Eintritte der Hemmung in sie, die Schlagfeder in eine genügend kräftige, aber nicht übermässige Spannung versetzt wird (Taf VIII, Fig. 25).

Die Ruh- oder Sicherheitsrast hat den doppelten Zweck, sowohl bei einem unerwünschten Selbstabgange des Hahnes, oder einer solchen Spannbewegung desselben, den zündenden Schlag durch das Eingreifen der Hemmung aufzuhalten, als auch dem Hahne eine Ruhestellung geben zu können, aus welcher er nicht durch eine unfreiwillige Berührung des Abdrückers losschlagen, in die er aber, bei einer unvorsichtigen Spannbewegung immer wieder einfallen kann.

Diesem Sicherheitszwecke entsprechend, wird die Ruhrast nicht blos als einfacher Absatz, sondern in Form einer tiefen Kerbe in die Nussscheibe eingeschnitten und soll dieselbe zugleich so weit nach vorne gelegt werden, dass ein eintretender Bruch noch keine genügende Wirkung der Schlagfeder veranlassen könne, um den Abgang des Gewehres zur Folge zu haben.

Bei allen ihren Vorzügen lässt sich aber nicht läugnen, dass die Ruhrast einestheils — eben ihrer Form wegen — viele Schlossreparaturen veranlasse, anderntheils aber auch den raschen Schlossabgang hemme. [1]) Sie wird daher neuestens von vielen Waffenconstrukteuren gänzlich verworfen, findet sich dagegen aber bei älteren (besonders Reiter-) Gewehren, oft in doppelter Form, d. h. hinter ihr noch eine sogen. Mittelruh angebracht, welche eben den freiwilligen Abgang des Hahnes zweifach versichern soll.

---

[1]) was indess durch eine sogen. Springkegelvorrichtung — wie unter „Tupferschloss" erwähnt werden soll — beseitigt werden kann.

Die Nuss wird mittels Gesenken etc. aus Stahl geschmiedet, polirt und beim Härten gewöhnlich blau angelassen.

Die **Studel** (*bride de noix*) (Taf. VIII, Fig. 25, **st**, und Taf. IX, Fig. 4) auch Nussdecke oder Nussdeckel genannt, besteht aus einer kleinen Platte (*corps*) (dem eigentlichen Nussdeckel) (Taf. IX, Fig. 4, p), welche das Lager (l) für den Nussstift enthält und dem sogen. Studelfusse (f) (*pied*), welcher senkrecht an die Studelplatte stösst und diese in einer, der Stärke der Nussscheibe entsprechenden Entfernung, der inneren Seite des Schlossbleches parallel gegenüber stellt.

Die Studel wird durch einen, am Studelfusse angebrachten Zapfen (z) und zwei Schrauben, am Schlossbleche befestigt.

Die eine der beiden letzteren durchgreift den Studelfuss (bei S_1) und heisst speziell Studelschraube (Taf. IX, Fig. 5), die andere geht (bei S_2) durch die Studelplatte und hält zugleich die Stange fest, woher sie auch Stangenschraube (Taf. IX, Fig. 7, s) genannt wird.

Die Studel wird — wie die Nuss — aus Stahl hergestellt.

Zu 4. Die **Schlagfeder** (*grand ressort*) (Taf. VIII, Fig. 25, **sf** und Taf. IX, Fig. 6) des gewöhnlichen Perkussionsschlosses ist zweiarmig und bilden ihre beiden Arme einen spitzen Winkel mit ausgerundetem Scheitel.

Der eine, obere und kürzere Federarm (*petite branche*) (Taf. IX, Fig. 6, a_1), ist an seinem freien Ende entweder mittels einer Schraube, der Schlagfederschraube, am Schlossbleche befestigt, oder er wird durch geeignete Anlehnung und Einzapfung (bei z_1) am Schlossblechstollen (*rempart de batterie*) (sieh' Taf. VIII, Fig. 25) und durch einen weiteren Stift (Taf. IX, Fig. 6, z_2) auch in der Nähe des Scheitels festgehalten.

Der untere und längere Arm (*grande branche*) (a_2) der Schlagfeder, ist dagegen unbefestigt und kann, über der inneren Fläche des Schlossbleches hinweggleitend, bewegt werden.

Dieser freie Schlagfederarm (a_2) ruht entweder mit seinem aufgebogenen Ende — dem Schlagfederschnabel (*griffe*) (s) auf dem Nusskrapfen (Taf. VIII, Fig. 25), oder er ist mit diesem durch eine sogen. Kette (*chainette*) (Taf. IX, Fig. 13, k) verbunden.

Durch die letztere Anordnung beabsichtigte man einen ruhigeren, die Schlagfeder mehr schonenden, weil minder schnellenden, Gang des Schlosses zu erzielen und damit den Nachtheil einer Vermehrung der Schlosstheile hinreichend aufzuwiegen. Die fragliche Vorrichtung wird mit dem Namen Kettenschloss[1]) (*platine à chainette*) (Taf. IX, Fig. 13) bezeichnet.

---

[1]) Die vormalige Dornbüchse der bayer. Jäger hatte ein Kettenschloss.

In Folge der Verbindung von Nuss und Schlagfeder ist es nun einleuchtend, dass eine — durch Zurückziehen des Hahnes — veranlasste Aufwärtsbewegung jener, die Annäherung des langen, freien, an den kurzen, festen Schlagfederarm und damit die Herausforderung der Elastizität des erstern, d. h. die Spannung des Schlosses, zur Folge haben muss (Taf. VIII, Fig. 25).

Um diese Spannung und die durch ihre Aufhebung eintretende Rückwirkung in einem richtigen Masse zu veranlassen, muss die Schlagfeder und ihr Elastizitätsgrad in einem wohlbemessenen Verhältnisse zur Grösse des Nussgetriebes und zur Schwere des Hahnes stehen, zugleich aber mit gehöriger Sorgfalt hergestellt werden. Sie wird aus Federstahl, zuerst gerade geschmiedet, dann gebogen, abgezogen und gehärtet.

Gerade die letztere Operation — die Härtung — ist es, welche eine ganz besondere Aufmerksamkeit erfordert und vorzüglich beim Fabrikationsbetriebe, wie er ja stets für Kriegswaffen stattfindet, die Herstellung lauter gleich elastischer und gleich kräftiger Schlagfedern ausserordentlich erschwert.

Zu 5. Die **Stange** (*gâchette*) (Taf. VIII, Fig. 25, sg und Taf. IX, Fig. 7) bildet mit der **Stangenfeder** (*ressort de gâchette*) (Taf. VIII, Fig. 25, sgf u. Taf. IX, Fig. 8) die Hemmung des Schlosses.

Die Stange ist ein stumpfwinkliger Kniehebel, welcher um die, seinen Scheitel (und die Studelplatte) durchgreifende Stangenschraube (*vis de gâchette*) (Taf IX, Fig. 7, s) über dem Schlossbleche bewegt und dabei mit seinem kürzeren Schenkel (Taf. IX. Fig. 7, a,) fest an das Nussgetriebe angelegt (Taf. VIII, Fig. 25), oder von diesem entfernt werden kann, je nachdem sein grösserer Schenkel (Taf. IX, Fig. 7, a.) abwärts gedrückt, oder gehoben wird.

Jene Einwirkung auf den grösseren Stangenschenkel, wird durch die, über ihm liegende Stangenfeder (sieh' Taf. VIII, Fig 25) hervorgebracht, diese kann nach Bedarf mittels des Abdrückers ausgeübt werden, dessen Angriff durch den, auf dem grösseren Stangenschenkel senkrecht stehenden und nach innen gerichteten Stangenarm (*queue*) (Taf IX, Fig. 7, a,) auf jenen grösseren Stangenschenkel übertragen wird.

Um den Eingriff des kürzeren Stangenarmes in die Nussrasten zu erleichtern, endigt derselbe in eine keilförmige Spitze, welche Stangenschnabel (*bec*) heisst.

Die Stange wird — wie die Nuss und im gleichen Härtegrade mit dieser, aus Stahl gefertigt und muss in ihren Grössenverhältnissen genau mit den übrigen Schlosstheilen, ganz besonders aber mit der Stangenfeder harmoniren.

Die **Stangenfeder** (Taf. IX, Fig. 8) ist zweiarmig — wie die Schlagfeder, doch bedeutend schwächer als diese, obwohl sie derselben Widerstand halten muss.

Ihr freier Arm (a_r) ruht auf dem langen Schenkel der Stange auf, der andere (a_l) ist durch Einzapfung (bei z) und die Stangenfederschraube (s) am Schlossbleche festgehalten.

Mit der Stärke der Stangenfeder nimmt zwar die Sicherheit der Hemmung zu, aber auch die Leichtigkeit des Schlossabganges ab.

Zu 6. Der **Abzug** (*détente*) (Taf. VIII, Fig. 25, a z und Taf. IX, Fig. 14) soll das Ausheben der Hemmung, d. h. den Austritt des Stangenschnabels aus der Spannrast vermitteln. Er besteht aus dem Drücker, oder Züngel (Taf. IX, Fig. 14, z_l, z_r) und dem Abzugsbleche (b_l, b_r) und ist nicht mit dem Schlosse selbst vereinigt, sondern unterhalb des Kolbenhalses in den Schaft eingelassen und an diesem durch die Kreuzschraube (bei **ks**) und den Abzugsbügel (**Ab**) (resp. dessen Schraube) festgehalten.

Der Drücker (*queue de la détente*) ist ein rechtwinkeliger Kniehebel, dessen einer, am freien Ende (bei s) unterstützter Schenkel (z_l) horizontal unter dem Stangenarme liegt (sieh' Taf. VIII, Fig. 25), während der andere (z_r), vertikal stehende, an der untern Seite des Schaftes nach aussen tritt, um das Anlegen des, zum „Abdrücken" (*tirer*) bestimmten Zeigefingers der rechten Hand zu ermöglichen. Dieser zweite Schenkel hat denn auch eine, zur bequemen Anlehnung des Fingergliedes geeignete Form, nach welcher der ganze Drücker den bezeichnenden Namen „Züngel" erhielt.

Das Abzugblech (*écusson*) besteht aus einer schmalen, mit einem Längenschlitze (*fente*) für den Drücker versehenen Schiene (b_l, b_r), auf welcher zwei kleine Lappen (l_l, l_r) senkrecht nach aufwärts und innen stehend angebracht sind, zwischen welchen der horizontale Arm (z_l) des Züngels mittels eines Drehstiftes (s) festgehalten wird.

An seinem vorderen Ende ist das Abzugsblech gewöhnlich mit einem rechtwinkligen Aufbuge versehen, welcher die Stossplatte (p) (*taquet*) für die Ladstocknuthe (sieh' Taf. VIII, Fig. 11) bildet.

Der Abzug, dessen Wirkung auf den Stangenarm wohl keiner weiteren Erklärung bedarf, wird gewöhnlich aus Stahl, das Abzugblech aber aus Schmiedeisen gefertigt und gehärtet.

Mit der Grösse des Abzughebels und der Genauigkeit seiner Anlehnung an den Stangenarm, erleichtert sich der Abgang (*départ*) des Schlosses.

Um das gegen unten frei aus dem Schafte tretende Züngel möglichst vor gefährlichen Zufälligkeiten zu schützen, wird dasselbe von einem, gewöhnlich zur Garnitur gezählten Gewehrtheile, dem **Abzugsbügel**

(Taf. IX, Fig. 14, Ab) (*sousgarde*), umgeben, dessen vorderes Ende in das Abzugsblech eingestiftet, oder verschraubt ist (bei b_1), während er gegen rückwärts in eine, längs des Kolbenhalses eingelassene Zunge (a b) übergeht, welche (a s) durch die Abzugsbügelschraube (Taf. IX, Fig. 15) am Schafte festgehalten wird.

Bei Gewehren mit Cordonriemen findet sich auch meistens der untere Bügel (r) (*battant de sousgarde, battant d'en bas*) für diesen, am vorderen Ende des Abzugsbügels angebracht.

Das ganze Schloss. Wie die einzelnen Theile des Schlosses unter sich, so muss dieses selbst mit der zugehörigen Feuerwaffe in einem richtigen Verhältnisse stehen. Es lassen sich bezüglich des letzteren folgende Bedingungen aufstellen:

1) Das Schloss muss sich ohne Anstrengung durch die blosse Thätigkeit Einer Hand spannen lassen.
2) Der, für den Abgang des Schlosses nöthige Kraftaufwand soll leicht durch den Zeigefinger der rechten Hand hervorgebracht werden können, muss aber jedenfalls geringer sein, als das Gewicht der ganzen Waffe [1]), damit diese beim Schusse nicht „verrissen" werde.
3) Hiebei soll der Abgang des Hahnes dem geeigneten Anzuge am Drücker unmittelbar folgen [2]) und zugleich rasch genug vor sich gehen, um die, durch das Wegheben des Stangenschnabels über die Ruhrast bedingte, Zeitdauer jenes Anzuges, nicht zu sehr über das Mass eines kräftigen Druckes ausdehnen zu müssen.
4) Auch der Schlag des Hahnes darf kein Verreissen des Gewehres veranlassen, [3])
5) dabei muss aber der Druck des abgegangenen Hahnes auf den Zündkegel gross genug sein, um ein Zurückschlagen desselben durch die ausströmende Pulverluft unmöglich zu machen.
6) Endlich muss die Grösse des Schlosses derjenigen des zugehörigen Gewehres proportional und besonders dem Schafte desselben richtig angepasst sein, um diesen nicht übermässig zu schwächen.

Die Erfüllung dieser Bedingungen erfordert nicht allein die strenge Einhaltung des mehrerwähnten Grössen- und Stärkeverhältnisses der einzelnen Schlosstheile, sondern ganz besonders auch deren gute Zuarbeitung und richtige Zusammenstellung, als: vollkommene Politur aller

---

[1]) Diese Anforderung ist, für sehr kleine. leichte Feuerwaffen, oft schwer zu erreichen.

[2]) Das Schloss darf nicht „kriechen".

[3]) Hier gilt wieder die, soeben zu 2 gemachte Bemerkung.

sich reibenden Flächen, Vermeidung jeder Pressung durch zu festes Anziehen der Schrauben, sowie alles Schlotterns, durch den entgegengesetzten Fehler. Die letztere Vorschrift gilt auch bezüglich der Verbindung des Schlosses mit dem Schafte, bei deren Ungenauigkeit oder Lockerung sehr leicht Verunreinigungen des inneren Schlosses, durch den Feuerstrahl des Zündmittels oder andere, äussere Einflüsse veranlasst werden können.

Neben vollständiger Reinhaltung, ist es aber endlich noch die mässige Anwendung guter Schmiermittel [1]), welche zur Herstellung eines ruhigen und allseitig entsprechenden Schlossganges nothwendig ist.

2. Das Tupfer- oder Stechschloss (*platine à double détente*).

Das Tupferschloss ist eine, den leichtmöglichsten Abgang des Hahnes bezweckende Vervollkommnung des Perkussionsschlosses. Diese Vervollkommnung bedingt die Abänderung zweier Schlosstheile:

der Abzugsvorrichtung und
der Nuss.

1. Die Abzugsvorrichtung des Stechschlosses.

Die Abzugsvorrichtung des Stechschlosses, der eigentliche Tupfer (*double détente*), ersetzt den Züngeldruck des Zeigefingers, resp. dessen Wirkung auf den Stangenarm, durch die Kraftäusserung einer starken, dabei aber ausserordentlich leicht zu entfesselnden Feder.

Die für Kriegswaffen gebräuchlichste derartige Einrichtung ist diejenige des sogenannten **deutschen Tupfers** (Taf. IX, Fig. 16) und besteht dieselbe wesentlich in Folgendem:

Zwischen den beiden Wangen (W, W) (*bords*) des aus diesen und dem Tupferbleche (b) bestehenden Tupfergehäuses oder Tupferkastens befinden sich zwei Kniehebel ($a_1 a_{\prime}$ und $s_1 s_{\prime}$) so aufgehangen, dass deren horizontale Arme (a_1 und s_1) in entgegengesetzter Richtung liegen. Der eine dieser Kniehebel — Schlagstück ($s_1 s$) (*cliquet*) genannt — ist in seinem Scheitel (bei s z) unterstützt, und am freien — vorwärts gewendeten Ende seines horizontalen Armes mit einer Kerbe (k) versehen. Der andere, mit dem freien Ende seines horizontalen Schenkels nach rückwärts gerichtete Kniehebel, heisst Abdrücker ($a_1 a_{\prime}$) (*détente aciculaire*) und ist ungefähr in der Mitte der Höhe seines vertikalen Armes (bei a z) eingestiftet, an seinem Scheitel aber, mit einer Hafte (h) versehen, welche in die Kerbe des Schlagstückes passt.

Gegen den horizontalen Arm des Schlagstückes wirkt die Schlag-

---

[1]) Provenceröl, Klauenfett etc. sieh' Technologie S. 78 u. 79.

feder (*ressort du cliquet*) (sf, sf,), gegen den Abdrücker aber die Druckfeder (*ressort de la détente*) (d f).

Diese beiden Federn sind einarmig, in entgegengesetzter Richtung am Tupferbleche festgeschraubt und am freien Ende rechtwinklig abgesetzt, um durch die Wangen des Tupfergehäuses treten und auf ihre bezüglichen Hebel wirken zu können.

Die Schlagfeder drückt hiebei den horizontalen Arm des Schlagstückes nach oben, die Druckfeder hält den vertikalen Arm des Abdrückers in seiner senkrechten Stellung fest. Zwischen beiden Federn besteht ein ähnliches Stärkeverhältniss, wie zwischen Schlag- und Stangenfeder des Schlosses.

Um den Tupfermechanismus zu spannen, wird das Züngel (s,) des Schlagstückes gegen rückwärts bewegt, bis die Kerbe des letzteren in die Scheitelhafte des Abdrückers einschnappt; hiedurch wird der Querarm (sf,) der Schlagfeder nach abwärts gedrückt und bedarf es nun nur eines leisen, die Gegenwirkung der Druckfeder aufhebenden Anzuges am Züngel (a,) des Abdrückers, um dessen Scheitelhafte etwas nach vorwärts zu stellen und damit die Kerbe des Schlagstückes frei-, dieses selbst aber der Wirkung der Schlagfeder preiszugeben.

Indem diese den horizontalen Schenkel des Schlagstückes heftig gegen den ober ihm stehenden Stangenarm des Schlosses schnellt, wird der Stangenschnabel aus der Spannrast gestossen und der Abgang des Hahnes veranlasst.

Um aber selbst die geringe Kraft, welche das Ausheben der Scheitelhafte des Drückers erfordert, noch weiter vermindern oder, wie man zu sagen pflegt, den Tupfer fein stellen zu können, findet sich an diesem noch eine kleine Schraube (ss) angebracht, welche, durch das Tupferblech tretend, von unten auf den horizontalen Schenkel (a,) des Abzuges und damit der Druckfeder entgegen wirkt, die gänzliche Bewältigung dieser, durch die Berührung des Drückerzüngels also noch erleichtert. Man nennt diese Schraube (ss) die Stellschraube (*vis d'arrêt*) des Tupfers, und fertigt sie — wie Schlagstück und Abdrücker — aus Stahl, mit dunkelblauer Härtung an.

Aehnlich dem deutschen, ist der **französische Tupfer** (*double-détente à la Française*) (Taf. XI, Fig. 17) konstruirt.

Derselbe besitzt nur einen Kniehebel (a, a,), welcher als Abdrücker und Schlagstück zugleich fungirt und dessen horizontaler Schenkel an seinem freien Ende (bei k) eingekerbt ist.

Als Hafte für diese Kerbe dient ein kleiner Haken (h, h,), welcher unter dem horizontalen Arme des Abdrückers liegt und auf welchen Druckfeder (df) und Stellschraube (ss) wirken.

Die Schlagfeder (sf) wird hier durch eine Vorwärtsbewegung

des Züngels (a_r) gespannt, während wieder ein leiser Rückwärtsdruck desselben den Abgang des Tupfers zur Folge hat.

Der französische Tupfer scheint einfacher, als der deutsche, dieser wird aber gerade deshalb für Kriegswaffen[1]) vorgezogen, weil seine beiden Drückerzungen mit ihrer gleichmässigen Rückwärtsbewegung (und ihrer gewöhnlich verschieden angeordneten Gestalt) weniger Veranlassung zu nachtheiligen Irrungen und gefährlichen Selbstspannungen geben, wie der eine, mit so entgegengesetztem Erfolge vor- und rückwärts bewegliche Drücker des französischen Tupfers.

Indess kann dieser sowohl wie der deutsche, ohne „eingetupft", d. h. gespannt, (*bandée*) zu sein, als Abzug benützt werden.

2. Die Schnellvorrichtung der Nuss des Stechschlosses.

Um den Schlossabgang durch die blosse Tupferwirkung zu sichern und hiezu das Einfallen des, zwar aus der Spannrast gestossenen Stangenschnabels in die Ruhrast zu verhüten, ist es nothwendig, die Nuss des bezüglichen Schlosses mit einer Vorrichtung zu versehen, welche den kurzen Schenkel der Stange an der Sicherheitsrast vorüber führt.

Diese Einrichtung besteht in der Anwendung eines sogen. **Schneller's** oder **Springkegels** (*languette*) (Taf. IX, Fig. 18 u. 20, s), eines schmalen, stumpfwinklig zugespitzten Stahlblättchens, welches an den Nusszapfen gesteckt und in eine, von der Ruhrast bis zur Spannrast reichende, sektorenförmige Austiefung (Taf. IX, Fig. 19 u. 20, a) der inneren Seite der Nussscheibe eingelegt wird (Taf. IX, Fig. 20). Beim Spannen des Schlosses drängt der Stangenschnabel diesen Springkegel gegen die Ruhrast (sieh' Taf. IX, Fig. 20), und wenn nun das Schloss abgelassen wird, so verhindert der, etwas über die Peripherie des Nussgetriebes vorragende Rand des Schnellers, den Einfall der Hemmung, deren Funktion er jedoch nicht behindert, wenn man das Schloss, aus dem abgelassenen Zustande, in die Ruhe setzt, da er hiebei vom Stangenschnabel gegen die Spannrast und hinter die Ruhrast gedrückt wird.[2])

3. Das Rückschloss. (*platine anglaise*).

Das Rückschloss (Taf. IX, Fig. 9) oder rückwärts liegende,

---

[1]) Es sei hiebei bemerkt, dass in neuester Zeit die Tupfereinrichtung für Kriegswaffen vielseitig ganz verworfen wird, was sich bei sonst guter Schlosskonstruktion auch vollkommen rechtfertigen lässt.

[2]) Eine solche Schnellervorrichtung würde auch den Abgang des gewöhnlichen Perkussionsschlosses erleichtern und bezieht sich hierauf die, S. 225 gegebene Anmerkung.

auch — seinem Ursprunge nach — englische Schloss, unterscheidet sich vom einfachen Perkussionsschlosse dadurch, dass bei demselben die, sonst gegen vorwärts liegende Schlagfeder, hinter dem Hahne angebracht ist und zugleich die Stangenfeder ersetzt. Während nämlich der grosse, beim Rückschlosse nach oben liegende Schlagfederarm (a,) am Nussgetriebe gegen aufwärtsziehend wirkt, drückt das, hier gleichfalls freie Ende des kleineren Schlagfederarmes (a,) auf den langen Schenkel der Stange und bethätigt somit eine und dieselbe Feder den Abgang und die Hemmung des Schlosses.

So sehr diese Einrichtung — durch den Wegfall der Stangenfeder — als Vereinfachung erscheint, so erschwert sie doch die Herstellung der Schlagfeder und schwächt, durch ihre ganze, mehr rückwärtige Lage am Schafte, nicht selten den Kolbenhals in einer unerwünschten Weise.

4. Das, in der Mitte liegende Schloss [1])

Bei den neuesten Handfeuerwaffen, den Hinterladungsgewehren, Drehpistolen etc. kommen vielfach Schlösser in Anwendung, deren ganzer Mechanismus nicht seitwärts am Schafte angebracht, sondern mitten in den Kolbenhals eingelassen ist. Es sind diese Schlösser meistens mit Verschlusseinrichtungen u. dgl. in direkten Zusammenhang gesetzt und werden die hervorragenderen dieser Anordnungen in den bezüglichen Unterabtheilungen des gegenwärtigen Abschnittes ihre eingehende Erörterung finden. Um indess hier schon das allgemeine Prinzip solcher Construktionen — insoferne sie sich auf den Schlossmechanismus beziehen — zu berühren, darf vor allem bemerkt werden, dass durch die Verlegung des Schlosses hinter den Lauf, zwar der Schaft an seiner dünnsten Stelle empfindlich geschwächt, diese Schwächung indess leicht durch geeignete Eisenverstärkungen ausgeglichen, jedenfalls aber das Schloss selbst in einer Einfachheit hergestellt werden könne, wie sie keine andere Anordnung zu bieten vermöge.

Indem nämlich der Hahn des Mittelschlosses nicht bloss indirekte, sondern ganz direkte mit den übrigen Schlosstheilen in Verbindung steht, wird sofort Nuss und Studel entbehrlich, die Hahnscheibe (hs) selbst aber als Getriebkörper verwendbar.

Ebenso leicht lässt sich die Hemmvorrichtung unmittelbar mit dem Abdrücker (ab) vereinigen, wenn man diesem einen, die Hahnscheibe tangirenden Schnabelansatz (s) gibt und ihm dem Drucke der Stangenfeder (sf) aussetzt; dabei kann die letztere ebenso wie die Schlagfeder (sgf) einarmig und damit um vieles leichter und billiger wie die gewöhnlichen Schlossfedern hergestellt werden.

---

[1]) Vergleiche hiezu das in Taf. XV, Fig. 13 dargestellte Mittelschloss des Colt'schen Revolvers.

Das Gehäuse dieses, also nur aus Hahn und Schlagfeder, Abzug und Stangenfeder bestehenden Schlosses, wird aus zwei Seitenplatten (**sp**) gebildet, welche von zwei Schrauben zusammengehalten werden, deren eine (s_1) zugleich die Drehungsaxe des Hahnes, die andere (s_2) jene des Abzuges bildet.

5. Die Versicherungsschlösser (*platines à secret, platines de sûreté*).

Um den Schlossmechanismus so vollständig, als nur immer möglich, vor jedem unwillkürlichen Abgange zu bewahren, hat man — vorzüglich bei Jäger- und Reitergewehren — neben der Ruhrast noch besondere Vorrichtungen angebracht, welche man Versicherungen nennt.

Dieselben bestehen entweder in einer weiteren Hemmung des Hahnes, oder in einem geeigneten Schutze des Pistons.

Der erstere Zweck wird durch einen, hinter dem Hahne angebrachten und in dessen Scheibe eingreifenden Sperrhaken (*loup, renard*) (Taf. IX, Fig. 12, h), oder vermittels einer, vor dem Hahne einzulegenden Stütze erreicht und bezeichnet man diese letztere Anordnung (Taf. IX, Fig. 11) mit dem Namen Fallversicherung.

Die ebengenannte, wie der Sperrhaken, um eine Pivotschraube drehbare Stütze (**f**) der Fallversicherung, kann mittels eines Knopfes (**k**) erfasst und, nach Bedarf, gegen die Brust des Hahnes eingestellt, oder, zur Schussbereitschaft, bis zu einem kleinen Schlossblechansatze (**a**) herabbewegt werden.

Verlässiger, doch auch komplicirter, als diese Sperrvorrichtungen, ist die Anordnung eines besonderen Pistonschutzes (Taf. IX, Fig. 10).

Derselbe wird gewöhnlich durch einen zweiten, den sogen. Versicherungshahn (**h**) bewerkstelligt, welcher sich, entgegengesetzt dem Schlosshahne am Gewehre angebracht befindet und über den Zündkegel gelegt werden kann. Eine auf den Fuss des Versicherungshahnes wirkende Druckfeder (**d**) hält denselben in seiner jeweiligen Stellung fest, ein schwanzförmiger Ansatz (**f**) erleichtert seine Bewegung.

Zubehör des Schlosses.

Um das Perkussionsschloss Behufs der nöthigen Reinigung zerlegen zu können, sind vorzüglich zwei Instrumente nothwendig:

ein Schraubenzieher (*tourne-vis*) (Taf. VIII, Fig. 26)

und ein Federhaken (*monte ressort*) (Taf. VIII. Fig. 27).

Der **Schraubenzieher**, dient natürlich zugleich zur Abnahme etc. der Garniturtheile und ist gewöhnlich mit dem **Zündkegelzieher** (*clef à cheminée*) und einem **Durchschlagstifte** (*poinçon d'arrêt*) zusammengeschweisst, oder durch ein Charnier verbunden.

Der **Federhaken** dient zur Hemmung der Schlagfeder, ohne deren Arretirung die Herausnahme oder das Einsetzen der Nuss nicht möglich ist.

Er besteht aus einer festen Klammer, in deren Oeffnung ein, längs des Klammerrückens verschieblicher Querarm hin und her bewegt werden kann.

Durch den einen Klammerfuss tritt eine Klemmschraube, welche den genannten Querarm gegen den anderen Klammerfuss zu drücken und damit die Schlagfeder zu komprimiren vermag, wenn dieselbe sich zwischen diesem und jenem befindet.

Die Griffstellen des Federhakens werden, zum besseren Anhalte, rauh gemacht, er selbst aber, wie Durchschlagstift, Schrauben- und Zündkegelzieher, aus Stahl gefertigt.

4. Die Munition (*munitions*).

Unter dem Begriffe Munition fasst man die fertige [1]) Ladung und Zündung einer Feuerwaffe zusammen.

Bei Kriegsgewehren, ist die Ladung — Geschoss und Pulver — im Allgemeinen durch eine, dieselbe einschliessende Hülse, in Ein Ganzes vereinigt, das man Patrone (*cartouche*) nennt.

Enthält diese auch die Zündung, so wird sie als Einheitspatrone bezeichnet.

Muss die Zündung besonders am Gewehre „aufgesetzt" werden, so geschieht diess — wie früher bereits erwähnt — in Form von sogen. Zündhütchen (*amorces, capsules de guerre*).

Die einfache Patrone.

Die einfache Gewehrpatrone (Taf X, Fig. 12 u. 13 und Taf. XV, Fig. 9) besteht aus einer kalibermässigen, cylindrischen Papierhülse, an deren einem Ende das Geschoss angebracht ist, auf oder unter welchem sich die lose, oder wieder in eine besondere Hülse eingeschlossene Pulverladung befindet.

Das Patronenpapier muss — bei möglichst geringer Dicke — fest und zähe, besonders aber gut geleimt und geglättet sein, um genügende Steifigkeit zu besitzen und die Feuchtigkeit nicht anzuziehen. Es darf nicht mit Streusand, Siegellack oder dergl. verunreinigt sein und soll, im Falle es mit geladen wird, ohne Nachglimmen verbrennen.

Die Patronenhülsen werden durch Zusammenrollen rechteckig, oder — wie besonders früher gebräuchlich — trapezförmig (Taf. XV,

---

[1]) Den Vorgang der Munitionsanfertigung (*confection des munitions*) bezeichnet man in der Waffentechnik mit dem Ausdrucke: „Laboriren", wovon auch die, hiezu bestimmten Etablissements den Namen „Laboratorien" führen.

Fig. 7) zugeschnittener Papierstreifen über einen kalibermässigen Holz- oder Metallcylinder erzeugt und ist es wünschenswerth, die Anwendung von Kleister[1]) hiebei möglichst zu vermeiden, da derselbe einestheils — durch die nothwendige Trocknung — die Fabrikation verlangsamt, anderntheils aber, in feuchter Atmosphäre, an Bindekraft verliert und verschimmelt, endlich gerne von Mäusen[2]) und Motten angefressen wird.

In neuester Zeit hat man es mit Erfolg versucht, das Patronenpapier schon in Hülsenform aus den Papierfabriken zu beziehen.

Bei den Patronen für gezogene Gewehre, wird jener Theil der Hülse, welcher das Geschoss umgibt — zur besseren Führung des letzteren — eingefettet.[3])

Die in die Patronen zu gebende Pulverladung (*charge*), wird nicht abgewogen, was zu zeitraubend wäre, sondern mittels sogen. Cimente (*mesures à poudre*) abgemessen und möglichst in der Hülse festgeschüttelt, diese aber hart darüber umgebogen, um die Patrone konsistent zu machen und das Verstauben des Pulvers beim Transporte zu verhüten.

Die Bleigeschosse der Handfeuerwaffen werden nur noch in Ausnahmsfällen gegossen, für den wirklichen Kriegsgebrauch aber allgemein aus kalibermässigen Bleistangen, auf eigenen Prägemaschinen gepresst und hiedurch weit gleichförmiger und compakter, zugleich aber mit viel geringerem Zeitaufwande hergestellt, als diess durch den Guss möglich wäre.

Die fertigen Geschosse werden, besonders auf ihre Kalibermässigkeit, untersucht und hiezu durch eigene, sogen. Kalibrircylinder (*cylindres à calibrer*), d. h. kurze Laufstücke, geschoben oder fallen gelassen.

Dieses Verfahren wiederholt sich bei der fertigen Patrone.

Die Zündhütchen.

Eine kriegsbrauchbare Gewehrzündung muss auch nach längerer Aufbewahrung und beliebigem Transporte, sicher, dabei möglichst ungefährlich herzustellen und zu behandeln, zugleich aber in eine praktisch taugliche Form gebracht sein.

Die Zündhütchen oder Kapseln, mittels welcher man diesen Anforderungen so gut als möglich zu entsprechen sucht, werden aus [0,014—0,015″ (0,36—0,4^{mm}) starkem] gewalztem Kupferbleche, auf

---

[1]) Sieh' S. 71.

[2]) Wogegen Beimengung von Alaun (Sieh' S. 26).

[3]) Sieh' S. 79.

eigenen Prägemaschinen geformt. Es geschieht diess gewöhnlich, nach vorheriger Reinigung der Bleche mit verdünnten Säuren, in zwei bis drei Stadien. Die erste Maschine schneidet aus den untergeschobenen Blechstreifen runde, oder kreuzförmige (vergl. Taf. X, Fig. 14, a) Blättchen aus und stülpt diese sofort, durch einen, auf deren Mitte wirkenden Stempel zu einem conischen Hütchen zusammen, dessen unterer Rand hiebei schon, oder erst durch wiederholte Prägung, zu einer, das Anfassen erleichternden Krempe (*rebord*) umgebogen wird.

Zur Füllung der Hütchen dient ein einfacher Apparat, mittels welchen immer eine grössere Anzahl derselben auf einmal die gleiche Menge Zündsatz erhält.

Der letztere wird entweder mit einem dünnen Kupferblättchen bedeckt und sammt diesem, oder ohne ein solches, durch wiederholte Pressung, am Boden des Hütchens festgedrückt.

Wenn kein Deckblättchen zur Anwendung kömmt, wird der comprimirte Zündsatz durch eine entsprechende Schichte Schellack vor Feuchtigkeit geschützt.

Die so bereiteten „lackirten" Zündhütchen leiden weniger durch Nässe, als solche mit Deckblättchen, die ihrerseits keinen vollkommen hermetischen Abschluss des Zündsatzes herzustellen vermögen, dabei aber nicht selten durch Oxydation leiden, das Spritzen der Zündhütchen vermehren, manchmal den Zündkanal verstopfen und zuweilen auch beim Transporte ausfallen.

Die Einheitspatronen.

Die Einheitspatronen, ausschliesslich bei Hinterladungsgewehren gebräuchlich, haben entweder, gleich den gewöhnlichen, eine Papierhülse (wie die in Taf. XII, Fig. 9 dargestellte Patrone des preuss. Zündnadelgewehres) oder eine Hülse von Messing-, Tombak-[1]) oder Kupferblech,[2]) in welch' letzterem Falle sie auch den Namen Metallpatronen führen (Taf. XIII, Fig. 5, Taf. XIV, Fig. 12 und Taf. XV, Fig. 15).

Die **Metallpatronen**[3]) sind transportbeständiger und solider, wasserdichter und ungefährlicher, dabei aber — wenn man die Herstell-

---

[1]) Von 10 bis 15 Theilen Zink auf 100 Theile Kupfer.

[2]) Cartonhülsen, wie sie im Privatverkehre für Lefaucheux-Patronen gebräuchlich sind, finden bis jetzt keine Verwendung bei Kriegswaffen.

[3]) Bezüglich detaillirtester Aufschlüsse über „Metallpatronen" sei auf W. v. Plönnies' neueste Schrift: „Neue Hinterladungsgewehre, nach offiziellen Versuchen beurtheilt". Darmstadt, Zernin. 1867. verwiesen.

ungskosten für Zündhütchen etc. mit einrechnet — nicht viel theuerer,[1]) wohl aber etwas schwerer als die gewöhnlichen Papierpatronen, fordern jedoch um so mehr eine äusserst gleichmässige und sorgfältige Herstellung, als sie dazu bestimmt sind, den gasdichten Abschluss des Pulversackes zu vervollständigen und die Nichterfüllung dieser Aufgabe oft nachtheilige Folgen für den Schützen herbeiführen kann.

Nach dem Schusse werden sie, unter geeigneter Beihülfe einfacher, mit dem Verschlussmechanismus verbundener Vorrichtungen, aus dem Laufe genommen und können dann nicht selten [2]) wiederholt verwendet werden.

Die **Hülsen** der Metallpatronen sind entweder gerollte oder getriebene.

Die **gerollten** (oder englischen) Metallpatronen, als deren bestes Muster zur Zeit dasjenige des Obersten Boxer (Taf. XIII, Fig. 5) angesehen werden kann, setzen sich aus zwei Hauptheilen, der eigentlichen Hülse und dem Boden derselben, zusammen.

Die Hülse (Taf. XIII, Fig. 5 a, h) besteht aus doppelt übereinander gerolltem, feinem Messingbleche (sogen. Rollmessing), das, zur besseren Abhaltung der Feuchtigkeit, mit leinölgetränktem Papiere umklebt ist.

Der Boden (Taf. XIII, Fig. 5 a) der Patrone, wird aus einem festgewickelten Papierpfropfen (pp) gebildet, der in seiner Mitte, zur

---

[1]) Nach W. v. Plönnies, dürfte sich der Preis für eine Metallpatrone auf 1 kr. stellen, was auch mit den bezüglichen Schweizer Angaben sehr nahe übereinstimmt.

Da nun der Preis einer guten Papierhülse (mit Zubehör) auf $^1/_4$ kr. angenommen werden kann und sich derjenige eines Kriegszündhütchens ungefähr ebenso hoch (an 3 fl. per mille) entziffert, so würde die Metallhülse sammt Zündung immerhin doppelt so theuer zu stehen kommen, als die bisherige Munition, von welchen Kosten jedoch — wenigstens bei Berechnung der Uebungsmunition — selbst bei nur einmaliger Verwendung der Metallhülsen, der Kupfer- etc. Werth dieser zu ca. $^3/_8$ kr. per Stück abgezogen werden dürfte, wonach $^1/_8$ kr. wirkliche Mehrkosten verbleiben.

[2]) W. v. Plönnies sagt hierüber in der oben citirten Schrift:

„Von der zweimaligen Verwendbarkeit der Hülsen bei der Elaborirung von Uebungsmunition ward oben (bei der Preisberechnung für Metallpatronen nämlich) ganz abgesehen, weil hierüber noch zu wenig sichere Erfahrungen vorliegen, doch ist dieselbe, wenigstens für eine erhebliche Quote der Hülsen, bei ganz normal eingerichteter Fabrikation, wahrscheinlich erreichbar."

Aufnahme der Zündvorrichtung (z) durchlocht, gegen aussen aber mit einer Messingkappe (mm) umgeben ist, deren Krempe die Festigkeit der Patrone erhöht und die Herausnahme derselben nach dem Schusse erleichtert.

Die **geprägten oder getriebenen** (amerikanischen) Metallpatronen (Taf. XIV, Fig. 12) werden — in ähnlicher Weise, wie diess oben für die Zündhütchen angedeutet ward — auf eigenen Präge- und Ziehmaschinen hergestellt. Es beginnt diess wieder mit dem Ausschneiden runder Blechstückchen [von 1,3—1,5" rh. (3,4—4 cm) Durchmesser, bei 0,02—0,03" rh. (0,6—0,8 mm) Stärke und 0,3—0,4 Lth. bair. (5—7,5 gr.) Gewicht] und dem sofortigen Zusammenstülpen derselben zu kleinen Hütchen [von 0,5" rh. (1,3—1,4 cm) Höhe], die nun durch Oeffnungen gedrängt werden, welche enger sind als ihr vorheriger [an 1" rh. (2,5—2,6 cm) betragender] Durchmesser. Hiedurch wird die Höhe derselben auf Kosten ihrer Weite und Stärke vergrössert (diese letztere reduzirt sich an den Seitenwänden der Hülse bis auf die Hälfte, an dem, natürlich weniger gestreckten Boden aber nur um ein Zehntheil des anfänglichen Masses) und erhält man so, nach zwei- bis viermaliger Streckung (zwischen deren jeweiliger Vornahme die Hütchen, zur Herstellung der nöthigen Geschmeidigkeit, schwach geglüht werden müssen) cylindrische Röhrchen, deren Dimensionen denjenigen der anzufertigenden Patronen entsprechen.

Diese Röhrchen werden auf eine bestimmte Länge abgeschnitten, ihr convex gewölbter Boden aber, durch eine weitere Prägung, geebnet und dadurch an seinem Rande wieder mit einer Krempe versehen.

Die getriebenen Hülsen sind im Allgemeinen fester und dichter als die gerollten; diese besitzen aber mehr Expansionsfähigkeit, was für den Laufabschluss ebenso vortheilhaft ist, wie der feste Patronenboden, welch' letzterer dagegen, bei den geprägten Hülsen, eine gefährliche Stelle in seiner Krempenbiegung besitzt.

Die Herstellung der getriebenen Hülsen ist minder komplizirt, fordert aber, schon hinsichtlich der Dimensionen, grössere Genauigkeit, wie jene der gerollten Hülsen, die indess auch ein grösseres Volumen [1]) einnehmen, als die getriebenen.

Die **Zündung**, deren Vereinigung mit der Patrone — also mit der Pulverladung — natürlich eine ganz besondere Vorsicht erfordert, ist entweder an der Basis der Hülse, oder im Innern der Einheitspatrone angebracht und findet sich die erstere dieser Anordnungen vorzüglich bei Metallpatronen, die letztere aber bei solchen mit Papierhülse.

---

[1]) Dieser Faktor ist vorzüglich für die Verpackung etc. von Wichtigkeit!

Für diese bedarf es hiebei stets noch eines besonderen, die Zündmasse umgebenden Schutzmittels [wie diess der „Zündspiegel" (Taf. XII, Fig. 10, zs) für die „Zündpille" (zp) der preussischen Patrone (Taf. XII, Fig. 9) ist] und wird die Zündweise dadurch von selbst schon eine centrale, bei jenen findet sich das Knallpräparat sowohl in der Axe, als auch am Rande des Patronenbodens eingesetzt.

Bei gerollten Patronenhülsen wird ausschliesslich centrale Zündung gebraucht und diese gewöhnlich durch ein einfaches Zündhütchen (Taf. XIII, Fig. 5 c) hergestellt, das mit einem kleinen, (richtiger als Ambos zu bezeichnenden) metallenen „Schlagkörper" armirt (Taf XIII, Fig. 5 c a. f), und geeignet in den Patronenboden eingesetzt ist (Taf. XIII, Fig 5 b).

Bei den getriebenen Metallpatronen [1]) kömmt vorzugsweise „Randzündung" zur Anwendung. Hiezu wird die Zündmasse mittels eines turbinenartig gezahnten Füllstempels gleichmässig in den Hohlraum der Bodenkrempe vertheilt (Taf. XIV, Fig. 12 a) und durch die Wirkung des Schlagstiftes auf diese, die Explosion jener herbeigeführt.

Für centrale Zündung muss das Knallpräparat eben in der Mitte des Patronenbodens angebracht und durch eine, in die Bodenkrempe eingezwängte Spreizvorrichtung, ein ambosartiger Gegenhalt hergestellt werden.

Die Einrichtung der centralen Zündung ist — bei Metallpatronen — etwas komplizirter, als die Verlegung jener in die Bodenkrempe, die letztere Anordnung hat dabei den Vortheil, allenfallsige Versager durch eine Drehung der Patrone, in Folge deren der Schlagstift eine andere Stelle des Patronenrandes trifft, ausgleichen zu können.

Nach eingesetzter Zündung wird die Einheitspatrone — wie jede andere — mit der bestimmten Pulverladung versehen [2]) und auf diese — bei Metallpatronen [3]) eine kleine Zwischenlage von Baumwolle oder Pappe gegeben, über welche endlich das Geschoss zu stehen kömmt, das durch eine leichte „Würgung", (*étranglement*) (wie in Taf. XIII, Fig. 5 a und Taf. XIV, Fig. 12 a bei w) oder bloss vermöge genauer Einpassung (wie in Taf. XV, Fig. 15) in der Hülse festgehalten wird.

Zur Anbringung des Schmiermittels dienen hiebei gewöhnlich

---

[1]) d. h. bei Kupfer- oder Tombakhülsen; Messinghülsen werden, bei Randzündung, leicht vom Schlagstifte durchgeschlagen!

[2]) Der direkten Einwirkung des Knallpräparates wegen, kann die Pulverladung bei Einheitspatronen entsprechend vermindert werden!

[3]) Für welche neuestens — besonders bei getriebenen Hülsen — gerne comprimirtes Pulver angewandt wird.

fettgetränkte Baumwollfäden, welche in die Canellirungen des Geschosses eingelegt werden.

Die Verpackung der Munition.

Papierpatronen werden gewöhnlich in würfelförmige Pakete von 12 Stück, Metallpatronen dagegen, nach gleicher Anzahl, oder je zu 10, in flache Cartonschachteln verpackt.

Die Zündhütchen werden entweder in ähnlichen, oder grösseren [1]) Quantitäten, für sich verpackt, oder — wie in Frankreich — den Patronenpaketen beigelegt. Durch das letztere Verfahren ist jedenfalls die Abgabe der Munition bedeutend vereinfacht und der Unannehmlichkeit vorgebeugt, Patronen ohne Zündungen ausgeben, oder empfangen zu können; dagegen hält man anderorts die gemeinschaftliche Verpackung von Ladung und Zündung für gefährlich.

Zur Verpackung im Grossen dienen schmale Kisten von Tannenholz, welche in die Munitionswagen (siehe V. Abschnitt) eingestellt werden und an 200 bis 300 etc. Patronen-, oder in grösserer oder geringerer Zahl, Zündhütchenpakete enthalten und Munitions-Verschläge (*caisses à munitions*) genannt werden. Das Gewicht solcher Verschläge darf einer bequemen Behandlung derselben, d. h. leichter Herausnahme, Transportirung durch 2 Mann etc. nicht hinderlich sein.

Für den Gebrauch wird die Munition in Tornister (*sac*) und Patrontasche (*giberne*, *cartouchière*) mitgeführt.

Die losen Zündhütchen werden hiebei in Blechbüchsen und besonderen Täschchen untergebracht und müssen — der Versager wegen — stets in einer Anzahl vorhanden sein, welche diejenige der Patronen um 20—25°/₀ übersteigt.

Eine gute Patrontasche muss Patrone und Zündung leicht ergreifen lassen, beide aber vollständig sicher verwahren und ganz besonders die losen Patronen vor gegenseitiger Beschädigung schützen.

Die Aufbewahrung der Munition.

Die Munition wird in denselben Verschlägen, welche zu ihrem Transporte dienen, magazinirt. Geschieht diess, selbstverständlich, auch immer in trockenen und luftigen Räumen, so ist doch stets eine richtig geleitete Nachsicht nothwendig, um jede, durch die verschiedenen atmosphärischen und sonstigen äusseren Einflüsse, eintretende Beschädigung wie

---

[1]) In Bayern geschah diess — sehr vortheilhaft — zu je 72 Stück, welche Anzahl gerade der Mannsabgabe (auf 60 Patronen) entsprach.

die Vertrocknung des Schmiermittels, Rostansatz, Pulververderbniss [1]) etc. rechtzeitig zu entdecken.

In erhöhtem Masse aber fordert die **transportirte Munition** eine genaue Untersuchung, der dann natürlich dort und da die mögliche Ausbesserung der gefundenen Schäden zu folgen hat.

I. Die Infanteriefeuerwaffen.

Die Handfeuerwaffen der Infanterie schieden sich vor der allgemeinen Einführung gezogener Gewehre sehr strenge in zwei besondere Arten.

Die eine derselben, **Muskete**, oder **Infanteriegewehr** (*fusil d'infanterie*) genannt, wurde von der Massen- oder Linieninfanterie geführt, und war, bei **grossem Kaliber** (18—20 Bleikugeln per Pfund, oder 0,68—0,70″ = 17—18mm Bohrungsweite) **glattläufig**, also von geringer (200+ höchstens 300+ betragender) **Tragweite** und **Treffwahrscheinlichkeit** (25—30% Treffer auf die Visirschussweite von 150+, 10—12% auf 200+, gegen die Mannsscheibe).

Sie war mit dem Stossbajonete versehen und erreichte mit diesem eine durchschnittliche Länge von 6′, ohne dasselbe aber eine solche von 5′.

Die andere Gattung diente den Scharfschützen, Jägern (*chasseurs*) etc. zur Ausrüstung, war mit **gezogenem** Laufe, Tupferschloss u. s. w. versehen und wurde **Büchse** oder **Stutzen** (*carabine*) genannt.

Sie war feiner gearbeitet als die Muskete, 10—15 Zolle (26—40cm) kürzer und gewöhnlich auch um ca. 10 Punkte (2,6mm) enger gebohrt als diese, führte das Haubajonet und hatte (mit gepflasterten, ca. einlöthigen Kugeln) eine Tragweite bis 400+ und darüber, wobei sie auf diese Entfernung noch 5% Treffer gegen die Mannsbreite gab.

Diese Leistungen steigerten sich indess bedeutend durch die Anwendung des Spitzgeschosses.

Gerade die allgemeine Einführung des letzteren, also der gezogenen Waffen überhaupt, verwischte aber — selbstverständlich — die Unterschiede immer mehr, welche bis dahin zwischen Massengewehr und Büchse bestanden hatten.

Jene Unterschiede waren aus den entgegengesetzten Bestrebungen, nach grösster Einfachheit einerseits und höchstmöglicher Schussleistung anderseits entsprungen; mit der Einführung der gezogenen Waffen liessen sich jedoch diese scheinbaren Gegensätze sehr leicht vereinigen und ein Gewehr herstellen, das nicht komplizirter ist, als die alte Muskete, da-

---

[1]) Durch Klumpenbildung, Verstaubung, Ausschiessen des Salpeters etc.

bei aber die frühere Büchse weit an Präcision und Feuerwirkung übertrifft.

Es gibt zwar in den meisten Armeen noch Liniengewehre und Büchsen, dieselben unterscheiden sich aber nur mehr durch untergeordnete Detaileinrichtungen, wie Lauflänge, Tupfer, Visir u. s. w. von einander und es ist gar nicht unwahrscheinlich, dass in der Zukunft auch diese Unterschiede verschwinden werden; jedenfalls reichen sie schon jetzt nicht mehr hin, um die Abhandlung der Infanteriefeuerwaffen nach Massengewehr und Büchse zu trennen, sondern gestatten, dieselben unter Einen gemeinschaftlichen Titel zu stellen.

Das Infanteriegewehr.

Die Anforderungen, welchen das Infanteriegewehr zu genügen hat, lassen sich unter zwei Gesichtspunkte zusammenfassen. Der eine bezieht sich auf die äusseren Anordnungen der Waffe, deren Form, Mass- und Gewichtsverhältnisse, Handsamkeit u. s. w., der zweite dagegen auf ihre inneren, die Feuerwirkung bedingenden Einrichtungen, also die Geschossform und Führung, die Ladeweise etc.

Die Summe der ersteren Anordnungen bildet das „Modell," jene der letzteren das „System" einer Waffe.

A. Modell des Infanteriegewehres.

Die Constrüktionsgesetze für das Modell des Infanteriegewehres haben sich, entsprechend den Anforderungen der Taktik, durch die Erfahrung und den praktischen Gebrauch entwickelt und festgestellt.

Dieselben lassen sich in folgende allgemeine Gränzen zusammenfassen:

1. Gewehrkaliber: mindestens 4/10" (10—11mm), höchstens 6/10" (15—17mm), was
2. einem mittleren Geschossgewichte von 1 bis 2 Lth. (18—36 gr.) entspricht, dessen
3. zugehörige Pulverladung zwischen 1/4 und 1/3 Lth. (4 u. 5 gr.) oder 1/4 und 1/5 Geschossschwere variirt.
4. Das Gewicht des Gewehres (ohne Bajonet) schwankt hiebei zwischen 7½ und 10 Pfd.[1]) (4 und 5½ Kilog.) (beträgt also im Mittel das Zweihundertfache des Geschossgewichtes):

---

[1]) Bei gleicher Ladeweise sind es gewöhnlich die Gewehre des kleineren Kalibers, welche der, durch den nöthigen Biegungswiderstand gebotenen grösseren Laufstärken wegen, das Maximalgewicht erreichen, dem

5. jenes der **Munition** entziffert sich für die kriegsgebräuchliche Mannsausrüstung von 60 Patronen auf 2½ bis 4½ Pfd.[1]) (1¼ bis 2¼ Kilogr.), wobei sich demnach die, auf 1 Pfd. (oder 1 Kilogr.) treffende Patronenzahl zwischen 25 (bezw. 50) und 14 (bezw. 30) stellt.
6. Die **Länge** des **Gewehres** soll nicht allein ein bequemes Laden und Anschlagen, sondern, vorzüglich bei Massengewehren, auch den Gebrauch des Gliederfeuers zulassen und endlich den Bajonetkampf begünstigen. Sie beträgt in runden Ziffern 4½' (144^{cm}), **ohne** und 6' (188^{cm}) **mit** Bajonet.

Diesen allgemeinen Anhaltspunkten sind nur wenige Erörterungen über **Lauf** und **Schaft** des Gewehres beizufügen.

1. Der Lauf des Infanteriegewehres.

Der Lauf des Infanteriegewehres ist gewöhnlich mit 4 seichten Zügen versehen und 36—40'' (1^{m}), Büchsenläufe nur 30'' (78^{cm}) und darunter, lang.

Um äusseren, biegenden Einflüssen den nöthigen Widerstand leisten zu können, darf[2]) von einem Gewehrlaufe gefordert werden, dass er, wenn er nur an seinen Enden unterstützt wird, ein, in der Mitte seiner Länge angehängtes Gewicht von 100 Pfd. (50 Kilog.) ohne Nachtheil zu tragen vermöge.

Es wird dieser Anforderung sowohl, wie derjenigen des genügenden Widerstandes gegen die Gasspannung im Innern, im Allgemeinen durch eine, vom Pulversacke gegen die Mündung hin von 0,3'' (8^{mm}) bis unter 0,1'' (2^{mm}) fallende **Laufstärke** entsprochen.

Aus diesen Dimensionen entziffert sich ein mittleres **Laufgewicht** von 3½—4 Pfd. (2 Kilog.), d. i. gleich dem halben Gewichte der ganzen Waffe oder der **hundertfachen** Geschossschwere.

Unter dem **Laufzubehöre** sind es die **Visireinrichtungen**, welche eine eingehendere Betrachtung erfordern.

Visireinrichtungen des Infanteriegewehres.

Die **Visireinrichtungen** werden ihrer Aufgabe um so vollkommener genügen, je mehr sie die, bereits im III. Abschnitte (S. 177—179) auf-

---

sich anderntheils auch die Hinterladungswaffen, bei schweren Verschlusstheilen nähern.

[1]) Hier sind die Waffen **kleinen Kalibers** wieder im Vortheile.

[2]) nach **Plönnies**.

gestellten, theoretischen Bedingungen mit Genauigkeit, Einfachheit und Handsamkeit verbinden.

Ihre Haupttheile werden gewöhnlich aus Stahl [1]) gefertigt und — um nicht zu blenden — beim Härten dunkelblau angelassen.

Bei besseren Modellen wird das Korn nicht (wie früher gebräuchlich) am Laufe (oder gar am Oberringe [2]) festgelöthet (Taf. V, Fig. 8) sondern mittels eines kleinen Fussplättchens eingeschleift. Es hat diess den Vortheil der leichteren Reparatur sowohl, als auch der Möglichkeit, beim Einschiessen neuer Gewehre, die Zusammenstellung von Visir und Korn vollkommen „strichmässig“ korrigiren zu können.

Das genau eingestellte Korn muss dann natürlich durch einen Haltstift oder dergl. fixirt werden.

Zur Verminderung des natürlichen Visirwinkels, oder Ausgleichung der Visirhöhe, wird das Korn nicht selten mit einer weiteren, auf dem Laufe festgelötheten Unterlage versehen, welche man den Kornsattel nennt (sieh' Taf. V, Fig. 9), und zuweilen auch (wie bereits im II. Abschnitte S. 93 unter „Bajonet“ bemerkt) als Bajonethafte benützt.

Die Visireinrichtungen sind für Massengewehre und Büchsen nicht immer die gleichen, sondern für diese oft feiner angeordnet, als für jene.

Die nachstehenden Erörterungen der gebräuchlichsten hieher bezüglichen Construktionen werden diess näher erläutern.

a. Visire für Massengewehre.

Die Visire für Massengewehre sind gewöhnlich sogen. Klappenvisire und bestehen entweder aus einer aufstellbaren Visirklappe mit mehreren Durchsichten (dd), wie das Visir des bayer. Massengewehres (Taf. X, Fig. 1), oder aus mehreren Visirklappen (a u. b) von verschiedener Höhe, wie das Visir des preuss. Zündnadelgewehres (Taf. X, Fig. 4).

Bei beiden Anordnungen ist es nicht wohl möglich, eine ganz genaue Visirung für jede einzelne Distanz herzustellen, da diess in dem einen Falle zu viele, sehr leicht zu verwechselnde, weil nur wenig verschiedene Klappen, in dem anderen aber eben so zahlreiche, hart übereinander liegende Durchsichten erfordern würde. Man begnügt sich daher damit, für die wichtigste, die Visirschussdistanz eine genaue, dabei aber keine

---

[1]) Die, früher bei manchen Modellen gebräuchliche Herstellung des Kornes aus Messing, also aus einem sich leicht abnützenden Materiale, ist, selbstverständlich, höchst verwerflich.

[2]) Sieh' S. 220, Note 4.

Klappenstellung erfordernde Visirung einzurichten; und dient hiezu beim preussischen Visire das, auf den Lauf gelöthete „Standvisir" (oder „Stöckel") (s), beim bayerischen aber ein nasenförmiger Ansatz (v) am Klappenfusse. Für die jenseits der Visirschussweite liegenden Distanzen, sind beim bayerischen Visire zwei Durchsichten (dd) und eine Uebersicht (u) angebracht, deren Visirkerben je für zwei Entfernungen zugleich benützt, die dabei entstehenden Differenzen aber durch geeignetes Höher- oder Tieferzielen [1]) ausgeglichen werden müssen. Die beiden Durchsichten (dd) sind in breiter, also möglichst freies Gesichtsfeld gewährender, zugleich aber, um Irrungen zu verhindern, in verschiedener Form eingeschnitten und mit Ziffern derjenigen Distanzen bezeichnet, welchen sie entsprechen.

Das preussische Visir hat zwei Klappen (a u. b), deren jede mit einer Uebersicht, die grössere (b) aber noch mit einer kreisförmigen Durchsicht versehen ist.

Das Festhalten der aufgestellten oder umgelegten Klappe besorgt beim bayer. Visire eine sogen. Springkegel-Vorrichtung (Taf. X, Fig. 3), welche in eine entsprechende Ausbohrung am Fusse des Visires (bei a, Taf. X, Fig. 1) eingelegt ist.

Eine solche Springkegelvorrichtung (Taf. X, Fig. 3) besteht aus einem kleinen, stählernen Zapfen (c), dem Springkegel, auf dessen Ansatz eine Spiralfeder (b) wirkt, deren Ausdehnung einerseits durch eine, ihre Lagerstelle verschliessende Schraube (a) anderseits durch den Springkegel selbst gehemmt wird, da dieser eben nur bis zu seinem Ansatze an die, der Verschlussschraube (a) gegenüberliegende Einschliessungswand angedrückt werden und aus dieser also bloss mit seinem abgerundeten Kopfe heraustreten kann.

Diese Vorrichtung ist so am Visire angebracht, dass der Springkegel auf die innere Seite des einen der beiden durchlochten Lappen zu drücken vermag, durch welche die Pivotschraube der Klappe tritt.

Jene zwei Stellen der Ringfläche des gedachten Lappens, welche der Springkegel bei umgelegter und bei vertikalstehender Klappe berühren muss, sind etwas eingetieft, so dass der Springkegelkopf in sie eintreten und damit die Visirklappe selbst in der einen oder anderen der genannten Stellungen festhalten kann.

Beim preussischen Visire (Taf. X, Fig. 4) fehlt eine, die Klappen festhaltende Stellvorrichtung und können jene nur durch geeignetes Anziehen ihrer Pivotschraube fixirt werden.

---

[1]) Ein Verfahren, das immerhin den Schiessunterricht komplizirter und Irrungen im Ernstfalle wahrscheinlich macht.

b. Visire für Büchsen.

Neben der nothwendigen einfachen Visirung auf die Visirschussweite, wird für die Büchse eine Zielvorrichtung gefordert, welche einen genauen Anschlag auf jede einzelne Feuerdistanz zulässt.

Die verbreitetste unter den hiefür, d. h. ausschliesslich für Büchsen gebräuchlichen Anordnungen, ist diejenige der

α Leiter- oder Schiebervisire (Taf. X, Fig. 2).

Dieselben bestehen aus einer, wieder durch Springkegelvorrichtung oder dergl. aufstellbaren Klappe, welche ihrer Länge nach durchbrochen und mit einer, den bezüglichen Visirhöhen entsprechenden Eintheilung versehen ist.

Ein, die Klappe umgreifender Schieber (s) enthält den Visireinschnitt und kann nach der eben erwähnten Eintheilung geeignet gestellt, auf die grösste Feuerdistanz der Waffe aber wieder die Uebersicht (u) der Klappe und ebenso der Klappenfuss (v) auf die Visirschussweite [1]) zum Zielen benützt werden. Ein kurzer Haltstift (t) begränzt die Bewegung des Schiebers, der ausserdem, neben genauer Anpassung, durch eine kleine, zwischen ihm und der Klappe eingelegte Druckfeder die nöthige feste Anlehnung an jener erhält.

Der Hauptvorzug der Leitervisire liegt darin, dass die Stellung des Schiebers vorgenommen und — bei entsprechender Einschreibung der Scala — noch im Anschlage selbst nachgesehen und korrigirt werden kann, ohne das Gewehr irgend drehen zu müssen; dagegen ist es ein Nachtheil derselben, dass für nähere wie weitere Entfernungen stets die ganze, hohe, das Gesichtsfeld immerhin beschränkende Klappe aufgestellt werden muss, während endlich Schmutz und Rost [2]) oder Erlahmung der Druckfeder den Gang des Schiebers sehr leicht stören und durch Anstossen der elevirten Klappe ernstliche Beschädigungen des Visires herbeigeführt werden können. [3])

β. Das Bogenvisir (Taf. X, Fig. 8).

Das Minić'sche Bogenvisir der österreichischen Jägerbüchse (Mo-

---

[1]) Beim bayerischen Büchsenvisire (Taf. X, Fig. 2) ist auch der untere Rand der Durchbrechung der Klappe mit einem Visireinschnitte versehen, über welchen auf die, innerhalb der Visirschussweite liegende Entfernung von 200+ gezielt und damit das Tieferhalten vermieden werden kann.

[2]) Daher Visirschutzleder (sieh' S. 218) zu empfehlen.

[3]) Zur Ausgleichung der Derivation war am Visire der bayer. Dornbüchse die Einrichtung getroffen, dass der Schieber sich nach einer, gegen links ausbiegenden Curve bewegen musste.

dell 1855) besteht aus einem, auf dem Laufe eingeschleiften, sattelförmigen, zugleich als Standvisir dienenden Gehäuse (g), in welchem sich ein kleiner, mit dem Visireinschnitte versehener Stahlbogen (b) nach einer, auf den Lauf gravirten Scala geeignet verschieben und mittels einer Stellschraube (s) festhalten lässt.

Das Bogenvisir gewährt ein freieres Gesichtsfeld als das Leitervisir, ist aber unbequem zu stellen, da der Visirbogen, seines nothwendig leichten Ganges wegen, immer abzurutschen strebt; auch hat es den weiteren Nachtheil, dass jedes Anziehen der Stellschraube eine kleine Verschiebung der Visirlinie zur Folge haben muss; endlich kann seine Brauchbarkeit sehr leicht durch Schmutz und Rost oder Verbiegung des Visirbogens beeinträchtigt werden.

γ. Das Bockvisir (Taf. X, Fig. 10).

Das dänische Bockvisir, setzt sich aus einer Sförmig gebogenen Klappe (k) und einer Charnierstütze (s) zusammen, mittels welcher jene nach einer Scala aufgestellt werden kann, die sich an der Seite und auf der Oberfläche der Fussplatte (p) des Visires eingekerbt findet.

Die niedergelegte Klappe wird durch das Anziehen einer, den Klappenfuss durchgreifenden Druckschraube (d) auf dem Laufe festgehalten, ein festes Standvisir dient zum Zielen auf Visirschussweite.

Das Bockvisir — wenn es auch etwas komplizirt erscheint — hat neben freiem Gesichtsfelde den grossen Vorzug, unabhängig von dem Gange eines Schiebers, sehr unempfindlich gegen Verunreinigung und andere äussere Einflüsse, wie Stösse gegen die aufgestellte Klappe etc. und endlich sehr gut handtirbar zu sein.

c. Visire für Büchsen und Massengewehre.

Es kann entschieden nur als ein Vorzug gelten, wenn sich eine Visireinrichtung gleich brauchbar für Massengewehre, wie für Büchsen erweiset.

Mit den nachstehenden Anordnungen hat man diese allseitige Verwendung wenigstens anzubahnen gesucht.

α. Das englische Treppenvisir (Taf. X, Fig. 5).

Das englische Treppen- oder Enfield-Visir ist eine Variation des gewöhnlichen Leitervisires. Die (um den Drehstift (s) elevirbare) Klappe (k) liegt hier zwischen den beiden treppenförmig abgestuften Wangen eines, auf der Oberfläche des Laufes eingeschleiften Gehäuses und wird nicht durch eine Springkegelvorrichtung, sondern durch eine, innerhalb des obengenannten Gehäuses angebrachte Druckfeder, welche auf den Klappenfuss wirkt, festgehalten. Der letztere ist derartig vierkantig zugearbeitet, dass er, bei vertikaler und horizontaler Stellung der Klappe, der Druckfeder eine ebene Seitenfläche zuwendet und dadurch also in den genannten Stellungen fixirt wird.

Ein ganz besonderer Vorzug dieser Anordnung liegt darin, die Visirklappe nach vorwärts und rückwärts umlegen zu können, wodurch Beschädigungen jener durch Anstreifen etc. möglichst vorgebeugt ist.

In Folge der, den Visirhöhen auf die nächsten Distanzen entsprechenden treppenförmigen Abstufungen des Gehäuses, ist einestheils, nicht allein die Schieberstellung sehr vereinfacht, sondern auch der Missstand vermieden, schon für die kleinsten Schussweiten die Klappe ganz eleviren und damit das Gesichtsfeld unlieb beschränken zu müssen.

Als ein Mangel des Treppenvisires erscheint dagegen die Anordnung seines Standvisires, oder, besser gesagt der Ersatz eines solchen durch die — ohnehin für die näheren Distanzen — gebräuchliche Visirung über den, ausser der gewöhnlichen Uebersicht (u) am Klappenkopfe angebrachten Visireinschnitt. Es können hiebei sehr leicht Irrungen durch unvollständige Niederlegung der Klappe erzeugt werden.

Schliesslich verdient übrigens die technische Ausführung dieses Visires hervorgehoben zu werden; es ist in allen seinen Details so handsam zugerichtet, alle nachtheiligen Ecken und Kanten an seinen einzelnen Theilen (besonders an Klappe, Schieber und Gehäuse) so gut vermieden und abgerundet, dass es jedenfalls in dieser Hinsicht eine gewisse Mustergiltigkeit besitzt, wenn auch sein grosses Gehäuse schon als lästige Zuthat am Gewehre angesehen werden will.

β. Die Quadrantenvisire (Taf. X, Fig. 6, 7 u 8).

Die Quadrantenvisire bestehen zwar, wie die Leitervisire, hauptsächlich aus einer elevirbaren Klappe (k), dieselbe ist aber hier nicht mit Durchsicht und Schieber, sondern nur mit einer — an ihrem, etwas gegen aufwärts umgebogenen, freien Ende (e) — eingeschnittenen Uebersicht (u) versehen.

Die Stellung der Klappe wird nach einer Scala geregelt, welche sich seitlich, auf den quadrantenförmigen Wangen eines besonderen Visirgehäuses (Taf. X, Fig. 6, g, Fig. 7, g h) angebracht findet, das den Klappenfuss entweder umgreift (Taf. X, Fig. 6), oder innerhalb welchem er sich bewegt (Taf. X, Fig. 7).

Die erstere Anordnung findet sich am grossherz. hessischen Gewehre und erfordert eine gabelförmige Gestaltung des Klappenfusses (daher der Name „Gabelvisir"), erspart aber eine besondere Stellschraube und erleichtert die richtige Erhöhung der Klappe.

Die letztere Construktion besteht beim Schweizervisire (Taf. X, Fig. 7), erschwert die Stellung der Klappe und bedarf eine besondere Schraube (st) zu deren Fixirung.

Ein Nachtheil dieser Einrichtung ist auch der Mangel eines festen Standvisires (das sich übrigens ganz leicht damit vereinigen liesse), während die Abrundung der Wangen des Gehäuses empfehlenswerther ist, als die (indess auch ganz gut vermeidliche) scharfe Abgränzung derselben beim Gabelvisire, das dagegen wieder den Vortheil hat, dass seine Klappe sich gleichmässig nach vorwärts wie rückwärts umlegen lässt.

Um aber die, immerhin unbequemen Wangen, gänzlich zu vermeiden, wurde beim württembergischen (Dorn'schen) Gewehrmodelle die Quadrantenscala (q q) des (in Taf. X, Fig. 9 dargestellten) Visires auf einer, seitlich des Laufes abwärts stehenden Platte, am Klappenfusse aber ein, über jene sich bewegender Zeiger (z) angebracht, von welchem diese Anordnung den Namen Zeigervisir hat.

Auch hiebei wurde die Herstellung eines festen Stöckels für den Visirschuss unterlassen, während die, übrigens nach vor- und rückwärts umlegbare Klappe, nur durch das feste Anziehen ihrer Pivotschraube (s) fixirt werden kann.

Die Quadrantenvisire haben den entschiedenen Vorzug, bei grosser Einfachheit, das Gesichtsfeld möglichst wenig zu beschränken, es steht diesem aber der unleugbare Nachtheil gegenüber, die Klappenstellung nicht vornehmen zu können, ohne das Gewehr zu drehen, also auch im Anschlage die Visirscala nicht vor Augen zu haben. [1])

2. Der Schaft des Infanteriegewehres.

Die Infanteriegewehre haben allgemein ganze, Büchsen zuweilen halbe Schäftung.

Wie hiedurch die Länge des Vorderschaftes bestimmt wird, hat sich diejenige des Hinterschaftes nach den Anforderungen eines bequemen Anschlages zu richten. Man nennt die Entfernung des Abdrückers vom Kolbenende (Taf. VIII, Fig. 12ᵃ, a) die Länge des Anschlages, den Winkel aber, welcher die Richtung der Laufrinne mit derjenigen des Kolbens einschliesst (Taf. VIII, Fig. 12ᵃ, *α*) den Kolbenwinkel.

---

[1]) Zur Correktur der Derivation, ist am Quadrantenvisire der badischen (Hinterladungs-) Jägerbüchse die Anordnung getroffen, dass sich die Visirklappe nicht rein vertikal, sondern — in Folge entsprechend schräger Stellung ihres Pivotcharnieres — nach einer links geneigten Leitlinie über dem Laufe bewegt. (Sieh' hierüber Plönnies „Neue Hinterladungs-Gewehre" S. 192).

Die Grösse des letzteren und der ersteren sind es, welche die Bequemlichkeit des Anschlages bedingen.

Die Länge des Anschlages soll so bemessen werden, dass die linke Hand des Schützen das Gewehr beim Abfeuern nahe dem Schwerpunkte umfassen könne, ohne den Arm hiezu weder übermässig ausstrecken, noch krampfhaft zusammenbiegen und gegen die Brust anpressen zu müssen.

Ebenso bequem muss die rechte Hand den Abdrücker erreichen und das Gesicht derart an den Kolben angelegt werden können, dass das Auge sich nicht zu nahe am Zündkegel, aber auch in entsprechender Entfernung vom Visire befinde.

Nach diesen Anforderungen hat die Praxis ein mittleres Mass von 15″ (39—40^{cm}) für die Länge des Anschlages festgestellt, die indess auch mit der Grösse des Mannes zu- oder abnehmen muss, wenn sie vollkommen befriedigen soll.

Um hierin ein Mögliches zu thun, sind denn auch in manchen Staaten zwei bis drei verschiedene Anschlagslängen gebräuchlich.

Die Gesammtlänge des Anschlages vertheilt sich auf Kolben und Kolbenhals. Der erstere soll schon des Hintergewichtes der Waffe wegen, möglichst viel Masse, jedenfalls aber die, zur bequemen Anlehnung des Gesichtes beim Zielen nöthige Länge erhalten; der letztere muss lang genug sein, um mit voller Faust umfasst werden zu können, darf aber das hiezu nöthige Mass nicht viel überschreiten, ohne schwach zu erscheinen.

Durch diese Bedingungen kommen Kolben und Kolbenhals ihrer Länge nach ungefähr in das Verhältniss von 2 : 1 zu stehen, indem der erstere eine durchschnittliche Länge von 9—10″ (24—26^{cm}), der Kolbenhals aber eine solche von 5—6″ (13—16^{cm}) erhält.

Der Kolbenwinkel steht in direkter Beziehung zu den Elevationswinkeln, unter welchen die Waffe gebraucht werden soll, je mehr diese zunehmen und besonders, je grösser die Differenz zwischen dem kleinsten und grössten der anzuwendenden Visirwinkel ist, desto kleiner muss der Kolbenwinkel werden, wenn man die Waffe überhaupt noch auf weitere Entfernungen ordentlich anschlagen können soll.

Die Zunahme des Kolbenwinkels beeinträchtigt die Festigkeit des Schaftes, seine Verminderung lässt den Rückstoss empfindlicher werden und erschwert den Anschlag für die näheren Distanzen.

Diesen verschiedenen Rücksichten wird im Allgemeinen durch einen Kolbenwinkel von 10—15° entsprochen, aus welcher Grösse sich auf die oben bezeichnete Anschlagslänge eine Kolbensenkung, d. h. ein senkrechter Abstand der Kolbennase von der Oberfläche des Laufes

(Taf. VIII, Fig. 12ᵃ bei b) von 2—3" (5—8^{cm}) ergibt, welches Mass auch der bequemen Anlehnung des Gesichtes beim Zielen genügt.

Zu diesen konstruktiven Ausmassen, nach welchen sich eine Schaftlänge von 45—50" (120—130^{cm}) für Infanteriegewehre und 36—40" (95—105^{cm}) für Büchsen entziffert, können als weitere Durchschnittsgrössen noch folgende Stärkeverhältnisse angeführt werden:

Kolbenhöhe 4,5—6,0" (12—16^{cm}),
Kolbenstärke 2,4—3" (6—8^{cm}),
Höhe des Kolbenhalses 2—2,4" (5—6^{cm}),
Stärke des Kolbenhalses 1,5 (4^{cm}),

Schafthöhe am	rückwärtigen	Ende der Laufrinne	1,5" (4^{cm}),
	vorderen		0,75" (2^{cm}),
Schaftstärke am	rückwärtigen		2" (5^{cm}),
	vorderen		1" (2,5^{cm}).

Bei welchen Massen sich dann ein ungefähres Schaftgewicht von 2—2½ Pfd. (1—1,4 Kilogr.) ergibt.

Bei manchen Modellen ist es und zwar vorzüglich für Büchsen, gebräuchlich, den Kolben gegen innen mit einer Verstärkung zu versehen, welche das Anlegen des Gesichtes beim Zielen erleichtert und Backenansatz[1]) (Taf. VIII, Fig. 13, a) genannt wird; für Infanteriegewehre war dagegen früher die entgegengesetzte Anordnung, d. h. ein Backenausschnitt, beliebt. In neuerer Zeit ist man von diesen, die Herstellung des Schaftes jedenfalls nicht vereinfachenden Zuthaten, ebenso wie von dem Schulterausschnitte am rückwärtigen Kolbenende (Taf. VIII, Fig. 14, a) mehr abgekommen und zieht allenthalben den einfacheren vollen Kolben (Taf. VIII, Fig. 12) vor. Auch die, gleichfalls bei Büchsen vielfach in Anwendung gewesenen und früher als Kugelkasten (Taf. X, Fig. 21, k k) bezeichneten, mittels Charnier- oder Schieberdeckel verschliessbaren Ausstemmungen des Kolbens, zur Aufbewahrung von Kleinzeug etc. werden neuestens seltener ausgeführt, da ihr Zweck sich weit vortheilhafter auf andere Weise erreichen lässt.

B. Systeme des Infanteriegewehres.

Wie schon S. 243 bemerkt wurde, versteht man unter dem Begriffe „System" eines Gewehres die Summe aller jener inneren Einrichtungen und Anordnungen desselben, deren Zusammenwirken die Schussleistungen der Waffe bedingt.

Das System des Gewehres darf die unumstösslichen Grundgesetze

---

[1]) Sieh' auch Taf. XV, Fig. 1, ba.

über das Modell nicht alteriren, muss vollkommen kriegstüchtig, d. h. genügend einfach, handsam, unempfindlich und dauerhaft sein und dem Geschosse der Waffe eine solche Flugbahn, Treffwahrscheinlichkeit und Durchschlagskraft verleihen, dass dieselbe auf alle jene Entfernungen mit Erfolg gebraucht werden könne, für welche noch ein verlässiges Zielen auf den Gegner möglich ist.

Als die Grenze dieser Möglichkeit, darf im Allgemeinen die Entfernung von 1000+ (750ᵐ) angenommen werden.

Die verschiedenen Gewehrsysteme zerfallen nun in zwei Hauptgruppen; nämlich:

1) in solche für **Vorder**- und
2) für **Hinterladung**.

1. Die Vorderladungssysteme.

(Hieher Taf. ~~IX.~~) XI .

Die Vorderladungssysteme lassen sich nach der Art und Weise, nach welcher sie die Liederung des Geschosses bewerkstelligen, in Unterabtheilungen zerlegen und hat man hienach

a. Systeme mit unvollkommener Geschossliederung,
b. solche, welche die Geschossliederung beim Ladungsvorgange durch die Hand des Schützen hervorrufen, und
c. solche, welche erst beim Abfeuern selbst, durch die Wirkung der Pulvergase auf das Geschoss, die dichte Anlehnung des letzteren an die Seelenwände herzustellen suchen.

a. Gewehr-Systeme mit unvollkommener Geschossliederung.

Die hieher gehörigen Systeme verdanken ihre Entstehung im Allgemeinen dem überwiegenden Streben nach grösstmöglicher Einfachheit. Sie beruhen auf der Anwendung der Zapfenführung und leiden selbstverständlich an all' den Mängeln, welche mit dieser und der Nichtaufhebung des Spielraumes unzertrennlich verbunden sind. Das älteste derselben, das System Berner [1]), schoss sogen. Gürtel- (Fig. 1) oder

---

[1]) Berner starb vor wenigen Jahren als braunschweigischer Oberst und war einer der geachtetsten Veteranen der Napoleonischen Kriege. Von ihm stammt der Ausspruch: „Die Infanterie muss ein Gewehr haben, das sich wie eine (glatte) Muskete lädt, aber wie eine (gezogene) Büchse losschiesst!" ein Wunsch, zu dessen Realisirung er selbst nach besten Kräften beizutragen suchte. Sein System, (worüber Näheres in Schmölzl's Ergänzungswaffenlehre, 2. Auflage, S. 125) trat zu Anfang der 30er Jahre (sieh' hierüber auch den VII. Abschnitt „Geschichte der Waf-

Flügelkugeln [1]) (Fig. 2), nach dem späteren Bekanntwerden des Spitzgeschosses, aber auch geflügelte Spitzgeschosse [2]) (Fig. 3) aus einem, nur mit zwei Zügen (Fig. 1) versehenen Rohre.

Die letzteren waren mehr breit als tief profilirt (Fig. 1) und in ziemlich starkem — ¾ bis ganzem — Dralle gewunden.

Die Waffen dieses Systemes, welche man, ihrer Anordnung gemäss, als zweizügige bezeichnete, litten — neben den, durch die Führungsweise bedungenen Mängeln geringer Präcision und Tragweite, besonders an dem Missstande erheblicher Ladungsschwierigkeiten, bei anhaltendem Feuer. Es erklären sich diese einfach dadurch, dass das Rohr beim Schusse nicht, — wie diess beim Vorhandensein einer guten Liederung der Fall ist — durch das Geschoss selbst gewischt wurde, der Pulverrückstand sich demnach sehr leicht so massenhaft ansammeln konnte, dass das Ansetzen des Geschosses um so schwieriger ward, als dieses ja auch hiebei schon dem Windungsgange der Züge folgen und in diese mit seinen Flügelansätzen eingreifen musste. Indess fanden die Berner'schen Waffen ihrer Einfachheit wegen und in Ermangelung besserer kriegstüchtiger Systeme, eine ziemlich ausgedehnte Verbreitung und gelangten in Braunschweig, Oldenburg, Hannover, England und Russland zur dauernden [3]) Einführung.

---

fen" im vorliegenden Buche) auf und war ursprünglich für Pflasterladung (sieh' den nächsten Paragraphen) und zwar in zwei Modellen: „zweizügigen Büchsen" und „Ovalgewehren" konstruirt. Beide hatten anfänglich ausgerundete, seichte und gegen die Mündung an Breite abnehmende Züge und wurden vor Anwendung geflügelter Geschosse mit sogen. Ovalkugeln beschossen. Die letzteren hatten zweierlei Grössen; die kleinere Sorte wurde als „Rollkugeln" bezeichnet und ungepflastert, wie die gewöhnliche Musketenkugel, aber immerhin mit besserem Erfolge als diese verfeuert.

1) Solche waren speziell bei den, durch Herzog Wellington zur Einführung gelangten englischen, sowie auch für die russischen Modelle dieses Systemes gebräuchlich.

2) Womit Russland vorgieng; in Oldenburg dagegen verfeuerte man auch expansible (Minié'sche) Spitzgeschosse aus den Berner'schen Waffen.

3) Die russischen Schützen waren theilweise noch im Krimmkriege (18⁵⁴/₅₆) mit zweizügigen Büchsen bewaffnet und auch in England hatten sich die Berner'schen Gewehre bis zu Anfang der 50er Jahre (wo sie durch das Minié-System verdrängt wurden) erhalten.

Die Ideen Berner's wurden in neuerer und neuester Zeit von zwei Engländern, Lancaster und Whitworth, wiederholt verwerthet.

Das System Lancaster hatte gleichfalls eine zweizügige, aber bis zum ellyptischen Querschnitte ausgerundete (Fig. 4) und mit progressivem Dralle versehene Bohrung. Es schoss Spitzgeschosse (Fig. 5), in deren Hohlraum ein Bleiculot (Fig. 5, c) eingesetzt wurde, der als Treibspiegel (à la Minié, sieh' dessen System) wirken sollte. Die Lancasterwaffen fanden indess nur in England und selbst dort eine ausschliesslich vorübergehende Anwendung.[1])

Whitworth behielt die ausgerundeten Züge bei, vermehrte deren Zahl aber bis auf sechs, so dass der Querschnitt der Bohrung die Gestalt eines abgerundeten Sechseckes (Taf. VII, Fig. 5 und 13) und jene selbst hievon den Namen Polygonalbohrung erhielt. Er verschärfte den Drall bis auf 2 Umgänge per Meter und schoss sowohl cylindrische (Taf. XI, Fig. 6) als prismatische (Fig. 7) Projektile aus seinen Waffen.

Abgesehen von den, aus denselben Gründen wie beim Berner'schen Systeme, auch hier eintretenden und trotz der steten Fettung der Rohrseele beim Schusse, mittels eines besonderen, in die Patrone eingesetzten Talgpfropfens, nicht zu beseitigenden Ladungsschwierigkeiten, waren die Schussleistungen der Whitworth-Waffen in der That höchst befriedigende.[2])

Diese Erfolge dürften indess mehr dem kleinen Kaliber (11,5^{mm}) an sich und dem hiemit verbundenen, nach den günstigsten Verhältnissen (3facher Durchmesser zur Länge) konstruirten Geschosse (Fig. 6 u. 7), sowie auch der centralen Zündweise, als der eigenthümlichen Anordnung der Bohrung zu Gute gerechnet werden.

Zur wirklichen Einführung konnte das Whitworth-System noch nirgends gelangen.

b. Gewehr-Systeme, welche die Geschossliederung durch den Ladungsvorgang erzeugen.

Die hieher gehörigen Systeme haben zwar den Vorzug, die Aufhebung des Spielraumes, bei richtiger Vornahme der Ladung, mit ver-

---

[1]) Im Krimmkriege.

[2]) Näheres über dieselben findet sich im I. Bande (sowie im neuesten Supplement-Bande) der „Neuen Studien über die gezogene Feuerwaffe der Infanterie", von W. von Plönnies. Verlag von Ed. Zernin in Darmstadt. 1861.

lässiger Sicherheit zu bewerkstelligen, sie erkaufen diesen Vorzug aber entweder durch Umständlichkeiten, oder durch Verunstaltungen des Projektiles und sind endlich in der Gleichmässigkeit ihrer Leistungen von derjenigen ihrer Handhabung abhängig.

Im Allgemeinen beruhen sie sämmtlich auf der grösseren oder geringeren Stauchung des Geschosses, zerfallen jedoch, je nach den Nebenumständen, unter welchen dieses geschieht, in drei Methoden:

die Pflasterladung,
die Kammerladung und
das Dornsystem.

α. Die Pflasterladung.

Die Pflasterladung ist die älteste Manier, ein Geschoss in Zügen zu führen und hat sich im Privatgebrauche bis zum heutigen Tage erhalten.

Sie besteht darin, das Projektil — oder wenigstens dessen Führungstheil — mit einem weichen, schmiegsamen, aber doch dichten und dabei ohne Nachglimmen verbrennlichen Stoffe zu umhüllen und sammt diesem, zugleich wohl eingefetteten Liederungsmittel, dem sogen. Pflaster (*calpin*) anzusetzen.

Durch das letztere, für welches allgemein starker Barchent (sieh' Technologie S. 70) im Gebrauche steht, wird nun zwar schon beim Hinabschieben des Geschosses der Spielraum aufgehoben, damit aber noch keine, zur Erzeugung der Rotation genügende Anlehnung des Geschosses an die Zugkanten erzielt. Zur Herstellung dieser ist es daher nothwendig: den Geschosskörper durch einige kräftige Ladstockstösse nach seiner Höhenrichtung zusammenzudrängen — zu „stauchen" (*refouler*) — und damit seine Bleimasse zu zwingen, nach der Breite (resp. dem Querschnitte) auszuweichen und so in die Zugrinnen zu treten.

Welche Unregelmässigkeiten bei einem solchen Verfahren, dessen Folgen ja auch auf die Pulverladung übertragen werden, eintreten müssen, bedarf wohl kaum der Auseinandersetzung.

Um diese zu vermeiden, versuchte es der eidgenössische Schützenhauptmann Wild[1]) (im Jahre 1841), die Geschossführung ausschliesslich dem Pflaster zu übertragen[2]) und jede Verunstaltung der Kugel beim Ansetzen der Ladung unmöglich zu machen.

Er bediente sich hiezu eines etwas stärkeren leinenen Pflasters,

---

[1]) Näheres über dessen System findet sich in Schmölzl's Ergänzungswaffenlehre, 2. Auflage, S. 89.

[2]) Diese Anordnung ist jener der „Spiegelführung" des preussischen Zündnadelgewehres ähnlich.

spannte dasselbe, mittels eines Schnürbandes, fest um die Oberfläche der Kugel, verminderte den Spielraum dieser auf ein Minimum (2—3 Punkte, 0,5—0,8^{mm}), versah das Rohr statt der, bisher bei Pflasterladung gebräuchlichen 5—7 stark profilirten, mit 10—14 seichten, sanft gewundenen Zügen und brachte endlich am oberen Ende des Ladestockes eine Stossplatte an, durch welche jedes Stauchen des Geschosses unmöglich und nur ein mässiges Hohlladen desselben gestattet war.

Die übliche Fettung des Pflasters ersetzte Wild durch eine bemessene Anfeuchtung desselben, zu welchem Behufe der Schütze eine kleine, kupferne Wasserflasche mitführte, aus deren, ähnlich demjenigen eines Jagdpulverhornes eingerichteten Mundstücke, bei einem geeigneten Drucke daran, nur eine bestimmte Wassermenge (2 Tropfen) austreten konnte.

Alle diese, entschieden höchst erspriesslichen Anordnungen, zu welchen auch die Vereinigung des gepflasterten Geschosses mit der Patrone — durch Ankitten — kam, sicherten den Wild'schen Waffen eine ausserordentliche Gleichmässigkeit der Wirkung und damit eine bedeutende Ueberlegenheit über die Leistungen der gestauchten, oder Passkugel (*balle forcée*) und verschafften denselben nicht allein in der Schweiz, sondern auch in den Jägertruppen und Schützencorps des (vormaligen) 8. deutschen Bundesarmeekorps (Württemberg, Baden und Hessen) dauernde Annahme

Ja, man behielt die Wild'schen Anordnungen sogar bei der späteren (im Jahre 1850 erfolgten) Einführung des Spitzgeschosses für die Schweizerwaffen bei und verfeuerte aus diesen (nach Oberst Wurstemberger's Angaben[1])) gepflasterte[2]) (Fig. 11, p), eichelförmige Projektile (Fig. 11), deren Resultate[3]) zu den hervorragendsten der Waffentechnik gehören.

Bei alledem wird es aber keiner weiteren Erklärung bedürfen, dass

---

[1]) Worüber Näheres in Schmölzl's Ergänzungswaffenlehre, 2. Auflage, S. 97.

[2]) Doch wurde hiebei die Anfeuchtung des Pflasters wieder durch die gewöhnliche Fettung ersetzt.

[3]) Neben der, durch die Pflasterung erzeugten vorzüglichen Liederung und der Vermeidung jeder Verunstaltung des Geschosses, müssen aber die Leistungen des letzteren auch hier wieder seinem äusserst günstigen Kaliber (10^{mm}) und seinen guten Construktionsverhältnissen (2,5 Durchmesser zur Länge) sowie auch der, bei diesen Proportionen mit Sicherheit eintretenden Compression (siehe Lorenz-Wilkinson's System) desselben zugeschrieben werden.

man doch die Pflasterladung, mit ihrer komplizirten Munition und Ladeweise, sofort verliess, sobald man im Stande war, kriegstüchtigere Einrichtungen an ihre Stelle zu setzen.

β. Das Kammersystem (Fig. 10).

Das Delvigne'sche Kammerladungssystem, 1828 bekannt geworden,[1]) bezweckte die Aufhebung des Spielraumes durch gewaltsames Ansetzen des Geschosses (g) auf den Rand (r) einer, im Pulversacke (resp. in der Patentschwanzschraube) des Gewehres angebrachten Kammer, durch deren Volumen zugleich eine bestimmte Hohlladung[2]) veranlasst wurde.

Dieses System schien entschieden einfacher, als die Pflasterladung, und hatte bereits den Vortheil, dass das Geschoss nicht schon beim Hinabschieben in den Laderaum den Zugwindungen folgen musste; es lieferte aber, der Natur der Sache nach, ganz ausserordentlich verunstaltete Geschosse; besonders war es die, anfänglich gebräuchliche Kugel, welche durch das Stauchen oft mehr in die Kammer selbst, als in die Züge getrieben, dabei gegen vorne abgeplattet und so in höchst nachtheiliger Weise deformirt wurde. (Vergl. die angegebene Fig. 10 der Taf. XI. k.)

Zugleich änderten sich die Leistungen des Systemes mit der grösseren Anbrandung der Kammer; die Reinigung dieser war schwierig, ganz besonders empfindlich aber, trat bei den Kammergewehren (*fusils avec culasse à chambre*) der Rückstoss auf.

Trotzdem fanden dieselben eine ziemliche Verbreitung und gelangten besonders in Frankreich und Oesterreich, dann Belgien, Sardinien und den anhaltischen Herzogthümern zur Annahme.

Man suchte hiebei ihre Hauptmängel in Frankreich (nach dem Vorschlage des Obersten Pontcharra) durch die Anwendung eines festen Holzspiegels, welcher der Kugel den Eintritt in die Kammerhöhlung verwehrte, in Oesterreich durch Abrundung des Kammerrandes (sich' die Figur) zu beseitigen. Jene Anordnung führte zur (ersten) Anwendung cylindrosphärischer Geschosse (nach Angabe des Obersten Thierry), an deren Stelle jedoch bald das cylindroconische Spitzgeschoss, nach Delvigne's eigener Construktion (Taf. VII, Fig. 16[a]), trat.

---

[1]) Delvigne war damals französ. Artilleriecapitän. Näheres über sein System findet sich in Schmölzl's Ergänzungswaffenlehre, S. 41.

[2]) Welche hiemit zum ersten Male in der Feuerwaffentechnik auftrat.

γ. Das Dornsystem (Fig. 14).

Das Dornsystem[1]) des Obersten **Thouvenin** (1844) beruhte auf denselben Grundsätzen, wie das Kammersystem, übertraf dieses aber an zweckmässiger Anordnung.

Statt der Kammer, war das Dorn- oder Stiftgewehr (*fusil à tige*) mit einem, central in die Schwanzschraube (S) des Laufes (l) eingesetzten, stählernen Dorne (d) versehen, auf welchen das Geschoss (g) aufgekeilt und dadurch auf verlässigste Weise in die Züge gedrängt wurde. Hiebei entsprach die Länge des Dornes wieder einer gewünschten Hohlladung, seine Stärke aber den Anforderungen genügender Dauerhaftigkeit und hinreichender Ausdehnung des Geschosses.

Dieses System war von vorne herein für Spitzgeschosse construirt worden und hatte sich der allseitigsten Aufnahme[2]) zu erfreuen. Seine Leistungen blieben jedoch stets vom Ladungsvorgange abhängig, die Reinigung des Pulversackes und Dornes war noch schwieriger als jene der Kammer, Beschädigungen des Stiftes und baldige Abnützung desselben, sowohl durch Rostansatz, als die stete Inanspruchnahme und Erhitzung beim Schusse, wurden unvermeidlich, endlich aber die Anwendung des Systemes auf kleineres Kaliber und damit dessen dauernde Beibehaltung kaum möglich.

c. Gewehrsysteme, welche die Geschossliederung durch die Wirkung der Pulvergase erzeugen.

Das Prinzip dieser Systeme liegt in dem Streben, die zur Liederung nothwendige Ausdehnung des Geschosses nach seinem Querschnitte, der Spannkraft der Pulvergase zu übertragen und demnach von der Hand des Schützen unabhängig zu machen.

Wenn man bedenkt, mit welcher Heftigkeit die Zersetzung der Ladung vor sich geht, so darf die Lösung des eben angedeuteten Problemes, welche die entfesselten Gase zur Leistung einer, im Zusammenhalte mit ihrem Gesammteffekte ausserordentlich kleinen, wohlbemessenen Arbeit zwingt, ohne Zweifel als einer der grossartigsten Erfolge der Waffentechnik betrachtet und bewundert werden.

Die wahre Grösse dieses Erfolges liegt aber in der ausserordentlichen Einfachheit der Mittel, welche zu seiner Erzielung nothwendig sind und in nichts Anderem, als richtiger Wahl des Schwer- und Raumverhältnisses des Geschosses, grösstmöglicher Re-

---

[1]) Worüber Näheres in Schmölzl's Ergänzungswaffenlehre, S. 1.

[2]) Es war in Bayern durch den Dornstutzen (1848) und die Dornbüchse (1854) bis auf die neueste Zeit vertreten.

gelmässigkeit des Verbrennungsvorgangs der Ladung und wohlbemessener Anordnung des Spielraums bestehen.

Erst durch diese Systeme wurde es möglich, das gezogene Gewehr ohne jede Umständlichkeit, durch einfaches, gerades Hinabschieben des Geschosses (wie eine glatte Muskete) zu laden und waren sie es denn, welche nicht nur alle anderen Systeme sehr rasch verdrängten, sondern auch die allgemeine Einführung gezogener Handfeuerwaffen erst ganz zum Durchbruche brachten.

Es sind zwei Hauptwege eingeschlagen worden, um das Problem der Liederung durch die Pulverluft zu lösen:

die **Expansion**, d. h. die Ausdehnung des Geschosses von innen nach aussen, und

die **Compression**, d. h. die Stauchung des Geschosses in der Richtung von rückwärts nach vorwärts.[1])

Expansionssysteme.

Die Expansionssysteme zerfallen, je nachdem sie die Ausdehnung des Geschosses durch das Eintreiben eines keilartig wirkenden Körpers, eines sogen. Treibspiegels, oder ohne einen solchen bewerkstelligen, in zwei Gruppen.

α. Expansionssysteme mit Treibspiegel.

Zu Ende der Vierziger Jahre, trat der französ. Infanteriekapitän **Minié** mit einem Geschosse (Fig. 15) auf, dessen Führungskörper seiner ganzen Höhe nach konisch ausgehöhlt (**h**) und zur Aufnahme eines kleinen, aus Eisenblech geprägten Schüsselchens, des Treibspiegels (*culot*) (c) bestimmt war. Diese Construktion beruhte auf der genialen Idee, dass die Pulvergase jedenfalls den leichten Culot früher von der Stelle und damit im Geschosshohlraume vorwärts bewegen müssten, ehe sie das Beharrungsvermögen des schwereren Geschosses überwunden hätten. Mit dem Eindringen des Treibspiegels musste das Geschoss aber nach seinem Querschnitte ausgedehnt und damit in Liederung versetzt werden.

So einfach dieses System an sich und das Wesen seiner Faktoren auch erschien, so war das richtige Zusammenwirken dieser, doch von sehr bestimmten Verhältnissen abhängig, deren Vernachlässigung sich sofort durch ungenügende Resultate bestrafte. Unter diesem richtigen

[1]) Bezüglich der gründlichsten Untersuchungen über die Expansions- und Compressionssysteme, sei ganz besonders auf W. v. Plönnies' „Neue Studien" I. Bd. verwiesen.

Zusammenwirken muss der Eintritt der Expansion im ersten Stadium der Geschossbewegung verstanden werden, da nicht abzusehen ist, in welchem späteren Momente dieselbe noch mit Sicherheit erfolgen könnte, wenn sie nicht durch die erst entwickelten Gase veranlasst wird.

Jede Verzögerung oder Unvollkommenheit der nöthigen Liederung, musste ausserdem die nachtheiligen Einwirkungen des Spielraumes zur Geltung bringen und liess sich auch durch die, von Minié selbst vorgeschlagenen Progressiv- (d. h. gegen die Mündung seichter werdenden) Züge nicht mehr korrigiren.

Zu einer zweckentsprechenden Thätigkeit des Culots, bedurfte es nun vor allem eines genügenden Schwereunterschiedes zwischen diesem und dem zugehörigen Geschosse; eine Anforderung, welche einestheils dadurch beschränkt wird, dass der Treibspiegel selbst einer gewissen Masse und eines bestimmten Volumens[1]), sowie auch hinreichender Festigkeit bedarf, um seine Funktion erfüllen zu können, anderntheils aber, der eben genannten Bedingungen wegen, mit der Abnahme des Kalibers schwieriger wird.

Den Schwerverhältnissen haben sich die räumlichen anzupassen und ist es hier sowohl der Durchmesser, als die Höhe und die Gestalt des Geschosshohlraumes, welche in Betracht gezogen werden müssen.

Mit dem Durchmesser und der Länge der Höhlung, nimmt die Schwächung der Geschosswände, also auch die Möglichkeit des Zerreissens derselben durch die Expansionswirkung zu; ein zu enger oder zu kurzer Hohlraum beeinträchtigt die Sicherheit der Liederung.

Durch die Zunahme der Neigung der Seitenwände des Hohlraumes (also die Vergrösserung des Winkels α in Fig. 15) über ein gewisses Mass hinaus, wird keineswegs eine kräftigere Expansionswirkung, sehr leicht aber der Nichteintritt dieser herbeigeführt, da jede übermässige Erschwerung der Funktion des Culots einfach deren gänzliches Unterbleiben zur Folge hat.

Ganz besonders aber sind es Spielraum und Zugprofil, die zu einer richtigen Proportion zu derjenigen Bleimasse stehen müssen, welche durch die Funktion des Culots wirklich verdrängt werden kann.

Als vortheilhaft für das System, erwiesen sich starke Reifelungen.

Obwohl es nun im Allgemeinen gelang, diesen theoretischen Anforderungen gerecht zu werden, so hatte das Minié-System[2]) in seiner praktischen Ausführung doch noch mit mancherlei Mängeln zu kämpfen.

---

[1]) Besonders einer genügenden Angriffsfläche für die Pulvergase, welche eben durch die Schüsselform geboten war.

[2]) Die Waffen des Miniésystemes waren es, für welche zuerst und Anfangs, also ausschliesslich, der Name „Präcisionsgewehre" gebraucht wurde.

So litt der eiserne Culot bei längerer Aufbewahrung durch Rostansatz, oder wurde durch eine unregelmässige Verbrennung der Pulverladung (seitliche Zündung) nicht genau centrisch vorwärts bewegt, was schädliche Verzerrungen zur Folge hatte; oder endlich, der Treibspiegel trennte sich vor der Mündung ganz von dem Geschosse, indem der Hohlraum des letztern, bei seinem Austritte aus dem Rohre, durch die nachströmenden Pulvergase erweitert und dadurch das Herausfallen des Culots möglich wurde, was dann natürlich wieder schädliche Schwankungen des Geschosses etc. nach sich zog. Ebenso konnte die Munition des Systemes nicht ganz von dem Vorwurfe der Complizirtheit und grosser Schwere freigesprochen werden.

Das hielt indess die nahezu allgemeine und dauerndste [1]) Einführung des Minié-Systemes [2]) um so weniger auf, als es sehr leicht war, die sämmtlichen älteren Waffen darauf umzuändern.

Man versuchte es hiebei in England — nach Vorschlag des Gewehrfabrikanten Pritchett — den eisernen Culot durch einen solchen von ausgelaugtem Weissbuchenholze (Fig. 16, c) zu ersetzen und erhöhte dadurch einestheils den Gewichtsunterschied zwischen Geschoss und Treibspiegel, anderntheils vermied man die, durch die Oxydation des Eisenculots eintretenden Mängel

Indess konnte — selbstverständlich — auch durch diese Verbesserung die, mit dem gänzlichen Wegfalle des Treibspiegels verbundene Vereinfachung des Expansionssystemes nicht aufgewogen werden.

β. Expansionssysteme ohne Treibspiegel.

Vergegenwärtigt man sich den Vorgang, welcher beim Abfeuern des Treibspiegelgeschosses stattfindet, so darf es gerechtes Staunen erregen, dass es gelingen konnte, die Funktion des Culots überhaupt entbehrlich zu machen und die Expansionswirkung durch das blosse Einströmen der Gase in den Geschosshohlraum zu erzielen.

Die Vorwärtsbewegung des, keilartig wirkenden Treibspiegels, ist eine, verhältnissmässig einfache Leistung der Pulverluft, gegenüber derjenigen Thätigkeit, welche von ihr beim Wegfalle des Culots gefordert wird und in einer, auf der Schussrichtung senkrecht stehenden Kraftäusserung besteht.

Es liegt nahe, dass dieses Problem vorzüglich nur durch die richtige Form und Grösse des Geschosshohlraumes gelöst werden konnte,

---

[1]) Bekanntlich waren noch im Feldzuge von 1866 einzelne preussische Reservetruppen mit Miniégewehren versehen.

[2]) Worüber Näheres in Schmölzl's Ergänzungswaffenlehre S. 59.

dabei aber noch in einem höheren Masse als beim Treibspiegelsysteme, die Anforderung in's Gewicht fallen musste, den sicheren Eintritt der Liederung schon im ersten Verbrennungsstadium der Pulverladung zu erreichen, da sonst die entwickelten Gase durch den Spielraum auszuströmen und den nicht expandirten Führungskörper des Geschosses sogar von aussen nach innen einzudrücken vermögen.

Indess begann man schon zu Anfang der Fünfziger Jahre in England und Belgien Expansionsgeschosse ohne Treibspiegel zu konstruiren. Dort war es **Pritchett**, welcher vor [1]) seinem, eben erwähnten Treibspiegelgeschosse (Fig. 16) ein, diesem sehr ähnliches Projektil vorschlug, dessen Führungskörper zwar durch die Pulvergase ausgedehnt, aber doch nur bei sehr beschränktem, für Kriegswaffen unzulässigem Spielraume in vollkommene Liederung versetzt wurde, so dass man genöthigt war, zum Treibspiegel zurückzukehren.

Besseren Erfolg hatten die belgischen Versuche, zu welchen (zuerst Peter [2]) und dann) **Timmerhans** [3]) ein Expansionsgeschoss (Fig. 19) lieferte, dessen glockenförmiger Hohlraum mit einem starken Längenzapfen versehen war, durch welchen die einströmenden Pulvergase nach den Seitenwänden des Expansionsraumes abgewiesen wurden. Diese Anordnung erwies sich vortheilhaft und wurde auch bei späteren Construktionen [4]) vielfach benützt, ganz besonders aber von dem französischen Jägerhauptmanne **Nessler** aufgegriffen, der sie sogar zur Construktion eines nicht rotirenden Expansionsgeschosses [5]) (Taf. VII, Fig. 20) für die glatte Muskete zu verwerthen wusste.

Indess erwiesen andere Versuche (Fig 22 u. 23), dass auch ein ganz einfacher konischer Hohlraum, besonders bei Geschossen kleinen [6]) und mittleren [7]) Kalibers, genüge, um die Expansion derselben zu sichern. Immerhin aber stand die Grösse dieses Hohlraumes im genauen Verhältnisse zur stattfindenden Ausdehnung des Führungskörpers und konnte diese demnach leicht geregelt und mit dem gewünschten Spielraume in Uebereinstimmung gebracht werden, so lange die Geschosswände stark

---

[1]) Im Jahre 1852.

[2]) Im Jahre 1858.

[3]) Belgischer Artillerie-Oberst.

[4]) So beim bayerischen Geschossmodelle (Fig. 21).

[5]) Dieses Nessler-Geschoss war auch (im Jahre 1859) vorübergehend in Bayern eingeführt und gab noch auf 200+ und 300+ bessere Resultate als die Kugel.

[6]) Sieh' das schweizerische Expansionsgeschoss nach Buholzer (Fig. 13).

[7]) Sieh' das österreichische Expansionsgeschoss (Fig. 20).

genug blieben, um weder beim Transporte eingedrückt,[1]) noch durch den Schuss verzerrt und zerrissen, oder vom Vordertheile des Geschosses abgesprengt zu werden.[2])

Gerade in diesen, ganz unerlässlichen Bedingungen, lag aber eine sehr empfindliche Beschränkung, die entweder zur Einhaltung eines minutiösen Spielraumes,[3]) oder zur Annahme unsolider Geschosse zwang, wenn man diesen Mängeln nicht denjenigen einer ungesicherten Liederung vorziehen wollte. Eine richtige Beurtheilung des ganzen Vorganges der Geschossexpansion lehrte aber auch diese Subtilitäten siegreich bekämpfen.

Es waren **W. v. Plönnies** in Deutschland und **Nessler** in Frankreich, welche von der Anschauung ausgiengen, dass es mehr noch die Grösse und zweckmässige Gestaltung der Oberfläche des Expansionsraumes, als dessen Volumen sei, welche die Ausdehnung des Führungskörpers bestimmten, die ausserdem dadurch gesteigert werden könne, dass man den letzteren nicht in gleichmässiger, sondern in abwechselnder Stärke herstelle.

Diesen Prinzipien entsprechend, konstruirte W. v. Plönnies das in Hessen eingeführte Expansionsgeschoss mit sternförmiger Höhlung (Fig. 24); Nessler aber die, für die französischen Handfeuerwaffen adoptirten Projektile mit pyramidalem Expansionsraume.

Das System der bayerischen Infanteriefeuerwaffen. (Muster 1858.)

Gleich Plönnies und Nessler bemüht, das Expansionssystem auf die höchste Stufe der Vollkommenheit zu bringen, gelang es dem Direktor der k. bayer. Gewehrfabrik zu Amberg, Artillerie-Obersten Freiherrn von Podewils, ein System aufzustellen, durch welches nicht allein das einfache Expansionsgeschoss, sondern auch jedes andere Projektil, zur höchsten Leistung gebracht werden konnte.

Das System **Podewils** beruht auf dem — bis dahin unbenützten, weil wohl unerkannten — Satze, dass die Form des Gaskörpers, welchen die entwickelte Pulverluft bildet, einen Hauptfaktor des

[1]) W. v. Plönnies fordert von einem transportbeständigen Geschosse, dass dessen Führungskörper, ohne Veränderung des Querschnittes, eine Belastung von 40 Pfund (20 Kilog.) auszuhalten vermöge.

[2]) Der letzteren Eventualität versuchte man auch durch gehörige Wölbung des Expansionsraumes zu begegnen.

[3]) W. v. Plönnies fordert für gute Kriegswaffen einen normalen Spielraum von mindestens $0{,}5^{mm}$, also fast 2 rh. Punkten.

ganzen Schusseffektes ausmache. Es erscheine daher geboten, die Verbrennung [1]) der Pulverladung so zu regeln, dass der entstehende Gaskörper stets die gleiche, zur Herstellung der gewünschten Liederung günstigste Form erlange.

Als diese günstigste Form musste ein, mit seiner Axe in die Seelenlinie fallender Conus mit angesetztem Cylinder erkannt werden, dessen Erzeugung nur gesichert schien, wenn die Entzündung der Pulverladung von der Axe des Laderaumes ausgieng und die erst entwickelten Gase in der Mittellinie des Rohres vorzudringen vermochten.

Um diess zu erreichen, versah Podewils die Schwanzschraube (Fig. 17, SS) des Gewehres mit einem, central zur Rohraxe liegenden Zündkanal (k), der durch einen rechtwinklig angesetzten Querarm (qk) mit der Ausbohrung des Zündkegels (z k) in Verbindung stand. [2]).

Durch diese Anordnung wurden die angestrebten Vortheile aufs Vollständigste gewonnen; die Verbrennung der Ladung konnte — unabhängig vom Einflusse des Zündmittels — nur mehr in einer und derselben regelmässigen und intensiven Weise vor sich gehen, schiefe Stösse [3]) auf das Geschoss waren vermieden, der Verunstaltung des Laderaumes durch unregelmässige Brandanlage vorgebeugt und die Herstellung der Liederung durch die erst entwickelten Gase, selbst bei bedeutendem Pulver-

---

[1]) Welch' entschiedenen Einfluss Zündweise und Verbrennung der Ladung auf die Sicherheit der Liederung haben, zeigte sich auch deutlich beim alten, abgeänderten Schweizer Infanteriegewehre grossen (französischen) Kalibers (17,7mm), — System Burnand-Prélat (sich' W. v. Plönnies „Neue Studien" II. Bd. S. 169), dessen Geschoss nur bei direkter Zündung (sich' S. 215 und Taf. VIII, Fig. 5) befriedigende Resultate gab (W. v. Plönnies „Neue Studien" II. Bd. S. 217).

[2]) Diese doppelte Brechung des Zündkanales wurde dem Systeme vielfach zum Vorwurfe gemacht und die Vermuthung ausgesprochen, dass jener ebenso leicht durch Anbrandung verstopft, als schwierig gereinigt werden könne. Die Erfahrung bewies, dass der erstere Uebelstand ebenso wenig eintrat, als die Annahme des letzteren gerechtfertigt war.

[3]) Der richtigen Erkenntniss des wirklichen Nachtheiles solcher, durch den seitlichen Eintritt des Zündkanales veranlassten schiefen Stösse, verdankt das System theilweise seine Entstehung. Sieh' hierüber: „Die gezogenen Handfeuerwaffen der k. b. Infanterie. Die Grundzüge ihres Systemes und ihre Versuchsergebnisse". (Besonderer Abdruck aus dem Militär-Wochenblatt für das deutsche Bundesheer.) Darmstadt. Ed. Zernin. 1862.

verluste [1]) und erheblicher Spielraumsvergrösserung, [2]) in verlässigster Weise gesichert.

Es war hiedurch möglich, den Expansionsraum des Geschosses (Fig. 17, g und Fig. 21) auf ein Minimum zu reduziren und damit ein höchst solides und transportbeständiges Projektil zu adoptiren, dessen vorzügliche Construktion [3]) die Leistungen des Systemes nur noch steigern musste.

Die Summe dieser Vorzüge räumte dem Podewilsgewehre, widerspruchslos, den ersten Rang [4]) unter allen Handfeuerwaffen des gleichen Kalibers ein, so dass es in seinen Schussleistungen, sowohl nach Rasanz seiner Flugbahnen [5]) als hinsichtlich der Prä-

---

[1]) Das System gab mit dem 4ten Theile der normalen Ladung noch vollständig geliederte und sicher geführte Geschosse.

[2]) Der normale Spielraum des Podewilsgewehres wurde, um eine desto grössere Abnützung der Seelenwände zu gestatten, auf 1‴ (0,26mm) festgesetzt, durch eine Erhöhung des Spielraumes auf das Doppelte ward indess noch nicht einmal die Trefffähigkeit des Systemes alterirt.

[3]) Das bayerische Geschoss ist — wie schon in Note 4 S. 263 bemerkt — mit einem kleinen Zapfen (z) versehen, da sich dessen Anordnung nicht allein für die Expansionswirkung, sondern auch für eine centrale Geschossführung vortheilhaft erwies. Durch denselben werden nämlich die einströmenden Gase auf eine Ringfläche (r r) vertheilt, die als Basis desjenigen Cylinders angesehen werden darf, welcher den Geschossschwerpunkt enthält; es wird daher dieser selbst von den ersten Gasen erfasst und damit verhütet werden, dass der treibende Stoss nicht durch den Schwerpunkt des Geschosses gehe.

Die sehr günstig gebaute Spitze des bayerischen Geschosses ist durch eine schmale Reifelung „das Kräuzchen" vom Führungskörper getrennt, da dessen Ausdehnungsfähigkeit hiedurch erhöht werden soll.

[4]) Hiebei kam ihm das grossherz. hessische Infanteriegewehr mit sternförmig ausgehöhlten Expansionsgeschossen (Fig. 24) am nächsten.

Näheres hierüber und speziell eine eingehende Kritik des Podewils'schen Systemes findet sich in W. v. Plönnies „Neue Studien" I. und II. Band.

[5]) Es geben hierüber die nachfolgenden Visirwinkel des bayerischen Infanteriegewehres den besten Aufschluss. Nach denselben wurden auch die, Taf. XI, Fig. 26 dargestellten Flugbahnen konstruirt.

cision [1]) und Durchschlagskraft [2]), unter den bestehenden Kriegswaffen nur vom Schweizergewehre kleinen Kalibers (wovon im nächsten Paragraphen) übertroffen wurde.

Das Podewilssystem ward in drei, wenig verschiedenen Modellen in der k. bayerischen Armee eingeführt und gibt die, dem gegenwärtigen Abschnitte angefügte Tabelle genügende Anhaltspunkte über die bezüglichen Mass- und Schwereverhältnisse.

Die bayerische Patrone findet sich in Taf. X, Fig. 12 abgebildet.

Im Augenblicke wird das Podewilsgewehr auf Rückwärtsladung abgeändert und soll das hiezu angenommene (Taf. XIII dargestellte) System unter den „Hinterladungsgewehren" besprochen werden.

Compressionssysteme.

Gleichzeitig mit Pritchett [3]) trat dessen Landsmann Wilkinson

---

Die Visirwinkel sind:

für	100+	0°16'18"	für	600+	1°25'30"
„	200+	0°28'58"	„	700+	1°41'22"
„	300+	0°42'15"	„	800+	1°58' 6"
„	400+	0°56' 3"	„	900+	2°15'49"
„	500+	1°10'26"	„	1000+	2°34'37"

[1]) Nach W. v. Plönnies „Neue Studien" II. Band ergab das Podewilsgewehr 100 Trefferprozente:

gegen eine Quadratfläche von	20^cm	(rund	7,5"	rh.)	Seitenlänge	auf	100+
» » » »	40 »	»	15	»	»	»	200 »
» » » »	80 »	»	30	»	»	»	300 »
» » » »	80 »	»	30	»	»	»	400 »
» » » »	120 »	»	45	»	»	»	500 »
» » » »	140 »	»	54	»	»	»	600 »
» » » »	200 »	»	75	»	»	»	700 »
» » » »	180 »	»	70	»	»	»	800 »
» » » »	220 »	»	84	»	»	»	900 »
» » » »	260 »	»	100	»	»	»	1000 »

[2]) Nach der in Note 3 S. 265 citirten Schrift durchschlägt das Geschoss des Podewilsgewehres:

auf eine Entfernung von	400+	6	einzöllige Fichtenbretter
» » » »	600 »	5½	» »
» » » »	800 »	5	» »
» » » »	1000 »	4¼	» »
» » » »	1200 »	4	» »
» » » »	2500 »	1	» »

[3]) Im Jahre 1852 also.

mit einem Systeme auf, das thatsächlich alle früheren an Einfachheit übertraf. Er gieng von der Ueberzeugung aus, dass der Druck der Pulverluft nicht allein eine forttreibende, sondern — in Folge des Widerstandes des Geschosses, auch eine comprimirende Wirkung auf dieses äussern müsse. Das, hiedurch von rückwärts gegen vorwärts verdrängte Bleiquantum könne nur seitwärts — nach dem Querschnitte also — ausweichen und sei daher zur Aufhebung des Spielraumes dienlich.

Es liegt nahe, dass es in erster Linie der Geschosswiderstand, d. h. die Schwere und Anlehnung des Geschosses war, wovon die Leistungen dieses Systemes abhängen mussten. das eben deshalb, wie kein anderes, an die engsten Kalibergrenzen gebunden blieb. Je länger und je dünner der, als Geschoss verwendete Bleicylinder erschien, um so sicherer trat die gewünschte Compression ein, während jede Vergrösserung des Kalibers eine gleichzeitige Verlängerung des Geschosses, d. h. eine Massenvermehrung desselben forderte, die praktisch bald unausführbar wurde, und auch durch die versuchten, tiefen, keilförmigen Reifelungen der Führungskörper (sieh' Fig 8 und 9), welche die Stauchung erleichtern sollten, nicht entbehrlich gemacht werden konnte.

So kam es denn, dass das Compressionssystem, in seiner Anwendung auf das kleinste gebräuchliche Kriegskaliber, dasjenige der neuen Schweizergewehre (10 oder genauer 10,5^{mm}, 0,38 oder 0,4″) nämlich, das Ausserordentlichste leistete, und diesen Waffen (mit dem, in Fig. 12 abgebildeten, nur 16,62 Gr., d. h. nicht ganz 1 Loth bayer. schweren, mit 4 Gr. Ladung und 0,5^{mm} Spielraum verfeuerten Geschosse [1])) den ersten Rang [2]) unter den sämmtlichen Vorderladungssystemen erkämpfte, während es bereits bei einem mittleren, dem sogen. österreichischen, oder süddeutschen Kaliber (von 13,9^{mm} = 0,53″) unhaltbar genug wurde, um, nach kurzer Einführung, wieder durch das Expansionssystem [3]) verdrängt zu werden.

---

[1]) Das indess in neuerer Zeit wieder verlassen und durch das noch mehr befriedigende Expansionsgeschoss von Buholzer (Taf. XI, Fig. 13) ersetzt wurde (Die zugehörige Patrone, aus Pergamentpapier gefertigt, ist in Taf. X, Fig. 13 abgebildet.

[2]) Die Flugbahnen des Schweizer Gewehres finden sich in Fig. 25 und 28 dargestellt.

Näheres über die Präsisions- und Perkussionsleistungen desselben, sieh' in W. v. Plönnies „Neue Studien“ I. und II. Band.

[3]) Nachdem man sich vorher sogar noch des Dornes, zur Vorbereitung der Stauchung, bedient hatte.

Eine solche hatte indess, unter den letzteren Umständen, nur in Oesterreich — mit dem, vom k. k. Artillerie-Oberlieutenant **Lorenz** vorgeschlagenen (in Fig. 8 dargestellten, 30 Gr. schweren, mit 4 Gr. Pulver und nur 0,2^{mm} Spielraum geladenen) Geschosse [1]) und in Sachsen (sieh' das bezügliche Projektil in Fig. 9) stattgefunden.

2. Die Rückladungssysteme.

Bei den ausserordentlichen Vorzügen, welche ein gutes Rückladungsgewehr schon durch die gänzliche Beseitigung der peinlichen Spielraumsfrage, dann durch die erleichterte Ladeweise selbst und die damit verbundene Steigerung der Feuergeschwindigkeit auf das Fünf- bis Zehnfache, gegenüber den Vorderladungswaffen bietet, darf es in der That Wunder nehmen, dass die, jetzt wohl allgemein in Aussicht genommene Einführung der Rückladung nicht viel früher erfolgte.

Die Ursachen hiefür liegen nur theilweise in dem Mangel wirklich kriegstüchtiger, einschlägiger Modelle, beruhen dagegen, zur beinahe grösseren Hälfte auf einem gewissen Misstrauen in die taktische Stichhaltigkeit der Hinterladungssysteme. Man hielt es für unmöglich, mit der Einführung einer schnellfeuernden Waffe der bedenklichsten Munitionsverschwendung vorbeugen zu können; fand es unpraktisch, Patronen zu gebrauchen, die nur mittels besonderer Maschinen hergestellt werden konnten [2]), kurz, man hatte die mannigfaltigsten Einwendungen gegen das Rückladungsgewehr zu machen, so lange dessen taktische Ueberlegenheit nicht wirklich erprobt und damit festgestellt war, dass das Schnellfeuer — für welches man bis dahin die flacheren Bahnen und die grössere Präzision der Vorderlader als hinreichendes Aequivalent angesehen hatte — nicht bloss ein vermehrtes Fehlschiessen, sondern, thatsächlich, eine potenzirte Leistung der Infanterietaktik sei.

Dieser Beweis wurde in unumstösslichster Weise durch den Krieg von 1866 geliefert und hatte die unmittelbare Folge, dass man sich — sehr entgegengesetzt der früheren Zögerung — nunmehr allgemein und mit Eins entschloss, die Hinterladungswaffen, jetzt auch mit ihren Mängeln, anzunehmen und die Armeen unverweilt und ausschliesslich mit Rückladegewehren zu bewaffnen.

Dieser Entschluss, dessen Ausführung allerdings durch die letz-

---

[1]) Das spätere österreichische Expansionsgeschoss findet sich in Fig. 20 abgebildet.

[2]) Derselbe Vorwurf soll seinerzeit gegen die Einführung der Zündhütchen erhoben worden sein.

ten Vervollkommnungen auf dem Gebiete der Feuerwaffentechnik entschieden erleichtert wurde, bedingt die Umgestaltung der ganzen bisherigen Taktik, nach denjenigen Grundsätzen, welche von Seite der k. preussischen Truppen bereits im letzten Kriege angewandt wurden [1]) und muss daher als Einleitung eines neuen Abschnittes der Kriegskunst angesehen werden.

Die Versuche zur Herstellung von Hinterladungsgewehren reichen ausserordentlich weit in der Geschichte der Feuerwaffen hinauf; indess beschäftigte man sich vor den ersten Dezennien des gegenwärtigen Jahrhunderts [2]) doch nicht geradezu unausgesetzt mit diesem Gegenstande, wie das seit dem eben bezeichneten Termine [3]) thatsächlich der Fall ist.

Von all' den zahllosen Modellen aber, die der menschliche Erfindungsgeist aufzustellen vermochte, sind es nur ganz wenige, welche eine ausgedehntere Einführung und damit eine praktische Erprobung erfahren haben und nur von solchen wird hier eine weitere Erwähnung geschehen.

Dieselben lassen sich, nach dem gegenwärtigen Standpunkte der Technik in zwei Gruppen zerlegen, deren eine vom Zündnadelsysteme in seinen verschiedenen Modifikationen, die andere aber von denjenigen Waffen eingenommen wird, bei welchen der gasdichte Laufabschluss nicht durch den Mechanismus selbst, sondern durch die Anwendung metallener Patronen hergestellt wird.

a. Zündnadelsysteme.

Das Zündnadelsystem wird gegenwärtig durch drei verschiedene Arten in der Waffentechnik vertreten: durch

das preussische, **Dreyse**'sche Zündnadelgewehr,
die **Dörsch-Baumgartner**'sche Modifikation desselben (die bückeburgische Zündnadelbüchse) und
das französische **Chassepot**-Gewehr.

α. Das preussische, Dreyse'sche Zündnadelgewehr.
(Hieher Tafel XII.)

Das preussische Zündnadelgewehr (*fusil à aiguille*), der siegreiche

---

[1]) Die aber auch eine ebenso gründliche und tüchtige Ausbildung der Führer und des Mannes fordern, wie sie in Preussen üblich ist.

[2]) Es war Napoleon I., auf dessen Befehl sich bereits im Jahre 1809 der Pariser Gewehrfabrikant Pauly mit Herstellung eines kriegstauglichen Rückladungsgewehres beschäftigte.

[3]) Seit dem Gebrauche der Percussionszündung.

Vorkämpfer des Rückladungsprinzipes, ist die ebenso geniale, als originelle Erfindung des vormaligen Sömmerda'er Eisenwaaren- und Zündhütchenfabrikanten, jetzigen Geheimen Commissionsrathes Joh. Dreyse [1]) und verdankt seine Entstehung weniger einer plötzlichen und zufälligen Eingebung, als vielmehr dem, mit unermüdlicher Ausdauer und schöpferischer Begabung gepaarten, rastlosen Streben seines Erfinders.

Mehr als zehn Jahre (1827—1839) waren nothwendig [2]), um das, anfänglich für Vorderladung und wohl nur in der Absicht der Herstellung einer einfachen Percussionszündung konstruirte, glatte Nadelgewehr zu einer gezogenen Hinterladungswaffe umzugestalten, von deren, im Jahre 1841 (in einer Anzahl von 60,000 Stück) durch König Friedrich Wilhelm IV. (der Geheimhaltung [3]) wegen, unter dem Namen eines „leichten Perkussionsgewehres") anbefohlenen Einführung, [4]) man sich bereits damals den Gewinn „grosser historischer Erinnerungen" [5]) erhoffte, welche das Zündnadelgewehr zu einer „gefeierten Nationalwaffe" erheben würden.

Bald nach seiner Annahme wurde die Leistungsfähigkeit des Zünd-

---

[1]) Dreyse hatte seine Befähigung für die Waffentechnik zum grossen Theile in Pauly's Werkstätte (sieh' Anmerkung 2 S. 270), woselbst er gerade im Jahre 1809 arbeitete, erlangt.

[2]) Die wirklich höchst interessante und lehrreiche Entwicklungsgeschichte des preussischen Zündnadelgewehres findet sich sehr detaillirt in „Des Zündnadelgewehres Geschichte und Concurrenten", ein Vortrag, gehalten in der militärischen Gesellschaft zu Berlin am 30. November 1866, von H. v. Löbell, k. pr. Artillerie-Oberst. 1867. Mittler u. Sohn, und — im Auszuge — in W. v. Plönnies „Das Zündnadelgewehr", welch' letztere Schrift, neben Cäsar v. Rüstow's „Kriegshandfeuerwaffen" besonders für das Studium des Dreyse'schen Systemes und seiner Modifikationen empfohlen sei.

[3]) Mit dem Gebrauche des Zündnadelgewehres im badischen Insurrektionskriege (1849) war dieses Geheimniss natürlich gebrochen; wenigstens besitzen seit jener Zeit die meisten süddeutschen Zeughäuser Original-Exemplare desselben. Im Conservatorium der bayer. Artillerie befindet sich übrigens auch eine, in der Gewehrfabrik Amberg gefertigte Zündnadel-Jagdbüchse aus dem Jahre 1834; ein Beweis, dass man schon damals um die Existenz der Dreyse'schen Ideen wusste.

[4]) Die Abgabe des Zündnadelgewehres an die Truppe erfolgte jedoch erst im Jahre 1848.

[5]) Aus Löbell und Plönnies.

nadelgewehres durch die Anwendung eines sphärokonischen Spitzgeschosses erhöht, an dessen Stelle später, mit weiterem Vortheile, das cylindrosphärische und endlich das jetzige, wohlkonstruirte eiförmige Langblei trat.

Ausserdem waren es dort und da gewünschte Modellverbesserungen, durch welche die Dreyse'sche Waffe vervollkommnet wurde, während ihr Mechanismus im Ganzen nahezu unverändert blieb.

Der Hauptvorzug desselben, gegenüber den meisten anderen Hinterladungssystemen besteht darin, dass Rohrschluss und Nadelschloss Ein Ganzes bilden, ein besonderes Perkussionsschloss mit allen seinen Theilen also von vorneherein wegfällt; eine Vereinfachung, welche durch die Art und die Zusammensetzung des Nadelschlosses noch gesteigert wird. Die nachstehende Erklärung des Systemes wird diese Behauptung rechtfertigen.

Der ganze Mechanismus des Zündnadelgewehres (Fig. 1, 2 u. 3) ist in eine offene, cylindrische Hülse (H) eingeschlossen, welche mittels eines achtkantigen Kopfes (k) an das rückwärtige (zum sogen. Rohrmundstücke, bei c) konisch zugearbeitete, das Patronenlager (p) enthaltende und (bei g) mit (7) Gewindegängen versehene Laufende angeschraubt, gegen oben aber, der ganzen Länge nach, mit einem, vorne breiteren, dann rechtwinklig gebrochenen Schlitze versehen ist.

Gegen rückwärts endigt die Hülse in einen kleinen, vierseitigen Lappen (an), der in das Schaftholz eingelassen und zur Aufnahme der Kreuzschraube (ks) bestimmt ist. Zunächst dem Kopfe wird sie von einer besonderen Befestigungs- oder Verbindungsschraube (vs) erfasst, die von unten durch den Schaft (Sc) (und in das Muttergewinde m.) tritt.

In dieser Hülse kann — mittels eines, mit einem kugelförmigen Knopfe (kn) versehenen, angeschraubten Handgriffes — eine zweite, gleichfalls an beiden Enden offene, cylindrische Röhre nach vor- und rückwärts bewegt werden, welche Kammer (K, Fig. 6) heisst. Dieselbe übergreift (mit dem konischen Kammermunde, km) das Pulversackende des Laufes und enthält den festen Stoss- oder Kammerboden (b), in welchen das Nadelrohr (nr) eingeschraubt ist, das der Zündnadel (Z) zur richtigen Führung dient und gegen rückwärts in einen vierkantigen Kopf (vk) endigt, der zum Anstecken eines Schraubenschlüssels dient. Der, das Nadelrohr umgebende leere Raum, heisst Luftkammer (lk).

Wird die Kammerröhre mittels ihres Handgriffes an den Lauf geschoben, bis der angeschweisste, vierkantige Stollen oder die Warze (w) derselben den Ansatz (a) passirt hat, welcher die, zur Einlage der Patrone dienende Verbreiterung des Hülsenschlitzes begränzt, so kann sie rechts gedreht werden; hiebei schraubt sich die Rückseite der Kammerwarze an die schiefe Fläche (sf) des Hülsenansatzes (a) an und hält damit die Kammer in derjenigen Stellung fest, in welcher sie den Abschluss des Laufes herstellt (Fig. 1, 2 u. 3.)

Wie die Kammer in die Hülse, so ist in jene das Schloss eingeschoben, das sich aus einer dritten cylindrischen Röhre — der Schlossröhre (S), dem Nadelbolzen (N) mit der Zündnadel (Z), und zwei Federn, der Spiral- und der Sperrfeder (Spf u. Sp) zusammensetzt.

Die Schlossröhre (Fig. 7) ist an ihrem rückwärtigen, mit dem sogen. Daumenstollen (d) versehenen, Ende (bei 0_1 Fig. 3) nur so weit offen, dass der, in ihr liegende Nadelbolzen durchtreten kann, auch bildet sie keinen vollen Cylinder, sondern ist an ihrer oberen Mantelfläche segmentförmig abgeplattet, um hier (bei l) der Sperrfeder (Fig. 8) zum Auflager zu dienen.

Die Sperrfeder ist eine wenig gebogene, einarmige Feder und greift mittels eines, an ihrem vorderen Ende befindlichen Krapfens (k p) in die Schlossröhre (bei 0_r), die sie zum vollen Cylinder ergänzt. Sie hält die Schlossröhre in der Kammer fest und ist an ihrem rückwärtigen Ende mit einem aufrecht stehenden Griffe (gf), auf ihrer Oberfläche aber mit zwei Nasen (n_1 und n_r) versehen, welche letztere sich gegen die sogen. Rast (r, Fig 2) der Kammer anlegen, wenn die Schlossröhre in diese eingeschoben wird, während der Sperrfedergriff dazu dient, die genannten Nasenansätze über die Kammerrast herabdrücken zu können, wenn man die Schlossröhre aus der Kammer herausziehen will.

Wenn die rückwärtige Sperrfedernase (n_r) an der Kammerrast steht, das Schlösschen also ganz in die Kammer eingedrückt ist, so kommen Sperrfedergriff und Daumenstollen zwischen eine Einfeilung der Kammer (Kammerausschnitt genannt, Fig. 6, a u) zu stehen, welche beim geschlossenen Gewehre (Fig. 1) auf das rückwärtige Ende des Hülsenschlitzes trifft. Durch diese Anordnung wird der Kammerhandgriff in derjenigen Lage festgehalten, welche ihm beim Schlusse des Gewehres gegeben wurde.

In der Schlossröhre liegt der Nadelbolzen (Fig. 4), der mit zwei verstärkenden Ansätzen oder Köpfen (k_1 u. k_r) versehen und der Länge nach durchbohrt ist, um die, in einen Messingschaft eingesetzte stählerne Zündnadel (Fig. 5) in sich aufnehmen zu können.

Der vordere Nadelbolzenkopf (k_1) ist etwas ausgetieft und mit Leder (ld) belegt, um einestheils den Stoss des Bolzens gegen das Nadelrohr, beim Abgange des Schlosses zu mildern, anderntheils, sowohl hiebei jenes, als auch überhaupt die Austrittstelle der Zündnadel aus dem Bolzenkopfe hermetisch abzuschliessen.

Der zweite Bolzenkopf ($k_{\prime}$), dient der Spiralfeder (Spf) (und dem Abzugsstollen s, Fig. 2) zum Gegenhalte, die den rückwärtigen Theil des Bolzenschaftes umgibt, dessen Ende das Muttergewinde für die Zündnadel enthält, deren durchlochter Kopf noch um etwas mehr als eine Linie, über den Nadelbolzen hinausragt.

Das hintere Ende der Spiralfeder lehnt sich gegen die innere Wand des Bodens der Schlossröhre. Die Spiralfeder befindet sich hiebei (Fig. 3) in einer mässigen Spannung, in Folge welcher sie den Nadelbolzen stets nach vorwärts und damit, den vorderen Kopf (k_{1}) desselben, gegen den Sperrfederkrapfen (Fig. 8, kp) drückt (sieh' Fig. 3), wodurch einem Schlottern des Bolzens vorgebeugt ist.

An der unteren Seite der Hülse ist die Abzugsfeder (Fig. 2, f) angebracht; dieselbe ist einarmig und durch die (in das Muttergewinde $m_{\prime}$ tretende) Abzugsfederschraube (as) an ihrem vorderen Ende befestigt. An ihrem rückwärtigen Ende ist ein, nach oben gerichteter Stollen (s) aufgesetzt, der den Namen Abzugsstollen führt und als Hemmung, oder Stange des Nadelschlosses fungirt.

Der Abzugsstollen ist an seinem oberen Ende, schräg gegen vorwärts fallend, ausgesenkt und tritt durch die Hülse, Kammer und Schlossröhre hindurch, bis an den Nadelbolzen. Hiezu ist die erste der genannten Röhren mit einer Ausstemmung, Kammer und Schlossröhre aber je mit entsprechenden Schlitzen (e_{1} $e_{\prime}$ und e_{1}) an ihrer unteren Seite versehen.

Der Abzug (ab) ist ein einfacher Kniehebel, dessen Scheitel durch einen Drehstift mit der Abzugsfeder verbunden ist.

Um nun das Zusammenwirken des, hiemit in allen seinen Theilen beschriebenen Zündnadelschlosses zu erklären, sei mit dem Oeffnen des geschlossenen Gewehres (Fig. 1) begonnen.

Es ist hiezu (der oben, unter Sperrfeder erwähnten Stellung des Sperrfedergriffes und Daumenstollens wegen) vor allem nothwendig, die Sperrfeder (d. h. deren hintere Nase, Fig. 8, $n_{\prime}$) aus der Kammerrast zu heben und sodann die Schlossröhre mittels eines leisen Druckes am Daumenstollen so weit aus der Kammer zu ziehen, bis der vordere Sperrfederansatz (Fig. 8, n_{1}) in die Kammerrast tritt.

Diese kleine Bewegung hat nicht allein die Möglichkeit zur Folge, nunmehr die Kammer zwischen Hülse und Schlossröhre drehen zu können, sondern sie leitet auch die Spannung des Schlosses dadurch ein, dass der Nadelbolzen die Rückwärtsbewegung der Schlossröhre mitmachen muss und hiebei dessen hinterer Kopf (Fig. 4, $k_{\prime}$) über die Abschrägung des (in den Längenschlitz e_{1} greifenden) Abzugsstollens hinweggeführt wird.

Ein blosses Vorschieben des Schlösschens in seine frühere (Fig. 1 angedeutete) Stellung, müsste jetzt die Spannung der Spiralfeder veranlassen, da hiebei der rückwärtige Nadelbolzenkopf (k_r) hinter dem Abzugsstollen festgehalten würde (Fig. 2).

In diesem Zustande der Schussbereitschaft tritt das rückwärtige Ende des Nadelbolzens ungefähr um einen halben Zoll aus der hinteren Oeffnung der Schlossröhre heraus, die eingetretene Spannung kann also sehr leicht von aussen erkannt werden. (Vergl. Fig. 1 u. 2.)

Um das — durch die oben erwähnte Rückwärtsbewegung des Schlösschens — abgespannte (in die Ruhe gesetzte) Gewehr zu öffnen, wird (mit dem Ballen der rechten Hand) ein Schlag auf den Knopf (kn) des Kammerhandgriffes von unten gegeben und dadurch die feste Anlehnung der Warze (w) des letzteren aufgehoben, die Kammer selbst aber zugleich so weit links gedreht, als es einestheils die Oeffnung des Hülsenschlitzes, anderntheils ihr eigener, für den Durchtritt des Abzugstollens dienender Querschlitz (Fig. 6, e_r) erlaubt.

Bewegt man die Kammer, mit Hilfe ihres Handgriffes, bis zum Zusammenstosse ihrer Warze mit dem Bruche (Knie) des Hülsenschlitzes zurück, so ist der Lauf geöffnet.

Um diese Rückwärtsbewegung nicht durch den Abzugsstollen zu behindern, sind Kammer und Schlossröhre mit den, bereits oben erwähnten Längenschlitzen (Fig. 6, e_l und Fig. 7, e_l) versehen.

Die Herstellung des Laufabschlusses bedarf nunmehr kaum noch einer weiteren Erklärung: die Kammer wird wieder vorgeschoben und rechts gedreht, das Schlösschen eingedrückt und das Gewehr ist geschlossen und gespannt.

Das Abfeuern wird auf dieselbe Weise wie bei jedem Perkussionsschlosse bewerkstelligt; ein mässiger Anzug des Drückers bringt die mittlere Erhöhung des horizontalen Züngelarmes, den sogen. zweiten Druckpunkt desselben, in feste Anlehnung mit dem rückwärtigen Hülsenende und nur eine kleine Vermehrung dieses Anzuges genügt, um eine sanfte Biegung der Abzugsfeder gegen abwärts zu erzeugen, in Folge welcher der Abzugsstollen nach unten und damit über den hinteren Kopf (k_r) des Nadelbolzens herabgezogen wird, welch' letzterer nunmehr der vorwärtsschnellenden Spiralfeder folgen muss (Fig. 3).

Es kann hiebei nicht unerwähnt bleiben, dass es gerade diese höchst einfache Abzugsvorrichtung ist, welche dem Zündnadelgewehre einen Abgang verschafft, der die Feinheit eines Stechschlosses ohne dessen Empfindlichkeit besitzt und kaum von irgend einer anderen, kriegstauglichen Schlosseinrichtung übertroffen sein dürfte.

Um die Einfachheit des Zündnadelschlosses in ihrer ganzen Grösse zu würdigen, sei endlich die Zerlegung desselben betrachtet. Man bedarf hiezu weder eines Schraubenziehers, noch eines Federhakens, sondern — nach vorausgegangener Oeffnung des Laufes — nur eines kräftigen Anzugs am Drücker (einer festen Anlehnung der hintersten Erhöhung des horizontalen Züngelarmes, des sogen. dritten Druckpunktes des Abzuges gegen die Hülse), um hiedurch die Abzugsfeder so stark zu beugen, dass der Abzugsstollen aus Schlossröhre und Kammer tritt und die letztere nun sammt der ersteren rückwärts aus der Hülse gezogen werden kann.

Eine Viertelsdrehung der Schlossröhre in der Kammer löst die (vordere) Sperrfedernase (n_1) aus der Kammerrast und gestattet die Herausnahme des Schlösschens, zu dessen gänzlicher Zerlegung nur noch die Auslösung der Sperrfeder nothwendig ist. Die letztere Operation erfordert indess einige Vorsicht, da die — wie schon bemerkt — immer etwas comprimirte Spirale den Nadelbolzen mit ganz erheblicher Kraft aus der Schlossröhre stösst, sobald derselbe nicht mehr durch den Sperrfederkrapfen in diesen zurückgehalten ist. Um hiebei leicht mögliche Verletzungen zu vermeiden, ist es daher nothwendig, den Nadelbolzen, während der Auslösung der Sperrfeder, mit den Fingern (der linken Hand) in der Schlossröhre zurückzuhalten (wobei man die Zündnadel natürlich zwischen die, vor die Mündung der Schlossröhre gehaltenen Finger nimmt).

Ebenso leicht wie die Zerlegung, können auch kleinere Reparaturen am Zündnadelschlosse durch den Ersatz der schadhaften Theile, vom Manne selbst vorgenommen werden. Es kann ja keine Schwierigkeiten bieten, eine zerbrochene Spirale auszuwechseln, oder eine neue Zündnadel einzuschrauben, und der preussische Soldat ist nicht allein mit derlei Reservetheilen ausgerüstet, sondern sogar darauf eingeschult, eine neue Stahlspitze in den Messingschaft der Zündnadel löthen zu können.

Indess ist es gerade die letztere, welche allerdings den empfindlichsten Einflüssen ausgesetzt erscheint, was sich am besten durch die Betrachtung der (bereits S. 237 erwähnten) Patrone (Fig. 9) des Zündnadelgewehres erklären dürfte.

Die Hülse derselben ist aus Maschinenpapier gefertigt, mit einem eingeklebten Boden versehen, über dem Geschoss zusammengebunden und längs der Führung des letzteren eingefettet.

Das eiförmige, wie schon bemerkt, als „Langblei" bezeichnete Geschoss (gs), sitzt in einem sogen. Zündspiegel (Fig. 9 u. 10, zs) fest, der aus einem aufgerollten Papierstreifen gefertigt ist und durch geeignete Pressung seine normale Gestalt erhält.[1])

---

[1]) In Fig. 9 ist durch punktirte Linien eine Verbesserung des Zündspiegels angedeutet, deren Zweck es ist, der Zündpille einen besseren Halt zu geben. (W. v. Plönnies „Das Zündnadelgewehr" S. 51.)

Der Spiegel dient als Liederungsmittel und tritt ausschliesslich in die Züge. Die Seitenwände seines Geschosslagers sind geschlitzt, um seine Entfernung vom Projektile vor der Mündung zu erleichtern; jenem entgegengesetzt, enthält er die, zur „Zündpille" (Fig. 10, zp) komprimirte, muriatische Zündmasse. [1])

Um diese zur Detonation zu bringen, hat die Zündnadel die ganze Pulverladung zu durchdringen (Fig. 3) beim Schusse aber auch die Verbrennungshitze derselben zu ertragen; Anforderungen, welche selbstverständlich eine bedeutende Abnützung zur Folge haben müssen.

Es wurde indess bereits erwähnt, wie leicht hieraus entstehende Beschädigungen zu repariren seien, mehr Schwierigkeiten scheint dafür die gute Reinhaltung des Nadelrohres zu bieten, durch dessen, bei längerem Feuern wohl unvermeidliche Anbrandung, der Gang des Zündnadelschlosses allerdings empfindlich gestört werden kann.

Das System Dreyse ist gegenwärtig in fünf Modellen [2]) in der k. preuss. [3]) Infanterie (nämlich als Liniengewehr, Modell 1841 und 1862, [4]) als Büchse, Modell 1849 und 1854 [5]) und als Füsilierge-

---

[1]) Die Zusammensetzung dieser galt lange als das Hauptgeheimniss des Zündnadelgewehres und besonders in Preussen selbst, suchte man sich die Nichteinführung des Dreyse'schen Systemes in anderen Staaten durch die Unnachahmlichkeit der Zündmasse zu erklären.

So wenig konnte man die Zurückweisung eines kriegstauglichen Hinterladers begreifen, dass man die Gründe dafür in einer Ursache suchte, deren Behauptung, beim neueren Standpunkte der Chemie, geradezu komisch genannt werden musste. (Vergl hiemit auch S. 136 Schluss und letzte Anmerkung in W. v. Plönnies „Neue Hinterladungsgewehre.")

[2]) Ein sechstes ist im Zündnadelkarabiner, worüber unter „Reiterfeuerwaffen" — repräsentirt.

[3]) Bekanntlich sind gegenwärtig fast alle Staaten des norddeutschen Bundes mit dem Zündnadelgewehre versehen und dessen Einführung auch in Baden, Württemberg und Hessen angebahnt.

[4]) Modell 41 ist 74" (193,5cm) mit und 54" (143cm) ohne Bajonet lang, mit jenem 9½ Pfd. b. (5 Kil. 330 Gr.), ohne dasselbe 8 Pfd. 28½ Lth. b. (4 Kil. 980 Gr.) schwer.

Modell 62 ist um 2,3" (6,5cm) kürzer und an ⅓ Pfd. (400 Gr.) leichter, hat, wie alle neueren preussischen Gewehre, Gussstahllauf (aus der Fabrik von Berger in Witten) und ist brünirt.

[5]) Modell 49 führt einen Hirschfänger als Säbelbajonet, Modell 54 aber die sogen. Pike, d. i. ein, zur Stossklinge zugearbeiteter Entlade-

wehr, Modell 1860 [1])) eingeführt, die sämmtlich die gleiche Patrone und dieselben Zugeinrichtungen (Fig. 2, z) besitzen.

Das normale Laufkaliber beträgt hiebei 0,59" rh. (15,43^{mm}), die allgemeine Dralllänge der vier gleichmässig gewundenen, 0,03" (0,78^{mm}) tiefen und 0,23" (6^{mm}) breiten, am Grunde ausgerundeten Züge, ist auf 28" (73,2^{cm}), der Durchmesser des Geschosses zu 0,52" (13,6^{mm}), jener des Spiegels aber mit 0,62" (16,2^{mm}) festgesetzt.

Das Geschossgewicht beläuft sich auf 1,8 bayer. Lothe (31 Gr.), jenes der Pulverladung auf 0,28 Lth. (4,9 Gr.), d. i. auf fast $^1/_6$ der Schwere des Projektiles.

Die Visirwinkel [2]) des Systemes dürfen (nach W. v. Plönnies) in folgender Grösse angenommen werden:

auf	100	200	300	400	500	600	700	800	900	1000	Schritte à 75^{cm}
zu	15,6	30,3	47,2	65,3	84,6	105,1	126,8	149,7	173,8	199,1	Minuten.

Die Treffwahrscheinlichkeit gestattet auf 200$^+$ eine Fläche von 1' Höhe und $^1/_2$' Breite, auf 600$^+$ eine solche von 6' Höhe und 3' Breite, mit einer Aussicht von 60—80°/$_0$ Treffer zum Ziele zu nehmen.

Die, früher sehr bedeutende Derivation ist durch die neueste Geschosskonstruktion auf ein nahezu unschädliches Mass vermindert worden.

Die mittlere Feuergeschwindigkeit des Zündnadelgewehres kann auf die dreifache eines guten Vorderladers, nämlich mindestens

---

stock, der, beim Ausziehen aus der Nuthe, durch eine starke Druckfeder am Oberringe festgehalten wird.

Beide Waffen sind brünirt und (ohne Stossklinge) 47,4" rh. (124^{cm}) lang und bei $8^1/_2$ Pfd. bayer. (4,8 Kil.) schwer.

Modell 54 ist ausserdem mit einem etwas verkürzten Schlosse versehen, dessen kleinere Luftkammer den Namen Compressionskammer führt; die Spiralfeder ist weiter vorgeschoben und theilweise mit einer Röhre umgeben, an welcher sich die Spannrast befindet; der ganze Verschlussmechanismus ist erleichtert.

[1]) Das Füsiliergewehr ist auch mit Säbelbajonet versehen und sammt diesem fast 70" rh. (181^{cm}), ohne dasselbe 50" rh. (131^{cm}) lang, brünirt, und mit dem Seitengewehre 9 Pfd. 12 Lth. (5 Kil. 250 Gr.), ohne dasselbe wenig über 8 Pfd. bayer. (4,5 Kil.) schwer. (Diese Modellnotizen sind aus Plönnies' „Zündnadelgewehr" entnommen.)

[2]) Die Figuren 27 und 28 der Tafel XI geben die Flugbahnen des Zündnadelgewehres auf die Entfernungen von 200—800$^+$ (150—600^m) und zwar für die letztere Distanz in Zusammenstellung mit der Schweizer Geschossbahn.

zu 4,5 Schuss, die höchste aber zu 8 Chargen in der Minute angenommen werden.

Der Hauptmangel des Systemes besteht in der Schwierigkeit seiner Anwendung für kleines Kaliber, so lange die Nadel gezwungen ist, die ganze Höhe der Pulverladung zu durchdringen, um die — hiebei allerdings wohl geschützt und auch für den Zweck einer günstigen Zündweise vortheilhaft angebrachte — Zündpille zu erreichen.[1])

Eine Vervollkommnung desselben würde ausserdem darin bestehen, wenn die Nadel. nach dem zündenden Stiche, sofort in ein gesichertes, hermetisch abgeschlossenes Lager zurückzutreten vermöchte. Solche Vortheile sind übrigens wohl nur durch eine Complizirung des Mechanismus zu erkaufen, die vielleicht weit mehr neue Uebelstände zuführen, als vorhandene heben würde.

β. Das bückeburgische[2]), Dörsch-Baumgarten'sche Zündnadelgewehr. (Tafel XII, Fig. 11—20.)

Die Gewehrfabrikanten **Dörsch** und **von Baumgarten** in Suhl haben sich, unter Zugrundelegung der Dreyse'schen Prinzipien, die Aufgabe gesetzt, nicht allein ein einfacheres, leichteres und kompendiöseres, sondern auch ein Nadelschloss herzustellen, das, gegenüber dem preussischen Originale, als ein verbessertes bezeichnet werden müsse.

Sie giengen hiebei vor allem von dem Bestreben aus, die Dichtigkeit des Rohrschlusses dadurch zu erhöhen, dass nicht die Kammer (Fig. 11, K und Fig. 13—15) das Rohrmundstück (Fig. 11 u. 12, L), sondern, umgekehrt, dieses den Kammermund (Fig. 11 u. 13, **km**) übergreife.[3]) Hiedurch wurde es nicht allein möglich, den Durchmesser der Kammerröhre und damit auch denjenigen der Hülse (Fig. 12, H) und des Schlösschens (Fig. 16 u. 17, S) zu verringern, sondern es wurde zugleich der, mit dieser Anordnung beabsichtigte Hauptzweck wirklich und um so mehr erreicht, als die einseitige Verschraubung der Kammer nun in eine doppelte und folglich gleichmässiger centrale und sicherere Anlehnung umgewandelt werden konnte.

Das letztere geschah durch die Anwendung von zwei, sich diame-

---

[1]) Vielleicht würde die Anwendung komprimirten Pulvers die Verlegung der Zündpille an den Boden der Patrone gestatten.

[2]) eigentlich fürstlich Lippe-Schaumburgische.

[3]) Gegen diese Aenderung und speziell gegen die Annahme derselben als einer Verbesserung, spricht sich sehr energisch ein wohl ganz competenter Techniker. der Lütticher Waffenfabrikant Ignatz Neumann, in seiner, hiemit empfohlenen Schrift: „Das Wesen der Hinterladungsgewehre", Weimar 1867, Voigt, aus. (Sieh' daselbst S. 12, 42, 50 u. 70.)

tral gegenüberstehenden Kammerwarzen (Fig. 11, 13, 14 u. 15, w, u. w_1) statt einer, welcher Veränderung entsprechend, natürlich auch die Hülse (Fig. 12, H) modifizirt werden musste. Dieselbe ist hier mit dem Laufe aus Einem Stücke gearbeitet und in ihrer ganzen oberen Hälfte bis zu ihrem ringförmigen Ende (br) hin offen.

Für den Durchgang der Kammerwarzen ist die Bohrung dieses Hülsen- oder Bodenringes (br) mit entsprechenden Falznuthen versehen, für den Eingriff der unteren Kammerwarze (w_1) aber, entgegengesetzt der Patroneneinlage, eine quere Ausfeilung in der unteren Hälfte der Hülse, unmittelbar vor dem Bodenringe angebracht.

Die schiefen Flächen (sf) auf der vorderen Seite des letzteren sind es, an welche die Kammerwarzen, beim Rohrschlusse, mittels des Kammerhandgriffes (kn) angetrieben werden.

Die richtige Führung beim Oeffnen und Schliessen des Laufes erhält die Kammer durch eine, auf ihrer oberen Hälfte eingeschnittene, knieförmig gebrochene Nuthe (Fig. 13 u. 15, e_1 e_1), in welche die Spitze der, im Hülsenringe sitzenden Kammerleitschraube (Fig. 11 u. 12, kls) eingreift.

Das rückwärtige Kammerende ist durch einen ringförmigen Kopf (Fig. 13 u. 14, K) verstärkt und in diesen der daumenförmige Kammerhandgriff (kn) eingeschraubt.

Der Stoss- oder Kammerboden am vorderen Ende der Kammerröhre ist konkav gewölbt und wieder mit dem, hier sehr kurzen und engeren Nadelrohre für den Durchgang der Zündnadel versehen.

In der Kammer liegt, wie beim Dreyse'schen Gewehre, das, gleichfalls aus Schlossröhre (Fig. 17, S), Nadelbolzen (Fig. 18, N) mit Zündnadel (Fig 19, Z), Sperr- und Spiralfeder (Fig. 18, Sp und Fig. 20, Spf) bestehende Schlösschen (Fig 16), dessen Zusammensetzung jedoch nicht ganz dieselbe, wie jene des preussischen Schlosses ist.

So findet sich die Sperrfeder (Fig. 18, Sp) nicht in der Schlossröhre eingezapft, sondern mittels einer kleinen Schraube (fs) am Nadelbolzenkopfe (k_1) befestigt.

Sie hält also hier den Nadelbolzen nicht [mittels eines Krapfens (Taf. XII, Fig. 8, kp)] im Schlösschen fest, sondern wird in dieser Aufgabe vom Kopfe des Zündnadelschaftes (Fig. 19) ersetzt, dessen Durchmesser grösser ist, als derjenige der rückwärtigen Schlossröhrenöffnung.

Dagegen ist das freie Ende der Sperrfeder zu einem Sperrfederkrapfen (Fig. 13, 14 u. 18, kp) gestaltet. der bei eingesetztem, aber nicht abgelassenem Schlösschen (Fig. 13 u. 14), in eine, an der unteren Seite der Bohrung des Kammerkopfes angebrachte Kerbe greift und wohl als die Rast des Schlosses bezeichnet werden kann; die Sperrfeder selbst liegt hiebei in einem, an der unteren Seite der Kammer eingefeilten Längenschlitze (Fig. 14 u. 15, e_3).

Die Schlossröhre ist — wie jene des preussischen Gewehres — mit einem, hier jedoch kleineren Daumenstollen (Fig. 13 u. 17, d) versehen und wird wieder durch einen knieförmigen Einschnitt (Fig. 16 u. 17, e_4 e_4), in welchen die, im Kammerkopfe sitzende Schlossröhrchenleitschraube (Fig. 13 u. 15, s r) eingreift, in die Kammer geführt.

Der Nadelbolzen hat nur einen (den vorderen, lederbelegten) Kopf (Fig. 18, k_1) und tritt nicht mit diesem, sondern bloss mit seinem Schafte in die Schlossröhre (Fig. 16).

Ist das zusammengesetzte Schlösschen (Fig. 16) in die Kammer eingeschoben (Fig. 13), und der Sperrfederkrapfen (k p) in die Schlossrast getreten, so befindet sich der Mechanismus in der Ruhraststellung (Fig. 13); wird die Schlossröhre vollends (d. h. bis ihr vorderes Ende am Nadelbolzenkopfe k_1 ansteht) in die Kammer gedrückt und darin (dem Einschnitte e_4 entsprechend) mittels des Daumenstollens (d) etwas rechts gedreht, so komprimirt sich hiedurch die Spiralfeder, der Zündnadelschaft tritt rückwärts aus der Schlossröhre heraus und das Schloss ist gespannt (Fig. 11 u. 14).

Mittels eines gewöhnlichen Abdrückers (Fig. 13, s) (oder eines Tupfers) kann der Sperrfederkrapfen (Fig. 13 u. 14, k p) aus der Schlossrast gehoben und damit die Vorwärtsbewegung des Nadelbolzens durch die Spiralfeder veranlasst, das Schloss also abgelassen werden (Fig. 15).

Dörsch und v. Baumgarten hatten zu ihrem Systeme eine Patrone ohne Spiegel vorgeschlagen, die Zündpille befand sich hiebei im Expansionshohlraume des Geschosses angebracht; zur praktischen Einführung wurde indess — schon der Munitionsgleichheit wegen — die preussische Musterpatrone vorgezogen, der, für die proponirte Geschossliederung gewählte, längere Drall [von 36″ (94^{cm})] der 4 seichten Züge aber beibehalten.

Die Leistungen dieses Systemes stehen denen des Dreyse'schen keinenfalls nach; nur scheint der Mechanismus des letzteren derber und damit für Massengewehre noch kriegstüchtiger, als der zierlichere bückeburgische, zu dessen Zerlegung schon ein Schraubenzieher nöthig ist und dessen Zusammensetzung unmöglich wird, wenn eines der kleinen Schräubchen (k ls, s r und fs) verloren geht.

γ. Das französische Zündnadelgewehr, System Chassepot.

(Hieher Tafel XIV, Fig. 1—4.)

Das französische, von dem Artillerie-Ouvrier **Chassepot** konstruirte Zündnadelgewehr, hat vor allem den Vortheil des kleinen Kalibers (11^{mm}) vor den preussischen Waffen voraus.

In seinem gegenwärtigen [1]) (durch Ordonnanz vom 30. August 1866 festgesetzten) Bestande, unterscheidet es sich von den, bisher kennen gelernten Nadelsystemen sehr wesentlich darin, dass es den gasdichten Abschluss des Laufes nicht durch den Uebergriff von Rohr- und Kammermundstück und das feste Antreiben dieser beiden Theile gegeneinander, sondern durch einen Kautschuckring [2]) herstellt, der durch den Druck der Pulvergase comprimirt und damit so kräftig an die Laufwandungen angedrückt wird, dass ein vollkommen hermetischer Abschluss der Rohrseele entsteht.

Der Mechanismus des Chassepotgewehres liegt — wie der Dreyse'sche — in einer, gleichfalls mittels eines achtkantigen Kopfes (Fig. 1 und 2, Hk), über das rückwärtige Ende des Laufes (L) geschraubten Hülse (H), deren blattähnliches, in den Schaft (Sc) eingelassenes Schwanzstück, auch hier die Kreuzschraube (ks) aufnimmt. Die Hülse (H) ist in ihrer oberen Hälfte mit einem breiten Längenschlitze versehen, dessen rechte Wand den Ausschnitt für die, hier sehr lange Kammerwarze (ww) enthält, welche sich, bei geschlossenem Gewehre (Fig. 1), wieder mit ihrer rückwärtigen, hier jedoch nicht schräg gehaltenen Begränzungsfläche (Fig. 1 u. 2, sf), gegen den Absatz (a) des ebengenannten Hülsenausschnittes legt.

Das Mundstück der Kammer ist mit einem starken Ringe aus vulkanisirtem Kautschuck (Fig. 2 u. 3, r) belegt, durch welchen das, nur lose in die Kammerröhre gesteckte Nadelrohr (nr) tritt und hiebei, mit seinem tellerartigen Ansatze (tt) die Vorderfläche des Kautschucks vor Verbrennung schützt.

Um die Spitze des Nadelrohres herum, bleibt auch hier ein, der Luftkammer des preussischen Gewehres ähnlicher, leerer Raum (Fig. 2, lf).

Hinter dem Nadelrohre befindet sich der feste Stossboden (Fig. 2, bb), welcher in die Kammer eingeschraubt und, in seiner Axe, mit einer, gegen rückwärts sich konisch erweiternden Bohrung für den Durchgang der Zündnadel (Fig. 2, zn) versehen ist.

---

[1]) Das Chassepotgewehr war anfänglich für Kapselzündung konstruirt und in solcher Anordnung zuerst im Jahre 1858 vorgelegt worden.
Nähere Details über seine geschichtliche Entwicklung sowohl, als auch über seine Construktionsverhältnisse etc. finden sich in W. v. Plönnies „Neue Hinterladungsgewehre."

[2]) Als den Erfinder des Laufabschlusses durch komprimirten Kautschuck bezeichnet man in Frankreich den vormaligen Artillerie-Werkmeister Sachet, dessen bezügliche Vorschläge schon im Jahre 1855 geprüft wurden und dabei befriedigende Resultate gaben. (Plönnies „Neue Hinterladungsgewehre" S. 207.)

Die letztere ist in den vorderen Kopf (Fig. 2, **k,**) eines massiven **Nadelbolzens** (Fig. 2 u. 3, N) eingesetzt, der mittels einer kleinen **Querschraube** (**sr,**) im **Schlossstücke** (S) festgehalten wird.

Zwischen dem vorderen Nadelbolzenkopfe (**k,**) und der, in das rückwärtige Kammerende eingeschraubten **Ringkapsel** (Fig. 2, **sr,**) befindet sich die, den Nadelbolzen umgebende **Spiralfeder** (Fig. 2, **sp**), welche hier die Verbindung zwischen Kammer und Schloss herstellt.

Eine Schlossröhre fehlt dem Chassepotgewehre und ist durch die Anbringung des Nadelbolzens und der Spirale in der Kammer selbst entbehrlich gemacht; immerhin aber ist eine Einrichtung erforderlich, durch welche die Comprimirung der Spirale veranlasst, d. h. der Nadelbolzen zurückgezogen werden kann.

Hiezu dient das, hinter die Kammer gelegte **Schlossstück** (Fig. 1, 2 u. 3, S), das in einen bequemen **Daumenstollen** (d) endigt, unter welchem ein kleines, um einen **Querstift** (Fig. 2 u. 3, **t,**) drehbares **Rädchen** (Fig. 2, **rd**) liegt, das die Rückwärtsbewegung des Schlosses erleichtern soll.

Die letztere Bewegung ist es, mit welcher auch hier das **Oeffnen** des Laufes zu beginnen hat; durch dieselbe wird sowohl das Schlossstück (S), als auch der, in diesem festgehaltene Nadelbolzen (N) zurückgezogen, hiebei also schon die Spirale (**sp**) (von vorwärts gegen rückwärts) comprimirt.

Setzt man diese Bewegung so lange (d. h. ungefähr einen Zoll weit) fort, bis der Fuss der **Kammerleitschraube** (Fig. 1, 2 u. 3, **ls**) hinter die Kammer [und damit aus dem Längeneinschnitte (Fig. 2 u. 3, **r,**) derselben] tritt, so wird das Schloss hiedurch gespannt, indem dabei eine, am rückwärtigen Ende des Nadelbolzens angebrachte, gewissermassen den **zweiten Bolzenansatz** bildende, konische **Verstärkung** (Fig. 2, **k,**) über den, gerade unter ihr befindlichen **Abzugsstollen** (Fig. 2, **s**) hinweggeführt und nun von diesem festgehalten wird.

Jetzt erst kann die Kammer mittels ihres Handgriffes (Fig. 1 u. 3, **kn**) links gedreht und dann — sammt Schloss und Nadelrohr natürlich — weit genug (an 5″) zurückgezogen werden, um die Einführung der Ladung in das Patronenlager (Fig. 2, **pl**) zu erlauben.

Diese Rückwärtsbewegung der Kammer wird wieder durch eine **Schraube** (Fig. 1, **gs,**) begränzt, die sich in der rechten Wand der Hülse angebracht findet und in eine, an der unteren Seite der Kammer eingeschnittene **Nuthe** (Fig. 2 u. 3, **e, e,**) greift.

Eine ähnliche Begränzung findet auch bezüglich der Rechtsbewegung der Kammer beim Schliessen des Laufes und muss hiebei deshalb stattfinden, um den Einschnitt **r,** der Leitschraube **ls** genau gegenüber zu stellen. Es ist die, in der Kammerwarze angebrachte **Schraube** (**sr,**), deren vorstehender Kopf die gedachte Kammerdrehung geeignet beschränkt.

Bei der Vorwärtsbewegung der Kammer zum Schlusse des Laufes, wird die rückwärtige Verstärkung (k_r) des Nadelbolzens hinter dem Abzugsstollen festgehalten und damit, ohne dass — wie beim Dreyse'schen Gewehre — ein besonderes Andrücken des Schlösschens nothwendig wäre, die Spannung der Spirale erhalten.

Ein mässiger Anzug an dem (um den Stift t_1 drehbaren) Abdrücker (Fig. 2, a b) überwindet die Wirkung der (bei t_1 eingestifteten) Abzugsfeder (f), hebt den längeren Arm des (um t_r beweglichen) Abzughebels (s h), zieht aber dessen kürzeren Schenkel und also auch den, mit diesem (durch die Einstiftung bei t_1) verbundenen Abzugsstollen (s) nach abwärts und gibt damit den Nadelbolzen frei, der nun — durch den Druck der Spiralfeder gegen seinen vorderen Kopf (k_1) — sammt dem Schlossstücke bis zum Kammerboden (b) vorgestossen wird.

Die Leitschraube (l s) bewegt sich hiebei im Einschnitte r_r.

Soll das geladene Gewehr nicht sofort abgefeuert werden, so kann man dasselbe dadurch in Ruhe setzen, dass man die Kammer nur um ein Achtel statt ein Viertel rechts dreht und dadurch den kleineren Kammereinschnitt (r_1) der Leitschraube (l s) gegenüber stellt. In dieser Verfassung kann der, durch einen unzeitigen Anzug am Abdrücker frei gewordene Nadelbolzen, der Wirkung der Spirale nicht weit genug folgen, um die Zündnadel bis zur Patrone vordringen zu lassen. Indess ist diese Ruhestellung gewiss nur bei grosser Uebung mit Sicherheit zu treffen.

Die, bei Einführung des Chassepotgewehres wenigstens, vorläufig adoptirte Patrone desselben, setzt sich aus zwei starken Papierhülsen zusammen, deren eine (p h) die (5,5 Gr. betragende) Pulverladung, die andere (g h) aber das (24,5 Gr. schwere, 25^{mm} lange und am Boden 11,7^{mm} starke) Geschoss (g) aufnimmt. Ein Schnürbund (b) hält die beiden Hülsen aneinander fest; Geschoss und Pulver sind durch einen eingelegten Pappering ($p_1 p_1$) getrennt.

Die Zündung findet sich — der kurzen Nadelbewegung des Schlosses entsprechend — am Boden der Patrone angebracht und besteht aus einem einfachen Zündhütchen (z) mit durchlochter Decke, das in einem Cartonringe ($p_r p_r$) festgehalten, und dessen starke Füllung durch ein Tuchblättchen[1] (t) geschützt wird. Alle Patronentheile (mit Ausnahme dee Zündhütchens natürlich) verbrennen beim Schusse.

---

[1]) Plönnies gibt als Material dieses Deckscheibchens Gutta percha an. Dasselbe muss natürlich von der Nadel durchstochen werden und soll sich dann kragenförmig an diese anlegen, um dadurch den Eintritt der Gase in das Nadelrohr zu hindern.

Ein Spiegel ist nicht vorhanden, das Geschoss tritt also selbst in die (4 seichten, mit 55cm Drall, gleichmässig gewundenen) Züge (Fig. 2, z) ein.

Vergleicht man das System [1]) Chassepot's mit dem preussischen Zündnadelgewehre, so dürfte sich für das erstere zwar der Vortheil etwas bequemerer [2]) und rascherer [3]) Ladung, sowie auch gestreckterer Schussbahnen [4]), dagegen aber der entschiedene Nachtheil geringerer Kriegstüchtigkeit ergeben.

Das Chassepotwewehr ist — trotz des Wegfalles von Schlossröhre und Sperrfeder — weit komplizirter, als das preussische Zündnadelgewehr. Ganz besonders gilt diess von der Abzugsvorrichtung und der, wenn auch des Spiegels entbehrenden Patrone. [5])

Dabei ist der Rohrverschluss nur so lange ein zuverlässiger, als der, zwischen dem Kammerboden (Fig. 2, b) und der Basis des Nadelrohres befindliche, leere Raum nicht durch Pulverschleim ausgefüllt ist, ein

---

[1]) Das Modell des Chassepotgewehres wird als ein sehr zweckmässiges gelobt. Es ist für einen leichten Yatagan eingerichtet und mit diesem 187cm lang, 4,645 Kil. schwer; ohne denselben misst es 129cm bei 4,045 Kil. Gewicht.

[2]) Weil die Kammer nicht auf- und zugeschlagen werden muss.

[3]) Weil das Eindrücken des Schlösschens zum Spannen wegfällt.

(Plönnies schätzt das Verhältniss der Feuergeschwindigkeit zwischen Chassepot- und Dreyse-Gewehr auf 4 : 3.

Bei Schweizer Versuchen wurden, als höchste Schnellfeuerleistung, bei zugereichten Patronen, 11—12 Schüsse per Minute mit dem Chassepotgewehre erzielt. Nach französischen Berichten wäre die mittlere Feuergeschwindigkeit auf 7 bis 7,5 Schuss in der Minute anzunehmen.)

[4]) Der günstigeren Kaliberverhältnisse wegen.

Nach (von Plönnies mitgetheilten) französischen Versuchen sind die Visirwinkel des Chassepotgewehres:

auf	100m	23'	auf	600m	1°41'
„	200 „	34'	„	700 „	2°3'
„	300 „	48'	„	800 „	2°29'
„	400 „	1°3'	„	900 „	2°58'
„	500 „	1°20'	„	1000 „	3°27'

[5]) Deren mangelhafter Einrichtung auch die geringe Präzision des Gewehres zur Last gelegt wird. Indess soll bereits eine bedeutende Verbesserung der Munition durchgeführt worden sein und gibt auch J. Neumann in „Das Wesen der Hinterladungsgewehre" (S. 54) eine Patrone mit steifleinener Hülse, als eingeführt an.

Umstand, der sehr leicht schon nach kurzem Feuergebrauche eintreten und dann das Zurückweichen des Nadelrohres beim Schusse hindern, damit aber auch die, hievon abhängige und zur hermetischen Dichtung des Laufes unerlässliche Compression des Kautschuckringes aufheben kann. [1])

Ein unter solchen Verhältnissen abgegebener Schuss wird nicht allein eine sehr unangenehme Gasausströmung gegen das Auge des Schützen, sondern auch die empfindlichste Beschädigung des Kautschuckringes selbst und damit die vorläufige Gefechtsunbrauchbarkeit des Gewehres zur Folge haben müssen.

b. Rückladungssysteme mit gasdichten, metallenen Patronen.

Die ersten Versuche, den hermetischen Abschluss des Laufes durch Zuhilfenahme starker, beim Schusse nicht zerstört werdender Patronenhülsen zu erzeugen, giengen wohl von dem, in der Technik der Luxuswaffen allgemein bekannten Pariser Gewehrfabrikanten Lefaucheux aus, dessen Ideen gar bald von den englischen und amerikanischen Büchsenmeistern adoptirt und vervollkommnet wurden.

Die Anwendung metallener Patronen (über diese sieh' S. 237) gestattet im Allgemeinen eine ausserordentliche Vereinfachung der Verschlusseinrichtungen, und hat allein die, bis jetzt erreichte, höchste Entwicklung der Handfeuerwaffen, die Herstellung von Repetir- oder Magazinsgewehren nämlich, möglich gemacht; sie erfordert aber eine äusserst zuverlässige und genaue Anfertigung der Munition — eine Bedingung, die, besonders was die Qualität des Hülsenmaterials [2]) betrifft, bis jetzt fast nur von den Amerikanern so ganz genügend erfüllt wird — sowie auch die Vermehrung der Schlosstheile um einen, die Herausnahme der Patrone nach dem Schusse rasch und sicher bewerkstelligenden Faktor.

Es dürfte genügen, unter den zahlreichen hieher gehörigen Systemen [3]) zwei der vorzüglichsten [4]), **Remington** und **Peabody**, und, neben

---

[1]) Der Kautschuckverschluss war eben primitiv nur für Kapselzündung — also nicht für ein Schloss mit Zündnadel und Nadelrohr konstruirt.

[2]) Hier sind speziell Kupferpatronen mit getriebenen Hülsen gemeint.

[3]) Zu deren genauerem Studium eben wieder W. v. Plönnies' „Neue Hinterladungsgewehre" empfohlen werden müssen.

[4]) Nach zuverlässigen Berichten wäre auch das neue österreichische Rückladungsgewehr, System „Wörndl" hieher zu zählen; dessen Einrichtung ist jedoch noch nicht offiziell bekannt.

diesen, auch das, bereits oben als die höchste Potenz der Hinterladungswaffe bezeichnete Repetirgewehr, abzuhandeln.

α. Das System Remington.[1]
(Hieher Tafel XIII, Fig. 6 a u. b)

Der Verschlussmechanismus des Remington-Gewehres ist mit einem einfachen Mittelschlosse in Verbindung gebracht, das seiner Anordnung nach, dem, bereits früher (S. 233) besprochenen sehr ähnlich und — wie dieses — nur aus Hahn, Schlagfeder (sf), Abzug und Stangenfeder (sgf) zusammengesetzt ist, welche Theile sich in entsprechender Aneinanderstellung zwischen den Seitenplatten (sp) eines Gehäuses eingeschlossen befinden, dessen vorderes und oberes Ende den Pulversack des Laufes in sich aufnimmt.

In die untere Wand des letzteren ist der Extraktor oder Retraktor eingelegt, welcher die Patrone, beim Oeffnen des Gewehres nach dem Schusse, so weit rückwärts aus der Kammer herausschiebt, dass sie leicht mit den Fingern entfernt werden kann.

Er wird durch eine kleine Leitschraube festgehalten und — wie unten folgt — durch das Verschlussstück (v) in Thätigkeit gesetzt.[2]

Ebenso fehlt zur Zeit die Möglichkeit eingehender Besprechung des Systemes „Albini-Bräntlin", dessen Vortrefflichkeit sich speziell bei bayerischen Versuchen dokumentirte. Dasselbe ist — und darin liegt, bei den oben bemerkten Schwierigkeiten für die Herstellung der Kupferpatronen, ein anerkennenswerther Vorzug! — für die Anwendung von Boxerpatronen konstruirt und eignet sich gleich gut zur Abänderung bisheriger Vorderlader, wie zur Neufertigung. Sein höchst einfacher, dabei aber sehr sicherer Verschluss, wird durch einen, den Zündstift enthaltenden, sonst aber massiven Cylinder hergestellt, der sich (ähnlich dem Verschlussstücke des Systemes Milbank-Amsler Plönnies „Neue Hinterladungsgewehre" S. 199) in einem, quer über den Lauf gelegten Charniere auf- und abwärtsbewegen lässt und mit einem sehr gut funktionirenden Extraktor in Verbindung steht. Bei zugereichten Patronen erlaubt dieses System ein Schnellfeuer von 12 gezielten Schüssen in der Minute.

Es übertrifft hienach das, zur Abänderung der englischen Gewehre benützte System Snider (Plönnies „Neue Hinterladungsgewehre" S. 111 u. 112, Neumann S. 24) entschieden an Handsamkeit und wurde neuestens in Belgien zur Abänderung der Vorderlader adoptirt. (Sieh' hierüber J. Neumann „Das Wesen der Hinterladungsgewehre," S. 62.)

[1]) W. v. Plönnies „Neue Hinterladungsgewehre" S. 171 und J. Neumann S. 28.)

[2]) Der Extraktor, ein kleines, hakenförmiges Stahlstückchen, ist in Fig. 6

Das letztere, der Hauptheil des ganzen Verschlusses, liegt vor dem Hahne. Es ist mit einem kleinen, daumenförmigen Griffe (g) versehen und kann um einen starken Bolzen (vb) gedreht werden, der, — wie die Hahnenwelle (hb) — in den Seitenplatten des Gehäuses verschraubt ist.

Unter dem Verschlussstücke befindet sich ein, mit dem Stangenschnabel des Schlosses in Contakt stehender, zweiarmiger Hebel (vh), der durch eine einfache Feder (hf) gegen die Scheibe des Verschlussstückes angedrückt wird und so die Hemmung oder Stange des letzteren bildet.

Eine kleine Ausbohrung des Verschlussstückes nimmt den Zündstift (z) des Schlosses auf, der in diesem Canale durch eine Leitschraube festgehalten wird.

In der Form des Verschlussstückes und derjenigen der Hahnenscheibe (hs), sowie in der Zusammenstellung dieser beiden Theile, liegt die Haupteigenthümlichkeit des Remington'schen Systemes.

Bei allen Bewegungen desselben gleiten nämlich die Berührungsflächen dieser beiden, in kräftigen Dimensionen gehaltenen Theile übereinander weg, in allen Ruhestellungen aber unterstützen sie sich gegenseitig.

So einfach und solide der ganze Mechanismus hiedurch wird, so ist es doch auch gerade diese Eigenthümlichkeit, welche die richtige Herstellung desselben erschwert und ihn gleich empfindlich gegen Ungenauigkeiten, wie gegen Verunreinigungen und Abnützung macht.

Der Gang desselben ist aber folgender:

Ist das Schloss gespannt (Fig. 6a), so kann der Lauf durch einfaches Zurückziehen des Verschlussstückes zur Ladung geöffnet (Fig. 6a), durch die entgegengesetzte Bewegung aber geschlossen werden (Fig. 6a, punktirte Stellung). Im ersteren Falle gleitet die obere Begränzungsfläche des Verschlussstückes an der Brust der Hahnenscheibe entlang und verhindert dadurch jenes den freiwilligen Abgang des Schlosses. Zugleich streift die Scheibe des Verschlussstückes gegen den Hakenansatz des Extraktors und zieht diesen und damit die Patrone aus dem Pulversacke heraus.

Wird eine neue Patrone geladen und das Verschlussstück wieder vorwärts bewegt, so schiebt sich damit der Extraktor in den Lauf zurück.

Beim Abfeuern des Gewehres, was nur vorgenommen werden kann,

---

nicht sichtbar, wohl aber seine, zunächst am Rohrmundstücke in das Gehäuse tretende Leitschraube. (Sie liegt in der, durch die Spitze des Zündstiftes (z) in Fig. 6b angedeuteten Richtung.)

wenn der Lauf vollkommen geschlossen, d. h. das Verschlussstück ganz gegen den Rohrmund vorgelegt ist, weil sonst die Hahnscheibe von der oberen Peripherie des Verschlussstückes festgehalten wird, drückt der Stangenschnabel des Abzuges auf die Hemmung des Verschlusses und verstärkt die Wirkung jener, der Hahn schlägt gegen den Kopf des Zündstiftes, die Hahnscheibe aber gleitet mit ihrer oberen Begränzungsfläche an der rückwärtigen Peripherie des Verschlussstückes entlang und hält somit dieses unwandelbar in seiner Stellung fest (Fig. 6[b]).

Die grosse Einfachheit und Solidität dieses Systemes [1]), das sich auch durch seine Zerlegbarkeit [2]) auszeichnet und ein gutes Schnellfeuer von 12 Schuss per Minute zulässt, hatte demselben schon die definitive Einführung in Oesterreich zur Gewissheit gemacht, als erst die, eben dadurch veranlasste, massenhafte Anfertigung des Remington-Gewehres, die ganz ausserordentlichen Empfindlichkeiten desselben vollkommen kennen lehrte und in Folge davon — wie es scheint — sogar seine Annahme als Kriegswaffe wieder rückgängig werden liess. [3]).

β. Das System Peabody. [4])

(Hieher Tafel XIII, Fig. 7[a u. b]).

Das System **Peabody** trat zuerst im Jahre 1862 auf und bildete bereits im letzten nordamerikanischen Bürgerkriege die geschätzte Ausrüstung einiger kleineren Truppentheile.

Das System trennt den Verschlussmechanismus vollständig vom Schlosse, als welches dabei ein gewöhnliches Rückschloss (sieh' Fig. 7[a]) fungirt.

Der Verschlussmechanismus liegt wieder in einem festen Gehäuse, in dessen vordere Wand der Lauf und die Kreuzschraube (**ks**) eingelassen sind, während an die Rückseite desselben der Kolben, durch

---

[1]) Sieh' darüber auch: „das Remington-Gewehr". Bericht über die, von der k. k. österr. Hinterladungsgewehr-Commission angestellten Versuche. Wien, Seidel u. Sohn. 1867.

[2]) Es ist hiebei kein Federhaken nothwendig, da die Ausdehnung der Schlagfeder (**sf**) durch einen, in der rechten Seitenwand des Gehäuses angebrachten, festen Stift (nächst den Buchstaben **sp** hinter der Hahnscheibe, in Fig. 6[b]) genügend beschränkt wird.

[3]) Vergleiche hierüber die 4. Note der S. 286.

[4]) Sieh' hierüber auch W. v. Plönnies „Neue Hinterladungsgewehre" S. 171 und „Peabody's von hinten zu ladende Feuerwaffen" fabrizirt von der „Providence Tool Company. Druck von Wynkoop und Hallenbeck, New-York 1866.

eine, ihn der ganzen Länge nach durchgreifende Schraube (Ks) befestigt ist. (sieh' Fig. 7[b]).

In die Seitenplatte (sp) des Gehäuses sind die einzelnen Drehstifte des Verschlussapparates verschraubt. Den Hauptheil des letzteren bildet wieder ein starkes Verschlussstück (v), das sich hier, wie eine Falle, um eine, an seinem rückwärtigen Ende angebrachte Pivotschraube (vs) nach abwärts und aufwärts bewegt. Es ist auf seiner Oberfläche mit einer muldenförmigen Vertiefung (Fig. 7[b], m) versehen, durch welche das Einlegen — und auch die Entfernung — der Patrone (p) erleichtert wird. Unterhalb und seitwärts dieser Mulde ist der Zündstift (Fig. 7[a], z) eingesetzt, den der Hahn nur bei vollständig und richtig geschlossenem Rohre zu erreichen vermag.

Zur geeigneten Bewegung des Verschlusses dient der Abzugsbügel (b_1 b_2), der einen, um seinen Scheitel (in bs) drehbaren, spitzwinkligen Kniehebel darstellt und mit dem aufwärts gerichteten Arme (b_1) desselben von unten in das Verschlussstück eingreift.

Ein kurzer, gegen abwärts geführter Druck auf den Abzugsbügel(b_2) öffnet den Lauf, der entgegengesetzte Handgriff schliesst denselben.

Hiebei werden die Bewegungen des Verschlussstückes durch eine weitere Hebelvorrichtung erleichtert, welche zugleich die Festigkeit seiner Ruhestellung bei geschlossenem Rohre erhöht. Es besteht diese, an der unteren Seite des Verschlussstückes angebrachte Vorrichtung aus einem einarmigen, etwas nach abwärts gekrümmten Messinghebel (h), dessen eines Ende im Verschlussstücke selbst (bei hs) verstiftet ist, während sein anderes Ende von einer (bei fs, Fig. 7[b] verschraubten) Feder (hf), gegen eine Rolle (r) gedrückt wird, welche bei der Bewegung des Verschlusses den Gang des letzteren erleichtert, bei geladenem Rohre aber einen Stützpunkt für denselben bildet (Fig. 7[a]).

Ein ganz besonderer Vorzug des Peabody-Systemes liegt in der energischen Thätigkeit seines Extraktors, der die entladene Hülse nicht blos aus dem Patronenlager herauszieht, sondern so lebhaft rückwärts wirft, dass jede Beihülfe mit den Fingern überflüssig wird.

Es besteht dieser Auswerfer in einem einfachen, am Scheitel (bei es) verstifteten Kniehebel (e_1 e_2), dessen vertikaler Schenkel (e_1) die Patronenkrempe erfasst, dessen anderer Arm (e_2) aber derart nach rückwärts gewendet ist, dass er unter das vordere Ende des Verschlussstückes zu stehen kömmt. Sobald nun der Lauf geöffnet wird, schlägt das letztere so kräftig gegen diesen zweiten Arm (e_2) des Auswerfers, dass die dadurch erzielte Hebelwirkung mehr als hinreichend ist, um die leere Patrone rasch gegen rückwärts zu schleudern. Mit dem bezüglichen Drucke am Abzugsbügel ist also die Waffe sofort zur wiederholten Ladung bereit.

Gerade diese prompte Wirkung des Auswerfers ist es, welche dem Schnellfeuer des Peabody-Gewehres eine ganz beträchtliche Ueberlegenheit verschafft und eine Steigerung desselben bis zu 15 Schüssen per Minute ermöglicht.

γ. Das System Winchester.
(Hieher Tafel XIV, Fig. 5 — 12.)

Die, so oft schon versuchte Idee, eine Feuerwaffe herzustellen, mit welcher man, im kritischen Augenblicke, mehrere Schüsse nacheinander abgeben könnte, ohne erst dazwischen laden zu müssen, hat durch das, bei den eidgenössischen Schiessversuchen zu Aarau, im September und Oktober 1866 zuerst in Europa aufgetretene Winchester-System eine Lösung gefunden, welche allseitig die gerechteste Bewunderung erregte.

Schon während des amerikanischen Bürgerkrieges waren grössere Abtheilungen des Nordstaatenheeres (speziell der Reiterei Sheridan's) mit Büchsen bewaffnet, deren Kolben ein Magazin für 7 Kupferpatronen enthielt, welche, durch eine ziemlich einfache Vorrichtung, nacheinander in den Lauf gebracht und verfeuert werden konnten.

Wenn es auf diese Weise möglich war, in einer halben Minute 7 Schüsse abzugeben, so musste doch, nach dieser Zeit, das Magazin wieder gefüllt werden; eine Manipulation, die nur bei grosser Gewandtheit in der gleichen Frist vollendet sein, sehr leicht aber gerade die doppelte Zeit in Anspruch nehmen konnte.

Die Feuergeschwindigkeit dieser, von dem Amerikaner Christoph **Spencer**[1]) konstruirten Gewehre, wurde daher — besonders bei anhaltendem Schiessen — schon von den besseren Systemen einfacher Hinterlader erreicht und übertroffen.

Diesem Mangel suchte nun **Henry** einmal[2]) durch eine Vergrösserung des Magazines, womit natürlich entsprechende Vermehrung der Reserveschüsse verbunden war, anderntheils aber auch durch eine Anordnung zu begegnen, welche die Benützung der Waffe als einfachen Hinterlader zuliesse.

Zu ersterem Zwecke, brachte Henry das Magazinsrohr (Fig. 5, **Mgz**) statt im Kolben, unter dem Laufe (an der Stelle der Ladstocknuthe) an und konnte damit die Zahl der Reserveschüsse, gegenüber jener der Spencerwaffen verdoppeln, während er zugleich günstigere Verhältnisse

---

[1]) Ueber das System Spencer sieh' W. v. Plönnies „Neue Hinterladungsgewehre" S. 125, sowie Neumann S. 34.

[2]) Ueber das Henry-System sieh' W. v. Plönnies „Neue Hinterladungsgewehre" S. 137, und Neumann S. 81.

für die Einrichtung des Repetirgewehres zum einfachen Rücklader gewann.

Diese bedeutenden Vortheile überwogen leicht den kleinen Nachtheil einer Vermehrung des Gesammt- und besonders des Vordergewichtes der Waffe [1]) und erhöhten die taktische Leistung der letztern ganz ausserordentlich.

Die Feuergeschwindigkeit des Henrygewehres stieg — mit Benützung des Magazines natürlich — auf 14 bis 15 Schuss in der Minute, allein, nach verschossener Reserve, hatte man doch nur einen mittelmässigen Rücklader in der Hand, der immer wieder einige, wenn auch noch so kurze Musse (d. h. eine halbe Minute mindestens) erforderte, um neuerdings (nach abermaliger Füllung des Magazines) als Repetirgewehr dienen zu können.

Die Erfindung Henry's hatte in dessen Heimath (New-Haven, im Staate Connecticut) die Bildung einer Aktiengesellschaft (der New-Haven-Arms-Company) zur Folge, welche sich die ausschliessliche Anfertigung und Vervollkommnung seines Systemes zur Aufgabe machte.

Dem jetzigen Präsidenten dieser Gesellschaft, Herrn F. Winchester, gelang es nun, mittels einer überaus einfachen Anordnung diejenige Verbesserung des Henry-Systemes herzustellen, durch welche dasselbe nicht allein erst wahrhaft kriegstauglich, sondern auch zum Repräsentanten der leistungsfähigsten Handfeuerwaffe der Neuzeit wurde.

Das System **Winchester** unterscheidet sich vom Henrygewehre nur durch die Ladeweise des Magazines. Eine kleine, in der rechten Wand des Gehäuses (Fig. 5, **M**) (ungefähr jenseits des Buchstaben **Z** in Fig. 5) angebrachte, durch eine gefederte Klappe verschlossene Oeffnung, gestattet das, unter dem Laufe (L) liegende Magazin (**M g z**) von rückwärts herein (d. h. vom Zubringer aus, über diesen sieh' unten) zu füllen und reduzirt damit den, für diese Manipulation nöthigen Aufwand an Zeit und Handgriffen auf ein Minimum.

Man kann sagen, dass sich durch diese Vervollkommnung das Winchestergewehr ungefähr ebenso zum Henrysysteme verhält, wie ein Rück-

---

[1]) Bei $11,2^{mm}$ Bohrung und $86,7^{cm}$ Lauflänge wog das, im Frühjahre 1866 bei den Schweizer Schiessversuchen präsentirte Henry-Gewehr 8,25 Zollpfund ohne, 9,13 Zollpfund mit Bajonet und 9,931 Zollpfund mit Bajonet und 15 geladenen (d. h. einer im Rohre und 14 im Magazine befindlichen) Patronen (à 26,7 Gr., wovon 20,25 Gr. auf Geschoss, und 2,83 Gr. auf Pulverladung, das Uebrige auf Kupferhülse etc. treffen).

Der Schwerpunkt der gefüllten Waffe lag 78^{cm} vorwärts der Kolbennase. (W. v. Plönnies „Neue Hinterladungsgewehre" S. 144.)

lader zum Vorderlader! War es zuerst — beim Henrysysteme — nothwendig, die Füllung des Magazines gleich einer Ladung von der Mündung aus vorzunehmen, wozu das Gewehr aus der Fertigstellung gebracht, der Verschluss des Patronenrohres geöffnet und endlich wieder geschlossen werden musste, so kann dagegen beim Winchestergewehre die ganze Zahl der Reserveschüsse ersetzt werden, ohne die Waffe aus der anschlagbereiten Haltung nehmen, oder sich im Marsche etc. aufhalten zu müssen. Jeder freie Augenblick lässt sich zur allmäligen Completirung des Magazines benützen, während die Waffe unausgesetzt schussbereit bleibt.

Durch die veränderte Ladeweise des Magazines wurde die Repetirwaffe aber auch erst zu einem bequemen Hinterlader; denn jede, zu der erwähnten Seitenöffnung (in den Zubringer) eingegebene Patrone, kann ebensogut gleich verfeuert, als im Magazine behalten werden. Es ist damit die Möglichkeit gegeben, ein gewöhnliches Schnellfeuer (von 8—10 Schuss per Minute) gleich demjenigen eines guten Rückladers zu unterhalten, dieses dann — im kritischen Momente — durch die Benützung des Magazines auf die höchste Potenz (20 Schuss per Minute) steigern, und endlich eine solche Steigerung stets in der kürzesten Zeit erneuern zu können.

Der Verschluss- und Schlossmechanismus des Winchestergewehres ist der gleiche wie derjenige des Henry-Systemes und findet sich in einem metallenen Gehäuse oder Mittelstücke (Fig. 5 u. 6, MM) eingeschlossen, das gegen rückwärts in zwei starke Schienen (Fig. 6, s_1 s_1) ausläuft, welche in den Kolbenhals des Schaftes (Sc) eingelassen sind.

Das vordere Ende des Mittelstückes nimmt den Lauf (L) und die Magazinsröhre (Mgz) auf, in welch' letzterer eine Spiralfeder liegt, die gegen einen kleinen Kolben drückt und dadurch die Reservepatronen (p) rückwärts in den Zubringer (Z) schiebt.

Der Zubringer ist in die Seitenwände des Gehäuses eingefalzt und kann zwischen diesen schlittenförmig — mittels eines, in den Abzugsbügel (Bg) eingestifteten Hebels (he) — senkrecht auf- und abwärts bewegt werden.

Der Abzugsbügel ist — ähnlich demjenigen des Peabody-Systemes — ein (hier um die Pivotschraube t_1) drehbarer; wird er abwärts gezogen (durch welche Bewegung auch der Lauf geöffnet wird!), so drückt er [mittels des, an seinem vorderen Ende (aussen, etwas links oberhalb Bg in Fig. 6) befindlichen Ansatzes] den Zubringerhebel (he) und damit den Zubringer selbst, nach oben (Fig. 5).

Die Zurückbewegung des letzteren erfolgt durch die Wirkung der, auf den Fuss des Hebels (he) drückenden Feder (Fig. 5, f).

Der unmittelbare Verschluss des Laufes wird durch einen, in der

Verlängerung der Seele des letztern liegenden, massiven Bolzen oder Stempel (Fig. 5, 6, 7[b], 10 u. 11, St) hergestellt, der mit einem aufgeschraubten Kopfe (Fig. 7[a]) versehen ist, dessen Spitzenansätze direkte auf die Zündmasse der Patrone (Fig. 12[a u. b]) wirken.

Dieser Verschlussstempel steckt, mit seiner vorderen Hälfte, in einer Hülse (Fig. 5 u. 9, h) fest, in welche ein kleiner Charnierhaken (Fig. 8, 10 u. 11, c) eingesenkt ist, der als Extraktor fungirt.

Die Bewegung des Verschlussstempels wird wieder durch den Abzugsbügel vermittelt.

Der Abzugsbügel verlängert sich nämlich gegen innen um einen Hebelsarm (Fig. 5 u 6, a), in welchen zwei Gelenkglieder (g_1 u. g_2) eingezapft sind (bei t_1 u. t_2). Das vordere derselben (g_1) greift (bei t_1) in die Hülse des Verschlussstempels, das rückwärtige (g_2) aber (bei t_2) in das Gehäuse ein.

Die Abwärtsbewegung des Bügels zieht den Hebelsarm (a) und damit den Verschlussstempel gegen rückwärts, öffnet also den Lauf (Fig. 5), der entgegengesetzte Handgriff aber drückt den Schliessbolzen vorwärts und stemmt dessen Hülse (mittels des Kettengliedes g_1) gegen die hintere Wand des Zubringers an (Fig. 6).

Die Bewegung des rückwärtigen Hebelgliedes (g_2) (um den Zapfen t_2) wird hiebei durch eine Leitnuthe geregelt.

Bei der Rückwärtsbewegung des Verschlussstempels zieht der Extraktor desselben die verfeuerte Patrone bis über den Zubringer zurück, gleichzeitig wird dieser (durch die oben bereits erklärte Verbindung von h e mit B g) gehoben und wirft daher die, über ihn gebrachte Patronenhülse heraus.

Wird darauf der Verschlussstempel wieder vorwärts geschoben, so ergreift er die im Zubringer befindliche Patrone (p) und führt dieselbe in den Laderaum ein, während der Zubringer in seine frühere Stellung zurückkehrt (Fig. 6).

Die Rückwärtsbewegung des Verschlussstempels führt aber endlich auch die Spannung des Schlosses herbei (Fig. 5). Dasselbe (Fig. 5 u. 6) ist ein einfaches Mittelschloss, liegt unmittelbar hinter dem Verschlussapparate und besteht nur aus Hahn (H), Schlagfeder (Sf) und Abzug (Ab).

Die ganze Thätigkeit des. in Rede stehenden Repetirgewehres, setzt sich also nur aus 3 Bewegungen: Abwärtsstossen des Bügels, Zurückziehen desselben und Abdrücken zusammen.

Soll ohne Benützung des Magazines gefeuert werden, so kömmt hiezu noch das Einlegen der Patrone.

Es muss wohl zugegeben werden, dass eine grössere Vereinfachung der Handtierung kaum denkbar scheint und dass auch der — dabei als solide erprobte Mechanismus — für das, was er leistet, nicht komplizirt genannt werden darf.

Dagegen liegt allerdings die Wahrscheinlichkeit sehr nahe, dass dieser Mechanismus durch grobe Behandlung leicht beschädigt und bei starkem Gebrauche rasch abgenützt werden könne, dann aber oft schwer zu repariren sein dürfte.

Eine gute Instruktion des Mannes und die gebührende Vermehrung der Büchsenmacher müsste indess auch hiefür Abhilfe finden lassen, wenn man sich zur Einführung der Repetirwaffe entschliessen würde.

Es sei hiebei bemerkt, dass die, bei den eidgenössischen Schiessversuchen zu Aarau im Oktober des Jahres 1866 erzielten Schussleistungen [1]) des Winchestergewehres, sowohl was die Treffwahrscheinlichkeit als die Rasanz der Flugbahnen anbelangt, ganz vorzügliche waren.

Die vorgelegte Waffe war ohne Bajonet 139, mit demselben 184^{cm}, ihr Lauf $85,5^{cm}$ lang, und wog ohne Bajonet 4,395 Kilogr., mit selbem 4,7 Kilogr., mit diesem und 15 Patronen 5,183 Kilogr. Ihr Kaliber betrug 11^{mm}; die Kupferpatrone war 32 Gr. schwer, wovon 23,8 Gr. auf das Geschoss und 3,25—3,5 Gr. auf die Pulverladung trafen.

Abänderungssysteme.

Die — wie bereits bemerkt — durch die entscheidenden Erfolge des Zündnadelgewehres im letzten Kriege herbeigeführte, ebenso plötzliche, als allgemeine Annahme der Unerlässlichkeit des Hinterladungsprinzipes für den Begriff eines kriegstüchtigen Infanteriegewehres, zwang die, bis dahin noch mit Vorderladern bewaffneten Armeen, um ihre, sonst so guten Gewehre nicht gänzlich verschleudern und aber auch nicht, bis zur vollständigen Durchführung einer kostspieligen Neubewaffnung, mangelhaft ausgerüstet erscheinen zu müssen, die Abänderung dieser Gewehre in Rücklader zu versuchen.

Dass die, hiedurch entstandenen Waffen nicht immer den Anspruch auf Vollkommenheit machen dürfen, versteht sich dabei wohl von selbst; sie sind eben nur Aushilfsmittel, zu denen man zwar augenblicklich seine Zuflucht nehmen musste, deren man sich aber doch bloss vorübergehend bedienen will.

Eine genaue Abhandlung all' dieser verschiedenen Umänderungsgewehre dürfte daher hier [2]) nicht geboten sein; immerhin aber, soll wenig-

[1]) Sieh' hierüber W. v. Plönnies „Neue Hinterladungsgewehre" S. 149.

[2]) Mit Ausnahme Bayern's ändern die sämmtlichen deutschen Staaten ihre Vorderlader in Zündnadelgewehre ab.

Die Systeme Snider und Milbank-Amsler, deren erstes in England

stens das bayerische, auf Rückladung abgeänderte Infanteriegewehr näher besprochen werden.

Das bayerische, auf Rückladung abgeänderte Infanteriegewehr. [1])
(Hieher Taf. XIII, Fig. 1—4.)

Um das bayerische Infanteriegewehr auf Rückladung abzuändern, wurde — nach den bezüglichen Vorschlägen des kgl. Gewehrfabrik-Direktors Freiherrn von Podewils [2]) — der Lauf (Fig. 1 u. 2, L) an seinem rückwärtigen Ende um das Schwanzschraubengewinde verkürzt und sein Laderaum zu einem glatten Patronenlager (der sogen. Kammeraufbohrung, Fig. 2, pl) erweitert, das sich gegen vorne konisch an den gezogenen Theil der Rohrseele (Fig. 2, z z z) anschliesst, rückwärts aber mit einer scharfen Kerbe (n) versehen ist, welche die, beim Schusse nicht verbrannten Reste des Patronenbodens, beim Oeffnen des Laufes in diesem zurückhält.

An der Aussenseite des Pulversackes wurde ein Gewinde angeschnitten, mittels welchen der Lauf mit einer Verschlusshülse (Fig. 1 u.

---

zur Umwandlung des Enfieldgewehres, das letztere aber für die Abänderung der Schweizer Waffen angenommen wurde, finden sich — wie schon S. 287 bemerkt — in W. v. Plönnies „Neue Hinterladungsgewehre", sowie auch in J. Neumann's „Das Wesen der Hinterladungsgewehre" abgehandelt. Im VIII. Abschnitte der erstgenannten Schrift sind ausserdem die verschiedenen Vorschläge Lindner's eingehend besprochen, mit welchen an mehreren Orten, besonders aber in Oesterreich, eingehende Versuche stattfanden, das sich indess schliesslich für ein, von dem Wiener Gewehrfabrikanten Wänzl vorgelegtes Modell (sieh' österreichische „Militär-Zeitung von Dr. J. Hirtenfeld, XX. Jahrgang [1867] Nr. 3) entschieden zu haben scheint

[1]) Sieh' hierüber auch das, in Commission der Stahel'schen Buchhandlung zu Würzburg erschienene Werk: „Das k. bayer. auf Rückladung abgeänderte Infanterie-Gewehr, Muster 1858. Aufgenommen und gezeichnet von Jos. Halder, k. b. Artillerie-Oberlieutenant Zwölf lithographirte Tafeln sammt Textbuch. Sowie: „Vorschriften für den Unterricht der k. b. Infanterie. Anhang zum VIII. Theile. Unterricht in Behandlung der Infanterie-Feuerwaffen". München 1867.

[2]) Diese Vorschläge erscheinen als die technische Modifikation eines, vom kgl. bayer. Jägerhauptmanne Adolph v. Braunmühl eingereichten Projektes.

2, H) verbunden werden konnte, deren achtkantiger Kopf (Hk) die Wände des Laderaumes verstärkt und den Zündstollen enthält.

Die Anschlussstelle des Hülsenkopfes an den Lauf ist mit Kupfer (kr) gefüttert, ebenso (bei kf) der, durch die Seitenwand des Patronenlagers tretende Querarm des Zündkanales (zk) dessen äussere Oeffnung durch die Zündkanalschraube (zks) verschlossen ist.

Die Bohrung der Hülse ist etwas weiter als jene des Laufes, diese Differenz wird aber, gegen das Patronenlager hin, durch einen konisch gebohrten Stahlring ausgeglichen; der den Namen Ventilring (Fig. 2, Vr) führt und nur lose eingelegt ist, also sehr leicht ausgewechselt[1]) werden kann, wenn er durch längeren Gebrauch ausgebrannt, oder sonst beschädigt und damit die Vollkommenheit des Laufabschlusses alterirt ist.

In der vorderen Hälfte der Hülse ist die Ladeöffnung (Fig. 1, lo) zur Einlage der Patrone angebracht, die rückwärtige dagegen ist in ihrer Bohrung mit abgesetzten Schraubengängen — dem Muttergewinde (Fig. 1, Mg) für den Verschlussstempel — versehen.

Die Hülse ist mittels der Kreuzschraube (bei ks, Fig. 2) und der Seitenblechschraube (Fig. 1, s und Fig. 2, s_1) mit dem Schafte (Sc) verbunden und nimmt ausserdem die hintere Schlossschraube (Fig. 2, s_2), sowie die Leitschraube (gs) für den Verschlusscylinder und die Befestigungsschrauben (bs) für das Gehäuse (Fig. 2, g) dieser auf. Nahe ihrem rückwärtigen Ende ist sie schliesslich mit einer Durchlochung (Fig. 2, hsl) für den Hemmstift des Abzuges versehen.

In der Verschlusshülse liegt der massive Verschlusscylinder (C), durch dessen Anschrauben an die rückwärtige Rohröffnung der Abschluss dieser erzeugt wird.

Das vordere Ende dieses Verschlusscylinders ist mit einem stählernen Kopfe — dem Ventilkopf (Vk) armirt, der mittels einer kleinen, versenkten Schraube — der Ventilkopfschraube (Fig. 2, Vks) festgehalten wird

Die Stirnfläche des Ventilringes bildet den Stossboden des Laufes und ist flaschenbodenförmig gestaltet, um dadurch an Expansibilität zu gewinnen.

Der hermetische Abschluss des Laufes wird nur durch die Stirnkante — nicht durch die ganze konische Mantelfläche — des Ventilkopfes bewerkstelligt, indem dieselbe fest in die Bohrung des Ventilringes eingedreht und dann erst noch beim Schusse selbst, durch die Pulvergase ausgedehnt und damit wiederholt an die Wände der Ventilringbohrung ange-

---

[1]) Man braucht eben nur die Verschlusshülse abzuschrauben.

drückt wird. Es liegt in dieser Anordnung ein Hauptvorzug des bayerischen Systemes.

Zum Antreiben der Ventilkopfkante an die Bohrungsfläche des Ventilringes dient das, im rückwärtigen Theile des Verschlussstempels an diesen angeschnittene Schraubengewinde (Fig. 1, Cg), dessen abgesetzte Rippen mit den Gängen des Muttergewindes (Mg) korrespondiren, welches — wie erwähnt — in der hinteren Hälfte der Hülsenbohrung angebracht ist.

Durch die Absetzung dieser Schraubengänge ist es nämlich möglich, den Verschlusscylinder in der Hülse vor- und rückwärts zu bewegen, wenn man die Reihen seiner Gemeinderippen auf den glatten Theil (Fig. 2, g H) der Hülsenbohrung stellt, wobei dann auch die glatten Seitenflächen des Verschlusscylinders dem Muttergewinde der Hülse gegenüber stehen und — längs diesem — unbehindert vor- und rückwärts gleiten können.

Ist der Verschlusscylinder fest gegen den Lauf angedrückt, so darf man ihn nur durch eine kleine Rechtsdrehung aus der eben angegebenen Stellung bringen, um sofort die Gänge seines und des Muttergewindes der Hülse in einander eingreifen zu machen und kann nun leicht das Antreiben des Verschlusses vollenden.

Zur Regelung dieser Bewegung des Verschlusscylinders ist derselbe längs seiner linken, glatten Seitenfläche mit einer Leitrinne (Fig. 1, l r) versehen, welche sich an ihrem rückwärtigen Ende (Fig. 1, bei q r) knieförmig absetzt.

In diese Leitrinne greift die Spitze der, in einem eigenen Gehäuse, am rückwärtigen Hülsenende festsitzenden Leitschraube (g s) ein und verhindert damit ebenso das übermässige,. oder gänzliche Herausziehen des Verschlusscylinders, als sie auch dessen Vorwärtsbewegung begränzt.

Durch das Gehäuse (Fig. 1, g) wird einfach das Herausfallen der Leitschraube — und damit des Verschlusscylinders — verhütet, indem die, an der Basis des Kopfes der Leitschraube angesetzte Verstärkung (sieh' Fig. 2) jene selbst nicht aus dem Gehäuse nehmen lässt, ehe dieses nicht von der Hülse abgeschraubt (also b s gelöst) ist.

Zur bequemen Handhabung, ist der Verschlusscylinder an seinem Ende mit einem, durch eine Schraube an ihm befestigten Hebelgriffe (Fig. 1, g) versehen, während er an derjenigen Stelle, welche bei gut geschlossener Waffe über den Abzug zu stehen kömmt, eine ovale Eintiefung besitzt, die mit der, für das Gewehr angenommene Sicherheitsvorrichtung in Verbindung steht. (Siehe unten.)

Ein, mit einem gabelförmigen Arme (Fig. 1, a) an den Verschlusscylinder angesteckter und mittels kleinen Einbügen in entsprechenden Falznuthen der Verschlusshülse geführter, dunkelblau angelassener Staubdeckel (Fig. 1, **St**), schützt den Verschlussmechanismus vor Verunreinigung und mindert die Gefahr allenfallsiger Gasausströmungen beim Schusse.

Mit diesem Hinterladungsmechanismus wurde (unter Beibehaltung des gewöhnlichen Perkussionsschlosses) eine Sperrvorrichtung in Verbindung gesetzt, welche die Abzugswirkung des Drückers nur bei vollkommen geschlossenem Laufe zulässt. [1])

Diese Sicherheitsvorrichtung (Fig. 3) besteht in einem, am Abzuge des Gewehres angebrachten Sperrstücke; einem starken, vertikal stehenden Stifte (**hs**), dessen Basis sich in zwei Lappen spaltet, die den horizontalen Arm des Züngels zwischen sich fassen und mit diesem (bei **c**) verschraubt werden.

Eine Druckfeder (**f**), ähnlich jener des Tupferschlosses, hält den Abdrücker und damit das Hemmstück in der Ruhelage fest. Geschieht nun ein Druck auf das Züngel, so kann dieses demselben nur dann stattgeben, wenn der Hemmstift (**hs**) unmittelbar in die, für ihn bestimmte Austiefung des Verschlusscylinders, beziehungsweise diese über das Hemmstiftloch (Fig. 2, **hsl**) der Hülse trifft — Bedingungen, welche nur eintreten, wenn der Lauf richtig und fest geschlossen ist.

Diese Sperrvorrichtung wurde auch an der Büchse des Systemes angebracht und damit der, bisher dort gebrauchte Tupfer entfernt.

Die Handhabung des ganzen, äusserst soliden Verschlusses, bedarf wohl kaum der Erklärung. Der Verschlusscylinder (**C**) wird mittels seines Hebels (**g**) links gedreht, um die Verbindung seiner Gewinde mit den Muttergängen der Hülse aufzuheben [hiebei stellt sich der Verschlusshebel (**g**) vertikal, während die Leitschraube (**gs**) den Querarm (**qr**) der Leitrinne passirt und in den Längentheil (**lr**) dieser tritt]. Der Verschlusscylinder kann nun (so weit es **lr** und **gs** erlauben) zurückgezogen werden und der Lauf ist damit geöffnet. Die entgegengesetzten Bewegungen schliessen denselben.

Die zu diesem Systeme angenommene Patrone (Fig. 4[a, b]) dient zugleich als Handhabe beim Aufsetzen des Zündhütchens (**zz**), welches sie in einem haubenförmig gestalteten Boden (**h**), der aus starkem Pflanzenpapiere geschlagen und in die Pulverhülse (**ph**) eingeklebt wird, festhält. Die letztere ist der Länge nach gekleistert und wird (nach neuester Vorschrift) durch einen Fadenbund in der untersten Reifelung des Geschosses (**g**) angeschnürt [2]), in dessen übrige Canellirungen aber nur eingefalzt.

---

[1]) Ein freiwilliges Abgehen des Hahnes (Fig. 1, **h**) durch Hängenbleiben etc. hindert diese Sperrvorrichtung natürlich nicht.

[2]) Diese Anordnung bestand früher nicht und ist daher in Figur 4 auch nicht angedeutet.

Um — bei dem angenommenen Bruche des Zündkanales — die Entzündung der Patrone auch dann zu sichern, wenn die Nath derselben (d. h. diejenige Stelle, an welcher die Pulverhülse der Länge nach zusammengeklebt ist), gegen die Einmündung des Zündkanales gewendet, im Laderaum liegt, der Strahl des Knallpräparates also eine doppelte Papierschichte zu durchschlagen hat, [1]) wurde die letztere in jener Höhe, in welcher sie der Zündstrahl erreichen muss, mit 7 Nadelstichen (Fig. 4, ns) versehen. Bei neueren Patronen, [2]) aus besserem Papiere, konnte diese Vorsichtsmassregel indess ohne Nachtheil beseitigt werden.

Der, den Führungskörper des Geschosses umgebende Theil der Patronenhülse wird mit einer, bei 33° R. schmelzenden Mischung aus 9 Theilen Unschlitt, 2 Thln. Wallrath und 1 Thl gelbes Wachs gefettet, [3]) die Patronen endlich zu je 10 Stück in Cartonumschläge verpackt.

Das Gewehr hat durch diese Abänderung eine mittlere Feuergeschwindigkeit von 5—6, eine höchste von 7—8 Schuss per Minute, bei feldmässiger Ausrüstung des Mannes und Ladung aus der Patrontasche gewonnen; seine Treffwahrscheinlichkeit blieb eine vorzügliche, seine Visirwinkel wurden nur wenig alterirt. [4])

(Die Mass- und Gewichtsverhältnisse der Waffe sind aus der, dem gegenwärtigen Abschnitte angehängten Tabelle zu entnehmen.)

Besondere Handfeuerwaffen.

Ausser dem Infanteriegewehre, bestehen in den einzelnen Armeen noch andere, diesem ähnliche Handfeuerwaffen, die sich in zwei Gruppen zerlegen lassen, deren eine die glatten, die andere die Wallgewehre umfasst.

Glatte Gewehre (*fusils non rayés*).

Die glatten Gewehre sind die Ueberbleibsel älterer, vor Einführung des Spitzgeschosses angefertigter Bewaffnungen. Sie finden sich nur noch

---

[1]) Es sei hiebei bemerkt, dass bereits Versuche angeregt wurden, um die Kapselzündung durch eine Einheitspatrone zu verdrängen; eine Aufgabe, deren Lösung das bayer. Rückladegewehr an die Seite der besten, kriegstüchtigen Hinterlader stellen würde. (Vielleicht ist ein Vorschlag des Verfassers glücklich genug diess zu erreichen.)

[2]) Die Patronenhülsen sammt eingesetztem Boden werden fertig aus den Papierfabriken bezogen.

[3]) Wohin also Note 3. S. 79 zu berichtigen ist.

[4]) Erst von 600+ an ist es geboten, die Scala für die nächstgrössere Schussweite zu benützen, also für 600+ den Theilstrich von 700+ u. s. w.

bei solchen Truppen (wie Artillerie- und Genie-Abtheilungen), deren taktische Bestimmung ein eigentliches Feuergefecht ausschliesst und werden auch bei diesen durch gezogene Gewehre und Hinterlader ersetzt werden, sobald hiezu allenthalben die Mittel disponibel und erst die verschiedenen Infanterien durchgängig den neuesten Anforderungen entsprechend bewaffnet sind.

Ein weiteres Eingehen auf diese, ausserdem bereits S. 244 und auch S. 263 genügend charakterisirten Waffen, dürfte daher, bei dem geringen Kriegswerthe derselben, überflüssig erscheinen.

Wallgewehre *(fusils de rempart).*

Um nicht bloss einen Gegner kampfunfähig machen, sondern auch geringere feindliche Deckungen, wie Schartenblendungen, Sappkörbe u. dgl. durchschlagen zu können, bedient man sich im Festungskriege grösserer Handfeuerwaffen, die man mit dem Namen Wallgewehre bezeichnet.

Dieselben gleichen ihrer äusseren Form nach dem Infanteriegewehre, sind aber für ein Kaliber von ¾ bis 1" (2—2,6^{cm}) mit einem Geschossgewichte von 4—8 Loth (70—140 Gr.) und 2—3 Loth (35—52,5 Gr.) Pulverladung construirt und erreichen ein Gesammtgewicht von 20 Pfund (11,2 Kil.) und darüber.

Bei so bedeutenden Mass- und Schwereverhältnissen [1]) ist es selbstverständlich, dass diese Waffen nur aufgelegt abgefeuert und gewöhnlich durch 2 Mann bedient werden, sowie jeder Bajoneteinrichtung entbehren. Sie sind gewöhnlich mit halbem Schafte und einer Vorrichtung zur Hemmung des Rückstosses versehen, die entweder in einem Charnier- oder Hakenansatze des Laufes, oder einem entsprechenden Beschlägetheile des Schaftes, einer sogen. Stosskappe, [wie an der bayer. Wallbüchse (Taf. X, Fig. 21, sk)] besteht.

Früher hat man dieselben, als eigentliche »Wallgewehre«, auch mit glattem Laufe hergestellt und die gezogenen Modelle speziell als »Wallbüchsen« bezeichnet, zugleich aber wurden — um ihre Handhabung zu erleichtern — zuerst bei ihnen Hinterladungseinrichtungen [2]) versucht.

[1]) Jene der bayer. Wallbüchse sind aus der angehängten Tabelle, sowie aus Fig. 21 und 22 der Taf. X zu entnehmen.

[2]) So beim französischen und russischen Wallgewehre nach Construktion des Lütticher Gewehrfabrikanten Falisse. (Sieh' Xylander's Waffenlehre. 4. Auflage, S. 240.)

Besondere Infanterie-Geschosse.

Das Bestreben, die Feuerwirkung des Infanteriegewehrs für spezielle Fälle ganz besonders zu steigern, hat zwei Geschossarten entstehen lassen, deren eine die Massenwirkung des Feuers erhöhen, die andere aber die Zerstörung feindlicher Munitionsvorräthe u. dgl. ermöglichen soll. Die Projektile der ersteren Art werden als Kartätsch-, jene der letzteren als Brandgeschosse bezeichnet.

Kartätschgeschosse.

Um in entscheidenden Gefechtsmomenten, also auf nähere Entfernungen, die Wirkung und speziell die Treffwahrscheinlichkeit des Infanteriefeuers zu erhöhen, hat man schon früher vorgeschlagen, in solchen kritischen Augenblicken zwei Geschosse zu laden [1]) u dgl. Ein wirklich brauchbares, hieher bezügliches Projekt hat aber erst der damalige grossherz. hess. Oberlieutenant W. v. Plönnies im Jahre 1859 aufgestellt. [2])

Dasselbe ist vorzüglich für Expansionssysteme berechnet und besteht in der Ladung mehrerer (4—5) kleinen, kalibermässigen Projektile (Taf. X, Fig. 18 a), die zusammen zur Patrone (Taf. X, Fig. 18 b u. c) vereinigt sind und beim Schusse hinreichende Führung erlangen, um noch auf 100 und 150+ Entfernung gute Treffresultate zu geben.

---

[1]) So proponirte der verstorbene k. bayer. Major Steinle in seiner Schrift: „Das Spitzgeschoss" (Landau, 1867. Kaussler), eine Kugel auf das Spitzgeschoss zu setzen. In Frankreich war es besonders durch Marschall Bugeaud angeregt worden, bei der Vertheidigung gegen Kavalerieangriffe zwei Kugeln zu laden, ein Verfahren, dessen sich auch die Dänen im Kriege von 1848 und 1849 bedient haben sollen.

Ein ganz besonderes Gewicht wird im Seekriege auf den Schrotschuss gelegt und bestehen dort eigene Gewehre hiefür. Es sind diess kurze, Karabiner ähnliche Waffen, deren glatte Bohrung sich trichterförmig und derart ellyptisch gegen die Mündung erweitert, dass dadurch die Breitenstreuung der Posten möglichst begünstigt ist. Solche Gewehre heissen Streurohre, Trombone (*tromblons*, *espingole*) und finden sich in der Ausrüstung der Kriegsschiffe und Küstenforts aufgenommen, um bei Enterungen, Landungen u. s. w. angewendet zu werden. Ihre Wirkung reicht indess kaum über 20—30+ hinaus, ist in diesem Bereiche aber allerdings eine bedeutende.

[2]) Sieh' dessen „Neue Studien" Band I. S. 253. „Der Postenschuss", dann Band II. S. 313.

Jedes einzelne dieser Geschosse besitzt (mit 10—12 Gr., oder circa 0,6 Lth. b. Gewicht) Masse genug, um, auf die fraglichen Entfernungen, noch einen Gegner kampfunfähig machen zu können, während ihr Gesammtgewicht dasjenige des gewöhnlichen Geschosses nicht zu sehr übersteigt und demnach der normalen Schussladung kein übermässiges Hinderniss entgegensetzt, wenn es auch immerhin steilere Bahnen, stärkeren Rückstoss und eine grössere Inanspruchnahme der Laufwände verursachen wird, als die gewöhnliche einfache Patrone.

Solche Kartätschen gelangten auch beim bayerischen Infanteriegewehre M. 1858 zur Einführung; doch gieng man hier von der Ansicht aus, dass es sich nicht empfehle, dem Manne zweierlei Patronen in die Hand zu geben, die er in der Hitze des Gefechtes leicht verwechseln und unrichtig verwenden, während anderseits der Fall eintreten könne, dass eine Truppe überrumpelt werde, die vorher — unter anderen Verhältnissen — einfache Patronen geladen hatte und diese nun gerade im entscheidenden Momente statt der Kartätschen auch verfeuern müsse.

Aus diesen Gründen fand man es zweckmässiger, die Kartätsche nicht mit der Pulverladung zu vereinigen, sondern sie so einzurichten, dass sie auf die, bereits geladene, normale Patrone aufgesetzt werden könne.

Diese bayerische Kartätsche (Taf. X, Fig. 19^a. b^) bestand nur aus zwei, über einen expansiblen Bodenspiegel (Fig. 19^a, bs) gesetzten und durch einen Zwischenspiegel (Fig. 19^b, zs) von Pappe getrennten Geschossen (Fig. 19^b, gg), die von einer Papierhülse geeignet zusammengehalten wurden (Fig. 19^a). Die genannten Pappespiegel verhinderten eine zu heftige Stauung der Projektile im Rohre, begünstigten aber deren Streuung. [1])

Für Hinterladungswaffen ist die Anwendung solcher Kartätschen noch nicht bekannt geworden, wohl aber hat Hauptmann v. Plönnies bereits entsprechende Muster für Kupferpatronen herzustellen vermocht.

Brandgeschosse.

Die Brandgeschosse für Handfeuerwaffen lassen sich in Explosionsgeschosse und Gewehrraketen unterscheiden.

Explosionsgeschosse.

Explosionsgeschosse sind hohle, mit Zündsatz gefüllte Spitzgeschosse, welche ihren Inhalt durch den Aufschlag am Ziele zur Wirkung bringen sollen.

[1]) Sieh' W. v. Plönnies „Neue Studien“. II S. 313.

Die Einrichtung und Herstellung solcher Projektile kann natürlich nicht immer ganz einfach sein, und bietet bei Vorderladungsgewehren grössere Schwierigkeiten, als bei Hinterladern. Ihr Transport und Gebrauch erfordert besondere Vorsicht und wird der letztere gewöhnlich nur Unteroffizieren, oder doch ausgewählten Mannschaften überlassen.

Die Fig. 16 der Taf. X versinnlicht das, für Hinterlader bestimmte Explosionsgeschoss von Falisse (in Lüttich). Dasselbe besteht in einer mit Blei (g, g) umgossenen, kupfernen Hohlkugel (k, k), die mit feinkörnigem Pulver gefüllt und mit einem vorwärts gerichteten Zündstifte (s) armirt ist, auf dessen Spitze ein Zündhütchen (z) sitzt, das beim Einschlagen des Geschosses detonnirt, dadurch die Sprengladung der Kugel entzündet und somit diese selbst explodiren macht.

Bei fast 2 Loth (36 Gr.) Schwere und $^1/_4$ Loth (4 Gr.) Pulverladung durchschlugen derlei Geschosse noch auf 200+ ein 1" (2,6cm) starkes Fichtenbrett und ergaben dabei circa 75% Zünd-Treffer.

Ein ganz vorzügliches Brandgeschoss ist das vom Obersten Frhrn. von Podewils für das bayerische Infanteriegewehr M. 1858 konstruirte, dessen Einrichtung [1]) sich in Fig. 17a, a, b der Tafel X abgebildet findet.

Dasselbe besteht aus einem, seiner ganzen Länge nach und zwar im oberen (ogivalen) Geschosstheile cylindrisch, im Führungskörper aber conisch ausgehöhlten Bleiprojektile (g, g), in welches ein Messingröhrchen (r, r) eingesetzt ist, dessen Basis (c) die Gestalt eines Treibspiegels hat.

Auf dem Boden dieser Messing-Zündröhre ist ein Jagdzündhütchen (z) und in dieses ein, gleichfalls messingener Zündstift (s) eingesetzt. Der, im Innern der Messingröhre, um den Zündstift herum, freibleibende Hohlraum wird mit feinem Jagdpulver ausgefüllt und die obere Oeffnung des Zündröhrchens sodann mit Asphaltkitt verstrichen.

Beim Abfeuern des in seiner Anordnung vollständig transportsicheren und ungefährlich zu ladenden Geschosses (Fig. 17a), fungirt die Zündröhre, resp. deren Basis, als Expansionsculot, und gibt dadurch dem Bleikörper eine sichere, für die weitesten Entfernungen [2]) zuverlässige Führung.

Mit dem Vorrücken der Zündröhrchenbasis bis zum cylindrischen Theile des Geschosshohlraumes, wird aber auch der Kopf des Zündstiftes über die Spitze des Geschosses herausgeschoben (Fig. 17b) und damit

[1]) Sieh' hierüber auch W. v. Plönnies „Neue Studien" II. S. 227.

[2]) Man erreichte mit diesem Geschosse, selbst auf eine Entfernung von 1400+ noch höchst befriedigende Resultate.

dieser selbst in eine Stellung gebracht, aus welcher er, bei einem Aufschlage des Projectiles, sofort auf das eingelegte Zündhütchen wirken und, mit diesem, die Pulverladung (pp) des Zündröhrchens zur Explosion bringen muss.

Gewehrraketen. (Hieher Taf. X, Fig. 15.)

Die Gewehrraketen, eine Erfindung des dänischen Artilleriehauptmannes **Foss**, bestehen aus einer, dem Kaliber des Laufes entsprechenden, 1,5—2" (4—5cm) langen Hülse (**kh**) von getriebenem Kupfer[1]), die an ihrem vorderen Ende durch einen Bleicylinder (c) verschlossen, in ihrem übrigen Hohlraume aber, mit einem intensiven Brandsatze[2]) (**bs**) vollgeschlagen ist. Das rückwärtige Ende der Hülse enthält eine kleine Oeffnung — das Brandloch (l) — durch welche, beim Abfeuern der Rakete, die Flamme ihrer Hinterladung auf den Brandsatz wirken und denselben entzünden kann.

Die Gewehrrakete[3]) erreicht ein Gewicht von circa 3 Loth (50 Gr.) und soll, bei 4—4,5 Grammes Hinterladung, noch auf 400+ Entfernung 2 einzöllige Fichtenbretter durchschlagen und 75% Treffer gegen eine Scheibe von 6' Höhe und 8' Breite bei 95% Zündtreffern ergeben.

II. Die Handfeuerwaffen der Reiterei.

Wenn es auch erwünscht und speziell durch die Feuertaktik der Neuzeit geboten sein mag, gewisse Theile der Reiterei mit guten Schiesswaffen auszurüsten, so wird die Cavalerie doch niemals in die Lage kommen, ihre Siege durch ein intensives Feuergefecht erringen, oder den Ausgang der Schlachten durch ihre Schiesserfolge entscheiden zu müssen.

Die Feuerwaffe des Reiters ist und bleibt daher für seinen kriegerischen Werth von untergeordneter Bedeutung; diese Thatsache schliesst aber weder das Bedürfniss einer solchen aus, noch rechtfertigt es eine, bis zur Unbrauchbarkeit gehende Vernachlässigung derselben.

Soll die mitgeführte Feuerwaffe dem Cavaleristen wirklich nützen, so muss sie vor allem Einem Haupterfordernisse entsprechen, nämlich so leicht zu behandeln und zu gebrauchen sein, dass sie,

---

1) Deren Herstellung derjenigen der amerikanischen Patrone sehr ähnlich ist.

2) Nach **Schuberg**'s „Handbuch der Artilleriewissenschaft", aus 13 Thln. Salpeter, 3 Thln. Schwefel, 2,5 Thln. Mehlpulver und 2 Thln. Antimon bestehend.

3) Aehnlich diesen Brandraketen, sind hie und da auch Gewehr-Leuchtraketen in Versuch oder Gebrauch gekommen.

ohne zu grosse Schwierigkeiten, vom Pferde aus zur Anwendung gebracht werden kann und den Mann nicht mehr hindert und belästigt, als bewehrt.

Dieser Anforderung wurde bisher, im Allgemeinen, nur durch das Modell der Reitergewehre zu entsprechen versucht, ihr auch durch das System derselben (mittels Hinterladung und Magazinseinrichtung) Genüge zu leisten, das ist in den meisten Heeren noch der Zukunft vorbehalten und bisher einestheils durch die, eben entwickelte, geringe Bedeutung der Cavaleriefeuerwaffe, anderntheils aber auch dadurch verhindert worden, dass — wie diess schon bei Besprechung der glattläufigen Gewehre bemerkt wurde — die unausgesetzte Umwandlung des Infanteriegewehres, bis zur Stunde weder Zeit noch Mittel liess, um die entsprechende Reform der Feuerwaffen anderer Truppengattungen schon ernstlich in Angriff nehmen zu können. Erst wenn in jener Richtung einmal ein wirklicher Ruhepunkt erreicht sein wird, kann mit Erfolg daran gedacht werden, auch die Reitergewehre etc. auf das, durch die neuere Waffentechnik für sie geforderte Niveau zu heben.

A. Modelle der Reitergewehre.

Dem Modelle nach theilen sich die Reitergewehre in
Karabiner (*mousquetons, carabines*)
und **Pistolen** (*pistolets*) ab.

Jene (Taf. XV, Fig. 1 u. 3) sind zum Anlegen an die Schulter eingerichtet und gleichen daher in ihrer äusseren Form dem Infanteriegewehre, diese, (Taf. XV, Fig. 2ᵃ) sind zum Abfeuern aus freier Hand bestimmt und bilden die Gruppe der kleinsten, gebräuchlichen Kriegsfeuerwaffen.

Die Handhabung und Mitführung des Karabiners hat für den aufgesessenen Reiter, dessen linke Faust ja stets durch die Zügel in Anspruch genommen wird, manches Unbequeme, seine Schussleistung ist aber doch so sehr über jene der Pistole erhaben, dass man nirgends an seine totale Beseitigung gedacht, sondern ihn stets, wenigstens bei einem Theile der Reiterei (vorzüglich der, zum zerstreuten Gefechte bestimmten, leichten) und zwar um so mehr beibehalten hat, als er auch dem abgesessenen, oder seines Pferdes verlustigen Cavaleristen eine schätzbare Waffe bietet.

Die Pistole ist weit leichter zu handhaben als der Karabiner, sie kann aber stets nur für sehr nahe Entfernungen Anspruch auf Erfolg machen, da sie, schon der nöthigen Kürze und Leichtigkeit wegen, bloss schwache Ladungen aufzunehmen vermag und — selbst bei ruhigem Pferde — nie so sicher im Anschlage ist, wie ein Kolbengewehr.

Bei gleichen Kaliberverhältnissen wie das Infanteriegewehr, erlangt der Karabiner ungefähr die Hälfte, die Pistole aber nur den vierten Theil der Länge, Schwere und Pulverladung jener Waffe, wobei sich für den glatten Karabiner eine Visirschussweite von circa 70⁺, für die Pistole aber nur eine solche von 30⁺ ergibt, welche Leistungen natürlich mit denjenigen gezogener Reitergewehre nicht in Parallele gesetzt werden können.

Es hat keine Schwierigkeiten, die Feuerwirkung eines Präcisionskarabiners auf 500⁺ und darüber hinaus, diejenige einer gezogenen Pistole aber auf nahezu 100⁺ zu bringen.

Der Karabiner wird entweder am Cordonriemen über Schulter und Brust gehängt, oder mit seinem Mündungsende in einen, am rechten Bügel befindlichen Karabinerschuh (*porte-canon*) gesteckt und mittels eines, um den Kolbenhals laufenden Riemens am Sattellöffel (*palette*), zum Feuergebrauche aber an ein eigenes Bandelier (*banderolle. bandoulière*) befestigt.

Die Pistolen werden in steifledernen Hulftern oder Holftern (*fontes*) versorgt, welche am Sattelknopf (*pommeau*) angebracht und durch übergelegte Pelz- oder Tuchdecken (*chabraques*) vor Nässe etc. geschützt sind.

Diesen allgemeinen Bemerkungen sind nur wenige Details über die einzelnen Modelltheile anzufügen.

1. Der Lauf.

Glatte Karabiner- und Pistolenläufe haben gewöhnlich noch das alte Musketenkaliber von 0,68—0,7″ rh. (17—18^{mm}), sind aber nicht selten mit einer Verengung etc. am Pulversacke versehen, welche das Vorrutschen der geladenen Kugel verhüten soll.

Die Lauflängen sind hiebei 18—20″ (47—52^{cm}) für Karabiner und 8—10″ (21—26^{cm}) für Pistolen. Die Laufstärken an Pulversack und Mündung erreichen nahezu jene des Infanteriegewehrlaufes an den gleichen Stellen, von dessen Gewicht dann wieder je Hälfte und Viertel auf Karabiner- und Pistolenlauf trifft.

Für die älteren Reitergewehre besteht die Visireinrichtung selbstverständlich nur aus Einschnitt und Korn, oft fehlt sogar ersterer.

Der Ladstock wird nur selten mit der Waffe vereinigt, sondern gewöhnlich am Bandeliere hängend getragen und ist hiezu an seinem Griffende mit einem Ringe versehen (Taf. XV, Fig. 2^{b}). Ist diess jedoch nicht der Fall, sondern der Ladstock in einer Schaftnuthe am Gewehre selbst untergebracht, so wird er gewöhnlich durch eine eigene Charniervorrichtung (Taf. XV, Fig. 5) mit dem Mündungsende des Laufes verbunden und dadurch der Möglichkeit seines Verlustes vorgebeugt.

Karabinerläufe sind zuweilen mit den nöthigen **Haften** etc. versehen, um ein **Bajonet**, oder den **Pallasch** etc. auf die Mündung pflanzen zu können.

2. Der Schaft.

Die Reitergewehre haben sehr oft nur **halben Schaft** und sind — ausser den bekannten Garniturtheilen — die **Karabiner** gewöhnlich mit einer, längs der linken Kolbenhalsfläche liegenden, am Seitenbleche verschraubten **Karabinerstange** (*tringle de mousqueton*) (Taf. XV, Fig. 1, **ks**), **Pistolen** aber am Griffende mit einem **Ringe** (Taf. XV, Fig. 6) versehen.

Die **Karabinerstange** dient, mit einem in ihr laufenden **Ringe** (Taf. XV, Fig 1, **r**) zum Einhängen des Bandelieres, der **Pistolenring** aber zum Durchziehen eines Riemens, welcher erlaubt, die Pistole nach abgegebenem Schusse nicht erst im Holfter versorgen zu müssen, sondern sie einfach fallen lassen zu können, wenn man sich rasch des Säbels bedienen will.

3. Das Schloss.

Bezüglich des Schlosses der Reitergewehre ist den bereits S. 224, 229, 233 und 234 gegebenen Andeutungen nichts mehr beizufügen.

4. Die Munition.

Die Munition der **glatten** Reitergewehre enthält noch jene alte, bloss aus einem trapezförmigen Papierblatte (Fig. 7) zusammengedrehte Kugelpatrone (Fig. 7 u. 9), deren Einfachheit man so schwer bei Präcisionswaffen vermisst.

Dabei ist es in der That überraschend, dass der, gerade für das Feuergefecht der Cavalerie gewiss höchst geeignete **Postenschuss**, fast nirgends Aufnahme fand. Nur die **schwedische** Reiterei hat die Vortheile der genannten Schussart hinreichend zu würdigen gewusst, um sie in einer eigenen Patrone (Fig. 8) zu verwerthen, welche 6, durch einen Pappespiegel (**sp**) von der Pulverladung getrennte Posten enthält.[1])

Die Kolbenpistole (*pistolet à fût*).

Um dem Reiter die unbequeme Mitführung eines Karabiners zu ersparen, ihm aber doch den Vortheil eines sicheren Schusses zu lassen, brachte man, zuerst in Schweden, dann in Baden und neuestens auch in Oesterreich Pistolen zur Einführung, an deren Griff ein **Kolben** ange-

[1]) Näheres hierüber findet sich in W. v. **Plönnies** „Neue Studien" II. Bd. S. 265.

steckt werden kann (Taf. XV, Fig. 4 a). Durch diese Einrichtung wird die genannte Waffe zu einem Karabiner ähnlichen Modelle umgewandelt und damit die Möglichkeit geboten, die gewöhnliche Pistole wie ein Kolbengewehr anschlagen zu können.

Die Verbindung von Kolben und Pistolengriff wird bei der badischen Kolbenpistole (Fig. 4 a) bloss durch einen vierkantigen, schrägen Zapfen (z) und eine starke Sperrfeder (f) hergestellt; etwas komplizirter erscheint sie beim schwedischen Modelle (Fig. 4 b u. c). Hier ist der Kolben mit einem Rundzapfen (Fig. 4 c, z) versehen, an welchem sich, in diametraler Richtung, Befestigungswarzen (w, w_1) angebracht befinden. Beim Anstecken des Kolbens an den Pistolengriff (Fig. 4 b) kommen diese Warzen zuerst in die Längenrichtung des Laufes ($a\,w_1$) zu stehen, dann wird der Kolben ein Viertel rechts (nach $a\,w_2$) gedreht und nun durch einen (in die Oeffnung bei e, Fig. 4 b eintretenden) Sperrstift (s) in der, damit erhaltenen Stellung festgehalten. Beim Abnehmen des Kolbens muss zuerst auf die Sperrfeder (Fig. 4 c, f) gedrückt und dadurch der Hemmstift (s) (aus der Oeffnung e) zurückgezogen werden, ehe der Kolben durch eine Viertelsdrehung nach links vom Pistolengriffe getrennt werden kann.

Der Kolben wird an einem eigenen Bandeliere mitgeführt, die zugehörigen Pistolen aber wie gewöhnlich in Holftern versorgt. In Schweden gab man hiezu eine glattläufige (für den Postenschuss) und eine gezogene (nach Thouvenin'schem Systeme).

So vortheilhaft die Kolbenpistole in mancher Richtung erscheint, so darf doch nicht verkannt werden, dass das Modell einer solchen, für verschiedenen Anschlag bestimmten Waffe gewöhnlich nach keiner Seite hin ein vollkommenes sein wird.

Einmal ist die Verbindung von Pistole und Kolben doch immer etwas umständlich und lässt, bei einiger Abnützung, wohl auch deren Solidität nach; dann wird die Pistole, durch den angesteckten Kolben, noch immer nicht zum bequemen, wohlgeschäfteten Karabiner, endlich aber leidet dort und da auch das Pistolenmodell durch das Bestreben, es der Umwandlung zum Karabiner anzupassen.

B. Systeme der Reitergewehre.

Die Grundbedingung leichtmöglichster Handhabung, also vor allem bequemster Ladeweise, wird nur die Rückladung als wirklich zweckmässiges System einer Reiterfeuerwaffe erscheinen lassen, jedenfalls aber alle diejenigen (übrigens ohnehin veralteten Systeme) für das Reitergewehr verbieten, welche eine gewaltsame Stauchung des Geschosses oder ein besonders achtsames Ansetzen desselben erfordern. Die Rückladung hat dabei den weiteren Vortheil, dass sie das Vorrutschen der Patrone von selbst beseitigt, während bei Vorderladungswaffen, ein wiederholtes Ansetzen des Geschosses nach längerem Reiten mit geladenem Rohre nothwendig wird.

Neben der Rückladung sind es Magazinseinrichtungen, welche sich ganz besonders für Reitergewehre eignen, da sie den Mann in den Stand setzen, die etlichen Schüsse, welche er in einem Gefechtsmomente abzugeben haben wird, ohne wiederholte Ladung verfeuern zu können.

Das Feuergefecht der Reiterei wird stets nur von kurzer Dauer sein; man hat also die Missstände, welche bei anhaltendem Gebrauche an manchen Hinterladungsgewehren auftreten, hier weniger zu fürchten und kann es auch mit der Präcisionsleistung weniger genau nehmen, falls dadurch die Handhabung der Waffe an Einfachheit gewänne.

Diesen Anschauungen entsprechend, hat man bereits in manchen Staaten angefangen, die Reiterei mit Hinterladungsgewehren zu versehen und ist auch hierin wieder Preussen, durch die Einführung des Zündnadelkarabiners (Taf. XV, Fig. 3) mit Entschiedenheit vorangegangen.

Derselbe hat ein, demjenigen der Zündnadelbüchse, Modell 1854, ähnliches, verkürztes Schloss und ein einfaches Klappenvisir, dessen Korn durch eine Verstärkung des Mündungsendes geschützt ist. Er schiesst die gleiche Patrone wie die Zündnadelgewehre der Infanterie und ist damit nicht bloss Kaliber- sondern sogar Munitionseinheit zwischen Infanterie- und Reiterwaffe [1]) in vollkommenster Weise erreicht.

Dem Streben nach Repetitionseinrichtungen entsprach man früher schon, so gut als damals möglich, durch die Einführung von Doppelpistolen (*pistolets à deux canons*) bei manchen Reitereien.

In Zukunft dürften hiefür wohl die Waffen nach Spencer und Henry-Winchester eine sehr verbreitete Anwendung finden und selbst die, gegenwärtig noch im Gebrauche stehenden Revolvergewehre verdrängen.

Auf die letzteren näher einzugehen, sei die Aufgabe des folgenden Paragraphen.

---

[1]) Auf Pistolen ist der Dreyse'sche Mechanismus nicht wohl anwendbar und wird derselbe hiefür vielleicht durch ein anderes Nadelschloss ersetzt werden müssen. Vorläufig ist die preuss. Reiterei aber noch mit glatten Sattelpistolen versehen.

Drehpistolen, Revolver.

a. Allgemeines.

Als Revolver bezeichnet man jene Feuerwaffen, deren Pulversack durch eine rotirende Trommel gebildet wird, welche mehrere (gewöhnlich 5—6) Ladungen enthält und, bei ihrer Umdrehung, eine nach der andern dieser letztern schussgerecht hinter die Laufseele bringt.[1])

Man hat diesen Mechanismus ganz besonders für Pistolen angewendet, dort und da aber auch für Karabiner und Musketons etc. (neuestens ja sogar für Geschütze) versucht; eine rechte Verbreitung haben indess nur jene — die Drehpistolen — gefunden und wird daher die Bezeichnung „Revolver" [gewöhnlich nur für sie allein kurzweg, für andere Waffen aber mit dem erklärenden Zusatze des Modellnamens — wie Revolvergewehr (Revolvergeschütz) — gebraucht.

Indess sind auch die Drehpistolen mehr nur im Privatverkehre — als Offizierswaffe — denn für Truppen zur Einführung gelangt und hat diess seinen Grund einestheils wohl in dem ziemlich complicirten, kostspieligen, schwer zerleg- und reparirbaren, dabei manchmal unverlässigen und leicht gestörten Mechanismus dieser Waffen, anderntheils aber in der, eben auch durch den Drehmechanismus bedingten, geringen Treffwahrscheinlichkeit derselben, in ungeübten Händen.

So viel bekannt, sind nur englische und amerikanische Reiterregimenter mit Revolvern bewaffnet; mehr Verbreitung fanden sie in der Marine.

Hiebei sind vorzüglich nur drei Systeme zur Annahme gelangt:

das **Colt'sche** (Fig. 13),

der Revolver von **Adams** und **Dean** (Fig, 10, 11 u. 12),

und jener von **Lefaucheux** (Fig. 14 u. 15).

Nur der letztere ist für Hinterladung mit Einheitspatrone (Fig. 15), die beiden ersteren aber für Ladung von vorwärts und Kapselzündung konstruirt.

b. Revolvermodelle.

An jeder Drehpistole lassen sich vier Modelltheile:

der Lauf (Fig. 10 u. 14, L),

die Trommel (Fig. 10 u. 14, T, dann Fig. 11),

das Mittelstück sammt Schloss (Fig. 10, M, dann Fig. 12 u. 13), und

der Schaft oder Handgriff (Fig. 10, S)

unterscheiden.

---

[1]) Aeltere Modelle hatten, statt der rotirenden Pulversäcke, ebensoviele ganze Läufe; eine Anordnung, welche sowohl das Volumen als das Gewicht und auch die Kosten der Waffe übermässig steigerte.

Der **Lauf** ist gezogen und an seinem rückwärtigen Ende unverschlossen, eben an diesem aber, bei *Colt*'schen und *Lefaucheux*-Revolvern, mit einem knieförmigen Ansatze (Fig. 14, **la**) zusammengeschweisst, der zur Verbindung mit dem Mittelstücke dient.

Bei *Dean-Adams*'schen Modellen bilden dagegen Lauf und Mittelstück Ein Ganzes und verlängert sich hiebei jener gegen rückwärts zur sogen. Laufschiene (Fig. 10 u 12, **ls**), welche nicht allein die Festigkeit der Waffe erhöht, sondern auch eine vortheilhaftere Anpassung des Visireinschnittes erlaubt. Bei *Colt* fehlt dieser gänzlich, bei *Lefaucheux* jedoch, der indess die Laufschiene für seine neueren Modelle adoptirte, findet er sich im Hahnenkopfe (Fig. 14, **v**) angebracht.

Das Korn der Revolver fällt durch seine besondere Höhe auf; dieselbe ist von der Schlossstellung bedingt, in Folge welcher man, beim Zielen, über den Hahn hinwegsehen muss.

Der Lade- oder Entladestock (Fig. 10 u. 14, **l**) dient zuweilen als Drehungsaxe für die Trommel (so in Fig. 10), zuweilen ist er, mit einer Charniervorrichtung versehen, seitlich am Laufe angebracht und wird dann auch wohl als Versicherung, zur Verhinderung der Drehung der Trommel und damit der Thätigkeit des ganzen Schlossapparates gebraucht.

Die, mit den einzelnen, peripherisch gelagerten Laderäumen versehene **Trommel**, ist auch in der Richtung ihrer Axe durchbohrt (Fig. 11), um auf eine Welle gesteckt werden zu können, welche sich, parallel der Seelenlinie des Laufes, fest am Mittelstücke (Fig. 13 u. 14, **a**) angebracht befindet, oder doch (wie **l** in Fig. 10) in dieses (bei **l**, Fig. 12) eingesetzt werden kann.

Zwischen den einzelnen Bohrungen muss die Trommel hinreichende Eisenstärke besitzen, um sowohl der Explosion der Ladungen dauernd zu widerstehen, als auch jede Entzündung einer Patrone, durch das Abfeuern einer anderen zu verhüten.

Am Bodenende ist die Trommel mit einem Zahnkranze (Fig. 10, 11 u. 14, **z**) versehen, der die Angriffsstelle für den Drehmechanismus bildet.

Beim *Colt*' und *Dean*'schen Revolver sind die Laderäume der Trommel rückwärts durch eingeschraubte Zündkegel verschlossen (Fig. 10 u. 11), bei *Lefaucheux* dagegen sind die Pulversäcke auch am Bodenende offen und hier mit länglich gestalteten Zündlöchern (Fig. 14, **zl**) für den Eintritt des Zündstiftes (Fig. 14 u. 15, **s**) versehen.

Dort dienen die, zwischen den einzelnen Pistons hervorragenden Wände (Fig. 11, **hf**) als Angriffsflächen für die Hemmvorrichtung, welche die Trommel beim Schusse festhält, hier sind hiezu eigene Warzen (Fig. 14, **w**) am Mantel der Trommel aufgesetzt.

Das Mittelstück besteht aus einem starken Abzugsbleche (Fig. 13, **M**, Fig. 14, **ab**), auf welchem, quer zur Laufseele eine Bodenplatte (Fig. 13, **pp**, Fig. 14, **p**) errichtet ist, die der Trommelaxe (Fig. 13 u. 14, **a**) zur Basis dient und den, zwischen Seitenplatten (Fig. 13, **sp**), Abzugs- und Kolbenblech (Fig. 14, **Kb**) eingelegten Schlossmechanismus, gegen vorwärts abschliesst.

Der Schlossmechanismus wurde bereits S. 233 und 234 besprochen und setzt sich nur aus Hahn (Fig. 10, 12, 13 u. 14, **H**), Schlagfeder (Fig. 12, 13 u. 14, **sgf**), Stangenfeder (Fig. 12, 13 u. 14, **sf**) und Abzug (Fig. 12 u. 13, **ab**, Fig. 14, **az**) zusammen. Hahn und Abzug sind um die glatten Spindeln zweier Pivotschrauben (Fig. 12, 13 u. 14, s_1 und s_2) drehbar, indess die Schlagfeder direkte mit der Hahnenscheibe (Fig. 12, 13 u. 14, **hs**) verkettet ist (Fig. 12, 13 und 14, **k**) und die Stangenfeder unmittelbar auf den, zugleich als Stange (Fig. 12 u. 14, **s**) fungirenden Abzug wirkt.

An der linken Seite der Bodenplatte ist nicht selten eine Versicherung (Fig. 10 u. 12, V) angebracht, welche aus einer einfachen Feder besteht, an deren freiem Ende ein Querarm angesetzt ist, der sich — beim Andrücken der Feder — vor den Hahn legt und so dessen Wirkung aufhält. Wird die Anlehnung des Hahnes gegen diesen Querarm durch das Spannen des Schlosses aufgehoben, so tritt dieser von selbst zurück.

Der **Schaft** (Fig. 10, S) besteht in einem einfachen Handgriffe, der oft nur aus zwei Holzplatten gebildet wird, die sich zu den Seiten des, von Abzugs- und Kolbenblech (Fig. 14, **ab** u. **kb**) gebildeten Rahmens, festgeschraubt finden.

Das ganze Revolvermodell setzt sich aus seinen, hiemit abgehandelten, vier Theilen in sehr einfacher Weise zusammen. Der Lauf wird, wenn er nicht ohnehin Ein Ganzes mit dem Mittelstücke bildet, mit diesem durch angebrachte Zapfen (wie an M in Fig. 13), Schrauben (wie m_1 und m_2 in Fig. 14) u. dgl. fest verbunden, und nach Erforderniss entweder vorher (wie bei *Colt*) oder nachher (wie bei *Dean*) die Trommel auf ihre Axe gesteckt, an welcher sie durch kleine Druckfedern (wie f_2 in Fig. 13) gehalten wird.

Ist die Trommelaxe nicht fest am Mittelstücke eingesetzt, sondern (wie bei *Adams* und *Dean*, Fig. 10, l) leicht herauszunehmen, so ermöglicht diess die Anwendung von Reservetrommeln und eine sehr bequeme Vornahme der Ladung. Indess bietet diese auch bei eingesetzter Trommel keine besonderen Schwierigkeiten. Der Hahn wird hinter die Versicherung oder, wenn dazu eine Rast vorhanden, in die Ruhe gezogen und damit ermöglicht, die, jetzt weder von Dreh- noch Hemmstift angegriffene Trommel, entgegengesetzt derjenigen Richtung zu drehen, in welcher diess beim Spannen des Schlosses geschieht. Dadurch kann ein Pulversack um den andern zur Ladung bereit gesetzt und diese in einfachster Weise zur Ausführung gebracht werden.

Die äussere Gestalt der Drehpistole ist eine handsame und hat diese den besonderen Vorzug — des ziemlichen Hintergewichtes wegen — beim Schusse gut in der Hand zu liegen; dagegen bleibt der Umstand, dass Lauf und Trommel sich nur tangiren, an der Berührungsstelle beider also stets erhebliche Gasausströmungen stattfinden und störend auf den ganzen Mechanismus und die Leistungen der Waffe einwirken müssen, immer ein bedenklicher Mangel des Revolvers.

Bei einem, für Kriegszwecke hinreichenden Kaliber (von mindestens $10^{mm} = 0{,}38''$ rh.) erreicht die Drehpistole das ziemlich bedeutende Gewicht von $2^3/_4$ bis nahezu 3 Pfunden (1,5—1,7 Kilogr.).

c. Die einzelnen Revolversysteme.

Den bisherigen, allgemeinen Erörterungen über die Drehpistolen ist noch die besondere Abhandlung der einzelnen Mechanismen anzufügen, welche die drei, bereits oben genannten, Haupt-Revolversysteme kennzeichnen.

α. Das System Colt.

Der Drehmechanismus des Colt'schen Revolvers (Fig. 13), ist der einfachste und daher — wenigstens von diesem Standpunkte aus — wohl auch der kriegstüchtigste unter seinen Concurrenten.

Er besteht nur aus zwei, in die Hahnscheibe eingesetzten Stiften, dem Dreh- und dem Hemmstifte (d und h), von welchen ersterer, mittels einer Druckfeder (f.), sichere Anlehnung in dem Canale der Bodenplatte (p) erhält, durch den er zum Zahnkranze der Trommel tritt. Der Hemmstift findet seine Führung in einer, seiner Stärke entsprechenden Ausbohrung der Bodenplatte.

Wird der Hahn des Colt'schen Revolvers gespannt, so bewegt sich der Drehstift desselben gegen aufwärts; er erfasst dabei einen Absatz des Zahnkranzes und wirkt so lange drehend auf diesen, bis der Stangenschnabel (s) des Abdrückers (a b) in die Spannrast der Hahnscheibe (h s) tritt.

Mit der gleichen Bewegung wird der Hemmstift vorwärts geschoben, bis er sich gegen eine der Haltflächen (h f in Fig. 11) der Trommel lehnt und diese nun in der neu gewonnenen Lage festhält.

Jedes Ueberziehen des Hahnes bringt also einen anderen und zwar stets denjenigen Pulversack hinter den Lauf, welcher dem, eben zuvor abgeschossenen benachbart ist.

Mit dem Abgange des Hahnes ist natürlich keine Drehung der Trommel, sondern nur das Zurückgehen der beiden Stifte verbunden, von deren correkter Anpassung die richtige Funktion des ganzen Systemes abhängt.

β. Das System Adams-Dean.

Der Mechanismus der Adams-Dean'schen Revolver (Fig. 10, 11 u. 12) unterscheidet sich von demjenigen Colt's vorzüglich dadurch, dass das Spannen des Hahnes, und also auch das Drehen der Trommel, nicht durch unmittelbares Ueberziehen des ersteren, sondern durch geeignete Wirkung am Abdrücker hervorgebracht wird. Der Hahn (H) entbehrt deshalb hier eines eigentlichen Kammes, besitzt aber dafür einen hammerförmigen Kopf (hk), der durch eine Ausbohrung der Bodenplatte hindurch auf die Zündkegel der Trommel trifft.

In dieser Anordnung liegt einestheils der Vortheil leichteren, weil weniger durch den Hahnenkamm behinderten Zielens und auch derjenige eines rascheren Feuers, da die Pistole zum Spannen gar nicht aus dem Anschlage genommen zu werden braucht; anderntheils aber strengt dieser Mechanismus den, am Abdrücker wirkenden Zeigefinger immerhin in einer, der Schusssicherheit nicht förderlichen Weise an, sowie es auch störend ist, dass die Waffe keine, ein bequemes Zielen erleichternde Ruhelage besitzt.

Da es also — wie oben bemerkt — der Abzug (ab) ist, mittels welchen der Dean'sche Mechanismus in Thätigkeit gesetzt wird, so sind denn auch Dreh- und Hemmstift (d und s) desselben mit jenem und nicht mit der Hahnscheibe in Verbindung gebracht.

Ebenso ist die Stange (s) des Schlosses, mit dem Abzuge vereinigt, hat aber hier nicht so fast die Hemmung des letztern nach geschehener Spannung, als vielmehr während der Herstellung dieser zu vermitteln und damit auch diese — die Spannung — selbs einzuleiten. Sie greift hiezu — beim Anzuge des Drückers — in die, an der Brust der Hahnscheibe eingeschnittene Rast (r) des Schlosses ein und hebt dadurch den Hahnenkopf so lange nach rückwärts, bis die, vorher horizontale Rastkerbe so steil steht, dass sie über den angedrückten Stangenarm herabgleiten und damit der, nun freigewordene Hahn auf das Zündhütchen wirken kann. Im gleichen Momente hat der Drehstift die Trommel so weit gedreht, dass ein neuer Pulversack hinter dem Laufe steht, während der Hemmstift sich wieder gegen eine Haltfläche (Fig. 11, hf) angelegt und damit die Ruhelage der Trommel beim Schusse gesichert hat.

γ. Das System Lefaucheux.

Lefaucheux (sieh' Fig. 14) wandte nicht allein die Hinterladung mit Kupferpatrone (Fig. 15) auf die Drehpistole an, sondern vervollkommnete den Mechanismus dieser auch dahin, dass derselbe sowohl durch das Ueberziehen des Hahnes — wie bei Colt — als auch durch den blossen Druck am Abzuge — wie bei Adams — in Bewegung gesetzt und dadurch — mittels des ersteren Verfahrens — die Möglichkeit ruhigen Zielens, mit Hülfe des letzteren aber diejenige des Schnellfeuers erlangt werden konnte.

Die Herstellung dieser Vervollkommnungen war indess nur durch eine entsprechende Complicirung des Mechanismus zu erreichen.

Behufs der Hinterladung brachte Lefaucheux in der Bodenplatte (p) eine kleine, im Charniere (n) bewegliche und durch eine Druckfeder (lf) schliessbare Lade-Fallthüre (lt) an, deren Oeffnung gerade einen Pulversack der Trommel für die Patroneneinlage freilegt.

Der Drehmechanismus wurde wieder mit dem Abzuge (az) in Verbindung gebracht; an dessen horizontalem Hebelsarme der, aufwärts gerichtete Drehstift (dd) eingezapft ist (bei a,), indess der, gegen die Absätze der Trommelwarzen (ww) wirkende Hemmstift (h) nur durch eine Einkerbung des wagrechten Züngelarmes gebildet wird.

Die Führung des ersteren ist gleichfalls durch eine Druckfeder (f) gesichert und eine zweite solche (hf) auch am Hemmstifte angebracht, um den Rücktritt desselben beim Ablassen des Hahnes zu beschleunigen.

Am Pivotzapfen (a,) des Drehstiftes ist — ähnlich der Stange des Dean'schen Schlosses (Fig. 12, s) — eine Steuerkette (sk,, sk,) eingehängt, deren hakenförmiger Kopf (sk,) auf einem Krapfen (kr) der Hahnenscheibe (hs) ruht, welcher in den Hals dieser Steuerkette greift und daher durch diese ebenso gut von unten nach oben gehoben werden, als umgekehrt, sie selbst (mittels sk,) nach aufwärts ziehen kann.

Das Erstere ist der Fall, wenn man auf den Abzug drückt, das Letztere geschieht, wenn man den Hahnen überzieht.

Mit jener Bewegung wirkt man direkte — wie beim Adams'schen Mechanismus — auf den Drehstift, beim Spannen des Hahnes aber zieht dessen Krapfen (kr) die Steuerkette und damit auch den, mit dieser gemeinschaftlich eingezapften Drehstift (dd) und den horizontalen Arm des Abdrückers selbst — also auch den Hemmstift (h) nach aufwärts.

Spannt man den Mechanismus mittels des Abdrückers, so ist diess nur so lange möglich, bis die Brust (b) der Hahnenscheibe an die Steuerkette stösst und die Halskerbe dieser aus dem Hahnenkrapfen hebt, womit dieser frei und der Hahn der Wirkung der Schlagfeder überlassen wird.

Zieht man dagegen den Hahn über, so kann diess so weit geschehen, bis die Spannrast (r) desselben in die, gleichfalls am horizontalen Züngelarme (bei a,) eingezapfte (also auch mit diesem beim Span-

nen des Schlosses nach aufwärts bewegte) Stange (s) einfällt, deren richtige Führung, ausser der Stangenfeder (sf), durch einen kleinen Stift (t) geregelt wird. Dabei ist die letztere Spannung — selbstverständlich etwas bedeutender als die, durch den Druck auf den Abzug erzielte.

Dieser Abhandlung des Lefaucheux-Revolvers ist noch die Beschreibung der zugehörigen Patrone (Fig. 15) anzufügen.

Dieselbe besteht aus einer getriebenen, fest um das Geschoss (g) gepressten Kupferhülse (kh), in deren Boden eine durchlochte Cartonscheibe eingesetzt ist, welche das Zündhütchen (z) enthält, das mit einem, nach aussen tretenden Zündstifte (s) armirt wird. In dem letzteren Umstande liegt die Schwierigkeit der Behandlung und kriegsmässigen Verpackung dieser Munition, die indess neuestens durch den Engländer **Lancaster** zu einer Metallpatrone mit centraler Zündung umgewandelt und verbessert wurde.

Anmerkung.

Am Schlusse des IV. Abschnittes, also der Abhandlung der Handfeuerwaffen, sei nicht versäumt, auf eine, während dessen Abfassung erschienene Schrift aufmerksam zu machen, welche sich die Beschreibung der, auf Hinterladung (mit zu Grundelegung des Systemes Wänzl) abgeänderten k. k. österr. Infanteriegewehre zur Aufgabe gesetzt hat.

Es ist diess »Die Umgestaltung der k. k. österr. Gewehre in Hinterlader«, nach authentischen Quellen verfasst von Alfred Kropatscheck, Oberlieutenant im k. k. Artillerie-Comité. Wien 1867, Seidel und Sohn.

Der Verfasser verspricht seinerzeit auch die Beschreibung des neuen österr. Rückladegewehrs (System **Wérndl**) zu veröffentlichen.

Fünfter Abschnitt.

Geschütze.

Einleitung.

Allgemeine Aufgabe der Geschütze.

Eine Feuerwirkung hervorzubringen, die nicht allein möglichst viele Gegner zugleich, sondern auch die stärksten feindlichen Schutzmittel, und zwar auf die entferntest erreichbaren Distanzen, zu beschädigen und zu zerstören im Stande ist, erscheint als allgemeine Aufgabe der Geschütze, die ihrerseits nicht bloss vom einzelnen Manne, sondern nur durch ein geeignetes Zusammenwirken Mehrerer bedient und auch nur durch eigene Transportmittel (Pferde, Maulthiere etc.) fortgeschafft werden können.

Eintheilung der Geschütze.

Die Eintheilung der Geschütze muss nach zwei Richtungen geschehen:

A. nach der Art ihrer Feuerwirkung und

B. nach ihrer taktischen Verwendungsweise, d. h. nach dem Zwecke, zu dem man sie gebrauchen will und welcher massgebend für ihre Transportabilität, Beweglichkeit und Bedienungsweise ist.

ad A. Nach Art ihrer Feuerwirkung, zerfallen die Geschütze gegenwärtig in 4 Gruppen:

I. In solche, deren Construktionsverhältnisse ausschliesslich der Anwendung des direkten Schusses entsprechen;

II. in solche, welche, neben dem direkten, auch den indirekten Schuss und flachen Bogenwurf erlauben und eben dieser ausgedehnteren Verwendbarkeit wegen, neuestens immer grössere Verbreitung finden;

III. in solche, welche bloss dem flachen, und endlich

IV. in jene, die nach ihren Anordnungen ausschliesslich dem hohen Bogenwurfe entsprechen.

Die erste Gattung wird durch die, nun immer mehr verschwindenden **glatten Kanonen** (*canons non rayés*),

die zweite durch die **gezogenen Geschütze** (*canons rayés*), dann die **glatten Granat- und Bombenkanonen** (*canons-obusiers, canons à bombes*),

die dritte durch die **Haubitzen** (*obusiers*) und

die vierte durch die **Mörser** (*mortiers*) repräsentirt.

ad B. Nach Art ihres Verwendungszweckes theilen sich die Geschütze:

I. in **Feldgeschütze**, d. h. solche, deren Feuerwirkung nur leichtere Deckungsmittel, gewöhnliche Gebäude, Feldschanzen etc. zu zerstören vermag, welche aber allen Bewegungen der Truppen folgen können und dabei ohne besondere Vorrichtung des Bodens etc. zur Wirkung gelangen sollen.

Man unterscheidet unter diesen wieder:

a) leichtes Feldgeschütz, das die Bedingung der Beweglichkeit und leichten Bedienung im höchsten Grade erfüllt und worunter das Gebirgsgeschütz, als das leichteste, selbst im coupirtesten Terrain, den Truppen folgen können muss und

b) schweres oder Positions-Feldgeschütz, dessen beschränktere Transportfähigkeit ein Abweichen von gebahnten Strassen und festem Boden nicht erlaubt, oder dessen Bedienung eine mehr unveränderliche Aufstellung erfordert.

II. in **schweres oder Batteriegeschütz**, das der Manövrirfähigkeit entbehrt, die stärksten Deckungsmittel — Festungsmauern etc. — zu zerstören vermag und besonderer Vorbereitung des Bodens etc. bedarf, um in Aktion treten zu können.

Diese Geschützgattung zerfällt, nach der speziellen Gebrauchsweise wieder in:

a) Festungs- oder Vertheidigungs- und

b) Angriffs- oder Belagerungsgeschütz, sowie

c) in Marine- oder Schiffs- und

d) Küsten-Geschütz.

Artillerie und deren Eintheilung.

Man nennt jene Truppengattung, welcher die gesammte Handhabung und Bedienung der Geschütze obliegt, **Artillerie** und theilt sie nach dem taktischen Verwendungszwecke, wie die Geschütze, in

Feld- und **Festungs-**, **Belagerungs-** und **Schiffs-Artillerie**

u. s. w. ein.

Die Einheit der **Feldartillerie** bildet (nicht das einzelne Geschütz sondern) die **Batterie**, welche in ihrem Verbande alles das in sich vereinigt, was zum dauernd selbstständigen Auftreten einer gewissen Anzahl Geschütze (meistens 6 oder 8) als taktisches Glied nothwendig ist.

Je nachdem diese **Feldbatterien** ihre Mannschaften auf Pferden oder Wagen mitschaffen, nennt man sie

reitende (*batteries à cheval*) oder

fahrende (*batteries montées*), neben welchen es auch

Fussbatterien [1]) (*batteries à pied*) gibt, bei welchen die Bedienungsmannschaft den Geschützen zu Fuss folgen muss; es ist diess vorzüglich bei schweren Positions-Batterien, aber auch bei der Gebirgsartillerie der Fall, deren Material dabei von Lastthieren getragen wird.

Für die **Festungs-** und **Belagerungsartillerie** lässt sich eine gleichartige taktische Eintheilung in Batterien nicht durchführen; hier ist es der gemeinschaftliche Aufstellungsort und die Gleichartigkeit der speziellen Aufgabe, welche eine beliebige Anzahl Geschütze mit allem ihrem Zubehör, zu einem taktischen Gliede vereinigt.

Diese wenigen Begriffsbestimmungen schienen nothwendig, um den folgenden Erörterungen die passende Anlehnung an die Taktik zu geben.

Artillerie-Material und dessen Eintheilung.

Wie jede Fernewaffe besteht auch das Geschütz aus

Rohr (*canon*) und

Gestell, hier **Laffete** (*affût*) genannt, und bedarf wieder der

Munition (*munitions*), um in Thätigkeit (*action*. daher »Aktion«) treten zu können.

---

[1]) In Bayern gilt die Bezeichnung »Fussbatterien« für die, zur Bedienung des Festungs- und Belagerungsgeschützes bestimmten Artillerietruppen.

Mit diesen drei Elementen der Waffe sind aber die Bedürfnisse noch nicht erschöpft, welche zum gesicherten Transporte des Geschützes und seiner Munition, zur zweckmässigen Aufstellung des ersteren an seinem Bestimmungsorte, zur Vornahme dringender Ausbesserungen u. s. w. nothwendig erscheinen.

All' diese Funktionen kann man nicht bloss durch Mannschaften und Pferde ausführen, sondern bedarf hiezu bestimmter, technischer Vorrichtungen und es ist die Summe dieser, welche, mit dem Geschütze und dessen Munition zusammen, das **Artillerie-Material** ausmachen.

Ihrer Natur nach, müssen all' diese Transport- und Aufstellungs-Maschinen u. s. w. als nothwendiges Zubehör der ganzen Waffe betrachtet und daher füglich demjenigen Haupttheile derselben zur Abhandlung angereiht werden, welchem es obliegt, die Handhabung des Geschützes zu vermitteln. Dieser Haupttheil ist das Gestell der Waffe und wird sich demnach die Besprechung der Fahr- und Hebzeuge zum Transporte des Geschützes und seiner Munition, der Vorrichtungen zur schussbereiten Aufstellung des Ersteren u. s. w. der Abhandlung über die Laffeten anzuschliessen haben.

Die Abhandlungen der drei Hauptgruppen des Artillerie-Materials lassen sich nun nicht nach einerlei Weise in Unterabtheilungen zerlegen; denn es sind nicht die gleichen Rücksichten, nach welchen sich die einzelnen Arten von Geschützrohren, Laffeten und Munition unterscheiden.

Die Geschützrohre sind je nach ihrer ballistischen Bestimmung, die Laffeten dagegen je nach der taktischen Verwendungsweise des Geschützes von einander verschieden, indess die Munition sich durch ihre eigenthümliche Wirkungsweise in einzelne Arten theilt.

So sind Feld- und Festungskanonen, Feld- und Festungs-Haubitzen, nach ziemlich gleichen, wohl aber Kanonen und Haubitzen überhaupt, nach verschiedenen Grundlagen construirt; dagegen unterscheiden sich Kanonen- und Haubitzlaffeten weit weniger voneinander als Feld- und Festungslaffeten.

Der Schrotschuss für Kanonen, Haubitzen, Feld- und Festungsgeschütz, ist immer auf die gleiche Weise eingerichtet; er ist aber höchst verschieden vom Brandgeschosse.

Diese Auseinandersetzungen werden die Eintheilung erklären und rechtfertigen, welche der folgenden Abhandlung des Artillerie-Materials zu Grunde gelegt wurde.

A. Die Geschützrohre.

Allgemeines.

1. Material der Geschützrohre.

Den eingehenden Erörterungen, welche bereits in der Technologie über die, schon dortselbst und dann in der allgemeinen Abhandlung über das Feuerrohr (S. 144), als Rohrmaterialien bezeichneten Metallsorten: Geschützbronze, Gusseisen, Gussstahl und Schmiedeeisen gegeben wurden, ist hier nur sehr wenig mehr beizufügen.

Das **Geschützbronze** — früher und gerade zur Zeit des beginnenden Aufschwunges der Artillerie, fast das ausschliessliche Rohrmaterial, ist in manchen Richtungen noch heute nicht ganz von Stahl und Eisen übertroffen. Es ist leichter zu bearbeiten als diese, dabei aber von einer ganz ausserordentlichen Verlässigkeit bezüglich des Zerspringens; denn trotz seines geringeren Härtegrades, in Folge dessen es die Schussbeständigkeit des Eisens nicht erreicht (sieh' hierüber S. 194), vermag es doch, durch seine grössere Zähigkeit, den heftigen Erschütterungen des Schusses, sowie dem Aufschlage feindlicher Geschosse und den Einflüssen sehr plötzlicher und bedeutender Temperaturwechsel, mit mehr Sicherheit zu widerstehen, als die spröderen Kohlenstoffverbindungen des Eisens.

Es vereint hiemit den weiteren Vorzug geringer Oxydation und steter Verwerthbarkeit zum Umgusse.

Weit unverlässiger als das Bronze, ist das **Gusseisen**[1]), wenn es auch in (um ca ¼) stärkeren Dimensionen angewendet wird, als jenes. Es leidet dabei sehr vom Roste und ist so empfindlich gegen die Erschütterungen des Transports, dass man es in der Regel nur zu Rohren verwendet, welche gedeckt und wenig veränderlich aufgestellt werden.

Nur in Schweden benützt man das Gusseisen auch zu Feldgeschützen, ausserdem dient es, nach den oben gegebenen Gründen, bloss zu Festungs- und Schiffsgeschützen. Es is das wohlfeilste, aber auch das geringwerthigste Rohrmaterial.

Der **Gussstahl** ist durch seine ausserordentliche Festigkeit und Härte, sowie durch die Gleichartigkeit seiner Oberfläche ganz besonders zur Herstellung gezogener Geschütze geeignet und steht an Präcision der Führung geliederter Geschosse jedem anderen Materiale weit voraus. Die bedeutenden, durch den einfachen Metallwerth aber auch nicht — wie

---

[1]) Ausser in Schweden, kam das Gusseisen erst während der französischen Revolution, um dem ausserordentlichen Geschützbedarf der Armee der Republik Genüge leisten zu können, als Rohrmaterial in Anwendung.

beim Bronze — aufgewogenen Herstellungskosten gussstählerner Rohre, haben diese bisher nur in der Feldartillerie zur allgemeineren Verbreitung gebracht und dürfte eine Anwendung des Stahles auf Rohre grossen Kalibers nicht allein wegen der höchst kostspieligen und schwierigen Erzeugung solcher [1]), sondern auch durch die fatale Erfahrung verzögert werden, dass (im letzten preussisch-österreichischen Kriege) selbst gussstählerne Feldgeschütze, bei Anwendung einfacher Gebrauchsladung, unvermuthet sprangen. [2])

Das **Schmiedeeisen** hat in England zu den Armstrong-Geschützen Anwendung gefunden, sich aber durchaus nicht besser als Gussstahl bewährt.

Die Preisverhältnisse dieser Materialien, stellen sich, für ein fertiges, glattes Bronzerohr, ungefähr auf 42—45 kr. (12—13 Silbergroschen) per Zollpfund; für ein gezogenes aber auf ca. 1 fl. (17 bis 18 Silbergr.). Der bleibende Metallwerth beträgt dabei 30—36 kr. (8—10 Silbergr.) per Zollpfund.

Das Zollpfund eines Gusseisenrohres kömmt — bei glatter Bohrung — kaum auf 9—10 Kreuzer (3 Silbergr.), bei gezogener Seele auf 14—18 Kreuzer (4—5 Silbergr.) zu stehen.

Die Gussstahlpreise beziffern sich auf ca. 1 fl. (17—18 Silbergr.) per Zollpfund im rohen Blocke, und erreichen für das ausgearbeitete (gezogene) Rohr die Höhe von 1 Thaler und darüber.

---

[1]) Doch hatte Krupp die Pariser Weltausstellung von 1867 neben einem 80- und einem 300-Pfünder (und kleineren Rohren) — sogar mit einem (angeblich für Kronstadt bestimmten) 1000-Pfünder beschickt.

Derselbe repräsentirte das grösste Geschütz der Ausstellung und hatte eine Bohrungsweite von 14 engl. Zollen, war auf Hinterladung eingerichtet, mit 40 Zügen versehen und 1000 Zentner schwer. Seine Länge betrug 210" (engl.), seine Ladung war auf 100—120 Pfund festgesetzt. Er war (sammt Laffete) auf 145,000 Thaler gewerthet. Der 300-Pfünder hatte 9" (engl) Bohrung, 32 Züge, 180" Länge, 256 Ztr. Rohr- und 36—40 Pfund Ladungsgewicht; der 80-Pfünder 6" (engl.) Bohrung, 24 Züge, 145" Länge, 85 Ztr. Rohr- und 10 Pfund Ladungsgewicht.

An schweren Gussstahl-Geschützen, hatte ausserdem nur noch Berger in Witten a. d. Ruhr ein glattes Hinterladungsrohr von 8" Bohrung ausgestellt.

[2]) Sieh' hierüber: „Archiv für die Offiziere der kgl. preuss. Artillerie- und Ingenieur-Corps" Band LXI, S. 230: „Die historische Entwicklung des preussischen Systemes der gezogenen Geschütze" von Taubert, k. pr. Oberst a. D.

Die Preise der (englischen) Schmiedeisenrohre dürften sich kaum viel niedriger stellen.

Die spezielle Auswahl des Rohrmateriales, bedarf natürlich besonderer Sorgfalt und wird jenes hiebei gewöhnlich auf seine absolute Festigkeit [1]) u. s. w. untersucht und die eine oder andere solcher Proben auch während und neben den Herstellungsarbeiten selbst, entsprechend wiederholt.

2. Herstellung der Geschützrohre.

Die Herstellung der Geschützrohre zerfällt in zwei Hauptaufgaben: in die Erzeugung des rohen Rohrkörpers oder Blockes und in dessen Ausarbeitung.

Die erstere geschieht — ausser bei schmiedeisernen Rohren — durch den **Gussprocess**, und werden hiebei nur Rohre sehr grossen Kalibers (Mörser) hohl »über den Kern«, alle andern aber als massive Blöcke [2]) gegossen.

Die hiezu nöthigen Giessformen (*moules*) können, nach zwei verschiedenen Verfahrungsweisen, entweder aus Lehm (*argile*) oder aus Sand (*sable*) gebildet werden und bezeichnet man die erstere Methode als Lehm-, die letztere als Sandformerei.

Die **Lehmformerei** (*moulage en terre ou en argile*) (Taf. XVI, Fig. 1) beginnt mit der Herstellung des, zur Bildung der gewünschten Giessform nöthigen, dem bezüglichen Rohrkörper entsprechenden Modelles [3]) (*modèle*).

---

[1]) In der kgl. bayer. Geschützgiesserei zu Augsburg wird sowohl die chemische Zusammensetzung, als auch die Cohäsions- und Torsionsfestigkeit des Rohrmetalles einer genauen Prüfung unterzogen. Zu letzterem Behufe werden Probestäbe von 1 rh. □" Querschnitt, aus den bezüglichen Legirungen hergestellt und, durch Anwendung einer hydraulischen Presse, abgerissen oder auf einer eigenen Torsionsmaschine abgewunden, in beiden Fällen aber zugleich die Kraft gemessen, welche nöthig war, um den Bruch des Stabes auf die eine oder andere Weise herbeizuführen.

[2]) Sieh' hierüber Anmerkung 3 auf Seite 326.

[3]) Wozu bemerkt sei, dass (Mörserrohre ausgenommen) an das Rohrmodell und zwar an das Mündungsende desselben, stets ein sogenannter Ueberguss oder verlorener Kopf (*masselotte*) (Taf. XVI, Fig. 2, K) angeformt wird, dessen körperlicher Inhalt jenem des ganzen Rohres nahezu gleich kömmt und der den Zweck hat, durch sein Gewicht, das in die Rohrform eingegossene Metall zu comprimiren und so dessen Consistenz möglichst zu erhöhen.

Hiezu wird ein gut ausgetrockneter, gerader Fichten- oder Tannenstamm von ca. 4"—6" (10—15^{cm}) Stärke und der, dem Gusskörper entsprechenden Länge, als Formspindel (*trousseau*) (**sp**) benützt und, gleich einer horizontalen Welle, so in die Lager zweier Ständer (*chantiers*) eingelegt, dass er, vermittels einer, an seinen vierkantigen Kopf angesteckten Kurbel (*manivelle*) stets um seine Längenaxe gedreht werden kann.

Ueber dieser Formspindel wird nun, durch deren Umwickelung mit Stroh-, oder alten Hanfseilen (**sw**) und Auftragen von Lehm (**ll**), nach einem, das Profil des gewünschten Rohrkörpers darstellenden Formbrette (**fb**) (*gabarit, échantillon*) das betreffende Modell hergestellt und langsam, an einem mässigen Feuer getrocknet.

In ganz ähnlicher Weise geschieht hierauf die Bildung der Form über dem Modelle, durch das Auftragen bemessener Schichten feinen und dann gröberen Lehmes auf demselben.

Die wohlgetrocknete und fest gewordene Form wird sodann mit eisernen Bandagen (*ferrures*. **b**) umgeben und auch diese mit Lehm verstrichen, um unverrückbar anzuliegen. Hat die Form auf diese Weise eine gehörige Festigkeit erreicht, so wird das Modell aus ihr entfernt, indem man die Spindel durch Anschläge gegen ihr Zopfende lockert, bis sie selbst und nach ihr das angelegte Seil- und Lehmwerk, ohne Beschädigung der Form herausgenommen werden kann.

Die gereinigte und — nach Bedarf — wohl ausgebesserte Form, wird nun erst noch hartgebrannt.

Die **Sandformerei** (*moulage en sable*) (Taf. XVI, Fig. 2) auch **Kasten**- oder **Flaschenformerei** (*moulage en châssis*) genannt, benützt ein fertiges, gewöhnlich selbst aus Bronze oder Eisen, hohl gegossenes, also bleibendes und stets wieder verwendbares Modell[1]) (**mmk**), das nicht selten in Richtung der Visirebene gespalten und der Länge nach stets in so viele (bis 12) Stücke getheilt ist, als es die Gestalt des bezüglichen Rohrkörpers erfordert.

Jedem dieser Modelltheile entspricht eine eigene, gusseiserne Form-

---

Am Bodenende des Rohres wird dagegen ein vierkantiger Zapfen — der Spannzapfen (*faux-bouton*) (Taf. XVI, Fig. 2, **z**) angesetzt, mittels welchen der Rohrblock, bei seiner weiteren Ausarbeitung, in die Bohr- und Abdrehmaschinen eingespannt wird.

[1]) In Fig. 2 der Taf. XVI stellt **mmk** eigentlich den fertig gegossenen Rohrkörper, nicht dessen, in einzelne Stücke getheiltes Modell dar. Die Versinnlichung des letzteren kann aber wohl durch die Hinweisung auf jenen erleichtert werden.

flasche [1]) (*fff*), wodurch denn die Möglichkeit geboten ist, die ganze Form erst stückweise zu bilden und dann geeignet zusammenzufügen. Man setzt hiezu, mit Hülfe eigener Befestigungschrauben, jedes Modellstück centrisch in seine Gussflasche ein und stampft den, zwischen ihm und den Wandungen dieser freibleibenden Raum, fest mit besonders zubereitetem, feinem Sande (*sss*) aus.

Nach vorsichtiger Entfernung der Modelltheile werden die Formstücke gut ausgetrocknet und endlich, mittels der, an den Flaschenkrempen angebrachten Schrauben, in geeigneter Weise zusammengesetzt.

Es ist leicht zu erkennen, dass dieses Verfahren einen weit rascheren und massenhafteren Betrieb zulässt, als die ältere [2]) Lehmformerei, welcher indess manche Techniker den Vorzug einräumen, durch die geringere Porosität ihrer Formen und die, damit verbundene, langsamere Abkühlung des Gusses, günstiger auf die Cohäsionsfestigkeit des letzteren einzuwirken.

Die Sandformerei ist jedoch weit allgemeiner verbreitet, als die Lehmformerei, welcher man sich eigentlich nur noch zur Herstellung neuer Probegeschütze und in Giessereien bedient, deren Betrieb zu unbedeutend ist, um die Kosten eines eigenen, gegossenen Modelles bezahlt zu machen.

Zum endlichen Gebrauche werden die Formen vertikal und zwar (Mörserrohre ausgenommen) mit dem Rohrboden nach unten, in die, vor den Abstichöffnungen der Schmelzöfen befindlichen Giess- oder Dammgruben (*fosses aux fontes*) eingesetzt und durch festgestampfte Erde in ihrer aufrechten Stellung erhalten (»eingedämmt«).

Zum **Rohrgusse** (*coulée*) dienen, für Bronzegeschütze gewöhnlich Flamm-, für Eisengeschütze [3]) Kupolöfen und werden dabei, je nach Art

---

[1]) Um den, beim Eingiessen des flüssigen Metalles in die Form sich entwickelnden Gasen, einen rascheren Abzug zu sichern, sind die Gussflaschen mit zahlreichen Durchzugsöffnungen (siehe Fig. 2 der Tafel XVI) versehen.

[2]) Die Sandformerei kam zuerst während der französischen Revolution, zur Beschleunigung des, damals aufs Höchste gesteigerten Betriebes der Geschützerzeugung in Anwendung.

[3]) Bezüglich der Herstellung gusseiserner Geschützrohre, sind in den letzten Jahren, besonders in England und Amerika, die ausgedehntesten Experimente angestellt worden. Dieselben finden sich in der Schrift: „Ueber die Construktion der Geschützrohre" u. s. w. von J. A. Longridge — deutsch von J. Hartmann, 1861, sowie mit Benützung dieser, in Streffleur's „Oesterreich. Militär-Zeitschrift" Jahrgang 1862, Band IV

und Grösse der Geschütze und Oefen, meistens mehrere Rohre auf einmal hergestellt.

Der Stahlguss erfolgt aus Schmelztiegeln (von Graphit), deren jeder nur 70—90 Pfund Stahl enthält und welche je zu 2 bis 4 in eigene Schmelzöfen eingesetzt sind. Die Tiegel werden der Reihe nach, mittels doppelter Tragzangen, von je zwei Arbeitern zur Form gebracht und in einen, über dieser aufgestellten, grossen Trichter entleert, der verschlossen bleiben muss, bis er die ganze, zum bezüglichen Modelle nöthige Stahlmasse enthält.[1])

---

unter dem Titel: „Prinzip und Ausführung jener Metallconstruktion, durch welche den Geschützrohren jede beliebige Widerstandsfähigkeit ertheilt werden kann" — von Köchert, k. k. Artillerie-Hauptmann — eingehend erörtert.

Es ist bei diesen Abhandlungen hauptsächlich von der Ansicht ausgegangen, dass es ein Nachtheil des gewöhnlichen massiven Gusses sei, den Rohrkörper von aussen nach innen erkalten zu lassen, und so — da beim Erkalten immer ein Zusammenziehen des Metalles stattfindet — auch eine Verdichtung des Gussstückes von aussen nach innen, damit aber eben zu veranlassen, dass die äusseren Schichten des Rohrkörpers sich in grösserer „Spannung" (weil ja bei elastischen Stoffen „Spannung" und „Zusammenziehung" gleichbedeutend ist) lagern, als die inneren. Die, der Rohrseele zunächst liegenden Metallschichten, müssten hiedurch eine geringere Widerstandsfähigkeit als die, dem Gasdrucke der Ladung entfernteren Lagen des Rohrkörpers erhalten, während doch gerade das Gegentheil der Fall sein sollte.

In diesem Uebelstande wird dann die Hauptursache des häufigen Zerspringens gusseiserner Rohre gesucht und hiegegen der Hohlguss der Rohre nach dem Vorschlage des Amerikaners Rodman eindringlichst empfohlen. Rodman lässt durch die Kernhöhlung des Rohrs kaltes Wasser und zwar das 60fache Gewicht des Gussstückes leiten, während die Aussenseite des letztern noch durch Feuer warm erhalten wird, um so gewiss das angestrebte Spannungsverhältniss im höchsten Masse zu erreichen. Von zwei, unter sonst ganz gleichen Umständen, aber je massiv und nach Rodman's Manier gegossenen Gusseisengeschützen mit 8" Bohrung, zersprang das erstere nach dem 73sten Schusse, das Rodman'sche war nach dem 1500ten noch unversehrt. Die Amerikanische Union hat denn auch das letztere Verfahren adoptirt und stellt speziell ihre schweren Parrotgeschütze darnach her.

[1]) Es ist diess das, von dem jetzigen kgl. preuss. Geheimen Commerzien-

Das Erkalten der Gussstücke nimmt meistens 2—3 Tage in Anspruch, nach welchem Termine man die Giessgruben »ausdämmt« und die Formen zerstückelt und abnimmt.

Stahlrohre werden nun noch überschmiedet, gusseiserne dagegen, nicht selten an ihrem Bodenstücke, mit Stahl- oder Stabeisenreifen »gepanzert«,[1]) um ihre Festigkeit und Verlässigkeit gegen das Zerspringen zu erhöhen. Man stülpt hiezu genau anpassende, starke Ringe aus den genannten Eisensorten, im weissglühenden Zustande über den Rohrkörper, an welchen sich dieselben, durch ihre Zusammenziehung beim Erkalten,[2]) fest anlegen.

Die **Anfertigung schmiedeiserner** Rohre, konnte bisher keine so ausgedehnte Verbreitung finden, wie der Geschützguss.

Man versuchte es wohl schon in den frühesten Entwickelungsperioden der Artillerie, Rohre sehr kleinen Kalibers, ähnlich wie Gewehrläufe, aus Platinen zu schmieden, für Geschütze von den, jetzt üblichen Bohrungsweiten, bot ein solches Verfahren aber stets unüberwindliche Schwierigkeiten dar; ebenso die Herstellung massiv geschmiedeter Rohrblöcke.

Dagegen hat es in neuester Zeit der englische Geschützfabrikant Sir William Armstrong mit Erfolg unternommen, Geschützrohre, ähnlich wie die sogen. Bandläufe der Gewehre, aus aufgewundenen Eisen-

---

rathe Krupp in Essen zuerst versuchte und mit so ausserordentlichem Erfolge durchgeführte Verfahren der Gussstahlproduktion im Grossen (sieh' S. 23). Es leuchtet ein, welch' ungewöhnliche Schwierigkeiten dabei zu überwinden sind, um stets ein wirklich gleichartiges Resultat zu erhalten. Nur der sorgfältigsten Umsicht und der genauesten Disciplin des Betriebes konnte es gelingen, das angestrebte Problem so glänzend zu lösen.

[1]) So viel bekannt, ist dieses Verfahren zuerst im Jahre 1830 von dem belgischen Artilleriegenerale Huguenin vorgeschlagen, neuestens aber, besonders in England — durch Capitän Blakely — und Amerika — durch Professor Treadwell — wieder angeregt und hauptsächlich auch zur Verstärkung der vorhandenen, älteren Gusseisenrohre, bei deren Umwandlung in gezogene Geschütze, angeblich mit Vortheil, zur Anwendung gebracht worden. Die Militärcommission des Deutschen Bundes, adoptirte dieses Verfahren gleichfalls und nahm dasselbe für die Abänderung glatter 18-Pfünder in gezogene 24-Pfünder zu Hülfe. Die hierüber angestellten Versuche vermochten indess die bayerische Artillerie nicht von der Verlässigkeit gepanzerter Rohre zu überzeugen.

[2]) Auch hiefür wird die Abkühlung des Rohres von innen nach aussen (sieh' Anmerkung 3 zu S. 326) empfohlen.

stäben zusammenzuschweissen — ein immerhin sehr complizirtes Verfahren,[1]) das indess noch nirgends Nachahmung gefunden hat und eine solche, besonders in Deutschland, gegenüber dessen so hoch gediehenen Gussstahlproduktion[2]) wohl niemals finden wird.

Die **Ausarbeitung** der Geschützrohre, welcher das Abschneiden des Uebergusses (sich' Anmerkung 3 S. 324) vorausgeht, beginnt mit dem Bohren, das auf horizontalen, neuestens (Armstrong) auch auf vertikalen Bohrmaschinen vorgenommen wird und gewöhnlich die Anwendung von 3—4 Bohrern erfordert.

Mit ihm geht das Abdrehen des Rohrmantels (das bei gusseisernen Geschützen meistens unterbleibt) und der Schildzapfen[3]) entweder Hand in Hand, oder diese Manipulationen folgen doch dem Ausbohren unmittelbar und sind hiezu wieder besondere Maschinen vorhanden.

Der gänzlichen Vollendung der Rohre geht deren »Beschiessung« (*épreuve du tir*) mit gewöhnlichen, oder Gewaltladungen und die, sich hieran reihende Wasserprobe (*épreuve de l'eau*) voraus.

---

[1]) Genauere Details über dasselbe finden sich in der „Times" vom 24. Januar 1860, dann in Streffleur's „Oesterr. militär. Zeitschrift." I. Jahrgang (1860), 2. Band, 2. Lieferung, 5. Heft, ebenso in Dingler's „polytechnischem Journal, Jahrgang 1860", desgleichen in den, bereits in Note 3 der S. 326 citirten Abhandlungen, sowie endlich in „Schiesspulver und Feuerwaffen" von C v. H. S. 56 und im „Archiv für die Offiziere der kgl. preuss. Artillerie etc.", 31. Jahrgang (1867), 61. Band, S. 277.

Diese sämmtlichen Angaben über Armstrongs-Geschützerzeugung stimmen unter einander und mit den, auch noch anderwärts in technischen und militärischen Journalen enthaltenen, darauf bezüglichen Notizen nicht immer ganz genau überein. Es dürfte diess seinen Grund darin haben, dass S. W. Armstrong unausgesetzt bestrebt war, sein eigenthümliches Verfahren stets mehr zu vervollkommnen.

So scheint er auch schon wiederholt versucht zu haben, das Stabeisen durch Stahl, bezw. „homogenes Eisen" (sich' S. 23) zu ersetzen, oder doch einen inneren Rohrkörper aus solchem herzustellen und diesen erst mit jenen Bandröhren (*coils*) zu überziehen (zu panzern). Hierauf deuten wenigstens gerade die oben citirten authentischen Mittheilungen des preuss. Archives hin.

[2]) Neben Krupp's Etablissement in Essen, verdient auch dasjenige des „Vereines für Bergbau und Gussstahlfabrikation" in Bochum (Westphalen), sowie das von Berger in Witten als (sich' Anmerkung 1 S. 323) Hauptproduzenten für Stahlgeschütze genannt zu werden.

[3]) Sich' S. 331.

Für letztere füllt man die Seele des vertikal gestellten Rohres mit Wasser, schliesst die Mündung mit einem gut eingepassten Kolben und beschwert diesen mit starken Gewichten.[1]

Nach ca. 24 Stunden wird nachgesehen, ob nirgends Durchsickerungen stattgefunden haben; ist diess nicht der Fall, so erfolgt die vollkommene Ausarbeitung des Rohres mit dem letzten Nachbohren, dem Einschneiden der Züge (bei gezogenen Rohren), dem Anpassen des Verschlusses (bei Hinterladern), dem Einsetzen des Zündkernes,[2] dem Meisseln und Graviren,[3] Einschiessen auf den Strich und Justiren der Visirvorrichtung.

All' diese Arbeiten sind von genauen Untersuchungen über ihre richtige Ausführung und die Untadelhaftigkeit des Geschützes begleitet.

Fertige Stahlrohre werden gewöhnlich zur Abhaltung des Rostes »gebeizt«,[4] Gusseisengeschütze dagegen, zum gleichen Zwecke, mit schwarzer Oelfarbe angestrichen.

3. Verschiedene gleichheitliche Einrichtungen der Geschützrohre.

1) Der **Rohrschluss** (*culasse*) wird — soferne er nicht ein beweglicher ist — nur bei schmiedeisernen Geschützen durch eine Schwanzschraube, ausserdem beim Gusse selbst, in Einem Stücke mit dem übrigen Rohrkörper hergestellt.

Beim Ausbohren der Seele erhält sodann der Stossboden, behufs leichter Reinigung, entweder eine halbkugelförmige Wölbung (sieh' Taf. XVI, Fig. 5), oder eine zweckmässige Ausrundung seines Zusammenstosses mit der inneren Rohrwand[5] (sieh' Taf. XVI, Fig. 3, 4 u. s. w).

---

[1]) In Frankreich wird die Wasserprobe, mittels hydraulischer Pressen, unter einem bis zu 4 Atmosphären gesteigerten Drucke vorgenommen.

[2]) Das Einschrauben des Zündkernes geht zuweilen der Schiessprobe voraus, deren Ladungen ausserdem mittels eigener Feuerleitungen entzündet werden müssen. Näheres über Zündkern folgt S. 331.

[3]) Gewöhnlich wird auf den Geschützrohren ein Name und die Chiffre des Landesherrn, dann Gussort und Datum, sowie Gewicht und Nummer, und zwar, die beiden letzten Bezeichnungen auf den Schildzapfen, die ersteren auf der oberen Mantelfläche des Bodenstückes eingravirt, wozu noch Visirkerbe, Aufsatz-Eintheilungen u. s. w. kommen.

[4]) Ueber die, für die preuss. und bayer. Stahlrohre gebräuchliche Beize sieh' S. 29 Note 1.

[5]) In Bayern ist der Radius dieser Ausrundung gleich dem vierten Theile des Rohrkalibers.

2) **Das Zündloch** (*lumière*), selten central,[1]) dagegen sowohl senkrecht (Taf. XVI, Fig. 10) als unter circa 80° zur Seelenaxe geneigt (Taf. XVI, Fig. 3, **zk**) und in der Vertikalebene dieser liegend, trifft in seiner inneren Oeffnung gewöhnlich die Mitte der Wölbung des Stossbodens (Taf. XVI, Fig. 3) und richtet sich in seinem — natürlich stets möglichst klein bestimmten — Durchmesser, nach der Bedingung leichter Reinigung und der Anwendung bestimmter Zündmittel. Seine Weite beträgt allgemein nahezu ¼″ (6mm).

Die ungeheure Heftigkeit, mit welcher ein Theil der Pulvergase durch das Zündloch ausströmt, hat stets eine sehr rasche Zerstörung der Wände des letzteren zur Folge; eine Zerstörung, welcher Bronze nur sehr kurze Zeit und selbst Gussstahl nicht lange, am ehesten noch Gusseisen, wirklich dauernd aber nur Schmiedkupfer (S. 31) zu widerstehen vermag.

Es ist daher (Gusseisenrohre machen zuweilen eine Ausnahme hievon) üblich, das Zündloch nicht in das Rohrmetall selbst, sondern in einen, aus Schmiedekupfer gefertigten, sogen. **Zündkern** oder **Zündlochstollen**[2]) (*grain de lumière*) (Taf. XVI, Fig. 3, **zk**) einzubohren, der dann mit dem Rohre verschraubt wird.

Dieses »Verschrauben« (*mettre le grain de lumière*) geschieht mittels eigener Maschinen und muss je nach Bedarf wiederholt werden.

3) Die **Schildzapfen** (Taf. XVI, Fig. 3, **sz**) (*tourillons*) dienen zur Lagerung des Rohres in der Laffete und bilden die Drehungsaxe desselben für die Höhenrichtung.

Ihrer äusseren Form nach, bilden sie kurze, cylindrische Arme, deren Mittellinie in einer, zur Vertikalebene des Rohres senkrechten Ebene liegt.

Bei schmiedeisernen Rohren (Taf. XVII, Fig. 5a), sind die Schildzapfen durch einen eigenen Ring vereinigt, welcher wie ein Panzerreif (sieh' S. 328) über das Rohr gezogen wird.

Sowohl zur Verstärkung der Schildzapfen an ihrer Anschlussstelle, als auch zur Herstellung einer festeren, seitlich weniger

---

[1]) Nur bei Whitworth, sieh' Taf. XVII, Fig. 4, z.

[2]) In der bayer. Artillerie besteht ein Unterschied zwischen den Begriffen „Zündkern“ und „Zündlochstollen“; jener ist von aussen (wie **zk** in Fig. 3 der Taf. XVI), dieser wird von der Bohrung aus eingesetzt (wie **zl** in Fig. 1 Taf. XVII; auch aus Fig. 6a der letztern Tafel zu ersehen). Daneben bestehen noch ganz kurze, gleichfalls von der Seele aus eingeschraubte (und — wie die Zündlochstollen — preussischen Musters) sogen. Zündlochfutter, die aber neuestens wieder abgeschafft werden.

verschieblichen **Lage** des **Geschützrohres** in seinem Gestelle, dienen die **Angussscheiben** (*embases des tourillons*) (Taf. XVI, Fig. 3, as), deren Auseinanderstellung jener der Laffetenwände entspricht.

4) **Hinter- und Vordergewicht** (*préponderance de la culasse, de la volée*). Würde man die Schildzapfenachse in die Schwerebene des Rohres legen, so befände sich das Geschütz auf seinem Gestelle in labiler Gleichgewichtslage, d. h. es würde sich bei jedem beliebigen Anlass hiezu, besonders aber beim Schusse, pendelartig, wie der Balken einer Wage, um seine Schildzapfenachse bewegen können. Um diess zu vermeiden, werden die Schildzapfen bei mehr horizontal liegenden Rohren — Kanonen und Haubitzen — vor, bei den Mörsern aber hinter der Schwerebene des Rohres angebracht. Es entsteht hiedurch für erstere Rohre ein sogenanntes Hinter-, für letztere ein Vordergewicht, das nun gegen den hiemit geforderten dritten Stützpunkt des Rohres — die Richtmaschine — drückt.

Soll der Zweck des Hinter- oder Vordergewichts — die ruhigere Lage des Rohres in seinem Gestell — wirklich erreicht werden, so muss diess Uebergewicht gross genug sein, um beim Schusse ein freiwilliges Pendeln — »Bücken« (*saigner du nez*) — des Rohres zu verhüten.

Ein zu grosses Vor- oder Hintergewicht beschädigt dagegen leicht die Richtmaschine und erschwert die Handhabung des Geschützes, speziell die, auf die vertikale Richtung des Rohres bezüglichen Verrichtungen. Im Allgemeinen variirt dieses Gewicht zwischen $\frac{1}{10}$ und $\frac{1}{20}$ der ganzen Rohrschwere.

5) Die **Delphinen** [1] (*anses*) (Taf. XVI, Fig. 3, d) sind, über dem Schwerpunkte des Rohres, an dieses angegossene Henkel, und dienen zur Befestigung von Aufzug-Seilen und dergl. Sie kommen nur bei Bronze-, selten bei Gusseisenrohren vor.

6) Die **Traube** [2] (*bouton de culasse*) (Taf. XVI, Fig. 3, t) ist der, bei manchen Rohren (ausser Mörsern und Hinterladungsgeschützen) am hintern Ende angebrachte, meist ellypsoidal geformte Knopf, welcher sich mittelst des **Traubenhalses** (*collet du bouton*) (h) an die sogen. **Verstärkung des Stosses** (*cul-de-lampe*) (s) anschliesst.

Die Traube wird (besonders bei Schiffskanonen) nicht selten durch einen Ring ersetzt und dient gleichfalls zum Anlegen von

---

[1] Diese Bezeichnung kömmt von der Delphinen ähnlichen Form, welche man diesen Henkeln früher, der Zierde wegen, gab.

[2] Auch diese Bezeichnung hat ihren Ursprung von der Form, in welcher man diesen Theil des Rohres früher herzustellen pflogte.

Tauen u. s. w.; zuweilen nimmt sie auch die Richtschraube auf (Taf. XX, Fig. 9).

I. Die glatten Kanonenrohre (*bouches à feu lisses*).

Die glatten Kanonen sind, mit ihrem Hauptgeschosse, der eisernen Vollkugel, zur Zeit fast aus sämmtlichen Landartillerien gänzlich verschwunden, dagegen treten sie neuerdings wieder in der Marine, besonders in der amerikanischen, mit sehr bedeutenden Bohrungsweiten und der Hauptbestimmung auf, gegen Panzerschiffe in Wirkung zu kommen.

1. Allgemeine Construktionsverhältnisse.

Es wurde bereits bei »Eintheilung der Geschütze« (S. 318 u. 319) erwähnt, dass die Construktionsverhältnisse der glatten Kanonen ausschliesslich durch diejenigen Anforderungen bedingt seien, welche der direkte Schuss an ein Feuerrohr stelle. Damit ist — selbstverständlich — die Möglichkeit nicht bestritten, ein glattes Kanonenrohr auch zum flachen Wurfe verwenden zu können; diese Verwendung findet vielmehr in den, hiezu geeigneten Fällen (Ricochetschuss etc.) thatsächlich statt, ihre Annahme hat aber keinen Einfluss auf die construktiven Anordnungen des Rohres. Diese Anordnungen lassen sich in folgender Weise zusammenfassen.

a. **Kaliber.** Das Rohrkaliber dient nicht allein direkte, oder doch mittelbar, durch das demselben entsprechende Geschossgewicht — und gerade diess ist bei Kanonen der Fall — zur Bezeichnung der Geschützrohre, sondern es bildet, dem artilleristischen Gebrauche zufolge, auch die Masseinheit für die Bestimmung ihrer Hauptdimensionen. Bei seiner Feststellung kommen vornehmlich vier Gesichtspunkte in Betracht:

1) die möglichste Verminderung verschiedener Kaliber;
2) die unterste Gränze für den geforderten Effekt;
3) die oberste Gränze für die zu erzielende Wirkung, und
4) der Abstufungsmodus zwischen den einzelnen Kalibern, um wirklich mit jedem derselben, gegenüber dem nächstkleineren, eine entschieden gesteigerte Wirkung zu erzielen.

Gewöhnlich gilt ein Bohrungsdurchmesser, welcher einer (nach altem Nürnberger Handelsgewichte[1]) 6 Pfund (= 5,46 Pfd. bayer.

[1]) Im Jahre 1540 stellte der Geschützgiesser Jakob Hartmann zu Nürnberg den ersten sogen. Kaliberstab, d. h. einen Massstab für die verschiedenen Bohrungsweiten der damals gebräuchlichen Geschützrohre auf und legte demselben die Durchmesser der, nach damaligem Nürnberger Handelspfunde gewogenen Stückkugeln zu Grunde. Dieser Kaliberstab ist es, welcher, besonders in den deutschen Artillerien, wenigstens inso-

oder 3,06 Kil.) schweren Eisenkugel entspricht, als kleinstes Kaliber für Feld- und Batteriekanonen; seltener wird hiefür (bei glatten Rohren), ausser in der Gebirgsartillerie, der 4-Pfünder angenommen; in der letzteren erscheinen jedoch auch 3 und selbst 1-Pfünder. Als grösstes Kanonenkaliber wurde für die Feldartillerie (jedoch schon als Positionsgeschütz) der 12-Pfünder,[1]) für Batteriekanonen der 24 oder 30-Pfünder festgesetzt; in der Marine finden sich aber auch 36 und selbst 50-Pfünder.[2])

Die Kaliberstufen sind durch eine progressive Steigerung von 3 und 6, oder 4 und 8 Pfunden bestimmt und hienach folgende zwei Hauptkaliber-Systeme für glatte Kanonen aufgestellt worden:

(3), 6, (9), 12, 18, 24 (30, 36) Pfünder,
4, (6), 8, 12, 16, 24 (30, 32) »

welchen die mittleren Bohrungsweiten von

3, 3½, 4, 4½, 5, 5½ bis 6″
oder 8, 9, 11, 13, 15, 16 » 18cm

entsprechen.

Das erste System hat vorzüglich in den deutschen Artillerien und in England, das zweite dagegen in Frankreich und Italien als Grundlage gedient.

b. Ladung. ¼ — ⅓ des Kugelgewichtes für Feld-,
⅓ — ½ desselben für schwere Kanonen.

Ladungen, welche dieses Mass überschreiten, haben keine erhebliche Steigerung der Anfangsgeschwindigkeit, wohl aber eine empfindliche Vergrösserung der Streuung zur Folge.

c. Länge. 16 — 18 Kaliber für Feld-,
ca. 20 Bohrungsdurchmesser und noch darüber für Batteriekanonen.

Grössere Rohrlängen ergaben (bei den eben angeführten Ladungsverhältnissen) weder erhöhte Treffresultate, noch merklich gesteigerte Anfangsgeschwindigkeiten.

Schwere Kanonen fordern die grössere Länge, einestheils der

---

ferne bis auf den heutigen Tag in Geltung blieb, als die, in denselben gebräuchliche Bezeichnung der Geschützkaliber und Kugelgewichte sich meistens noch auf das (indess dem Zollgewichte sehr nahe kommende) alte Nürnberger Handelspfund bezieht.

[1]) Oesterreich hatte indess auch Feld-18-Pfünder und Sardinien Feld-16-Pfünder eingestellt.

[2]) Englische und amerikanische Berichte sprechen sogar von hundertpfündigen Schiffskanonen.

stärkeren Ladungen wegen, dann aber auch, um bei Aufstellungen hinter Scharten etc., weit genug in diese hineinreichen zu können.

d. **Stärken.** Bei bronzenen Feldkanonen erhalten die Wände des Laderaumes gewöhnlich den Bohrungsdurchmesser zur Stärke

Dieses Mass erhöht sich um $\frac{1}{6}$ bis $\frac{1}{4}$ bei metallenen Batteriekanonen, um das doppelte dieser Quoten aber bei gusseisernen Kanonenrohren, während es sich für gussstählerne um ca. $\frac{1}{4}$ Kaliber vermindert.

Gegen die Mündung hin reduziren sich diese Wandstärken bis auf die Hälfte.

e. **Schwere.** Die Rohrschwere beträgt bei Feldkanonen das 150 Fache, bei Batteriekanonen das 200 bis 250 Fache des Kugelgewichtes.

f. **Schwerpunktslage.** Der Schwerpunkt liegt bei Kanonenrohren gewöhnlich zwischen dem zweiten und dritten Fünftel der — von rückwärts herein gemessenen — Rohrlänge.

g. **Hintergewicht.** Als Druck des horizontal liegenden Rohres auf die Richtmaschine gemessen, erreicht das Hintergewicht für schwere Kanonen ca. $\frac{1}{15}$, für Feldkanonen an $\frac{1}{15}$ des ganzen Rohrgewichts.

h. **Spielraum.** Der mittlere Spielraum für glatte Kanonen beträgt 0,12" —0,15" rh. (30—36^mm^), ein Mass, welches für die stets ungehinderte Vornahme der Ladung um so mehr genügt, als es üblich ist, die Rohre nach jedem Schusse auszuwischen.

2. Aeussere Anordnungen. (Hiezu Taf. XVI, Fig. 3)[1])

Die äussere Gestalt der Kanonenrohre lässt drei Haupttheile erkennen:

das Bodenstück (*premier renfort*) (B),
das Zapfenstück (*second renfort*) (Z)
und das Langefeld (*volée*) (L).

Gewöhnlich haben diese drei Haupttheile eine abgestutzt kegelförmige (*tronconique*) Gestalt, zuweilen jedoch ist das Zapfenstück cylindrisch.

---

[1]) Es muss bemerkt werden, dass die hier angezogene Figur kein Kanonen- sondern ein Granatkanonenrohr (den bayer. kurzen 24-Pfünder) darstellt. An demselben lassen sich übrigens alle die Theile unterscheiden, deren Erklärung hier oben folgen soll. Die bereits erwähnte Verdrängung der glatten Kanonenrohre liess die besondere Abbildung eines solchen (ausser im geschichtlichen Theile) um so mehr überflüssig erscheinen, als — dem Aeussern nach — sowohl Granatkanonen, wie gezogene Geschütze, vielfache Aehnlichkeiten mit jenen zeigen.

Im Allgemeinen nimmt das **Bodenstück** 1/3, das **Zapfenstück** 1/6, das **Langefeld mit Kopf**, sonach beinahe die Hälfte der **Länge** des Kanonenrohrs ein.

An das Bodenstück schliesst die **Traube** (t), an das Langefeld der **Kopf** (k) (*bourlet*) der Kanone an; am Zapfenstücke sind die **Schildzapfen** und die **Delphinen** (d) angebracht.

Die **Schildzapfen** (sz) haben gewöhnlich das **Rohrkaliber** zum **Durchmesser**; ihre Axe liegt meistens etwas **tiefer** als die Seelenaxe, um dadurch das Rohr mehr aus der Laffete zu heben und damit auch die Bedienung des Geschützes zu erleichtern. Diese »**Versenkung**« (*abaissement*) der **Schildzapfenaxe** beträgt ca. 1/10 des Kalibers.

Die **Delphinen** stehen — bei Bronzerohren — gewöhnlich nicht parallel zur Vertikalebene des Rohres, sondern radial zu dessen Seele.

Die ebengenannten Hauptheile sind bei metallenen Rohren durch **Wulste**, **Karniesse**, **Bänder**, **Hohlkehlen**, **Rundstäbe**, **Friesen** etc. von einander getrennt und begränzt.

Von denselben bezeichnet man das **Band** (hb, hb) am Zusammenstosse des Langenfeldes mit dem Kopfe, als **Halsband** (*astragale*), die letzte **höchste Friese** (bf, fb) am **Bodenstücke**, als **Bodenfriese** (*platebande de la culasse*) und die Einfassung der Mündung, als **Mundfriese** (mf, mf) (*listel de la bouche*). Die Bodenfriese enthält den **Visireinschnitt**, am Kopfe findet sich das **Korn** (k) mit oder ohne **Vergleichungskegel** aufgesetzt.

3. Visireinrichtungen.

Die Gestalt der Kanonenrohre ergibt für dieselben im Allgemeinen einen **natürlichen Visirwinkel** von 1° bis 1 1/2°, wodurch sich, bei dem mittleren Ladungsverhältnisse von 1/3 des Kugelgewichts, ein **natürlicher Visirschuss** [1]) von 6—800$^+$ bedingt. Da nun aber die bezüglichen Geschossbahnen auf diese Entfernungen nicht völlig bestrichenen Raum gegen Infanterie wie Reiterei gewähren, das **Tieferhalten** auf Objekte innerhalb der Visirschussweite jedoch gerade für Geschütze sehr **unbequem** und — noch dazu im gefährlichsten Momente — **zeitraubend** ist, so hat man die **Visirschussdistanz** allenthalben durch Anbringung eines **Vergleichungskegels** (*fronteau de mire*) verkürzt, oder die Rohre — wenn die Aufsatzhöhen es erlaubten — besser **ganz** verglichen.

Die **halbverglichenen Kanonen** geben sodann, mit einem Vi-

---

1) Wird in den Schiesstafeln gewöhnlich mit M, d. h. **Richtung über Metall**, bezeichnet.

sirwinkel von ca. 30′, Visirschuss auf 3—400+, bei ganz verglichenen, fällt der erste Aufschlag mit horizontal gestelltem Rohre[1]) auf 2—300+.

Ueber eine Entfernung von 1500—2000+ hinaus, kömmt der direkte Schuss der glatten Kanonen nicht mehr zur Anwendung; für die Distanzen zwischen dieser, allgemein an 5° Elevation benöthigenden grössten Entfernung und dem Visirschusse etc. gibt der Aufsatz (*hausse*) die nöthigen künstlichen Visirlinien. Derselbe ist bei Feldkanonen am Rohre fest angebracht, für schwere Geschütze aber von diesem getrennt.

Der **feste Aufsatz** (Taf. XVI, Fig. 11), besteht gewöhnlich aus einem, oberhalb der Traube, am Rohrschlusse angeschraubten, metallenen Schiebergehäuse, in welchem sich die, entweder nur nach Zoll und Linien, oder besser, nach den Schussweiten abgetheilte, gleichfalls metallene Aufsatzstange, vertikal verschieben und durch eine Stellschraube entsprechend fixiren lässt.

Um die Aufsatzscala den verschiedenen Schussarten anzupassen, wird die, zur Eintheilung bestimmte Seite der Aufsatzstange gewöhnlich der Länge nach in zwei Hälften geschieden und auf deren einer die Visirhöhen für Kugel- oder Granat-, auf der andern aber diejenigen für den Shrapnel- und Büchsenkartätsch-Schuss eingravirt. Ebenso werden auf dem Schiebergehäuse selbst, Notizen für den Ernstgebrauch des Geschützes (wie die Tempirung[2]) der Granatkartätschzünder etc.) angebracht.

Zuweilen ist der feste Aufsatz auch durch eine, die ganze Rohrstärke an der Bodenfriese vertikal durchgreifende Schieberstange hergestellt (Preussen); ebenso sind gezahnte Aufsatzstangen im Gebrauche (Frankreich).

Um den unbequemen Einfluss des schiefen Räderstandes auf die Richtung zu beseitigen, hat man endlich in manchen Artillerien (Sachsen) sogenannte Pendelvisire eingeführt.

Bei denselben ist die Aufsatzvorrichtung nicht am Rohrschlusse festgeschraubt, sondern pendelartig daran aufgehangen, und dadurch die Möglichkeit geboten, die Aufsatzstange stets genau in die Vertikalebene der Seelenaxe zu stellen.

---

[1]) Dasselbe ist natürlich auch bei nichtverglichenen Rohren der Fall, wenn man ihre Axe parallel zum Horizonte stellt. In der Artilleriepraxis nennt man zuweilen auch den, mit dieser Rohrstellung abgegebenen Schuss, Kernschuss.

[2]) Ueber „Tempirung" sieh' unter Munition.

Derlei Einrichtungen sind indess etwas komplizirt und leicht Beschädigungen unterworfen.

Als **bewegliche Aufsätze** (Taf. XVI, Fig. 13) für glatte Batteriekanonen benützt man grosse Schiebervisire von Metall, welche mittelst ihres ausgerundeten [1]) Fusses (f) auf die höchste Bodenfriese gesetzt und durch ein, an ihnen angebrachtes Senkel (p) vertikal gestellt werden können.

Um diese Aufsätze für mehrere Kaliber verwenden zu können, theilt man sie nicht nach den Schussweiten, sondern nach Zoll und Linien ab und muss dann eben, für ihren richtigen Gebrauch, die Schiesstafeln des bezüglichen Geschützes zu Rathe ziehen.

Wird, ausser der vertikalen Scala für den Schieber (s) des Aufsatzes, auch eine Quadranteneintheilung für dessen (durch die Klammer (k) geeignet in seiner Bewegung beschränkten) Senkel angebracht, so ermöglicht diess die Vornahme der Höhenrichtung nach dem Elevationswinkel und erweitert dadurch die Verwendbarkeit des Aufsatzes.

Um den letzteren hiebei entsprechend über dem Rohre aufstellen zu können, finden sich am Bodenstücke sogenannte Aufsatzebenen (Taf. XVI, Fig. 3, rechts oberhalb vom Buchstaben B) angebracht, deren Lage parallel zur Seelenaxe ist.

Ausser Gebrauch werden die beweglichen Aufsätze in hölzernen Etuis oder steifledernen Taschen aufbewahrt.

II. Die gezogenen Kanonenrohre.

Im Allgemeinen zur geeigneten Führung länglicher Hohlprojektile, selten massiver Spitzgeschosse bestimmt, zerfallen die gezogenen Kanonen in

Vorder - und

Hinterladungsgeschütze,

deren besonderer Abhandlung indess die Erörterung derjenigen construktiven und sonstigen Einrichtungen vorhergehen soll, welche für diese, beiden Gruppen gemeinschaftliche Geltung haben.

Es wird hiebei am Platze sein, auch des Unterschiedes zu gedenken, welcher zwischen der Bedienung und Behandlung der gezogenen, gegenüber den glatten Kanonen besteht.

Konnte die glatte Kanone mit ihrer (der Fig. 5 in Taf. XXII ähn-

---

[1]) Der, in Fig. 13 Taf. XVI dargestellte, bayerische Geschützquadrant, dient nunmehr auch zur Richtung der gezogenen Batteriegeschütze und wurde die (noch punktirt angedeutete) Ausrundung seines Fusses hiezu — der besseren Vornahme der Seitenverschiebung wegen — ausgefüllt.

lichen) Kugelpatrone, als das einfachste, schnellfeuerndste und leichtest zu bedienende Geschütz betrachtet werden, so ist diess durchaus nicht in derselben Weise mit dem gezogenen Rohre der Fall.

Hier fordert schon die Richtung, (der Derivation u. s. w. wegen) ganz besonders aber die Munition und deren Einführung in den Laderaum, eine weit vorsichtigere und zeitraubendere Behandlung. Es liegt diess hauptsächlich in der Verwendung hohler Sprenggeschosse, deren letzte Instandsetzung zum Schusse eben erst im Momente des Gebrauches geschehen kann. Die nähere Kenntniss der Artilleriemunition wird diese Andeutungen noch weiter erläutern.

1. Allgemeine Construktionsverhältnisse und äussere Anordnungen.

Die Detailanordnungen der gezogenen Kanonen sind im Allgemeinen wenig von denjenigen der glatten verschieden; denn einestheils konnten die Verhältnisse dieser um so mehr beibehalten werden, als sie sich in der Kriegspraxis hinreichend bewährt hatten, anderntheils aber waren bedeutende Abweichungen hierin desto weniger zulässig, als es sich darum handelte, die neuen Rohre auf dieselben Laffeten legen zu können, welche bisher den glatten Kanonen gedient hatten; endlich aber war durch eine geringere Verschiedenheit der Rohrmodelle, die Abänderung der, dazu noch brauchbaren glatten, in gezogene Kanonen bedeutend erleichtert.

Diese annähernde Uebereinstimmung der Details erstreckt sich indess mehr auf die Stärke- und Schwerverhältnisse der Rohre und auf deren äussere Anordnungen als auf deren Länge, bezüglich welcher zu bemerken kömmt, dass Hinterladungsrohre, schon ihrer Verschlusseinrichtungen wegen, gewöhnlich eine nicht unbedeutende Verlängerung des Bodenstückes nach rückwärts erfordern, jede Vergrösserung des gezogenen Theiles der Rohrseele aber, die Genauigkeit der Geschossführung erhöht.

a. Kaliber. Die Uebereinstimmung der Construktionsverhältnisse zwischen glatten und gezogenen Rohren hat sich im Allgemeinen, auch bezüglich des Kalibers erhalten.

Der Durchmesser der 4, 6, 12, 24-Pfünder etc. Eisenkugel wurde auch den Bohrungsweiten der gezogenen Rohre zu Grunde gelegt und diese auch hienach — jedoch mit dem Beisatz »gezogene« — als 4, 6, 12-Pfünder etc. benannt.[1]) Indess gestattete die Anwendung des — gegenüber der kalibermässigen Vollkugel bedeutend (beinahe um das Dop-

[1]) In England und Amerika wird die Bezeichnung der gezogenen Kanonen zuweilen auch nach dem wirklichen Geschossgewichte vorgenommen, wodurch dann der 3- oder 4-Pfünder zum 9- oder 12-Pfünder, der 30- und 36-Pfünder zum 100-Pfünder etc. steigt.

pelte) schwereren und (sowohl als Sprenggeschoss wie auch durch erhöhte Tragweite und Schusssicherheit) weit wirksameren Langgeschosses, einestheils die ausgedehntere Annahme der niedersten Kaliberstufen, anderntheils die Verminderung der Zwischenstufen. [1])

b. **Ladung.** Die Uebertragung der Stärke- und Schwerverhältnisse der glatten, auf die gezogenen Kanonen, erlaubte jedenfalls keine Steigerung der Ladung für diese.

Bei dem grösseren Gewichte des Langgeschosses konnte aber die $\frac{1}{3}$ kugelschwere Ladung nur mehr $\frac{1}{5}$—$\frac{1}{4}$ der Geschossschwere ausmachen; indess durfte und musste in den meisten Fällen noch erheblich unter dieses Mass (bis auf $\frac{1}{10}$ und $\frac{1}{11}$ Geschossgewicht) herabgegangen werden; einestheils der Aufhebung des Spielraumes, anderntheils der Verminderung des Rückstosses und Vermeidung gefährlicher Gasspannungen, der sicheren Führung des Geschosses in den Zügen, sowie der Schonung des Rohrverschlusses wegen und — ganz besonders — um das Springen der Hohlgeschosse im Rohre zu verhüten.

2. Visireinrichtungen.

Die gezogenen Rohre sind gewöhnlich ganz verglichen und erlangen mit der, oben angedeuteten Schussladung eine mittlere Kernschussweite von 350+. Unter denselben Verhältnissen erhöht sich ihre Tragweite bei einem Elevationswinkel von 7—8° auf 2500+, welche Entfernung im Allgemeinen als die äusserste Gränze ihres Schlachtfeuers angesehen werden darf, indess sie — unter Erhöhungswinkeln von 15—20° die doppelte Grösse der ebengenannten Schussweite erreichen und — gegen feste Ziele — mit genügender Sicherheit auf solche Entfernungen in Aktion treten können.

Diese ausserordentlichen Schussweiten sowohl, wie auch die vorzügliche Verwendbarkeit der gezogenen Kanonen zum flachen Bogenwurfe, fordern besonders hohe Aufsatzvorrichtungen, deren Einrichtung hier zugleich eine zweckmässige Correktur der Derivation gestatten muss.

Gerade dieser Umstände wegen, sind selbst gezogene Feldgeschütze nur selten mit festen Aufsätzen versehen, um so mehr, als deren Anbringung bei Hinterladungsrohren manche Schwierigkeiten hat.

Die **beweglichen Aufsätze**, sind denjenigen ähnlich, welche man für glatte Kanonen gebraucht.

---

[1]) So wurden in Preussen und Bayern gezogene 4-Pfünder in die Feldartillerie aufgenommen, der 18-Pfünder dagegen, aus der Kaliberreihe der Batteriegeschütze ausgeschlossen.

So besteht der in Preussen und Bayern zur Einführung gelangte **Stangenaufsatz** (Taf. XVI, Fig. 12ᵃ) aus einer 8,5" (222,3ᵐᵐ) hohen Aufsatzstange, die in $^1/_{16}$ Zolle (1,6ᵐᵐ) getheilt und auf eine Fussplatte (fp) befestigt ist, welche zur entsprechenden Aufstellung des Aufsatzes dient. Der, den Visireinschnitt (vk) enthaltende Schieber umgreift die Aufsatzstange und kann durch eine Stellschraube (s_1) geeignet fixirt werden.

Die Fussplatte ist an ihrer Basis schwalbenschwanzförmig ausgefalzt und passt damit auf eine, am Bodenstücke des Rohres angebrachte Aufsatzplatte (Taf. XVII, Fig. 1 u. 7ᵇ, ap), über welcher der Aufsatz beim Gebrauche, vorerst so aufgestellt wird, dass die Mittellinie (m) seiner Fussplatte in die, am Rohre markirte Vertikalebene der Seelenaxe trifft; mit Hülfe der, an der Fussplatte angebrachten Scala (von $^1/_{16}$ Zollen) kann sodann die (in den Schiesstafeln vermerkte) Seitenverschiebung ertheilt und der Aufsatz hienach (mittels der Schraube s_2) an der Aufsatzplatte befestigt werden, um jetzt erst die Höhenrichtung vorzunehmen. Der ganze Aufsatz ist aus Neusilber gefertigt.

Um diese Aufsatzvorrichtung auch für die Elevationen des Wurfes gebrauchen zu können, hat man eine zweite, sogen. **verkürzte Visirlinie** am Geschütze eingerichtet und das, dieser entsprechende Absehen (Taf. XVII, Fig. 7ᵃ ᵘ· ᵇ, k_1) auf die Angussscheibe des rechten Schildzapfen gesetzt. Um den Stangenaufsatz für diese Visirlinie zu benützen, wird er mit einem kleinen Seitenarme (Taf. XVI, Fig. 12ᵇ) versehen, an welchem sich eine Visirkerbe (vk) und ein kleiner Zapfen (z), zum Anstecken an den Schieber (bei zl) angebracht finden.

Neben dem Stangenaufsatze, bedient man sich aber noch, sowohl zur Ertheilung der Höhenrichtung nach Winkelgraden, als auch zur Abmessung des Terrainwinkels etc. des sogenannten **Libellenquadranten** (Taf. XVI, Fig. 14), der aus einer rechtwinklig dreiseitigen, abgestumpften und in den Katheten umgekrempten Messingplatte besteht, über welcher sich eine, als Zeiger eines Gradbogens (g) dienende Wasserwage,[1]) oder Libelle (l), radial (um die Schraube s als Drehpunkt) verschieben lässt.

Stellt man dieses Instrument so über dem Rohre auf, dass seine

---

[1]) Libelle oder Wasserwage (*niveau à bulle d'air*) nennt man eine, bis auf eine kleine Luftblase mit Wasser gefüllte Glasröhre, die an beiden Enden in metallene Schuhe gefasst ist. Wird diese Röhre horizontal gehalten, so muss die, in ihr eingeschlossene Luftblase genau in die Mitte ihrer Länge zu stehen kommen; die geringste Veränderung dieser Lage wird durch eine sehr merkbare Verrückung der Luftblase angezeigt.

längere Kathete (die sogen. Fussplatte f) in die, am Bodenstücke angebrachte, zur Seelenaxe parallele Quadrantenebene (Taf. XVII, Fig. $7^{a\,u.\,b}$, qe) zu liegen kommt, so wird die, auf den Nullpunkt des Gradbogens eingerichtete Libelle nur dann genau horizontal stehen, wenn die Seelenaxe des Rohres selbst in einer horizontalen Ebene liegt.

Soll das Rohr nun erhöht oder gesenkt werden, so stellt man die Libelle auf denjenigen Winkel ein, um dessen Grösse das Rohr gehoben oder geneigt werden will und setzt den so gerichteten Quadranten im ersteren Falle mit rückwärts, im letzteren mit vorwärtsgewendeter kleiner Kathete auf seine Ebene.

Die Libelle wird nun erst dann wieder horizontal stehen, wenn das Rohr genau um den gleichen Winkel elevirt oder plongirt ist, auf welchen sie selbst eingestellt wurde.

Durch die Anordnung des Libellenzeigers als Nonius [1] (n), ist die Möglichkeit geboten, die Elevationen etc. selbst bis auf $\frac{1}{16}$ Grade genau zu geben.

a. Gezogene Vorwärtsladungsgeschütze.

Die ausserordentlichen Schwierigkeiten, welche sich der Ausführung eines verlässigen, absolut hermetischen, und doch einfachen, beweglichen Rohrschlusses bei den, für Geschütze gebräuchlichen Pulverladungen darbieten, machen es erklärlich, dass man in manchen Artillerien — selbst unter Verzicht auf präzise Schussleistungen — mit grosser Beharrlichkeit auch für gezogene Geschütze am festen Rohrschlusse und der damit verbundenen Vorwärtsladung und Zapfenführung festhält.

Besonders sind es Frankreich und Oesterreich, die sich zu diesen Anschauungen bekennen und dieselben in eigenen, selbständig ausgebildeten Systemen vertreten, welche bereits die taktische Feuerprobe bestanden und dabei befriedigende Resultate gegeben haben.

Das französische Geschützsystem. [2]

Abgesehen von dem wenig erfolgreichen Versuche der englischen Ar-

---

[1] Nonius (*nonius*) heisst man eine, für besonders feine Messungen gebräuchliche Einrichtung der Massstäbe. Sie besteht in der Anordnung, eine zweite kleine Scala, längs der, zur eigentlichen Messung bestimmten verschieben zu können.

[2] Sieh' hierüber auch J. Schmölzl „Die gezogene Kanone", München, Cotta, 1860; dann R. Roerdansz „Das gezogene 4-pfünd. Feldgeschütz", Berlin, Mittler u. Sohn, 1865, sowie „*Aide-Mémoire de Campagne*", Berger-Levrault, Paris 1864.

tillerie, welche bereits im Krimkriege (1855) Lancaster-[1]) Geschütze gegen Sewastopol in Aktion brachte, war es die französische Artillerie, welche zuerst und zwar im italienischen Kriege (1859) mit gezogenen Geschützen in offener Feldschlacht erschien und diesem Auftreten glückliche Waffenentscheide verdankte.

Das französische, durch die höheren Artillerieoffiziere Tamisier, Treuille de Beaulieu und La Hitte zu seiner Vollendung gebrachte Geschützsystem, ist aus der Vervollkommnung der Ideen des sardinischen Artilleriemajors Cavalli[2]) entstanden.

Cavalli trat schon im Jahre 1846 mit der Construktion zweizügiger Kanonen hervor, denen wohl das Recht der Priorität unter allen modernen Präcisionsgeschützen gebührt.

Obgleich für Zapfenführung eingerichtet, waren die ersten Cavallikanonen doch auch für Rückladung[3]) bestimmt, wovon indess später wieder Umgang genommen, bei den bezüglichen französischen Versuchen aber wohl von vorneherein abgesehen wurde.

Den Mangel der Liederung suchte Cavalli, wenigstens einigermassen, durch eine gleichheitliche Vertheilung des Spielraumes zu paralysiren und brachte deshalb am cylindrischen Theile seines hohlen Spitzgeschosses (Taf. XVI, Fig. 16^a, g und Fig. 16^b) ausser den gewöhnlichen, starken Führungsleisten (Fig. 16^a, z_1 u. z_2, Fig. 16^b, l_1 u. l_2) noch besondere flache Warzen (Fig. 16^a, w_1 w_2, Fig. 16^b, w) an, welche den Zweck hatten, das geladene Geschoss möglichst central zur Rohrseele zu stellen (Taf. XVI, Fig. 16^a).

Diese primitiveren Anordnungen, finden sich nun wohl nur noch bei Marine- und Festungsgeschützen, für die französische Feldartillerie wurden sie durch weit präcisere Einrichtungen ersetzt. Vor allem suchte man die Führung durch eine Vermehrung der Züge auf sechs und durch ein genaues Studium ihres Profiles zu verbessern.

Anfänglich entschied man sich für einen trapezförmigen Zugquerschnitt mit vertiefter Führungskante (Taf. XVI, Fig. 19^a), später aber gieng man zu einem Profile mit concentrischem Grunde und gleichen, stumpf geneigten Seitenflächen (Taf. XVI, Fig. 17^a und Taf. VII, Fig. 9) über.

Das wohlgeformte Geschoss (Fig. $17^{a.b}$, g) versah man mit zwölf runden, nach der Drallrichtung übereinander gestellten, kalt eingetrie-

---

[1]) Sieh' S. 255.

[2]) Sich' hierüber Schmölzl's „gezogene Kanone", dann „Archiv für Offiz. d. preuss. Artill.- u. Ingen.-Corps" 31. Jahrg. (1867). 61. Bd. S. 222.

[3]) Sieh' hierüber unter Wahrendorff's Kolbenverschluss (preuss. Geschützsystem).

benen Führungszapfen von gewalztem Zink (Fig. 17a u. b, zz) und stumpfte die Drallkante derselben genau nach dem Zugprofile ab.

Durch eine äusserst sinnreiche Einrichtung erlangte man die gleichmässige Vertheilung des Spielraumes. Man brachte nämlich am rückwärtigen Ende des, nächst dem Laderaume (Taf. XVI, Fig. 23b) zu unterst in der Rohrseele[1]) liegenden Zuges (Taf. XVI, Fig. 23a, uz) eine Verengung (*partie rétrécie*) (Fig. 23a, ve) an, in Folge welcher die Führungszapfen des eingesetzten Geschosses von der Ladekante (lk) weg, gegen die Führungskante (fk) gedrängt und damit in jene Stellung gebracht werden, welche in Fig. 17a der Taf. XVI versinnlicht ist.

Das französische System[2]) ist nur auf zweierlei Feld-Kaliber und drei Rohrmodelle:

den Feld-12-Pfünder[3]) (*canon de 12, rayé, de campagne*),

den Feld-4-Pfünder (*canon de 4, rayé, de campagne*) (Taf. XVI, Fig. 22)

und den Gebirgs-4-Pfünder (*canon de 4, rayé, de montagne*)

angewendet werden.

Der 12-Pfünder hat 121,3mm, die 4-Pfünder 86,5mm Bohrung, deren Länge je 1815, 1400 und 805mm für die drei, 610, 330 und 100 Kil. schweren, bronzenen Rohre beträgt. Die Züge des 12-Pfünders sind 3,5mm, jene der 4-Pfünder 2,8mm tief, ihre Breite am Grunde beträgt dort 25mm, hier 17mm (Taf. VII, Fig. 9).

Die Dralllänge des 12-Pfünders ist auf 3m, die der 4-Pfünder auf 2,25m, der Spielraum für jenen auf 2,9mm, für diese auf 2mm fixirt.

Das Ladungsverhältniss[4]) für den direkten Granatschuss beträgt, beim 12-Pfünder etwas über 1/11 (1 Kil. Pulver auf 11,5 Kil. Geschossgewicht), und erreicht derselbe hiemit eine Kernschussweite von 160 und — bei einem Metallwinkel von 56′ — eine Visirschussdistanz von 350m. Als grösste normale Schussweite ist die Entfernung von 3000m angenommen, welcher ein Elevationswinkel von 17° entspricht; in besonderen Fällen können jedoch Entfernungen von 3200 und 4100m unter 20 und 30° Erhöhung erlangt werden.

Die anfängliche Geschwindigkeit des Geschosses beträgt hiebei 307m und nimmt bis 1500m incl. um 5m, von 1600—1900m um 4,5m und von 2000—3000m um

---

[1]) Fig. 23 der Taf. XVI gibt zugleich in dr dr die Richtung des Dralles, in ss aber diejenige der Seelenaxe an.

[2]) Die nachfolgenden Angaben sind aus dem *Aide-Mémoire de Campagne* entnommen.

[3]) Die frühere „leichte" auch als „*Canon-Napoléon*" (Mod. 1853) oder „*canon-obusier de 12, léger*" bezeichnete 12-Pfünder Granatkanone.

[4]) Im Augenblicke hat sich die französische Artillerie die Aufgabe gesetzt, mit einer Verlängerung ihrer gezogenen Geschütze, eine Erhöhung des Ladungsverhältnisses derselben erreichen zu können.

je 4^m per 100^m Flugweite ab, so dass sich bei einer Flugzeit von 14" für die Entfernung von 3000^m noch eine Endgeschwindigkeit von 117^m ergibt. Die Schussbahn auf 300^m ist nahezu ganz, jene auf 400^m aber nur noch gegen Reiterei vollkommen bestrichen.

Das Geschütz ist (ausser dem alten, mittleren, *hausse médiane*) mit einem seitlichen Aufsatze (*hausse latérale*) versehen, dessen Stange im Verhältnisse von 2 : 25 gegen die Verticalebene des Rohres geneigt und durch diese Stellung geeignet ist, die Derivation des Geschosses zu corrigiren. Die Seitenstreuung des letztern wird auf 2700^m, zu 5,6^m, die Längenstreuung zu 122^m angegeben.

Zum flachen Bogenwurfe (*tir plongeant*) wird der franz. gezogene Feld-12-Pfünder mit 300 Gr. Ladung, [1]) auf die Entfernung von 500 bis 900^m inclus. unter Elevationswinkeln von 7°55' bis 16°45' und mit 550 Gr., [2]) auf die Distanzen von 900^m bis 1500^m inclus. unter 7°25' bis 13°50' gebraucht. Die Einfallswinkel werden hiebei um ca. 2° grösser als die Schusswinkel, und ein Rechteck, das $^1/_{10}$ der Portée zur Länge und $^1/_{100}$ derselben zur Breite hat, als Mass der Streuungen angenommen.

Die Schussladung des gezogenen Feld-4-Pfünders beträgt 550 Gr. (auf 4 Kil. Geschossschwere) und ergibt dieselbe eine Anfangsgeschwindigkeit von 325^m und einen Kernschuss von ca. 250^m. Jene nimmt bis 500^m um 8, von da bis 1900^m um 7, dann bis 1500^m um 6, die nächsten 1000^m um 5 und endlich von 2600—3200^m um je 4^m per 100^m Flugweite ab, so dass die Endgeschwindigkeit für die letztgenannte, unter 17° Elevation und 17" Flugzeit erreichte Maximaltragweite nur noch 142^m misst.

Das Rohr hat einen Metallwinkel von 1°10', welchem eine Visirschussweite von 500^m entspricht

Die Schussbahn ist bis 400^m vollkommen, bis 500^m noch gegen Reiterei bestrichen. Auf 3000^m betragen die mittleren Seitenstreuungen 6,4, die Längenstreuungen 34^m. Die Neigung des Aufsatzes erreicht $^1/_{10}$ seiner Höhe.

Die Wurfladungen für den *tir plongeant* sind auf 100 Gr. für die Entfernungen von 500 bis 700^m und auf 150 Gr. für die Distanzen von 700^m bis 1000^m festgesetzt.

Den erstgenannten Ladungen und Portéen entsprechen Elevationswinkel von 10°15' bis 16°30', den letzteren solche von 9°10' bis 14°40'. Die hiebei erzielten Einfallwinkel sind an 3° grösser als die Erhöhungen, die Treffwahrscheinlichkeit nähert sich jener des Feld-12-Pfünders.

Die Geschosse des Feld-4-Pfünders sind auch für den Gebirgs-4-Pfünder bestimmt, dessen Schussladung jedoch nur 300 Gr. beträgt.

Hiedurch reduzirt sich die Anfangsgeschwindigkeit auf 225^m, während ihre Abnahme bis zu 1100^m um je 5^m und von da bis 2400^m um je 4^m per 100^m Flugweite erfolgt. Die letztere Distanz erfordert eine Flugzeit von 17,4".

---

[1]) Schussladung des gezogenen Gebirgs-4-Pfünders.

[2]) Schussladung des gezogenen Feld-4-Pfünders.

Der Kernschuss des Gebirgs-4-Pfünders beträgt 200^m, der Visirschuss 300^m; der Metallwinkel des Rohres misst 1°25'. Die Flugbahn für 300^m ist noch ganz, jene für 400^m, selbst gegen Reiterei, nicht mehr vollkommen bestreichend.

Der grösste normale Elevationswinkel erreicht 15° und ergibt eine Portée von 1900^m; doch kann durch eine künstliche Erhöhung des Rohres bis zu 30° die Maximalschussweite von 2700^m erlangt werden.

Die Derivationen sind denen des Feld-4-Pfünders gleich, die mittlere Seitenstreuung wird auf 11^m, die Längenstreuung auf 26^m für die Distanz von 2500^m angegeben.

Die Wurfladungen sind dieselben wie jene des Feld-4-Pfünders und deren kleinere (100 Gr.) für die Entfernungen von 500 und 600^m bestimmt, welch' erstere unter 11°50', die letztere unter 15° Elevation erreicht wird.

Der *tir plongeant* mit 150 Gr. fordert 8°30' für 600^m und 16°25' für 1000^m Entfernung, jenseits welcher er keine Anwendung mehr findet. Einfallwinkel und Streuungen bemessen sich wie jene des Feld-4-Pfünders.

(Weitere, auf die französischen Geschosse und ihre Einrichtung bezügliche Angaben, sieh' unter „Munition“).

Das österreichische Geschützsystem.[1])

Nach dem Kriege von 1859 experimentirte man auch in Oesterreich mit dem Systeme La Hitte, gab aber bald dem Lenk'schen Schiesswollgeschütze den Vorzug vor demselben. Schon vier Jahre später war man jedoch gezwungen, zum Schiesspulver zurückzukehren und musste nun auch die Lenk'sche Keilbohrung (sieh' S. 206) wieder verlassen, an deren Stelle jetzt die, damit verwandten Bogenzüge (sieh' S. 207) traten, durch deren (bereits S. 207 erwähnte) Einrichtung (Taf. XVI, Fig. 18$^{a, e, b}$) nicht allein eine günstige Vertheilung des Spielraumes, sondern auch eine theilweise Liederung des geladenen Geschosses (Taf. XVI, Fig. 18^b, g) erreicht ist, welche dem französischen Systeme fehlt.

Das österreichische Geschoss (Fig. 18$^{a, b, c, d}$, g) ist an seinem Führungstheile mit einem Mantel (m m) von Zinn-Zink versehen[2]), dessen Querschnitt dem Profile der Rohrseele entspricht, während an der Spitze des Projektiles nasenförmige Flügelansätze (n n) angebracht sind, welche dem Setzer des Geschützes (Taf. XVI, Fig. 21) beim Anschrauben der Granate an die Führungsflächen oder bei dem (hier sehr einfachen) Entladen des Rohres, durch die entgegengesetzte Bewegung, zum Angriffe dienen.

---

[1]) Sieh' hierüber „das österreichische Feld- und Gebirgs-Artillerie-Material vom Jahre 1863“ von F. Müller, Hauptmann des k. k. Artilleriestabes, Wien, Gerold's Sohn 1864, sowie „Verwendungslehre der Artillerie“, von demselben Verfasser.

[2]) der, für den Ernstgebrauch eingefettet wird!

Das österreichische „System 1863“ [1]) ist für 3 verschiedene Kaliber: das 3-, das 4- und das 8-pfündige, von welcher das erstere der Gebirgs-, die beiden letzteren der Feldartillerie angehören, ausgearbeitet worden. Hievon sind der 3- und 4-Pfünder (Taf. XVI, Fig. 20) mit 6, der 8-Pfünder mit 8 Bogenzügen versehen, deren Breite für den 3-Pfünder etwas weniger, für den 4- und 8-Pfünder aber nicht viel mehr als 17‴ (Wiener Mass) bei 1,5‴ und beziehungsweise 2‴ Tiefe beträgt. (Ueber 4-Pfünder Bohrung sieh' auch Taf. VII, Fig. 11.)

Der Drallwinkel ist bei allen drei Rohren derselbe (= 8,5°). Die 3-Pfünder Bohrung erreicht eine Weite von 2″9,75‴, die 4-Pfünder eine solche von 3″1‴ und die 8-Pfünder Seele einen Durchmesser von 3″10‴.

Der Spielraum ist für die Feldgeschütze auf 1‴, für den Gebirgs-3-Pfünder auf 0,75‴ fixirt. Dieser ist 36, der 4-Pfünder 48,5 und der 8-Pfünder 59″ (ohne Traube) lang; der 3-Pfünder wiegt 150, der 4-Pfünder 470 u. der 8-Pfünder 890 Wiener Pfunde. Alle drei Rohre sind aus Bronze gegossen und halten in Maximo 800 scharfe Schüsse aus, ohne bedeutend an Schusssicherheit zu verlieren.

Der 3-Pfünder ist ganz verglichen, der 4-Pfünder mit 27,5′, der 8-Pfünder mit 34′ Metallwinkel construirt und sämmtliche Rohre mit einem „mittleren Visire“ auf dem rechten Schildzapfen versehen. Zur Höhenrichtung dient ein (dem preussischen sehr ähnlicher) Stangenaufsatz. Die Schussladung des 3-Pfünders ist auf 12, jene des 4-Pfünders auf 30 und die des 8-Pfünders auf 53 Loth (1 Pfund 21 Loth) festgesetzt, was einem Ladungsverhältnisse von $\frac{1}{13,5}$, $\frac{1}{5,4}$ u. $\frac{1}{5,1}$ und einer Anfangsgeschwindigkeit von 1000—1100 Wiener Fuss entspricht.

Die Wurfladungen betragen je 6, 10 und 15 Loth für die 3 Rohre.

Die Kernschussweite des 3-Pfünders beläuft sich auf 200, jene des 4- und 8-Pfünders auf 300+, die Visirschussdistanz der beiden letztern Rohre auf 400+.

Die grösste Schussportée des 3-Pfünders ist auf 3000+, jene des 4-Pfünders auf 4500 und die des 8-Pfünders auf 5000+ festgesetzt, welche Entfernungen unter Elevationen von je 19°1′, 20°11′ und 20°19′ und 16,5, 18,5 und 20″ Flugzeit erreicht werden, wobei die mittleren Längenstreuungen zu 74, 43 u. 44, die entsprechenden Breitenabweichungen aber zu 5—6, 10—11 und 12+, die Derivationen endlich zu $^1/_{10}$, für mittlere Entfernungen jedoch bloss zu $^1/_{70}$, diesseits 2000+ nur zu $^1/_{40}$ und bis 1000+ selbst unter $^1/_{100}$ der Schussweite ermittelt wurden.

Der Wurf soll beim 3-Pfünder von 500 bis 1800, beim 4- und 8-Pfünder von 500 bis 2000+ Anwendung finden und wird die genannte Minimal-Entfernung unter 3°10′, 3° und 3°32′, die bezügliche Maximaldistanz aber unter Wurfwinkeln von je 18°8′, 18°8′ und 18°36′ aus den drei Rohren erzielt.

---

[1]) Die nachfolgenden Angaben sind aus F. Müller's „Artillerie-Material vom Jahre 1863“ entnommen; einige weitere Details sieh' unter „Munition“.

Das schweizerische Geschützsystem.[1]

Das schweizerische Geschützsystem (Müller) erscheint als eine Vervollkommnung des französischen und versucht es, Vorderladung und Zapfenführung, mit vollkommener Geschossliederung zu vereinigen.

Man behielt hiezu die ältere Form des La Hitte'schen Zugprofiles (Taf. XVI, Fig. 19 a) bei und versah das, sonst gleichfalls dem französischen nachgebildete Geschoss, nur mit einer (der vorderen) Zapfenreihe (Taf. XVI, Fig. 19 b, a, c, z, z), brachte aber, an dessen Bodenende, einen expansiblen Bleispiegel (Taf. XVI, Fig. 19 c, S) und an diesem selbst, die zweite Reihe der Führungszapfen, in der Gestalt von kurzen, prismatischen Warzen (Taf. XVI, Fig. 19 b, a, c, w, w) an. Längs des Geschossmantels blieben kleine Luftkanäle (lk, lk) ausgespart, welche die Flamme der entzündeten Ladung zur Spitze des Geschosses vordringen und dadurch den dort angebrachten Zünder[2] Feuer fangen liessen.

Diese letztere Anordnung wurde jedoch später wieder aufgegeben und das Geschoss mit dem preussischen Percussionszünder[3] armirt.

Das System Müller ist indess nur für das 4-pfünd. Kaliber zur Annahme gelangt und neben demselben neuestens ein Hinterladungs-8-Pfünder preuss. Systemes in der Schweiz. Artillerie eingeführt worden. (Sieh' darüber unter Broadwell-Liederung.)

b. Gezogene Hinterladungsgeschütze.

Dass die Hinterladung, d. h. die Herstellung eines gasdichten Rohrschlusses durch einen beweglichen Stossboden, bei Geschützen, wo es sich um Ladungen von ebensovielen Pfunden handelt, als die Infanteriepatrone Gramme wiegt, ganz andere Schwierigkeiten bieten muss, als für das Kleingewehr, das bedarf wohl keiner weiteren Auseinandersetzung. Ueberraschender wird es scheinen, dass die Vortheile, welche man vom Rückladegewehre zu ziehen gewohnt ist, sich nicht in gleicher Weise beim Hinterladungsgeschütze darbieten.

In erster Linie ist es die Schnelligkeit des Feuers, welche durch die Hinterladung wohl nur beim schweren Batteriegeschütze[4] eine erheb-

---

[1] Näheres hierüber sieh' in Streffleur's „Oesterreichische Militär-Zeitschrift" IV. Jahrgang. 1. Band.

[2] Ueber „Zünder" sieh' unter „Munition".

[3] Dessen Beschreibung sieh' unter „Munition."

[4] Es besteht daher vielfach die Anschauung, dass es am besten wäre, nur die Batteriegeschütze auf Rückladung einzurichten, die Feldkanonen aber als Vorderlader zu construiren. So will die englische Feldartillerie

liche Steigerung erfährt, bei Feldkanonen, kann es der Vorderlader leicht mit dem Rücklader an Feuergeschwindigkeit aufnehmen, ja diesen hierin sogar noch übertreffen.

Es liegt diess einmal an dem Umstande, dass, bei Vorderladungs-(Feld-!) Geschützen, die Richtung gleichzeitig mit dem Ansetzen der Ladung vorgenommen werden kann, was bei Rückladekanonen nicht gut möglich ist, zum anderen und grössten Theile liegt es aber daran, dass sowohl der Ladungsvorgang selbst, als auch die ganze Behandlungsweise des Verschlusses gehörige Ruhe und Aufmerksamkeit erfordern und jede Uebereilung und Vernachlässigung sehr leicht durch bedeutende Störungen der Aktion bestrafen.

Die Fortschritte der Technik werden diese Verhältnisse vielleicht (auch durch gasdichte Patronen?) mit der Zeit zu ändern vermögen, bis dahin aber ist der Hauptvorzug des Rückladegeschützes weit weniger in der Geschwindigkeit, als in der Präcision seines Feuers zu suchen, da eben eine vollkommene Führung und Liederung des Artilleriegeschosses am Vortheilhaftesten wohl nur durch die Ladung von rückwärts erlangt werden kann.

Wie beim Kleingewehre, war es auch beim Geschützwesen Preussen, das sich in erster Linie für die Rückladung entschied und das, von ihm adoptirte System, bereits im Jahre 1860 auf alle Kaliber auszudehnen und consequent durchzuführen begann, welchem Vorgehen sich Bayern aufs Thätigste anschloss.

Nächst Preussen ist es England, das ein originelles Hinterladungssystem in seinem Armstronggeschütze aufzuweisen und dasselbe auch, nach wiederholten Kämpfen mit den eigenthümlichen Construktionen Whitworth's, zur Einführung gebracht hat.

1. Das preussische Geschützsystem.[1])

Die preussischen Hinterladungsgeschütze übertreffen wohl alle anderen gezogenen Kanonen an Präcision und gewähren durch diesen Vorzug

---

zur Vorderladung zurückkehren, während Oesterreich für seine schweren Geschütze die Rückwärtsladung annimmt.

[1]) Sieh' hierüber „Hand- und Taschenbuch für Offiz. d. preuss. Feld-Artill.", Berlin, Vossische Buchhdlg. 1865, dann „Die gezogenen Feldgeschütze" von W. Witte, Hauptm. in d. preuss. Garde-Artill., Berlin 1867, Mittler u. S., ferner „Die historische Entwicklung des preuss. Systems der gezogenen Geschütze" von Taubert, k. pr. Oberst a. D. in „Archiv für d. Offiz. d. k. preuss. Artill.- u. Ingen.-Corps", 31. Jahrg. (1867), 61. Bd, endlich „Das

einen reichlichen Ersatz für die unerlässliche Genauigkeit und Aufmerksamkeit, welche ihre Bedienung und die Behandlung ihrer Munition erfordern. Ihre Construktion hat indess, im Laufe der Zeit, einigermassen an strenger Gleichartigkeit verloren und wenn dabei auch niemals von den, anfänglich als richtig erkannten Grundprinzipien abgegangen wurde, so weichen die einzelnen Rohrmodelle — besonders was die Verschlusseinrichtungen und das Detail der Züge betrifft — doch allzu erheblich von einander ab, um nicht gesondert besprochen werden zu müssen.

Das preussische Geschützsystem, wie es im Jahre 1858 59 zur Einführung[1]) gelangte, zeichnete sich vor allem dadurch aus, dass es für die drei verschiedenen Kaliberstufen, für welche es in Anwendung kam — den 6-, 12- und 24-Pfünder — das gleiche Zugprofil und den gleichen Drallwinkel (von 3°30') festsetzte.

Was das erstere anbelangt, so war es, des leichteren Eingreifens der Felder in den bleiernen Geschossmantel (Taf. XVII, Fig. 6ª u. 8, b m) wegen, (vergl. S. 205) mit (ca 0,2" = 5,2mm) schmalen Balken, aber doppelt so breiten Zügen und diese selbst mit parallelen Seiten- und concentrischen Grundflächen construirt.

Die Zugtiefe betrug beim 6- und 12-Pfünder nur 0,05" (1,3mm), beim 24-Pfünder 0,06" (1,5mm) und war der Höhe der Wulste (Taf. XVII, Fig. 8, ww) gleich, welche sich am Geschossmantel angebracht befanden und allein in die Züge gedrängt wurden (vergl. S. 208).

Der 6-Pfünder hatte 18 Züge und 15' (4,7m) Dralllänge, der 12-Pfünder 24 Züge mit 20' (6,3m) und der 24-Pfünder 30 Züge mit 30' (9,4m) Dralllänge.

Das Ladungsverhältniss ward für den 6-Pfünder auf $\frac{1}{11,5}$, für 12- und 24-Pfünder auf fast $^1/_{11}$ festgesetzt und das, beiläufig zwei Durchmesser lange Geschoss, fertig laborirt, etwas über doppelt so schwer, als sein Nenngewicht angenommen.

Nach diesen Grundzügen wurde das System sowohl auf metallene als gusseiserne, für den Felddienst aber auf gussstählerne Rohre angewendet und dabei neue Modelle dieser um 3—4 Bohrungsweiten länger als die glatten Geschütze gleichen Kalibers hergestellt.

Von dieser systematischen Gleichartigkeit der Zugeinrichtungen wurde zuerst bei Einführung des (stählernen) Feld-4-Pfünders (1864) abgegan-

---

gezogene Geschütz" von Kraft Prinz zu Hohenlohe-Ingelfingen, k. pr. Major und Flügeladjutant, Berlin, geheime Oberhofbuchdruckerei (Decker) 1860.

[1]) Die Versuche damit begannen im Frühjahre 1851 (Taubert).

gen und die Seele dieses Rohres (Taf. XVII, Fig. 6a, b u. c) nicht mehr mit Parallel- sondern mit (12) Keilzügen (sieh' S. 205) versehen.

Die Breite der letzteren betrug am Laderaume 0,675" (17,7mm), an der Mündung 0,515" (13,5mm), jene der Felder dort: 0,11" (2,9mm), hier 0,27" (7mm). Die Zugtiefe war zu 0,05" (1,3mm) beibehalten, ebenso auch die Form des Profils nicht geändert, der Drall aber auf 12' (3,766m) (bezw. 3°45') verstärkt worden.

Man wollte durch diese Anordnungen das Eingreifen des Bleimantels in die Züge erleichtern, zugleich aber die Führung verschärfen und beabsichtigte damit eine Steigerung des Ladungsverhältnisses (auf ⅐—⅙) und der Schussgenauigkeit zu erlangen.

Die Erfüllung dieser Erwartungen hatte die Einführung der Keilzüge für den Feld-6-Pfünder zur Folge, dessen Seele mit 16 derselben versehen wurde, deren Breite an der Mündung 0,44" (11,5mm), am Laderaume 0,59" (15,4mm), jene der Felder aber, dort: 0,25" (6,5mm), hier 0,10" (2,6mm), bei 16' (5,2m) Dralllänge betrug.

Weit bedeutender aber als die Zugeinrichtungen wurden die Verschlussvorrichtungen im Laufe der Zeit modifizirt.

Die Geschützrohre von 1858 und 59 waren sämmtlich mit dem Wahrendorff'schen Kolbenverschlusse versehen, von dem man aber — für Batteriekanonen — schon im Jahre 1862 abging, um ihn durch den Kreiner'schen Keilverschluss zu ersetzen.

Dem Vierpfünder von 1864 gab man einen verbesserten Keilverschluss und beabsichtigt, künftighin auch diesen nach einem neueren Modelle von 1866 herzustellen, neben welchem endlich ein Krupp'scher Verschluss mit einfachem Keile und einer Broadwell'schen Liederung dazu, besteht und versucht wird.

Der Wahrendorff'sche Kolbenverschluss (Taf XVII, Fig 1 u. 7a).

Freiherr v. Wahrendorff, Besitzer der Geschützgiesserei von Aaker in Schweden, war schon im Jahre 1843 mit einem gezogenen Hinterladungsgeschütze hervorgetreten, aus welchem er, mit Blei umgossene Vollkugeln zu feuern versuchte.[1])

So wenig überraschend die damit erzielten Schussleistungen waren, so befriedigende Resultate ergab der Verschluss jenes Rohres und man fieng bereits an, denselben in mehreren Artillerien für schwere, glatte Batteriekanonen in Aussicht zu nehmen, als die sehr beachtenswerthen Erfolge bekannt wurden, welche Wahrendorff (1846 und 47) mit einem von ihm und dem, zum Geschützgusse in Aaker commandirten,

---

[1]) Schmölzl's „gezogene Kanone" S. 17.

sardinischen Artilleriemajor Cavalli construirten, für Spitzgeschosse eingerichteten (Seite 343 erwähnten) Hinterladungsgeschütze erreichte.[1])

Während die Ideen Cavalli's zur Herstellung gezogener Vorderladungskanonen führten, vervollkommnete Wahrendorff (1851) sein Rückladesystem durch die Anwendung eines Spitzgeschosses, das längs seines ganzen Führungstheiles mit einem, die Liederung herstellenden Bleimantel umgossen war.[2])

In diesen Anordnungen darf die Grundlage des preussischen Geschützsystemes gesucht werden.

Was nun den Wahrendorff'schen Verschluss selbst anbelangt, so besteht derselbe aus 3 Haupttheilen:

dem Kolben mit Hals, dem Quercylinder und der Verschlussthüre.

Der Verschlusskolben (Vk) ist mit dem Kolbenhalse (kh) aus Einem Stücke in Eisen geschmiedet und an seinem vordern Ende dem Kolbenkopfe (Kk), mit einer starken, aufgeschraubten Stahlplatte armirt, welche mit einem Spielraume von 0,005 bis 0,01" (0,13–0,26mm) in den rückwärtigen Theil des Laderaumes passt.

Der Kolbenhals ist einmal unmittelbar hinter dem Kolbenkopfe (bei ql) für den Durchgang des Quercylinders (qc) und dann weiter rückwärts (bei ll), zur Verminderung des Kolbengewichtes, durchlocht und endigt in eine Schraubenspindel (sp), an welcher sich eine zweiarmige Mutterkurbel (mm) bewegt, die durch einen eingesteckten Splintkeil (sk) festgehalten wird.

Die Kurbel ist mit einer tellerartigen Basis (tt) versehen, mit welcher sie sich unmittelbar gegen die Verschlussthüre (vt) legt; an dem einen (bei geschlossenem Rohre, rechten) Kurbelarme, ist eine kugelförmige Verstärkung (Fig. 7a ka) angebracht, deren Uebergewicht das Selbstöffnen des Verschlusses verhindert.

Der Quercylinder (qc) ist von Gussstahl und wird von rechts nach links durch das Querloch des Rohres (Taf. XVII, Fig. 7b, ql) und Kolbenhalses gesteckt, um das Zurückweichen des eingesetzten Verschlusskolbens zu verhüten. Er ist mit einem eingeschraubten Handgriffe (Fig. 7a, hg) und einer kleinen, drehbaren Stossplatte versehen, an welcher die Quercylinderkette (qk) eingehakt wird, deren eines Ende am Rohre selbst befestigt ist und welche sowohl das übermässige Herausziehen des Quercylinders verhindert, als auch denselben bei Transporten etc. im Rohre festhält.

---

[1]) „Historische Entwicklung des preuss. Geschützsystemes" von Taubert, Archiv, 31. Jahrg. (1867), 61. Band, S. 221.

[2]) Schmölzl's „gezogene Kanone" S. 18.

Die Verschlussthüre (vt), bei Feldgeschützen aus Bronze, bei Batteriekanonen auch aus Eisen gegossen, ist von glockenförmiger Gestalt, um den Kopf des Verschlusskolbens in sich aufnehmen zu können, wenn er aus dem Rohre gezogen wird.

In ihrer, an die Basis (t t) der Kolbenkurbel stossenden Bodenplatte, ist ein Vertikalschlitz (se, se) eingeschnitten, durch welchen der Kolbenhals nach aussen tritt und Führung erhält. Am Rohre wird sie durch ein (bronzenes) Charnierstück festgehalten, um dessen Verbindungsbolzen (b) sie sich drehen lässt.

Um das Rohr zu schliessen, wird die Verschlussthüre zugelegt, der Kolben — mittels Angreifens der Kurbelarme — in den Laderaum geschoben, der Quercylinder eingesteckt und endlich die Kurbel selbst im Viertel rechts gedreht, um dadurch den Verschlusskolben fest gegen den Quercylinder und ebenso diesen selbst gegen die hintere Wand des Querloches zu pressen, die einzelnen Theile des Verschlusses also unter sich und mit dem Rohre selbst in eine feste Ruhelage zu bringen (Taf. XVII, Fig. 1 u. 7 •). Hebt man diese letztere durch eine Viertelsdrehung der Kurbel nach links auf, so kann das Rohr geöffnet werden, indem man den Quercylinder bis zur Spannung seiner Kette seitwärts und dann den Verschlusskolben rückwärts herauszieht, bis er in die Höhlung der Verschlussthüre zu liegen kömmt, wonach sich diese selbst links bewegen und damit die Durchbohrung des Rohres, zur Einführung der Ladung frei werden lässt.

So sehr sich nun dieser einfache Mechanismus als solcher bewährte, so muss es doch in die Augen fallen, dass derselbe noch keinen hermetischen Abschluss des Rohres herstelle, sondern wohl noch weitere Mittel nöthig seien, um die Anlehnung des Kolbenkopfes erst vollkommen gasdicht zu machen.

Dieses Mittel hatte Wahrendorff in einem stählernen Expansionsringe gesucht, den er so auf die Stirn des Kolbenkopfes aufpasste, dass derselbe, durch seine Ausdehnung beim Schusse, die Kolbenfuge vollständig abschloss.

Diese Anordnung erwies sich aber nicht als zweckmässig und wurde in Preussen so zu sagen durch einen festen Patronenboden, d. h. durch die Einlage eines starken Hanfpappendeckels ersetzt, der, wie ein Flaschenboden gewölbt ist und — seinem Materiale (Technologie S. 70) entsprechend — den Namen Pressspahnboden (Taf. XVII, Fig. 1, pp, dann Taf. XXII, Fig. 8) führt.

So vollkommen dieser seiner Aufgabe entspricht, so complicirt seine Anwendung doch auch den Ladevorgang in hohem Masse; denn er muss nicht allein sehr genau in den Kammerraum eingesetzt werden — was besonders bei grossen Geschützen, bei welchen der Pressspahnboden nicht, wie beim Feldgeschütze, an der Patrone angekittet ist — sondern er soll nach dem Schusse auch gegen vorwärts aus dem Rohre geschoben und dadurch dieses selbst zugleich gründlichst gereinigt werden.

Die letztere Verfahrungsweise hat man übrigens nach und nach doch zu umständlich und zeitraubend gefunden und sie deshalb (in Preussen) durch die Anwendung gelochter Pressspahnböden beseitigt, welche sowohl leichter correkt eingesetzt, als nach dem Schusse ganz bequem von rückwärts aus dem Rohre genommen werden können, dessen Reinigung eben dem Wischer allein überlassen bleibt.

Der Kreiner'sche Keilverschluss (Taf. XVII, Fig. 2).

Die, mit dem Pressspahnboden — dessen Herstellung ja auch schon geeignete Press- und Schneidmaschinen erfordert — verbundenen Umständlichkeiten, liessen eigentlich sofort mit seiner Annahme den Wunsch rege werden, ihn recht bald wieder beseitigen, d. h. entbehren zu können und diesem Wunsche verdanken fast alle späteren und neueren preussischen Verschlussvorrichtungen und die darauf bezüglichen Versuche, ihre Entstehung und Ausführung.

Es war diess auch beim Kreiner'schen [1]) Keilverschluss der Fall — nur erfüllte er diese Erwartungen doch nicht ganz; er erlaubt zwar im äussersten Nothfalle ohne Pressspahnboden zu feuern, gestattet aber durchaus nicht, diess als Regel anzunehmen.

Der genannte Verschluss besteht aus zwei, quer durch das Bodenstück gesteckten massiven Keilen — Vorder- und Hinterkeil, (**Vk** u. **Hk**) — welche mit ihren schiefen Ebenen so gegeneinander liegen, dass sie zusammen ein vierkantiges Prisma bilden, dessen Querschnitt vergrössert werden kann, sobald man den einen Keil (**Vk**) an der ansteigenden Fläche des anderen (**Hk**) aufwärts schiebt.

Diese Bewegung (sowie die ihr entgegengesetzte) regelt sich sehr einfach durch die zweckmässige Anordnung einer Schraube (**ls**), welche mit ihrem (Links-) Gewinde in die Hirnseite des Vorderkeiles tritt, indess sie mit dem glatten Theile ihrer Spindel in einem, am dünnen Theile des Hinterkeiles angebrachten Hakenansatze liegt, der das starke Ende des Vorderkeiles umgreift.

Dreht man die, am äusseren Ende der ebengenannten Schraubenspindel (**ls**) aufgesetzte Kurbel (**kk**) im Viertel nach rechts, beziehungsw. vorwärts, so schiebt man dadurch den Vorderkeil (nach links, d. h.) an der schiefen Fläche des — durch die Kurbel zugleich festgehaltenen —

---

[1]) Kreiner, Mechanikus in Berlin, ist auch der Erfinder der preussischen Keilzüge.

Hinterkeiles hinauf, der Querschnitt des Keilprismas vergrössert sich und dieses selbst wird fest gegen die Wandungen seines Querloches im Rohre geklemmt, damit also das letztere geschlossen (Fig. 2). Eine Viertelsdrehung der Kurbel (k k) nach links hebt die Spannung des Keilprismas auf und erlaubt dasselbe (rechts seitwärts) aus dem Querloche herauszuziehen [wobei wieder die Kurbel (k k) als Handhabe dient]. Die letztere Bewegung öffnet das Rohr und wird durch zwei, im Rücken des Hinterkeiles, eingeschnittene Leitnuthen (n n) und die, in diese eingreifenden Haften (h) einer (mittels der Schraube s am Bodenstücke befestigten) Anhaltplatte derart begränzt, dass das Keilprisma nur soweit aus dem Rohre gezogen werden kann, bis sein — nun concentrisch gestellter Ladering (l l) in die Flucht der Rohrseele fällt.

Zur Verstärkung des ganzen Verschlussapparates, hat man den Vorderkeil aus Gussstahl hergestellt und seine Berührungsstelle mit der Rohrseele durch einen, in diese verschraubten Kupferring (k p) gefüttert.

Der Keilverschluss des gezogenen Feld-4-Pfünders.
(Taf. XVII, Fig. 3.)

Neben der nothwendigen Beibehaltung des Presspahnbodens, konnte es als ein Hauptmangel des Kreiner'schen Verschlusses angesehen werden, dass gerade der eigentlich bewegliche Theil desselben zunächst am Laderaume lag, oder — mit anderen Worten — dass der Vorderkeil es war, von dessen Funktion der Gang des Verschlusses hauptsächlich abhing. Trat irgend eine störende Anbrandung oder dergl. ein, so hatte natürlich der Vorderkeil am meisten davon zu leiden und konnte nun, ohne besondere, sehr leicht schädlich wirkende Gewaltmittel, nicht mehr aus seiner vorgeschobenen Stellung gebracht, der Verschluss also auch nicht geöffnet werden.

Da lag es denn sehr nahe, das ganze Prisma einfach umzukehren, so dass der verschiebliche Keil nun nach rückwärts käme.

Durch eine solche Veränderung war aber auch die Möglichkeit geboten, den nunmehrigen, feststehenden Vorderkeil mit Vorrichtungen zu versehen, welche den Presspahnboden entbehrlich machen konnten. Diesen Anschauungen verdankt der Verschluss vom Jahre 1864 seine Entstehung.

Derselbe setzt sich aus den nämlichen Haupttheilen zusammen, aus welchen der ältere Kreiner'sche bestand, nur sind deren Detailanordnungen von denen jener einigermassen verschieden.

So liegt vor allem der ganze Verschluss (Fig. 3 a) gerade entgegengesetzt im Rohre, wie sein Vorgänger; er öffnet sich daher auch nach links statt nach rechts, erfordert aber sonst hiezu dieselben Manipulationen, wie sie bereits oben kennen gelernt wurden.

Der *Vorderkeil* (Fig. $3^{a, e u. f}$, Vk) ist hier kleiner und speziell kürzer angcordnet, als beim *Kreiner*'schen Modelle. Er ist an einem Ende mit einem Hakenansatze (Fig. 3^{a}, h, Fig. $3^{e u. f}$, an) versehen, mittels welchen er die, nur am *Hinterkeile* (Fig. $3^{a, c u. d}$, Hk) befindliche und mit diesem Ein Ganzes bildende (wieder linke) Schraubenspindel (sp) umgreift. Entgegengesetzt diesem Hakenansatze endigt der Vorderkeil in einen kleinen Zapfen (z), welcher, bei geöffnetem Verschlusse, in einen entsprechenden Einschnitt (e) des Ladetrichters (lt) zu stehen kömmt, der in den Hinterkeil eingeschraubt ist.

Beide Keile sind von Gussstahl gefertigt, in die — dabei etwas convex gewölbte — Stossbodenfläche am Vorderkeile aber, noch eine besondere, den Querschnitt des Laderaumes überragende, tellerförmige Stahlplatte (stp) eingesetzt, welche mit dem, Schachtel ähnlich von ihr umfassten Kupferringe (rr) die eigentliche — auch als *Kupferliederung* bezeichnete — Dichtung des Verschlusses bilden und den Pressspahnboden ersetzen soll.

Der Querschnitt des Kupferringes hat nahezu die Gestalt eines rechtwinkligen Dreieckes; die eine Kathete des letzteren steht am Tellerrande der Stahlplatte (stp) an, die andere ist gegen den Laderaum gekehrt, die vertiefte Stossbodenfläche der Stahlplatte wird demnach nur von einer Spitze jenes Querschnittdreieckes berührt.

Die, beim Schusse, in den Hohlraum des Kupferringes eintretenden Pulvergase, werden also auf die einwärts geneigte Hypotenuse seines Querschnittes drücken und dadurch die, am Laderaume anliegende Kathete desselben heftigst, gegen diesen drängen, damit aber auch dessen festen Abschluss herbeiführen müssen.

Der Gang des ganzen, wieder durch die geeignete Zusammenlegung seiner schiefen Flächen (Fig. $3^{d u. f}$, se), hergestellten Keilprismas, wird beim Verschlusse von 1864 durch besondere, in das Keilloch (Taf. XVII, Fig. 6^{a}, kl) eingeschnittene Leitbahnen (Taf. XVII, Fig. 3^{b}, b_1, b_3) geregelt, in welche die Keile mit entsprechenden Führungskanten (Fig. $3^{c, d, e, u. f}$, $b_1 b_1$, $b_3 b_3$) eingreifen.

In die obere Führungskante ($b_1 b_1$) des Hinterkeiles ist die Nuthe (nn) für die sogenannte Gränzschraube (Fig. 3^{b}, gs) eingeschnitten, welche die Seitenbewegung des Keilprismas geeignet beschränkt.

Diese Schraube tritt von oben (mittels des Gränzschraubenloches Fig. 3^{b}, gsl) durch das Bodenstück und wird bei Schliessung des Rohres angezogen. Im letzteren Zustande ist dem Keilprisma — ausser seiner eigenen Verspannung — noch ein weiterer Halt durch die Fussscheibe (Fig. 3^{d}, fs) der Kurbel (k) gegeben, welche bei der Sperrung des Verschlusses unter eine, am Bodenstücke verschraubte Hafte (Fig. 3^{b}, ss), *Gränzstück* genannt, zu stehen kömmt.

Die Kurbelscheibe (fs) bildet aber keine volle, sondern eine (bei as as) beschnittene Kreisfläche; öffnet man das Rohr, so wird durch die, dazu nöthige Drehung der Kurbel das beschnittene Stück der Fussscheibe unter das Gränzstück (ss) gestellt und die Wirkung des letzteren dadurch aufgehoben.

Mit dem neuen Verschlusse erhielt auch die Rohrgestalt einige Veränderungen. Man hielt es nämlich für zweckmässig, das Bodenstück etwas zu verstärken und gab demselben hiebei die Form eines vierkantigen Prismas, das denn auch als »Vierkant« des Rohres benannt wurde (Taf. XVII, Fig. 3ᵇ).

Ausser dem Keilloche (Taf. XVII, Fig. 6ᵃ, kl) und der Durchbohrung der Seele, sowie dem bereits erwähnten Gränzschraubenloche (Fig. 3ᵇ, gsl) enthält der Vierkant noch das Zündloch (Fig. 3ᵃ, zl) und eine, gleichfalls vertikale Durchbohrung für die Aufsatzstange (Fig. 3ᵇ, bei a). Ebenso ist die Visirlinie (vl) und die Quadrantenfläche (gf) auf dem Vierkante bezeichnet.

Die Anbringung des, hier auch besonders konstruirten Aufsatzes (bei a) weist zugleich darauf hin, dass der Vierpfünder nur ein seitliches Korn (auf dem rechten Schildzapfen, Taf. XVII, Fig. 6ᵃ, k) und also auch nur eine (die kurze) Visirlinie besitzen kann.

Am Keilloche des Vierkantes ist endlich noch einer Auskehlung (Taf. XVII, Fig. 3ᵃ ᵘ ᵇ, ak) zu erwähnen, welche die Reinigung des Kupferringes etc. am Vorderkeile ermöglicht, ohne den Verschluss ganz aus dem Rohre nehmen zu müssen.

Aus all' diesen Anordnungen ist leicht zu erkennen, dass man nach Kräften bestrebt war, die Handhabung des neuen 4-Pfünders auf's Möglichste zu erleichtern, [1]) um so die gezogene Hinterladungskanone wirklich zu einem rechten Feldgeschütze zu machen. Man versuchte es daher auch, die Fettung der Rohrseele, welche sonst durch geeignetes Fettwischen vorgenommen werden muss, hier mit der Patrone zu vereinigen. Hiezu schloss man in diese eine kleine, flache, mit Glycerin (sieh' S. 74) gefüllte Zinkkapsel ein, welche beim Schusse platzte und dadurch ihren Inhalt im Rohre vertheilte.

Die verschiedenen Details des Verschlusses von 1864 erwiesen sich indess bei längerem Gebrauche nicht so untadelhaft, als man diess bei ihrer Annahme gehofft hatte und sah man sich demnach schon im Jahre 1866 veranlasst, ein neues Verschlussmodell (für den 4-Pfünder) aufzustellen, das sich in seinen Anordnungen dem älteren, Kreiner'schen

---

[1]) Von diesem Bestreben gibt auch die Laffete des gezogenen Feld-4-Pfünders Zeugniss, worüber weiter unten gesprochen werden wird.

wieder mehr näherte und solidere Leistungen versprach, als die, vielleicht zu zierlich gehaltene Construktion von 1864.

Man verlängerte den Vorderkeil wieder auf sein früheres Mass, vergrösserte auch den Querschnitt und besonders die Höhe desselben, stellte die Schraubenspindel nicht mehr in Einem Ganzen mit dem Hinterkeile, die Keile selbst aber aus — weniger sprödem — Schmiedeeisen her; rundete die Ecken des Keilloches und also auch die Kanten des Keilprismas ab, gab der Kurbelscheibe eine andere (glockenähnliche) Form und verstärkte auch den Zusammenstoss des Vierkantes mit dem vorderen Rohrkörper, behielt jedoch die Kupferliederung bei. Nach den neuesten Entschliessungen wird aber nun auch diese verlassen und durch eine volle Stahlplatte im Vorderkeil und — den Pressspahnboden ersetzt werden [1])

Neben all' diesen Verbesserungen trat aber ein neuer Verschlussmechanismus und eine neue Dichtungsweise auf, welche die Aufmerksamkeit der preussischen Artillerie abermals in Anspruch nahm. Es war diess:

Der Krupp'sche Keilverschluss [2]) mit Broadwell-Ring.

(Taf. XXII, Fig. 9.)

Der Krupp'sche Verschluss unterscheidet sich von den bisherigen Construktionen vorzüglich dadurch, dass er in der Hauptsache nur aus Einem Keile (K) besteht. Derselbe (der Keil) durchgreift das ganze Bodenstück des Rohres (von links nach rechts) und enthält an seinem schmaleren Ende das Ladeloch (l t), während er an seiner Hirnseite den Spindelzapfen der Keilschraube (Ks) aufnimmt. Er wird aus Gussstahl gefertigt und hat die Form eines Halbcylinders, [3]) an welchen — der Länge nach — ein Keilstück angesetzt ist. Die gerade Fläche

---

[1]) Witte „Die gezogenen Feldgeschütze". Anmerkung zu S. 7.
Damit kömmt auch die „Auskehlung" (Taf. XVII, Fig. 3a u. b, a k) am Keilloche wieder in Wegfall, was auch bezüglich der Fettung mittels Glycerinkapseln beabsichtigt sein soll.

[2]) Im Prinzipe und besonders in der Dichtungsweise ganz gleich dem Krupp'schen, ist der, in der Schweiz (für 8- und 12-Pfünder) zur Annahme gelangte Broadwell'sche Verschluss. Fig. 9 der Taf. XXII stellt auch speziell den Schweizer (8-Pfünder) Verschluss dar, kann aber ganz gut zur Erklärung des Krupp'schen Rohrverschlusses benützt werden. Uebrigens sollen die Hauptunterschiede der beiden Verschlussarten im Texte Erwähnung finden.

[3]) Der Broadwell'sche Keil ist aus Schmiedeisen gefertigt und von vierseitigem Querschnitte, welchem das Keilloch natürlich entspricht.

des letzteren, bildet die Stossbodenebene und steht senkrecht zur Rohrseele; mit seiner schiefen Fläche, liegt das Keilstück in der Schnittebene des Halbcylinders, dessen Mantel also die Rückseite des ganzen Verschlusskeiles bildet.

Das Keilloch ist, diesen Anordnungen entsprechend, gegen vorwärts senkrecht zur Seelenaxe, gegen rückwärts aber durch eine Cylinderfläche begrenzt, deren Mantellinie schräg zur Kernlinie des Rohres (R) liegt.

Die, an ihrem äusseren Ende wieder mit einer Kurbel armirte, stählerne Keil- oder Verschlussschraube (K s) ist hier mit sehr starken Gewinden versehen, deren Muttergänge in den Rohrkörper selbst (in die cylindrische Fläche des Keilloches also) eingeschnitten sind. [1])

An der (beim Schlusse) vorderen Seite der Schraubenspindel, sind die Gewindegänge abgenommen, um so — beim Oeffnen des Verschlusses — den Eingriff der Keilschraube in ihre Mutter schon durch eine kleine Drehung der Kurbel lösen zu können.

Seiner Form wegen hat der Krupp'sche Mechanismus auch den Namen: Rundkeil- oder cylindroprismatischer Verschluss erhalten.

Die Broadwell-Liederung besteht — wie die Kupferliederung von 1864 — aus einer Stahlplatte (st p) und einem Expansionsringe (e r). Die erstere ist in die Stossbodenfläche des Rundkeiles eingesetzt und erhält in diesem dünne, lose eingelegte Messingscheiben [2]) (k p) zur Unterlage.

Die vordere Fläche der Stahlplatte ist mit einer (ca. $\frac{1}{4}$") seichten Austiefung zur Aufnahme des Pulverrückstandes versehen, welcher sonst, bei voller Platte, sich über dieser ansammeln und dadurch — beim Oeffnen des Verschlusses — das Keilloch verunreinigen und die Dichtung des Rohres benachtheiligen würde.

Um die Stahlplatte und ihre Unterlage leichter herausnehmen zu können, ist der Rundkeil, in der Richtung der Seelenaxe, mit einer kleinen Durchlochung (d l) versehen.

Der Broadwell-Ring (e r) von Stahl, hat eine Kugelzone als Aussenfläche und ist mit dieser genauestens in eine entsprechende Auskehlung des Laderaumes eingeschliffen. Ebenso genau muss seine, mit Schmierrinnen (s r) versehene Basis, auf die bezügliche Berührungsfläche der Stahlplatte aufgeschliffen werden, um einen wirklich hermetischen Abschluss des Rohres zu ermöglichen.

---

[1]) Bei Broadwell sind diese Muttergänge in einem besondern schmiedeisernen Einsatzstücke (Re) enthalten.

[2]) Bei Broadwell ist diese Unterlage durch eine, von 3 Schrauben (s) festgehaltene Kupferplatte (kp) gebildet.

Auf seiner inneren Fläche ist der Liederungsring mit einer tiefen Hohlkehle versehen, welche seine Expansibilität erhöht und sowohl das Anpressen der kugeligen Aussenfläche an die Rohrwand, als dasjenige der Ringbasis an die Stahlplatte, beim Schusse begünstigt.

Die Broadwell-Liederung[1]) hat sich — sowohl in Verbindung mit dem Krupp'schen als auch mit dem modifizirten Keilverschlusse von 1864 — bei den eingehendsten und strengsten Versuchen vorzüglich bewährt und besitzt den grossen Vorzug, bei sonst guter Beschaffenheit des Expansionsringes, sehr leicht durch eine Verstärkung der Messing-Unterlage (k p) der Stahlplatte (s t p) verbessert werden zu können, wenn sie an Vollkommenheit nachgelassen haben sollte.

Sie fordert aber eine sehr correkte Zuarbeitung der einzelnen Dichtungsflächen und bedingt eine nicht ganz gleichgültige Schwächung der Wände des Laderaumes, liedert dabei aber keinenfalls besser, als — der Pressspahnboden.

Von einer definitiven Annahme derselben in Preussen ist daher, bis zur Stunde, nichts bekannt geworden;[2]) wohl aber fand sie eine solche — mit dem Krupp'schen Rundkeile[3]) — in der russischen Feldartillerie.

Es entsteht hiebei wohl die Frage, ob es nicht der »Keilverschluss« als solcher sei, der, durch die Art seiner Einfügung in das Rohr, eine so bedeutende Schwächung des Bodenstückes bedinge und im Keilloche eine so empfindliche Stelle für den Angriff der Pulvergase biete, dáss seine Anwendung auf Rohre kleinen Kalibers, unter allen Umständen, bedenklicher erscheinen müsse, als diejenige des Wahrendorff'schen Kolbens.

Bei schweren Geschützen liegen solche Bedenken vielleicht weniger nahe, da hier ohnediess grössere Metallstärken vorhanden sind und deren weiteren Erhöhung (bei neuen Rohren) auch nichts im Wege steht, während man bei Feldkanonen ungerne zu einer Steigerung des Rohrgewichtes greift.

---

[1]) Es sei hier bemerkt, dass der kgl. bayer. Artillerie-Hauptmann und Oberwerkmeister K. Fricker bereits im Jahre 1859 die gleiche Idee, welche der Broadwell-Liederung zu Grunde liegt, zum praktischen Ausdruck brachte. (Sieh' dessen „Beitrag zur Literatur über gezogene Kanonen", München, 1861).

[2]) So wurde ja auch die, nach S. 358 aufgegebene Kupferliederung nicht durch die Broadwell'sche Construktion ersetzt.

[3]) Dagegen scheint der Krupp'sche Keilverschluss (aber mit presspahnbodenförmigem Kupferboden!) für die preuss. Marinegeschütze Annahme zu finden und ist der zur Zeit in Probe befindliche 300-Pfünder (sieh' Note 1 zu S. 323) damit versehen.

ıtsverh

ten für de

	LA
langen	
	Visi
hn. Zoll	cm.
.	
77	201,3
77	201,3
70	183,0
9,08	206,8
7,62	229,1
1,88	266,4
1,88	266,4
1,88	266,4
76,04	204,1
13,08	295,7
117,8	308.

ıe zweckmä

.ugsburg .

Diese Erwägungen mögen es auch gewesen sein, welche Preussen veranlassten, den Keilverschluss nicht auf den Feld-6-Pfünder auszudehnen, obwohl schon neue Rohrblöcke dieses Kalibers zur Aufnahme desselben besimmt und dem entsprechend (mit Vierkant etc.) construirt waren. (Witte S. 2.)

Die bayerischen Präcisionsgeschütze preussischen Musters.[1]

Das preussische Geschützsystem gelangte in Bayern[2] bereits im Jahre 1861 zur definitiven Annahme und hat hier alle glatten Kanonen in kürzester Zeit verdrängt, zugleich aber nach jeder Seite die befriedigendsten Resultate ergeben.

Ueber die Details der bayerischen gezogenen Geschütze, gibt die beiliegende Tabelle hinreichende Aufschlüsse und erübrigt es daher nur, noch einige Worte über deren ballistische Leistungen[3] anzufügen.

Die sämmtlichen, bayerischen Präcisionsgeschütze können bis zu 5000+ Entfernung mit ihren Schussladungen in Aktion treten, doch soll diess — gegen aufrecht stehende Ziele, als eigentlicher Schuss also — nur bis 2000+ geschehen und wird daher das, die letztere Entfernung überragende Feuer stets als Wurf bezeichnet, wenn es auch mit Schussladung abgegeben war.

---

[1]) Wozu bemerkt sei, dass sich in Taf. XXII, Fig. 24 folgende, hieher bezügliche Schussbahnen abgebildet finden:

unter	I	Schussbahn des	Feld-6-Pfünders		auf	1800+
„	II	„	„	„ 4	„	„ 1800+
„	III	„	„	„ 6	„	„ 1200+
„	IV	„	„	„ 6	„	„ 600+,

ebenso enthält Taf. XXIV, Fig. 5 unter I, II und IV die Wurfbahnen des Feld-6-Pfünders auf 1000+ mit 7, 10½ und 14 Lth. Ladung.

Sehr empfehlenswerthe Vergleiche über die Flugbahnen der preuss. gezogenen, mit denjenigen der französischen, englischen und Schweizer gezogenen, dann alten glatten bayerischen Geschützen, finden sich auch in „Archiv für preuss. Artill.- u. Ingen.-Offiz.“ 29. Jahrg. (1865) 58. Bd. S. 55.

[2]) In neuester Zeit, adoptirte es Oesterreich für seine Batteriegeschütze.

[3]) Die Details über alle diese Geschosse finden sich unter „Munition.“

Es beträgt nun: (nach den bezügl. Schiesstabellen)	Die normale Schussladung in		Das Gewicht der Granate in			Die Kernschussweite in		Die Elevation für		Die Einfallwinkel für		Die Seitenverschiebung der Visirlinie für				Bemerkungen.
								2000+	5000+	2000+	5000+	2000+ = 1406m		5000+ = 3765m		
	bayer. Lth	Gramm	bayer. Pfd.	bayer Lth.	Kilogramm	Artill.-Sch. à 2,4' rh.	Meter	in Graden		in Graden		in rhn. Zoll	in Millm.	in rhn. Zoll	in Millm.	
beim 4-Pfünder	28	490	7	22	3,777	440	331	$4^{1}/_{16}$	$14^{12}/_{16}$	$4^{13}/_{16}$	$22^{7}/_{16}$	0,125	3,8	0,5625	14,7	kurze Visirlinie
bei den Feld-6-Pfündern	35	612,5	12	—	6,72	350	264	$4^{10}/_{16}$	$15^{11}/_{16}$	$5^{8}/_{16}$	$22^{13}/_{16}$	0,1975	4,9	0,75	19,6	
beim eisern. Batter.-6-Pfünder . .	32	560	12	—	6,72	300	226	$4^{13}/_{16}$	$16^{4}/_{16}$	$5^{10}/_{16}$	$23^{4}/_{16}$	0,2	5,2	0,85	22,2	lange Visirlinie.
beim metall. Batter.-6-Pfünder . .	32	560	13	2	7,315	300	226	$4^{11}/_{16}$	$16^{10}/_{16}$	$5^{10}/_{16}$	26	0,2	5,2	0,85	22,2	
bei den eisernen u. langen metallenen 12-Pfündern .	56	980	25	16	14,28	260	196	$5^{12}/_{16}$	$17^{10}/_{16}$	$6^{7}/_{16}$	$22^{5}/_{16}$	0,45	11,8	1,55	40,5	
beim kurzen metall. 12-Pfünder . .	56	980	25	16	14,28	260	196	$6^{3}/_{16}$	$19^{7}/_{16}$	$7^{5}/_{16}$	$23^{4}/_{16}$	0,4	10,6	1,4	36,6	
bei den 24-Pfündern	112	1960	48	16	27,16	270	204	$6^{9}/_{16}$	$15^{15}/_{16}$	$6^{2}/_{1}$	$18^{9}/_{16}$	0,35	9,2	2,0	52,3	

Mit den gleichen Schussladungen verfeuern die sämmtlichen gezogenen 6-Pfünder, bis zu 2000+, Granatkartätschen, der 4- und die Feld-6-Pfünder, bis 600+, Büchsenkartätschen, bis 5000+ Brandgranaten; die 24-Pfünder endlich — für besondere Gewaltwirkungen — bis 2500+, Vollgeschosse (d. h. mit Eisen oder Blei ausgegossene Granaten, erstere 60, letztere 67,5 Pfund schwer), doch besteht für diese Schussart auch noch eine verstärkte Ladung von 4 Pfd. (2,24 Kil.)

Alle Geschütze werden zum flachen, die 24-Pfünder sogar zum hohen Bogenwurfe [1]) verwendet.

Die Trefffähigkeit [2]) der preuss. gezogenen Geschütze lässt sich im Allgemeinen durch folgende Angaben versinnlichen: unter sonst günstigen Umständen und bei aufmerksamem Schiessen wird, auf 800—1000+, ein Quadrat von etwas über 3′ Seitenlänge, auf 16—1800+, ein solches von 8′ und auf 2500+ eines von 25′ Seite in der Regel nicht gefehlt werden.

Das englische Hinterladungsgeschütz.

Als, unmittelbar nach den Erfolgen des La Hitte'schen Vierpfünders in Italien (1859), die Frage der gezogenen Kanonen sofort eine brennende für alle Artillerien geworden war, traten auch in England zwei Geschützsysteme auf, deren Kampf um den Vorrang vielleicht heute noch nicht als abgeschlossen angesehen werden darf.

Es waren diess die Systeme »Armstrong« und »Withworth«.

Nach den heftigsten Bekämpfungen und den zahllosesten, eingehendsten Versuchen, errang Armstrong endlich den Vorzug und die Einführung seines Systemes in der gesammten Grossbritanischen Artillerie, gelangte nun mit wahrhaft englischer Energie zur Verwirklichung.

Kaum aber war die Durchführung dieser umfassenden und höchst kostspieligen Massregel vollendet, als der Kampf von Neuem begann und diessmal, trotz der wiederholten Bethätigung der ausserordentlichsten Leistungen von Seite beider Systeme, eigentlich mit der Niederlage eines jeden von ihnen endigte.

Eine, im Jahre 1863, zur genauesten und endgültigen Prüfung der beiden rivalisirenden Systeme niedergesetzte Artilleriecommission erklärte

---

[1]) Ueber Vertikalfeuer aus gezogenen Geschützen sieh' auch „Archiv für preuss. Artill.- u. Ingen.-Offiz." 30. Jahrg. (1866). 60. Bd. S. 235.

[2]) Bezüglich der Trefffähigkeit, besonders aber auch der Durchschlagskraft der Geschosse preussischer Hinterladungsgeschütze, liegen in den Schiess- und Breschversuchen von Jülich (1860) die anerkennenswerthesten Resultate vor. Dieselben finden sich in der empfehlenswerthen Schrift „Die Schiess- und Breschversuche zu Jülich" von G. Weigelt, k. pr. Artill.- Hauptm. etc. Berlin, Vossische Buchhandlung 1861, sachgemäss zusammengestellt.

sich, nach mehr als zweijährigen, detaillirten Versuchen, für die Ausscheidung des Armstrong'schen Hinterladungsgeschützes aus der ganzen Feldartillerie, ohne aber als Ersatz hiefür, gerade das Whitworth-System, oder den mitgeprüften Armstrong'schen Vorderlader unbedingt zu empfehlen.

Gegen Ende des Jahres 1866 scheint sodann eine weitere Artillerie-Commission zu dem Entschlusse gekommen zu sein, das bereits für schwerste Geschütze adoptirte »Woolwich[1])-System« auch zur Einstellung in die Feldartillerie zu begutachten [2])

Hienach stände also die Ausrüstung des grössten Theiles der englischen Artillerie mit einem Systeme bevor, das sich — so viel bekannt — nur unbedeutend von demjenigen des französischen, gezogenen Vorderladungsgeschützes unterscheidet.

Bis zur gänzlichen Durchführung dieser Massregel und — für bestimmte Zwecke — vielleicht auch nach derselben, bliebe aber immerhin das Armstrong'sche Hinterladungsgeschütz noch zahlreich genug in der englischen Artillerie vertreten, um eine genauere Betrachtung seiner Einrichtungen zu verlohnen, neben welchen diejenigen seines ebenbürtigen Rivalen mindestens in Kürze berührt zu werden verdienen.

Das **Armstrong**'sche Hinterladungssystem (Taf. XVII, Fig. 5) ist dem preussischen in manchen Beziehungen ähnlich, wenn es sich auch durch Zugprofil und Verschlussmechanismus, sowie durch die eigenthümliche Herstellungsweise des Rohrkörpers vielfach von demselben unterscheidet.

Der Letztere kann, nach den neuesten Bestimmungen Armstrongs, als ein, mit schmiedeisernen Reifen gepanzertes Stahlgeschütz angesehen werden, während das sägeförmige Zugprofil (Taf. XVII, Fig. 5^b, dann Taf. VII, Fig. 10) mit dem preussischen wenigstens die (0,1" = 2,6^{mm}) schmalen Felder, die geringe Tiefe (0,05" = 1,31^{mm}) und die grosse Anzahl von Angriffspunkten (38 Züge von 0,15" = 4^{m} Breite auf 3" = 7,85^{cm} Bohrung beim 12-Pfünder) gemein hat, d. h. in dieser Hinsicht das preussische System sogar noch ungefähr um das Doppelte übertrifft. Die Züge sind parallel und machen, bei Feldgeschützen, auf 30—38, bei schweren Geschützen auf 65 Bohrungsdurchmesser einen Umgang.

Der Verschlussmechanismus (Taf. XVII, Fig. 5^a) setzt sich eigentlich nur aus zwei Theilen zusammen: einem losen Obturator (c) und der, diesen im Rohre festhaltenden Druckschraube (hs).

---

[1]) Woolwich ist der Name des englischen Artillerie-Arsenals.

[2]) Sieh' hierüber und speziell bezüglich der ganzen Reihe der, von 1864 bis 1865 angestellten Versuche und ihrer Resultate, „Archiv für preuss. Artillerie- u. Ingen.-Offiz. 31. Jahrg. (1867). Bd. 61 u. 62."

Der Obturator ist ein plattes Stahlstück, das mittels einer, an ihm befestigten Handhabe (h), von oben in den, für seine Aufnahme ausgesparten Rohrkörper eingesetzt werden kann. Er bildet den beweglichen Stossboden des Geschützes und enthält den rechtwinklig gebrochenen und centrisch zur Seelenaxe in den Laderaum tretenden Zündkanal, wovon er auch den Namen Zündlochstück (*vent piece*) führt.

Der vordere, direkte an den Seelenraum tretende Theil des Obturators, ist scheibenförmig zugearbeitet und von einem Kupferringe umfasst. Ebenso ist der rückwärtige Rand der Bohrung und der Zündkanal mit Kupfer gefüttert. Jedes Geschütz ist mit 2 Reserve-Zündlochstücken versehen.

Die Verschlussschraube (hs) ist unmittelbar in das Bodenstück (bs) des Rohres und zwar centrisch zur Seelenaxe derselben eingesetzt; ihre Spindel wird durch einen hohlen Cylinder gebildet, dessen Ausbohrung der Seelenweite entspricht, so dass dieselbe zur Einführung der Ladnng benützt werden kann.

Eine Kurbel (k) mit Gegengewicht vermittelt die Bewegung dieser Hohlschraube.

Der Gang des Verschlusses erklärt sich von selbst: eine Kurbeldrehung lüftet die Verschlussschraube, so dass das Zündlochstück nach oben herausgenommen werden kann, womit das Rohr geöffnet ist; das Einsetzen des Obturators und geeignete Anziehen der Hohlschraube schliesst die Bohrung.

Die letztere Operation bedarf indess der genauesten Ausführung; wirkt die Verschlussschraube nicht ganz energisch und gleichmässig auf das Zündlochstück, so kann diess sehr leicht beim Schusse herausgeschleudert und zertrümmert werden — ein Missstand, der im Ernstgebrauche auch häufig genug einzutreten scheint.

Ausserdem muss es als eine Unbequemlichkeit angesehen werden, dass sich das Rohr nach oben öffnet, was die Handhabung des Geschützes sowohl im Allgemeinen, als ganz besonders bei Regenwetter etc. erschwert.[1])

Das Ladungsverhältniss ist für alle Armstrong-Rücklader auf den 8ten Theil der Schwere des Geschosses festgesetzt und letzteres (Fig. 5[c u. d]) an 2 bis 3 Kaliber lang construirt und mit einem Bleimantel umgossen.[2])

Beim Schusse wird eine Stearinfettung gebraucht, deren Mangel das Geschütz sehr leicht gefechtsunfähig machen kann.

---

[1]) Diess gab wohl auch Veranlassung zu dem weiteren Verschlussmodelle, welches Armstrong speziell für schwere Geschütze vorschlug. Dasselbe öffnete sich nach der Seite und wurde durch eine Verkeilung geschlossen, scheint aber nur für Probegeschütze ausgeführt worden zu sein.

[2]) Näheres darüber sieh' unter „Munition".

Die ballistischen Leistungen des Systemes sind von denjenigen des preussischen Präcisionsgeschützes nur wenig verschieden.

Die mancherlei Einwürfe, welche der Armstrong'sche Hinterlader im praktischen Gebrauche erfahren musste, mochten seinen Erfinder wohl veranlassen, sich auch im Entwurfe eines Vorderladers zu versuchen, der indess kaum Anspruch auf volle Originalität erheben kann, sondern thatsächlich nur eine Modifikation des französischen Systemes repräsentirt.

Die breiten und in geringer Zahl vorhandenen Züge dieser Vorderlader gestatten das, mit Kupferzapfen versehene Spitzgeschoss, ohne Anstrengung längs der Ladekanten in den Pulversack hinabzuschieben, nächst welchem die Züge sich derart verengen, dass die Geschosszapfen fest an die Führungskanten (*driving side*) angedrängt werden.

Zunächst der Mündung nehmen diese »Shunt-Züge« — wie Armstrong sie nennt — auch noch an Tiefe ab und centriren hiedurch das Geschoss, ehe es das Rohr verlässt.

Weit einfacher in seinen Anordnungen und sehr hervorragend in seinen ballistischen Leistungen, erscheint dagegen das **Whitworth-System.**

Die Grundzüge desselben, sind zum Theile schon früher (S. 203, 206, 255 dann Taf. VII, Fig. 5, 13 u. 22) berührt worden und liegen hauptsächlich in der eigenthümlichen Polygonalbohrung mit ihrem ausserordentlichen Dralle und in der Anordnung eiförmiger und besonders langer Geschosse (Taf. VII, Fig. 22).

Whitworth hatte seine Construktionen sowohl auf Vor- als Rückwärtslader angewandt, war aber in der Wahl des Rohrverschlusses für letztere nicht glücklich. Derselbe (Taf. XVII, Fig. 4) bestand aus einer (bei s), auf das Rohr geschraubten Kapsel, die mittels einer Kurbel (k) bewegt werden konnte und von einer Verschlussthüre (vt) umfasst war, welche sich — ähnlich der Wahrendorff'schen — um ein Charnier (c) öffnen und schliessen liess. Sie wurde bei verschiedenen Versuchen abgesprengt und Whitworth kehrte hienach um so eher zur Vorderladung zurück, als die Führungsweise seines Systemes diess ja leicht gestattete.

Er konnte jetzt das Ladungsverhältniss für seine Geschütze auf ⅙ des Geschossgewichtes verstärken, blieb aber bei seinem nur 15—18 Kaliber langen Dralle, trotz welchem er, 10 Kaliber lange Geschosse ohne Schwierigkeiten anwenden zu können behauptet.

Seine Geschütze sind aus weichem Stahle (homogenem Eisen), seine Geschosse lediglich aus Gusseisen, ohne jeden Bleimantel oder dergl. hergestellt und nahezu 4 Kaliber lang. Er übertraf damit, bei seinen Vergleichsversuchen (1864 und 65), den Armstrong-Rück- und Vorderlader an Tragweit und Präcision, stand diesen jedoch an Feuergeschwindigkeit nach, gestattete die aufeinanderfolgende Abgabe von über 100 Schuss ohne Fettung, zeigte aber nach 2800 Schuss eine erhebliche Abnützung seiner Seele und eine damit correspondirende Verminderung seiner Tragweite und Treffwahrscheinlichkeit.

Die Infanterie-Kanonen.

Am Schlusse der Abhandlung über die gezogenen Geschütze, dürfte es wohl am Platze sein, der eigenthümlichen „Schiessmaschinen" zu erwähnen, welche in neuester Zeit unter dem Namen von Infanteriekanonen, Repetir- und Kartätschgeschützen *(canons à mitrailles, mitrailleuses)* das militärische Interesse auf's Höchste herausfordern.

Schon in den fünfziger Jahren gieng man in Preussen damit um, die alte Idee der „Regimentsstücke" [1]) wieder aufzufrischen und das Gewehrfeuer durch kleine, in die Fronte der Infanterie vertheilte Geschütze zu verstärken [2]), denen man den Namen Standbüchsen oder Amüsetten gab.

Dieselben schossen ein eiförmiges, massives Eisengeschoss, von einzölligem Kaliber, waren mit dem Verschlussmechanismus des Zündnadelgewehres auf Rückladung eingerichtet und mit einem Schiebervisire versehen, dessen Eintheilung einer grössten Schussweite von 2000⁺ entsprach.

In der Folge kamen diese Geschütze jedoch nur als Stellvertreter der Wallbüchse in Anwendung.

Im amerikanischen Bürgerkriege trat die Idee der Infanteriekanonen nun neuerdings, diessmal aber in weit grösseren Dimensionen auf — und Frankreich war es, das dieselbe von den europäischen Mächten sofort am eifrigsten cultivirte. [3])

Bisher sind drei Hauptsysteme solch neuer Geschütze genannt worden, deren eines in Amerika, das andere in Frankreich und das dritte in Belgien heimathberechtigt ist.

---

[1]) Sieh' den geschichtlichen Theil.

[2]) Auch Whitworth schlug ein solch' kleines Geschütz mit einpfündigem Eigeschoss vor, das für die Schussweite von 1000 Yards nur die geringe Elevation von 1° 40' erforderte.

[3]) Man schreibt Napoleon III. selbst die Erfindung einer „Mitrailleuse" zu, deren Leistungen aber (nach unverbürgten Privatmittheilungen) bei einem bezüglichen Vergleichsversuche hinter denjenigen der amerikanischen zurückgeblieben sein sollen, so dass nunmehr diese statt jener zur Einführung in Frankreich ausersehen sei.

Die amerikanische Infanterie-Kanone.

Die amerikanische Infanterie-Kanone (Taf. XXVI Fig. 25*) — nach ihrem Erfinder als „Gatling-gun" bezeichnet — ist ein Revolvergeschütz, das auf einer gewöhnlichen Feldlaffete liegt und aus sechs gezogenen Stahl-Läufen (l l) besteht, die sich um eine gemeinschaftliche Axe drehen.

An das Pulversackende der Läufe stösst die Lade- (L) und an diese die Schlosstrommel (S) an, beide an derselben Welle befestigt, welche dem Systeme der Läufe zur Drehungsachse dient.

Auf der Mantelfläche der Ladetrommel (L) sind 6, mit den Läufen correspondirende Längenschlitze eingeschnitten, durch welche die Patronen in die Trommel eintreten können. Seitwärts der Letzteren ist ein eigener Ladetrichter (t) angebracht, welcher die in ihn gegebenen Patronen zu den eben bezeichneten Ladeöffnungen leitet.

Die Schlosstrommel (S) enthält — wieder jedem einzelnen Laufe entsprechend — 6 cylindrische Schlösser mit spiralen Schlagfedern und den sehr einfachen, nur aus 2 konischen Treibrädern bestehenden Drehmechanismus, der durch eine, an der rechten Seite des Geschützes angebrachte Kurbel (k) in Thätigkeit gesetzt werden kann.

Wird die Kurbel und damit die Welle des Systemes gedreht, so rotiren Lade- und Schlosstrommel gleichmässig mit den Läufen, und diese Drehung ist es auch, welche das Einführen der Patronen, das Spannen und den Abgang der Schlösser und das Herausziehen der Patronenhülsen bewerkstelligt.

Es dienen hiezu zwei feststehende, mit der Schlosstrommel nicht rotirende Ringe: der Ladering, welcher am rückwärtigen Ende der Trommel centrisch in diese eingesetzt ist, und der Spannring, welcher das vordere Ende ihrer Mantelfläche umgibt.

Dieser stellt eigentlich nur einen Schraubengang dar, jener ist auf seiner Innenfläche mit einem breiten und einem schmalen Schraubengange versehen, die in entgegengesetztem Sinne ansteigen und verlaufen.

Bei der Drehung des Systemes gleiten die Spannzapfen etc. der Schlösschen über diese verschiedenen Schraubenflächen hinweg, von denen nun diejenigen des Laderinges, das Ansetzen der Patronen und das Herausziehen der (dann durch die Ladeöffnungen entfallenden) Kupferhülsen, jene des Spannringes, das Spannen und den Abgang der Schlagfeder bewirken.

Jeder Lauf wird auf diese Weise geladen, wenn er in seiner höchsten Stellung angekommen ist, abgefeuert aber, wenn er seine tiefste Lage passirt und es ist so, bei einer ganz mässigen Geschwindigkeit der Maschine möglich, per Secunde einen Schuss abzugeben — ein Effekt, der jedoch in besonders dringenden Momenten, sehr leicht bis auf das Doppelte gesteigert werden kann. [1])

Hiebei sind nur 2 Mann zur Bedienung nöthig: einer am Ladetrichter und einer an der Kurbel und zum Richten, welch' letztere Funktion wie bei einem gewöhnlichen Geschütze vorgenommen wird, aber nicht für jeden Schuss erneuert werden muss, da die Infanteriekanone keinen Rücklauf erleidet.

Gatling hat zweierlei Modelle seines Geschützes ausgearbeitet, ein grösseres (Fig. 25ᵃ) für ein einzölliges (englisches Mass = 25,4^{mm}) Kaliber und ein kleineres für gewöhnliche Infanteriegeschosse [zu 12,7^{mm} Durchmesser. [2])]

Die Projektile des grösseren Geschützes sind 218 Gr. schwer und erhalten 22 Gr. Pulverladung; die zugehörige Patronenhülse wiegt 41 Gr. (Fig. 25ᵇ).

---

[1]) Diese ausserordentliche, mit einer höchst concentrirten Wirkung verbundene Leistung, hat den Kartätschgeschützen auch den Namen der Kugelspritzen verschafft und dadurch zu einer Verwechslung derselben mit einer, auf die Centrifugalkraft basirten Schiessmaschine geführt, deren Erfindung Herrn Professor Steinheil in München zugeschrieben werden muss. Die Steinheil'sche „Fugalmaschine" wurde bereits im Jahre 1832 im Modelle ausgeführt und vor einer Militär-Commission zu München geprüft; im Jahre 1848 wurde sie sodann im Grossen hergestellt und Steinheil selbst berichtet hierüber an die Akademie der Wissenschaften in Wien (sieh' deren Sitzungsbericht der mathematisch-naturwissenschaftlichen Classe, Jahrg. 1848, Bd. I. S. 315): „Ein, an 3 Zentner schwerer Kreisel, wird durch den Dampf einer Locomotive mittels einer Turbine in Rotation versetzt und bis zu einer Geschwindigkeit von 100 Umdrehungen per Secunde beschleunigt, wozu etwa 2 Minuten erforderlich sind. Der Kreisel schleudert dann 3löthige Kartätschkugeln, mit ca 1100' Anfangsgeschwindigkeit so schnell hintereinander, als man die Kugeln in die Maschine einlaufen lässt. Die letztere steht auf einem Eisenbahnwagen, gestattet sichere Richtung und wird von der Locomotive geschoben, wenn man eine Bahnlinie vertheidigen will" u. s. w. (Kunst- und Gewerbeblatt des polyt. Vereines für Bayern, Jahrg. 1867, Juliheft S. 437.) — Diese Erörterung bedarf keines Commentares.

[2]) Von diesen Dimensionen und Gewichtsverhältnissen waren die, im vergangenen Jahre (1867) in der Schweiz geprobten Gatlinggeschütze. (Sieh' darüber Zeitschrift für die schweizerische Artillerie. Jahrg. 1868 Nro. 1. Dortselbst, Jahrg. 1867 Nro. 6, findet sich ausserdem eine detaillirte Beschreibung des Gatling-Geschützes mit guten Abbildungen.)

Für dieses Modell besteht ausserdem eine Kartätschpatrone (Fig. 25[c]) zu 16 kugelförmigen, je 8,7 Gr. schweren Blei-Schroten, welche über einem Treibspiegel in die Kupferhülse eingeschichtet und von einem kurzen Spitzgeschosse darin festgehalten werden. Die ganze Kartätsche hat 202 Gr. Bleigewicht und 22,3 Gr. Pulverladung. Das ganze Geschütz wiegt — ohne Laffete — 460 Kilogr.

Die Geschosse der kleineren Gatlingkanone sind 29,8 Gr. schwer und erhalten 4,7 Gr. Ladung; das ganze Geschütz wiegt 144,5 Kil. ohne Laffetirung.

Die französische Infanterie-Kanone.

Die französische Infanterie-Kanone unterscheidet sich von der amerikanischen vorzüglich durch eine andere, (übrigens kaum vortheilhaftere) Ladeweise.

Die Ladetrommel wird nämlich hier — wie diess bei der Walze eines Revolvers geschehen kann — zum Einlegen der Patronen herausgenommen und ein Vorrath solcher geladenen Trommeln beim Geschütze mitgeführt, d. h. dessen Munition eben gleich in derlei Reservoirs verpackt. Dabei enthält die französische Mitrailleuse 25 Läufe und also auch ebensoviele Pulversäcke in der Ladetrommel. Erstere bilden ein zusammengeschmiedetes, ganzes Rohr, von achtkantiger Gestalt und ca. 1^m Länge, jede Bohrung 30^{mm} weit. Das Schloss ist auch hier ein Nadel- oder Cylinderschloss und wieder je ein solches für jeden einzelnen Lauf vorhanden, sämmtliche vom Bodenstücke — der Schlosstrommel — des Geschützes umschlossen. Dieses selbst soll die Tragweite der preussischen Amüsette besitzen, auch nur 2 Mann Bedienung fordern, aber 4 Pferde zur Bespannung erhalten.[1])

Die belgische Infanterie-Kanone.[2])

Die belgische, von dem Waffenfabrikanten Montigny in Lüttich

---

[1]) Man behauptet, dass jedes französische Infanterie-Regiment bereits seit Sommer 1867, zwei solche *canons à mitraille* im geheimen Besitze habe. (Vergl. hiemit auch Note 3 der S. 367.)
(Nach K. v. Elgger, Hauptmann im schweiz. Generalstab etc. „die Kriegsfeuerwaffen der Gegenwart" Leipzig, Brockhaus 1868. S. 372, wäre die französische Infanterie-Kanone bereits im Gefechte von Mentana, 3. Novbr. 1867, taktisch verwerthet worden.)

[2]) Nach einem competenten Aufsatze der „Allgem. Zeitung" vom 6. April 1868 (wobei auf die übrigen, hieher bezüglichen Artikel der gleichen, verlässigen Feder in Nro. 230 und 232, dann 355 Jahrg. 1867 des genannten Blattes aufmerksam gemacht sei.)

construirte Infanterie-Kanone, scheint in ihrem Mechanismus dem französischen Modelle ähnlich zu sein. Sie besteht aus 37, in ein Rohr vereinigten Läufen und hat gleichfalls eine bewegliche, d. h. zum Füllen abzunehmende Ladetrommel, gegen welche das Schloss, resp. Bodenstück beim Schusse angeschoben wird. Letzteres umfasst wieder 37 Nadel- oder Stiftschlösser mit spiralen Schlagfedern.

Montigny hat ein Modell für 14^{mm} und ein solches für 11^{mm} Laufweite angefertigt, ersteres nahezu 100 Kil. (ohne Laffette) schwer, letzteres etwas leichter. Das Ladungsverhältniss ist — bei ca. 90^{cm} Lauflänge — zu $^1/_4$ des Geschossgewichtes festgesetzt, und die Möglichkeit geboten, die Feuergeschwindigkeit auf 200—300 Schuss per Minute zu steigern.[1]

Die Leistungen der Infanterie-Kanonen.

Bezüglich der Leistungen der Infanterie-Kanonen sind nur über die Gatlinggeschütze verlässige Resultate bekannt geworden, deren Hauptwerthe sich in folgende Angaben zusammenstellen lassen.

Gelegentlich eines Vergleichsversuches[2] des grösseren Gatling-Modelles mit der amerikanischen 24-Pfünder Granatkanone (zu Fort Monroe in Virginien, Juni und Juli 1866) ergab die Gatling-Kartätsche auf eine Distanz von 137 Meter (182⁺) 660 Treffer, auf eine Scheibe von 6′ Höhe und 24′ Breite; hiezu waren 101 Schuss und $1^1/_2$ Minuten Zeit erforderlich.

Die Haubitze hatte in derselben Zeit 4 Büchsenkartätschen zu je 48 Schroten verfeuert und damit 80 Treffer auf die gleiche Fläche erzielt.

Hiebei muss aber doch an die sehr verschiedene Percussion einer eisernen Kartätschkugel und eines so kleinen Bleischrotes erinnert werden, das jenseits 200⁺ kaum mehr gefährlich wirken kann.

Die richtige Erkenntniss dieses Umstandes war denn auch Ursache, dass man bei den bezüglichen Versuchen in der Schweiz (sieh' Note 2, S. 369) alsbald ganz von der Gatlingkartätsche Umgang nahm, und nur mit derlei einfachen Patronen experimentirte. Bei diesen Vergleichsproben ergaben sich folgende Resultate:

---

[1] Dem Vernehmen nach hätte Preussen das Patent von Montigny erworben, oder doch eine bedeutende respektive Bestellung gemacht. (Allgem. Zeitung v. 6. April 1868.)

[2] Aus „*Le Gatling Battery Gun.*" Paris 1867, Legras.

Geschützart	Munition	Distanz Meter	Distanz Schritt	Zahl der Schüsse	Dazu nöthige Zeit i. Minuten	Beschaffenheit des Zieles	Treffer in 1. Scheibenwand	Treffer in 2. Scheibenwand	Treffer in 3. Scheibenwand	Summa	worunter Durchschläge	Bemerkungen.
Gatling grösseres Modell	Patrone mit einfachem Spitzgeschoss	375	500	72	1	Drei Bretterwände zu je 30mm Stärke und 80m Länge, auf je 15m Abstand hintereinander aufgestellt, die erste 2,7m, die anderen 1,8m hoch.	68	71	59	198	198	Die Treffer der Gatlingeschosse waren auf der ersten Wand sämmtlich in einen dichten Haufen von von 2—8m Durchmesser concentrirt.
Gatling kleineres Modell	" "	"	"	202	2		202	190	147	539	519	
Schweizer gez. 4-Pfünder (Vorderlader)	Büchsenkartätschen zu 48 Zinkkugeln à 60 Gr. Ladung	"	"	18	$5^1/_{10}$		162	67	27	256	185	Die Treffer der Kartätschen waren auf der ganzen ersten Wand gleichmässig vertheilt.
Schweizer gez. 8-Pfünder (Hinterlader)	Büchsenkartätschen zu 84 Zinkkugeln à 60 Gr., 10,6 Kil. Pulverladung	"	"	17	$5^1/_{11}$		378	205	90	673	471	
Gatling grösseres Modell	Patrone mit einfachem Spitzgeschoss	750	1000	75	1		52	50	47	149	149	Die Treffer der Gatlinggeschosse wieder eng auf der ersten Scheibenwand concentrirt.
Gatling kleineres Modell	" "	"	"	229	2		203	107	44	354	317	
Schweizer gez. 4-Pfünder (Vorderlader)	Granat-Kartätschen mit Zeitzünder u. 60 Zinkkugeln à 15 Gr., 625 Gr. Ladung	"	"	13	5		264	260	193	717	641	Die Treffer der Schrapnelschrote auf den einzelnen Wänden günstig vertheilt.
Schweizer gez. 8-Pfünder (Hinterlader)	Granat-Kartätschen mit Zeitzünder u. 155 Zinkkugeln à 15 Gr., 106 Kil. Pulverladung	"	"	18	$5^1/_6$		532	223	132	887	781	

Diese Versuche fanden nach vorausgegangenem Einschiessen auf die bekannten Distanzen statt (und geben allerdings auch ein sprechendes Zeugniss für die geringe Durchschlagskraft zinkener Schrote ab).

Bei einem Versuche auf unbekannte (zu 1100ᵐ geschätzte) Entfernung, ergab die Gatling-Kanone (grösseren Kalibers) höchst geringe, mit denjenigen der gezogenen Geschütze gar nicht zu vergleichende Resultate.

Aus all' diesen Leistungen geht unzweifelhaft hervor, dass die Infanterie-Kanone die gewöhnlichen gezogenen Feldgeschütze weder ersetzen, noch ihnen gegenüber treten, dass sie aber — unter bestimmten Voraussetzungen — grosse Erfolge gegen Infanterie und Reiterei erzielen könne. Ganz besonders wird diess bei Defileegefechten aller Art, in festen Positionen, hinter Deckungen, zur Grabenvertheidigung in Festungen u. s. w. der Fall sein müssen, für welche Eventualitäten das Kartätschgeschütz auch weit weniger durch eine äquivalente Zahl Hinterlader- oder Repetirgewehre ersetzt werden kann, als diess vielleicht im offenen Felde möglich ist.

Wenn übrigens nicht alle Anzeichen trügen [1]), so wird bereits der nächste Krieg den taktischen Werth und Einfluss der neuen Waffe und damit auch feststellen, ob dieselbe eine wirkliche Zukunft habe, oder nur als eine ephemere Erscheinung zu betrachten sei.

III. Die glatten Granat-Kanonen.

Die Natur dieser Geschütze lässt sich am einfachsten in folgende Erklärung zusammenfassen: G r a n a t k a n o n e n sind g l a t t e K a n o n e n, deren Constructionsverhältnissen nur eine Ladung von $1/8$—$1/4$ (statt $1/3$) des Kugelgewichtes zu Grunde gelegt ist.

Dieselben sind bestimmt, nicht allein v o l l e, sondern auch h o h l e Projektile im d i r e k t e n Schusse zu verfeuern, l e t z t e r e aber auch zu w e r f e n.

Aus den Construktionsbedingungen der Granatkanonen geht unzweifelhaft hervor, dass diese Geschütze bezüglich des direkten Kugel-

---

[1]) Nach Nro. 355 Jahrg. 1867 der Allgem. Zeitung wären bei der B r o a d w e l l'schen Agentie für Gatling-Geschütze in Carlsruhe allein schon 1000 derlei Infanterie-Kanonen (zu 5000 fl. das grosse und nahezu 4000 fl. das kleine Modell, sammt Laffete und Zubehör) und zwar 400 von Frankreich (vergl. damit Note 3 S. 367), 200 von Russland, 100 von Oesterreich und ebensoviel von Italien, Belgien und Holland (aber keine von Seite der Schweiz!) bestellt worden.

schusses hinter der Leistungsfähigkeit der glatten Kanonen gleichen Kalibers, zurückstehen müssen; immerhin aber, wird der Kugelschuss einer Granatkanone grösseren (z. B. 12pfündigen) Kalibers, demjenigen einer Kanone kleinerer (z. B. 6-Pfünder) Bohrung, an Wirkung gleich kommen.

Die Granatkanone kann also in der eben angedeuteten Richtung füglich zum Ersatze glatter Kanonen eines kleineren Kalibers dienen, wird dabei aber vor diesen noch den Vortheil ihres Granatschuss- und Wurfes voraus haben.

Diese Betrachtungen waren es, welche den Granatkanonen vorzüglich in der Feldartillerie Aufnahme verschafften [1]), so dass sie, unmittelbar vor Einführung der gezogenen Kanonen, eigentlich das verbreitetste Feldgeschütz bildeten. Indess trug hiezu sehr wesentlich auch der Umstand bei, dass man in der Construction excentrischer Hohlkugeln [2]) ein Mittel gefunden hatte, selbst mit schwächeren Ladungen rasantere und sicherere Schussbahnen zu erzielen, als diess mit der vollen Kanonenkugel möglich war.

In der Festungsartillerie hatte die Wichtigkeit des Granat- und Ricochetschusses schon viel früher zur Einstellung von Granat- (und Bomben-) Kanonen (über diese sieh' unter Haubitzen) geführt.

Die oben gegebenen, allgemeinen Andeutungen über die Construktionsverhältnisse der Granatkanonen, lassen sich durch folgende Details ergänzen:

a. **Kaliber.** Nach dem, der Einführung der Granatkanonen mit zu Grunde liegenden Zwecke: kleinere Kanonenkaliber zu ersetzen und eine Vereinfachung, nicht eine Vermehrung der Seelenweiten herbeizuführen,

[1]) Die Idee, Granatkanonen in die Feldartillerie einzustellen, und dadurch eine Vereinfachung des Materiales, speziell der Kaliber in derselben herbeizuführen, gieng primitiv von Napoleon III. aus, dessen Erfindung auch das, in der französischen Artillerie zur Annahme gelangte, hieher bezügliche erste Modell zugeschrieben werden muss.

Die Einführung des letztern als *canon-obusier de 12 mod. 1853* (auch *canon de l'empereur* oder *canon-Napoléon* genannt) wurde am 5. März 1853 verfügt, und hatte die Ausscheidung der 15centim. Haubitze und des 8-Pfünders aus der französischen Feldartillerie zur Folge.

Dieser wurde auf das 12-Pfünder Kaliber (121^{mm}) ausgebohrt und damit gleichfalls — als *canon-obusier de 12 léger* — in eine Granatkanone umgewandelt.

[2]) Sieh' darüber S. 188 und unter „Munition".

mussten diese Geschütze jedenfalls in bereits vorhandenen und darunter in denjenigen Bohrungsverhältnissen hergestellt werden, welche als die grössten Kaliber für Feld- und Batteriekanonen gebräuchlich sind; also im Bohrungsdurchmesser des 12-Pfünders für den Feld- und demjenigen des 24-Pfünders für den Festungsdienst. (Die letztere Seelenweite entsprach dabei zugleich der 7-Pfünder Haubitzbohrung.)

Für die Gebirgsartillerie wurden auch 6-Pfünder Granatkanonen construirt.

b. **Länge.** Die Reduktion des Ladungsverhältnisses gestattete eine Verminderung der Rohrlänge auf 10—13 Kaliber, wodurch einestheils die Anwendung des Wurfes begünstigt, anderntheils das Rohrgewicht in erwünschter Weise verringert wurde.

c. **Stärken.** $^1/_3$—$^1/_4$ Kaliber am Bodenstücke, halb so viel an der Mündung.

d. **Schwere.** 100—130 Pfund auf 1 Pfund der zugehörigen eisernen Vollkugel.

Hintergewicht, **Spielraum** und **Visireinrichtungen** der Granatkanonen sind denjenigen der glatten Kanonen ähnlich angeordnet, doch bedient man sich auch hier — für höhere Elevationen — verkürzter Visirlinien. (Diess war z. B. bei der sächsischen 12-Pfünder Granat-Kanone der Fall).

Bezüglich der **äusseren Details**, stimmen sie entweder ganz mit den glatten Kanonen überein (Taf. XVI Fig. 3), oder sie unterscheiden sich von denselben doch nur durch den Wegfall einiger Friesen und ähnliche Vereinfachungen der Rohrgestalt, (Taf. XVI Fig. 4).

In der bayerischen Artillerie sind 2 Granatkanonen: eine 12- und eine 24pfündige eingeführt.

Die erstere trat, als (metallener) „leichter Feld-12-Pfünder“ (Taf. XVI Fig. 4) vom Jahre 1859 an, an die Stelle der 6-Pfünder Feldkanonen und wurde erst durch die Einführung des gezogenen 4-Pfünders (1866) gänzlich aus der Feldartillerie verdrängt; mit ihrer und der, bald darauf (1861, unter Ausscheidung des Feld-12-Pfünders und Umwandlung desselben in den „kurzen, gezogenen Batterie-12-Pfünder) erfolgten Annahme des gezogenen 6-Pfünders, neben welchem der leichte 12-Pfünder noch als Feldgeschütz beibehalten ward, verschwanden auch die 7-pfündigen Haubitzen aus der bayer. Feldartillerie. Jetzt ist der leichte 12-Pfünder, als Ausfall-, Flanken- und Wallgeschütz in die Festungsartillerie eingestellt. Seine wichtigsten Ausmasse, sowie diejenigen des „kurzen (metallenen) 24-Pfünders (Taf XVI Fig. 3) sind aus nachstehender Uebersicht zu entnehmen; bezüglich der Schuss- und Wurfbahnen des leichten Feld-12-Pfünders (mit der excentrischen Granate) sei aber auf Taf. XXII, Fig. 24 und Taf. XXIV, Fig. 1 u. 5 (und deren Erklärung), hinsichtlich der zugehörigen Geschosse und Ladungen jedoch, auf den Abschnitt „Munition“ verwiesen.

Bezeichnung	Kaliber		Länge der Visirlinie		Länge der Seele		Spielraum		Visirwinkel		Rohrgewicht		Hintergewicht	
	rh. Zoll	cent. Met.	rh. Zoll	cent Met.	rh. Zoll	cent. Met.	rh. Zoll	mill. Met.	Minuten	Secunden	bayr Pfd.	Kil.	bayr. Pfd.	Kil
Leichter 12 Pfünder	4,48	11,72	61	159,54	58	151,7	0,12	3,14	30	39	1016	570	92	52
Kurzer 24 Pfünder	5,66	14,8	66	172,62	70,4	184,13	0,16	4,18	0	0	2621	1468	157	88

IV. Die Haubitzen.

Einleitung.

Wie die gezogenen Geschütze durch ihre überlegenen Schussleistungen, die glatten Kanonen aus den Reihen des Artilleriematerials verdrängten, so haben sie, durch ihre vorzügliche Verwendbarkeit zum flachen Wurfe, auch die, bisher für diesen Zweck bestimmten Haubitzen, schon beinahe gänzlich ersetzt. Trotzdem wird sich aber die nähere Erörterung dieser Geschütze — wenn dabei auch vielfach von bereits Vergangenem die Rede sein muss nicht umgehen lassen, ohne das Verständniss der Entwicklungsweise der Artillerie zu stören.

Der flache Bogenwurf, lässt in seinen ballistischen Verhältnissen einen weit grösseren Spielraum zu, als der Schuss, (vergl. S. 158).

Er nähert sich diesem, in seinen Flugbahnkrümmungen u. s. w., mit der Zunahme des Ladungsverhältnisses; im entgegengesetzten Falle, werden seine Leistungen denen des hohen Wurfes ähnlicher.

Dieser Verschiedenheit der ballistischen Bedingungen, entsprachen denn auch verschiedene Arten von Haubitzrohren:

lange und

kurze; jene näherten sich in ihren Verhältnissen mehr den Granatkanonen, diese sind den Mörsern ähnlicher.

Die Lebensfähigkeit der ersteren endigte mit der Einführung gezogener Geschütze — die kurzen Haubitzen, konnten dagegen auch neben diesen noch beibehalten werden.

Die grösste Gattung langer Haubitzen bezeichnete man — ihren Wurfgeschossen entsprechend — als Bombenkanonen — in der Marine auch als Carronaden (Taf. XX Fig. 9), oder endlich — nach ihrem Erfinder — als Paixhans.[1])

Dieselben müssen in ballistischer Hinsicht neben die Granatkanonen gestellt werden, bezüglich ihrer construktiven Anordnungen, (speziell jener ihrer Bohrung) schliessen sie sich aber mehr den Haubitzen an.

Auch sie besitzen, neben den gezogenen Kanonen, kaum noch eine Zukunft.

1. Allgemeine Construktionsverhältnisse.

a. Kaliber. Ehe der alten Technik die Herstellung hohler Kugeln möglich geworden war, schleuderten die Wurfgeschütze massive Steinkugeln.

Ergaben sich schon aus diesem Umstande, wegen der geringeren Dichte des Steines, gegenüber dem spezifischen Gewichte des Eisens, grössere Bohrungsweiten für die Wurfgeschütze, als für die Kanonen, so blieb dieses Verhältniss, bei der späteren Annahme eiserner Hohlkugeln um so mehr beibehalten, als es sich nun, für diese, um die Gewinnung eines genügenden inneren Raumes zur Aufnahme der Sprengladung etc. neben der Erhaltung hinreichender Wandstärken, immer aber auch darum handelte, die Masse des Wurfgeschosses möglichst zu vergrössern und dadurch seine, bei so schwachen Ladungen ohnehin geringere Percussion wieder einigermassen zu erhöhen.

So wurde denn die Kaliberreihe der Wurfgeschütze eigentlich mit der grössten, (damals) gebräuchlichen (d. h. mit der 24-Pfünder) Kanonenbohrung begonnen, nun aber nach dem (Nürnberger!) Gewichte steinerner, statt eiserner Vollkugeln, oder — später — nach der Seelenweite bezeichnet. Hiedurch ergaben sich:

	7-, 10- und 25-pfündige,	kurze und lange Haubitzen.
oder	6-, 8- und 10-zöllige,	
	15-, 16- bis 22-centimetrige	

Leichtere, für den Gebirgskrieg bestimmte Haubitzen, benannte man aber wieder nach dem Gewichte eiserner Vollkugeln; ebenso die Bombenkanonen.

So hatte man

12-pfündige (12-centimetrige) Berghaubitzen,
30-, 32-, 36-pfündige Carronaden,
80-pfünder Bombenkanonen u. s. w.

In der Feldartillerie wurden gewöhnlich nur 7-Pfünder, oder 6-zöllige, 15- und 16-centimetrige Haubitzen verwendet und hiezu, meistens paarweise in die Batterien eingestellt, die sich dann aus 6, 12- oder 6-

[1]) Paixhans war 1822 französischer Artillerieoberst.

Pfünder Kanonen und 2 kurzen oder langen 7-Pfünder Haubitzen zusammensetzten. In manchen Artillerien, (so auch in Bayern) gab man nur lange Haubitzen in den Batterieverband und schied diese dann in leichte und schwere; jene theilte man den 6-Pfünder-, diese den 12-Pfünder Batterien zu.

Andere Artillerien (so die preussische) zogen es vor, kurze Haubitzen in den Batterien zu behalten.

Die letzteren Geschütze wurden ausserdem — für Kriege in coupirtem Terrain — in besondere Haubitzbatterien vereinigt; ebenso war diess mit den Gebirgshaubitzen der Fall.

b. **Ladung.** Für kurze Haubitzen 1/10 und darunter,
für lange, 1/10—1/4,
für Bombenkanonen bis 1/4 und 1/5 des Geschossgewichtes.

c. **Länge.** Die Länge der kurzen Haubitzen bestimmte sich vorzüglich nach der Anforderung, sie mit der blossen Hand von der Mündung aus laden zu können; sie schwankte im Allgemeinen zwischen 4 und 6 Bohrungsweiten.

Die langen Haubitzen näherten sich den Ausmassen der Granat-Kanonen; die leichten erhielten an 10, die schweren bis 13 Kaliber Rohrlänge.

d. **Stärken.** Am Boden 1/2, an der Mündung 1/4 Kaliber, im Mittel.

e. **Schwere.** Von 50 bis 100 Pfund auf 1 Pfund des Geschossgewichtes.

f. **Hintergewicht.** Um bei so kurzen und leichten Geschützen noch einen genügenden Druck auf die Richtschraube zu erlangen, musste das Hintergewicht besonders bei kurzen Haubitzen, bis zu 1/4 der Rohrschwere erhöht werden; bei langen Haubitzen und Bombenkanonen, sinkt dieses Verhältniss wieder auf 1/8 und darunter.

g. **Spielraum.** Wie bei den Granat- und glatten Kanonen, (0,12 — 0,15" oder 30—36mm).

2. Beschaffenheit der Seele. Aeussere Anordnungen.

Um einen günstig gestalteten Verbrennungsraum für die geringen Pulverladungen der Haubitzen zu erhalten, war es nothwendig, dem Pulversack derselben, einen kleineren Durchmesser als dem übrigen Theile der Seele zu geben. Man nennt diesen engeren Theil, die Kammer *(chambre)*, (Taf. XVI, Fig. 6, k) das kalibermässige Stück der Bohrung aber, den Flug *(volée)* (ff).

Die Kammern sind meistens cylindrisch, bei den schwersten Haubitzen und Bombenkanonen auch konisch gestaltet. (Taf. XVI,

Fig. 5.) Im ersteren Falle, schliesst sich der Flug entweder in halbkugelförmiger oder in conischer Wölbung an den Laderaum an. Diese Einrichtung findet sich mehr bei langen, jene vorzüglich bei kurzen Haubitzen (Taf. XVI, Fig. 6).

Die Kammerlänge ist gewöhnlich dem Durchmesser des Fluges, die Weite cylindrischer Kammern aber, der Hälfte bis zwei Dritteln des Kalibers gleich. (Bei Feldhaubitzen, wurde das letztere Mass auch nach der Bohrungsweite jener Rohre bestimmt, mit welchen die gedachten Wurfgeschütze im Batterieverbande standen. So hatte die bayrische leichte lange 7-Pfünder Haubitze den Seelendurchmesser des 6-Pfünders, die schwere lange, jenen des 12-Pfünders, die kurze jedoch den des 3-Pfünders zur Kammerweite).

Die äussere Form der Haubitzrohre, ist, im Allgemeinen — ähnlich wie jene der Granatkanonen — mehr cylindrisch gestaltet, wie sich dies einestheils aus der geringen Länge, dann aus den Stärken- und Bohrungsverhältnissen dieser Geschütze von selbst ergibt. Bei zunehmender Kammerweite (Taf. XVI Fig. 5), also auch Bombenkanonen etc. (Taf. XX Fig 9), die noch dazu meistens von Gusseisen sind, erscheint die Rohrgestalt, in Folge der Verstärkung des Bodenstückes, wieder mehr konisch. Dieses wird hier auch als Kammerstück *(pourtour de la chambre)*, das Langfeld dagegen als Mund- oder Flugstück *(volée)* bezeichnet.

Die Schildzapfenaxe ist meistens nicht versenkt.

3. Visireinrichtungen.

Die Haubitzrohre sind gewöhnlich (wie das auch durch ihre Rohrgestalt bedungen ist) ganz verglichen. Lange Feldhaubitzen, wurden mit festen Aufsätzen, ähnlich denjenigen der glatten Kanonen versehen, grössere Elevationen aber und die Richtung der kurzen Haubitzen, stets mittels Quadranten gegeben. (Eines der einfachsten Modelle der letzteren, ist der, auch in Baden gebräuchliche, französische Geschützquadrant, Taf. XVI, Fig. 15, worin p das Senkel bezeichnet.)

Aus dem Kalibersysteme der bayerischen Artillerie, sind die Haubitzen prinzipiell bereits gänzlich ausgeschieden, nur die kurze 25-Pfünder Haubitze von Gusseisen, ist zur Zeit noch im Festungsmateriale vorhanden. Dieselbe (Taf. XVI Fig 6) hat folgende Verhältnisse:

Kaliber: 8,58" (22,44cm), Spielraum: 0,12" (3,14mm), Länge der konischen Kammer: 9,42" (24,64cm), Länge der ganzen Bohrung: 51,50" (134,70cm), Länge der Visirlinie: 54,90" (143,82cm), Rohrgewicht: 2984 Pfd. (1671 Kil.), Hintergewicht: 370 Pfd. (207 Kil.).

V. Die Mörserrohre.

Mörser sind die einzigen Geschützrohre, deren normale Lage in der Laffete (vergl. Taf. XXI Fig. 7 u. 8), sowie ihre Feuerwirkung, niemals eine horizontale ist. Die Elevationen für die letztere variiren im Allgemeinen zwischen 30 und 75°, für Ausnahmsfälle (zum Ricochetiren) sinken sie selbst unter 20 und 15° herab — sie werden aber niemals gleich Null.

Gerade hiedurch bedingen sich die Hauptunterschiede zwischen den construktiven Anordnungen der Mörser- gegenüber denen aller anderen, besonders aber der kurzen Haubitzrohre. Sie sind auch die einzigen Geschütze, deren gänzliche Verdrängung durch die gezogenen Kanonen nichts weniger als wahrscheinlich ist; doch werden sie mit der Zeit vielleicht selbst Zugeinrichtungen erhalten.[1])

Endlich sind sie die einzige Geschützart, welche (die Gebirgsartillerie abgerechnet) in der Feldartillerie nicht vertreten ist.[2])

1. Allgemeine Construktionsverhältnisse.

a. **Kaliber.** Die Bohrungsweiten der Mörser werden nach denselben Regeln, wie jene der Haubitzen bestimmt und benannt; auch hat man die grösseren Haubitzkaliber gleich für die Möser beibehalten. Demnach gibt es

10- und 25- (bis 30-Pfünder), aber auch 60-Pfünder,
oder 8-, 10- und 12-zöllige,
22-, 27- und 32-centimetrige

Mörser, neben welchen wieder, nach Eisengewicht benannte, 6-Pfünder Bergmörser und 12-Pfünder Coehorn-Mörser[3]) (Taf. XVI Fig. 9) in Gebrauch sind.

Um eine Art Schrotwirkung hervorbringen zu können, benützt man besonders (bis 15″ = 39^cm) weit und tief gebohrte Mörser, denen man den Namen Stein- oder Rebhühner-Mörser *(pierriers)* gab, weil sie

---

[1]) Preussen hat bereits eingehende Versuche mit gezogenen Mörsern begonnen.

[2]) Im italienischen Kriege von 1849, führten die Oestreicher zwar mobile Möserbatterien mit sich, waren auch mit den Leistungen derselben ganz zufrieden, der Versuch wurde aber doch nirgends mehr wiederholt und dürfte diess, für die Zukunft, um so weniger werden, als der, im Feldkriege nöthige Wurfeffekt, ja sehr gut durch die gezogenen Kanonen erzielt werden kann.

[3]) Diese kleinen Mörser wurden vom niederländischen General Coehorn vorgeschlagen und finden im Festungskriege vielseitige Anwendung zur Vertheidigung des gedeckten Weges, Bewerfung der feindlichen Sappenspitzen u. s. w.

eben mit einer Menge Steine, oder kleiner Granaten [1]), auch Kartätschkugeln geladen werden, deren Auffliegen beim Wurfe wie die gleiche Bewegung einer Kette Hühner etc. aussieht.

b. **Ladung.** Das den Constructionsverhältnissen der Mörser zu Grunde gelegte Ladungsgewicht, beträgt im Mittel $^1/_{20}$ der Geschossschwere. In manchen Artillerien sind aber, zur Erzielung möglichst grosser Wurfweiten, auch Mörser eingeführt, denen das Ladungsverhältniss von $^1/_{10}$ zu Grunde liegt. Man nennt dieselben weittragende (*mortiers à grande portée*).

c. **Länge.** Dieselbe schwankt zwischen 2 und 3 Bohrungsweiten.

d. **Stärken.** Wie bei den Haubitzen.

e. **Schwere.** 20 Pfund auf 1 Pfund des Geschossgewichtes.

f. **Vordergewicht.** [2]) $^1/_{10}$ bis $^1/_6$ der Rohrschwere, als Maximum des Druckes auf die Richtmaschine.

g. **Spielraum.** Gleich den Haubitzen.

2. Beschaffenheit der Seele. Aeussere Anordnungen.

Die Seele der Mörserrohre, theilt sich wieder — wie jene der Haubitzen — in Kammer (Taf. XVI Fig. 7, k) und Flug (f).

Ausser cylindrischen (Taf. XVI Fig. 8) und konischen (Fig. 7 und 9) sind hier — besonders für weittragende Mörser — auch birnförmige Kammern im Gebrauche. (So beim französischen Marine-Mörser, Taf. XVI. Fig. 10, dessen grösste Ladung 14 Kil. Pulver, bei 90 Kil. Bombengewicht beträgt und womit er 4000^m Wurfweite erreicht.)

Die cylindrischen Kammern veranlassen einen mehr concentrirten Stoss der Pulverladung gegen die Bombe, was leicht deren Zerschellen im Rohre herbeiführen kann. In noch höherem Masse ist diess bei birnförmigen Kammern der Fall.

Bei den konischen Kammern (Construktion à la Gomer) vertheilt sich der Angriff der treibenden Gase auf die Hälfte der ganzen Oberfläche des Wurfgeschosses, das hier ausserdem, bei seiner Ladung, von selbst eine ganz centrirte Lage im Rohre erhält, die bei cylindrischen Kammern nur durch Verkeilungen etc. hergestellt werden kann.

Nach ihren äusseren Anordnungen zerfallen die Mörser in hängende, stehende und Fussmörser. Die beiden ersteren Gattungen unterscheiden sich durch die Stellung der Schildzapfen von einander; schneidet die Axe derselben die Kernlinie ungefähr am Zusammenstosse von Flug- und Bodenstück (Taf. XVI, Fig. 7), so nennt man die

---

[1]) Sieh' Schuss- und Wurfarten der Artillerie: „Wachtelwurf."

[2]) Sieh' S. 332, Absatz 4.

Mörser hängende *(pendants)* (oder deutsche); sind die Schildzapfen aber am Ende des Bodenstückes angesetzt (Fig. 8), so bezeichnet man das Rohr als stehenden (oder französischen) Mörser *(mortier debout)*. Die letztere Anordnung hat eine Vergrösserung des Vordergewichtes zur Folge; bei der ersteren verstärkt man die Tragfähigkeit der Schildzapfen nicht selten durch sogenannte Streben (Fig. 7, s), welche mit dem Rohre aus Einem Stücke gegossen und am Zusammenstosse des Flugstückes mit den Angussscheiben angebracht werden.

Fussmörser *(mortiers à plaque)* haben keine Schildzapfen, sondern sind unter einen bestimmten Elevationswinkel (meist 45°) an eine Fussplatte festgegossen (Fig. 9 u. 10).

Die äussere Form der Mörser, ist weit weniger gleichheitlich bestimmt, als jene der übrigen Geschützrohre. Im Allgemeinen fehlt denselben das Zapfen- oder Mittelstück gänzlich und schliesst das Flugstück direkte an das Kammerstück an. Ersteres ist zwar wieder cylindrisch, letzteres aber bald konisch, (Fig. 7), bald traubenförmig (Fig. 8) oder endlich (besonders bei schweren, gusseisernen Fussmörsern, zur Verstärkung der Wände des Laderaumes) auch sphärisch gestaltet.

3. Visireinrichtungen.

Die Höhenrichtung wird bei Mörsern stets nur nach Winkelgraden, mittels Quadranten, die Seitenrichtung jedoch mit Hülfe besonderer Vorrichtungen gegeben, wie solche bereits S. 171 erwähnt und durch Fig. 4 der Taf. V versinnlicht wurden.

(Die Masse u. s. w. der bayrischen Mörser sieh' in der, S. 383 folgenden Tabelle.)

B. Die Laffeten, Fahr- und Hebzeuge, Rahmen, Bettungen und das Geschützzubehör.

I. Die Laffetten und Fahrzeuge der Feldartillerie.

Einleitung.

Rohr und Munition, Bedienungsgeräthe und Mannschaften sind es, welche durch die Fahrzeuge der Feldartillerie geeignet transportirt werden müssen.

Zur Fortschaffung des Rohres dient dessen Schiessgerüste, die Feld-Laffete selbst, deren Gestell schon zur bequemeren Handhabung des ganzen Geschützes sowohl, als auch wegen der Umwandlung des Rückstosses in Rücklauf, auf Räder gesetzt ist.

Diese Anordnung allein, genügt indess nur den Transportbedingungen

Mass- und Gewichtstabelle der bayerischen Mörser.

Benennung.	Material	Kaliber		Spielraum		Kammerweite am Stossboden[1])		Kammer-länge		Länge der ganzen Rohr-bohrung		Rohr-gewicht[2])	
		rh. Zoll	cm.	rh. Zoll	mm.	rh. Zoll	cm.	rh. Zoll	cm.	rh. Zoll	cm.	bayr. Pfund	Kil.
10-Pfünder Mörser	von Metall	6,36	16,68	0,12	3,14	2,49	6,51	5,53	14,46	12,96	33,90	292	164
25-Pfünder Mörser	von Metall	8,36	21,87	0,17	4,45	3,36	8,79	7,50	19,62	17,57	35,95	720	403
60-Pfünder Bombenmörser (Taf XVI, Fig. 7)	von Metall	11,50	30,08	0,17	4,45	4,50	11,77	10,10	26,41	23,55	61,59	1745	977
60-Pfünder Steinmörser[3]) (Taf. XVI, Fig. 3)	von Eisen	11,50	30,08	.	.	3,58	9,36	8,00	20,92	32,00	83,69	1252	701
12-Pfünder Coehornmörser (Taf. XVI, Fig. 9)	von Eisen	4,48	11,72	0,12	3,14	2,50	6,54	3,47	9,08	8,40	21,97	64	36

[1]) Die Kammern der Bombenmörser sind à la Gomer construirt.

[2]) Das Vordergewicht wechselt natürlich mit jedem Elevationsgrade, kann also nicht bestimmt ausgedrückt werden.

[3]) Der Steinmörser ist mit einem Ringe (r) statt Delphine versehen und hat eine cylindrische Kammer.

der Gebirgsgeschütze; für die Verführung der Feldgeschütze, muss die Laffete mit einem Vorderwagen, der sogenannten Protze, *(avant-train,* Taf. XVIII, Fig. 6 u. s. w.) zu einem vierrädrigen Fahrzeuge (Taf. XVIII, Fig. 8, Taf. XIX, Fig. 1 u. 3) verbunden werden können.

Mit der Protze, ist nun zwar bereits für die Aufnahme eines Theiles der Gefechtsmunition und auch der Geräthe und Mannschaften gesorgt, aber eben nur eines Theiles; zur nachhaltigen Aktion, bedarf das Geschütz eines grösseren Vorrathes scharfer Ladungen, zu dessen Fortschaffung eigene Munitionswagen *(caissons,* Taf. XX, Fig. 1, 2 u. 3) erforderlich sind.

Dieselben dienen zugleich zur Aufnahme weiterer Requisiten und Mannschaften und bilden — den Geschützen gegenüber — die sogenannte zweite Linie einer Batterie.

Die stete Gefechtsfähigkeit der letzteren, wird aber nicht bloss durch Geschütze und einen genügenden Vorrath von Munition gesichert, sondern es ist dazu auch nothwendig, dass eintretende Beschädigungen des Materiales (sowie das Beschläge der Pferde!) sofort reparirt und unbrauchbar gewordene Theile durch Reservestücke ersetzt werden können.

Hiezu bedarf es nicht allein der Mitführung solcher, sondern auch des Vorhandenseins einer mobilen Werkstätte.

Diesen Anforderungen wird durch die Feldschmiede *(forge,* Taf. XX, Fig. 4) und die Vorraths- oder Batteriewagen[1] *(chariots de batterie)* entsprochen, welche (mit der Reservelaffete zusammen) die Batteriereserve bilden.

Alle diese, zu Einem Körper vereinigten Fahrzeuge, müssen nun nach bestimmten, gleichartigen Gesetzen construirt und ihre Details dadurch in jene gegenseitige Uebereinstimmung gebracht werden, welche man wieder mit dem Namen eines „Systemes" bezeichnen kann.

Ein solches wird sich durch folgende Bedingungen charakterisiren:

durch gleiche Zusammensetzung der Fahrzeuge *(voitures)* aus Vorder- und Hinterwagen und gleiche Verbindungsweise Beider,

gleiche Protzen,

gleiches Geleise,

gleiche Räder, oder doch gleiche Vorder- und gleiche Hinterräder,

gleiche Achsen und endlich

---

[1]) Man rechnet gewöhnlich 2 Vorrathswagen per Batterie; einer derselben dient zur Aufnahme des Gepäckes der Offiziere etc., der andere als Beiwagen der Feldschmiede.

gleiche Last- und Beweglichkeitsverhältnisse, mit gleicher Bespannungsweise.

Bezüglich der Mobilität, werden zwar an die Munitionswagen und besonders an Feldschmiede und Vorrathswagen, niederere Anforderungen gestellt werden dürfen, als an die Geschütze, bedeutende Abweichungen von den normalen Verhältnissen, sind aber auch für diese unzulässig.

Construktionsgrundzüge für die Fahrzeuge der Feldartillerie. [1]

Es lassen sich nun folgende, allgemeine Regeln, für die Construktion eines Feldartilleriefahrzeuges aufstellen:

1. **Bespannung.** Geschütze und Munitionswagen, besonders aber erstere, müssen durch ihre Bespannung nicht allein auf gebahnten Strassen, sondern auch auf unebenem und wegelosem, steinigem und durchweichtem Terrain, in den rascheren bis höchsten Gangarten des Pferdes fortgeschafft werden können. Hiezu soll eine Bespannung von 6 Pferden ausreichen und dabei auf jedes derselben nur eine Belastung von 5 bis 6, höchstens 7 Zentner treffen.

Für das leichteste Feldgeschütz, den 4-Pfünder, wird dieser Anforderung in manchen Artillerien (Oestereich, Frankreich) sogar mit 4 Pferden entsprochen; hiebei entstehen jedoch leicht Uebelstände, wenn weitere Verluste an Pferden eintreten. (Für Gebirgsgeschütze haben diese Transportbedingungen keine Geltung; sie werden gewöhnlich auf Maulthiere verpackt, davon eines das Rohr, das andere die Laffete trägt.) 8 Pferde waren früher in einzelnen Armeen (Hannover) zur Bespannung der Positionsgeschütze gebräuchlich; hiedurch wurde aber doch die Wendsamkeit beinahe eben so sehr beeinträchtigt, als die Fortbewegung erleichtert.

Man spannt die Pferde paarweise vor einander und bezeichnet die, zunächst dem Fahrzeuge, also neben die Deichsel gespannten, als Deichsel- oder Stangenpferde *(chevaux de timon)*, das vorderste Paar als Vorderpferde *(chevaux de devant)* und die, zwischen den Vorder- und Stangenpferden ziehenden, als Mittelpferde *(chevaux de volée)*.

Das links gehende Pferd eines jeden Paares, heisst Sattelpferd *(cheval porteur, cheval de selle)* und trägt den Fahrkanonier *(canonnier conducteur)*, der somit die rechte Hand zur Führung des zweiten, d. i. des Handpferdes *(cheval de main, sous-verge)* frei hat. Dieses wird zuweilen zum Tragen von Gepäck oder auch — in besonderen Gefechtsmomenten — zum Aufsitzen der Bedienung verwendet.

Die Zugstränge *(traits)* der Stangenpferde, sind an der Protze

---

[1] Vergl. hierüber auch Roerdansz, „Theorie der Kriegsfuhrwerke", Berlin 1863, Vossische Buchhandlung.

[d. h. an den Ortscheiten (*palonniers*. Taf. XVIII, Fig. 6ᵇ, *o*) der, dort angebrachten Zugwage (*volée*, *z*), oder (wie in Frankreich), unmittelbar an dieser selbst in den sogenannten Einspannringen oder Haken (*crochets d'attelage*, Fig. 6ᵃ, *er*)] befestigt, für jene der Mittel- und Vorderpferde, wird entweder eine zweite, die Vorzugwage (*volée de devant*) an der Deichselspitze angehängt, oder dieselben unmittelbar mit den Strängen der Hinterpferde verbunden. Die ganze Anspannweise (*attelage*) muss nicht allein ein rasches Ein- und Ausspannen und eine leichte Auswechslung gefallener und beschädigter Pferde erlauben, sondern auch die möglichst freie Bewegung jedes einzelnen derselben zulassen und ihre Kraftanwendung in günstigster Weise vermitteln. In letzterer Beziehung ist speziell derjenige Winkel von Einfluss, welcher die, von der Schulter des Pferdes ausgehenden Zugstränge mit dem Horizonte bilden. Man nennt denselben Zugwinkel (*angle de traction*, Taf. XVIII, Fig. 1, $ZA(Z) = \alpha$) und hat aus zahlreichen Versuchen ermittelt, dass derselbe 10—12° betragen müsse, um die Zugkraft des Pferdes zur vollsten Entwicklung gelangen zu lassen. Für Pferde, welche zugleich Reiter tragen, kann der Zugwinkel bis 5 oder 6° ermässigt werden. Beim Mangel einer Vorzugwage laufen die Stränge der Vorder- und Mittelpferde nahezu horizontal.

2. **Protzverbindung, Auf- und Abprotzen.** Die Verbindung des Vorder- und Hinterwagens, muss einestheils fest genug sein, um allen Erschütterungen des Transportes etc. dauernd widerstehen und nie von selbst sich lösen zu können, anderntheils fordert es die Beweglichkeit des Fahrzeuges, dass diese Verbindung keine starre sei und nur eine Befestigungsstelle zwischen Protze und Wagen bestehe, welche, da sie bei Wendungen etc. den gemeinschaftlichen Drehpunkt Beider zu bilden hat (sieh' Lenkungswinkel und vertikale Biegsamkeit), in der rückwärtigen Verlängerung der Deichsel liegen muss.

Eine weitere Hauptbedingung der Protzverbindung besteht in der unumgänglichen Forderung, sie jeden Augenblick und zwar so rasch und leicht als möglich lösen und ebenso wieder herstellen zu können.

Man nennt jene Manipulation das Ab-, diese das Aufprotzen (*ôter*, *remettre l'avant-train*). Ersteres geht jeder Aktion des Feldgeschützes voraus, Letzteres beschliesst dieselbe; — beide Momente sind die gefährlichsten in der ganzen Gefechtsthätigkeit der Artillerie, weil sie jede Selbstvertheidigung der Batterie ausschliessen und dieselbe, für den Augenblick, gewissermassen wehrlos erscheinen lassen. Es wird daher von höchster Wichtigkeit sein, gerade diese Momente, durch eine recht zweckmässige Construktion des Artillerie-Systemes so viel als möglich abzukürzen. Für Munitionswagen u. s. w. ist diese Anforderung natürlich in geringerem Masse vorhanden, da sie von ihrer Protze nur zu deren Auswechslung oder zur Bewältigung grösserer Terrainhindernisse u. s. w. getrennt werden. Im Allgemeinen sind nur zwei Arten von Protzverbindungen gebräuchlich — mittels Protznagel und mittels Protzhaken.

Der **Protznagel** (*cheville-ouvrière*, Taf. XVIII, Fig. 6ᵃ, n) ist ein, bis 2" (5ᶜᵐ) starker, gewöhnlich etwas konisch geformter Bolzen von (gehärtetem) Eisen, und ragt ca. 1' (30ᶜᵐ) hoch aus dem Protzgestelle hervor, auf welchem er über und meistens auch hinter der Vorderachse, senkrecht zu dieser verschraubt ist.

Um den Hinterwagen (*arrière-train*) an ihn befestigen zu können, wird das Schwanzstück — der Protzstock oder Protz- auch (bei Munitionswagen etc.), Rungriegel (*crosse*) desselben, mit dem Protzloche (*trou de l'entretoise de lunette*, Taf. XVIII, Fig. 7ᵃ, p l) versehen, das sich gegen oben trichterförmig erweitert und entweder kreisrund, oder ellyptisch gestaltet, endlich an seinen Rändern mit Eisen beschlagen resp. gefüttert ist. Zum Aufprotzen, muss der Protzstock des Hinterwagens über den Protznagel gehoben und an diesen, von oben so zu sagen angesteckt werden, eine, besonders bei etwas schwerem resp. belastetem Schwanzstücke, nichts weniger als leichte Arbeit.

Die blosse Einfügung des Protzloches in den Protznagel, genügt indess nicht, um die Protzverbindung auch dauernd zu machen und speziell ein freiwilliges Selbstabprotzen zu verhüten. Es ist hiezu noch eine Befestigungskette — die Protzkette (*chaine d'embrelage*, Taf. XVIII, Fig. 6ᵃ ᵘ· ᵇ, p k) erforderlich, welche am Protzgestelle angebracht und mit einem Knebel oder Haken versehen ist, der in den, am Schwanzstücke des Hinterwagens befindlichen Protzring (*anneau d'embrelage*, Taf. XVIII, Fig. 7ᶜ ᵘ· ᵈ, p g) eingelegt wird.

Der **Protzhaken** (*crochet cheville-ouvrière*, Taf. XIX, Fig. 1ᵃ, h) ist an die Vorderachse selbst, am Schwanzstücke des zugehörigen Hinterwagens aber, eine starke Oehse (*lunette*) befestigt, welche, zur Herstellung der Protzverbindung, in jenen eingehängt wird. Ein Schlüsselhaken (*chevilette*) verhindert das Selbstabprotzen.

Die Hakenverbindung ist jedenfalls weit leichter herzustellen, d. h. das Auf- und Abprotzen damit weit einfacher und rascher auszuführen als die Verbindung von Vor- und Hinterwagen mittels des Protznagels; schon weil der Protzstock nicht so hoch gehoben zu werden braucht und weil der Haken auch dem Auge stets sichtbar bleibt, während der Protznagel durch das Schwanzstück des Hinterwagens verdeckt wird. Weitere Vergleiche bezüglich der Vortheile der einen und der andern Protzverbindung, werden sich aus den Andeutungen über Lenk- und Biegsamkeit, dann Balancirung der Fahrzeuge ergeben.

3. **Wendsamkeit, Lenkungswinkel.** Wenn ein vierrädriges Fahr-

zeug (Taf. XVIII, Fig. 3) gewendet werden soll, so muss vor allem dessen Vorderwagen (durch die Stangenpferde) so weit als möglich nach jener Seite ausgebogen werden, nach welcher hin die Wendung des Fuhrwerkes zu erfolgen hat; hiebei bildet die Protzverbindungsstelle den („inneren") Drehpunkt (d). Ist diese Ausbiegung vollzogen, so schliesst die neue Richtung der Deichsel mit ihrer früheren und die Verlängerung der neuen Richtung der Vorderachse mit jener der Hinterachse, einen und denselben Winkel (l_1 und l) ein, welcher der Lenkungswinkel des Fahrzeuges genannt wird.

Der Durchschnittspunkt (D) der Achsenlinie (also der Scheitel des Winkels l_1) ist der („äussere") Drehpunkt des Fahrzeuges. Derselbe wird der Mittellinie des Hinterwagens um so näher liegen, die Wendung des Fahrzeuges also in einem desto kleineren Bogen geschehen können, je geringer der Abstand der beiden Achsen und je grösser der Lenkungswinkel desselben ist. Die Zunahme des letzteren erfolgt mit der Geleisweite, mit der Entfernung des Drehpunktes der Protze (d) von der Vorderachse, mit der Verminderung des Durchmessers der Vorderräder und mit der Abnahme der Breite des Hinterwagenschwanzes. Er wird am grössten, wenn der Vorderwagen unter dem Hinterwagen „durchläuft"; diese Anordnung setzt jedoch sehr niedere Vorderräder und eine entsprechend hohe Lage des Hinterwagens voraus und kann zwar hie und da für Kriegsfuhrwerke [1]), kaum aber für Feldartilleriefahrzeuge getroffen werden. Für diese übersteigt der Lenkungswinkel selten 90°, soll aber jedenfalls nicht unter 40° betragen. Ausser ihm, ist es besonders die Länge der Fahrzeuge (sammt Bespannung), welche deren Wendsamkeit beeinflusst und daher stets auf das, nach anderen Rücksichten geringst zulässige Mass beschränkt werden muss.

4. **Stabilität.** Unter der „Stabilität" eines Fahrzeuges, versteht man dessen Widerstand gegen diejenigen Einflüsse, welche es umzuwerfen streben. Das Letztere wird so lange nicht erfolgen, als die, durch den Schwerpunkt (s) des Fahrzeuges (Taf. XVIII, Fig. 2) gedachte Lothlinie (**s b**) nicht ausserhalb des Geleises fällt. Es wird diess, bei einem gewissen, schiefen Räderstande um so weniger der Fall sein, je breiter das Geleise, (also je grösser **a b**) und je tiefer der Schwerpunkt des Fahrzeuges liegt (d. h. je kürzer **s a** ist). Die Bedingungen der Stabilität gelten hiebei ebensowohl für das ganze, aufgeprotzte Fahrzeug, als auch je für Protze und Hinterwagen desselben allein.

5. **Vertikale Biegsamkeit.** Ein vierräderiges Fuhrwerk wird nur dann im Stande sein, kleine Unebenheiten des Terrains, schmale Gräben,

---

[1]) Sie findet sich beim bayerischen Rüstwagen.

spitze Dämme u. s. w. (im aufgeprotzten Zustande) ohne Beschädigung seiner einzelnen Theile (d. h. speziell ohne Bruch der Deichsel, oder des Protznagels etc.) zu passiren, wenn es so eingerichtet ist, dass sein Vorderwagen abwärts fahren kann, während der Hinterwagen noch aufwärts gezogen wird, (Taf. XVIII, Fig. 4) oder das Gegentheil hievon stattfindet (Taf. XVIII, Fig. 5).

Hiezu ist es nothwendig, dass sich der Vorderwagen nicht nur in horizontaler Richtung, sondern auch im vertikalen Sinne um den Hinterwagen drehen könne. Diese Bedingung wird entschieden weit vollkommener von der Hakenverbindung, als von jener mittels Protznagel erfüllt werden; die nahezu rechtwinkelige Stellung des letztern zur Deichsel, kann ein Senken derselben nur in sehr beschränktem Masse zulassen, muss aber nicht minder deren Steigen begränzen, sobald die Trichterfläche des Protzloches gegen den Protznagel anliegt.

Gewaltsame Biegungen über dieses Mass hinaus, werden unvermeidlich zu Beschädigungen des Systemes führen müssen.

Man kann sich hiebei zwar einigermassen durch schiefes Anfahren der Böschungen helfen, hat jedoch mindestens einen Elevationswinkel (α) von 10—15° und einen halb so grossen Depressionswinkel (δ) für die Deichsel zu fordern, wenn man nur im Stande sein will, die gewöhnlichsten Unebenheiten eines Gefechtsterrains ohne Anstand (oder jedesmaliges Abprotzen) überwinden zu können. Gerade das schiefe Anfahren geböschter Flächen bedingt aber eine weitere, so zu sagen, schräg vertikale Biegsamkeit des Fahrzeuges, gemäss welcher — innerhalb der Stabilitätsgränzen — die Protzachse eine entgegengesetzte Neigung zum Horizonte einnehmen können muss, als die Hinterachse.

Auch diese Anforderung wird von der Verbindung mittels Protznagel in geringerem Masse erfüllt werden, wie von derjenigen mittels Protzhaken.

6. **Lastvertheilung.** Die ganze, von einem Fahrzeuge fortzuschaffende Last, darf — wenn die Beweglichkeit nicht leiden soll — keineswegs gleichmässig auf Vorder- und Hinterwagen resp. Vorder- und Hinterachse vertheilt, sondern muss dieser stets im höheren Masse zugewiesen werden, als jener. Es begründet sich diess durch die verschiedene Leistung von Vorder- und Hinterwagen beim Fahren. Jener muss Höhen stets zuerst ansteigen, seine Räder furchen das Geleise, werden bei den Wendungen mehr in Anspruch genommen u. s. w., der Hinterwagen wird nur überall nachgezogen. Um den Vorderrädern die Arbeit und besonders auch das Ueberwinden von Hindernissen zu erleichtern, belastet man sie daher gewöhnlich nur halb, oder höchstens zwei Drittel so schwer, als die Hinterachse. Dabei müssen aber die beiden Räder einer jeden Achse stets gleich beschwert sein.

7. **Balancirung.** Nicht ganz so gleichheitlich, wie auf den rechten und linken Schenkel, kann die Vertheilung der bezüglichen Lastquote vor und hinter einer jeden Achse stattfinden, sondern muss hiebei auf eine gewisse Gleichgewichtslage des aufgeprotzten Fahrzeuges Rücksicht genommen werden.

Es ist leicht einzusehen, dass die Deichsel der Protze, schon ihrer Länge wegen, ein bestimmtes Vordergewicht besitzen wird, in Folge dessen sie — ohne weitere Unterstützung zu Boden sinken müsste.

Diese Unterstützung, d. h. das Tragen der Deichsel kann nur auf zweierlei Weise erlangt werden: durch die Deichselpferde, oder durch das Gegengewicht des Hinterwagens, d h. durch den Druck, welchen derselbe auf die Protzverbindungsstelle etc. ausübt.

Systeme mit getragener Deichsel.

Im ersteren Falle erscheint der Vorderwagen gewissermassen als ein selbstständiges, zweirädriges (cabrioletartiges) Fahrzeug für sich, das sich auch abgeprotzt gut fährt und auf welches der angehängte Hinterwagen weniger drückt, als, wie eine Schlepplast wirkt.

Man nennt solche Fahrzeuge daher, sehr richtig, **Unabhängigkeitssysteme** (Taf. XIX, Fig. 1, 2 und 4) und bedient sich bei ihnen der Haken-Protzverbindung, durch welche die, bei der benannten Lastvertheilung gewährte, unbeschränkte Biegsamkeit zur vollen Geltung gelangen kann. Minder vollkommen ist die Wendsamkeit dieser Fahrzeuge, da sich die Protzverbindung unmittelbar an der Vorderachse befindet. Dafür trägt der hier so ausserordentlich geringe Druck des Protzstockes, zur weiteren Erleichterung des Auf- und Abprotzens bei und setzt die Protzverbindung weniger der Gefahr freiwilliger Lösung oder gewaltsamen Bruches bei den verschiedenen Erschütterungen des Transportes aus. Das Tragen der Deichsel bedingt aber entschieden eine grössere Abnützung der, ohnehin schon durch Wenden und Aufhalten etc. mehr in Anspruch genommenen Stangenpferde und benachtheiligt die Anspannweise durch die Nothwendigkeit einer Tragvorrichtung der Deichsel. Eine solche besteht entweder in der Anbringung einer Gabel oder Lanne (*limonière*, Taf. XIX, Fig. 1), oder in der Befestigung von Traghörnern (*supports de timon*, Taf. XIX, Fig. 4ᵃ t t) an der Deichselspitze.

Die (englische) **Gabeldeichsel** belästigt vorzüglich das, in ihr laufende Stangenhandpferd, das nicht allein die Deichsel, sondern auch — als Gegengewicht zu dieser — die Lanne, zusammen also 50—60 Pfd. mehr zu tragen hat, als ein Hinterpferd bei balancirter Deichsel.

Mehr als durch dieses, an sich nicht bedeutende Gewicht, wird das Gabelpferd aber durch die beengende Anspannungsweise geschädigt, welche auch alle Stösse etc. des Fahrzeuges in empfindlicherer Weise auf dasselbe überträgt und seine Auswechslung etc. entschieden erschwert, die Abnahme der Lanne mag durch deren Befestigung am rechten Achsschenkel der Protze und durch eine charnierartige Gliederung ihres rückwärtigen Endes (Taf. XIX, Fig. 1[b]) noch so sehr erleichtert sein.

Die (französischen) **Traghörner** sind eiserne, um ein Charniergelenk bewegliche Arme, welche das Deichselgewicht (zu ca. 30 Pfd.) auf die beiden Stangenpferde vertheilen, die Anspannungsweise aber nicht so sehr compliciren und selbst die Anwendung einer Vorzugwage gestatten, was bei der Lanne nicht der Fall ist.

Systeme mit steifer Deichsel.

Man hatte der Beweglichkeit der Feldartilleriefahrzeuge früher eine weit geringere Bedeutung beigelegt, als diess heutzutage der Fall ist und nahm daher keinen Anstand, deren Zusammensetzung in einem, dem Unabhängigkeitssysteme gerade entgegengesetzten Sinne herzustellen. Hiezu wurde der Protz- oder Reibnagel auf der Vorderachse selbst angebracht, das Vordergewicht der Deichsel aber dadurch paralysirt, dass man die letztere gewissermassen gabelförmig nach rückwärts verlängerte und die Enden dieser Gabel — der Deichselarme (*armons*, Taf. XVIII, Fig. 6[a. b], d a) mit einem Querbalken — dem Reibscheite (*sassoire*) verband, auf welchem das Schwanzstück des aufgeprotzten Hinterwagens auflag. Durch diese Anordnung erhielt die Deichsel (gleich jener gewöhnlicher Fuhrwerke), eine vollkommen fixe Stellung, mit welcher aber auch jede vertikale etc. Biegsamkeit gänzlich verschwand. Damit war jedoch zugleich — der Lage des inneren Drehpunktes wegen — der Lenkungswinkel des Fahrzeuges auf ein Minimum reduzirt und das Auf- und Abprotzen noch durch die Gewichtigkeit des ganzen Schwanzstückes des Hinterwagens erschwert, dessen Druck auf das Reibscheit ausserdem die Leichtigkeit der Wendungen beeinträchtigte. Selbst der Vortheil grösserer Packungsräume für den Hinterwagen, wurde durch den Verlust solcher auf der Protze nahezu ausgeglichen.

Derlei Fahrzeuge, **Reibscheitsysteme** genannt, finden sich jetzt nur mehr als Armeefuhrwerke und in der Belagerungsartillerie verwendet.

Systeme mit balancirter Deichsel

Den gebieterischen Anforderungen der Taktik zur zweckmässigen Verbesserung der Reibscheitsysteme, kam man (ausser durch unabhängige) durch sogenannte **balancirte** Artilleriefahrzeuge (Taf. XVIII, Fig. 8) nach. Das Vordergewicht der Deichsel, mindestens in ihrer normalen Stellung zum Horizonte, durch den Druck des Protzstockes gerade zu paralysiren, das ist das Prinzip, welches man diesen Systemen zu Grunde legte. Man wandte dieselben vorzüglich für Protznagelverbindungen, in neuerer Zeit aber auch vielfach auf Protzhaken (Taf. XIX, Fig. 2) an.

Im ersteren Falle, behielt man die Deichselarme bei (Taf. XVIII, Fig. 6a. a. b, da), verband deren Enden aber nicht durch ein Reibscheit, sondern durch eine, gewöhnlich als Protzschemel (ps) oder Spannschiene bezeichnete Querleiste, in deren Mitte — von dem sogenannten Träger (t) oder der Mittelsteife gehalten — der Protznagel (n) befestigt wurde. Diese Entfernung des letztern von der Vorderachse, vergrösserte sowohl den Lenkungswinkel, als die vertikale Biegsamkeit, die jedoch immer — schon der Art der Protzverbindung wegen — eine beschränkte bleiben musste.

Das Hintergewicht des Schwanzstückes war geringer geworden, immer aber noch gross genug, um das Aufprotzen hinreichend zu erschweren, dagegen aber zu klein, um eine ruhige Lage des Protzstockes zu ermöglichen, dessen heftige Erschütterungen beim Transporte auf rauhem Boden, nun empfindliche Angriffe gegen die Festigkeit der Protzkette ausüben mussten.

Dabei blieb es natürlich unmöglich, den Balancirungszweck vollkommen zu erreichen, da sich die Gleichgewichtsbedingungen ja mit dem Verlassen des horizontalen Bodens (und Abnahme der Packung etc.) änderten.

So musste beim Abwärtsfahren (Taf. XVIII, Fig. 4) doch ein Tragen der Deichsel durch die Stangenpferde zugelassen, oder wieder zu modificirten Reibscheiten gegriffen werden.[1])

---

[1]) Letzteres ist z. B. in Oesterreich (vergl. Taf. XIX, Fig. 3a) der Fall. An Stelle des früheren Reibscheites trat die eiserne Spannschiene (ss), in deren Mitte sich der Protznagel befindet; vor derselben ist die sogen. Reibschiene (rs) über die Deichselarme gelegt. Dieselbe ist gegen die Mitte gewölbt und „soll dem Protzstocke möglichst viele Anlehnungspunkte verschaffen, um hiedurch eine stabilere Verbindung der Laffete und Protze und geringere Erschütterungen des ganzen Systemes beim Passiren von Terrainunebenheiten zu erzielen.“ (Müller d. österr. Artill. Material v. 1863. S. 8.)

In Bayern vertritt die Protzlochnase (sieh' bayer Feldlaffete) gewissermassen die Stelle eines Reibscheites

Sehr vortheilhaft ist ein solches an der eigenthümlich modificirten schwedischen Feldlaffete (System Wrede 1831) verwerthet. (Sieh' „Kongl. Svenska Artilleriets Materiel“, sammandragen af C. Staaf, Kapten etc. Stockholm 1856, wobei zugleich das „Arkif för Fält-Artilleri-Materiel“ — eine Sammlung gediegenster Zeichnungen über das Feld-

Die Balancirung von Artilleriefahrzeugen mit Protzhaken erlangte man entweder (wie bei der sardinischen Feldlaffete, sieh' Taf. XIX, Fig. 2) durch geeignete Rückwärtsverlegung desselben und entsprechende Vergrösserung des Protzstockgewichtes, oder gleichfalls mittels Reibschienen.[1])

8. **Achsen und Räder.** Die, sich um ihre Achse drehenden Räder, bilden so zu sagen die Gehwerkzeuge eines Geschützes etc.; je leichter jene Drehung herbeigeführt werden kann, um so beweglicher wird das Fahrzeug construirt sein. Die nachstehenden Erörterungen werden Anhaltspunkte für die richtige Anordnung dieser Bewegungsmittel bieten, vorher aber einige Details über deren Zusammensetzung u. s. w. anführen.

An der **Achse** *(essieu)* eines Fahrzeuges, unterscheidet man das Mittelstück *(corps d'essieu)* und die beiden Schenkel *(fusées d'essieu)*. Die Mittelachse (Taf. XVIII, Fig. 7[b], **ma**) dient dem Obergestelle des Fahrzeuges zur unmittelbaren Unterstützung, die Achsschenkel, (Taf. XVIII, Fig. 7[b] **as**) greifen in die angesteckten Räder ein.

Bei Feldartilleriefahrzeugen, ist die ganze Achse gewöhnlich aus Schmiedeeisen gefertigt, in neuester Zeit benützt man hiezu aber auch, und natürlich mit noch besserem Erfolge, Gussstahl. (Preuss. 4-Pfünder, Taf. XIX, Fig. 6). Die fertige Achse wird durch Schläge mit dem Rammklotze, oder solche ersetzende, aus bestimmter Höhe auf die hohlgelegte Achse herabfallende Gewichte, auf ihre Haltbarkeit geprobt.

Die Mittelachse ist (in einer Stärke von 2—3″) vierkantig, (Taf. XVIII, Fig. 7[b]) oder cylindrisch (Taf. XIX, Fig. 6), die Achsschenkel sind in letzterer Form, (Taf. XIX, Fig 6) oder, gegen aussen abnehmend conisch (Taf. XVIII, Fig. 7[b], dann Taf. XIX, Fig. 1[a], 2 und 3[b]) zugearbeitet und stossen mit einer kleinen Neigung nach abwärts an die Mittelachse an. Diese Abweichung der Achsschenkel, resp. ihrer Mittellinien, unter jene der Mittelachse, nennt man die Unterächsung *(inclinaison du dessous des fusées)*; dieselbe erhöht die Tragfähigkeit der Achse und wirkt dem Bestreben der Räder, vom Fahrzeug abzulaufen, etwas entgegen. Bei (gerade durch die Unterächsung mit bedingten) konischen Achsschenkeln, wird sie gewöhnlich so angeordnet, dass die untere Begränzungslinie dieser, in diejenige der Mittelachse fällt (Taf. XVIII, Fig. 7[a]). Sie beträgt im Allgemeinen wenig mehr als

---

Artilleriematerial fast aller europäischen Armeen — von demselben Autor, besonders empfohlen sei).

[1]) Aehnlich, wie diess bei der Protze des bayer. Festungs- und Belagerungs-Artilleriesystemes der Fall ist.

½ Zoll und wird bei Gussstahlachsen (Taf. XIX, Fig. 6) verschwindend klein.

In der Absicht, das Einfahren des Geleises zu erleichtern, gibt man Protzachsen zuweilen auch eine sogenannte Vorächsung.

Um die Erschütterungen des Fahrens und (bei Geschützachsen) auch des Feuerns, weniger unmittelbar auf die Mittelachse wirken zu lassen und dieselbe mehr vor Verbiegung zu schützen, umgibt man sie gewöhnlich mit einem hölzernen Achsfutter (*corps d'essieu en bois*. Taf. XVIII, Fig. 7 a u. b, af), in welches das Mittelstück mit eigenen Nasen (*talons d'essieu*) eingreift. [Die Gussstahlachse der preuss. 4-Pfünder Laffete (Taf. XIX, Fig. 6) hat kein Achsfutter, wird dafür aber durch sogen. Mitnehmer, welche hier zugleich den Achssitzen zur Unterstützung dienen, vor Biegungen etc. geschützt].

Die Endquerschnitte der Mittelachse, welche also mit der Basis der Achsschenkel zusammenfallen, heissen Stossflächen (*épaulements d'essieu*) und sind oft durch besondere, ringförmige Scheiben — Stossscheiben (*rondelles d'épaulement*, Taf. XIX, Fig. 2 und 6) verstärkt, welche zugleich die innere Bewegungsgränze der angesteckten Räder bilden, deren Ablaufen vom Achsschenkel dagegen durch einfache Vorstecker, Lünsen oder Lohnen (*esses d'essieu*. Taf. XVIII, Fig. 7b, l) genannt, verhindert wird, die in geeignete Ausstemmungen (Lünsenlöcher, *trous d'esse*) der Achsschenkel eingreifen. Um die Stösse der Räder gegen die Lohnen minder störend für die Bewegung werden zu lassen, gibt man diesen sogen. Lohnen- oder Schmierscheiben (*rondelles d'essieu*) zur Unterlage.

Die Räder (Taf. XVIII, Fig. 7 a u. b) setzen sich aus Nabe (n), Speichen (sp) und dem, von Felgen (f) und Radschienen oder Radreif (r) gebildeten Radkranze zusammen.

Die Nabe (*moyeu*) aus Eichen- oder Ulmenholz, bildet das Mittelstück des Rades und dient zum Anstecken des letztern selbst, an den Achsschenkel. Ihre, diesem Zwecke entsprechende Ausbohrung, wird gewöhnlich mit einer gusseisernen oder (besser) bronzenen Nab- oder Radbüchse (nb), (*boîte de roue*) gefüttert, ihre Mantelfläche aber mit verschiedenen Nab- und Speichenringen (*frettes et cordons de roue*) bezogen, um dadurch die Haltbarkeit der Nabe zu erhöhen.

Die Speichen (*rais*) sind gewöhnlich aus Eschen-, für besonders schwere Laffeten etc. auch aus Eichenholz gefertigt und mit dem einen Ende in die Nabe, mit dem andern in die Felgen eingezapft. Sie treffen hiebei nicht senkrecht, sondern ungefähr unter einer Neigung von 80—85° nach auswärts auf die Mittellinie der Nabe und nennt man diese Anordnung den Sturz (*écuanteur*) des Rades.

Der Sturz erhöht die Elasticität des Rades, vermindert dessen Druck gegen die Lünse, erweitert den Raum für das Obergestell und erleichtert dadurch die Bedienung, verursacht das Auswerfen des Strassenkothes nach auswärts und vergrössert die Haltbarkeit des Rades, dessen Speichen sich gegenseitig weit mehr lockern würden, wenn er hinweggelassen wäre. Bei vorhandener Unterächsung ist der Radsturz übrigens auch durch die geneigte Stellung der Achsschenkel bedingt, um die, je nach unten gekehrte — die „tragende" — Speiche nicht einwärts stellen und damit das Rad vom Stosse abdrängen zu lassen.

Die Anzahl der Speichen, muss in einem richtigen Verhältnisse zur Grösse des Rades stehen; zu viele Speichen schwächen die Nabe, und erhöhen nutzlos das Radgewicht, zu wenige, geben dem Radkranze keine hinreichende Unterstützung. Im Allgemeinen variirt die Speichenzahl zwischen 10 und 14.

Die Felgen *(jantes)* sind meistens aus Ulmenholz gefertigt, unter einander mittels besonderer Diebel oder Döbel *(goujons)* verbunden und ihrer je eine für 2 benachbarte Speichen vorhanden. Um die Peripherie des Felgenkranzes vor Abnützung zu schützen und die Festigkeit des ganzen Rades zu erhöhen, ist derselbe mit dem eisernen Radreife *(cercle de roue,* Taf. XVIII, Fig. 7 u. 8) oder mit Radschienen *(bandes de roue.* Taf. XIX, Fig. 1 a. u. b) umgeben. Ersterer wird warm aufgezogen und zieht sich dadurch, beim Erkalten, fest um das Rad und damit dieses selbst zusammen, so dass wenige Bolzen etc. *(boulons)* zu seiner dauernden Verbindung mit dem Felgenkranze hinreichen. Radschienen, sind meistens in der gleichen Anzahl wie die Felgen vorhanden und trifft der Zusammenstoss je zweier der letztern, stets auf die Mitte einer Schiene. Sie bedürfen zahlreicher Befestigungsnägel, erhöhen die Festigkeit des Rades nicht so zuverlässig, wie der Radreif, sind aber leichter zu ersetzen und zu repariren als dieser, dessen Herstellung indess, bei gut konstruirten Feldschmieden, auch keine besonderen Schwierigkeiten bietet.

Abweichend von der gewöhnlichen Zusammensetzungsweise, ist das Rad der preuss. 4-Pfünder Laffete angeordnet. Bei demselben (Taf. XIX, Fig. 7) vertritt die bronzene Radbüchse gleich selbst die Stelle der Nabe, indem sie, mit Hülfe einiger Schraubenbolzen, die Speichen zwischen zwei Scheiben festhält, deren äussere Ein Ganzes mit der Nabe bildet, während die innere abgenommen werden kann, sobald jene Schraubenbolzen gelüftet sind. Hiedurch kann jede beschädigte Speiche sofort ausgewechselt werden, ohne darum den Felgenkranz zerlegen zu müssen. Man nennt derlei Räder, nach ihrem Erfinder, (einem österr. Industriellen) Thonet'sche und stellt dieser (er ist Besitzer einer Fabrik für Waaren aus gebogenen Hölzern) auch den Radkranz aus

Einem rundgebogenen Holzstücke her, was indess nur für niedere Räder gut angeht.

Die **Achsenreibung.** Unter den, die Leichtigkeit der Räderbewegung bedingenden Umständen, steht die Achsenreibung oben an, und ihre möglichste Verminderung ist es, welche die Hauptaufgabe der bezüglichen Technik bilden muss. Die Achsenreibung nimmt nun ab: mit der Vergrösserung der Radhöhe und der Verringerung der Achsschenkelstärke; mit der Genauigkeit des Anschlusses der Nabbüchse an den Achsschenkel und der Härte und Glätte der reibenden Oberflächen; sie ist bei unterächsten und konischen Achsschenkeln grösser als bei horizontalen, cylindrischen. Unter allen Umständen aber, muss sie durch eine gute Wagenschmiere erleichtert und dann auch dafür gesorgt werden, dass diese — wenn anders ihre Zusammensetzung richtig ist — nicht zu rasch ablaufen können. Zu diesem Behufe bringt man spiralförmig gewundene oder ringförmige etc. Schmierrinnen an den Achsschenkeln oder in den Nabbüchsen an.

Die **Reibung am Radkranze**. Die Reibung am Radkranze wird besonders durch jene Widerstände erzeugt, welche die Unebenheiten etc. des Bodens der Fortbewegung des Rades entgegensetzen; die Construktion des letztern, muss also auf eine möglichst leichte Ueberwindung dieser Widerstände abzielen.

Auch hiezu ist vor allem die thunlichste Verminderung der Achsenreibung das hauptsächlichste Mittel und muss diese jedenfalls stets kleiner bleiben, als die Reibung am Radkranze, wenn überhaupt noch eine Drehung des Rades erfolgen soll.

Abgesehen hievon, sind es aber wieder hohe Räder, welche die Unebenheiten des Weges leichter überwinden und bei weichem Boden weniger tief einsinken als niedere. In letzterer Beziehung sind es sodann breite Felgen[1]) und eine möglichst geringe Unterächsung, welche die Fortbewegung erleichtern.

Die **Radhöhe.** In den vorhergehenden Sätzen über die Reibung, sind die Vortheile hoher Räder genugsam angedeutet; es erübrigt daher nur noch auf deren Nachtheile aufmerksam zu machen. Es liegen solche: in der durch die Anforderungen hinreichender Haltbarkeit bedingten Verstärkung aller Dimensionen und der hiemit verbundenen Gewichtsvermehrung, welche die Schwierigkeiten des Bergauffahrens und des Transportes auf weichem Boden erhöht; in der Verminderung des Lenkungs-

[1]) Bei Transport über Sand- oder sonst weichen Boden ist das Umwickeln der Felgen mit Strohseilen u. dergl. zu empfehlen, um dadurch deren Breite zu vermehren.

winkels und der Höherlegung des Gesammtschwerpunktes; in der Erschwerung des Aufhaltens beim Bergabfahren und des Herstellens oder Lösens der Protzverbindung und endlich in der Behinderung des raschen Verladens und solcher Herausnahme der Munition etc., sowie des Aufsteigens der fortzuschaffenden Bedienung. Speziell für Laffetenräder — und diese sind ja wohl massgebend für jene der übrigen Wagen — kommt jedoch der weitere Umstand zu berücksichtigen, dass die Zunahme der Radhöhe auch den Rücklauf erleichtert resp. vergrössert, dagegen aber eine gewisse Radhöhe zur bequemen Handhabung etc. des Geschützes und zur Herstellung einer genügenden Beherrschung des Feuerterrains, unbedingt erforderlich ist, (worüber unten Näheres).

Im Zusammenhalte all' dieser Faktoren, hat sich eine durchschnittliche Höhe von 5' rh. (1,5ᵐ) für die Hinterräder der Feldartilleriefahrzeuge ergeben; die Vorderräder sind diesen entweder gleich, oder ca. 10" (26ᶜᵐ) niederer bestimmt.

Die erstere Annahme gewährt eine bedeutende Vereinfachung des Artilleriematerials und der Reservestücke, für die letztere spricht: die Erlangung eines vortheilhaften Zugwinkels [1]), die Erhöhung der Lenksamkeit und die Erleichterung des Auf- und Abprotzens.

Die **Felgenbreite**. Auch bei den Felgen, kann der Nutzen grösserer Breite nur durch eine unliebe Vermehrung des Radgewichtes erkauft werden. Indess hat man aus praktischen Versuchen ermittelt, dass ein Rad für je 380 Zoll-Pfund (140 Kil.) Wagenlast, einen Zoll rhein. (2,6ᶜᵐ) Felgenbreite bedürfe. Hienach bestimmte sich jene der Artilleriefahrzeuge auf 2,5—3" (6,5—7,8ᶜᵐ).

Die **Geleisweite**. Die Entfernung von Felgenmitte zu Felgenmitte (Taf. XVIII, Fig. 7ᵇ, 58,5") nennt man die Geleis- oder Spurweite (*voie*) eines Fahrzeuges und wurde bereits oben erwähnt, welch' vortheilhaften Einfluss ein grosses Geleise auf Stabilität und Wendsamkeit eines Fuhrwerkes äussert; denselben Werth hat es für die Bedienung der Geschütze etc. und die Vergrösserung des Wagenraumes. Es beschränkt

---

[1]) Die durchschnittliche Höhe der Vorderräder von 45—49" ergibt von selbst einen, der Neigung von 11° sich nähernden Zugwinkel und dieser ist es wieder, welcher, bei der erwähnten Radhöhe, die Ueberwindung der gewöhnlichen Steine etc. des Strassenschotters (solche zu ca. 0,5" hoch, Taf. XVIII, Fig. 1, h, angenommen) noch besonders dadurch erleichtert, dass er hiebei die Zugrichtung (Z A) senkrecht zum grössten Hebelsarme (d. i. die von A gegen h gezogene Gerade) stellt, mittels welchen also die Drehung des Rades unter dem relativ geringsten Kraftaufwande möglich wird.

oder verbietet aber dagegen, die Benützung schmaler Landstrassen, kann die Passirung von Engwegen empfindlich behindern und beeinträchtigt auch die Festigkeit der Fahrzeuge, durch die Anforderung überlanger Mittelachsen. Im Allgemeinen wird die Höhe der Hinterräder als ein richtiges Mass für die Geleisweite [1]) angesehen, die indess, unter allen Umständen, für Protze und Wagen die gleiche sein muss.

Die **Radsperre.** Um den Stangenpferden das Aufhalten des Fahrzeuges beim Bergabfahren zu erleichtern und nach Umständen überhaupt möglich zu machen, ist es nothwendig die Drehung eines oder mehrerer Räder gänzlich aufzuheben, oder doch ausgiebig zu beschränken. Man bedient sich hiezu des Radschuhes oder einer Bremse, seltener einer sogen. Sperrkette. Die letztere Einrichtung (Taf. XIX, Fig. 1) ist entschieden die mittelmässigste; das Einlegen und Abnehmen der Hemmkette *(chaine d'enrayage)* ist zeitraubend, beschädigt die, zu ihrer Befestigung benützte Speiche und das, nun nur auf einer Stelle seines Kranzes schleifende, dabei aber, in Folge der Unebenheiten des Bodens, allen möglichen Prellungen ausgesetzte Rad.

Der Hemmschuh (*sabot à enrayer*, Taf. XVIII, Fig. 7ª und 8) schont zwar das gesperrte Rad, veranlasst aber auch eine schiefe Stellung des Hinterwagens, insoferne er gewöhnlich nur bei einem Rade angewandt wird und bedingt ebenfalls einigen Zeitaufwand zum Ein- und Aushemmen.

Die Bremse *(enrayure)* allein, gestattet das Sperren und dessen Nachlass ohne jedes Anhalten; sie kann dabei nach Bedarf fester und leichter angezogen werden, hemmt die Drehung beider Hinterräder und entspricht so den theoretischen Anforderungen im vollsten Masse. In der Praxis reicht sie indess nicht immer ganz aus, macht also den Radschuh doch nicht vollständig entbehrlich und lässt sich auch nicht bei allen Artilleriefahrzeugen bequem anbringen, was besonders für die Geschütze gilt.

Bei Passirung beschneiter, oder glattgefrorener Böschungen, müssen diese Sperrmittel durch Eisstege *(sabots à griffes)*, oder Eis- (auch Reiss-) Ketten, die man an Radschuh oder Radkranz befestigt, um damit den Boden aufzureissen, resp. rauh zu machen, ergänzt werden.

---

[1]) Es darf hiezu bemerkt werden, dass man immer gut thun wird, sich in allen, auf die Radconstruktion bezüglichen Massbestimmungen, besonders aber hinsichtlich der Geleisweite, so viel diess möglich ist, den hiefür landesüblichen Einrichtungen zu nähern.

1. Die Feldlaffeten *(affûts de campagne)*.

Die Feldlaffeten werden nach demjenigen Rohre benannt, welches ihrer Construktion zu Grunde gelegt wurde. Es waren diess von jeher vorzüglich Kanonenrohre und nur für kurze Haubitzen construirte man besondere, 7-Pfünder u. s. w. „Haubitzlaffeten" *(affûts d'obusiers)*. Die langen Haubitzen wurden auf die, mit ihnen in gleicher Batterie stehenden 6-, oder 12-Pfünder „Feldlaffeten" gelegt, die dann auch für die Granatkanonen und ebenso für die gezogenen Geschütze, meistentheils beibehalten blieben.

Construktionsbedingungen.

In dem vorhergehenden Kapitel wurden diejenigen Bedingungen zusammengestellt, welchen die Laffete als Hinterwagen eines Artilleriefahrzeuges zu genügen hat; es erübrigt nun dieselbe als Schiessgerüste des Näheren zu erörtern.

Die Anforderungen, welche als solches an sie zu stellen sind, lassen sich in den Satz zusammenfassen: die Bedienung und den ganzen Feuergebrauch des aufliegenden Geschützrohres in bestmöglichster Weise zu unterstützen und zu vermitteln. Hiezu ist es:

1. vor allem nothwendig, dass die Laffete, sowohl eine bequeme Ausführung der Seitenrichtung, als ganz besonders auch die rasche Ertheilung aller derjenigen Elevationen und Senkungen des — normalmässig horizontalliegenden — Rohres gestatte, welche dasselbe bedarf, um auch auf unebenen Terrain seine volle Feuerwirkung zur besten Geltung bringen zu können. Im Allgemeinen lassen die Feldlaffeten eine Elevation des Rohres bis 15° oder 20° und eine drittel bis halb so grosse Senkung desselben zu.

2. Muss die Laffete das Geschützrohr in einer, (schon unter „Radhöhe" bemerkten) seinem Gebrauche vortheilhaften Höhe über den Boden erheben. Man nennt diese Höhe, d. h. den Abstand der Schildzapfenaxe vom Aufstellungshorizonte des Geschützes, *(l'élévation de l'axe des tourillons au-dessus de la ligne de terre)* die Kniehöhe[1]) desselben und hat diese, im Mittel, auf 3′ (1ᵐ) festgestellt.

---

[1]) Die Benennung „Kniehöhe" *(genouillère)* ist vom Batteriebau entlehnt und bezeichnet dort die Höhe des schützenden Erdkörpers (oder Mauerwerks in Festungen) vom Aufstellungshorizonte des Geschützes, bis zur Schartensohle, da dieses untere Stück des Batteriekastens eben dessen „Knie" genannt wird. Um Irrungen zu vermeiden, soll im vorliegenden Werke unter „Kniehöhe" stets der Abstand der Schildzapfenaxe vom Boden verstanden, jener andere Begriff aber, als „Deckungs-Kniehöhe" *(genouillère d'embrasure)* bezeichnet werden.

3. Die Laffete darf durch den Rückstoss weder beschädigt, noch zu einem unmässigen Rücklaufe veranlasst werden. Um dieser Anforderung zu entsprechen, muss die Laffete — in allen ihren Theilen eine genügende Festigkeit und Elasticität, aber auch eine ausreichende Schwere besitzen. Die letztere übersteigt gewöhnlich diejenige des auf- [d. h. der Construktion zu Grunde] liegenden Geschütz- (resp. Kanonen-) Rohres, nimmt aber mit dem Gewichte desselben eher im umgekehrten als geraden Verhältnisse zu oder ab. („Leichtes Rohr, schwere Laffete" und umgekehrt — sagt ein altes Sprichwort, das sich besonders bei Haubitzlaffeten bewährt und durch den Grundsatz rechtfertigt, dass, je weniger das Rohr selbst dem Rückstosse widerstehe, diess um so mehr durch die Laffete geschehen müsse.)

Aber auch die geeignete Vertheilung des Laffetengewichtes hat hiebei in Betracht zu kommen und ist es speziell der Druck des Laffetenschwanzes auf den Boden, mit dessen Zunahme der Rücklauf vermindert (das Auf- und Abprotzen aber erschwert) wird.

Es resultirt dieser Druck — neben dem eigenen Gewichte des Laffetenschweifes — vorzüglich aus der Lage der Schildzapfen über der Laffetenachse. Je mehr jene gegen rückwärts verlegt werden, einen um so bedeutenderen Druck wird der Laffetenschwanz gegen den Aufstellungshorizont des Geschützes äussern und umgekehrt.

Die Lagerung der Schildzapfen wenig. vorwärts [1]) der Vertikalebene durch die Laffetenachse, (vergl. XVIII, Fig 7^a, dann Taf. XIX, Fig. 4^a und Fig. 5) entspricht der Einleitung eines mässigen Rücklaufes und der richtigen Lastvertheilung des ab- und aufgeprotzten Geschützes am besten.

Zur Verminderung des Rücklaufes trägt aber auch die Vergrösserung desjenigen Winkels bei, welchen das Schwanzstück der Laffete mit dem Aufstellungshorizonte einschliesst. Derselbe heisst Laffetenwinkel (*angle d'incidence de l'affût*, Taf. XVIII, Fig. 7^a, 18°, Taf. XIX, Fig. 1^a, 20°) und wird im Allgemeinen zu 20° angenommen, um einen normalen Rücklauf von 10—12′ (3—4^m) zu gestatten; ausnahmsweise erreicht dieser jedoch selbst 15 und 16′ (5^m) Länge.

Durch das Mass des Laffetenwinkels und jenes der Radhöhe, bestimmt sich aber auch — im Zusammenhalte mit früher gegebenen Andeutungen — die Länge der Laffete und beträgt dieselbe im Allgemeinen 9—10′ (3^m).

---

[1]) Bei abgeprotztem Geschütze wird unter „vorwärts" stets die Richtung der Mündung, bei aufgeprotztem, diejenige der Deichsel verstanden.

Es vertheilt sich diese Länge auf **Schwanz-**, **Mittel-** und **Bruststück** der Laffete, deren erstes bereits mehrfach erwähnt wurde, während das zweite, von diesem ungefähr bis zum Bodenstücke des aufliegenden Rohres reicht und eben hier das Bruststück beginnt. Die, gegen die Mündung gerichtete Querseite der Laffete, heisst man deren **Stirn** *(tête de l'affût.)*

Laffetensysteme.

Die vorstehenden Construktionsbedingungen dienen zwei Haupt-Systemen zur Grundlage, welche man als **Wand-** und **Blocklaffeten** bezeichnet. Neben denselben haben sich zahlreiche Modifikationen (sieh' z. B. Fig. 2, Taf. XIX) ausgebildet, welche die Vortheile Beider zu vereinigen, ihre Nachtheile aber zu vermeiden suchen. Indess werden sich — eben der gleichen Grundbedingungen wegen — bei all' diesen Construktionen stets zahlreiche Uebereinstimmungen, neben den einzelnen Verschiedenheiten finden müssen.

Die Wandlaffeten *(affûts à flasques.)*

Zusammensetzung. Die Wandlaffeten (Taf. XVIII, Fig. 7 u. 8, Taf. XIX, Fig. 3ᵃ, 5 u. 6) setzen sich aus zwei, hochkantig über der Laffetenachse angebrachten und hier um den Abstand der Angussscheiben von einander entfernten **Wänden** oder **Wangen** (*flasques*, Taf. XVIII, Fig. 7, W) zusammen, welche durch 3 quere **Riegel**, den **Protz-** oder **Schwanzriegel** (*entretoise de lunette*, Taf. XVIII, Fig. 7ᶜ, **pr**) den **Mittel-** (*entretoise*, Fig. 7ᵃ, **mr**) und den **Stirnriegel** (*entretoise de volée*, Fig. 7ᵃ ᵃ· ᵇ, **sr**) und die, durch diese greifenden **Bolzen** *(boulons)*, in ihrer richtigen Stellung erhalten und mit einander verbunden werden.

Stellung und Beschaffenheit der Wände. Die Laffetenwände sind an der oberen Kante ihres Brusttheiles (bei **pf**, Taf. XVIII, Fig. 7ᵃ) mit dem **Schildzapfenlager** *(encastrement des tourillons)*, diesem entgegengesetzt aber (bei **af**), mit dem **Achseinschnitte**[1]) *(encastrement d'essieu)* versehen; das Schwanzstück der Wangen ist schlittenförmig zugearbeitet. In der Regel laufen die Wände **parallel** zu einander; eine Vergrösserung ihres Abstandes gegen den Laffetenschwanz hin, war wohl früher gebräuchlich, erschwerte aber den Protzstock und beschränkte den Lenkungswinkel; gerade entgegengesetzten Zweckes wegen, lässt man daher jetzt eher eine Convergenz der Wände gegen rückwärts zu. In

[1]) An der preuss. Laffete (Muster 1864) sind — mit dem Achsfutter — auch die Achseinschnitte weggefallen; ein Umstand, der die Widerstandsfähigkeit der Wände entschieden erhöht.

ähnlicher Weise ist es nun veraltet die Wände zu „brechen", d. h. Mittel- und Bruststück derselben nicht in einer Verlängerung laufen, sondern stumpfwinklig zusammenstossen zu lassen (Taf. XVIII, Fig. 5). Diese Anordnung vergrösserte zwar den Laffetenwinkel, schwächte aber die Wände durch das Zerschneiden der Holzfaser. Neuere Construktionen werden daher „geradwändig" ausgeführt. (Vergl. Taf. XVIII, Fig. 7 u. 8, Taf. XIX, Fig. 3ᵃ, 5 u. 6). Gewöhnlich werden die Laffetenwände aus Ulmenbohlen gefertigt und — bei einer gleichmässigen Stärke von 3—3,5 selbst 4" (8,9—10ᶜᵐ), — an der Stirne 10—12" (25—30ᶜᵐ) hoch gehalten, welches Mass sich gegen das Schwanzstück hin, bis auf die Hälfte verringert.

Beschlag der Wände. Diese Dimensionen sind indess an sich noch nicht genügend, um die Widerstandsfähigkeit der Laffetenwände vollständig sicher zu stellen, sondern bedarf es hiezu auch eines zweckdienlichen Beschläges *(ferrure)* derselben.

Als erster Haupttheil des letzteren erscheinen die Pfannen *(sousbandes*, Taf. XVIII, Fig. 7ᵃ, p f) mit den, ihnen entsprechenden und die Schildzapfen von oben umfassenden Pfannendeckeln *(susbandes)*, welche ihrerseits durch besondere Schliessen *(clavettes)* an der Laffete festgehalten werden.

Die Pfannenschiene verlängert sich meistens gegen rückwärts bis über die Brustkante hinab, während sie gegen vorwärts in eine Stirnschiene *(plate-bande de la tête de l'affût)* übergeht, die sich bis zur Laffetenachse fortsetzt. Diese letztere selbst wird durch eigene Achsbänder *(bandes d'essieu, étriers d'essieu)*, in welche starke, die ganze Höhe der Wangen durchgreifende Bolzen *(chevilles)* verschraubt sind (vergl. Taf. XVIII, Fig. 7ᵃ), an die Laffetenwände befestigt.

Gleich unentbehrlich wie die Pfannenschiene, ist die Schwanz- oder Umlaufschiene, *(bande de crosse)*, welche das schlittenförmige Ende der Wände umgibt und an welche sich eine, die ganze Länge des Mittelstückes bis zur Brust oder Achse einnehmende Schiene reiht, die, je nachdem sie auf der oberen oder unteren Wandkante angebracht ist, als Ober- oder Unterschiene *(plaque de flasque)* bezeichnet wird (jene Taf. XVIII, Fig. 7ᵃ, diese Taf. XIX, Fig. 5). Sogenannte Seitenbänder, verstärken endlich jene Stellen der Laffetenwände, an welchen die Holzfasern durchschnitten sind [Bruchstellen *(cintres)* also, wie z. B. jene nächst des Laffetenschweifes Taf. XVIII, Fig. 7ᵃ] oder die besondern Angriffen ausgesetzt scheinen.

Zu diesen, die Wände vertärkenden Eisentheilen, kommen nun noch weitere, welche zur Befestigung des Radschuh's und seiner, oder der Sperrkette, sowie zur Versorgung des Geschützzubehöres[1]) dienen, als: Ladzeughaken (*crochets porte-écouvillon*) und Wischerhülsen (*tubes d'écouvillon*, Taf. XVIII, Fig. 7ᵃ, **l h** u. **h**), Richthebeltragringe (*étriers porte-leviers*) und Richthebelträger (*crampon porte-leviers*. Fig. 8 **h r** u. **t**), Raumnadelhülse (*douille porte-dégorgeoir*, Fig. 7ᵃ, **r n**) u. s. f., dann solche, welche die Handhabung des Geschützes erleichtern, als: sogen. Avancir- und Retirirhaken (*crochets de retraite*) an Brust und Schweif (Taf. XVIII, Fig. 7ᵃ, **a h** u. **r h**) zum Einhängen von Zuggurten für kurze Fortschaffung des Geschützes durch Mannschaften, Handhaben (*poignées de crosse*) zum Erfassen des Protzstockes beim Auf- und Abprotzen, etc. und endlich das Streifblech (*plaque d'appui de roue*. Taf. XVIII, Fig. 7ᵃ, **s b**) zum Schutze der Wände gegen die Vorderräder.

Es ist schwer zu verkennen, dass eine so bedeutende Menge Beschläges nicht wenig zur Vergrösserung des Laffetengewichtes beitragen müsse und in der That, erreichen die Eisentheile nicht selten eine Gesammtschwere, welche jener der Holztheile nahezu gleich kömmt.

Diese Belastung der letzteren wirkt indess nicht bloss verstärkend und unterstützend, sondern wohl auch angreifend und schwächend auf sie ein; die zahlreichen Bolzen, Schrauben und Nägel, fordern ebensoviele, die Holzfasern durchbrechende Bohrlöcher; die Zeit und das Rütteln der Beschlägtheile erweitern diese, die Feuchtigkeit kann eindringen und hier Rost, dort Fäulniss erzeugen, indess die einmal gelockerten Theile, das Holz nur desto beschädigender angreifen, statt es zu schützen.

Die Riegel und ihr Beschlag. Von den Riegeln, welche — gleich den Wänden — gewöhnlich aus Ulmen-, zuweilen auch aus Eichenholz hergestellt und bis zu ¾ oder 1″ Tiefe in jene verzapft sind, ist der **Stirnriegel** meistens an seiner oberen und vorderen Kante mit einer muldenförmigen Ausrundung (*dégorgement*, Taf. XIX, Fig. 6) versehen, durch welche die Depression des Rohres auf's Möglichste erhöht wird. An der Vorderfläche des Stirnriegels befindet sich der Kühleimerhaken (*crochet porte-seau*), welcher, gleich den anderen, ähnlichen Befestigungsvorrichtungen, mit einem sogen. Fallringe, oder einer Schliesse versehen, auch schneckenförmig gewunden ist u. s. w., um das Selbstaushängen des Kühleimers (Taf. XVIII, Fig. 7ᵃ, **k e**) zu verhindern. An der Rückseite des Stirnriegels sind manchmal die Charnierkloben für die Sohle der Richtmaschine eingelassen. Der letzteren (ihre nähere Besprechung folgt unten) dient der **Mittelriegel** zuweilen als Lager, wovon er auch den Namen Richtriegel führt.

Der **Protzriegel** (Taf. XVIII, Fig. 7ᶜ ᵘ· ᵈ, **p r**) enthält das Protz-

[1]) Ueber Geschützzubehör sieh' unten.

loch (pl), das, sowohl oben als unten, mit einer starken Protzlochschiene *(lunette et contre-lunette d'affût)* eingefasst, sowie hier auch mit der Protzlochbüchse *(boîte de l'entretoise de lunette)* gefüttert ist. In vertikaler Richtung wird der Protzriegel von den Bolzen der Richtringe *(anneaux de pointage)* und dem Kloben *(poulie)* für den Protzring (pg), in horizontaler, von den Bolzen der Protzstockhandhaben durchzogen.

Richtringe sind gewöhnlich vier, je ein grosser (rückwärtiger) und ein kleiner per Richthebel und — für jedes solche Paar — meistens noch eine besondere Richtringunterlagschiene auf der oberen Seite des Protzriegels angebracht.

Die Richtmaschine (Taf. XVIII, Fig. 7 a. b.). Ein besonders wichtiger Theil der Laffete ist die, zwischen den Bruststücken ihrer Wände befindliche Richtmaschine *(machine de pointage)*. Dieselbe muss nicht allein eine ganz feine Höhenrichtung des Rohres gestatten und die einmal ertheilte Elevation wirklich festhalten, sondern auch den plötzlichen Uebergang von sehr grossen zu den geringsten Erhöhungen und umgekehrt, rasch und auf bequeme Weise zulassen; sie darf, durch die Erschütterungen des aufliegenden Rohres, nicht beschädigt werden und die Gränze der Einfachheit nicht überschreiten. Im Allgemeinen werden diese Anforderungen nicht gerade sehr vollkommen erfüllt und sind es besonders Bequemlichkeit und Schnelligkeit der Handhabung, welche gar oft zu wünschen übrig lassen. Es können gewöhnlich drei Haupttheile an der Richtmaschine unterschieden werden:

Die Richtsohle *(semelle d'affût)* oder das Richtbrett,
die Richtschraube *(vis de pointage)* und
deren Mutter *(écrou de vis de pointage)*.

Die Richtsohle (Taf. XVIII, Fig. 7 a. b rs) ist entweder aus zwei, gabelförmig gegen rückwärts convergirenden Eisenschienen, oder einem starken Bohlenstücke gebildet und — wie oben schon bemerkt — am Stirnriegel selbst, oder über diesem, an den Laffetenwänden, charnierartig befestigt.

Das rückwärtige Ende der Richtsohle dient einestheils dem Bodenstücke des Rohres zum Auflager und muss daher, anderntheils, durch die Richtschraube (s) gestützt werden. Die Drehung dieser ist es, welche die verschiedenen Elevationen des Rohres erzeugt. Sie bedarf einer hinreichenden Stärke, um gegen Verbiegungen etc. geschützt zu sein, ganz besonders aber einer richtigen Anordnung ihrer Gewindegänge, um wirklich eine genaue und bleibende Richtung herstellen zu können. Meistens ist das obere Ende der Richtschraube mit vier Kurbelgriffen oder Armen *(branches)* versehen, mittels welchen die Drehung der Spindel vorgenommen werden kann, zuweilen aber, sind solche Arme (ka) auch an der metallenen Richtschraubenmutter (m) angebracht und es ist dann die Drehung der letzteren, wodurch das Steigen und Sinken der Richtschraube zu veranlassen ist, die in diesem Falle gewöhnlich fest mit der Richtsohle verbunden wird. Die Richtschraubenmutter wird am besten aus Hartbronze gefertigt und meistens in besondere Lager zwischen die Laffetenwände (oder in den Mittelriegel) eingesetzt.

Für den Transport des Geschützes, muss die Richtschraube stets ganz eingeschraubt werden, wenn sie nicht bedenklichen Beschädigungen ausgesetzt sein soll, um aber kürzere Strecken zurücklegen zu können, ohne beim jedesmaligen Abprotzen immer erst das zeitraubende Horizontalstellen des Rohres vornehmen zu müssen, bringt man an der Richtmaschine kleine Riemen oder Kettchen an, mittels welchen die Drehung der Kurbelarme eingestellt werden kann.

Um die Handhabung der, zwischen den Laffetenwänden und unter dem Bodenstücke und der Richtsohle liegenden Kurbelarme durch ein bequemeres Verfahren zu ersetzen, hat man die Richtschraube auch [1]) mit einem Getriebe in Verbindung gebracht, dessen Kurbel sich an der Aussenseite der Laffete befindet und wohl weit leichter zu behandeln ist, als die früher genannte, indess auch einfachere Vorrichtung.

Ihrer Eigenthümlichkeit wegen, sei hier die preussische Richtmaschine (Mod. 1864, Taf. XIX, Fig. 5 und 6) besonders erwähnt. Die Richtsohle derselben, setzt sich aus zwei Winkelstücken zusammen, deren untere, nicht obere — dem Rohrboden zum Auflager dienende — Schenkel mit der Richtschraube verbunden sind.

Hiedurch liess sich die Kurbel dieser sehr leicht so anbringen, dass ihre Handhabung weder vom Bodenstücke des Rohres, noch von den Laffetenwänden beengt wird. Die Richtschraube selbst, ist eine doppelte, d. h. sie besteht aus zwei, in einander gelegten Spindeln, deren innere (gussstählerne) ein feines Rechts-, die äussere (eiserne) aber ein steileres Linksgewinde besitzt; diese ist an ihrem oberen Ende mit einem Kurbelrade versehen, jene mit ihrem unteren, an die abwärts gerichteten Richtsohlschenkel befestigt. Die doppelten Gewinde gewähren eine raschere und dabei doch feine Herstellung und Veränderung der Höhenrichtung. Die Richtschraubenmutter der preussischen Maschine ist — ähnlich den Schildzapfen — in besonderen Pfannen über den Wänden der Laffete befestigt und nimmt natürlich die äussere Schraube in sich auf.

Laffetenkästen. Der, innerhalb der Laffetenwände zwischen Mittel- und Protzriegel frei bleibende Raum wird nicht selten zur Anbringung von kleinen oder grösseren, Blech- oder Holzkästen *(coffrets)* benützt, (vergl. Taf. XIX, Fig. 5), welche zur Aufnahme von Requisiten (Taf.

[1]) So bei der österreichischen Laffete (Taf. XIX, Fig. 3[a]).

XVIII, Fig. 7[a], rk) oder Kartätschladungen etc. bestimmt sind. Am österreichischen Cavaleriegeschütze (Taf. XIX, Fig. 3[a]) hat man die Laffetenkästen sogar mit einem Wurstsitze *(rourste)* versehen. Aehnliche Behälter und dergleichen bringt man auch auf den, zwichen der Aussenseite der Laffetenwände und dem Stosse befindlichen Theilen der Mittelachse an und wurde dieser Raum bei der preuss. Feldlaffete (M. 1864) zur Herstellung sogen. Achssitze (vergl. Taf. XIX, Fig. 6[a u. b]) benützt, deren Unbequemlichkeit indess, durch die untergelegten Kautschukpuffer, nur wenig gemindert wird.

Protzverbindung und Balancirung. Wenn man sich die Erörterungen über die Construktion und das Beschläge etc. der Wandlaffeten nochmals vergegenwärtigt, so kann es wohl keinem Zweifel unterliegen, dass für sie nur die — schon durch die Beschreibung des Protzriegels angedeutete Protzverbindung und damit — nach Verwerfung des Reibscheit- — ausschliesslich das Balancirungssystem anwendbar sei, da der bedeutende, schon durch die Beschaffenheit der Laffete selbst verursachte, durch alles, hinter deren Achse liegende Beschläge etc. aber noch vermehrte Druck des Schwanzstückes, gewiss hinreiche, um das Vordergewicht der Deichsel zu paralysiren, anderntheils jedoch zu bedeutend wäre, um die Bedingungen des Unabhängigkeissystemes durchführen zu lassen.

Die Blocklaffeten *(affûts à flèche.)*

Auch bei den Blocklaffeten (Taf. XIX, Fig. 1 u. 4[a]) wird das, über der Hinterachse herzustellende Schiessgerüste durch zwei aufrecht stehende Wände (W, W) gebildet; nur setzen sich dieselben hier nicht nach rückwärts bis zum Schwanzstücke der Laffete fort, sondern geben lediglich die Brusttheile derselben ab, werden aber nach rückwärts durch einen, zwischen sie gelegten und damit Stirn- wie Mittelriegel ersetzenden, massiven Holzblock *(flèche*. b) verlängert. Diese einfache Anordnung verursacht vor allem eine bedeutende Erleichterung der Laffete und speziell des, hinter ihrer Achse liegenden Theiles derselben, da nicht allein die Dimensionen des Blockes[1]) geringer gehalten werden können, als diejenigen der zwei Wände zusammen, sondern der erstere auch keines weiteren, verstärkenden Beschläges bedarf, um eine genügende Widerstandsfähigkeit zu erlangen.

---

[1]) Der Block der französischen Laffete (Taf. XIX, Fig. 4[a]) besteht aus zwei, mittels Diebel aneinander gefügten Wänden *(demi flèches)* und liegt mit seinem Brusttheile nicht unmittelbar an den inneren Wandungen der Backenstücke an, sondern ist von diesen — um der Feuchtigkeit leichtern Abfluss zu gewähren, etc. — durch kleine, metallene Zwischenscheiben *(rondelles d'assemblage)* getrennt.

Hiedurch vermindert sich aber der Druck des Schwanzstückes so bedeutend, dass dasselbe — ohne besondere Vorrichtungen — nicht mehr genügt, die Deichsel des Vorderwagens zu tragen und es daher angemessen erscheint, statt des Protznagels, die Hakenverbindung und damit das Unabhängigkeitssystem für die Blocklaffete zu wählen.

Hiezu wird das — wieder schlittenförmig gestaltete — Schwanzstück des Blockes mit einem festen Protzringe *(lunette)* versehen, dessen Befestigungsschienen zugleich die Schweifschienen *(plaques de crosse)* der Laffete bilden. Die geringe Schwere des Protzstockes erlaubt ferner die Verminderung der Richtringe von zwei auf ein Paar und die Verwendung leichterer Handhaben. Soll der Druck des Schwanzstückes nicht wieder erhöht werden, so können Laffetenkästen (lk) nur auf der Achse des Geschützes angebracht werden. Die Richtmaschine des Blocksystemes besteht lediglich[1] aus einer Richtschraube, deren Mutter in den Block selbst eingelassen ist; eine Anordnung, welche allerdings keine ganz unwesentliche Schwächung des letzteren und gerade an einer sehr widerstandsbedürftigen Stelle verursacht.

Modificirte Laffetensysteme

Das Bestreben, die Leichtigkeit des Block- mit den Vortheilen des Wandsystemes zu vereinigen, hat in neuester Zeit zu mancherlei besonderen Laffetensystemen geführt, deren Grundidee jedoch meistens darin besteht, die Wände so gegen den Protzstock hin convergiren zu lassen, dass sie sich hier zum Blocke vereinen und dadurch stark genug werden, um an Dimensionen und Beschläge Abbruch zu dulden. [So die sardinische (Taf. XIX, Fig. 2) und die, dieser ganz ähnliche, belgische Feldlaffete. Vergl. hierüber auch S. 393.]

Andere Staaten (so Russland, Sachsen, die Schweiz) versuchten es mit Erfolg, die Laffetenwände aus gewalztem Eisen herzustellen.

Gebirgslaffeten sind den Feldlaffeten ähnlich, nur eben entsprechend kleiner und leichter gebaut.

Das bayerische Laffetensystem.

Die bayerische (in Taf. XVIII, Fig. 7 u. 8 dargestellte) Feldlaffete (Modell 1866) gehört dem Wandsysteme an und ist — abgesehen von kleinen

---

[1]) Die Richtmaschine der englischen Blocklaffete neuesten Musters ist auch zur Correktur oder Feinstellung der Seitenrichtung bestimmt. Hiezu ist in die Laffetenwangen ein metallenes Schildzapfenlager eingesetzt, das durch eine, mit der Richtmaschine correspondirende Leitschiene schlittenförmig links und rechts geschoben werden kann.

Dimensionsverschiedenheiten — für beide Feldkaliber (6- und 4-Pfünder) dieselbe. Alle übrigen Fahrzeuge der Feldartillerie haben Achse und Geleisweite, alle Hinterwagen die Radhöhe mit ihr gemein. Ihre Wände laufen parallel zu einander und sind am Brusttheile nicht gebrochen Als besondere, von der, unter „Wand-Laffeten" im Allgemeinen gegebenen Beschreibung abweichend, resp. zur Ergänzung dieser, sind folgende Einrichtungen zu erwähnen:

1. Das, vom Systeme („1836") des Feldzeugmeisters Freiherrn von **Zoller** beibehaltene **Protzloch.** Dasselbe bildet gegen unten eine D-förmige Oeffnung, von deren rückwärtiger Wand eine, gegen oben an vorspringender Grösse zunehmende Nase (Fig. 7d, **pn**) ausgeht, während der übrige Theil jener sich konisch nach aufwärts erweitert. Diese Nase gibt dem Protznagel eine festere Anlehnung und unterstützt daher die Balancirung der Deichsel („vertikales Reibscheit" vergl. S. 392, Note 1) während die concaven Flächen zu beiden Seiten der Protzlochnase die schräg-verticale Biegsamkeit des Fahrzeuges erhöhen.
2. Da sich der Druck des Schwanzstückes auf die Protzverbindung und damit der Stand der balancirten Deichsel erhöht, sobald die Laffete ohne Rohr transportirt wird, indem ja dann jedes Gegengewicht hinter der Geschützachse fehlt, so hatte Freiherr von Zoller eine sogen. **Deichselspannkette** (Fig. 7d, **sk**) am Protzloche angebracht, durch deren Einhängen in den Schlepptauring (Taf. XVIII, Fig. 6c, **sr**) der Protze, es in dem angedeuteten Falle möglich ward, den Stand der Deichsel auf ein normales Mass zu beschränken. Auch diese Eigenthümlichkeit des Systemes 1836 wurde an der Laffete von 1866 beibehalten.
3. Die Richtmaschine der Laffete entspricht der, bereits S. 404 gegebenen Beschreibung vollkommen, nur ist ihre Sohle zur Schonung des Bodenstückes, mit einem hölzernen Richtpolster (Fig. 7a, **rsp**) versehen.
4. Der Mittelriegel (**mr**) der Laffete ist von Eisen.

Ausmasse[1]) und Gewichtsverhältnisse.

Die bayer. Feldlafete, Modell 1866 hat 3" = 7,85cm Wandstärke, 58,5" = 153cm Geleisweite, 55,0" = 144,5cm Rad- und 36" = 94cm Kniehöhe[2]); einen Lenkungswinkel von 91°; sie gewährt eine grösste Elevation von 15° für das 4-Pfünder Rohr, eine solche von 14° für 6-Pfünder mit Keil- und 20° für 6-Pfünder mit Kolbenverschluss; eine grösste Depression von 12° für den 4-Pfünder, 4° für die 6-Pfünder mit Keil- und 3° für 6-Pfünder mit Kolbenverschluss Die leere, für 6-Pfünder Rohre bestimmte Laffete wiegt 930 Pfd. (520 Kil.) jene für 4-Pfünder 820 Pfd. (460 Kil.)

Das Geschützzubehör.

1. **Das Ladzeug.** Unter „Ladzeug" versteht man im engeren Sinne wohl nur Wischer und Setzer, im weiteren, müssen hiezu aber noch

[1]) Sieh' hierüber auch die bezüglichen Figuren.

[2]) Nicht 45" wie Taf. XVIII, Fig. 7a fälschlich angegeben.

manche andere Utensilien gerechnet werden, deren Besprechung gleichfalls unten folgen wird.

Setzer *(refouloir)* und Wischer *(écouvillon)*, sind bei Vorderladungsgeschützen (vergl. Taf. XIX, Fig. 3ᵃ u. 4ᵃ) gewöhnlich an einer Stange vereinigt angebracht und bildet der erstere, im Allgemeinen, einen nahezu kalibermässigen, hölzernen Kolben, der letztere aber eine ebensolche cylindrische, oder conische Bürste. Bei Hinterladungsgeschützen fällt der Setzer gewöhnlich weg, wogegen nicht selten (Preussen, Bayern) zwei Wischer mitgeführt werden, deren einer, als Borstwischer, bloss zur Reinigung, der andere, als Fettwischer, ausschliesslich zur Fettung der Rohrseele verwendet wird. Hiebei sind die Wischerköpfe auf dem Transporte, in eigenen, an der Laffetenbrust angebrachten Blechhülsen (Taf. XVIII, Fig. 7ᵃ, h) versorgt, um vor Verunreinigung durch Sand u. dergl. geschützt zu sein. Andere Systeme sind hierin minder sorgfältig. Zur Befestigung der Wischer- (und Setzer-) Stangen, dienen die, schon früher erwähnten Ladzeugträger. Sie sollen ein rasches Ergreifen und Versorgen jener Instrumente gestatten, dieselben aber auch mit voller Verlässigkeit am Geschütze festhalten.

Zum allenfallsigen Entladen glatter Rohre, bedient man sich eines sogen. Dammziehers *(tire bourre)*, dessen Construktion im Allgemeinen derjenigen des Gewehrkugelziehers ähnlich und der, wie Setzer und Wischer, an der Laffete untergebracht ist.

Ausserdem benützt man zur Entfernung harter Brandkrusten eigene Krätzer *(curettes)*, sowie besonders construirte Reinigungsfeilen zur Entbleiung gezogener Rohre. Um die Rohre, nach längerem Feuern, abkühlen und auch, zur besseren Säuberung, nass auswischen zu können, führt man in dem, bereits früher genannten Kühleimer *(seau*, Taf. XVIII, Fig. 7ᵃ, ke) Wasser mit. Derselbe ist von Holz, Leder oder Blech und mit einem gut passenden Deckel verschlossen.

Um das Zündloch reinigen und die geladene Patrone, zum besseren Feuerfangen etc., „aufstechen" zu können, ist eine, mit Holzgriff versehene Raumnadel *(dégorgeoir)* am Geschütze vorhanden.

Das Herbeitragen der Munition, geschieht mittels eigener, gewöhnlich in der Protze versorgter Patronentornister *(sacs à charges)* von starkem Leder, in welchen sich auch passende Instrumente (Tempirmesser, Schnitzer etc.) zur Schussbereitmachung jener befinden, welche — ebenso wie die, zum Abfeuern nöthige Abziehschnur u. a., weiter hieher gehörige Geräthe — später (unter „Munition" u. s. w.) besprochen werden sollen.

2. Die **Richthebel** *(leviers)* sind 3—4′ lange, bis 3″ starke Hebebäume, deren man bei Wandlaffeten gewöhnlich zwei, bei Blocklaffeten (vergl. Taf. XIX, Fig. 4ᵃ) meistens nur einen, zur Vornahme der Seitenrichtung d. h. zur geeigneten Placirung des Protzstockes hiebei, gebraucht.

Sie werden hiezu, mit dem stärkeren Ende, in die Richtringe gesteckt, (Taf. XIX, Fig. 4*), ausser Gebrauch aber in den Tragringen etc. (vergl. Taf. XVIII, Fig 8) versorgt. An manchen, besonders Blocklaffeten, sind sie auch charnierartig am Protzstocke befestigt.

3. Um — besonders bei gezogenen Rohren — die Seele, das Zündloch, dann — bei Hinterladungsgeschützen — auch den Verschluss, vor schädlichen Verunreinigungen beim Transporte zu schützen, bedient man sich hölzerner **Munddeckel** *(tampons)* — oder lederner **Mundkappen** (Taf. XVIII, Fig. 8, **m k**), dann eben solcher **Verschlusskappen** (**v k**), blechener **Zündlochdeckel** *(chateaux)* u. s. w. Auch die Richtmaschine versieht man zuweilen mit einem schützenden Lederüberzuge.

4. Das **Schanzzeug**. Zur Abtragung steiler Grabenränder, zur Vertiefung des Protzstockes bei grossen Elevationen, zur Herstellung schützender Erddeckungen etc. ist es nothwendig jedes Geschütz mit Pickel oder Kreuzhaue *(pioche)* und Schaufel *(pelle)* auszurüsten, welche sich ebenfalls meist zu Seite, oder unterhalb der Laffetenwände etc. aufbewahrt finden. Hiezu kömmt dann noch ein Handbeil *(hache)*, das hie und da aber auch an der Protze versorgt wird (Taf. XVIII, Fig. 6*, **h r** Handbeilring).

5. Das **Schlepptau** *(prolonge)*. Um Terrainhindernisse, welche die Biegsamkeit des Systemes übersteigen, ohne Schaden passiren, dann auch kleinere Veränderungen in der Gefechtsstellung, plötzliche kurze Rückzüge etc. vornehmen zu können, ohne vorher aufprotzen zu müssen, verbindet man Protze und Laffete durch ein hinreichend starkes, bis 30′ langes Seil (auch Ketten sind hiefür in Gebrauch) das — zu seiner geeigneten Befestigung — mit Knebel und Ringen an seinen Enden versehen ist. Ausser Gebrauch wird dasselbe gewöhnlich an der Protze (in den Schlepptauhaken (Taf. XVIII, Fig. 6*, **s h**) oder auch an der Laffete selbst (vergl. Taf. XIX, Fig. 4*) versorgt.

6. **Zuggurten** zur Fortschaffung des Geschützes durch Mannschaften, sind nur noch bei wenigen Systemen (Bayern noch beim gezog. Feld-6-Pfünder) gebräuchlich und für kleinere Kaliber wohl leicht entbehrlich. Sie werden meist in der Protze untergebracht.

2. Die Feldprotze *(avant-train de campagne)*.

Abgesehen von Rädern und Achse, welch' letztere stets, erstere aber bei allen Block- und ihnen ähnlich modificirten Systemen, jenen der Laffete gleich, sonst aber wohl ca. 10″ (vergl. S. 397) niederer als die Hinterräder sind, lassen sich an der Protze Gestell und Kasten unterscheiden.

Das Protzgestell. Die einzelnen Theile des Protzgestelles können je nach ihrer Bestimmung in drei Gruppen zerlegt werden, deren erste die Bespannung des Fahrzeuges zu vermitteln hat, indess die zweite dem Protzkasten zur Unterlage dient und mit ihm die fortzuschaffende Bedienung trägt, während die dritte endlich die Balancirung und Protzverbindung des Systemes herstellt.

1. Zur ersten Gruppe ist die Deichsel, die Zugwage mit ihren Steifen und Ortscheiten und — bei entsprechenden Unabhängigkeitssystemen — die Gabel zu rechnen.

Die Deichsel (und Gabel) ist im Mittel 9' (2,8m) lang und am vorderen Ende 2,5—3" (6,5—7,8cm) am rückwärtigen 3,5—4" (8—10cm) stark. Sie wird (wie jene) von Eschenholz gefertigt und, mit Ausnahme ihres rückwärtigen, zur eigenen Befestigung dienenden Endes, rund zugearbeitet. Diese Befestigung geschieht bei Wandsystemen (vergl. Taf. XVIII, Fig. 6 u. 8) mittels eines Bolzen (des Deichselbolzen, *boulons de timon*, **d b**), welcher die Deichsel zwischen den vorderen Enden der Deichselarme (**d a**) festhält. Ein zweiter, leichterer Bolzen, der Deichselstecknagel (**d s**), hebt die Drehbarkeit der Deichsel um den erstgenannten Bolzen auf. Bei Unabhängigkeitssystemen (vergl. Taf XIX, Fig. 1) wird die Deichsel an einer Querschwelle des Protzrahmens (sieh' unten) oder in besonderen, unter diesem befindlichen Klammern etc., die Gabel aber — am rechten Schenkel der Zugwage und der Vorderachse befestigt. An der Deichselspitze sind die sogen. Einspann- oder Aufhaltketten (*chaines de timon*, Taf. XVIII, Fig. 8, **a k**), dann (beim französischen Systeme, Taf. XIX, Fig. 4b) die Deichselträger, sowie der Haken (*rayot*) für die Vorzugwage (wenn eine solche im Gebrauche steht) und ein schützendes Beschläge angebracht, das man als Deichselblech (Taf. XVIII, Fig 8, **d b**, *plaque de timon*) bezeichnet.

Nichtbalancirte Deichseln bedürfen endlich der sogen. Deichselstützen (*serrantes*) um bei unbespanntem Fahrzeuge nicht zu Boden zu fallen. Ueber dem rückwärtigen Ende der Deichsel, ruht die Zugwage oder Bracke (*volée*, Taf. XVIII, Fig. 6b, **z**), welche durch besondere eiserne Zugwagsteifen (*tirants de volée*, **z s**) vor Brüchen geschützt und mit der Vorderachse verbunden, ausserdem aber an den Deichselarmen etc. festgeschraubt ist. Bei Wandsystemen sind dann, an den Enden der Zugwage noch eigene Ortscheite, (*palonniers*, **o**) angebracht, an welchen erst die Zugstränge der Stangenpferde befestigt werden. Bei Gabeldeichseln erfolgt die Anspannung gewöhnlich unmittelbar an der Bracke, was dem einzelnen Pferde allerdings eine geringere Freiheit gewährt.

2. Zur Aufstellung des Protzkastens sind entweder bloss zwei, zur Richtung der Deichsel parallele Unterlagschwellen oder Tragbäume (*armons*), (vergl. Taf. XIX, Fig. 1b u. 2) oder ein geschlossener sogen.

Protzrahmen (Taf. XVIII, Fig. 6b, pr) über der Vorderachse befestigt, deren Holzfutter hiebei, durch eine aufgelegte Achsschale (*hausse, lisoir d'essieu*, as) soweit erhöht wird, dass es in das Niveau des Rahmens fällt. Ausser dem Protzkasten, haben jene Tragbäume (oder die Deichselarme) auch noch das Fuss- oder Trittbrett (*marche-pied*, Taf. XVIII, Fig. 6a u. b, fb) zu tragen, welches der aufgesessenen Mannschaft zum Schemel dient.

3. Die dritte Gruppe der Protzgestelltheile reducirt sich bei den Unabhängigkeitssystemen auf den mehrerwähnten, unmittelbar an der Vorderachse befestigten Protzhaken (vergl. S. 387.) Bei balancirten Fahrzeugen (vergl. Taf. XVIII, Fig. 6a u. b), setzt sich dieselbe aus den gleichfalls schon wiederholt (speziell S. 392) berührten Deichselarmen, dann dem, deren rückwärtige Ende verbindenden Protzschemel (*sellette*, ps) und der Mittelsteife oder dem Träger (*tirant du milieu*, t) zusammen.

Das vordere Ende der Deichselarme bildet die, in bekannter Weise zur Aufnahme der Deichsel dienende Deichselscheere (*fourchette*) und ist mit dem Scheerbande (*coiffe d'armons*) beschlagen. Das rückwärtige dagegen, ist mit den, schon genannten Schlepptauhaken (sh) versehen.

Der Protznagel (n, vergl. S. 387) durchgreift den Träger und Protzschemel und ist unterhalb des ersteren verschraubt, in letzterem aber mit der Protznagelbüchse und seine Austrittsstelle mit der Protzkappe (k) (*coiffe de sellette*) umgeben, welche den Protzschemel vor Beschädigungen durch den aufliegenden Protzstock schützt. An der Mittelsteife ist ausserdem die Protzkette (pk) und der Schlepptauring (*piton*, sr, vergl. S. 410) verschraubt, während sich an den verschiedenen Theilen des Protzgestelles überhaupt, Befestigungsringe für Schanzzeug oder dergl. (so der Handbeilring, hr, am Achsfutter der bayer. Protze) und endlich auch Tritte angebracht finden, welche das Ersteigen der Protze erleichtern. Hiezu werden auch die Lohnen der Vorderachse mit entsprechenden Kappen (Taf. XVIII, Fig. 6b, lk) versehen.

Der **Protzkasten**, dient zur Aufnahme von Munition und Requisiten und wird das Geschütz um so selbständiger und desto unabhängiger von der zweiten Linie machen, eine je grössere Schusszahl und je mehr er die, zur ungestörten Aktion wirklich nothwendigsten Geräthschaften und Reservetheile enthält. In ersterer Beziehung kann man (neben einem hinreichenden Vorrathe an Zündungen), 30 Schuss[1]) als das wünschens-

[1]) „Schuss", damit sei zugleich angedeutet, dass die Protze vorzugsweise mit der, für das direkte Schlachtfeuer bestimmten Munition (also auch

werthe Minimum, 50 aber als das genügende Maximum der Forderung ansehen; in letzterer wird vor allem dasjenige Geschützzubehör Aufnahme finden müssen, das unmöglich an der Laffete untergebracht werden kann. Hieran lassen sich die, zur Vornahme kleiner Ausbesserungen nöthigen Werkzeuge und Reservestücke, dann andere, unentbehrliche Gegenstände, als Laterne, Eissteg, Kettenglieder, Bindstränge, Hufeisen mit Nägel, eine Quantität Wagenschmiere u. s. w. reihen, zu welchen, bei Wandlaffeten noch ein Reserveprotznagel kömmt. Der Protzkasten *(coffret de l'avant-train)* steht im Allgemeinen mitten über der Vorderachse; er ist gewöhnlich aus weichem Holze gefertigt, aber sowohl an den Kanten durch Eisenbeschläge verstärkt, als auch mit einem, ganz mit Eisenblech überzogenen, gut verschliessbaren Deckel *(couvercle)* versehen, zu dessen Stützung bei eintretender Munitionsabgabe etc. eigene Deckelhalter (Taf. XVIII, Fig. 6ª, dh) vorhanden sind. Zur zweckmässigen Verpackung all' der, im Protzkasten aufzunehmenden Gegenstände, ist das Innere desselben in entsprechende Fächer getheilt. Seine Befestigung auf dem Protzrahmen etc. wird durch besondere Schliessbänder (Taf. XVIII, Fig. 6ª, sb) — an der englischen Feldprotze sogar mittels gewöhnlicher Bindstränge (vergl. Taf. XIX, Fig. 1ᵇ) bewerkstelligt. Die letztere besitzt dabei zwei kleine, statt eines grossen Protzkastens; eine Einrichtung, welche für das Abnehmen und Austauschen, oder anderweitige Verladen (speziell zum Seetransporte) der Munitionskästen, mancherlei, bei Blocklaffeten besonders aber auch den Vortheil hat, einen freien Raum über dem Protzhaken herzustellen, der dem Auf- und Abprotzen nur günstig sein kann. Dagegen gewähren so kleine Kästen keinen zweckmässigen Packraum für grössere Reservetheile und dergl. und kommen natürlich auch theuerer als einfache Protzkästen.

Wie die Breite der letztern durch die Länge der Mittelachse, so wird ihre Höhe durch den Umstand beeinflusst: ohne zu grosse Beschwerde von der Bedienung erstiegen werden und dieser einen möglichst bequemen Sitz verschaffen zu können. Man verbessert diesen durch aufgelegte Decken oder Kissen und seitliche Armlehnen, zu welchen bei kleinen Protzkästen (vergl. Taf. XIX, Fig. 3ª) auch Rückenlehnen kommen. Protzen ohne Kasten heisst man Sattelprotzen, und sind solche wohl gänzlich aus der Feldartillerie verschwunden.

Gebirgsgeschütze haben gewöhnlich keine Protzen, werden aber

---

speziell mit Kartätschen) ausgerüstet werden muss, da diess der selbständigen, raschen Aktion des Geschützes am meisten entspricht. Wurfpatronen etc. können dagegen immer erst in zweiter Linie mitgeführt werden, weil ihr Gebrauch schon eine ruhigere Gefechtsweise voraussetzt.

zuweilen, auf kurze Strecken, als zweirädriges Fahrzeug transportirt indem man eine Gabeldeichsel am Laffetenschwanze befestigt. (Frankreich.)

Die bayerische Feldprotze (Taf. XVIII, Fig. 6[a u. b]).

Das Gestell der bayerischen, allen Fahrzeugen der bezüglichen Feldartillerie gemeinschaftlichen (beim 4-Pfünder aber mit leichteren Rädern versehenen) Protze (Modell 1836), wurde bereits oben, zur Erklärung des Vorderwagens für Wandsysteme als Beispiel benützt und hat dort nur ein einziger Theil desselben keine Erwähnung gefunden. Es ist diess der, über dem Träger angebrachte Lenkschemel (ls), welcher den Vorderriegel der Munitionswagen etc. zu tragen hat, wenn die Protze mit solchen verbunden wird. Er ist auf seiner Oberfläche mit Eisen beschlagen und stösst unmittelbar an die Hinterschwelle des Protzrahmens an. Der Protzkasten ist je nach der, in ihm zu verpackenden Munition etc. verschieden eingerichtet, bei gleichen Kalibern und Fahrzeugen aber durchweg gleichheitlich ausgerüstet, das Letztere mag im Batterieverbande, oder bei den Reserven stehen. Ebenso sind Geschütz- und Wagenprotze eines Kalibers stets gleichheitlich bepackt. Der Protzkasten wird bei allen Geschützen und den, ausschliesslich im Batterieverbande stehenden Munitionswagen (über diese sieh' unten) des Systemes 1862 so aufgesetzt, dass seine Mitte über jener der Achse, bei allen Wagen des Systemes 1836 aber, dass die erstere 4'' vor der letzteren steht und sein Deckel bei Feldschmieden und Batteriewagen von der Deichsel- oder Zugseite her, sonst aber immer nur vom Protznagel aus, geöffnet werden kann. Er enthält beim gezog. Feld-4-Pfünder 48, beim gezog. Feld-6-Pfünder 30 Schuss (darunter dort 4, hier 3 Büchsenkartätschen) und ist zum Aufsitzen von 3 Mann bestimmt.

Die leere Protze wiegt beim 4-Pfünder 835 Pfd. (468 Kil.), beim 6-Pfünder 865 Pfd. (484 Kil.); die in der Protze verpackte Munition (mit Zündungen) erreicht beim 4-Pfünder ein Gesammtgewicht von 414 Pfd. (232 Kil.) beim 6-Pfünder 387—391 Pfd. (217—219 Kil.); die Ausrüstung der Protze an Reservetheilen, Requisiten u. s. w. ist beim 4-Pfünder und den 6-Pfündern mit Keilverschluss 143—142 Pfd. (80 Kil.), beim 6-Pfünder mit Kolbenverschluss 127 Pfd. (71 Kil.) schwer. Hienach wiegt die complet bepackte Protze im Mittel 1390 Pfd. (778 Kil.) [ohne die, sammt ihrem Gepäck zu 450 Pfd. (252 Kil.) gerechneten 3 Mann Bedienung.]

3. Die Munitionswagen und sonstigen Feldartillerie-Fahrzeuge. (Taf. XX, Fig. 1—4.)

Wie die Protze, so setzen sich auch die Hinterwagen der Artilleriefahrzeuge aus einem, hier über der Achse der Hinterräder liegenden Untergestelle und den darauf gesetzten Kasten zusammen.

Das Untergestell *(corps)* besteht im Allgemeinen aus zwei parallelen Tragbäumen, *(brancards)* die durch 3 bis 4 Riegel mit einander verbunden sind.

Bei Balancirsystemen (Fig. 1, 2, 4) findet sich dann im Vorder- oder im Rungriegel das Protzloch (pl) angebracht, bei Unabhängigkeitssystemen (Fig. 3) aber wieder ein Block zwischen den Tragbäumen eingelegt, dessen Schwanzstück mit dem festen Protzringe versehen ist.

Soll der Wagenkasten zum Aufsitzen von Mannschaft dienen, so sind am Untergestelle die nöthigen Fussbretter zu befestigen. (Vergl. Fig. 2 u. 3.)

Ausser dem Beschläge für die Protzverbindung und den besseren Zusammenhalt des Gestelles, sind an diesem auch Fusstritte zum leichteren Ersteigen des Wagens, Vorrichtungen für die Radsperre, sowie Tragringe für Schanzgeräthe, Ausrüstungsgegenstände und Reservestücke aller Art vorhanden. Unter den letzteren Artikeln sind besonders Reserverad und Reservedeichsel, dann Tränkeimer und Pferdepflöcke zu erwähnen.

Zum Transporte des Reserverades wird das Wagengestell nicht selten mit einer besonderen, an Hinterachse und Hinterriegel befestigten Tragachse (vergl. Fig. 1 u. 2) versehen, andere Systeme bringen das Rad aber auch unter dem Hinterwagen, oder über dessen Kasten u. s. w. an.

Die Reservedeichsel liegt gewöhnlich zu Seite der Tragbäume; stört hiebei ihre ganze Länge, so wird sie abgegliedert mitgeführt.

Die Pferdepflöcke dienen zur Herstellung des Feldstalles beim Bivouakiren und zur Stütze des abgeprotzten Wagens; sie hängen gewöhnlich in Gurten u. dergl. unter dem Wagengestelle, der Tränkeimer aber an dessen Hinterriegel. (Vergl. Fig. 2).

Die gleiche Uebereinstimmung der Construktion, welche sich bezüglich der Wagengestelle nachweisen liess, besteht nun aber nicht bezüglich der **Wagenkasten**, deren Einrichtung je nach ihrer Bestimmung sehr verschieden ist. Hier wird es daher nöthig, diese Bestimmung der jeweiligen Erörterung voranzusetzen.

Die **Kasten der Munitionswagen** *(caissons)* sind entweder, ähnlich dem Protzkasten, breit (Fig. 2) oder länglich (Fig. 1) gehalten. Nach Letzteren bezeichnet man die bezüglichen Fahrzeuge als Gribeauval'sche [1]) oder Sargwagen (Fig. 1), wenn sie mit einem giebelförmigen Dache versehen sind, als Wurstwagen aber, wenn der Deckel zum rittlichen Aufsitzen von Mannschaft bestimmt und eingerichtet ist. Beide Formen sind, gegenüber dem breiten Wagenkasten, als veraltet anzusehen und ist besonders der Wurstwagen wohl nirgends mehr gebräuchlich. [2]) Man fordert vom Munitionswagen (ausser der Unterbringung grösserer Reservestücke) in der Regel die Aufnahme des doppelten Munitionsquantums der Protze und haben manche Artillerieen (so Frankreich, Schweden, Baden u. s. w.) diesem Gebrauche einen so entschie-

[1]) Ueber Gribeauval sieh' den geschichtlichen Theil.

[2]) In Bayern war er bis zum Jahre 1862 beibehalten.

denen Ausdruck gegeben, dass sie einfach zwei Protzkasten über dem Untergestelle des Hinterwagens anbrachten [1]). Es hat diese Einrichtung den entschiedenen Vortheil grösserer Vereinfachung und erleichterter, gegenseitiger Auswechslung der einzelnen Theile des ganzen Systemes, nur sind grosse Kasten wieder billiger herzustellen und nicht selten, durch ihre weiteren Packräume, erwünschter.

Wie die Protzkästen, werden auch die Kasten der Munitionswagen aus weichem Holze gefertigt und mit Eisenbeschläge an Kanten und Deckel, Schliessbändern und Deckelstützen, wenn nöthig auch Armlehnen u. s. w. versehen.

Eine Blechtafel (vergl. Fig. 1ᵃ) macht den Inhalt des Wagens gewöhnlich von aussen erkenntlich; das Innere desselben, ist, wieder je nach Bedarf, in Fächer abgetheilt.

Die bayerischen Munitionswagen.

In der bayerischen Artillerie bestehen zur Zeit zwei verschiedene Modelle von Munitionswagen; jenes von 1836 (Taf. XX, Fig. 1) und das von 1862 (Fig. 2). Das erstere kommt nur noch in den Munitionsreserven und auch da ausschliesslich für gezog. 6-Pfünder zur Verwendung. Der Munitionswagen von 1862, mit breitem Kasten, ist zum Aufsitzen von 3 Mann eingerichtet, jener von 1836 ist sargförmig construirt. Dieser führt die Reservedeichsel längs der Kastenwand der Handseite, jener, längs des, bei beiden Modellen gleichen Untergestelles mit. Wie bei allen übrigen bayer. Artilleriefahrzeugen, ist das Protzloch nur einfach conisch gestaltet und nicht, wie dasjenige der Laffete, mit einer besonderen Nase versehen. Es befindet sich in dem, hart am Vorderriegel stehenden Rungriegel des Gestelles angebracht.

Der Munitionswagen von 1862 fasst 88 Chargirungen für den gezogenen 4-Pfünder; für den gezogenen 6-Pfünder können beide Wagenmodelle mit 60 Granaten und den zugehörigen Patronen u. s. w. bepackt werden.

Leer, wiegt der Munitionswagen von 1862, 1000 Pfd. (560 Kil.), jener von 1836, 1086 Pfd. (608 Kil.); complet ausgerüstet, erreicht jener (ohne aufgesessene Mannschaft) eine Schwere von 1242 Pfd. (696 Kil.), beim 6-Pfünder mit Keil-, 1225 Pfd. (686 Kil.), beim 6-Pfünder mit Kolbenverschluss und 1138 Pfd. (637 Kil.) beim 4-Pfünder; dieser, ein Gesammtgewicht von 2302 Pfd. (1289 Kil.)

Die **Kasten der Vorraths- oder Batteriewagen** *(chariots de batterie)* sind im Allgemeinen grösser und weit leichter gebaut, als jene der Munitionsfahrzeuge. Sie haben stets eine längliche Form, sind dabei aber doch möglichst breit gehalten, um viel Packraum zu gewähren. An die Hinterwand des Kastens schliesst sich in der Regel ein sogen. Futter-

---

[1]) Die zwei Kasten des englischen Munitionswagens (Taf. XX, Fig. 3) sind den Protzkästen nicht ganz gleich, sondern etwas grösser als diese.

gatter *(porte-fourrages)* zur Unterbringung von Heu etc. an. Ihr Deckel ist meistens halbrund gewölbt und nur aus einem, mit Wachsleinwand bezogenen Holzgerippe gebildet. Jede Batterie erhält gewöhnlich 2 solcher Vorrathswagen, deren einer, als »Beiwagen der Feldschmiede«, in Protz- und Hinterkasten ausschliesslich mit Werkzeugen, Reservetheilen und Geräthschaften für Schmied und Schlosser, Sattler und Wagner beladen ist, indess der andere im Hinterwagen das Offiziersgepäck, in der Protze aber wieder verschiedene Requisiten, oder auch die Batteriecasse und Bücher etc. aufzunehmen hat.

Der bayerische Batteriewagen.

Der bayerische Batteriewagen, System 1836, ist leer 920 Pfund (515 Kil.), sammt bepackter Protze, als Gepäck- wie Beiwagen der Feldschmiede, an 2500 Pfund (1400 Kil.) schwer.

Das **Obergestell der Feldschmiede**, (Fig. 4), ist von demjenigen der übrigen Fahrzeuge ziemlich verschieden und setzt sich gewöhnlich aus drei Haupttheilen: der Feueresse (e), dem Gebläse (bb) und einem kleinen Requisiten- oder Werkzeugkasten (rk) zusammen. Die Erstere ist aus Eisenplatten und manchmal nur als offener Schmiedeherd gebildet, bei anderen Systemen (vergl. Fig. 4) aber ganz mit Eisenwänden geschlossen und dann mit einem Kamine (k) versehen.

Das Gebläse wird meistens nur durch einen gewöhnlichen Blasebalg *(soufflet)* repräsentirt, der entweder in einem leichten Holzkasten eingeschlossen (vergl. Fig. 4), oder — gleich der Esse — ohne Schutzdecke gelassen ist.

Der Requisitenkasten enthält Werkzeuge verschiedener Art und kann leicht abgenommen, sein Aufstellungsplatz aber dann nicht selten als Werkbank benützt werden.

Die Protze der Feldschmiede wird — ähnlich jener ihres Beiwagens — wieder ausschliesslich mit Werkzeugen oder Kohlen, allenfalls auch mit dem Ambose *(enclume)* bepackt, welch' letzterer jedoch meistens in der Esse verwahrt wird.

Für Gebirgsbatterien hat man auch kleine »Schatullen-« oder »Cylinder-Feldschmieden« construirt [1]), die auf Packpferden etc. fortgeschafft werden können.

Aehnliche Modelle kamen neuestens zur Ausrüstung der Reiterei in

---

[1]) In derlei Construktionen hat sich besonders der k. k. österr. Hof- und Armeefeldschmieden-Lieferant Jos. Schaller zu Wien hervorgethan. Eine von ihm gefertigte „Cylinderfeldschmiede" unterlag jüngst auch eingehenden Versuchen von Seite der bayer. Cavallerie, ohne indess zur Einführung zu gelangen.

Vorschlag und haben wohl auch, dort oder da, schon günstige Auf- und Annahme gefunden.

Die bayerische Feldschmiede.

Die bayerische, bereits oben erklärte Feldschmiede des Systemes 1836 (Fig. 4) ist, ohne Ausrüstung, 1397 Pfund (782 Kil.) schwer, sammt Protze bepackt, erreicht sie ein Gewicht von 2726 Pfund (1537 Kil.).

Die Armeefahrzeuge.

Neben all' diesen Artilleriefahrzeugen sind in jeder Armee noch eine Anzahl von Wagen gebräuchlich, welche den Transport der Kleingewehrmunition, der ärztlichen Medicamente und der Spitalgeräthe, der Verwundeten und Kranken und des Offiziersgepäckes u. s. f. u. s f. zu vermitteln haben. Für den ersteren Zweck benützt man vielfach veraltete Artilleriefahrzeuge, dort und da auch zweirädrige Karren (*charettes*); zum Ambulancedienste dienen sogen. Rüstwagen (*chariots de bagage*), welche, wie die Kranken- oder Sanitätswagen, gewöhnlich ohne Protze, d. h. als Reibscheitsysteme construirt werden.

Diess gilt auch für die Wagen der Brückenequipagen u. s. w.

Die Uebereinstimmung all' dieser Fahrzeuge mit jener der Feldartillerie ist daher gewöhnlich eine sehr geringe und erstreckt sich nicht einmal immer auf Räder und Achsen.

II. Die Laffeten, Bettungen und Rahmen, Fahr- und Hebzeuge der Belagerungs- und Festungs-Artillerie.

Allgemeines.

Wie die Feld- so hat auch die Belagerungsartillerie (*artillerie de siège*) die Aufgabe, ihr Material vor allem an den Ort der Aktion hinzuschaffen; nur wird es hiebei weder nothwendig, noch (der bezüglichen Schwerverhältnisse wegen) zulässig sein, die gebahnten Strassen zu verlassen, oder sich irgend einer höheren Gangart zu bedienen.

Hienach werden sich die Anforderungen an die Beweglichkeit des Belagerungsgeschützes bedeutend niederer stellen, als jene der Feldartillerie. Eines aber wird sich ebensowenig dort, wie hier vernachlässigen lassen, wenn man eintretende Beschädigungen rasch verbessern, können, oder nöthig gewordenen Ersatz sofort bethätigen will, das ist die systematische Gleichartigkeit der einzelnen Theile.

Gerade dieser letztere Satz wird aber, mit nicht minderer Berechtigung, auf das Festungs-Artillerie-Material angewendet werden dürfen, dem es anderseits nur zum Vortheile gereichen kann, wenn es dem Belagerungsgeschütze nicht an Beweglichkeit nachsteht. So sehr es der Natur mancher fester Punkte entsprechen mag, mit untransportablen Geschützen armirt zu werden, ebensosehr kann es nur im Sinne der neueren, deutschen Befestigungskunst, mit ihren detachirten Forts und ihren langgedehnten, eine massenhafte Geschützaufstellung fordernden Facen etc. liegen, ein mobiles Artilleriematerial zur Verfugung zu haben.

Diese Anschauungen haben in manchen Armeen, so speziell in Bayern, ihren vollkommensten Ausdruck dadurch gefunden, dass man ein und dasselbe Material gleich verwendbar für den Festungs- wie für den Belagerungsdienst zu machen suchte; in anderen Staaten bestehen dagegen für jeden Zweck verschiedene Systeme, neben besonderen Constructionen für befestigte Punkte von aussergewöhnlicher Terrainbeschaffenheit und dergl.

Indess beziehen sich die Unterschiede zwischen Belagerungs- und Festungssystemen, wo solche bestehen, stets nur auf Kanonen- und Haubitz-Laffeten, die Schiessgerüste für Mörser sind für diesen wie jenen Zweck dieselben; ebenso die Fahr- und Hebzeuge, gewisse Theile des Geschützzubehöres u. s. w.

Dieser letzte Satz ist es, welcher die Eintheilung der nachfolgenden Abhandlung des Belagerungs- und Festungs-Artillerie-Materiales rechtfertigt.

1. Die Belagerungslaffeten sammt Protzen und Bettungen.

Die **Belagerungslaffeten** (*affûts de siège*) sind, ihrer Construktion nach den Feldlaffeten vollkommen ähnlich und stehen zu denselben nur ungefähr in einem ähnlichen Mass- und Gewichtsverhältnisse, wie diese zu den Gebirgsgeschützen. Es gehören also auch die Belagerungs-Laffeten entweder dem Block- oder dem Wandsysteme an und sind solche der letzteren Art gewöhnlich mit gebrochenen Wangen construirt, um hiedurch den Rücklauf zu vermindern und die Laffete selbst zu verkürzen.

Jene Beschlägetheile, welche bei den Feldlaffeten zur Unterbringung des Zubehöres dienen, fehlen bei den Belagerungsgeschützen, deren Ladzeug etc. auf besonderen Wagen mitgeführt und in der Aktion einfach gegen Geschütz oder Brustwehre gelehnt, oder auch über eigene, aus Latten gebildete Ladzeugkreuze gelegt wird.

Ebenso können die Pfannendeckel weggelassen werden, da die grössere Schwere der Rohre und die geringe Geschwindigkeit des Transportes ein Herausspringen derselben aus den Pfannen von selbst verhütet.

Auch Richtringe fehlen gewöhnlich, da der Laffetenschwanz hier nicht so leicht hin- und hergerückt resp. gehoben werden kann, wie bei den Feldlaffeten, sondern hiezu das Ansetzen der Hebbäume von unten nothwendig wird. Statt, oder doch jedenfalls neben den Handhaben am Protzstocke sind dann weitere Tragringe (vergl. Taf. XXI, Fig 3, **tr**) zum Durchstecken von Hebeln vorhanden, ohne welche das Aufprotzen etc. zu beschwerlich wäre.

Ausser dem gewöhnlichen Schiesslager (*encastrement de tir*, Taf. XXI, Fig. 6, st) für die Schildzapfen, sind die Belagerungslaffeten noch mit einem sogen. Marschlager (*encastrement de route*, ml) versehen. Dasselbe findet sich am rückwärtigen Ende des Bruststückes in die Laffetenwände eingeschnitten, oder mittels geeigneter Bolzen (vergl. ml) über denselben hergestellt und hat den Zweck, das aufliegende Rohr beim Transporte mehr nach rückwärts verlegen und dadurch dessen Last entsprechender auf Vorder- und Hinterachse vertheilen zu können, als diess ausserdem der Fall wäre. Für diese Transportstellungen des Rohres muss die Richtschraube nicht selten herausgenommen oder in ein rückwärtiges (glattes) Lager versetzt, das Bodenstück aber durch einen untergelegten Sattel (*coussinet*, s) gestützt werden. Das Gegentheil des ersteren Verfahrens, d. h. das Versetzen der Richtschraube nach vorwärts (hier aber in eine andere Mutter) kann nothwendig werden, wenn eine und dieselbe Laffete für Rohre von sehr verschiedener Länge gebraucht werden soll (vergl. Taf. XXI, Fig. 1*).

Die Protzverbindung findet selbst bei Belagerungs-Blocklaffeten (Frankreich) meistens mittels des Protznagels statt, welcher Anordnung die Construktion des Laffetenschweifes natürlich zu entsprechen hat.

Der **Vorderwagen** für Belagerungslaffeten ist stets eine Sattelprotze mit steifer, d. h. durch ein Reibscheit getragener Deichsel. Bei Blocklaffeten sind die Protzräder gewöhnlich denen des Geschützes gleich, bei Wandsystemen aber wieder niederer.

Die **Bettungen** (*plate-formes*). Die bedeutende Schwere und der wuchtige Rückstoss der Belagerungsgeschütze, bedingt besondere Vorbereitungen desjenigen Platzes, auf welchem dieselben in eine anhaltende Aktion zu treten bestimmt sind.

Diese Vorbereitungen bestehen in der Herstellung eines festen, künstlichen Bodens über dem natürlichen und eben jenen bezeichnet man als die Bettung des Geschützes.

Man unterscheidet ganze (*plate-formes de siège*) und Nothbettungen (*plate-formes rolantes*). Jene (Taf. XXI, Fig. 2) bilden einen, den ganzen Aufstellungsplatz des Geschützes deckenden Betterboden, zu dessen Unterlage drei bis fünf Ripphölzer (*gîtes*, br) dienen, welche ihrer Länge und Stärke nach, parallel nebeneinander und zwar derart in die Erde versenkt werden, dass eine Rippe in die normale Mittellinie der Bettung, je eine weitere aber unter jedes Rad und endlich — wenn nöthig — die zwei übrigen an den äusseren Längenrand der Bettung zu liegen kommen, die nach oben gewendeten Seitenflächen der Rippen aber, sämmtlich in einer Ebene liegen. Ueber und quer zu diesen Ripphölzern werden die Bettungsbohlen (*madriers*, bb) hart aneinander stossend aufgelegt und durch eingetriebene Pflöcke *(piquets)* in ihrer Lage festgehalten. Am vorderen Ende der Bettung wird ein Stossbalken *(heurtoir*, **sb)** angebracht, welcher ein zu weites Vorschieben des Geschützes verhindert.

Um den Rücklauf zu vermindern, gibt man der ganzen Bettung eine geringe Steigung gegen rückwärts.

Nothbettungen bestehen nur aus 3 bis 4 Bohlen, deren je eine unter jedes Rad, die dritte, oder diese und die vierte aber, unter den Laffetenschweif, sämmtliche nach der Längenrichtung des Geschützes in die Erde gesenkt und verpflöckt werden. Am vorderen Ende der Bettung wird wieder ein Stossbalken angebracht und, nach Bedarf, dem Ganzen die nöthige Steigung gegeben.

Derlei Bettungen gestatten keine Flankirung des Geschützes, beschränken also dessen Feuerbereich und sind nur von geringer Dauer und Festigkeit.

2. Die Festungslaffeten mit Protzen, Rahmen und Bettungen.

Einleitung.

Das Festungsgeschütz gelangt entweder auf dem Walle, oder aus Kasematten, meistens aber nur auf vorher bestimmten und dazu vorbereiteten, in der Regel aber räumlich sehr beschränkten Punkten zur Aktion.

Der letztere Umstand ist es, welcher die Construktion der Festungslaffeten überhaupt beinahe wesentlicher beeinflusst, als die zuerst bezeichnete Verschiedenheit ihres Verwendungsortes. Man hatte wohl früher (vergl. den geschichtl. Theil und Fig. 17 der Taf. XXVI) besondere (**Gribeauval**'sche) »hohe Walllaffete« *(affûts de rempart)* und besitzt ebenso, dort und da, eigene Kasemattenlaffeten *(affûts de casemate)*, bei der Aufstellung neuerer Systeme für das Festungsartilleriematerial, war man aber schon dadurch zu einem entschiedenen Streben nach gleichmässiger Brauchbarkeit desselben zum Wall- und Kasemattendienste gezwungen, weil ja diese beiden Verwendungsweisen bei der, jetzt gebräuchlichen Befestigungsart unmittelbar nebeneinander liegen.

Diese Vereinigung doppelter Verwendbarkeit bot indess durchaus keine Schwierigkeiten dar, indem sie einfach durch verschieden hohe Räder und dergl. hergestellt werden konnte, da die Ansprüche des Wall- und Kasemattendienstes ja eigentlich nur bezüglich der Kniehöhen von einander abweichen.

Hiernach scheint es unnöthig, die Abhandlung der Festungssysteme je nach Wall- und Kasemattenlaffeten zu trennen, wobei besondere Modelle der einen oder anderen Art immerhin geeignete Erwähnung finden können.

Die Festungslaffeten *(affûts de place)*.

Die **Festungslaffeten** haben ein möglichst schmales und kurz zusammengedrängtes, dabei aber höchst widerstandsfähiges und nur geringen Rücklauf[1]) ergebendes Schiessgerüste für Rohre schwersten Kalibers zu bilden. Man genügte dieser Aufgabe vor allem durch eine Verminderung des Geleises bis auf 3 und 4′ (0,9 und 1,2^{m}) und durch die Annahme stehender, statt liegender Wände.

Hatte man bisher darauf Bedacht genommen, die Faserrichtung der Wangenstücke, und speziell des Brusttheiles derselben, nahezu horizontal laufen zu lassen, so stellte man sie jetzt vertikal und liess so das aufliegende Geschützrohr gleichsam wie durch Pfeiler von den Bruststücken der Laffete tragen, welche man hienach auch als die Pfosten (*montants*, Taf. XXI, Fig. 3, **pf**) der letzteren bezeichnete.

Wie die Pfeiler eines jeden Holzgerüstes, bedurften aber auch die Laffetenpfosten weiterer Stützen, wenn sie ihrer Aufgabe dauernd genügen sollten. Man brachte solche, unter dem Namen Streben (*arcs-boutants*, **st**), in derjenigen Richtung an, in welcher sie sowohl dem lothrechten Drucke des Rohres, als auch dessen Rückstosse den ausgiebigsten Widerstand zu leisten vermochten und verband endlich die, aus Streben und Pfosten gebildeten Wangenstücke, durch Riegel und einen horizontal, über Achse und Hinter- oder Schleifriegel (**sr**) gelegten, Durchzugsbalken (*tirant*, **d**). Der letztere vertrat hienach die Stelle des Blockes der Feldlaffete und ward dann auch an seinem Schwanzende, neben den nöthigen Tragringen, (**tr**), wie jener, mit dem festen Protzringe (**pr**) versehen.

Als Richtmaschiene dient allgemein die Richtschraube, Richtkeile, finden sich nur mehr bei veralteten Modellen. Für den Transport bei aufgelegtem Rohre, sind endlich auch die Festungslaffeten mit einem Marschlager versehen, während die Versorgung des Geschützzubehöres[2]) in ähnlicher Weise wie bei den Belagerungsgeschützen stattfindet.

Die **Festungsprotze** ist entweder mit der Belagerungsprotze identisch, oder dieser doch sehr ähnlich und eben wieder eine Sattelprotze mit Nagel- oder Hakenverbindung (vergl. Taf. XXI, Fig. 6), in welch' letzterem Falle jedoch die Unabhängigkeit des Systemes gewöhnlich durch ein kleines Reibscheit aufgehoben wird.

[1]) Hiezu erhielten ältere Laffetenmodelle auch hölzerne Achsen.

[2]) Für Aufstellungen hinter geblendeten Scharten etc. sind hier — bei Vorderladungsgeschützen — auch abgegliederte Wischer und Setzer gebräuchlich. (So in Bayern beim kurzen 24-Pfünder.).

Der **Rahmen** *(châssis)*. Um die Aufstellung des Festungsgeschützes zu einer möglichst unveränderlichen zu machen und selbst dessen Rücklauf in ganz bestimmte Bahnen einzuschränken, placirt man dasselbe nicht unmittelbar auf den natürlichen Boden, oder eine in diesen gesenkte Bettung, sondern bedient sich eines eigenen, zwischen diese und die Laffete eingelegten Untergestelles, das man als den Rahmen des Geschützes bezeichnet. Derselbe setzt sich im Allgemeinen aus zwei Rahmschwellen (*côtés*, Taf. XXI, Fig. 1ª·ᵇ, **sw**) und einem, zwischen diese gelegten Leitbalken (*directrice*, **1b**) dann den, diese Längenstücke verbindenden Querriegeln zusammen.

Auf den Rahmschwellen ruht das Geschütz mit dem Kranz (vergl. Fig. 1 u. 4 der Taf. XXI) oder mit der Nabe (vergl. Fig. 3) seiner Räder auf, der Leitbalken dient dem Schleifriegel zur Unterlage (vergl. Fig. 4).

Um das Herabrollen des Geschützes beim Rücklaufe zu verhüten, sind am Schwanzende der Rahmschwellen sogen. Anhaltkeile (Fig. 1 u. 4, **ak**) aufgesetzt, während an der Stirnseite ein Stossbalken angebracht und durch eiserne Bänder (Stossschienen Fig. 1ª, **ss**) mit den Schwellen verbunden ist. Der Schleifriegel wird durch einen Anhaltstollen (**s**) in seiner Rückbewegung auf dem Leitbalken gehemmt. Anhaltkeile und Stollen müssen nach Bedarf abgenommen werden können, um das Auffahren des Geschützes auf den Rahmen zu ermöglichen, wozu indess noch besondere Auffahrtkeile an das hintere Schwellenende angelegt und dadurch kleine Rampen für das Geschütz hergestellt werden.

Aehnlich dem Durchzugsbalken der Laffete, ist auch der Leitbalken des Rahmens an seinem Schwanzende meistens mit einem Tragringe zum Durchstecken von Hebeln, sowie mit einem Protzringe (Fig. 1ª, **rp**) versehen.

Da es nun beim Festungsgeschütze nicht die Laffete, sondern der Rahmen ist, an welchem die nöthige Seitenrichtung gegeben wird, so müssen auch Vorrichtungen an demselben vorhanden sein, welche die Ertheilung dieser erleichtern. Es bestehen dieselben in einem, den Vorderriegel des Rahmens vertical durchgreifenden Drehbolzen oder Reibnagel (*boulon de directrice*, Fig. 1 u. 4, **rn**) und zwei, am rückwärtigen Ende der Schwellen angebrachten Rollrädern (*roulettes*, Fig. 1 u. 4, **r**), mittels welchen dem Rahmen zugleich die nöthige Steigung nach rückwärts gegeben wird.

Um endlich die verticalen Schwankungen des Rahmens, beim Geschützrücklaufe, auf ein unschädliches Mass zu beschränken, wird das Schwanzende des Leitbalkens mit einer Stütze, der hinteren Rahmstütze (**rs**), versehen.

Die **Bettungen** für Festungsgeschütze (*plate-formes pour affûts de place*) unterscheiden sich von den Belagerungsbettungen sehr wesentlich durch den Umstand, dass sie dem Geschütze nicht zum Rücklaufplatze, sondern mehr nur dem Rahmen zur festen Unterlage und zur Bahn für die Vornahme der Seitenrichtung zu dienen haben. Sie bestehen gewöhnlich aus einer, unter die Rahmenstirn versenkten Bettungsscheibe (Fig. 1, **bs**) und dem, den Rollrädern zur Unterlage dienenden Bohlen- oder Bettungskranz (**bk**).

Die erstere ist mit einer Durchlochung für den Reibnagel versehen, deren gewöhnlich längliche Gestalt, diesem hinreichend Spielraum gewährt, um auch eine seitliche Verschiebung der Rahmenstirn zu ermöglichen. Dieser Seitenbewegung bietet eine, auf der Bettungsscheibe befestigte Zahnschiene (vergl. Fig. 1[b]) die nöthigen Anhaltspunkte für die einzusetzenden Hebbäume.

Der Bettungskranz muss eine, dem Aufstellungsplatze und Gesichtsfelde des Geschützes entsprechende (im Mittel 30—40 und 45° betragende) Flankirung desselben, zu beiden Seiten seiner normalen Feuerlinie gestatten.

Die permanenten Geschützstände in Kasematten, Galerien u. s. w. sind gewöhnlich mit steinernen Bettungen versehen.

Eiserne Festungslaffeten.

Bei der grossen Haltbarkeit, welche man von den Schiessgerüsten schwerer Rohre fordern muss, lag es sehr nahe, zum Material für Festungslaffeten um so mehr Eisen zu wählen, als es sich hier meistens nur um dauernde und oft auch gedeckte Aufstellungen des Geschützes handelt, gutes Rüstern- und besonders Eichenholz aber, in den hier nöthigen Dimensionen immer seltener wird.

In erster Linie waren es England und Frankreich, welche zur Beschaffung gusseiserner Laffeten schritten und dieselben vorzüglich zur Armirung ihrer Küstenforts verwendeten, während Preussen schmiedeiserne Festungslaffeten annahm.

Die englische Laffete findet sich in Fig. 8 der Taf. XX — in der Aufstellung als Pivotgeschütz — abgebildet; die französische ist derselben sehr ähnlich; beide Construktionen lassen die Absicht erkennen, das Rohr in der gleichen Weise durch »Pfosten« und »Streben« zu stützen, wie diess schon bei den Holzlaffeten besprochen wurde. Dasselbe gilt für die preussische schmiedeiserne Festungslaffete, welche sowohl als besondere Kasemattenlaffete (Muster 1855, Taf. XX, Fig. 11) sowie auch als Etagengerüste (Modell 1849, Fig. 13[a u. b]) in der Art construirt wurde, dass sie zum Kasematten- und Walldienste gleichmässig brauchbar ist.

Man setzte sie hiezu aus zwei Theilen, dem Laffetengestelle (Fig. 13ᵃ) und dem Untersatze (Fig. 13ᵇ) zusammen und kann nun ersteres ohne, oder mit dem letzteren vereinigt zur Aktion verwenden. Ein, ebenfalls schmiedeiserner Rahmen (Fig. 14) dient der Laffete bei ihrer Aufstellung als Unterlage, während sie zum Transporte mit einem eisernen Protzgestelle verbunden, selbst aber mit eigenen Transporträdern versehen wird, die eine besondere Erwähnung verdienen.

Dieselben sind nach einem, von dem Engländer **Jones** aufgestellten Prinzipe construirt, welches die Last nicht durch die, unter der Achse stehende Speiche tragen, sondern von der, über jener befindlichen halten lässt und dadurch weniger eine stützende. als eine ziehende, d. h. gerade diejenige Wirkung von den Speichen fordert, in welcher das Schmiedeisen seine grösste Widerstandskraft entwickeln kann. Hiedurch erklärt sich die bedeutende Haltbarkeit und Tragfähigkeit dieser Räder. Die Details derselben sind im Allgemeinen aus Fig. 12 der Taf. XX zu ersehen. Die Speichen sind fest in den Radreif eingesetzt, in der Nabe aber nur bolzenartig verschraubt und treten dabei abwechselnd an das Stoss- oder Lohnenende der letztern; diese ist von Gusseisen, der Radkranz und die gewölbten Felgenschienen aber aus Flach-, die Speichen endlich aus Rundeisen gefertigt.

Die bayerische Festungs- und Belagerungslaffete mit Zubehör.
(Taf. XXI, Fig. 1—6.)

Das, seit 1843 in der bayer. Artillerie angenommene Festungslaffetensystem, ist eine, nach den Vorschlägen des damaligen (im Jahre 1863 als Kriegsminister verstorbenen) Artillerie-Oberlieutenants **Liel** durchgeführte Modification des französischen und dient nicht allein als hohe und niedere Walllaffete zum Feuern über Bank und durch seichte und tiefe Scharten, sondern auch als Kasematten-Laffete. Seine Vorzüglichkeit und vielseitige Verwendbarkeit haben demselben auch ausserhalb Bayerns verdiente Anerkennung verschafft und seine Einführung in den (vormals deutschen Bundes-) Festungen Landau, Rastatt, Mainz und Ulm veranlasst. Seit 1853 ist das System aber selbst für den Belagerungsdienst bestimmt worden und entspricht auch den, hiedurch weiters daran gestellten Anforderungen der Transportfähigkeit und Aufstellung ohne Rahmen etc. auf's Beste.

Das System scheidet sich in zwei Hauptarten von Laffetenmodellen, deren erste von der schweren 24-Pfünder (Fig. 2 u. 3), die andere von der 6- (Fig. 4), 12- (Fig. 5 u. 6) und leichten 24-Pfünder (vormals 18-Pfünder) Festungslaffete (Fig. 1ᵃ ᵘ· ᵇ) gebildet wird.

Die drei letztgenannten Modelle haben gleiche Achsen, also auch gleiches, 40,5″ = 106ᶜᵐ weites Geleise, gleiche Räder, einerlei Rahmen und Bettungen; ihre Kniehöhen variiren von 51—52″ (133—136ᶜᵐ), nur die Stärkeverhältnisse ihrer einzelnen Theile, sowie die Auseinanderstellung ihrer Wände u. s. w. sind verschieden.

Die schwere 24-Pfünder- (vormals 25-Pfünder) Laffete stimmt zwar in ihren Construktionsgrundzügen vollkommen mit den übrigen, leichteren Gestellen überein, ist aber in allen Dimensionen stärker gehalten und auch mit einem weiteren, d. h. mit dem Geleise der Feldartillerie (58,5" = 153^cm) versehen; zum Kasemattendienste wird sie nicht verwendet, ebenso entbehrt sie des, den anderen Modellen eigenthümlichen Marschlagers.

Bei der Aufstellung mit Rahmen (Fig. 3) läuft die schwere 24-Pfünder-Laffete mit der Nabe auf den Schwellen desselben, die anderen Gestelle (Fig. 1, 4 u. 5) aber, mit den Rädern selbst zurück.

Die schwere 24-Pfünder-Laffete trägt den metallenen und eisernen gezogenen 24-Pfünder und gewährt diesen Rohren eine grösste Elevation von 13° und eine Maximaldepression von 6°; die leichte, lediglich für die kurzen (glatten) 24-Pfünder (Fig. 1) bestimmte Festungslaffete, lässt für diesen 17°30' Elevation und 11°30' Depression zu. Die 12- und 6-Pfünder-Laffeten erlauben den gezogenen Rohren, nach welchen sie benannt sind, je 13° grösste Elevation und 6° resp. 5° Depression; ausser denselben tragen sie aber, je nach Bedarf, auch den leichten (glatten) 12-Pfünder [1]), zu welchem Zwecke sie durch geringe Veränderungen ihrer Spannweite brauchbar gemacht, „aptirt" werden.

Die leichte 24-Pfünder, dann die 12- und 6-Pfünder Festungslaffeten können bei sechserlei Deckungsknieböhen, nämlich einer solchen von

67" und 57" als hohe Wall-,
49" als niedere Wall-,
43" als Belagerungs-, endlich
38" und 28" als Kasemattenaufstellung

in Aktion gebracht werden; die schweren 24-Pfünder Festungslaffeten lassen nur die Aufstellungen von 57", 49" und 43" zu.

Diese verschiedenen Kniehöhen ergeben sich auf folgende Weise: Ist das Geschütz mit den Transport- oder Speichenrädern versehen, so entspricht seine Schildzapfenlage einer Deckungskniehöhe von 43" (117,5^cm); in dieser, der Belagerungsaufstellung (Fig. 2), wird es aber nothwendig, den Schleifriegel auf einen eigenen, mit Schraubenbändern an ihm zu befestigenden Schleifriegelunter-

---

[1]) Der leichte 12-Pfünder kann ausserdem auch auf den, in den Festungen noch vorhandenen 6-Pfünder Feldlaffeten (System 1836) und leichten 12-Pfünder Wall laffeten (aptirte 7-Pfünder Haubitz-Feldlaffeten, System 1800), demnach auf viererlei Gestellen in Aktion gesetzt werden.

Der kurze, metallene gezogene 12-Pfünder liegt auf der früheren 12-Pfünder Feldlaffete (System 1836), welche jetzt den Namen schwere 12-Pfünder Feldlaffete führt.

satz (sru) zu stellen, dessen Hinweglassung nur statthaft erscheint, wenn das Geschütz unter sehr grossen Elevationen und mit geringen Ladungen feuern soll. [1])

Für 49" und 57" Deckungskniehöhe werden die schweren 24-Pfünder nicht ganz ebenso wie die übrigen Festungslaffeten aufgestellt. Bei diesen genügt es, das mit Speichenrädern versehene Geschütz einfach auf den (wie in Fig. 4), am Boden liegenden Rahmen zu führen, um es für 49" (128cm) Deckung zu placiren. Nur muss der Leitbalken des Rahmens hiebei, wie bei allen Aufstellungen mit Speichenrädern, durch den sogen. Erhöhungsbalken (Fig. 1, eb) einen Aufsatz erhalten, welcher ebenso gross ist, als der Unterschied der Radien des Speichen- und (grösseren) Kasemattenrades.

Die schwere 24-Pfünder Laffete hat nur einerlei Rad, der Leitbalken ihres Rahmens bedurf also keines Aufsatzes, um so mehr, als sie ja stets nur mit der Nabe auf den Schwellen steht; dagegen bedingt eben diese Einrichtung eine Erhöhung des ganzen Rahmens, um die Kniedeckung von 49" (Fig. 3) zu erreichen.

Diese Erhöhung wird durch Stützen, Untersätze und die weitere Anordnung gewonnen, die Rollräder am Schwanzende der Schwellen, statt (wie in Fig. 4) an den, diese verlängernden Halbachsen (Fig. 1, ha), in eigenen, unter den Rahmen greifenden Rollradgabeln (Fig. 3, rg) anzubringen. Setzt man den Rahmen der 6-, 12- und leichten 24-Pfünder der Laffete auf Untersätze und Rollradgabeln (wie diess in Fig. 3 für die schwere 24--Pfünder-Laffete angedeutet ist), so erreicht man damit hier schon 57" (149cm) Kniedeckung.

Für die schweren 24-Pfünder erfordert diese Deckungshöhe aber eine doppelte Lage von Stützen und Untersätzen (vergl. Fig. 1a, rs hintere, rm mittlere Rahmstützen; rt Rahmenuntersatz) und die entsprechende Verlängerung der Rollradgabeln (rg) durch Rollradgabelhülsen (rh). Bringt man dieselben Erhöhungen am Rahmen des 6-, 12- und leichten 24-Pfünders an, so erscheinen diese Geschütze damit in der Aufstellung für 67" (175cm) Deckungskniehöhe (Fig. 1a).

Das Kasemattenplacement für 38" (99cm) Deckungshöhe (Fig. 4) erfordert lediglich den Ersatz der Speichen- durch die (grösseren) Block- oder Kasematten räder und den Wegfall des Erhöhungsbalkens bei dem, auf dem Boden selbst aufliegenden, nur rückwärts durch die, in den Halbachsen steckenden Rollräder, wenig erhöhten Rahmen.

Die, nur für die Kasematten Ingolstadt's erforderliche Aufstellung für 28" (73cm) Kniedeckung, wird durch die Vertauschung des Rahmens mit einem einfachen Leitbalken (Fig 5, lb) und der grösseren mit den kleineren Kasemattenrädern erzielt. An der Laffetenstirne werden hiebei zwei sogen.

---

[1]) Der eiserne gezogene 24-Pfünder wird in Bayern auch zum hohen Wurfe unter 30° und 45° angewendet und hiezu ohne Schleifriegeluntersatz und mit, durch untergelegte Bohlen erhöhten Speichenrädern, auf die Belagerungsbettung gestellt.

Friktionsrollen befestigt, welche die Bewegung des Geschützes auf dem Leitbalken erleichtern.

Zur bequemeren Handhabung des Geschützes beim Auf- und Abführen auf den Rahmen etc., kann das Schwanzende seines Durchzugbalkens durch eine sogen. **Protzschere** verlängert werden.

Dieselbe bildet einen kurzen, nach aufwärts gebogenen Hebebaum, der mittels eines gabelförmigen Beschläges an den Durchzugsbalken angesteckt und durch zwei Stecknägel an demselben befestigt wird. Sie ist mit einem Tragringe versehen, welcher das Einlegen eines Traghebels gestattet. Ihre Aufwärtsrichtung ermöglicht es, sie auch bei aufgeprotztem Geschütze angesteckt lassen zu dürfen.

Die **Festungsprotze** (Fig. 6) ist dieselbe für alle Laffetenmodelle. Sie ist für Hakenverbindung eingerichtet und mit einem, als Reibscheit wirkenden Stützbogen versehen, der von einer, gegen die Achse gerichteten Gegenstütze getragen wird.

Die aufgeprotzte 6-, 12- und leichte 24-Pfünder-Laffete hat einen Lenkungswinkel von 53°17', die schwere 24-Pfünder einen solchen von 49°.

Soll das Geschütz mitsammt dem Rahmen transportirt werden, so wird, mittels Stecknägeln, unter den ersten oder zweiten Mittelriegel des letztern, eine eigene, hölzerne Rahmenachse befestigt und an den eisernen Schenkeln derselben die Blockräder angebracht, der Rahmen selbst aber in den Stirnhaken der Laffete eingehängt. (Vergl. Fig. 6).

Gewichte. Die schwere 24-Pfünder Laffete erreicht (mit den angesteckten Speichenrädern) ein Gesammtgewicht von 2050 Pfund (4148 Kil.), die leichte ein solches von 1432 Pfund (802 Kil.), die 12-Pfünder 1336 Pfund (748 Kil.) und die 6-Pfünder 1174 Pfund (657 Kil.).

Die bezüglichen Rahmen sind 1165 Pfund (647 Kil.) und 636 Pfund (356 Kil.); die zugehörigen Schleifriegeluntersätze 140 Pfund (78 Kil.), 115 Pfund (64 Kil.), 92 Pfund (61 Kil.) und 95 Pfund (63 Kil.) schwer.

Besondere Festungslaffeten.

Für abnorme Verhältnisse, oder fortifikatorische Anlagen besonderer Art, sind dort und da Schiessgerüste erforderlich, welche von den bisher kennen gelernten, normalen Festungslaffetirungen sehr abweichen. Es gehören hieher die Aufstellungen auf Drehscheiben und ähnlichen Vorrichtungen, welche man vorzüglich bei detachirten Thürmen und derlei Küstenforts (englische Martellothürme etc.), zur Armirung ihrer Plattformen in Anwendung bringt, dann neben manch' anderen, mehr oder minder vortheilhaften Construktionen verschiedener Art — die, in Gibraltar, auf dem Königs- und Ehrenbreitstein gebräuchlichen Köhler'schen[1]) Depressionslaffeten *(affûts à dépression)*. Die-

[1]) Köhler war englischer Marineoffizier; seine ersten Entwürfe über Depressionslaffeten für Gibraltar wurden 1782 bekannt.

selben finden sich in Fig. 7 der Taf. XX versinnlicht und setzen sich aus 3 Holzblöcken, dem Ober-, Mittel- und Unterschaft (o, m u. u) zusammen, welch' letzterer auf eiserne Blockräder gestellt ist und den Sockel des ganzen Gerüstes bildet.

An seinem Schwanzende ist der, aus zwei eisernen Balken bestehende und um 65° gegen den Unterschaft geneigten Richtbock (rb) angebracht und durch eiserne Streben (st) in seiner Stellung befestigt.

Zwischen den Schenkeln des Richtbocks kann der, am vorderen Ende des Unterschaftes charnierartig aufgesetzte Mittelschaft, durch Anwendung eines Rollenzuges bis zu 45° elevirt, dadurch also das, im Oberschaft ruhende Geschützrohr um ebensoviel gesenkt werden. Beim Schusse spielt der Oberschaft schlittenförmig auf dem Mittelschafte zurück, von dessen Sperrklinke (k) jener sodann festgehalten wird. Zur Ladung hebt man die Klinke aus und dreht den Oberschaft um einen, im Mittelschafte eingesetzten Pivotzapfen so weit seitwärts, bis das Rohr parallel zur Brustwehrkrone steht. Bei Vorderladern muss die eingesetzte Chargirung durch einen Pfropfen (»Vorschlag«, *bouchon*) im Rohre festgehalten, zur Vornahme der Richtung aber stets der Richtbock auf den an ihm befindlichen Sprossen erstiegen werden.

Man hat diese Laffeten nur für Feldgeschützrohre, 6- und 12-Pfünder, construirt; sie erreichen für jene eine Schwere von 2160 Pfund bayer. (1210 Kil.), für diese sogar 3500 Pfund (1960 Kil.).

Schiffslaffeten (*affûts marins*).

Grösstmögliche Raum- und auch Rücklaufsbeschränkung sind die massgebenden Construktionsbedingungen für die Laffetirung der Schiffsgeschütze. Auch hier sind Drehscheiben- (»Drehbassen-«) Aufstellungen für besondere Zwecke (Monitore, etc.), für die Armirung der »Breitseiten« aber, gewöhnlich plumpe, jeder besseren Transportfähigkeit entbehrende Wangenlaffeten, mit hölzernen Achsen und Blockrädern (Taf. XX, Fig. 10), oder Construktionen gebräuchlich, welche alle Beweglichkeit ausschliessen und mehr nur als schemelartige Vorrichtungen (Fig. 9) erscheinen.

Laffeten ersterer Art heissen (speziell in Oesterreich) auch »Rad-«, solche der letzteren »Schlittenrapperte«. Beide werden durch starke Taue, Brokh (*brague*, Fig. 9, b) genannt, derart an die Schiffswand befestigt, dass sie entweder gar keinen, oder doch nur einen sehr geringen Rücklauf des Geschützes zulassen.

3. Die Mörser-Laffeten und Bettungen.

(Taf. XXI, Fig. 7 u. 8).

Die Mörserlaffeten (*affûts à mortier*) auch Schlappen, Schleifen, Schemel oder Stühle genannt, dienen ihren aufliegenden Rohren ausschliesslich zum Schiessgerüste; nur solche kleinerer Kaliber sind zuweilen mit kurzen Achsschenkeln, zum Anstecken von Blockrädern versehen, um das Geschütz auf ganz kurze Entfernungen leichter fortschaffen zu können. [1]) Zu gleichem Zwecke sind für Cöhornmörser eigene Schubkarren *(brouettes)* im Gebrauche. Auf weitere Entfernungen werden grössere Mörser stets mittels besonderer Wagen, auf ihrer Laffete, oder getrennt von dieser, transportirt.

Von einer Umwandlung des Rückstosses in Rücklauf, kann bei Mörserlaffeten, schon der hohen Elevationen wegen, unter welchen ihre Rohre zu wirken haben, nicht die Rede sein.

Im Allgemeinen bestehen dieselben aus zwei niedrigen, gusseisernen, oder metallenen, seltener hölzernen Wänden, welche durch eichene Riegel und geschmiedete Bolzen mit einander verbunden sind. Der vordere, oder Stirnriegel enthält die metallene Mutter für die Richtschraube, oder dient — (bei Steinmörsern) wo keine solche vorhanden ist — den Richtkeilen (Fig. 8, **kk**) zum Auflager. An seiner Vorderfläche ist der Stirnriegel (besonders bei Bombenmörsern) gewöhnlich mit einer Marke — einer Gabel (Fig. 7, **g**) oder dergl. — versehen, welche die Mittellinie des Geschützes bezeichnet, die auch am Hinterriegel durch Kerben etc. kenntlich gemacht wird.

Die Querbolzen endigen zuweilen in kurze Arme, welche zum Auf- und Anlegen von Hebebäumen etc. dienen.

Zu letzterem Zwecke sind auch die Wände selbst mit entsprechenden Einschnitten versehen.

Cöhorn- und sonstige Fussmörser erhalten nur starke Bohlen, auf welche sie festgeschraubt werden, als Unterlage.

Für stehende Mörser sind dagegen nicht selten muldenförmig ausgehöhlte Blöcke als Schiessgerüste gebräuchlich.

Das **Geschützzubehör** ist bei Mörsern, der complicirteren Richt- und Ladeweise wegen, ziemlich zahlreich, wird aber nicht an der Laffete versorgt, sondern die Wischer wieder über Ladzeugkreuzen, die kleineren Utensilien aber (als Bombenhaken zum Beitragen der Projektile, Senkel zur Bestimmung der Richtungslinie u. s. w.) in eigenen Körben oder dergl. neben dem Geschütze aufgestellt.

Cöhorne ausgenommen, müssen auch die Mörser auf **Bettungen** gesetzt werden. Dieselben bestehen hier gewöhnlich ganz aus eichenen Balken, von denen 3 bis 5 als Ripphölzer (Fig. 7, **br**), die übrigen als Deckbalken (**bb**) in die Erde gesenkt werden.

Auf letzteren ist in der Regel die Mittellinie der Bettung durch eine fortlaufende Kerbe vorgezeichnet; wird dieselbe in die Wurfrichtung

---

[1]) Diess ist z. B. beim bayer. 10-Pfünder-Mörser der Fall.

des Geschützes gelegt, so braucht dieses nur mit seiner eigenen Mitte auf jene der Bettung gestellt zu werden, um zugleich horizontal gerichtet zu sein. Correkturen etc. der Seitenrichtung, erleichtert man dadurch, dass man die, am Vorderriegel der Laffete befestigte Gabel (g), fest gegen einen, in der Bettungsmittellinie eingesetzten Stecknagel (n) anschiebt und diesen somit als Pivot des Geschützes benützt.

Ausser solch' einfachen Bettungen sind auch Drehscheibenaufstellungen, besonders auf Schiffen und Küstenforts etc., für Mörser gebräuchlich. (In Frankreich dient hiezu speziell der *mortier à plaque de* 32, Taf. XVI, Fig. 10).

Bayerische Mörserlaffeten.

Die Laffeten der bayer. Bombenmörser sind aus gusseisernen Wänden hergestellt, welche durch eichene Riegel und schmiedeiserne Bolzen mit einander verbunden sind.

Für jedes der 3 Mörserkaliber besteht eine eigene Laffete, deren gleichheitliche Construktion indess genügend aus Taf. XXI, Fig. 7 zu ersehen ist.

Die Laffete des bayer. 60-Pfünders Steinmörsers hat eichene Wände und ist in Taf. XXI, Fig. 8 dargestellt. Der Cöhornmörser ist mit einem eichenen Schemel versehen.

Gewichte. Die 10-Pfünder Bombenmörserlaffete wiegt 485 Pfund (272 Kil.) [mit angesteckten Blockrädern 551 Pfund (309 Kil.)]; die 25-Pfünder 877 Pfund (491 Kil.); die 60-Pfünder 2279 Pfund (1276 Kil.); die Laffete des 60-Pfünd. Steinmörsers 481 Pfund (279 Kil.), der Cöhornmörserschemel 44 Pfund (25 Kil.).

4. Fahr- und Hebzeuge etc. der Festungs- und Belagerungsartillerie.

Die besonderen Fahrzeuge, auf welche in den vorstehenden Erörterungen über Festungs- und Belagerungsgeschütze wiederholt hingewiesen ward, sind im Allgemeinen sehr einfacher Natur und machen wohl seltener Anspruch auf systematische Gleichartigkeit u. s. w. untereinander.

Zur Fortschaffung des Geschützzubehöres, der Rahmen und Bettungen, bedient man sich eben offener oder geschlossener Leiterwagen, Parkwagen genannt, zum Transporte der Rohre und Mörserlaffeten auf weitere Entfernungen, sogen. Blockwagen,[1]) deren

---

[1]) Ein sehr zweckmässiges Modell eines Fahrzeuges für den Dienst der schweren Artillerie besitzt Frankreich in seinem *chariot porte-corps*. Derselbe ist ebensogut geeignet, auf seinem brückenartigen Gestelle Rohre und Mörser zu transportiren, als, nachdem man jenes mit Wänden umgeben hat, Geräthschaften, Eisenmunition u. s. w. aufzunehmen. Er erhält die Belagerungsprotze zum Vorderwagen und hat gleiche Radhöhe etc. mit derselben.

Gestell sich kaum von demjenigen gewöhnlicher Frachtfuhrwerke unterscheidet. Für kurze Strecken, auf Wallgängen, in Tranchéen etc. dienen dagegen sehr niedere, starke Handwägelchen zur Fortschaffung der Geschützrohre und Mörserlaffeten und bezeichnet man dieselben als Rollwagen.

Neben diesen benützt man sogen. Transporteure oder Windenschleppwagen (*triqueballes*), zum Verführen der Rohre und Mörserschlappen innerhalb der Arsenale selbst. Es sind dies fahrbare, auf sehr hohe Räder gesetzte Hebevorrichtungen, welche über der Achse mit einer Winde oder einem einfachen Traghebel versehen sind. Das zu transportirende Rohr oder Mörsergestell wird mit Ketten in die Tragvorrichtung eingehängt und sodann, mittels dieser, gehoben, so dass es, unter der Achse des gedachten Fahrzeuges schwebend, fortgeschafft werden kann.

Die zur Aktion der schweren Geschütze nöthige Munition, wird gewöhnlich erst an Ort und Stelle fertig laborirt, ein weiterer Transport derselben, kommt also wohl nur für ihre einzelnen Bestandtheile vor und dienen dann eigene Eisenmunitionswagen zur Fortschaffung der Geschosse, besondere Pulverwagen zum Transporte der Pulverfässer. Beides sind Fahrzeuge mit gedeckten, langen, erstere dabei mit sehr niederen Kasten, in deren Ermangelung ebensogut beliebige andere, gerade passende Wagen benützt werden können.

Fertige Patronen, Zündungen etc. werden meistens in Feldartillerie-Munitionswagen (älterer Systeme) transportirt. Zur Verführung der Munition von den Festungs- und Belagerungs-Laboratorien oder Magazinen nach den Werken, oder in die Tranchéen, dienen eigene, zwei-, oder vierrädrige Munitions-Hand- oder Schubkarren, auch Tranchéekarren genannt.

Zum Belagerungsdienste benützt man die Feldschmieden der Feldartillerie, stellt aber statt diesen, in detachirten Festungswerken etc. wohl auch tragbare oder sonst compendiöse Schmieden [1]) auf.

Um endlich Rohre von Laffeten herab, oder auf diese zu heben, sind besondere drei- oder vierschenkliche **Hebzeuge** (*chèvres*) mit Flaschenzügen im Gebrauche und dienen entweder selbst zugleich als Aufzugsmaschinen, um Geschütze und Laffeten auf die Plattformen und in die höheren Etagen der Festungswerke zu befördern, oder werden hiezu durch besondere Krahne (*grues*) ersetzt.

In der **bayerischen** Artillerie besteht ein Blockwagen Mod. 1849, ein Eisenmunitionswagen Mod. 1841, ein Rollwagen Mod. 1848, ein Windenschleppwagen Mod. 1851 (neben welchem noch ein Hebel- und ein

---

[1]) Solche finden sich z. B. in den Vorwerken der Festung Rastatt.

Schraubenschleppwagen älterer Construktion im Gebrauche sind), ein drei-, ein vierschenkliges und ein Kasemattenhebzeug, welch' letzteres zugleich als Aufzugsmaschine dient. Ausserdem werden eine grössere Zahl alter Rüstwägen u. s. w. zum Transporte der hieher bezüglichen Geräthschaften verwendet.

C. Die Munition.

Die Geschützmunition setzt sich zwar aus denselben Haupttheilen: Pulverladung, Geschoss und Zündung zusammen, aus denen auch die Munition des Kleingewehres besteht, diese einzelnen Elemente sind aber sehr verschieden von den, dort kennen gelernten angeordnet.

I. Die Pulverladung.

1. **Das Geschützpulver.** In dem Abschnitte über das Schiesspulver, wurde bereits die Nothwendigkeit dargethan, mit der Grösse der Ladungen auch die Korngrösse des dazu verwendeten Pulvers zunehmen zu lassen. Bei den ausserordentlichen Bohrungsweiten (siehe S. 323 Note 1), welche man neuerdings, besonders zur Bekämpfung gepanzerter Kriegsschiffe, anzuwenden strebt, ist dieses Bedürfniss natürlich noch in gesteigertem Masse hervorgetreten. Das bisherige Geschützpulver erwies sich für so bedeutende Ladungen zu klein; es wirkte entweder offensiv, oder verbrannte nur theilweise, nöthigte also dadurch zur Herabsetzung der Ladung und gab eine ungenügende Anfangsgeschwindigkeit. Man hat diesen Mangel neuestens durch das sogen. Mammuth- und, noch vollkommener, durch das prismatische Pulver beseitigt.

Das **Mammuth**-Pulver besteht einfach aus eckigen Körnern von ca. 1″ (26^{mm}) grösstem Durchmesser und findet vorzüglich in Amerika für die glatten Rodman-Geschütze[1]) Anwendung.

Das **prismatische** Pulver hat bei ähnlicher, wie der oben angedeuteten Korngrösse, eine ganz regelmässige Gestalt. Es besteht aus lauter gleich grossen, 6—8seitigen Prismen, deren Höhe ungefähr dem Durchmesser (1″) entspricht und deren jedes von 4—6 Längencanälen durchzogen ist, welche beim Einschichten des Pulvers in die Patronenhülse

---

[1]) So erhält der Rodman-1000Pfünder 50 Pfund Mammuthpulver zur Ladung. Es ist diess ein, nach dem Gewichte einer eisernen Vollkugel benannter, glatter Vorderlader, von 20″ Bohrung, 20′ Länge und 58 Tonnen (à 20 Centner) Schwere, nach Rodman's Manier (vergl. S. 326 Note 3) gegossen und 20″ am Boden, 7″ an der Mündung in Eisen stark. (Preuss. Archiv. 29. Jahrg. 57. Bd. S. 63.)

genau übereinander gestellt werden, um so das Eindringen der entzündeten Gase zu erleichtern.

Es bedarf kaum der Bemerkung, dass sowohl die gleichmässige Form des prismatischen Pulvers, als die erwähnten Durchzugscanäle derselben, den Verbrennungsvorgang der Ladung ebenso sehr regeln, als eine offensive Wirkung dieser verhüten müssen und haben diese Vorzüge die Anwendung des genannten Pulverkornes für die schweren Präcisions-Geschütze der englischen, russischen und preussischen Marine zur Folge gehabt.

2. Die **Artillerie-Patrone.** Die Pulverladung wird nur bei Kanonen und Haubitzen in feste Patronen vereinigt, bei Mörsern aber gewöhnlich lose in den Laderaum gebracht; bloss bei Nacht- oder besonders beschleunigtem Feuer, werden auch für diese Wurfgeschütze Patronen angefertigt, sonst aber die Ladung derselben immer erst an Ort und Stelle abgewogen.

Die Geschützpatronen sind meistens aus Wollen- oder Seidenzeug (sieh' Technologie S. 80) gefertigt, im Festungsdienste und zur See benützt man jedoch auch starkes Packpapier zu ihren Hülsen.

Die — gewöhnlich mit Seide genähten — Patronensäcke (*sachets*, Taf. XXII, Fig. 5, **ps**) werden entweder einfach über der Ladung zugebunden (»Kropfpatronen«, Taf. XXII, Fig. 6), oder vernäht, oder mittels einer, gleich einem Deckel aufgesetzten, Scheibe von Linden- oder Birkenholz geschlossen, welche man den Patronenspiegel (*sabot*, Taf. XXII, Fig. 5, **sp**) nennt und in deren Hohlkehlen etc. das offene Ende, der sogen. Umschlag (**u**) des Patronenbeutels, durch Schnürbünde (b_1 b_2) festgehalten wird.

Zwischen Spiegel und Ladung kömmt hiebei eine Schichte gereinigtes Werg, Kuh- oder Kälberhaare zu liegen, um einestheils nachtheilige Reibungen zu vermeiden, anderntheils das Pulver vor Feuchtigkeit zu schützen, wenn der Spiegel solche angezogen haben sollte.

Auf der Aussenseite des Patronensäckchens, oder am Spiegel etc., wird nicht selten eine, den Inhalt oder die Art der Patrone betreffende Bezeichnung (Fig. 5, 40) angebracht; ebenso bedient man sich verschieden gefärbter Patronenbeutel als Unterscheidungsmittel.

Bei scharfen Patronen, welche indess gewöhnlich nur für glatte Feldgeschütze hergestellt werden können, dient der Spiegel zugleich als Verbindungsglied zwischen Ladung und Geschoss. Er ist hiezu an seiner Stirnfläche entsprechend ausgehöhlt (verg.l Fig. 5) und das Geschoss (**g**) sodann durch Einkittung und angeleimte Leinwandstreifen, oder ein aufgenageltes Blechkreuz (**b b**) in ihm festgehalten.

Für Feldgeschütze, welche gleichmässige Anwendung zum Schuss und Wurfe finden, ist es in manchen Artillerien üblich, sogen. combinirte Patronen, d. h. die Wurfpatronen so einzurichten, dass sie im Bedarfsfalle auch zum Schusse benützt werden können. Es geschieht diess einfach durch Ergänzung der Wurf- zur vollen Schussladung, wobei es dann allerdings sehr vortheilhaft erscheint, wenn die letztere sich ohnehin durch eine Combination der gebräuchlichen Wurfladungen herstellen lässt, auf welchen Umstand eben auch geeigneter Bedacht zu nehmen ist.

[So enthält z. B. die combinirte Schusspatrone des bayer. gezog. Feld-6-Pfünders (Fig. 6) zwei 7 und zwei 10½löthige Wurfladungen in besonderen (für letztere rothen, für erstere weissen) Säckchen, welche zusammen in eine (rothe) Kartusche vereinigt sind, die also mit 35 Loth — d. h. der gebräuchlichen Schussladung — gefüllt ist, während sich ebenso die normirten Wurfladungen von 7, 10½, 14, 17½ und 21 Loth aus jenen Einheiten zusammensetzen lassen. Ebenso ist die combinirte Schusspatrone des bayer. gezog. 4-Pfünders aus vier 7löthigen Wurfladungen zusammengesetzt und war auch der leichte glatte 12-Pfünder, als er noch der Feldartillerie angehörte, mit combinirten Wurfpatronen versehen, deren 40löthige (Fig. 5) eine Ergänzungsladung von 24, die 24löthige aber eine solche von 40 Loth beigelegt hatte, so dass immer wieder die normale Schussladung von 2 Pfund in einem Ueberzuge vereinigt erschien.]

Als eines integrirenden Theiles der Ladung jener gezogenen Geschütze preuss. Musters, welche weder mit Kupfer-, noch mit Broadwell-Liderung versehen sind, ist endlich auch der **Pressspahnböden** zu erwähnen. Dieselben werden auf eigenen Maschinen gepresst und zugeschnitten und bei Feldgeschützen an den Patronenboden festgeleimt. (Vergl. Fig. 6, p b.)

[Die, in der bayer. Artillerie eingeführten Peessspahnböden (Taf. XXII, Fig. 8) sind an ihrer Wölbungskante durch einen, zwischen die Pappschichten eingepressten Kupferring (k, k) verstärkt. Neben denselben bedient man sich, bei Festungsgeschützen mit Keilverschluss, auch noch besonderer Pappscheiben (Taf. XXII, Fig. 7). Dieselben sind 0,3"—0,5" (7,8—13mm) stark und genau auf die Grösse des bezüglichen Laderaumes abgedreht, in welchem sie unmittelbar gegen den Vorderkeil, also hinter den Pressspahnboden zu stehen kommen. Eine eingesägte Schnittlinie (s, s) gibt denselben einige Federung. Sie werden nach dem Schusse rückwärts herausgenommen und können öfters verwendet werden. Die Erfahrung hat gelehrt, dass diese einfache, den Ladevorgang allerdings etwas complicirende Anordnung, wesentlich zur Schonung und Dichtung der vorderen Querlochfuge beiträgt.]

II. Die Artilleriegeschosse.

Die aus Geschützen verfeuert werdenden Projektile sind entweder Voll- oder Hohlgeschosse. Die ersteren finden hauptsächlich zum Schusse, die letzteren aber sowohl zum Schuss- als zum Wurffeuer Anwendung.

1. Die Vollgeschosse (*projectiles pleins*).

Die massiven Artilleriegeschosse sollen feindliche Objekte vorzüglich durch ihre, mit Hülfe einer bedeutenden Geschwindigkeit auf's Höchste gesteigerten Durchschlagskraft beschädigen. Es gilt diess in ganz besonderem Masse von dem einzeln geladenen Vollprojektile, dessen Anwendung sich jetzt fast nur mehr auf die Zerstörung von Schiffspanzern, Festungsmauern u. dergl. beschränkt, während die, in grösserer Anzahl zugleich, als Schrotschuss verfeuerten Vollgeschosse nur gegen Truppen Verwendung finden.

Jene sind für gezogene Geschütze von cylindroconischer, für glatte Rohre von kugelförmiger Gestalt, diese haben ausschliesslich die letztere Form und werden Kartätschen genannt.

Die **Voll- oder Kanonenkugeln** (*boulets*) sind gewöhnlich aus (dunkel-) halbirtem Gusseisen hergestellt; zur Demolirung von Schiffspanzern hat man aber auch Stahlkugeln, welche aus derlei geschmiedeten oder gegossenen Blöcken gedreht werden, versucht. Sie werden stets nach ihrem eigenen (nur oft in Nürnberger Pfunden ausgedrückten!) Gewichte [1]) benannt und — selbstverständlich — vor ihrer Annahme geeigneten Proben auf Festigkeit, Kalibermässigkeit, Dichte u. s. w. unterworfen.

Im bayerischen Kalibersysteme findet zur Zeit nur noch die 12- und die 24-Pfünder Vollkugel Verwendung; jene hat einen normalen Durchmesser von 4,36" (11,4^{cm}), diese einen solchen von 5,50" (14,4^{cm}) ihre resp. Gewichte betragen 9 Pfund 24 Loth (5,46 Kil.) und 19 Pfund 20 Loth bayer. (10,99 Kil.).

Die **vollen Spitzgeschosse** sind eigentlich erst in neuerer Zeit und zwar speziell zur Panzerbreschirung wieder in Aufnahme gekommen, da zu diesem Zwecke weder mit Sprengladung armirte, noch mit Eisen oder Blei ausgegossene (selbst stählerne) Hohlgeschosse — eben der dünnen Wände wegen — genügende Leistungen ergeben konnten.

Nach dem gegenwärtigen Stande der Technik ist es wohl das **Gruson**'sche [2]) Hartgussgeschoss [3]), welches den ersten Platz unter den hieher bezüglichen Projektilen einnimmt und die Vorzüge ausserordentlicher

---

[1]) Das Gewicht (W) eiserner Vollkugeln lässt sich sehr annähernd durch die Cubikzahl ihrer Radien ausdrücken. Da nämlich das spec. Gewicht eines rh. Cub." Eisen (w) = 0,2513 Zollpfund is, so wird in der Formel $W = \frac{4}{3} r^3 \pi \times w$, das Produkt $\frac{4}{3} \pi \times w$ nahezu gleich 1 (nämlich 1,052) und es bleibt nur $W = r^3$ stehen.

[2]) Gruson ist Besitzer der Giesserei zu Buckau bei Magdeburg.

[3]) Zum „Hartgusse" bedient man sich besonders ausgewählten, weissen Roheisens und metallener Formen (sogen. Schalen), mittels welchen das Gussstück der raschesten Abkühlung unterworfen werden kann.

Härte und Festigkeit noch mit demjenigen grosser Wohlfeilheit [1]) vereinigt. Es ist mit einer scharfen Spitze versehen, welche beim Auftreffen auf Panzerziele nicht deformirt wird.

Andere Techniker, so speziell Whitworth und Armstrong zogen auch für massive Langgeschosse die abgeplattete der vollen Spitze vor.

All' diese Projektile sind entweder nach ihrem wirklichen Gewichte, oder nach demjenigen einer Eisenvollkugel gleichen Kalibers benannt; im Allgemeinen verhält sich jenes zu diesem wie 3 : 1.

Je nach der bezüglichen Führungsweise, müssen diese Projektile endlich mit Zapfen oder Bleimänteln versehen werden und lässt sich nicht verkennen, dass das eine wie das andere dieser Führungsmittel, dem Eindringen der Geschosse in Panzerplatten eine immerhin hemmende Wirkung entgegensetzen muss. Von Bleimänteln gilt diess besonders dann, wenn sie nicht innig genug mit dem Eisenkerne verbunden sind, um jede Lockerung unmöglich zu machen. Es lässt sich diess wohl nur durch ein einziges Verfahren, nämlich das Auflöthen des Mantels (nach **Bashley-Britten**) mit voller Sicherheit erreichen.

Hiezu werden die Eisenkerne von der Gussrinde befreit, so dass sie eine reine, metallische Oberfläche erhalten; hierauf erwärmt man sie genügend, um eine Salmiaklösung, in welche sie nun getaucht werden, zischen zu machen; setzt sie dann in ein Zink- und hienach in ein Bleibad, worauf endlich, unmittelbar, das eigentliche Angiessen des Mantels erfolgt. Dieser letztere kann hiebei auf ein Minimum reduzirt, der Eisenkern selbst aber, mit völlig glatter Oberfläche (vergl. Taf. XVII, Fig. 5[c]) hergestellt und dadurch wieder jene Rippen und Wulste (vergl. Taf. XVII, Fig. 6[d] und 8) an ihm vermieden werden, welche ausserdem zur Haftung des Bleimantels nothwendig sind, gerade aber die Massenvergrösserung des letztern, zum Nachtheile der Eisen- oder Stahlmasse des Geschosses bedingen und abermals dessen Eindringungsfähigkeit behindern.

---

[1]) Der Zollzentner Gruson'scher Hartgeschosse berechnet sich im Mittel zu 9 Thl. (d. i. etwas über doppelt so hoch als der Preis gewöhnlicher Gusseisengeschosse); jener Krupp'scher Stahlgeschosse zu 30 – 40 Th., während die, gleichfalls sehr bewährten, von Gruson aber übertroffenen, Duus'schen Gussstahlvollgeschosse des norwegischen Hüttenwerkes Aall u. Comp. zu 100 Thlr. per Zollzentner geliefert werden. (Vergl. hierüber auch die Schriften des kgl. preuss. Majors Sander, als: „Bericht über die Schiessversuche gegen den gepanzerten Schumann'schen Geschützstand, ausgeführt auf Veranlassung des Deutschen Bundes etc." Berlin 1867, Vossische Buchhandlung — und „Zur Eisenpanzerungsfrage". Frankfurt a. M. 1866, Krebs-Schmitt.)

In der bayer. Artillerie sind zur Zeit noch keine massiven Spitzgeschosse im Gebrauche, die Einführung solcher aber in Aussicht genommen; indess besitzt dieselbe in der, mit Eisen oder Blei ausgegossenen 24-Pfünder-Granate ein Breschgeschoss, das eine weitaus hinreichende Wirkung gegen Mauerziele äussert. Die, mit Eisen vollgegossene 24-Pfünder-Granate ist 60 Pfund (33,6 Kil.), die mit Blei gefüllte 67 Pfund (37,52 Kil.) [gegen 48½ Pfund (27,16 Kil) der Sprenggranate] schwer.

Die **Kartätschen** (*balles à mitraille*) bedürfen zu der, von ihnen geforderten und oben bereits erwähnten Wirkung, weniger eines bedeutenden Gewichtes, als einer grossen Elasticität: um nicht bloss bis zu ihrem, oft sehr nahen ersten Aufschlage, sondern — durch ein kräftiges Gellen — auch noch über diesen hinaus gefährlich zu werden. Man stellte sie daher früher ausschliesslich aus Schmiede- oder (wo möglich überschmiedetem) Gusseisen her und stufte ihr Gewicht derartig nach Lothen ab, wie das der Kanonenkugeln nach Pfunden. So erhielt man 3, 6, 12, 18, 24 und 32 oder 4, 8, 16 u. s. w. löthige Schrote und verfeuerte dieselben dann auch — in stets gleicher Menge — aus den, mit ihrer Gewichtszahl correspondirenden Kalibern; also die 3löthigen aus der 3-, die 6löthigen aus der 6-, die 12löthigen aus der 12-Pfünder Kanone etc. und zwar immer eine so grosse Anzahl derselben (in Bayern 41 Stück), dass ihre Gesammtschwere ungefähr anderthalb Kugelgewichten gleich kam.

Gegen die Anwendung dieses Verfahrens auf grössere Kaliber, liess sich indess der begründete Vorwurf geltend machen, dass es — Truppen gegenüber — doch weit erfolgreicher sein müsse, eine mehrfache Anzahl kleinerer, wenn nur genügend durchschlagsfähiger, statt jener beschränkten Menge schwerer Schrote zu verfeuern, deren grössere Percussion ja hier nur überflüssig scheine. Es führte diese Anschauung denn auch dazu — neben jenen normalen Kartätschladungen — solche von entsprechenden Quantitäten kleinerer Schrote für die schweren Geschütze herzustellen und nur diese gegen freistehende Truppen, die grösseren Schrote aber dann anzuwenden, wenn es galt gegen Truppen hinter leichten Deckungen (Sappkörben etc.) zu wirken, diese also zu durchschlagen. (Hienach verfeuerte z. B der bayer. lange 24-Pfünder entweder 41 Stück 24löthige oder 189 Stück 6löthige Kartätschen.)

Endlich aber kamen auch — um beide Wirkungen zu vereinen — aus kleinen und grossen Schroten gemischte Kartätschladungen vor. (So bestand eine Ladung der bayer. langen 25-Pfünder Haubitze aus 252 Stück 6- und 3 Stück 32löthigen Kartätschenkugeln.)

Mit Einführung der gezogenen Kanonen, erlitten all' diese Anordnungen vielfache Modifikationen. So fand man es allenthalben geboten, die Kartätschkugeln — zur besseren Schonung der Züge — nunmehr aus Zink herzustellen, obwohl dieses Material weit weniger Elasticität als das Eisen besitzt.[1])

Von den bisher gebräuchlichen Kaliberstufen etc. gieng man hiebei ab[2]) und rüstete endlich auch nur die Feldgeschütze mit Kartätschen aus, behielt aber für den Festungsdienst besondere glatte Rohre (bayer. leichte 12- und kurze 24-Pfünder) zum Schrotschusse bei.

Die **Kartätschbüchsen** *(boites à mitraille)*. Es liegt nahe, dass die Kartätschen nicht lose, sondern in eine Hülse oder dergl. eingeschlossen, zur Ladung gebracht werden. Diese Hülse wird gewöhnlich durch eine cylindrische Büchse *(boite*, Taf. XVII, Fig. 9, **bh**, Taf. XXII, Fig. 3, **b**) gebildet, welche aus Weissblech, für glatte Festungs- und Marrinegeschütze wohl auch aus Sturzblech, für gezogene Rohre endlich[3]) zuweilen aus Zinkblech zusammen gelöthet oder genietet ist. Mit ihrem unteren (rückwärtigen) Ende, wird die Kartätschenbüchse meistens an einen hölzernen Bodenspiegel (Taf. XVII, Fig. 9, **hs**) festgenagelt (**n**), auf welchen dann ein eiserner, oder zinkener Treib- oder Stossspiegel *(culot)* gegeben wird, der den Zweck hat, eine möglichst gleichmässige Fortbewegung der Schrote zu erzielen und zuweilen, besonders bei gezogenen Geschützen, auch den Bodenspiegel ersetzt. (So in Taf XVI, Fig. 18[e] und in Taf. XXII, Fig. 3, **ts**.)

Die Kartätschkugeln (Taf. XXII, Fig. 3, **k**) werden in gleichmässigen Lagen in die Büchse eingeschichtet und die dabei entstehenden Zwischenräume mit Sägespähnen ausgefüllt, oder auch, besonders bei gezogenen Geschützen (Oesterreich) mit Schwefel ausgegossen. Auf die oberste Lage, in welcher die mittelste Kugel gewöhnlich wegbleibt (daher die Zahlen 41, 189 etc.), wird ein eiserner, oder zinkener Deckspiegel (Taf. XVII, Fig. 9 und Taf. XXII, Fig. 3, **ds**) gelegt und unmittelbar über demselben die Hülse umgenietet.

Die gefüllte, fertige Büchse heisst **Büchsenkartätsche** *(boîte à mitraille)* und wird am Deckspiegel mit einer, ihrem Inhalte entsprechenden Bezeichnung und zuweilen (Taf. XVI, Fig. 18e) auch mit einer Handhabe versehen.

In Festungen und auf Schiffen, sind — für glatte Geschütze — auch sogen. **Beutel- oder Traubenkartätschen** *(grappes de raisin)* gebräuchlich,

---

[1]) So viel bekannt hat nur **Frankreich** — trotz seiner metallenen Rohre — schmiedeiserne Schrote für die gezogenen Geschütze beibehalten.

[2]) So enthält der Kartätschschuss des österr. gezogenen Feld-4-Pfünders Taf. XVI, Fig. 18[e]) 56 Stück 3löthige, jener des 8-Pfünders 67 Stück 4löthige Zinkkugeln.

[3]) So in Frankreich und Oesterreich.

bei welchen die Büchse durch einen, auf einem Holzspiegel (Taf. XXII, Fig. 4, s) befestigten, an beiden Enden offenen Zwillichbeutel ersetzt ist. Die — hier das Kugelgewicht in ihrer Gesammtschwere gewöhnlich nicht übersteigenden — Schrote, werden um einen vertikalen, im Spiegel eingelassenen Zapfen herum geschlichtet und durch eine Umstrickung festgelagert, welche in eine Handhabe (h) endigt.

In Bayern sind zur Zeit nur die gezogenen Feldgeschütze, dann der leichte 12- und der kurze 24-Pfünder mit Büchsenkartätschen ausgerüstet. Die 4-Pfünder Büchsenkartätsche (Taf. XXII, Fig. 3) ist mit 48 Stück 3löthigen Zinkkugeln in 7 Lagen, die 6-Pfünder mit 41 Stück 5löthigen derlei Schrote in 6 Schichten gefüllt. Jene, die sogen. Spielraumskartätsche, 6 Pfd. 19 Lth. (3,6925 Kil.) schwer, kann mit einem beliebigen Ende voraus geladen werden und ist in der Mitte mit einem Wulste (w) versehen, der ihre richtige Lage im Rohre sichert. Diese (Taf. XVII, Fig. 9) ist am Bodenende mit einem Holzspiegel (hs) versehen, der in eine bleierne Treibscheibe (bs) eingesetzt und beim Laden stets nach rückwärts zu wenden ist. Sie wiegt 7 Pfd. 19 Lth. (4,2525 Kil.). Die 24-Pfünder Büchsenkartätsche enthält 75 Stück 6löth. geschmiedete Kugeln in 4 Lagen und wiegt 17 Pfd. (9,52 Kil.) Die 12-Pfünder Kartätsche enthält 69 Stück 6löth. geschmiedete Schrote und ist 13 Pfd. 8,5 Lth. (7,42875 Kil) schwer. Sämmtliche Kartätschbüchsen sind von Weissblech; die Zwischenräume der Schrote mit Sägespähnen ausgefüllt.

2. Die Hohlgeschosse (*projectiles creux*).

Die Hohlprojektile zerfallen ihrer Form nach wieder in Kugeln und Langgeschosse; ihre grösseren Gattungen heisst man Bomben (*bombes*), die anderen Granaten (*obus*).

Beide Arten, besonders aber die Granaten, sollen weniger durch ihre eigene Perkussion als, neben dieser, oder hauptsächlich, durch den Effekt ihres Inhaltes auf feindliche Ziele wirken. Dieser, im Hohlraume des Geschosses eingeschlossene Inhalt kann dreierlei Natur sein und: entweder das Zersprengen des Projektiles, also eine minenartige Wirkung desselben gegen feste, eine kartätschenähnliche gegen lebende Ziele veranlassen; oder, um weniger durch heftig umher geschleuderte Sprengstücke, als durch eine concentrirte Geschossgarbe gegen Truppen zu wirken, aus Schroten (neben einer geringen Sprengladung), oder endlich aus Brandsätzen bestehen, um Feuer an feindliche Objekte legen zu können. Nach dieser verschiedenen Bestimmung zerfallen die Hohlprojektile in Spreng-, Kartätsch- und Brandgeschosse, immer aber erscheinen sie gewissermassen nur als Träger des beabsichtigten und erst am Ziele hervorzurufenden Effektes und müssen denn stets für einen solchen und seinen rechtzeitigen Eintritt geeignet vorbereitet werden. Die Abhandlung der Hohlgeschosse wird sich demnach vorerst mit den Projektilen selbst, dann aber auch mit ihrer besonderen Zurichtung, dem »Laboriren« derselben zu befassen haben.

Bomben und Granaten.

Allgemeines.

Es sind zwei Bedingungen, welchen die Construktion und das Material der Hohlgeschosse unter allen Umständen zu entsprechen hat, genügender Hohlraum zur Aufnahme der bestimmten Spreng-, Brand- oder Kartätschladung, daneben aber hinreichende Festigkeit und Stärke der Wände, um dem Stosse der Pulvergase widerstehen zu können.

In letzterer Hinsicht bietet schon Gusseisen (halbirtes, lichtes) hinlängliche Sicherheit und Möglichkeit, dem ersteren Satze gerecht zu werden, doch stellt man in neuerer Zeit Hohlgeschosse, welche mit durch ihre Durchschlagskraft auf das Ziel wirken sollen, auch von Hartguss oder Gussstahl her. Als Minimum der Wandstärke eiserner Hohlkugeln darf $^1/_6$ ihres Durchmessers angenommen werden.

Die fertigen Projektile müssen — neben der Revision bezüglich ihrer Dimensionen, Wandstärke, Festigkeit u. s. w. — ganz besonders auch hinsichtlich ihrer vollen Dichtigkeit untersucht werden, da Risse etc. in den Geschosswänden sehr leicht das Springen des Projektiles im Rohre veranlassen können.

Die Benennung der Hohlgeschosse nach ihrem Kaliberverhältnisse ergibt sich bereits aus den bezüglichen Abhandlungen der Geschützrohre. Es kann dabei angenommen werden, dass die wirkliche Schwere der (laborirten), nach dem Gewichte gleichkalibriger Steine benannten, Hohlkugeln und ebenso jene der, nach entsprechenden eisernen Vollkugeln benannten, hohlen Langgeschosse, ungefähr das Doppelte dieses Nenngewichtes beträgt; dagegen die, nach Kanonenkugeln bezeichneten runden Granaten etc. nur gut halb so schwer sind, als sie benannt werden. (So wiegt die kugelförmige 7-Pfünder und die cylindroconische 6-Pfünder Granate gewöhnlich nahe an 14 resp. 12, die 12-Pfünder Cöhorn- etc. Granate nur wenig über 6 Pfd.)

Die Gränze zwischen »Granate« und »Bombe« ist dabei nicht gerade sehr strenge gezogen und so gut es Haubitzen, Mörser und Bombenkanonen von gleichem Kaliber gibt, ebenso hat man Granaten und Bomben von einerlei Durchmesser.

Die kleinsten, gewöhnlich nach Kanonenkugeln, als 3- und 4-Pfünder bezeichneten, runden Granaten heisst man Handgranaten *(grenades)* und schleudert sie auch — wie ihre Benennung andeutet — aus freier

Hand, nicht minder aber, in grösserer Anzahl zusammen, als »Wachtelwurf« *(coup à perdraux)* aus Steinmörsern, woher sie auch den Namen Wachteln *(perdraux)*, oder — weil sie über einem gemeinschaftlichen Hebspiegel eingesetzt werden — Spiegelgranaten führen.

Um die Spreng- oder Brandladung etc. einsetzen zu können, ist jedes Hohlgeschoss mit einem sogen. Mundloche *(lumière)* versehen, neben welchem sich nicht selten noch ein besonderes Füll- oder Seitenloch (Taf. XVI, Fig. 18f, sl) angebracht befindet.

Das Mundloch wird gewöhnlich durch die Vorrichtung geschlossen, welche die Entzündung der Sprengladung etc. zu bewirken hat; um diese Vorrichtung festzuhalten, verengt es sich entweder bloss conisch nach innen (vergl. Taf. XXII, Fig. 1 und 2b) oder es wird mit Muttergewinden u. s. w. versehen (vergl. Taf. XVII, Fig. 6d, m l). Mundlöcher der ersteren Art heissen auch Brandlöcher und finden sich vorzugsweise bei kugelförmigen Hohlgeschossen. Der Abschluss des Füllloches wird durch Schrauben bewerkstelligt.

Zur Kartätschwirkung bestimmte Granaten (»Kartätsch-Granaten«) erhalten gewöhnlich möglichst (1/10 Kaliber) dünne Wände, um einen desto grösseren Hohlraum zu gewähren.

Brandgeschosse werden dagegen meistens mit mehreren Oeffnungen — Brandlöchern (Taf XXII, Fig. 21, b l) — versehen, durch welche die Brandladung geeignet nach aussen zu wirken vermag.

Besonderes.

Hohlkugeln. Es wurde bereits früher (S. 185—188) eingehend erörtert, von welcher Bedeutung die Schwerpunktslage des Geschosses im Rohre für die Fortbewegung kugelförmiger Projektile ist. Die Hohlkugeln sind es nun, bei welchen dieses Verhältniss seine volle Würdigung findet, aber auch finden muss, weil die grösseren Durchmesser derselben bedeutendere Excentricitäten zulassen und wieder selbst deren Einfluss erhöhen, endlich ebenso finden kann, weil einestheils der Ladevorgang hier selten ein so übereilter werden wird, dass dabei die Schwerpunktslage des Geschosses nicht mehr genau geregelt werden könnte, anderntheils aber, gerade bei Hohlkugeln, sehr leicht geflissentliche Excentricitäten herzustellen sind. Es ist daher üblich, alle Hohlkugeln,[1] (die Handgranaten ausgenommen) Behufs der Ermittlung ihrer Schwerpunktslage, dem, S.187, Note 1, angegebenen Verfahren zu unterwerfen, das man mit dem Namen des **Centrirens**, **Regalirens** oder **Polens** *(équilibrer)* bezeichnet.

---

[1]) In einigen Artillerien (speziell in Schweden) centrirte man auch die Vollkugeln.

Indem man nun nicht allein den, hiebei gefundenen »leichten Pol« des Geschosses, ‚sowohl mit einer eingemeisselten, als auch mit einer farbigen Marke (einer Pfeilspitze, vergl. XXII, Fig. 2*, p) sondern auch den, durch jenen gelegten grössten Kugelkreis mit einer sichtbaren Linie (von weisser Oelfarbe) bezeichnet, gibt man dem ladenden Manne die Möglichkeit an die Hand, den Schwerpunkt des Geschosses, beim Ansetzen desselben, nach Bedarf über oder unter die Seelenachse, dessen Schwerebene aber in die Vertikalebene des Rohres zu bringen.

Die Berücksichtigung des Schwerpunktes, zog indess sehr bald das Bestreben nach sich, die Lage desselben im Geschosse wenigstens einigermassen zu fixiren, da es sonst leicht geschehen konnte, dass er an Stellen fiel, denen man die, im Rohre erforderliche Lage nicht zu geben vermochte. Diese Gefahr, unerwünschter Excentricitäten, lag bei Bomben — nicht allein ihres grösseren Durchmessers wegen, sondern auch deshalb um so näher, weil sie zu den Seiten des Brandloches gewöhnlich mit Oehren und Ringen (Taf. XXII, Fig. 1, o u. r) versehen waren, welche ihre Handhabung erleichterten, d. h. speziell zum Einhängen der Bombenhaken dienten. Man verstärkte daher bei Bomben gerne die, dem Mundloche gegenüber liegende Innenwand, indem man dieselbe entweder mit einem Segmentansatze (vergl. Taf. XXII, Fig. 1, s) versah, oder den Mittelpunkt des Hohlraumes nicht mit jenem der Bombe zusammenfallen liess, sondern jenen näher gegen das Brandloch rückte. Durch solche Anordnungen erlangte man zugleich den Vortheil, dass das Brandloch der Bombe, beim Liegenbleiben dieser nach dem Aufschlage, gegen aufwärts gestellt und damit die Zündvorrichtung nicht so leicht erstickt wurde.

Mit der völligen Erkenntniss aller der Erscheinungen, welche die Querrotation der Kugel begleiten, [1]) versuchte man aber weit bedeutendere Excentricitäten derselben [2]) dadurch hervorzurufen, dass man dem Hohlraume eine ellypsoidale Gestalt gab und die grosse Achse dieser möglichst mit der gewünschten Rotationsaxe der Kugel zusammenfallen liess. Dieses Verfahren wandte man bis jetzt vorzüglich auf Granaten an, die man dann als excentrische bezeichnete und zur Lösung der, S. 188 angedeuteten, ballistischen Aufgaben verwandte [vergl. Taf. XXII, Fig. 2, die excentrische Gran. des bayer. leichten 12-Pfünders, (v v Vertiefungen zum Eingreifen der Setzergabel)].

---

[1]) Vergl. hierüber „Die Rotation der runden Artillerie-Geschosse“ von H. Müller II., Premierlieutenant in der Brandenburg'schen Artill.-Brigade. Berlin, A. Bath, 1862.

[2]) In Schweden brachte man auch — durch Eingiessen von Blei — excentrisch gemachte Vollkugeln in Vorschlag.

Hohle Langgeschosse. Die cylindro-conischen Granaten sind gewöhnlich mit abgestumpfter, aber sehr verstärkter Spitze (vergl. Taf. XVI, Fig. 17^{b}, $18^{d\ u.\ f}$ u. 19^{c}. Taf. XVII, Fig. 5^{c}, 6^{d} u. 8, Taf. XXII, Fig. 21 u. 22) construirt, um hiedurch der Zündvorrichtung einen genügenden Halt zu geben und zugleich eine günstige Schwerpunktslage des Geschosses zu erlangen.

Die Füllöffnungen sind hier meistens am Bodentheile angebracht und werden deren Verschlussstücke hienach als Bodenschrauben (Taf. XVII, Fig. 8, **bs**) oder Bodenplatten (Taf. XVII, Fig. 5^{c}, **br**) bezeichnet.

Zur Panzerbreschirung bestimmte, lange Hohlprojektile entbehren des Mundloches und der Zündvorrichtung, da ihre Sprengladung durch den gewaltigen Anprall des Geschosses von selbst zur Explosion gebracht wird. Sie können daher mit völlig massiver Spitze hergestellt werden und hiedurch nur wieder an Durchschlagskraft gewinnen.

Wie die vollen Langgeschosse müssen auch die hohlen, je nach den Systemen, welchen sie angehören, mit Zapfen (vergl. Taf. XVI, Fig. $17^{a\ u.\ b}$ u. $19^{b\ u.\ c}$, **z**) oder Bleimänteln (vergl. Taf. XVI, Fig. $18^{a, c\ u.\ d}$ **m**, Taf. XVII, Fig. $5^{c\ u.\ d}$, 6 u. 8 und Taf. XXII, Fig. 21, **bm**) versehen werden. Jene werden durch eigene Druckmaschinen eingepresst, diese wieder nur an den erwärmten und geeignet gerippten Eisenkern (**ek** in den bezeichneten Figuren) angegossen, oder angelöthet (Fig. 5^{c}, Taf. XVII).

Das letztere Verfahren empfiehlt sich einestheils — der dadurch ermöglichten Vergrösserung des Geschosshohlraumes wegen — ganz besonders für Kartätschgranaten,[1]) anderntheils — zur Gewinnung grösserer Wandstärken — für Breschgeschosse und gestattet (nach Krupp'schen Angaben und Versuchen) eine Herabsetzung des, gewöhnlich $\frac{1}{3}$ Geschossgewicht betragenden Bleimantels, auf $\frac{1}{16}$ der Gesammtschwere des Projektiles.

---

[1]) **Für solche ist es beim preuss. Feld-4-Pfünder in Anwendung.**

Mass- und Gewichtstabelle

der, gegenwärtig in der bayerischen Artillerie gebräuchlichen Hohlgeschosse.

I. Kugelförmige.

a. Granaten.

Kaliber.	Besondere Bezeichnung.	Durchmesser in		Wandstärke in		Nenngewicht	Gewicht in			Verwendung.
		rh. Z.	mm.	rh. Z.	mm.		bayer. Pfd.	bayer. Lth.	Kilogramms.	
8-Pfünder	Handgranate	2,75	71,93	0,88	9,94	nach einer gleich grossen eisernen Vollkugel in Nürnberger Handels-Pfd.	1	15	9,8225	Zum Werfen aus freier Hand und Wachtel-Wurf.
12- „	Cöhorngran.	4,36	114,03	0,60	15,69	wie bei der 3-Pfünder Granate	6	2	3,395	für den Wurf aus dem Cöhornmörser.
12- „	excentr. Granate	4,36	114,03	(grösste) 1,32 (kleinste) 0,5	34,52 13,08	wie bei der 3-Pfünder Granate	7	12	4,13	für den leichten Feld-12-Pfünder.
12- „	Kartätschgranate	4,36	114,03	0,60	15,69	wie bei der 3-Pfünder Granate	5	30	3,525	für den leichten Feld-12-Pfünder.
7- „	—	5,54	144,90	0,80	20,92	nach einer gleich grossen Steinkugel in Nürnberger Handels-Pfd.	12	16	7	zum Schiessen und Werfen aus d. kurzen 24-Pfünder.
7- „	Kartätschgranate	5,54	144,90	0,55	14,39	nach einer gleich grossen Steinkugel in Nürnberger Handels-Pfd.	9	22	5,425	zum Schiessen und Werfen aus d. kurzen 24-Pfünder.
10- „	—	6,24	163,20	0,90	23,54	nach einer gleich grossen Steinkugel in Nürnberger Handels-Pfd.	18	—	10,08	für den Wurf aus dem 10-Pfünd. Bombenmörser.

b. Bomben.

Kaliber.	Besondere Bezeichnung.	Durchmesser rh. Z.	Durchmesser mm.	Wandstärke rh. Z.	Wandstärke mm.	Nenngewicht	bayer. Pfd.	bayer. Lth.	Kilogramms.	Verwendung.
25-Pfünder (Taf. XXII, Fig. 1)	—	8,46	211,27	(an den Seiten) 1,08 (am Segment) 1,57	28,25 41,06	nach einer gleich grossen Steinkugel in Nürnberger Pfunden.	42	28	24,01	für den 25-Pfünder Bombenmörser.
60-Pfünder	—	11,33	296,33	(an den Seiten) 1,45 (am Segment) 2,10	37,92 54,92	nach einer gleich grossen Steinkugel in Nürnberger Pfunden.	103	—	57,68	für den 60-Pfünder Bombenmörser.

II. Spitz-

Kaliber.	Besondere Bezeichnung und Bestimmung.	Durchmesser des Eisenkernes. am Boden-reifen.		über den 4 abgesetzten Reifen.		in den Vertiefungen zwischen d 4 abgesetzt. Reifen.		Durchmesser des ummantelten Geschosses. über den 4 Wulsten.		an den Vertiefungen zwischen den 4 Wulsten.		Durchmesser des cylindrischen Theiles des Geschossbohlraumes.	
		rh. Z.	mm.	rh. Z.	mm.	rh. Z.	mm.	rh. Z.	mm.	rh. Z.	mm.	rh. Z.	mm.
4-Pfünder.	Granate für den gezogenen Feld-Pfünder (Taf. XVII, Fig. 6[a])	2,92	76,37	2,75	71,93	2,55	66,69	3,10	81,08	3,00	78,46	1,85	48,39
6-Pfünder.	Granate für alle Feld- und den eisernen Batterie-6-Pfünder	3,42	89,45	3,22	84,22	3,82	99,91	3,60	94,16	3,50	91,54	2,02	52,83
6-Pfünder.	Granate für metallene Batterie-6-Pfünder	3,42	89,45	3,22	84,22	3,82	99,91	3,75	98,08	3,65	95,46	2,02	52,83
6-Pfünder.	Kartätschgranate für Feld- und den eisernen Batterie-6-Pfünder (Taf XVII, Fig. 8)	3,42	89,45	3,22	84,22	3,82	99,91	3,60	94,16	3,50	91,54	2,32	60,68
6-Pfünder.	Kartätschgranate für den metallenen Batterie-6-Pfünder	3,42	89,45	3,22	84,22	3,82	99,91	3,75	98,08	3,65	95,46	2,32	60,68
12-Pfünd.	Granate für alle gezogenen 12-Pfünder	4,50	117,70	4,30	112,46	3,84	100,43	4,70	122,93	4,60	120,31	2,73	71,40
24-Pfünd.	Granate für alle gezogenen 24-Pfünder	5,58	145,94	5,40	141,23	4,86	127,11	5,82	152,22	5,70	149,08	3,26	85,26

geschosse.

Länge								Mittleres Gewicht des Geschosses					
des cylindrischen Theiles des Geschosses.		des ganzen Geschosses.		des cylindrischen Theiles des Geschosshohlraumes.		des ganzen Geschosshohlraumes.		ohne Bleimantel in			mit Bleimantel in		
rh. Z.	mm.	rh. Z.	mm	rh. Z.	mm.	rh. Z.	mm.	Pfd.	Lth.	Kilogr.	Pfd.	Lth.	Kilogr.
2,95	77,16	6,25	163,47	2,95	77,16	4,4	115,08	4	17	2,5375	7	9	4,0775
3,85	100,69	7,11	185,96	3,40	88,93	5,30	138,62	6	22	3,745	11	16	6,44
3,85	100,69	7,11	185,96	3,40	88,93	5,30	138,62	6	22	3,745	12	18	7,035
3,85	100,69	7,11	185,96	3,40	88,93	5,30	138,62	5	22	3,185	10	16	5,88
3,85	100,69	7,11	185,96	3,40	88,93	5,30	138,62	5	22	3,185	11	18	6,475
4,95	129,47	8,06	210,81	4,20	109,85	6,05	158,24	15	12	8,61	24	16	13,72
6,12	160,07	11,12	319,08	5,57	145,68	7,20	188,31	32	6	18,025	48	19	27,2125

Laboriren der Hohlgeschosse.

Es wurde schon in der Abhandlung über Granaten und Bomben hervorgehoben, dass die Zurichtung der Hohlgeschosse diese mit **zwei** zusammengehörigen Faktoren auszurüsten habe: mit einer **Füllung** und der, dieselbe in Thätigkeit setzenden **Zündvorrichtung**.

Die Geschossfüllung.

Sprenggeschosse *(projectiles éclatants)*. Die Ladung der Sprenggeschosse hat nicht allein den Zweck, das Zerspringen »Crepiren« *(crêver)* dieser am Ziele hervorzubringen, sondern sie muss auch darauf berechnet sein, das Projektil in eine möglichst grosse Zahl genügend durchschlagsfähiger Sprengstücke zu zertrümmern und diesen selbst noch eine bedeutende Geschwindigkeit zu ertheilen, um dadurch ihre Percussionskraft zu erhöhen und ihr Wirkungsfeld zu vergrössern. Sie besteht gewöhnlich aus Musketen-, zuweilen auch aus Geschütz-Pulver [1]) und nimmt bei cylindro-conischen (vergl. Taf. XVI, Fig. 18[a]) und excentrischen (Taf. XXII, Fig. 2) Granaten stets den ganzen Geschosshohlraum ein.

Bomben und Rundgranaten werden meistens nur für besonders heftige Effekte ganz voll, ausserdem aber bloss mit einer $^1/_{10}$—$^1/_{11}$ des Geschossgewichtes betragenden Pulvermenge geladen.

Die in **Bayern** festgesetzten **Sprengladungen** (*charges explosives*) sind aus der nachstehenden Tabelle zu ersehen.

Kaliber.	nähere Bezeichnung.	Gewicht der gewöhnlichen Sprengladung.			Gewicht der vollen Sprengladung.			Pulversorte.	Normalgewicht d. fertig laborirten Sprenggeschosses.		
		Pd.	Lth.	Gr.	Pd.	Lth.	Gr.		Pfd.	Lth.	Kilogr.
3-Pfünder	Handgranate	—	3½	61,25	—	3⅝	63,44	Geschützpulver	1	28½	1,05875
12-Pfünd.	Cöhorngran.	—	14	245	—	14½	253,75	„	6	16	3,64
12- „	excentr. Gran.	—	—	—	—	10½	183,75	„	7	23	4,3225
7- „	concentr. Gr.	—	26	455	1	—	560	„	13	28	7,77
10- „	concentr. Gr.	1	—	560	1	10	735	„	19	4	10,71
25- „	Bombe	2	—	1120	3	24	2100	„	45	—	25.2
60- „	Bombe	5	8	2940	9	8	5180	„	108	16	60,76
4- „	cylindrocon. Granate	—	—	—	—	9	157,5	Musketpulver	7	22	4,905
6- „	cylindroc. Gr. f. Feld- u. eis. Bat.-6-Pfünd.	—	—	—	—	14	245	„	12	—	6,72
6- „	für metall Batterie-6-Pfünd.	—	—	—	—	14	245	„	13	2	7,315
12- „	cylindroc. Gr.	—	—	—	—	24	420	„	25	16	14,28
24- „	cylindroc. Gr.	—	—	—	1	18	875	„	48	16	27,16

[1]) Die, in der Technologie angeführten explosiblen Substanzen sind

Brandgeschosse *(projectiles incendiaires)*. Den verschiedenen Anforderungen des Ernstfalles sucht man im Allgemeinen durch zweierlei Gattungen von Brandgeschossen zu entsprechen.

Die eine enthält neben einer — geringeren — Sprengladung gewisse Brandkörper, welche bei der Explosion des Geschosses umhergeschleudert werden und eignet sich dadurch besonders zum Gebrauche gegen leichtere Gebäude, Scheunen, Verhaue etc.; die andere Gattung (vergl. Taf. XVI, Fig. 18f und Taf. XXII, Fig. 21) erhält keine Sprengladung, sondern wird lediglich mit Brandsatz (bs) ausgefüllt, [1]) dessen Flamme durch besondere Oeffnungen (sl, bl) nach aussen treten kann. Geschosse dieser Art werden gegen Objekte verwendet, zu deren Entzündung es einer möglichst intensiven und concentrirten Einwirkung bedarf. Es eignen sich besonders Spitzgeschosse für diese Laborirungsweise.

Als Brandkörper dienen entweder blosse Brandsatzstücke, oder eigene, den Schwärmern der Feuerwerkerei ähnliche Brandeln, Brander, oder Brandcylinder (vergl. Taf. XXII, Fig, 20), bei welchen der Brandsatz (bs) in eine 2—2,5" (52—65mm) lange, 0,5" (14mm)

---

gewöhnlich allzu empfindlich, um nicht schon durch den Stoss der Pulvergase auf das Geschoss aktiv zu werden und eignen sich daher nicht zur Ladung der Sprenggeschosse.

Es gilt diess — wenigstens bis jetzt noch — auch von dem, in neuester Zeit bekannt gewordenen Dynamit, welcher indess (Sommer 1868) von einer preussischen Militärkommission für das sicherste aller explosiblen Präparate erklärt wurde.

[Der „Dynamit", von Alfred Nobel, dem Besitzer einer englischen Nitroglycerin-Fabrik, erfunden, besteht aus 75% Nitroglycerin (sieh' S. 139) und 2,5% sehr poröser Kieselerde (sieh' S. 15). Er besitzt nur 1/4 der Sprengkraft des reinen Nitroglycerins, aber immerhin noch die zehnfache des gewöhnlichen Minenpulvers. Er ist von teigiger Beschaffenheit, brennt, in eine Flamme gehalten, ohne Explosion ab, zersetzt sich selbst nicht durch ungewöhnliche Erschütterungen, dagegen sehr verlässig durch den elektrischen Funken und den Feuerstrahl des chlorsauren Kalis. Feuchtigkeit beeinträchtigt seine Explosibilität nicht, die von ihm entwickelten Dämpfe sind unschädlich. Professor Abel's comprimirte Schiessbaumwolle (Dingler's polytechnisches Journal, Band CLXXV S. 154) kömmt dem Dynamit, bezüglich der Sprengwirkung, am nächsten, ist aber kostspieliger herzustellen. (Dingler's polyt. Journ. Bd. CXC S. 124)].

[1]) Als zur Brandlegung bestimmte Geschosse sind hier auch die, in England versuchten „*iron shells*" d. s. Bomben, welche vor dem Laden mit schmelzendem Eisen gefüllt werden, sowie die glühenden Kugeln zu erwähnen. Ueber diese sieh' unter „Glühkugelschuss".

weite und 0,1" (2,6^{mm}) starke, an beiden Enden zugewürgte Papierhülse eingeschlagen ist. Solche Brandcylinder (*cylindres incendiaires*) haben vor blossen Satzbrocken besonders den Vorzug einer länger dauernden Brandwirkung voraus; denn während diese sofort an ihrer ganzen Oberfläche Feuer fangen, also rasch verzehrt sind [um so mehr, als sie ja auch, der Einfüllung durch's Mundloch wegen, nur höchstens ca. 1" (2,6^{cm}) Durchmesser haben], können sich jene nur an einem Ende entzünden und — der Hülse wegen — nur schichtenweise verbrennen.

Das eine Ende der Brandcylinder ist, dem entsprechend, fest geschlossen, das andere dagegen mit sogen. Anfeurung (*amorce*, **a a**) und, durch Drahtstiftchen (**d d**) oder sonst festgehaltenen Stuppinen (**s t**) versehen, um desto leichter Feuer fangen zu können.[1]) Sie erreichen gewöhnlich eine Brennzeit von 1½—2 Minuten.

Die vollen Brandgeschosse sind so eingerichtet, dass sie sich die Canäle, durch welche ihre Füllung nach aussen wirken soll, selbst zu öffnen vermögen. Hiezu werden hinter die Verkappung (Taf. XXII, Fig. 21, **v k**) und die Pfropfen, mit welchen diese Canäle geschlossen sind, kleine Pulverladungen (p) gegeben, welche sich, gleichzeitig mit der Anfeurung (**a**) des Brandsatzes selbst, durch die, unter der Zündvorrichtung des Geschosses angebrachte Stuppinenleitung (**st st**), entzünden und dadurch jene Verpfropfungen etc. gewaltsam ausstossen. Je nach ihrem Kaliber und dem, zu ihrer Füllung verwendeten Satze erreichen sie eine Brennzeit von 3—7 Minuten und darüber.

Was die Brandsätze (*compositions incendiaires*) betrifft, welche sowohl zu den explodirenden, wie zu den vollen Brandgeschossen Anwendung finden, so müssen dieselben mit möglichster Intensität brennen und nur durch Erstickung löschbar, dabei, genügende Achtsamkeit vorausgesetzt, ohne eigentliche Gefahr herzustellen sein.

In Bayern sind für die gezogenen Batteriegeschütze ausschliesslich volle, für glatte Rohre und den gezogenen Feld-4Pfünder dagegen, lediglich mit Brandcylindern gefüllte, für den gezogenen Feld-6-Pfünder aber, sowohl volle, als mit Brandcylindern gefüllte Brandgeschosse eingeführt.

Brandcylinder sind 2 Gattungen: grosse, d. h. 2,5" (65^{mm}) lange für die Bomben und kleine, 2" (52^{mm}) lange, für die Granaten im Gebrauche. Ihre Hülsen sind aus übereinandergerolltem Pflanzenpapier gefertigt.

Der Brandsatz für die vollen Geschosse ist ein Gemenge aus Salpeter, Schwefel, Mehlpulver, Kolophonium und Terpenthin, jener für die Brandcylinder ist der sogen. Zündlichtersatz (sieh' Geschützzündung, S. 462).

Die vollen Brandgranaten sind durch den, über ihre Brandlöcher (beim

---

[1]) „Anfeurung" nennt man sehr leicht entzündliche, meistens nur aus Mehlpulver und Weingeist bestehende Sätze. Ueber Stuppinen sieh' unter „Geschützzündung".

6-Pfünder 3, beim 12- und 24-Pfünder 4) geklebten Leinwandstreifen, die, mit Brandcylindern gefüllten 4- und 6-Pfünder Langgeschosse, durch eine, mit Br bezeichnete, weiss bemalte Geschossspitze, die kugelförmigen Brandgeschosse endlich durch die Bezeichnung z d kenntlich gemacht

Die Füllungen für Geschosse mit Brandcylindern betragen:

beim gezogenen 4-Pfünder:	4 Brandcylinder u.	6 Lth. (105 Gr) Sprengladung.
„ „ 6- „	16 „ „	8½ „ (148,75 Gr.) „
„ glatten kurz 24- „	10 „ „	20 „ (350 Gr.) „
bei der 10-Pfünder Granate:	24 „ „	24 „ (420 Gr.) „
„ „ 25- „ Bombe:	60 „ „	1 Pfd. 16 Lth. (840 Gr.) „
„ „ 60- „ „	160 „ „	4 Pfd. 16 Lth. (2520 Gr.) „

Der leichte glatte 12-Pfünder und der Cöhornmörser verfeuern keine Brandgeschosse.

Die Gewichte der Brandgeschosse sind denen der Sprenggeschosse gleich.

Neben diesen, besonders bezeichneten Brandgeschossen, sind für glatte Rohre auch noch Hohlkugeln in Verwendung, welche mit Sprengladung und Brandsatzstücken gefüllt sind. Letztere bestehen aus sogen. geschmolzenem Zeuge *(roche à feu)*, der ein Gemenge von Salpeter, Schwefel, Mehlpulver und gezupfter Lunte ist.

Die normirten Ladungen solcher Projektile sind:

12-Pfünder Cöhorngranate	10 Lth (175 Gr.) Sprengladung,	4 Lth. (70 Gr.) geschmolzener Zeug.
7-Pfünder Granate	20 Lth (350 Gr.) Sprengladung,	6 Lth. (105 Gr) geschm. Zeug.
10- „ „	24 „ (420 Gr.) „	8 „ (140 Gr.) „ „
25- „ Bombe	1 Pfd. 16 Lth. (840 Gr.) „	16 „ (280 Gr.) „ „

Kartätschgeschosse. Als Kartätschgeschosse werden gewöhnlich nur Granaten, die hienach den Namen Granatkartätschen *(obus à balles)* oder — nach dem Erfinder dieser Laborirungsweise — die Bezeichnung **Shrapnels** [1]) führen, gebraucht. Ihre Schrotfüllung besteht aus (Kleingewehr-) Bleikugeln, die [2]) durch ein leichtflüssiges, im erkalteten Zustande aber genügend haltbares und zugleich — der leichteren Trennung am Ziele wegen — möglichst sprödes Bindemittel (meistens Schwefel) in ihrer Lage festgehalten werden.

Die Pulverladung hat hier lediglich die Aufgabe, die Granate am geeigneten Sprengpunkte zu öffnen; jede übermässige Kraftäusserung derselben muss die beabsichtigte, concentrirte Wirkung der Schrote vermindern und eine unerwünschte Streuung der letzteren veranlassen.

[1]) Shrapnel war Anfangs dieses Jahrhunderts englischer Artillerieoberst und trat im Jahre 1803 mit seinen Vorschlägen auf.

[2]) Nach dem in den dreissiger Jahren erfolgten Vorschlage des damaligen hannover'schen Artilleriehauptmanns Siemens. Bis dahin füllte man die Schrote nur lose in die Granate.

Zur Aufnahme der, hier meistens aus Musketenpulver bestehenden Sprengladung, dient entweder ein — nach Richtung der Mundlochaxe — in der Geschossfüllung ausgesparter Canal, oder eine eigene »Kammer«, welche sowohl durch eine, jenen Canal ersetzende, metallene Röhre (vergl. Taf. XVII, Fig. 8) als — bei Spitzgeschossen — auch durch eine besondere Abtheilung des Geschosshohlraumes (vergl. Taf. XVI, Fig. 18^{c}, p l) gebildet werden kann und in letzterer Anordnung zugleich eine vortheilhafte Stosswirkung auf die Schrote verspricht.

Als eine Abart der Granatkartätschen muss hier noch die, in der englischen Feldartillerie eingeführte **Armstrong**'sche Segmentgranate (Taf. XVII, Fig. $5^{c\ u.\ d}$) erwähnt werden. Dieselbe ist, statt der Bleischrote, mit (49) prismatischen Eisenstücken »Segmenten« (s s) gefüllt, welche sich, wie die Steine eines Gewölbes, in den Hohlraum des (sehr günstig gebauten) Geschosses einfügen.

Die Details der, in Bayern gebräuchlichen Granatkartätschen sind aus folgender Zusammenstellung zu entnehmen:

Kaliber.	Nähere Bezeichnung und Bestimmung.	Anzahl der Bleikugeln.	Gewicht einer Bleikugel.		Gewicht der Sprengladung. [1])		Gewicht des fertig laborirten Geschosses.		
			Lth.	Gr.	Lth.	Gr.	Pfd.	Lth	Kilgr.
12-Pfünder	für den leichten glatten 12-Pfünd.	120	1	17,5	$1^{7}/_{8}$	32,795	9	25	5,4775
7-Pfünder	für den kurzen glatten 24-Pfünd.	195—200	$1^{11}/_{32}$	23,5	$2^{11}/_{16}$	49,2	19	20	10,99
6-Pfünder[2])	für die gezogenen Feld-6-Pfünder (vergl. Taf. XVII, Fig. 8)	90	1	17,5	$1^{4}/_{16}$	21,87	13	26	7,735
	für die eisernen gezog. Batterie-6-Pfünder						14	—	7,84
	für die metallenen gezogen. Batterie-6-Pfünder						15	—	8,4

[1]) Alle Sprengladungen der Granatkartätschen werden in Musketenpulver gegeben. Zum Einguss dient Schwefel.

[2]) Die cylindroconischen Granatkartätschen sind (ausser der Bodenschraube) durch eine roth bemalte Geschosspitze, die kugelförmigen durch ihre

Die Geschosszündung.

Schon aus den, weiter oben, über die eigentliche Bestimmung der Hohlgeschosse gegebenen Andeutungen, musste zur Genüge hervorgehen, dass diese Bestimmung nur dann vollkommen erreicht werde, wenn die Entzündung der Spreng- oder Brandladung des Geschosses genau mit dem Eintreffen des letztern am Ziele zusammenfalle. Diese Aufgabe lässt sich auf zweierlei Weise lösen:

1. durch eine Zündvorrichtung, welche mit der Flugzeit des Geschosses in Einklang gebracht ist — **Zeitzünder** und
2. durch eine, erst mit dem Aufschlage des Geschosses in Wirksamkeit tretende Zündvorrichtung — **Concussions-** und **Percussionszünder**.

Es ist dabei eine selbstverständliche Bedingung für jede dieser Einrichtungen, die Gefahr der Entzündung auf dem Transporte und im Rohre auszuschliessen.

Zeitzünder. Das Prinzip aller hieher gehörigen Vorrichtungen, gipfelt in der Anordnung: gleichzeitig mit der Fortbewegung des Geschosses, das eine Ende einer festumschlossenen, also nur allmälig verbrennenden Satzsäule zu entzünden, deren anderes Ende mit dem Inhalte des Geschosses in unmittelbarer Berührung steht und deren Länge eine Verbrennungsdauer bedingt, welche der speziellen Flugzeit des Geschosses entspricht.

Dieses Prinzip findet seine einfachste Ausführung im **Brandrohre** *(fusée)*, dessen man sich allenthalben für kugelförmige Spreng- und Brandgeschosse bedient. Dasselbe (Taf. XXII, Fig. 1, **b**) besteht aus einer conisch gestalteten, cylindrisch ausgebohrten Röhre, von Linden- oder Birkenholz,[1]) welche mit (einem, meist aus Salpeter, Schwefel und Mehlpulver combinirten) Zündsatz vollgeschlagen und an ihrem oberen, ausgetieften Ende, mit Stuppinen etc. angefeuert, endlich mit einem Leinwandpflaster »verkappt« *(coiffé)* ist.

Das Brandrohr wird mittels einer feinen Säge auf seine bestimmte Länge und zwar meistens — um eine grössere Brandfläche für den Zündsatz zu erhalten — schräg abgeschnitten und sodann, mit Hülfe eigener Schlagwerkzeuge, so fest in das Brandloch eingetrieben, dass das letztere selbst hermetisch abgeschlossen erscheint; hierauf wird eine fernere Ver-

---

Zünder kenntlich gemacht. Die letztere Gattung enthält keine Kammerröhre.

[1]) Die Brandrohre der bayer. excentrischen 12-Pfünder Granate (Taf. XXII, Fig. 2[b], **b**) sind aus gerolltem Pflanzenpapier gefertigt.

kappung (Taf. XXII, Fig. 5, k) vorgenommen und die Granate etc. schliesslich mit ihrer Brandlochstelle in flüssiges Pech »getaucht« *(goudronner)* und hier nicht selten noch mit Sägespähnen bestreut, um ja jedes Eindringen der Feuchtigkeit abzuhalten. Alle diese Verkappungen und Pflaster müssen natürlich bei der Aktion, mit eigenen Schnitzern *(couteaux)*, abgenommen und die Anfeurung des Brandrohres blossgelegt werden, wenn dieses durch die Pulverflamme zur Entzündung gelangen können soll.

In dem Umstande, das Brandrohr vor seinem Einsetzen in das Geschoss auf eine gewisse Länge, und damit auf eine bestimmte Brennzeit bringen, »tempiren« *(fixer, régler)* zu müssen, liegt nun eine ausserordentliche Beschränkung seiner Anwendbarkeit: Eine Brandrohrlänge wird strenggenommen nur einer einzigen Wurfweite entsprechen, für alle anderen Entfernungen wird das Geschoss entweder zu früh, oder zu spät explodiren.

Für gewöhnliche Spreng- und Brandgranaten hatte dieser Mangel indess doch keine so grosse Bedeutung, als diess vielleicht im ersten Augenblicke scheint. Der beabsichtigten Wirkung des Geschosses sollte ja doch stets dessen Aufschlag vorausgehen und ob dieselbe mehr oder minder unmittelbar — im Zeitraume weniger Sekunden! — auf diesen folgte, das war am Ende nicht immer von sehr erheblichem Werthe, wenn die Explosion etc. nur nicht vor dem Aufschlage eintrat. Man begnügte sich daher in der Regel damit, die Hohlmunition für den Felddienst auf die längste Flug- und Brennzeit zu tempiren, während man sie ja im Festungskriege leicht für ein bestimmtes Feuer zu laboriren vermochte.

Anders gestalteten sich diese Betrachtungen für die Kartätschgeschosse. Die Shrapnelgranate wird nur dann ihre Bestimmung ganz erfüllen und die, ihrer Construktion zu Grunde liegende Absicht vollständig erreichen. wenn sie in einiger Entfernung vor und über dem gegnerischen Truppenziele (vergl. Taf. XXIV, Fig. 7 und die spätere Abhandlung über den Granatkartätschschuss) springt und ihre Schrotgarbe von oben herab, auf den, hiegegen schwer Deckung findenden Feind wirken lässt. Ihrer Thätigkeit soll also kein Aufschlag, wohl aber muss derselben eine ganz genaue und für jede Schussweite verschiedene Regelung ihres Zünders vorhergehen, wenn der erwartete Effekt wirklich erlangt werden will. Man löste diese Aufgabe anfänglich, durch die Mitführung verschieden langer, gewöhnlich metallener Brand- oder Zündröhrchen, welche man erst im Momente der Aktion in das, mit einem Holzfutter *(ampoulette)* versehene Mundloch eindrückte; oder (wie in Frankreich) durch Brandrohre mit 3 Satzkanälen von verschiedener Brennzeit, von welchen man nur einen entkappte — ein immerhin unvollkommenes. weil nicht allen Entfernungen genügend entsprechendes Verfahren; oder endlich durch **tempirbare Zeitzünder.** Der wichtigste Vorschlag für die Einrichtung tempirbarer Zeitzünder gieng (im Jahre 1835) von dem damaligen belgischen Artillerie-Hauptmann **Bormann** aus und bestand einfach darin, sich einer horizontalliegenden, statt — wie bisher — einer vertikalen Zündsatzsäule zu bedienen. Er vertauschte das Brandrohr mit einer metallenen (vergl. S. 40) scheibenförmigen Zündschraube (vergl. Taf. XXII, Fig. 19) und brachte, unter der Oberfläche dieser, einen Satzring an, dessen eines Ende durch einen kleinen Querkanal (c) mit einer Pulverkammer (**pk**) verbunden war, welche sich an der Innenfläche des Zünders befand und deren Explosion jene der Sprengladung zur unmittelbaren Folge hatte. In die, den Satzring deckende Metallschichte, ward eine Scala eingeprägt, welche entweder die Brennzeiten des Zünders nach Sekunden oder — bequemer — die Schussweiten angab, denen die einzelnen Längen des Satzringes entsprachen. Eine Vertiefung (vv) in der Mitte der Zündschraube diente zum Ansetzen des Schraubenschlüssels und zur Einlage der Anfeurungsstuppinen. Zur Aktion öffnete man die Decke des Satzringes an dem, durch die Scala bezeichneten Punkte, mittels eines Bohrer oder Meisel ähnlichen Instrumentes, drückte die Stuppinen in die geöffnete Stelle und hatte damit die Tempirung der Granate vollzogen. [1])

Selbst dieses Verfahren wurde aber noch (1854) durch den Zünder des (damaligen) churhessischen Artillerie-Hauptmanns **Breithaupt** vereinfacht. Breithaupt gab dem Satzringe, statt einer festen Metallschichte, welche erst durchbohrt werden musste, eine starke, ledergefütterte Scheibe (vergl. Taf. XVI, Fig. 19 c) zur Decke, welche an ihrer Peripherie mit einer Einkerbung versehen war, die eben jene, bei Bormann erst herzustellende Tempiröffnung ersetzte. Eine Pivotschraube presste die Tempirscheibe fest gegen den Zünderkörper an, über dessen massivem, zwischen den beiden Enden des Satzringes liegenden Theile, die »Tempirkerbe« beim Transporte etc. des Geschosses stand. Wurde die Pivotschraube gelüftet, so konnte die Tempirscheibe um jene selbst

---

[1]) Der Bormann'sche Zünder ist auch in Bayern in einem und demselben Modelle (Taf. XXII, Fig 19) für die Granatkartätschen des kurzen (glatten) 24- und des leichten (glatten) 12-Pfünders eingeführt. Der Satzring ist hier mit einer eingepressten, dünnen Kupferplatte bedeckt, die Scala nach der Brennzeit (5 Sekunden) eingetheilt. Der feste Aufsatz und die Schiesstafeln geben die nöthigen Anhaltspunkte für die richtige Tempirung in ganzen und Achtel-Sekunden.

gedreht und ihre Kerbe dadurch über jede beliebige Stelle des Satzringes gebracht werden.

Geschah diess nach der, auf dem Zünderkörper vorgezeichneten Scala und wurde die Pivotschraube hienach wieder angezogen, so war damit die Tempirung des Zünders vollendet. In dem Umstande, dass die letztere aber auch nach vor- und rückwärts d. h. für weitere und nähere Distanzen verändert werden konnte, lag ein fernerer Vortheil des Breithaupt'schen,[1]) gegenüber dem Bormann'schen Systeme, welches nur mehr eine Verkürzung der Tempirung zuliess.

Mit Einführung der gezogenen Geschütze nahm auch **Frankreich** die horizontale Satzsäule für seine Granatzünder (Taf. XVI, Fig. 17a. b, zs) an. Dieselben *(fusées hexagonales à deux durées)* bilden ein metallenes, eingeschraubtes Brandrohr mit sechsseitig prismatischem Kopfe. In den Seitenflächen des letztern sind radiale Canäle *(évents)* angebracht, welche zum Satzringe führen, von denen aber nur zwei, jener für die kleinste und der für grösste Brennzeit, zur Tempirung benützt werden. Dieser ist in der Aktion immer, jener nur dann zu öffnen, wenn die Schussweite gleich, oder kleiner ist, als die grössere, auf der Verkappung des Canales markirte Portée.

Für oblonge Shrapnels wurde das frühere Brandrohr mit 3, durch ein solches von Metall *(fusée à 4 durées)* und mit 4 parallelen Längenkanälen, welche den Distanzen von 500, 800, 1000 und 1200 Metern entsprachen, ersetzt. Auch hier wird der Zünder stets auf die grösste, neben der eigentlichen Schussweite tempirt.

Die Unbequemlichkeit sehr weiter und auch im Eisen verstärkter Mundlöcher, welche besonders mit dem Bormann'schen Zünder verbunden war, und vielleicht auch die Ungenauigkeiten, welche durch das nahe Aneinanderliegen der Tempo's bei der ringförmigen Zündleitung eintreten konnten, veranlassten die **preussische** Artillerie, zur vertikalen Satzsäule zurückzukehren. Sie gelangte hiedurch zu einer sehr einfachen Vorrichtung (Taf. XXII, Fig. 17), welche nur aus zwei Theilen: einem Satzstücke (Fig 17c, sr) und einer Zündröhre (Fig. 17, zr), diese von gezogenem Messingbleche, jene von verzinntem Schmiedeisen, bestand. Das Satzstück enthält die festgeschlagene Zündmasse und ist an seiner Mantelfläche mit kleinen Oeffnungen (o, o) versehen, deren Reihe eine fortlaufende Spirale bildet. Es steckt in der Zünderröhre (vergl. Fig. 17b) und ist oben mit einem Brandboden geschlossen, an welchem sich eine ellyptische Oeffnung (Fig. 17a, t) für den Tempirschlüssel und den Tempirzeiger (z) angebracht findet. In die Zünderröhre, deren Kopf (Fig 17a. b, kk) die Tempirscala trägt, ist ein vertikaler Längenschlitz (Fig. 17b, ts) eingeschnitten, ihr oberes Ende aber mit dem, zum Einsetzen des Zünders nöthigen Schraubengewinde versehen. Wurde das Satzstück so in der Zünderröhre gedreht, dass sein Tempirzei-

[1]) Eine Modification des Breithaupt'schen Zünders ist für die Shrapnels (Taf. XVI, Fig. 18c) der österr. gezogenen Geschütze gebräuchlich.

ger auf einen bestimmten Punkt der Scala traf, so war damit auch eine bestimmte Oeffnung (o) desselben in den Längenschlitz der Zündröhre gestellt (vergl. Fig. 17^{b}); das Feuer der Satzsäule konnte zu dieser Oeffnung heraus und durch die Zünderröhre zur Sprengladung treten.

Alle diese Zünder setzten indess die Nothwendigkeit voraus, durch die Pulverluft der Geschützladung Feuer fangen zu können. Bei vollständig forcirten Geschossen war diese Bedingung aber schwer zu erfüllen. Wollte man daher auch für sie tempirbare Zünder herstellen, so mussten dieselben mit einem Apparate versehen werden, welcher ihre Selbstentzündung in dem Momente herbeiführte, in welchem sich das Geschoss in Bewegung setzte.

Solche **tempirbare Zeitzünder für Pressionssysteme** sind bis jetzt nur in zwei, einander nicht unähnlichen Construktionen, der preussischen (nach Hauptmann **Richter**) und der englischen (nach **Armstrong**) bekannt geworden. Sie verbinden im Allgemeinen den Breithaupt'schen Mechanismus, mit einer kleinen, durch den Stoss der Pulvergase thätig werdenden Perkussionsvorrichtung.

Der **preussische** Shrapnelzünder (Taf. XXII, Fig 23) hat in der dortigen Artillerie bereits für die cylindroconischen Granatkartätschen der Batteriegeschütze Annahme gefunden und wurde auch für jene des gezogenen Feld-4-Pfünders in Vorschlag gebracht. Die Spitze des Langgeschosses ergänzend, besteht er aus einem, dem Breithaupt'schen ähnlichen, Zünderteller (Fig. 23^{d}, dann Fig. $23^{a,\ b\ u.\ c}$, tt), von Antimonzinn, der jedoch hier nicht den Satzring, sondern in der, ihm unten angesetzten Hohlschraube, nur den „Schlagkanal" (Fig. 23^{c}, sc) enthält.

In der Achse des Zündertellers ist ein messingener „Schraubenstift" (ss) errichtet, dessen untere Hälfte die Achse für die beweglichen Zündertheile bildet, also cylindrisch zugearbeitet ist, der abergegen oben in ein Sechskant (Fig. 23^{d}, sk) übergeht, an welches die sogen Führungsplatte Fig. $23^{b\ u.\ c}$, fp) von Messing angesteckt wird, über welche endlich —, vom Gewindestücke (g) des Schraubenstiftes gehalten, die gleichfalls messingene Stellmutter (Fig. $23^{a,\ b\ u.\ c}$, sm) des Zünders zu stehen kömmt. Die letztere ersetzt die Pivotschraube des Breithaupt'schen Zünders und ist mit zwei Vertiefungen (Fig. $25^{a,\ b\ u.\ c}$, α_1 u. α_2) für das Tempirinstrument, der Zünderteller aber mit drei Einschnitten (Fig. $23^{a,\ b\ u.\ c}$, a, a_1, a_2) für den Angriff des Schraubenschlüssels versehen. Die Führungsplatte verhindert das Mitdrehen der beweglichen Zündertheile beim Anziehen oder Lüften der Stellmutter. Die Oberfläche des Zündertellers ist mit einer Leder- und einer Papierscheibe (Fig. 23^{c}, ll) bedeckt, welche jedoch über der Einmündung des Schlagcanales (bei bl, Fig. 23^{d}) durchbrochen sind. Diese Stelle ist am Tellerrande durch eine besondere Marke (Fig. $23^{a,\ b,\ c\ u.\ d}$, m) bezeichnet. Der Satzring des Zünders (Fig. $23^{e,\ f\ u.\ g}$, rr) findet sich in einem (um ss) beweglichen Satzstücke (Fig. $23^{e,\ f\ u.\ g}$, dann Fig. $23^{a,\ b\ u.\ c}$, st) eingeschlossen, das eine kurze, aussen conisch gestaltete Röhre bildet und, gleich dem Teller, aus Antimonzinn gegossen ist.

Zwischen den Enden des Satzringes, resp. in der Verlängerung dieser, findet sich eine Oeffnung (Fig. 23c, c u. e, o) im Bodentheile des Satzstückes angebracht und, in radialer Richtung zu dieser, die Zündnadel (n) des Schlagapparates auf jener Bodenscheibe befestigt. Die Mantelfläche des Satzstückes ist mit der Tempirscala versehen, an jener Stelle aber, welche über der Bodenöffnung (o) liegt (d. i. bei vl) durchbrochen

In das Satzstück wird der Schlagapparat eingesetzt. Derselbe besteht aus einem massiven Schlagstücke, dem sogen. Pillenbolzen (Fig. 23c, bb) von sprödem Antimonzinn, welcher mittels kleiner Zapfen (zz) in den inneren Rand des Satzstückes eingreift, an seiner Basis aber ein Zündhütchen (h) enthält. Das letztere kömmt über die Zündnadel des Satzstückes zu stehen und muss daher eine gefährliche Berührung dieser durch einen kleinen Vorstecker (Fig. 23b, dann Fig. 23c, v) verhütet werden, welcher in die, hienach als Vorsteckerloch (vl) bezeichnete, oben erwähnte Oeffnung der Mantelfläche des Satzstückes eingeschoben wird. Zur Aktion wird der Vorstecker herausgenommen und dadurch dem Pillenbolzen genügender Spielraum gegeben, um heftig auf die Zündnadel zu treffen, sobald — wie diess beim Schusse eintritt — der Stoss der Pulverladung auf das Geschoss, seine spröden Zapfen (zz) zerbrochen hat. Der Zünder ist auf die kürzeste Brennzeit tempirt, wenn die Oeffnung (o) im Boden des Satzstückes mit jener (bl) im Zünderteller, also auch die Marke (m) an letzterem mit dem Vorsteckerloche (vl) correspondirt (Fig. 23a, b u. c). Man bezeichnet diese Stellung als die Kartätschenstellung und macht sie durch ein K auf der „Brandlochplatte“ (Fig. 23b, bp) erkenntlich. Dreht man das Satzstück aus dieser, auch für den Transport vorgeschriebenen Lage und stellt damit einen beliebigen Theilpunkt der Tempirscala auf die Marke (m) des Zündertellers ein, so kann der Feuerstrahl des Zündhütchens nicht mehr direkte zum Schlagkanal gelangen, sondern nur den Satzring entzünden und erst wenn dieser bis zum Brandloche (bl) herumgebrannt hat, wird der Zündsatz im Schlagkanale und damit die Sprengladung des Geschosses zur Explosion gelangen.

Concussions- und Percussionszünder. Das sicherste Mittel, Geschosse unmittelbar nach dem Auf- resp. Einschlagen krepiren zu machen, werden immer solche Zündvorrichtungen bilden, welche gerade durch das Auftreffen des Geschosses auf das Zielobjekt zur Wirkung gelangen. Sie beruhen entweder auf der Zertrümmerung (Concussion) eines gewissen Zündertheiles durch den Stoss des Aufschlages, oder auf der, durch diesen (also durch Percussion) hervorgerufenen Entzündung eines Knallpräparates, oder verbinden endlich (wie der Schlagapparat des oben besprochenen preuss. Shrapnelzünders) Concussion und Percussion zusammen in ihrer Anordnung.

Würden die Langgeschosse immer genau mit ihrer Spitze zuerst aufschlagen, so müsste schon ein, an jener befestigtes Zündhütchen den vorgesetzten Zweck erfüllen können; wenn indess die Geschossspitze auch auf- und seitwärts abweicht, so bleibt sie doch im Allgemeinen stets nach vorwärts gewendet und gestattet hiedurch immerhin die Anwendung ganz verlässiger Percussionsapparate. Anders ist diess bei kugelförmigen Hohlgeschossen, durch deren Querrotation gerade ein steter Wechsel in der Vorwärtsbewegung ihrer Körpertheile bedingt ist. Zünder für Projektile dieser Art werden daher wohl immer mit Percussionseinrichtungen armirt sein müssen.

Als die einfachste, transportsicherste und doch verlässigste der letzteren kann der (im Jahre 1850 bekannt gewordene) **Concussionszünder** des (damaligen) belgischen Artilleriehauptmanns **Splingard** angesehen werden. Der Splingard'sche Zünder (Taf. XXII, Fig. 18) besteht aus einer Cartonhülse (**h**), in welche eine hohle Satzsäule (**z**) eingeschlossen ist, deren Seele mit Firniss überzogen und dann mit Gyps ausgefüllt wird. Ein, vor ihrem Erhärten in die Gypsfüllung eingetriebener Dorn, erzeugt auch in dieser einen oben geschlossenen Längenkanal.

Der obere Theil der Hülse ist mit Anfeuerungssatz (**a**) ausgeschlagen und entsprechend verkappt (**v k**). Zum Gebrauche wird der Zünder in ein, gewöhnlichen Brandrohren ähnliches Holzfutter *(ampoulette)* und erst mit diesem umgeben, in das Mundloch des Geschosses eingesetzt.

Die Verzehrung der, in ihren oberen Schichten aus einer rasch verbrennenden Mischung bestehenden Satzsäule, isolirt die Gypsröhre (**g r**), die nun mit Sicherheit zerbricht und damit den Feuerstrahl des Zündsatzes zur Sprengladung leitet, sobald das Geschoss den Boden etc. berührt.

Im Prinzipe dem **Splingard**'schen Zünder ähnlich, doch complicirter, war der metallene und mit einer Glas- statt Gypsröhre armirte Concussionszünder des holländischen Artilleriehauptmanns **Schönstedt** construirt; jener (um 1840 bekannt gewordene) des schwedischen Artillerie-Hauptmanns **Callerström** beruhte dagegen auf der Zersetzung resp. Entzündung des Chlorkalis durch Schwefelsäure. Ein Tropfen der letzteren war in ein Glasröhrchen eingeschlossen, das gleichfalls beim Aufschlage zerbrach und damit seinen Inhalt auf das genannte Knallpräparat ergoss. Dieser Zünder entbehrte zwar der Bedingung, im Rohre schon Feuer fangen zu müssen, führte aber trotzdem häufige Explosionen in diesem herbei und litt an Unzuverlässigkeit und Gefährlichkeit bei seiner Herstellung und Transportirung.

Von Spitzgeschossen sind auch die österreichischen Sprenggranaten (Taf. XXII, Fig. 18c u. d) mit einem Concussionszünder armirt, dessen Einrichtung jedoch geheim gehalten wird.

Unter den **Percussionszündern** für oblonge Hohlgeschosse nimmt der **preussische** (nach einem Vorschlage des bayer. damal. Geniehauptmanns Emil **Wahl**, verbessert vom preuss. Artill.-Oberst **von Neumann**) die erste Stelle ein. [1]) Seine zwei Haupttheile bilden ein Schlagkörper und ein Zündhütchen. Jener — der Nadelbolzen (Taf. XXII, Fig. 22, nb) ist aus Messing gegossen, der Länge nach durchbohrt und an seinem Kopfende mit einer kurzen Spitze — der Zündnadel (n) armirt. Er liegt lose in der, gleichfalls messingenen, in das Mundloch eingesetzten Bolzenkapsel (bk), deren Boden durchlocht und hier mit einem starken Leinwand- (sogen. Cambrai-) Blättchen (c) belegt ist, um das Eindringen der Sprengladung in die Bolzenkapsel abzuhalten. Das Zündhütchen (h) ist im hohlen Schafte einer messingenen Zündschraube (zs) befestigt, welche erst im Momente der Aktion in die eiserne, verkupferte Mundlochschraube (ms) eingesetzt wird. Es steht, in der Richtung der Geschossachse, der Zündnadel des Schlagkörpers gerade gegenüber.

Ein stählerner, die Geschossspitze quer durchgreifender Stift — Vorstecker (v) genannt — hält den Nadelbolzen in der Bolzenkapsel zurück, wird aber durch die Rotationsbewegung des Geschosses von selbst ausgeworfen, sobald dieses das Rohr verlassen hat. Trifft das Projektil nunmehr auf Widerstand, so wird es dadurch selbst, nicht aber der Nadelbolzen, in seiner Vorwärtsbewegung aufgehalten; dieser trifft gegen die Zündschraube, seine Nadel durchstösst das Hütchen und entzündet damit dessen Füllung, deren Feuerstrahl nunmehr durch die Bohrung des Nadelbolzens und der Bodenöffnung der Bolzenkapsel zur Sprengladung dringt. (Wollte man diesen Effekt verzögern, so brauchte man nur eine langsam brennende Satzmischung in der Durchbohrung des Nadelbolzens oder sonst zwischen Hütchen und Sprengladung einzuschalten.)

Ein, dem preussischen in seinen Theilen ähnlicher, in der Lagerung dieser aber entgegengesetzt angeordneter Percussionszünder *(fusée percutante)* ist in der französischen Artillerie gebräuchlich, derselbe ist jedoch mit festen Vorsteckern *(pointes d'arrêt)* versehen, deren Widerstand erst durch den Einschlag des Geschosses überwunden wird. Es ist also hier wieder eine äussere Einwirkung auf den Schlagkörper *(tampon, percuteur)* nöthig, um dessen Spiel hervorzurufen.

III. Die Geschützzündung.

Mit Einführung der Knallpräparate in die Kriegstechnik, bediente man sich derselben sehr bald auch zur Geschützzündung und versuchte diess vorerst mit starken Zündhütchen, die sich aber im Allgemeinen doch als nicht kräftig genug erwiesen und daher allenthalben durch

[1]) Er ist selbstverständlich auch in Bayern und allen den Staaten adoptirt, welche das preuss. System für gezogene Geschütze angenommen haben.

eigene Zündröhrchen *(étoupilles)* ersetzt wurden. Erst später begann man die Reibung statt des Schlages zur Entzündung des Explosionsmittels zu benützen und gelangte damit nicht allein zu transportsichereren, wenn auch complicirteren Zündvorrichtungen, sondern auch zur Entbehrlichkeit eines besonderen Schloss- oder sonstigen Schlagapparates am Geschütze. Zur Zeit wird die Percussionszündung nur noch hie und da im Marinedienste benützt.

Für gewisse Fälle (Feuer mit Cöhornmörser oder Mangel an anderen Zündmitteln etc.) bedient man sich indess heutigen Tages noch der Lunte und des Zündlichtes, mit Stuppinen oder Schilfzündröhrchen, zur Geschützzündung.

Die **Percussions**-Zünd- oder Schlagröhrchen *(étoupilles à percussion)* bestehen aus einem Blech-, Schilf-, Carton-, oder Federkiel-Röhrchen (Taf. XXII, Fig. 14, **r**) vom Durchmesser des Zündloches, das mit Pulver oder Pulverbrei gefüllt, am unteren Ende wohl verkorkt und verkittet, am oberen aber mit einem Knopfe (**k**), oder einem knieförmigen Ansatze versehen ist, in welchem sich das Knallpräparat befindet.

Die **Frictions**-Zünd- oder Schlagröhrchen *(étoupilles à friction)* sind ebenso aus den oben genannten Materialien, gute Modelle aber doch immer aus gezogenem Messing- oder Kupferblech und gleichfalls in der Weite des Zündloches hergestellt. In dem, wieder mit Pulver etc. (Taf. XXII, Fig. 13, **p**) gefüllten und (mit Asphalt oder dergl.) verkitteten (**k**) Röhrchen (**m r**) selbst (Bayern, Frankreich), oder, in einem besonderen Queransatze dazu, (Preussen), befindet sich der Reibapparat eingeschlossen. Derselbe besteht gewöhnlich aus einer Reiberhülse (**r h**) von geripptem Messingbleche, in welche — vom Reibsatze (**r s**) umgeben — der, aus einer zusammengewundenen Drahtschlinge (**d s**) oder gerippten Blechschleife gefertigte Reiber *(frotteur)* eingelegt ist.

Um das Hineinfallen des Röhrchens in das Zündloch zu verhindern, muss — wenn nicht der Reibapparat selbst einen solchen bildet — ein Umbug, eine Krempe (Frankreich), oder ein besonderer Quersteg (Bayern) daran angebracht werden. Der letztere wird gewöhnlich durch ein Drahtkreuz (**d k**) gebildet, das in einer angewürgten Kehlrinne liegt. Diese verhütet zugleich das Herausziehen des ganzen Frictionsapparates auf einmal, indem sie die Reiberhülse im Röhrchen zurückhält.

[Beim bayerischen, vom Oberfeuerwerksmeister Major **von Grundherr** construirten „Reibzündröhrchen" (Taf. XXII, Fig. 13) wird die Wirkung der Kehlrinne noch besonders durch einen, um den Reiber gelegten **Messingring** (**r**) gesichert, der gewissermassen eine fernere Verengung der Würgkehle bildet.]

Das Abfeuern der Frictionsröhrchen vollzieht sich einfach durch einen kräftigen Zug an einer, in die Reiberschlinge eingehakten Abziehschnur (*cordon, tire-feu*).

[Das bayerische Röhrchen erfordert nur 36—40 Pfund Abzugskraft, es wird ohne jeden Zusatz von Feuchtigkeit, Lack oder dergl. an irgend einem seiner Theile zubereitet, bedarf also keiner Trocknung und kann stets unmittelbar nach seiner Vollendung verfeuert werden. Sein Reibsatz besteht aus chlorsaurem Kali und Schwefelantimon in gleichen Theilen.]

Die **Lunte** (*mèche*), das älteste Zündmittel, wird durch Tränken mittelstarker Hanfseile in Bleizuckerlösung (vergl. S. 36) erzeugt.

Zum Gebrauche wird sie um das eine Ende eines ca. 3' (1^{m}) langen Stabes — des Luntenstockes (*boute-feu*) gewunden und muss bei feuchtem Wetter durch eine eigene Blechkapsel, Luntenverberger (*boîte de tôle*) genannt, möglichst vor Nässe etc. geschützt werden. Bei ruhiger Luft verbrennen per Stunde 5—6" (13—16^{cm}) guter Lunte.

Das **Zündlicht** (*lance à feu*) dient als Ersatz der Lunte, wenn die Anwendung dieser durch Witterungsverhältnisse unmöglich ist. Es besteht aus einer 12—15" (30—40^{cm}) langen, an $\frac{1}{3}$" (8^{mm}) weiten, schliesslich mit Schellack oder dergl. überzogenen Hülse von starkem Schreibpapier, in welcher ein, mit spitzer Flamme, ohne Funkensprühen und nicht zu rasch, aber auch bei Regen und Wind gut verbrennender Zündsatz festgeschlagen und an seinem oberen Ende geeignet angefeuert wird. Zum Gebrauche wird das Zündlicht mittels einer eisernen, auf den Luntenstock befestigten Zündlichterklemme (*porte-lance*) gehalten.

[Das bayerische 14" (36,6^{cm}) lange Zündlicht brennt 8 Minuten, seine Satzmischung besteht aus 7 Thln. Mehlpulver, 6 Thln. Salpeter, 1,5 Thln. Schwefel, 1 Thl. Antimon und 0,5 Thln. Kolophonium.]

Die **Stuppinen** (*étoupilles*) und **Schilfzündröhrchen** (*étoupilles à roseaux*). Da der Feuerstrahl des Zündlichtes, oder die Gluth der Lunte nicht unmittelbar zur Geschützladung selbst treten kann, so ist ein Zwischenglied nothwendig, welches die Wirkung jener geeignet fortpflanzt. In den ältesten Zeiten bediente man sich hiezu des sogen. Zündkrautes (*amorce*), d. h. man schüttete das Zündloch einfach mit Pulver voll — ein Verfahren, dessen Nachtheile keine weitere Aufzählung bedürfen. Man ersetzte es denn auch sehr bald durch die Anwendung besonderer Feuerleitungen, in Form der Stuppinen und Zündröhrchen.

In Pulverbrei, d. h. in eine Mischung von Mehlpulver und Weingeist (vergl. S. 72) mit geringem Zusatz von arabischem Gummi, getränktes, starkes (4—8fädiges) Baumwollengarn (vergl. S. 70) nennt man Stuppine.[1])

---

[1]) In der Ernstfeuerwerkerei bezeichnet man die, zur Geschützzündung bestimmten Stuppinen speziell als flüchtige (*étoupille vive*) und bereitet

Zur Mittheilung der Entzündung ist die — ausserdem leicht durch die Einflüsse des Transportes. Verstaubung, Feuchtigkeit etc. beschädigte, also gerade nicht für den Felddienst taugliche Stuppine, indess nur bei losen Geschützladungen (so findet sie denn auch in Bayern beim Cöhornmörser Anwendung) mit Sicherheit zu gebrauchen; zum Durchschlagen starker Patronenhülsen bedarf es aber eines kräftigeren Feuerstrahles, den man sich dann durch sogen. Schilfzünd- oder Schlagröhrchen (Fig. XXII, Fig. 15) zu verschaffen wusste. Es sind diess, den Dimensionen des Zündloches entsprechende Schilfröhrchen (sr), die mit Zündsatz gefüllt und am oberen, pfeifenartig zugeschnittenen Ende mit Stuppinen (st) angefeuert werden, welche man durch umwickelte Hanffäden (hf) am Röhrchen festhält.

Verpackung, Transport und Aufbewahrung der Geschützmunition.

Die Munition der Feldgeschütze wird entweder in besondere »Verschläge« *(caisses à munitions)* von weichem Holze und erst mittels solcher in die Protz- und Wagenkasten, oder unmittelbar in diese selbst verpackt.

Bei beiden Anordnungen ist die vollständigste Sicherstellung der Munition vor jeder gegenseitigen Beschädigung durch Rütteln u. s. w. selbstverständliche Bedingung und dienen hiezu sowohl genaue Einsatzvorrichtungen, als das Ausfüllen der entstehenden Zwischenräume mit Werg u. s. w. Zündungen werden stets in eigene Verschläge gegeben.

Die unmittelbare Verpackung der Geschosse etc. in die Wagenkasten gewährt im Allgemeinen eine ausgiebigere Benützung des gebotenen Raumes, bedingt aber oft eine solche Einrichtung jener, dass sie eben nur für ein bestimmtes Geschützkaliber brauchbar, damit also in ihrer Verwendbarkeit beschränkt erscheinen. Indess hat sich diese Packweise besonders für die gezogenen Geschütze nothwendig gemacht, bei welchen auch stets Geschosse und Patronen — letztere dann wohl in Verschlägen — getrennt von einander geführt werden, während bei glatten Rohren meistens nur scharfe Patronen im Gebrauche waren.

[Vergl. hiezu Taf. XX, Fig. 5, Durchschnitt durch den Kasten des bayer. Munitionswagens, Mod. 1862, für gezog. 6-Pfünder eingerichtet, wobei: pv, (2) Patronenverschläge (à 27 Schusspatronen), p Raum für (8) combinirte Schusspatronen (und lose Presspahnböden), dann s Fach für Seilwerk bezeichnet, sowie Taf. XX, Fig. 6, Querschnitt durch den bayer. Protzkasten mit Munition für leichten 12-Pfünder (in Verschlägen), hiebei rf Requisitenfach.]

---

ausserdem, für besondere Brandzwecke, faule Stuppinen *(étoupilles lentes)* aus Hanfwerg, das in einem, mit Wasser angerührten Pulverbrei gekocht wird.

Der **Transport** der Feldmunition ist von ganz besonderem Einflusse auf die Kaliberfrage und die Zusammensetzung der Batterien. Wenn man — und das ist wohl das Durchschnittliche — 300 scharfe Schüsse [1]) als die complete Feldausrüstung eines Geschützes annimmt und hievon ein Drittel in der Batterie selbst, ein zweites in den Munitionscolonnen der mobilen Divisionen und das letzte in der Hauptmunitionsreserve mitführen will, so macht es einen sehr beträchtlichen Unterschied für die, dazu nöthige Summe von Mannschaften, Pferden und Wagen, ob die letzteren (wie beim bayer. gezogenen Feld-4-Pfünder) 136, oder nur 90 (wie beim bayer. gezogenen Feld-6-Pfünder) Chargirungen in beiden Kasten fassen. Solche Umstände sind es, welche zuweilen auch aus berechtigten administrativen Erwägungen, auf die Annahme eines kleineren Feldkalibers (4-Pfünder) dringen, wenn dieselbe nicht schon vom Standpunkte der grösseren Leichtigkeit des Geschützes und der unmittelbaren grösseren Schusszahl aus, erwünscht erschiene.

Die Munition der Batteriegeschütze wird stets erst an Ort und Stelle laborirt: auf weitere Strecken also die (leeren) Geschosse für sich (in den Eisenmunitionswagen mit Zwischenlage von Stroh etc.) und auch das Pulver unverarbeitet (in Fässern) fortgeschafft.

Kartätschkugeln werden zu 500—1000 Stück in Kisten verpackt.

Die **Aufbewahrung** der laborirten Munition geschieht im verpackten Zustande, in besonderen Magazinen und erfordert fleissigste Nachsicht der letzteren. Vollgeschosse und nichtlaborirte Granaten werden in gedeckten Räumen oder auch im Freien — in sogen. Kugelgärten *(parcs de boulets)* — in pyramidale Haufen — Kugelhaufen *(piles des projectiles)* geschichtet und zuweilen durch Betheeren oder dergl. vor Rost geschützt.

[Diese Kugelhaufen haben entweder ein gleichseitiges Dreieck, oder ein Quadrat, oder endlich ein Rechteck zur Grundlage; in jedem dieser Fälle ist der Inhalt, d. h. die Kugelzahl, eines Haufens gleich: dem Drittel des Produktes aus der Geschosszahl einer Stirnseite, mal der Summe der Kugeln, welche in drei parallelen Kanten liegen. Beim drei- und vierseitigen pyramidalen Haufen ist jede Seite Stirnseite; bei ersterem enthalten zwei, bei letzterem enthält eine Kante nur eine Kugel.]

Die Kriegsraketen. [2]) (Taf. XXIII.)

Einleitung.

Denkt man sich einen massiven Pulverkuchen in eine cylindrische Hülse eingepresst, deren eines Ende fest verschlossen ist, so wird die,

---

[1]) In Bayern beträgt die complete Feldausrüstung des gez. 6-Pfünders 230, jene des gez. 4-Pfünders 320 Schuss.

[2]) Für ein eingehendes Studium der Kriegsraketen seien hiemit die vorzüglichen

durch eine allmälige, vom offenen Ende der Hülse ausgehende Verbrennung jener compakten Satzmenge entstehende Gasentwicklung, fortbewegend auf die Hülse einwirken müssen. Feuerwerkskörper, deren Einrichtung das eben angedeutete Prinzip zu Grunde liegt, nennt man Raketen; werden solche als Träger für Geschosse, Brandkörper etc. benützt, so heissen sie Kriegsraketen *(fusées de guerre)*.

Jede Rakete setzt sich aus

Hülse (Fig. 1, H),
Treibsatz (Fig. 10, T),
Versetzung (Fig. 1, V) und
Stab (Fig. 1, S) zusammen.

Die verschiedene Anordnung dieser Bestandtheile hat zwei Haupt-Raketensysteme entstehen lassen, die man, nach den Staaten, in welchen sie ausgebildet wurden, als

englisches (Fig. 10)
und österreichisches (Fig. 1, 2, 5, 7)

bezeichnet. Jenes, von General **Congreve**[1]) in's Leben gerufen, hat ausserdem in Frankreich, Russland, Preussen u. s. w. Annahme gefunden, dieses, von Feldmarschalllieutenant Baron **Augustin**[2]) entwickelt, gelangte (ausser Oesterreich) während des Befreiungskampfes in Griechenland zur Anwendung und war speziell auch in Bayern (Anfangs der 50er Jahre) eingehenden Versuchen unterworfen, die jedoch nur Vorbereitungen zu einer eventuellen Einführung zur Folge hatten. Aehnlich war diess in Württemberg der Fall, indess die Schweiz das Augustin'sche System definitiv adoptirte. In Oesterreich selbst ist es, nach dem Jahre 1859, durch die **Hale**'sche Rotationsrakete (worüber unten das

---

und prachtvoll ausgestatteten Werke des russ. Artillerie-Generals Konstantinoff nämlich: „Mémoire sur les fusées de guerre" und „Lectures sur les fusées de guerre", Paris 1858 u. 1861 (Typographie Morris et Comp.), sowie auch Schmölzls „Ergänzungswaffenlehre" bestens empfohlen.

[1]) Congreve lernte, bei der Belagerung von Seringapatam, (1799) die indischen Brandraketen kennen und versuchte alsbald deren Nachahmung und Vervollkommnung.

[2]) Die „Congreve'schen" Raketen fanden von Seite Englands bereits im Jahre 1807 eine ernste Anwendung gelegentlich des Bombardements von Kopenhagen, gelangten aber eben hiedurch auch zur Kenntniss der dänischen Artillerie, deren Hauptmann **Schuhmacher** sich speziell ihrem Studium unterzog und der Erste war, welcher die Raketen zum eigentlichen Geschossträger benützte und ihre ballistischen Gesetze aufsuchte. Seine Construktionen haben jenen Augustin's zur Grundlage gedient.

Nähere) verdrängt worden, was jedoch seine nachstehende Erörterung neben dem englischen Systeme nicht entbehrlich macht.

Die Hauptbestandtheile der Kriegsraketen.

Die **Raketenhülse** *(cartouche de fusée)* muss den, in sie eingeschlossenen Treibsatz vor jedem schädlichen Einflusse zu schützen, zugleich aber dem Gasdrucke und der Wärmeentwicklung hinreichend Widerstand zu leisten vermögen, welche die Verbrennung des ersteren in ihrem Innern erzeugt. Sie wird aus Eisen- oder Kupferblech gefertigt und an den Rändern durch Nieten (*rivets*, *östr.* S. Fig. 1, 5, 7, 17 a) oder harte Löthung (*engl.* S. Fig. 10) zusammengehalten. Eiserne Hülsen erhalten gewöhnlich einen Oelfarb- oder Theeranstrich als Rostschutz.

Den Durchmesser der Hülse im Lichten *(dans oeuvre)* nennt man das Kaliber der Rakete und benützt dasselbe, neben der Versetzung, zur Bezeichnung dieser.

Die alten *östr.* Raketen waren nur 2 und $2\frac{1}{2}$zöllig und wurden sowohl hienach, oder als 6- und 12-Pfünder Raketen bezeichnet. Die *engl.* Raketen sind nach dem Gewichte einer eisernen Vollkugel von gleichem Kaliber benannt und steigt dieses bis 7 und 8''.

Die Länge der Raketenhülse erreicht das 6- (*östr.* S.) bis 8 Fache (*engl.* S.) ihres Kalibers.

Der Verschluss des vorderen Hülsenendes wird entweder bloss durch den Treibsatz selbst und die Versetzung, oder durch eine eingeschraubte Eisenplatte, einen Lehm- oder Bleipfropf etc. hergestellt und erhält — wenn der Versetzung irgend eine Entzündung durch die Flamme des Treibsatzes mitgetheilt werden soll — eine centrale Ausbohrung (Fig. 2, e). Am rückwärtigen Ende ist die Hülse entweder bloss umgebogen (*östr.* S. Fig 2), und geeignet verkappt (Fig. 1, p), oder durch eine eiserne Bodenplatte (Fig. 11) verschlossen (*engl.* S. Fig. 10).

Im ersteren Falle ist der **Raketenstab** gewöhnlich seitwärts der Hülse und hiezu an dieser eine besondere Stabkapsel (Fig. 1 u. 2, k) angebracht, im letzteren enthält die Bodenplatte *(culot)* ausser 5—6 divergirenden Durchlochungen (Fig. 11, 11) für den Austritt der Gase, auch ein centrales Muttergewinde (g) zur Aufnahme des Stabes (Fig. 10, S).

Der **Treibsatz** der Kriegsraketen *(composition fusante)* ist seiner chemischen Zusammensetzung nach (trotz aller hierüber bestandenen und noch bestehenden Staats- und Zunftgeheimnisse) nichts anderes, als mehr oder minder stark dosirtes Mehlpulver; die mechanische Bearbeitung desselben fordert aber nicht allein die denkbar innigste Mischung der Satzbestandtheile, sondern auch die Vereinigung derselben in Einen ganz und gar homogenen Körper und diese, zur Erzielung gleichmässiger, verlässiger Resultate ganz unumgängliche Bedingung ist es, welcher so ausserordentlich schwer vollkommen Genüge geleistet werden kann.

In früherer Zeit versuchte man diese gleichmässige Verdichtung des Treibsatzes durch blosses Einschlagen desselben in die Hülse herzustellen, gegenwärtig bedient man sich hiezu allgemein hydraulischer Pressen, durch deren Anwendung jedenfalls ein bedeutender Fortschritt in der Raketenfabrikation erzielt wurde.

Der Treibsatzkörper füllt die einschliessende Hülse nur an ihrem vorderen Ende, auf eine Länge von ca. 1½ Kalibern gänzlich aus, in ihrem übrigen Theile ist die Satzsäule concentrisch und meist nahezu cylindrisch ausgehöhlt. Diese Aushöhlung (Fig. 10, s) wird durch Einsetzen eines Dornes beim Satzpressen, oder durch Ausbohren erzeugt; sie heisst die Seele *(âme)* der Rakete und hat den Zweck, die Verbrennung des Treibsatzes sofort über eine möglichst grosse Fläche auszudehnen, damit schon die primitive Gasentwicklung die nöthige Kraft zur Fortbewegung der Rakete erlange.

Der vordere, massive Kopf des Satzkörpers (Fig. 10, z) heisst die Zehrung *(masse, massif)*.

Um die Versetzung, nach dem Abbrennen des Treibsatzes, von der Rakete zu trennen, brachte man früher beim *östr. S.* eine besondere Ausstossladung am vorderen Ende der Zehrung an; später hat man dieselbe durch eine Schichte Brandsatz (Fig. 2, aa) ersetzt, welche die Verbindung der Versetzung mit der Hülse ebenso sicher, aber ohne ballistische Nachtheile löste.

Die **Versetzung** *(garniture, armure)*, d. i. jener Wurf- oder Feuerwerkskörper, welcher durch die Rakete getragen und dem Ziele entgegengetrieben werden soll, wird beim *östr. S.* durch gewöhnliche, kugelförmige Artilleriegeschosse (Fig. 1 u. 3), Kartätschbüchsen (Fig. 5 u. 6) und besondere cylindrosphärische Brandgeschosse (Fig. 7 u. 8), beim *englischen* aber in der Regel durch ein Langgeschoss gebildet, welches das Kaliber der Hülse nicht überragt (Fig. 10, G). Versetzungen letzterer Art werden in die Hülse selbst eingesetzt, solche der ersteren aber mittels Blech- oder Leinwandstreifen u. s. w. an der Rakete befestigt. (Hiezu Wulst ww in Fig. 2 hinter dem leeren Raume e.)

Der **Stab** *(baguette, verge)* hat die Aufgabe, die Rakete zu einem pfeilartigen, mit günstigen Flugbedingungen ausgestatteten Geschosse zu machen. Hienach muss derselbe sowohl der Schwere der ganzen Rakete das Gleichgewicht halten und damit den Schwerpunkt des »Systemes« noch möglichst in die Hülse selbst zu bringen, als auch dem, von der Rakete erregten Luftwiderstande ein sicheres Aequivalent zu bieten vermögen. Die erstere Bedingung bestimmt die Schwere, die letztere die Grösse der Oberfläche des Stabes und es ist leicht

30*

einzusehen, dass eben dieser Anforderung wegen, an den Ersatz des Stabes durch ein blosses Gegengewicht nicht gedacht werden kann, sondern gerade ein spezifisch leichtes Material zu seiner Anfertigung benützt werden müsse. Es dient denn auch meistens Tannenholz dazu.

Die Stäbe der *östr.* Raketen waren vierkantig (Fig. 1, 5, 7) jene der *engl.* sind sechs- bis achtkantig geformt. Die ersteren erreichten Stärken von wenig unter und über 1'', ihre Länge betrug. 9—13' (2,8—4^{m}). Sie wurden (wie Billardqueues) aus mehreren Längenstücken zusammengeleimt, um sich nicht werfen zu können. Für den Gebirgsdienst stellte man sie in 2 Theilen her, welche zur Aktion aneinander gefügt wurden (vergl. Fig. 4). Die *englischen* Raketenstäbe sind 56 Kaliber lang. Die ausserordentlichen Unbequemlichkeiten, welche mit langen Raketenstäben verbunden sind, haben indess (besonders in *Frankreich*) zu eingehenden Versuchen über deren Abkürzung geführt und waren denn auch von günstigem Erfolge begleitet. Indem man den Durchmesser der Stäbe bis zur Kalibergrösse steigerte, ihre Oberfläche aber noch durch Canellirungen vergrösserte, deren jede einer Durchbohrung (*évent*) der Bodenplatte entsprach, endlich das Stabgewicht durch eine centrale Ausbohrung verminderte (vergl. Fig. 12 u, 13), war es möglich, die Stablänge selbst bis auf 50^{cm} herabzusetzen.

Die Rakete im Ganzen.

Das **Abfeuern** der Raketen geschicht entweder mittels Lunte und Zündlicht, oder durch Percussions- und Frictionszündung, beim *englischen* Systeme von der Bodenplatte aus, beim *östr.* durch ein besonderes seitwärtiges Zündloch (Fig. 1 u. 2, z).

[Das, in das Letztere einzusetzende Raketenschlagröhrchen findet sich in Fig. 9 abgebildet und bezeichnet dort **hh** Kupferhülse, **vv** deren Verstärkung, **p** Piston, **ff** Zündsatzfüllung, **a** Ausbohrung dieser, **z** Zündhütchen].

Als Schiessgerüste dienen dabei gewöhnlich dreibeinige (*trépieds*) **Abfeurungsgestelle** (*chevalets*), deren Obertheil beim *östr. S.* bloss mit einer Leitrinne (*auget*) für den Stab, beim *engl.* mit einer, zur Aufnahme der Rakete selbst bestimmten Röhre (*tube*), ausserdem aber mit einem Quadranten für die Höhenrichtung, den nöthigen Stellschrauben, Abfeurungsapparaten (Percussionsschloss) u. s. w. versehen ist und um einen Pivotzapfen in horizontalem Sinne gedreht werden kann.

[Vergl. Fig. 18, das *östr.* Raketengeschütz, Mod. 1852, worin **l** Leitrinne, von Bronze, **s**, **s**, Schliessen (*espagnolettes*) derselben, öffnen sich beim Abfeuern von selbst, **q** Quadrant, **d** dessen Drehschraube, **k** Sperrklinke für diese, **s** Stellschraube der Sperrklinke, **ps** Perkussionsschloss und **hs** Stellschraube für Seitenrichtung bezeichnet; dann Fig. 20, das *französ chevalet-trépied* für die 6^{cm} Feldrakete, Modell 1830].

Zum Abfeuern schwerer Raketen bedient man sich vollständig Lafleten ähnlicher Gestelle.

[Vergl. Fig. 19, die, als Raketengeschütz mit 4 Leitrinnen, Mod. 1830, montirte *französ.* Gebirgs-Haubitzlaffete].

Die **Raketenbatterien** setzen sich, ähnlich gewöhnlichen Feldbatterien, aus 6 bis 8 (in Oesterreich selbst 12) Raketengeschützen und ebensoviel Munitionswagen etc. zusammen und theilen sich wie jene in Fuss-, fahrende, reitende und Gebirgs-Raketenbatterien ein. Inclusive des Geschützkommandanten, reichen im Allgemeinen 4 Mann *(fuséens)* zur Bedienung eines Raketengestelles aus.

Die **ballistischen Leistungen** der Kriegsraketen stehen sowohl bezüglich der Tragweite, als der Treffwahrscheinlichkeit, ganz besonders aber hinsichtlich der Streckung der Flugbahnen, selbst hinter denjenigen der glatten Kanonen zurück. Es liegt diess einestheils in der Natur des, hier noch dazu sehr grossen, Pfeilgeschosses, das eben eine ganz ausserordentliche Empfindlichkeit gegen jede Luftströmung zeigt und sich dabei stets gegen die Richtung dieser kehrt, zugleich aber, in Folge von nie gänzlich vermeidbaren Ungenauigkeiten der Fabrikation, Witterungs- und Transporteinflüssen etc. bedeutenden Abweichungen unterworfen ist; anderntheils hängt es mit der natürlichen Thatsache zusammen, dass die bewegende Kraft *(force motrice)* der Rakete doch derjenigen Steigerung nicht fähig ist, welche nothwendig wäre, um dem ganzen, aus Hülse, Versetzung und Stab combinirten Feuerwerkskörper, die Anfangsgeschwindigkeit eines geschossenen Projektiles zu ertheilen. Indess unterscheiden sich das *östr.* und das *engl.* Raketensystem auch bezüglich ihrer ballistischen Leistungen sehr erheblich von einander. Die grosse Seele der *östr.* Rakete und die weite Oeffnung derselben für den Gasabfluss, bedingen eine möglichst gesteigerte Anfangsgeschwindigkeit, aber eine kurze Dauer der bewegenden Kraft. Die entgegengesetzten Constructionen des *englischen* Systemes werden eine geringere Abgangsgeschwindigkeit aber eine anhaltendere Wirkung der treibenden Gase zur Folge haben müssen. Das *östr.* System hat denn auch zuerst, neben seinen Wurf-, noch (aber nur 2 zöll.) »Schussraketen« *(fusées de tir)* aufgestellt, während die *englischen* ausschliesslich als »Wurfraketen« *(fusées de jet)* angesehen werden müssen.[1]) Uebrigens unterscheiden sich die *östr.* Schuss- und Wurfraketen nur durch die grössere oder geringere Schwere ihrer Versetzung, also die, dadurch bedingte Vermehrung oder Verminderung

---

[1]) Die in *Schweden* eingeführten 3zöll. Raketen engl. Systemes werden dort als Ricochetraketen bezeichnet.

des Gesammtgewichtes und in Folge hievon erhöhte oder reduzirte Anfangsgeschwindigkeit von einander.[1])

Die excentrische Stellung des Stabes der *östr.* Rakete, bedingt aber für diese eine weitere ballistische Eigenthümlichkeit, durch welche sich ihre Bahn von derjenigen aller andern Geschosse und Wurfkörper wesentlich unterscheidet. In Folge des oben bezeichneten Umstandes befindet sich nämlich der Schwerpunkt der ganzen Rakete nicht in, sondern über der Axe ihrer Seele. Die, in Richtung der letzteren wirkende Triebkraft muss also eine Drehung des Systemes um seinen Schwerpunkt und in der Richtung gegen ihn, d. h. nach aufwärts verursachen. Diese Aufwärtsbewegung, der sogen. Aufschwung *(essor)*, der *östr.* Rakete, gibt sich beim Beginne ihrer Bahn (Taf. XXIV, Fig. 12) durch einen, gegen den Horizont convexen Bogen (ab) zu erkennen und endigt erst mit der vollständigen Verzehrung des Treibsatzes (wozu kaum 1 Sekunde nöthig). Das übrige (ungleich grössere) Stück (bc) der Raketenbahn, die sogen. Elongation *(élongation)* entwickelt sich nach den allgemeinen ballistischen Gesetzen.

[Den Winkel (β), welchen die Hülsenaxe im Endpunkte (b) des Aufschwunges, mit ihrer ursprünglichen Abgangsrichtung einschliesst, nennt man den Aufschwungwinkel.]

Ueber die, für den Effekt der Kriegsraketen nothwendigen Elevationen und die dadurch erlangten Tragweiten, mögen die nachstehenden Daten nähere Anhaltspunkte bieten.

Die *östr.* Schussrakete (ohne Stab an 5,5 Pfund schwer) erreicht, bei horizontalem Abgange, einen ersten Aufschlag von 250+, bei 2° Elev. einen solchen von 300+, bei 4°—400+, bei 6°—540+, bei 8°—740+, bei 10°—750+, bei 12°—800+, bei 15°—1000+ und bei 25°—1200+ als grösste Portée.

Die 6-Pfünder Wurfrakete erlangt eine Tragweite von 600+ mit 15° und eine solche von 1000+ mit 28° Elevation.

Die 12-Pfünder Wurfrakete bedarf für eine Entfernung von 900+ 8°, für 1600+ 30° Elevation.

Die Schussraketen sollen noch auf 1000+ 50% Treffer gegen eine Wand von 30 Klafter Länge und 1 Klafter Höhe, die Wurfraketen bis 800+ nahezu 100% Aufschläge in ein Quadrat von 40+ Seitenlänge geben.

Die *engl.* 6-Pfünder Feldraketen bedürfen 10° Elev. für die Portée von 420 Yards (508 bayer. Artill. Schr.), mit 15° erreichen sie 1100 Y. (1330 Schr.), unter 37° 2300 Y. (2780 Schr.). — Gegen die, einer Schwadronsfront gleiche Scheibe rechnet man noch 25% Treffer auf 1100 Schr.

Die *französ.* 6cm Feldrakete giebt mit 10° Elev. 500m; mit 15° 1000m;

---

[1]) Die Benennung „Schussrakete" ist auch in *Russland* für die 2 zöll., nur mit einer 2pfünd. Granate versetzten Feldrakete, zur Unterscheidung derselben von der gleichen, mit einer 6-Pfünder Hohlkugel armirten, welche dann „Wurfrakete" heisst, gebräuchlich.

mit 20°, 1500ᵐ; mit 25°, 1800ᵐ; mit 30°, 2200ᵐ; mit 35°, 2500ᵐ; mit 40°, 2800ᵐ und mit 45°, 3000ᵐ Wurfweite.

Schwere, für den Belagerungs- und Seedienst bestimmte Kriegsraketen, erlangen in der Regel mit 45 bis 50° Elevation, Wurfweiten von 3000 bis 4000+ und selbst 4500 und 5000+.

Die Rotationsrakete. (Taf. XXIII.)

Die lästige Mitführung des (früheren, langen) Stabes und die geringe Treffwahrscheinlichkeit der pfeilähnlichen Kriegsraketen, gab die wiederholte Anregung zu eingehenden Bestrebungen, beide Uebelstände zugleich, durch die Construktion rotirender Raketen zu beseitigen. Dem Engländer **Hale** gelang es (1845) diese Aufgabe in möglichst zweckentsprechender Weise zu lösen. Er versah die, sonst nach *englischem* Systeme angeordnete Rakete (Fig. 16), an ihrem Bodenende mit einem gusseisernen Conduktor (C), in welchem sich, neben einem weiten, centralen Längencanale (L) noch 5—6, im Schraubengange gewundene Seitencanäle (ll) angebracht finden. Die, durch die letzteren ausströmenden Gase bewirken die Rotation der Rakete um ihre Längenaxe, indess das Gewicht des Conduktors die Schwerpunktslage des Systemes regelt. [1])

Das *Hale*'sche Abfeurungsgestell, (Fig. 21) setzt sich aus einem dreibeinigen (f, f, f_1) Stative mit einer Leitrinne (l) zusammen. Die letztere tritt mit ihrem Mündungsende durch einen, im vorderen Gestellfusse (f_1) angebrachten Vertikalschlitz, und greift zugleich mit 2, Schildzapfen ähnlichen Armen, in die seitlichen Längenschlitze jenes Fusses ein. Zwei, an den Armen der Leitrinne aufgesetzte Stellschrauben (ss) erhalten diese in der gewählten Elevation fest. Das rückwärtige Ende der Leitrinne nimmt die Rakete (r) auf, welche durch den Hauptcanal des Conduktors in Brand gesetzt wird, sich aber erst dann vorwärts bewegen kann, wenn sie Triebkraft genug besitzt, um eine, in die Leitrinne eingelegte Klappe (k) zu öffnen, deren Drehung (um die Achse a) durch ein (am Kniehebel h befestigtes) verschiebbares Gegengewicht (p) behindert wird. Diese Vorrichtung sichert den Eintritt der rotatorischen vor der fortschreitenden Bewegung der Rakete.

---

[1]) Die Hale'schen Construktionen erinnern an die, S. 197, Note 2 erwähnten „Turbinen" oder „Demontirgeschosse", wie sie in Preussen genannt wurden, woselbst sich Artill.-Oberst Hartmann eingehend mit ihrer Anordnung beschäftigte. Oberst Taubert spricht denselben (in der, S. 249 Note 1 empfohlenen Schrift) eine, den Rundkugeln weit überlegene Treffsicherheit, aber nur eine sehr geringe Tragweite zu.

So viel bekannt, ist das System *Hale* bis jetzt erst in der österreichischen Armee, hier aber auch unter völligem Ausschlusse des Augustin'schen, zur definitiven Annahme gelangt. Nach den Angaben Müller's („Verwendungslehre der Artillerie" sieh' S. 346 Note 1) ist die Treffwahrscheinlichkeit der Rotationsraketen nicht grösser als diejenige der Augustin'schen, wohl aber ihre Tragweite. Man hat — nach dem Gewichte ihrer Hohlgeschosse benannte 4-Pfünder Schuss- und 6-Pfünder Wurfraketen Hale'schen Systemes in Oesterreich adoptirt. Die grösste Tragweite jener ist 1900, dieser 1200 Schritt. Gegen ein Objekt von 20+ Breite ebensolcher Tiefe, und 6' Höhe, ergab die Schussrakete 60 %, Treffer auf 500, 30 % auf 1000, 20 % auf 1500 und 15 % auf 1900+; die Wurfrakete 40 % Treffer auf 500 bis 800, 25 % auf 1200+.

Das östr. Abfeuerungsgestell wiegt 26 Pfund. Die Feuergeschwindigkeit ist geringer als jene der Geschütze und kann man durchschnittlich nur 1 Schuss per Minute rechnen.

Schlussbemerkungen.

Die Verwendbarkeit der Kriegsrakete ist eigentlich durch kein Terrainhinderniss, das dem Menschen überhaupt noch zugänglich ist, beschränkt; man kann sie von Kirchthürmen herab, zu Fenstern heraus, von der leichtesten Fischerbarke oder einem Flosse aus, auf dem Boden liegend u. s. w. verfeuern; sie eignet sich ebenso zur Beschiessung fester Plätze von weiter Ferne, als zum Kampfe gegen die vorgeschobensten Angriffsbatterien des Belagerers [1]); sie kann mit Explosionskörpern versetzt werden, deren Empfindlichkeit den Stoss einer Geschützladung nicht ertragen würde u. s. w. Es unterliegt keinem Zweifel, dass diese Allseitigkeit von ausserordentlichem Werthe und der Gedanke entschieden bestechend ist: die Wirkung des Artilleriegeschosses hervorbringen zu können, ohne viel mehr als es selbst und seine Hinterladung (in Gestalt des Treibsatzes) mitführen zu müssen. Diese Vorzüge mindern sich jedoch sehr erheblich durch den Mangel einer ansehnlicheren Schusswirkung, durch die geringe, den andern Feld- und besonders den gezogenen Geschützen gegenüber, kaum ein Gefechtsverhältniss zulassende Treffwahrscheinlichkeit, ganz besonders aber durch die geringe Conservir-

---

[1]) Ein Beispiel hiezu bildet die, gelegentlich der grösseren Herbstwaffenübungen im Jahre 1862 zu Graudenz, seitens der preuss. Artillerie versuchte Beschiessung der, 150 Schr. entfernten Breschbatterien mit 2 zöll. Sprengraketen. Dieselben ergaben die Wirkung und die Treffwahrscheinlichkeit der 25-Pfünder Bombe. [Die *preuss.* Rakete scheint eine glückliche Combination des Augustin'schen Prinzipes (weite Seele) mit den französischen Modifikationen des englischen Systemes (kurzer, canelirter Stab.)]

barkeit der Rakete. Bietet eine wirklich gleichmässige Fabrikation der Kriegsraketen schon die bedeutendsten Schwierigkeiten, so steigern sich diese noch bezüglich der Aufbewahrung. So gut das Schiesspulver bei längerer Magazinirung und andauerndem Transport Schaden nimmt, ebenso, aber nur in viel höherem Masse, muss diess beim (unpolirten) Treibsatz-Pulverkuchen der Rakete der Fall sein. [1])

Verdorbenes Pulver kann oft mit geringen Mitteln wieder brauchbar gemacht, unter allen Umständen aber doch überhaupt erkannt werden — wie soll man dagegen eine ganz verlässige Untersuchung des eingeschlossenen Treibsatzes vornehmen? Verdorbene Patronen vermindern eben die Treffresultate, bei der Rakete ist aber nicht allein diese, sondern auch noch die weit bedenklichere Folge ihrer Explosion zu befürchten, welche diejenige der Versetzung in den meisten Fällen nach sich ziehen wird. Diese Uebelstände erfordern Einrichtungen, welche noch eine massenhafte Erzeugung der Raketen im Augenblicke der Mobilmachung und damit die Ausrüstung der bezüglichen Artillerieabtheilungen mit vollständig frischer Munition gestatten. [2])

Der Zusammenhalt all' dieser Vor- und Nachtheile rechtfertigt wohl das Urtheil: »die Rakete ist weder ein unentbehrliches Kriegsmittel, noch wird sie das Kanonenfeuer jemals in irgend einer Beziehung völlig ersetzen; sie darf aber als eine nützliche Hülfswaffe betrachtet werden, welche man immerhin schmerzlich vermissen wird, wenn sie nicht zur Verfügung steht.« [3])

Einige besondere Kriegsfeuerwerkskörper.

Ausser den bisher kennen gelernten Geschossen bedient man sich im Kriege noch verschiedener Feuerwerkskörper, deren gebräuchlichste hier wenigstens eine flüchtige Erwähnung finden sollen.

Um die Stellung und ganz besonders die nächtlichen Annäherungsarbeiten des Feindes vor Festungen zu beleuchten, bewirft man das Vorterrain mit **Leuchtkugeln** oder **Leuchtballen** (*balles luisantes, boulets lumineux, balles à feu*). Es sind diess aus Leuchtsatz, der in ein eiser-

---

[1]) Das russ. Reglement nimmt (nach Konstantinoff, „Lectures etc.“ S. 294) eine Aufbewahrungsdauer von vier Jahren als Grenze für die Sicherheit der Kriegsraketen an.

[2]) In diesem Sinne hat Frankreich (1858) in Metz ein vortreffliches Raketenetablissement errichtet, das mit 16 hydraulischen Pressen ausgestattet ist.

[3]) Motto zu Konstantinoff's „Lectures etc.“, dem officiellen Berichte der französischen Artillerie über die Belagerung von Sebastopol entnommen.

nes, mit Zwillich überzogenes Kugelgerippe (*carcasse*. Taf. XXII, Fig. 11) eingeschlagen wird, gebildete Projektile, welche man zur grösseren Festigung mit Seilwerk umstrickt (Taf. XXII, Fig. 10) und zur Abhaltung der Feuchtigkeit in Pech etc. taucht und darauf mit Sägespähnen bestreut.

Ihr Kaliber entspricht dem, der grösseren gebräuchlichen Hohlkugeln. Um ihr Auslöschen etc. durch den Feind zu verhindern, spickt man sie mit kurzen, spitz zugeschweissten und hier mit einem Zündloche (Fig. 12, z) versehenen Laufstücken, die eine Pistolenladung erhalten und Mordschläge genannt werden. In grosse Leuchtballen legt man zum gleichen Zwecke auch Handgranaten ein. Je nach Kaliber und Satzmischung, brennen derlei Leuchtgeschosse 2 bis 5 Minuten lang und erhellen ihre Umgebung auf einen Umkreis von 100 Schritt Durchmesser und darüber. Sie werden aus Mörsern oder Haubitzen geworfen und wirken am günstigsten, wenn sie etwas uber das, zu beleuchtende Objekt hinaus zu liegen kommen; doch beschränkt sich ihre Anwendung (da sie nur schwache Hinterladungen vertragen) auf eine Entfernung von 800 Schritt, während ihr Effekt sehr leicht durch Terrainunebenheiten oder weichen Boden beeinträchtigt wird.

In der bayer. Artillerie sind 10-Pfünder Leuchtkugeln, dann 25-Pfünder und 60-Pfünder Leuchtballen gebräuchlich.

Die **Leucht-** oder **Fallschirmraketen** (*fusées d'éclairage, fusées à parachute*), deren man sich vorzüglich in Oesterreich bedient, haben den Vortheil, das Terrain von oben herab zu beleuchten, bei bewegter Luft können sie aber sehr leicht in anderem als gewünschtem Sinne zur Wirkung kommen. Als Versetzung führen sie eine Leuchtsatzbüchse (Taf. XXIII Fig. 17[b], lb), die geeignet an einem Fallschirme (Fig. 17[a. b], F) von Wollen-, Seiden- oder Baumwollenstoff befestigt ist und mit diesem, durch eine kleine Ausstossladung ausgeworfen wird, sobald die Rakete ihre grösste Steigkraft erreicht hat. Zugleich entzündet sich die Füllung der Leuchtbüchse, die nun, durch den Fallschirm, schwebend in der Luft erhalten wird und nur allmählig und erst nach vollzogenem Zwecke zu Boden fallen kann.

(Die Fallschirmrakete wurde auch für das Hale'sche System in Oesterreich beibehalten.)

Derlei Leuchtraketen selbst, oder ähnliche Feuerwerkskörper, benützt man auch, um — auf weite Entfernungen hin — nächtliche Signale zu geben.

Signalraketen (*fusées de signal*) sind mit verschiedenfarbig brennenden Leuchtkörpern — »Sternen« (*étoiles*) — und — um durch einen weithin vernehmbaren Schall auf ihr Erscheinen aufmerksam zu machen — gewöhnlich auch mit sogen. Kanonenschlägen (*marrons*) versetzt. Letztere bestehen aus starken, ein paar Zoll langen Papierhülsen, die mit Pulver geladen, an beiden Enden mit Pfropfen verschlossen und fest zugewürgt, endlich mehrfach mit Bindfaden umwickelt, in Leim getaucht und — um ein Zündloch zu erhalten — angebohrt werden.

Die Signalraketen sind meistens nur 1 oder 2zöllig und werden zum Abfeuern vertikal aufgehangen. Sie erreichen eine mittlere Steighöhe von 800—900' (230—260ᵐ), wonach ihre Lichtwirkung unter günstigen Umständen 8 bis 9 und selbst 12 Meilen weit ersichtlich werden kann, indess die Kanonenschläge doch kaum über 2—3 Meilen hinaus vernehmbar sind.

In der bayer. Artillerie sind 1-Pfünder (vergl. Fig. 14 der Taf. XXIII) und 2-Pfünder Signalraketen gebräuchlich.

Eine besondere Erwähnung verdient die Signalrakete der französ. Marine (Taf. XXIII, Fig. 15) wegen des, bei ihr versuchten Ersatzes des Stabes durch Windflügel (*ailettes, fff*), ein Experiment, das sich übrigens nur für Steigraketen bewährte, immerhin aber den Uebergang zur französischen Stabform bildete. Die hölzernen Windflügel sind in ein eisernes Stabgerippe (*ss*) eingefügt und dieses (ähnlich der Befestigungsweise des preuss. Stabes) durch Drahtbünde (*d d*) mit der Rakete verbunden.

Zur Abwehr des Sturmes bedient man sich der **Sturmfässer** (*barils foudroyants*) und **Sturmsäcke** (*sacs foudroyants, sacs à poudre*). Jene, schichtenweise mit Handgranaten, faulen Stuppinen, geschmolzenem Zeuge etc. gefüllt, werden dem Feinde entgegengerollt, diese gewöhnlich nur eine — unter Zugabe ähnlicher Brandkörper — in eine Pappendeckelhülse eingeschlossene Handgranate enthaltend, werden entweder einzeln, aus freier Hand, oder, in grösserer Anzahl zugleich, aus Mörsern geworfen.

Zum Einsprengen von Thoren hat man sich besonders früher sogen. **Petarden** (*pétards*) bedient. Das sind kleine Mörser oder Glocken (vergl. Taf. XXVI, Fig. 19, m), oder in deren Ermanglung starke, eiserne, oder beschlagene hölzerne Kasten, welche mit Pulver gefüllt, mit einem Brandrohre versehen und endlich mit ihrer Mündung auf eine dicke Bohle (b) — das »Madrillbrett« (*plateau*) festgeschraubt werden. Zum Gebrauche wird die Petarde an dem einzusprengenden Thore aufgehangen, oder gegen dasselbe angelehnt. Die intensiven Sprengmittel der Neuzeit haben indess derlei Behelfe wohl ziemlich entbehrlich gemacht.

Die Schuss- und Wurfarten der Artillerie. (Taf. XXIV.)

Die Feuerwirkung der Geschütze[1]) (s. nächste Seite) lässt sich im Allgemeinen nach den drei Hauptgesichtspunkten betrachten:

1. nach der, dabei erzeugten **Geschossbahn** und deren **Lage** zum **Ziel** und **Schussterrain** in **vertikaler** und **horizontaler** Richtung;
2. nach der verfeuerten **Geschossgattung** und
3. nach der beabsichtigten **Wirkung** auf das Zielobjekt.

1. Schuss- und Wurfarten nach Gestalt und Lage der Geschossbahn.

Bezüglich der ballistischen Unterscheidung der einzelnen Feuerarten dürfte den, hierüber bereits im III. Abschnitte enthaltenen Erklärungen, nichts mehr beizufügen sein. Ebenso wurde, bei Abhandlung der Geschütze selbst, vielfach auf ihre Leistungsfähigkeit aufmerksam gemacht. Hienach genügen wohl die folgenden Zusätze.

a. Der **direkte Schuss** wird durch einen Terrainwinkel von ± 5° noch wenig in seiner Wirkung beeinträchtigt; grössere Höhenunterschiede alteriren aber den Schusseffekt merklich genug und bei Senkungen oder Steigungen, welche über den Winkel von 10° gehen, lässt sich schon kein genügender Erfolg des direkten Geschützfeuers gegen Truppenziele mehr erwarten.

Der direkte Schuss ist ein **senkrechter**, wenn seine Richtungsebene rechtwinklig zur Zielfronte steht und eignet sich in dieser Anordnung am besten zu starken Perkussionswirkungen (Breschirungen etc.). Er heisst **Schrägschuss** *(tir en écharpe)*, wenn seine Direktionslinie schief gegen die Zielebene geneigt ist und verspricht in diesem Falle besondere Wirkung gegen einigermassen tief aufgestellte Truppen.

Wird der Schrägschuss gegen feste Ziele und in der Absicht angewendet, durch seinen Abprall von den Wandungen dieser wirksam zu werden, so heisst er **Bricolschuss** *(tir à bricol)*, als welcher er gegen gekrümmte Hohlwege, zurückgezogene Festungswerke (Orillons) etc. eine, jedenfalls nicht zu erfolgreiche Verwerthung finden kann.

Fällt die Schusslinie mit der Verlängerung des Zielobjektes zusammen und kann dieses somit seiner ganzen Ausdehnung nach »bestrichen« werden, so heisst diese, natürlich höchst erfolgreiche Feuerwirkung, gegen Truppen angewendet, eine **flankirende**, gegen Festungswerke abgegeben, eine **enfilirende**. [Der **Enfilirschuss** *(tir d'enfilade)* findet sich in Fig. 2 versinnlicht; ff_1 bezeichnet dort die Rückenansicht der enfilirten Face, aa_1 die Geschossbahn, a_1 deren ersten Aufschlag].

Verwehren Nebel, dichter Pulverdampf oder dergl. ein genaueres

---

[1]) Zu eingehenderen Studien hierüber sei die „**Anleitung zum Schiessen und Werfen**" von **Franz Freiherrn von Schleich**, k. b. Artill.-Lieutenant, München, Cotta 1867, empfohlen.

Zielen, oder will man sehr tief aufgestellte Truppen beschiessen u. s. w., so kann, bei glatten Geschützen, der **Rollschuss** *(tir roulant)* in Anwendung treten. Derselbe (vergl. Fig. 1) wird mit horizontal gestelltem (vergl. ss_1 Seelenaxe) oder wenig elevirtem Rohre abgegeben und verspricht, bei hartem, ebenem Boden, eine Auslaufweite (aw) bis zu 2000 Schritt, indess der erste Aufschag (a.) zwischen 300 und 400⁺, der zweite (a,) beinahe doppelt so weit, und der dritte (a,) vielleicht 800—900⁺ vom Geschütze (g) liegt. Ein unebenes, weiches, oder ansteigendes Vorterrain beeinträchtigt die Wirkung des Rollschusses sehr, eine sanfte Neigung des Geländes begünstigt ihn. Ruhige Wasserspiegel oder Eisflächen eignen sich sehr gut zu seiner Anwendung. Excentrische Granaten werden zum Rollschusse mit Schwerpunkt unten (»Pfeilspitze oben«) geladen und versprechen geringeren Erfolg als concentrische Hohlkugeln.

b. Der **indirekte Schuss** *(ricochet tendu)* hat durch die Einführung der gezogenen Geschütze ganz ausserordentlich an Bedeutung, Anwendbarkeit und Wirksamkeit gewonnen, erfordert indess die gründlichste Kenntniss der Waffe, um mit Erfolg angewendet werden zu können. Während es beim direkten Schuss, und auch beim Wurfe, genügt, die Flugbahn so zu bestimmen, dass sie den Zielpunkt schneidet, also nur der Aufschlag des Geschosses richtig zu wählen ist, wirkt hier, neben diesem, noch ein zweiter Punkt bedingend auf die Flugbahnermittlung ein und es muss in jedem speziellen Falle eine solche in geeigneter Weise stattfinden.

Wollte man z. B. die Stirnmauer eines, in Fig 3 angedeuteten, gedeckten Reduits auf indirektem Wege breschiren, so wäre hiezu das doppelte Problem zu lösen: dass das mit der stärksten hiefür zulässigen Ladung abgefeuerte Geschoss, einmal jene Mauer ungefähr hart über dem zweiten Drittel ihrer Höhe (von unten gerechnet), allenfalls in der Schartengegend (bei a) treffe, dabei aber, zweitens, die Crete (c) der deckenden Brustwehre überfliege. Zur zweckmässigen Ausführung dieser Aufgabe sind die Entfernung von a und der Abstand von c mit den, diesen Distanzen entsprechenden Elevationen und Ladungen und endlich die Terrainwinkel [1]) für jeden dieser Punkte in Rechnung zu ziehen, deren Vornahme dem Artillerieoffiziere durch besondere Anleitungen und die Schiess- und Wurftafeln erleichtert ist.

---

[1]) In der angezogenen Figur bezeichnet: HH_1 den Bettungshorizont, Sh den Schildzapfenhorizont des aufgestellten Geschützes; $hSa = \gamma$ den negativ gedachten Terrainwinkel für a, $cSh = \beta$ den positiven Terrainwinkel für c, $S_1Sh = \alpha$ den ermittelten Elevationswinkel für a.

Der indirekte Schuss erlaubt indess weder sehr bedeutende Abweichungen von der senkrechten Stellung seiner Richtungsebene zur Zielfronte, noch beträchtliche Höhenunterschiede zwischen Geschütz und Aufschlag.

c. Der **Ricochetschuss** *(tir à ricochet)* ist stets ein enfilirender [1]) und wird nur gegen Festungslinien angewendet. Er zerfällt in einen flachen (Fig. 4, **fr**) und einen hohen (**hr**, u. **hr**,) Ricochetschuss. Jener *(ricochet tendu)* unterscheidet sich nur insoferne vom indirekten Schusse, als er nicht gegen ein aufrechtstehendes, sondern gegen ein horizontales Ziel gerichtet ist, dieser *(ricochet mou, ricochet courbé)* kann entweder die Aufgabe haben, durch wiederholte Geller *(ricochets)* die, zum Schutze gegen Enfilirung erbauten Traversen eines Werks zu überspringen (hr_1), oder, zwischen solche hinein, liegenbleibende Hohlgeschosse zu schleudern (hr_2). Für den hohen Ricochetschuss sind kurze Rohre und grosse Kaliber — speziell auch Mörser, welche hiezu eine geneigte Bettung erhalten — geeigneter als kleine Kaliber und lange Rohre, die sich dafür besser zum flachen Ricochetschuss qualificiren. Kugelförmige Geschosse ricochetiren besser als längliche (die dann natürlich nicht mit Percussionszündern versehen sein dürfen), indess werden auch bei ihnen die Absprünge ungenügender, sobald die Einfallwinkel eine Grösse von 10° übersteigen. Hiedurch sind bedeutende Höhenunterschiede zwischen Geschütz und Ziel, sowie Entfernungen über 1000^+ von selbst ausgeschlossen. Bezüglich des Einflusses der Bodenbeschaffenheit gelten die beim Rollschuss gegebenen Andeutungen. Die Ladungen und Elevationen sind auch hier für jeden speziellen Fall besonders zu berechnen und fallen erstere auf $^1/_{10}$ bis $^1/_{16}$ der Geschossschwere herab, indess diese bis 10 und 15° steigen können.

d. Der **flache Wurf** *(jet mou)* tritt im Allgemeinen nur gegen Ziele in Anwendung, welche durch den Schuss nicht zu erreichen sind. Seine Elevationen steigen, je mehr man eine durchschlagende Wirkung des Geschosses von oben nach unten, oder ein sicheres Liegenbleiben desselben beabsichtigt, oder je weniger erreichbar das Ziel durch kleine Einfallwinkel ist. Er wird wenig durch Höhenunterschiede beinträchtigt, so lange diese das Mass seiner Ausführbarkeit nicht übersteigen. [2])

e. Der **hohe Bogenwurf** *(feu vertical)* wird eigentlich nur unter drei verschiedenen Elevationen abgegeben:

unter 30° (oder 35°), wenn die Beschädigung des Zieles keine bedeutenden Einfallwinkel fordert, seine Beschaffenheit oder Umgebung

---

[1]) Er ist die Erfindung **Vauban's**; vergl. hierüber Abschnitt VII.

[2]) Fig. 5 gibt eine Zusammenstellung flacher Wurfbahnen bayerischer Geschütze.

aber ein zu tiefes Eindringen und damit ein Ersticken steil einschlagender Geschosse befürchten liesse;

unter 45°, wenn die grössten Wurfweiten überhaupt oder die relativ grössten mit den geringsten Ladungen erreicht werden sollen und daneben keine besondere Durchschlagswirkung gefordert wird;

unter 60° (oder 75°), wenn es sich um grosse vertikale Percussionswirkungen, den Durchschlag starker Eindeckungen etc. (vergl. Fig. 9) handelt, oder, auf sehr nahe Entfernungen, zum Steinwurf, dessen Wirkung durch grosse Fallwinkel erhöht werden muss.

Der hohe Bogenwurf ist natürlich noch unabhängiger von Höhendifferenzen zwischen Geschütz und Ziel, als der flache.

2. Schuss- und Wurfarten nach der angewandten Geschossgattung.

a. Der **Schuss mit Vollprojektilen (Kugelschuss)** *(tir à projectiles massifs, tir à boulet)*, früher die Hauptschussart der Artillerie, kömmt jetzt nur mehr in Ausnahmsfällen, zu Breschirungen, oder in Verwerthung alter, glatter Geschütze zur Anwendung.

b. Der **Glühkugelschuss** *(tir à boulets rouges)* dient zur Brandlegung aufrechtstehender Ziele (Balkenwände etc.). Er wird nur aus glatten Rohren und mit etwas geringerer, als der vollen Schussladung abgegeben, um die Durchschlagskraft des Geschosses zu mindern und dessen Steckenbleiben im Ziele zu veranlassen. Man wählt dazu Vollkugeln mit kleinerem als dem Normaldurchmesser (verwitterte) aus, da sich dieselben ja beim Glühen ohnehin vergrössern. Die Geschosse werden in der Feldschmiede, oder besonderen Kugelglühöfen gut rothwarm gemacht und dann in das, bereits mit Pulver und einem nassen Heupfropfen (Vorschlag) geladene und gerichtete Rohr hineingerollt.

Ein langes Verweilen der glühenden Kugel in der Seele des Geschützes bringt zwar — bei richtiger Ladung — keine Selbstentzündung hervor, beschädigt aber das Rohr und vermindert die Zündfähigkeit des Geschosses.

c. Der **Kartätschschuss** *(tir à balles, tir à mitraille)* wird mit horizontalem oder (auf die grösseren Entfernungen und bei etwas weichem Boden) wenig elevirtem Rohre und nur auf kurze, bereits im Bereiche des Infanteriefeuers liegende Schussweiten abgegeben. Seine Wirkung erstreckt sich für Feldgeschütze im Mittel auf 600+, für schwere Kanonen bis 800+, kann indess durch ein ebenes, oder sanft abfallendes, besonders aber hartes, das Gellen der Schrote (wenn diese selbst elastisch genug sind) begünstigendes Vorterrain, entschieden gesteigert werden. Seine Breitenstreuung beträgt im Allgemeinen $^1/_{10}$ der Schussweite (vergl. Fig. 6).

Der Kartätschschuss greift die Rohrseele, besonders wenn selbe von weicherem Metalle als das der Schrote ist, erheblich an und kann daher vorzüglich gezogene Geschütze empfindlich beschädigen. Er wird für diese, ihrer grösseren Tragweite, Treffsicherheit und wirksamen Hohlgeschosse wegen, weit seltener Anwendung finden, als diess bei glatten Rohren der Fall war, aber doch noch oft genug Gelegenheit haben, entscheidend auf den Gang des Gefechtes einzuwirken und gilt daher vielfach und wohl mit Recht, als ein, besonders der Feldartillerie unentbehrliches Vertheidigungsmittel. Von diesem Gesichtspunkte aus wird sich daher die Frage aufwerfen, ob man den, seiner Zinkschrote, seines geringen Ladungsverhältnisses und auch — wenigstens bei Pressspahnliderung — des vorsichtigen, keine Uebereilung duldenden Ladevorganges wegen, bis jetzt noch ziemlich ungenügenden Kartätschschuss der Präcisionsgeschütze, geeignet zu verbessern streben, oder, neben diesen besondere Kartätschgeschütze mitführen müsse. Gerade der selteneren Anwendung des Schrotfeuers wegen, dürfte sich der erstere Weg besonders so lange mehr empfehlen, als die hiezu noch gebotenen Hilfsmittel nicht schon sämmtlich erschöpft sind. Es liegen solche unzweifelhaft in der Anwendung kupferner, oder aus entsprechenden Legirungen erzeugter Schrote [1]; in der Vermeidung jedes Eintrittes der Kartätschbüchse in die Züge; in der Auswahl des richtigen Materiales für die Büchse (die übrigens immer im Rohre springen muss!); in der Anwendung der Vorwärtsladung für den Kartätschschuss bei Pressspahnliderung (indem man vielleicht den Pressspahnboden des vorausgegangenen Schusses im Laderaume belässt) und endlich in der — bei vollem Spielraume der Büchse wohl noch möglichen Steigerung der Pulverladung.

d. Der **Granatkartätschschuss** *(tir à obus à balles)* setzt zu einer vollkommenen Wirkung den Einfall seiner Schrote von oben (vergl. Fig. 7) und hiezu eine verlässige Zündvorrichtung und die genaue Kenntniss der Distanz voraus. Gegen am Boden krepirende Geschosse, kann man sich oft durch Niederlegen, Benützung kleiner Gräben etc. schützen, ebenso durch Einschneidungen u. s. w. gegen das direkte Feuer, die Wirkung des richtigen Shrapnelschusses kann nur durch feste Eindeckungen abgehalten werden. Es liegt hierin ein ganz ausserordentlicher Werth dieser Schussart für die offene Feldschlacht sowohl, wie für den Festungskrieg und nur die Schwierigkeit der genauen Lösung ihrer Aufgabe ist es, welche diesen Werth herabmindert.

Der Gebrauch der Granatkartätsche begann bei den glatten Rohren gewöhnlich mit jenen Distanzen, auf welche die Büchsenkartätsche an Leistung abnahm; für nähere Entfernungen hatte man ja diese selbst

[1] Vergl. den französischen Kartätschschuss.

und auch noch zu flache Bahncurven, um gute Einschläge zu bekommen, für welche man eine Entfernung von 40—80⁺ vor dem Ziele, als beste »Sprengintervalle« (i) und eine »Sprenghöhe« (h) von 6—15′ über dem Boden, als entsprechendste Masse feststellte.

Bei der geringeren Treffwahrscheinlichkeit und Tragweite der Kugel beschränkte sich der glatte Shrapnelschuss noch auf die Distanzen von 12—1500⁺ als äusserste Gränzen einer verlässigen Leistung. Diese Entfernung ist durch die gezogenen Geschütze bis auf 1800⁺ und 2000⁺ (ja selbst darüber) vergrössert und zugleich gebräuchlich worden, die Granatkartätsche auch an Stelle der Schrotbüchse auf die nächsten Entfernungen zu verfeuern; dagegen ist, speziell bei Hinterladungssystemen nach preussischem Muster, die ganze Natur des Shrapnelfeuers durch die Annahme nicht tempirbarer Percussionszünder für die Streugranate vollständig alterirt worden. So schätzenswerth der Vortheil des Wegfalles jeder Tempirung wäre, so kann derselbe doch den Mangel an Leistungsfähigkeit nicht ersetzen, der einer, erst nach dem Aufschlage und somit von unten nach oben streuenden Granatkartätsche (vergl. Fig. 8), gegen welche jede Terrainwelle Deckung gewährt, im Vergleiche zur richtigen Shrapnelwirkung anhaften muss. Dieser Mangel wird mit der Vergrösserung der Schussweite, d. h. mit jener der Einfallwinkel des Geschosses zunehmen, weil damit auch die Abprallwinkel der Schrote etc. wachsen, die von selben bestrichenen Räume sich also vermindern. Dieser Umstand zwingt auch, die Sprengintervalle mit der Zunahme der Distanz (von 50⁺ bis herab auf 10⁺) zu vermindern. Man kann indess wohl erwarten, dass die Unzulänglichkeit des Shrapnelschusses mit Percussionszündern, sehr bald durch tempirbare Zünder beseitigt werde, wie solche bereits in der Abhandlung der Geschützmunition (S. 457) Erwähnung fanden und durch welche (mittels ihrer »Kartätschenstellung«) die Streugranate auch eher zu einem Ersatze der Schrotbüchse werden könnte, als diess jetzt der Fall ist.

c. Der **Granat- und Bomben-Schuss** und **Wurf** *(tir et jet à obus et à bombes)* sind die gebräuchlichsten Feuerarten der heutigen Artillerie, deren ganze Feldmunition zum grössten Theile in Sprenggeschossen besteht. Die Leistung der letzteren ist durch die Einführung der gezogenen Geschütze noch in weit bedeutenderer Weise gesteigert worden, als diess durch die Anwendung excentrischer Hohlkugeln der Fall war und hat für die Langgeschosse, neben erhöhter Treffwahrscheinlichkeit und Tragweite, auch den weiteren Vorzug einer leichten Ausführung der Percussionszündung mit sich gebracht. Ein besonderer Werth der letzteren liegt in der Möglichkeit des Einschiessens auf unbekannte Entfernungen, die eben (wenn die, hiezu nöthige Beobachtung der Explosion des abgefeuerten Projektiles auch manchmal, durch gleichzeitiges Abbrennen des feindlichen Geschützes, vom Gegner behindert werden wird!) doch keineswegs in ähnlicher Weise bei Brandrohrgeschossen und vollen Projektilen ausführbar war. Letzteren gegenüber genügt es wohl, auf den Unterschied hinzuweisen, der z. B. in der Wirkung einer ogivalen 6-Pfünder-Granate mit ihren (durchschnittlich) 54 Sprengstücken (wovon 36 auf den Eisenkern, 18 auf den Bleimantel treffen und ca. die Hälfte schwerer als 6 Lth. oder 105 Gr. sind) im Vergleiche zur Vollkugel desselben Kalibers liegen müsse, um den ausserordentlichen Gewinn an Leistungsfähigkeit anschaulich zu machen, den die Artillerie der Einführung des gezogenen Geschützes verdankt. Dabei darf freilich der Umstand nicht übersehen werden, dass die Einfallwinkel der Langgeschosse, jenseits der Entfernungen, welche sonst allerdings auch die äusserste Grenze des Kugelschusses bildeten, so bedeutend werden, dass nicht allein jeder wesentliche bestrichene Raum wegfällt, sondern auch die Sprengwirkung der Geschosse, durch ihr zu tiefes Eindringen beim Aufschlage abnimmt (besonders wenn das Ziel auf weichem Boden steht!). Es folgt daraus die einfache Lehre, dass man auch mit dem gezogenen, wie seiner Zeit mit dem glatten Geschütze, diejenigen Schussweiten, als die mörderischsten gegen Truppenziele anzusehen habe, welche zunächst der Grenze des Feuerbereiches der Infanterie liegen. Damit bleibt der ogivalen Granate immerhin eine eminente Ueberlegenheit gegen das Feuer aus glatten Geschützen, die sich durch ihre so weit begrenzte und so bedeutende Fernewirkung gegen feste Ziele noch ausserordentlich steigert.

f. Der **Brandgranaten- und Brandbomben-Schuss und Wurf** *(tir et jet des obus et des bombes incendiaires)* hat — wie diess zum Theil schon aus der Erörterung der hieher gehörigen Munition hervorgieng — ebenfalls sehr erheblich durch die Einführung gezogener Geschütze an Leistungsfähigkeit gewonnen. Brandgeschosse mit Percussionszündern werden gewöhnlich mit schwächeren Ladungen verfeuert, um die Streuung ihrer Brandcylinder nicht zu sehr durch eine grosse Endgeschwindigkeit zu vermehren.

g. Der **Wachtelwurf** *(jet des grenades)* besteht gewöhnlich aus 40—60 in einen Korb oder Sack, oder nur über einem Hebspiegel in den Flug des Steinmörsers eingeschichteten Handgranaten und wird, meistens unter 30—35° Erhöhung, auf Entfernungen von 100—300⁺ und natürlich nur im Festungskriege angewendet.

k. Der **Stein- und Kugelwurf** *(tir du pierrier)* wird in ähnlicher Weise wie der Wachtelwurf nur statt Handgranaten aus Kartätschen- oder Kanonenkugeln kleineren (3-, 4-, bis 6-pfünd.) Kalibers, oder ca. 90 Pfund (50 Kil.) je $1\frac{1}{2}$ bis $2\frac{1}{2}$ Pfund (800 bis 1400 Gramm.) schweren Steinen zusammengesetzt und auf dieselben Entfernungen, aber unter steileren Elevationen (45—60°) versendet.

i. Der **Erdwurf** (Fig. 10) ist seiner Natur nach eine Mine und wird daher auch als solche mit dem Namen **Steinmine** *(fougasse-pierrier)* bezeichnet. Der, im Erdreiche ausgehobene Minentrichter (T) derselben, erhält eine Axenneigung von 45° und wird mit 40—50 Pfund (22—28 Kil.) Pulver und — bis zum Hundertfachen dieses Gewichtes — mit 3—10 Pfund (1,68—5,6 Kil) schweren Steinen (S) geladen; die letzteren sind durch einen Stossspiegel (v v) vom eingesetzten und wohlverdämmten Pulverkasten (L) getrennt. Eine. nach rückwärts geführte Feuerleitung (Z) vermittelt die Entzündung der Mine, deren Wirkung durch die Ausschüttung der ausgehobenen Erde (E) am hinteren Trichterrande, noch mehr nach vorwärts concentrirt wird und sich im Durchschnitte auf eine Streuungsfläche von 200 Schritt Länge und halb so viel Breite erstreckt. Derlei Erdwürfe finden nur in befestigten Stellungen Anwendung. [1])

3. Schuss- und Wurfarten nach der speziellen Wirkung auf das Ziel.

Ausser dem, bereits mehrfach charakterisirten **Schlachtfeuer** gegen Truppen, hat das Geschütz — speziell im Belagerungsdienste — zwei Hauptaufgaben auszuführen:

Die Zerstörung des feindlichen Artilleriemateriales und die Niederlegung deckender Mauer- und Erdwerke.

Der erstere Zweck wird durch den Demontir-, der letztere durch den Brescheschuss erreicht.

a. Der **Demontirschuss** *(tir de plein fouet à démonter)* ist stets ein direkter und möglichst senkrechter; er wird nur auf jene Entfernungen abgegeben, innerhalb welchen das Geschoss noch wenig an seiner Durchschlagskraft verloren hat.

b. Der **Brescheschuss** *(tir en brèche)* dagegen, kann sowohl ein direkter als ein indirekter sein.

Der **direkte** Brescheschuss, zu welchem im Allgemeinen nur die schwersten Kaliber [2]) ausgewählt werden, ist stets ein voller, ganz oder doch nahezu senkrechter Kernschuss; (er hat in der Regel nur die Grabenbreite zur Schussdistanz, vergl. Fig. 11). Seine Aufgabe besteht

---

[1]) Zu Gibraltar finden sich die Austiefungen für solche Steinminen bereits in den Felsen gehauen vorbereitet.

[2]) Indess haben die, im September 1860, von Seite der k. preuss. Artillerieprüfungscommission zu Jülich vorgenommene Schiess- und Breschversuche zur Genüge dargethan, dass sogar der gezogene Feld-6-Pfünder, mit hinreichendem Erfolge, zur Breschirung von Festungsmauern angewendet werden könne. (Vergl. hierüber „die Schiess- und Brescheversuche zu Jülich" von G. Weigelt, Hauptmann etc. Berlin, 1861. Vossische Buchhandlung.)

aber nicht bloss darin, in den feindlichen Umfassungswerken einen Durchbruch von bestimmter Grösse zu erzeugen, sondern es muss hiebei auch darauf Rücksicht genommen werden, dass die niedergelegte Stelle leicht gangbar gemacht, d. h. ohne zu grosse Mühe in eine praktikable Rampe verwandelt werden könne. In Folge dieser Bestimmung und der Eigenthümlichkeiten des bezüglichen Zieles, muss der direkte Brescheschuss gegen Mauerwerke auf andere Weise wie gegen Erdwälle ausgeführt werden.

Mauerbreschen werden zuerst dadurch vorbereitet, dass man den niederzulegenden Block vom übrigen Mauerkörper abtrennt. Man stellt hiezu vor allem den sogen. Horizontalschnitt (Fig. 11, $h h_1$) der Bresche her, indem man Geschoss neben Geschoss setzt, bis eine volle Mauerschichte auf eine gewisse Länge durchbrochen ist. An den Enden des Horizontalschnittes und — wenn nöthig — in gewissen Abständen zwischen diesen, legt man sodann, durch ein ähnliches Verfahren die Verticalschnitte ($v_1 v_2 v_3 v_4$) der Bresche an. Ist damit das »Tracé« der letztern vollendet, so beginnt man die losgelösten Mauertheile durch starke Schläge (Salven!) zu zertrümmern und zu Fall zu bringen.

Bei freistehenden Mauern legt man den Horizontalschnitt so tief als möglich und jedenfalls derart an, dass der bleibende Mauerstumpf nicht mehr gut als Deckung benützt werden könne.

Escarpemauern (Fig. 11) packt man, bei trockenen Gräben, über dem untersten Drittel ihrer Höhe, bei nassen hart am Wasserspiegel. Hier dienen die abfallenden Mauertrümmer und die nachrutschende Erde des Walles zur Rampenbildung.

Für die Herstellung des Tracé's eignen sich Spitzgeschosse, durch ihre minenartige Wirkung im Mauerwerk (besonders im gelockerten), besser als massive Projektile, welche dagegen vortreffliche Dienste bei Zertrümmerung der Blöcke und Pfeiler leisten. Hohlkugeln zerschellen leicht an guten Steinbekleidungen.

Breschen in Erdwälle müssen entgegengesetzt der Mauerbreschen, nämlich durch Abkämmen von oben nach unten erzeugt werden. Das umgekehrte Verfahren würde zwar den festen Zusammenhang des Wallkörpers aufheben, aber keine praktikable Bresche, sondern einen lockern Erdhaufen herstellen, durch den die Geschosse fast schadlos durchgehen würden. Gegen Erdwerke sind Hohlgeschosse weit wirksamer als volle; indess machen Erdbreschen gewöhnlich mehr Schwierigkeiten, als solche in Mauerwerk.

Der **indirekte** Brescheschuss[1]) wurde bereits früher, als indi-

[1]) Vergl. auch hierüber die, in vorhergehender Note genannte Schrift.

rekter Schuss, genügend erörtert. Er hat nur die Zerstörung von Stirnmauern u. s. w. aber nicht die Herstellung gangbarer Breschen zur Aufgabe. Seine Beobachtung muss vorzüglich auf die, durch den Einschlag des Geschosses emporgeschleuderten Trümmer etc. gerichtet sein und lässt sich hiebei, vorzüglich für Spitzgeschosse, der Staub von Mauerwerk (besonders wenn dieses aus Ziegeln besteht!) ziemlich sicher von aufgeworfener Erde unterscheiden.

Andeutungen über Zerstörung und Wegführung von Geschützen im Nothfalle.

Am Schlusse der Abhandlung über die Geschütze möchte es geeignet erscheinen, einige flüchtige Andeutungen darüber zu geben, wie man, bei eintretender Sachlage, eigenes, oder feindliches Artilleriematerial rasch ausser Gefechtsfähigkeit zu setzen, oder derlei erobertes u. s. w. fortzuschaffen vermöge.

Die rascheste Verfahrungsweise, eine, dabei ziemlich gründliche Kampfunfähigkeit eines Geschützes herbeizuführen, bleibt immer das »Vernageln« (*enclouer*) desselben. Es besteht einfach darin, einen starken Nagel in das Zündloch einzutreiben; indess erfüllen doch nur stählerne Nägel den beabsichtigten Zweck vollkommen; eiserne können eher herausgebohrt werden u. s. w., wogegen stählerne ein neues Verschrauben des Rohres erfordern. Man führt denn auch bei jedem Geschütze derlei besondere Stahlstifte (Taf. XXII, Fig. 16) mit und sind dieselben gewöhnlich noch mit Widerhaken versehen, um auch nicht herausgeschossen werden zu können, während sie keinen Kopf haben, sondern in einen glatten Hals endigen, der hart am Zündloche abgeschlagen wird, wenn der Nagel genug in dieses eingetrieben ist. Man kann den Zweck des Vernagelns gewissermassen noch gründlicher erreichen, wenn man gleichzeitig einen abgebrochenen Wischerkolben in den Laderaum treibt und von der Nagelspitze fassen lässt. Dagegen sind in manchen Artillerien, zur Herstellung einer mehr vorübergehenden Gebrauchsunfähigkeit eigenen Geschützes, wenn man auf dessen sofortige Zurückeroberung hoffen kann, besonders vorgerichtete Stecknägel im Gebrauche, welche durch eine starke Federung im Zündloche festgehalten werden, deren Wirkung nur mittels bestimmter Griffe oder Schlüssel (wie diess z. B. ähnlich bei Vexirschlössern der Fall ist) aufgehoben werden kann.

Eine gründlichere Beschädigung des Rohres als durch Vernageln, kann durch das Abschiessen eines Schildzapfens, durch das Hineinschiessen eines gleichkalibrigen Projektiles in die Mündung, durch das Sprengen verladener Geschosse im Rohre etc. erzeugt werden.

Das Abnehmen von Verschlusstheilen, der Richtschraube,

des Ladzeuges u. s. w. sind Mittel, welche jedenfalls eine vorübergehende Kampfunfähigkeit erzeugen.

Laffeten zerstören sich am nachhaltigsten durch ein, unter und etwas hinter ihrer Achse explodirendes Sprenggeschoss; durch Abschiessen eines Achsschenkels, oder blosse Entfernung der Räder, wird ihre Transportabilität wenigstens vorübergehend beschränkt.

Ein Geschützrohr kann — bei demontirter Laffete — am Einfachsten durch die Protze fortgeschafft werden, wenn man es, von unten, mit dem einen Ende am Protznagel oder Haken, mit dem andern an den Deichselarmen festbindet.

Räder müssen durch Schleppbäume ersetzt, zerbrochene Achsen durch unterbundene Richthebel etc. vorübergehend reparirt werden.

Sechster Abschnitt.

Schutzwaffen.

Bekleidungsstücke, welche so widerstandsfähig sind, dass sie die, von ihnen bedeckten Theile des Körpers nicht allein gegen Hieb und Stich, sondern auch gegen die Geschosse der Handfeuerwaffen zu schützen vermögen, nennt man **Schutzwaffen** *(armes défensives)*. Dieselben sind von Eisen- oder Stahlblech, oder auch von Messing gefertigt, welch' letzteres indess, seiner grössern Schwere und geringeren Festigkeit wegen, den ersteren Stoffen entschieden nachsteht. Das spezifische Gewicht, die gute Wärmeleitung und die völlige Unschmiegsamkeit dieser Materialien, sind Quellen ebensovieler Belästigungen für den, mit Schutzwaffen ausgerüsteten Mann und bilden die Ursachen ihrer steten Verminderung. Sie sind zur Zeit nur mehr bei einem Theil der schweren Reiterei, den Cuirassieren, Carabiniers u. s. w. sowie für die, dem feindlichen Feuer am meisten ausgesetzten Vorarbeiter der Sappeure gebräuchlich und erstrecken sich bei ersteren lediglich auf die schussfeste Deckung der Brust, durch den Cuirass, bei letzteren auf den Schutz von Brust und Kopf durch Cuirass und Pickelhaube.

Der **Cuirass** *(cuirasse)* der schweren Reiterei (vergl. Taf. II, Fig. 25) besteht gewöhnlich aus Brust- und Rückenstück (**b** und **r**, *plastron et dos*), von denen jedoch nur das erstere schussfest ist, das letztere indess ein vortheilhaftes Gegengewicht zu jenem bildet, nicht selten aber auch gänzlich weggelassen ist.

Beide Theile werden den Formen des menschlichen Körpers möglichst anzupassen gesucht und demnach das Bruststück mit einer Wölbungskante (**k**) in seiner Mitte versehen, das Rückentheil dagegen zwischen den Schultern mässig eingesenkt. Schuppenbänder (**s**) und Gürtel (**g**) halten Brust und Rückenstück zusammen, indess ein Futter (f, f) von Tuch oder Leinwand sein Tragen erleichtert. Stahlcuirasse sind gewöhnlich blank polirt oder blau angelassen, eiserne zuweilen schwarz angestrichen, oder gleichfalls, wie die messingenen, blank gehalten. Jeder Cuirass muss auf die Schusshaltigkeit seines Bruststückes geprobt werden, was durch ein »Beschiessen« desselben mit dem Infanteriegewehre auf 20—25 Schritt Entfernung geschieht. Der Anschlag des Geschosses erzeugt hiebei eine kleine Dalle, welche man die Schussprobe (p) nennt.

Der **Sappeurcuirass** (Fig. 24) entbehrt stets des Rückentheiles, wird gewöhnlich aus Eisen gefertigt und geschwärzt, aber nicht minder auf seine Schussfestigkeit geprobt (p).

Die **Pickelhaube** *(casque)* der Sappeure (Fig. 23) wird meist in mittelalterlicher Form, sonst aber aus gleichem Materiale etc. wie deren Cuirass hergestellt.

Die, in der bayerischen Armee eingeführten Schutzwaffen sind in den oben angezogenen Figuren dargestellt.

Der Cuirass der schweren Cavalerie, aus blankem Stahlblech, wiegt 16 Pfund 1 Loth (8,9775 Kil.), wovon 11 Pfd. 4 Lth. (6,23 Kil.) auf das schussfeste Bruststück, 4 Pfd. 29 Lth. (2,7475 Kil.) auf das Rückentheil treffen.

Der Sappeurcuirass, aus geschwärztem Eisenbleche, ist 13 Pfd. 14 Lth. (7,525 Kil.), die Sappeurpickelhaube 8 Pfd. 10 Lth. (4,655 Kil.) schwer. Alle drei Waffen sind auf 20 Schritt beschossen.

Siebenter Abschnitt.

Geschichte der Waffen.

Es war die Absicht des vorliegenden Werkes, die Kriegswaffen nur von dem Standpunkte aus zu betrachten, den Derjenige gegen sie einzunehmen hat, Der berufen ist sie zu handhaben, mit ihnen zu kämpfen, durch sie taktische Erfolge zu erringen. Es wollte unausgesetzt daran erinnert werden, dass die Waffen zwar die Taktik bedingen, dass es aber erst die Taktik ist, welche den Kampf entscheidet. Der Werth der Kriegswaffe wollte nach dem Verhältnisse bestimmt werden, nach welchem sie zu einem erhöhten taktischen Erfolge berechtigte. Wenn der letzte Abschnitt einer solchen Waffenlehre, die Geschichte der Waffen, sich im Einklange mit den vorausgehenden befinden soll, wird er weniger eine archäologische Behandlung dieser, als vielmehr eine, an die Kriegsgeschichte sich anlehnende und nach den Epochen dieser, resp. der Taktik abgetheilte Beschreibung der Kriegswerkzeuge früherer Zeiten zu geben haben.

Eine, nach diesen Anschauungen entworfene ›Geschichte der Waffen‹, kann auch keine Einleitung zur exakten Waffenlehre, wohl aber deren Abschluss bilden. Sie lässt sich hiebei[1]) nach zwei Hauptperioden scheiden, deren erste die Kriegswaffen vor der durchgreifenden Einführung der Feuergewehre, die zweite, jene nach dieser Epoche umfasst.

In der ersten Periode werden die Waffen der Griechen und Römer, sowie diejenigen des Mittelalters — in der zweiten, der dreissigjährige Krieg und die französische Revolution die Unterabtheilungen bilden.

---

[1]) Anschliessend an J. v. H(ardegg)'s „Vorlesungen über Kriegsgeschichte“, Stuttgart, Verlag von Franz Köhler.

I. Die Kriegswaffen vor Verbreitung des Schiesspulvers.

[von 550 (Cyrus) vor, bis 1350 nach Christus.]

1. Die Waffen der Griechen und Römer.

Der vorstehende Titel: »Die Waffen der Griechen und Römer«, ist hier einfach als der Gesammtausdruck für die »antiken« Waffen gewählt. Griechen und Römer waren nicht allein die hervorragendsten Cultur- und Kriegsvölker des Alterthums, sondern es sind auch diejenigen, deren Geschichte am genauesten bekannt ist. Ihre kriegerischen Einrichtungen haben wirklich taktischen Formen zur Grundlage gedient und waren auch für die, von ihnen unterjochten oder mit ihnen verbündeten Völker mustergültig. Die Kenntniss ihrer Waffen schliesst daher von selbst diejenigen der meisten übrigen alten Völker in sich ein, insoferne dieselben irgend von taktischer Bedeutung waren. Allerdings aber sind hiebei, dem chronologischem Gange entsprechend, die Griechen und Römer nicht als gleichzeitig neben einander tonangebende Völker, sondern jene als die Vorgänger dieser zu betrachten.

a. Nähewaffen.

Die Nähewaffen waren es, welche damals die Hauptmasse der Kriegswerkzeuge bildeten, und deren Anwendung die eigentliche Entscheidung der Schlachten herbeizuführen hatte. Sie wurden anfänglich aus Kupfer oder Legirungen desselben, später aber auch aus Eisen hergestellt und lassen sich schon damals in Stoss- und Hiebwaffen unterscheiden.

α. Stosswaffen.

Die **Lanze**, bei den Griechen *sarisse*, bei den Römern *hasta* und *lancea* genannt, ward sowohl vom Fussvolke, als von der Reiterei geführt und erreichte für jenes 14—15' (4,4—4,7^m), für diese eine, das genannte Mass noch übersteigende Länge.

Der **Wurfspiess** *(pila)* der Römer, eine Nebenart der Lanze, ward anfänglich 10' (3^m) lang und 4—5'' (10—15^{cm}) stark hergestellt, und dem Manne deren zwei zum Wurfe aus nächster Nähe gegeben. Späterhin verkürzte man dieselben (nannte sie nun *jaculae*) und liess sie, zu je fünf bis sieben an der Zahl, vom leichten Fussvolke führen.

Der **Dolch** *(pugio)* wurde — neben dem Schwerte — als Waffe des Handgemenges gebraucht.

β. Hauwaffen.

Das **Schwert** *(gladius, spata)*, das beim Fussvolke nur 1½—2' (47—63^{cm}) lang, mit einfachem Kreuzgriffe und gerader, breiter, stumpf gespitzter Klinge versehen war, bei der Reiterei aber länger und später auch zum Stosse brauchbar oder — nach orientalischem Muster — gekrümmt geführt wurde, bildete die einzige Hiebwaffe der Griechen und Römer, doch selbst die germanische Keule musste ihm weichen.

b. Fernewaffen.

Die Fernewaffen der Alten scheiden sich nicht bloss, gleich denen der Jetztzeit, schon in Hand- und schwere Fernewaffen, sondern auch bereits nach Schiess- und Wurfgewehren und finden sich die beiden letzteren Arten sowohl unter den Handwaffen, als bei den Geschützen vertreten.

α. Handfernewaffen.

Die **Schleuder** (*funda*), ein, vom leichten Fussvolke geführtes Wurfgewehr, bestand aus einer einfachen, breiten Gurt- oder Lederschlinge, deren eines Ende fest um's rechte Handgelenk gewunden, das andere aber nur mit voller Faust ergriffen wurde. Auf den Boden der Schlinge kam ein ausgesuchter Stein, oder — später — eine metallene Kugel zu liegen, welche nun, durch kräftiges Schwingen der Schleuder und plötzliches Loslassen ihres einen Endes, dem Feinde mit ziemlicher Geschwindigkeit entgegengeworfen wurden. Der Baleare und Kreter soll auf 120—160 Schritt seinen Mann mit der Schleuder nicht gefehlt haben.

Neben der *funda* kam später auch die Stabschleuder (*fustibalus*) mit einem, bis 4' (1¼ᵐ) langen Griffstocke in Gebrauch.

Der **Bogen** (*arcus*, vergl. Taf. XXV, Fig. 3) ward von den Völkern des Orients überkommen und bildete sowohl die Schusswaffe besonderer Fusstruppen, als der Reiterei. Er fand indess im römischen Heere selbst weniger Eingang, sondern wurde hier mehr den Verbündeten überlassen. Die Pfeile der Bergbewohner Thrakiens sollen selbst bis 150 Schritt ihren Gegner mit Sicherheit getroffen haben.

β. Schwere Fernewaffen.

In Ermangelung anderer Triebkräfte, waren auch die schweren, gleich den kleinen Fernewaffen lediglich auf den Fugalschwung oder die Elasticität von Thiersehnen etc. angewiesen.

Die **Schleuder- oder Wurfmaschinen** (*fundibolae*) mit Fugalschwung, hatten ungefähr die Einrichtung einer Schaukel (vergl. Taf. XXVI, Fig. 1). Der Kasten oder Korb (**k**) derselben wurde mit Steinen etc. gefüllt und die Schaukelstange (**s**) mittels eines Zugseiles (**z**), das über eine Rolle nach rückwärts lief, in Schwingung versetzt. Man soll damit Tragweiten von 200 und selbst 300 Schritt erreicht haben.

Die **Ballisten** oder (griechisch) **Onager** (Taf. XXVI, Fig. 2) waren auf die Benützung der Elasticität basirte Wurfmaschinen. Sie bestanden aus einem starken Rahmen, zwischen dessen Langschwellen ein löffelartiger Balken (l) lag, der (ähnlich dem Schneller einer Säge) mit seinem Stielende in zusammengedrehte Taue etc. eingespannt war, die mittels Zahnrädern (z), nach Bedarf, fester angezogen werden konnten. Mit Hilfe einer Winde wurde der Löffel niedergelegt und nun mit Steinen, Kugeln oder sonstigen Wurfkörpern geladen. Liess man ihn ab, so schnellte er, sobald er in eine nahezu vertikale Stellung kam, gegen einen Quergalgen (g) und entsandte damit seine Ladung. Man schleuderte mit diesen Wurfmaschinen Wurfkörper von 2 bis 6 Centner Gesammtschwere und erlangte Portéen von 1000 Schritt. Sie waren vorzüglich zum Belagerungsdienste bestimmt und wurden erst an Ort und Stelle gezimmert oder doch zusammengestellt, für den Feldgebrauch aber auch (als Carroballisten) auf Räder gesetzt.

Um mit ihrer Wurf- auch eine Schusswirkung zu verbinden, brachte man später am Quergalgen eine Leitrinne (r) an, in welche nun ein Wurfspiess oder dergl. gelegt und durch den Anschlag des Löffels fortgetrieben werden konnte.

Die **Katapulten** *(arcoballistae)*, die Schiessmaschinen der Alten, (Taf. XXVI. Fig. 3) bestanden gleichfalls aus einem schweren Balkengestell, das auf einer Art Tischplatte eine Schussrinne (r) trug, über welcher sich zwei Spannarme (a a) bewegten, die wieder mit dem einen Ende in Tausträhne eingesteckt, mit dem andern aber gegenseitig durch ein weiteres Spannseil oder dergl. verbunden waren. Das Spannseil konnte mittels einer Windenvorrichtung angezogen und dadurch die Arme gegeneinander bewegt werden. Die Rückwirkung dieser, nach Ablassen des Spanuseiles, liess das letztere heftig gegen das, in die Schussrinne gegebene Geschoss anprallen und verursachte demnach die Fortbewegung desselben. Diese Maschinen bedurften 10—12 Mann zur Bedienung und schossen 6—12' (1,88—3,77^m) lange Wurfspiesse 300 bis 500 Schritte weit. Für den Felddienst wurden sie gleichfalls auf Räder gestellt, aber auch vielfach durch kleinere und leichtere Modelle ersetzt, die dann Scorpione, Handkatapulten, Manuballisten, Toxoballisten u. s. w. hiessen und im Allgemeinen grossen Balestern ähnlich waren.

c. Schutzwaffen.

Der **Helm** *(galea, cassis)* aus Erz oder Thierfellen gefertigt und dann durch Metallbeschläge verstärkt, liess das Gesicht frei, schützte aber den Nacken und wurde mittels Schuppenbändern, oder Kettchen unter dem Kinne befestigt.

Der **Harnisch** oder **Panzer** *(lorica)* war ebenfalls, entweder ganz aus Metall gearbeitet, oder er bestand aus einer Unterlage von starkem

Leder, übereinandergelegter Leinwand etc., welche mit Metallschuppen, Kettchen u dergl. besetzt war. Er schützte gewöhnlich den ganzen Oberkörper und den Unterleib, indem er hier in eine Art Schurz endigte; die Arme aber liess er unbedeckt. Für den gemeinen Mann wurde er wohl auch auf ein blosses Bruststück *(pectorale)* reduzirt.

Die **Beinschienen** *(ocreae)*, ähnlich wie der Harnisch selbst hergestellt, bedeckten den Unterschenkel und wurden oft nur am rechten, vom Schilde nicht gedeckten Fusse allein getragen.

Der **Schild** *(scutum)*, ganz aus Metall, oder nur von Holz und Fellen gefertigt und mit Metall beschlagen, hatte beim Fussvolke gewöhnlich eine ovale, oder oblonge Form und deckte, bei 3—4′ (1—1¼ᵐ) Höhe und 2—3′ (60—90ᶜᵐ) Breite, fast den ganzen knieenden Mann. Die Reiterei führte einen kleineren, runden Schild, den man *parma* nannte.

Besondere Kampfmittel.

Ausser den oben aufgeführten, sind noch einige besondere Kampfmittel zu erwähnen, welche sich, ihrer Natur nach, nicht in den allgemeinen Rahmen der gewöhnlichen Kriegswaffen einfügen lassen.

Der **Streitwagen** der Griechen nimmt hierunter die erste Stelle ein. Es war diess ein zweirädriger, mit Klingenspitzen verschiedener Art bepflanzter und dadurch vor direkter Annäherung geschützter Karren, dessen Obergestell eine Art Brustwehre bildete und einen Rosselenker und einen Kämpfer aufnahm. Die (2—4) vorgespannten Pferde waren durch Harnische vor feindlichen Pfeilen etc. gedeckt. Später wurden selbst vierrädrige, mit 8 bis 10 Mann besetzte Streitwagen angewandt, um damit die feindlichen Linien zu durchbrechen.

Die **Elephanten** des Königs Pyrrhus von Epirus wurden den Römern zuerst in der Schlacht von Heraklea (280 v. Chr.) verderblich, dann aber bemächtigten sie sich selbst dieses Kriegsmittels und brachten es nicht minder vortheilhaft zur Anwendung. Jeder Elephant war mit einem kleinen, festen Thurme bepackt, in welchem 10—20 Mann Bogenschützen etc. Platz fanden; die Thiere selbst waren darauf abgerichtet, die feindlichen Reihen zu durchbrechen, einzelne Gegner mit dem Rüssel zu ergreifen u. s. w.

Der **Sturmbock** oder **Widder** *(aries)* diente zum Breschiren des Mauerwerkes. Er bestand aus einem oder mehreren zusammengefügten, 60—100′ (10—30ᵐ) langen Balken, deren Stammende mit einem metallenen Thierkopfe (vergl. Taf. XXVI, Fig. 4) beschlagen war. Der ganze Sturmbock lag auf Rollen, oder hieng in einem fahrbaren Holzgerüste und wurde mit diesem an die feindlichem Werke herangeschoben und durch das Zusammengreifen einer entsprechenden Anzahl Bedienungsmannschaft, die gewöhnlich selbst wieder durch das Dach des Holzgerüstes geschützt war, in Aktion gesetzt.

2. Die Waffen des Mittelalters bis zur Einführung der Feuergewehre.

Den Haupttypus dieser Periode bildet die ausserordentliche Entwicklung der Schutzwaffen, deren Werth zuerst durch den Sieg der Schweizer über die österreichische Ritterschaft am 16. Nov. 1315 bei Morgarten bedenklich herabgemindert, später aber, durch die Verbreitung der Feuerwaffen endlich nahezu vernichtet wird.

a. Nähewaffen.

Die Nähewaffen des Mittelalters zeichnen sich, gegenüber ihren Vorgängern, ganz besonders durch die ausschliessliche Anwendung des Eisens und Stahles für ihre Klingen aus, in deren Herstellung vielfach ein ausserordentlicher Grad der Vollkommenheit erreicht wurde.

α. Stosswaffen.

Die **Lanze** bildete auch in diesem Zeitraume die Hauptwaffe des Fussvolkes und der Reiterei. Für diese erlangte sie (als Speer) bis 20' (6m) Länge und die, von ihr bedingte Gefechtsweise eine ganz besondere Ausbildung durch das Ritterwesen und seine Tourniere etc. Die Lanze des Fussvolkes, auch Picke *(pique)* genannt, gieng im 14. Jahrhundert vielfach in die kürzere schweizerische Hellebarde *(hallebarde)* mit beilförmiger Klinge (Taf. XXV, Fig. 1 u. 2) über, an deren Rücken ein Haken (»Desarmirhaken«) aufgesetzt war, mittels welchen man feindliche Reiter vom Pferde zu reissen, oder sie doch ihrer Rüstungen zu entblössen suchte.

Der **Wurfspiess** oder Ger *(javelot)* verlor dagegen nach und nach an taktischer Bedeutung; doch fehlte der **Dolch** *(poignard)* oder, an seiner Stelle ein starkes Messer *(couteau)*, nicht in der Ausrüstung des Ritters wie des Reisigen.

β. Hauwaffen.

Das **Schwert** *(glaive, épée)* des Mittelalters, unterschied sich von demjenigen der Römerzeit vornehmlich durch seine Länge, welche sich bei den Berittenen bis zu 36" (1m) und darüber erstreckte (vergl. Taf. XXV, Fig. 6) und nur beim Fussvolke auf 30" (78cm) und weniger (vergl. Taf. XXV, Fig. 7) beschränkt blieb; doch kamen auch, gerade bei diesem, schon gegen das Ende dieses Zeitraumes jene riesigen, bis über 6' (2m) langen Schwerter vor, welche man, ihrer Handhabungsweise wegen, Zwei-, oder Bihänder (vergl. Taf. XXV, Fig. 9) nannte.

Dieselben wurden selten in einer Scheide versorgt, sondern gewöhnlich blank auf der Schulter getragen.

Um indess noch wuchtigere und besonders die Panzerung sicherer durchdringende Hiebe, als mit dem Schwerte führen und dem Gegner auch die Rüstung vom Leibe reissen zu können, bediente man sich der **Streitkolben** *(massues)*, **Streithämmer** *(marteaux d'arme)* und **Streitäxte** *(haches d'arme)*, Taf. XXV, Fig. 8), deren erstere von hartem Holze, keulenförmig gestaltet und am starken Ende mit eisernen Spitzen besetzt waren. Sie erreichten bis 4' ($1\frac{1}{4}$ m) Länge und an 20 Pfund (10,8 Kil.) Schwere.

Eine Nebenart derselben bildeten die **Morgensterne**, mit welchem Namen man Waffen bezeichnete, die aus einem 3—4' (1—$1\frac{1}{4}$ m) langen, starken Stiele bestanden, an dessen vorderem Ende, mittels kurzer Kettenstücke, eiserne, mit Spitzen versehene Kugeln befestigt waren. In den Schweizer- und späteren Bauernkriegen etc wurden solche, den Morgensternen ähnliche Waffen auch aus Dreschflegeln erzeugt (Taf. XXV, Fig. 10).

b. Fernewaffen.

Den Fernewaffen des Mittelalters stand bereits die Elasticität des Stahles als Triebkraft zu Gebote und gewannen sie hiedurch erheblich an Wirkungsfähigkeit.

α. Handfernewaffen.

Am meisten gilt diess bezüglich der Handfernewaffen, als welche nunmehr, neben dem **Bogen** *(arc)*, noch der **Balester** *(arbalète)* oder die **Armbrust** auftrat. Jener war besonders in England beliebt geworden, dieser dagegen in Deutschland, Frankreich, Italien und der Schweiz mehr im Gebrauche. Der, ungefähr mannshohe Bogen (Taf. XXV, Fig. 3ª) schoss leichte, bis 3' (1 m) lange Pfeile (*flèches*, Taf. XXV. Fig. 3ᵇ) und bot, bei seiner ausserordentlichen Einfachheit, besonders den Vorzug des Schnellschiessens; auch konnte die Sehne desselben ohne Schwierigkeit abgenommen und dadurch auf Märschen etc. vor Regen geschützt werden. Die Armbrust (Taf. XXV, Fig. 4) dagegen, war umständlich zu spannen und bedurfte hiezu meistens einer eigenen Vorrichtung, ihr Schuss war zwar sicherer, doch weit langsamer als jener mit dem Bogen; sie schoss kurze aber schwere, mit einer starken, vierkantigen Eisenspitze versehene Pfeile *(carreaux)*, die selbst auf 200 Schritt Entfernung noch ein Panzerhemd durchdrangen, später aber vielfach durch metallene Kugeln ersetzt wurden.

Die englischen Bogenschützen *(archers)* trugen je 24 Pfeile im Köcher und konnten 10 bis 12 Schüsse per Minute versenden, welche mit Sicherheit auf 200 bis 300 Schritt trugen. Ihr »Schnellfeuer« schlug bei Crecy (1346) die genuesischen Balesterschützen (*arbalétriers*) der französischen Armee, welche ihrerseits mit je 18 Pfeilen ausgerüstet waren, aber nur 2—3 mal per Minute zu schiessen vermochten.[1])

β. Schwere Fernewaffen.

An die Stelle der Feldkatapulten und Scorpione traten in diesem Zeitraume sogen. **Wag-** und **Thurmarmbrüste** (*espringolles. arbalètes à tour*), deren erstere (Taf. XXVI, Fig. 6) in der ganzen Anordnung ihres Transport- und Schiessgestelles dem heutigen Feldgeschütze noch näher kamen, als diess bereits bei manchen Feldkatapulten der Fall war.

Die Thurmarmbrust stand zum gewöhnlichen Balester ungefähr in demselben Verhältnisse, welches heutzutage zwischen der Wallbüchse und dem Infanteriegewehre besteht. Ihr Bogen erreichte von 5 bis zu 30' (1½—10m) Spannweite und soll Pfeile von ca. 1 Pfund Schwere bis 800 Schritt weit getragen haben. Indess führt selbst ein Schriftsteller des XV. Jahrhunderts, Valturius[2]) noch eine, von ihm als Katapulte bezeichnete Waffe an, deren Einrichtung (Taf. XXVI, Fig. 5) allerdings an ältere als balesterartige Construktionen mahnt.

Die schweren Wurfmaschinen des Mittelalters wurden in Deutschland mit verschiedenen Namen als: Gewerffen, Petrern, Tumler, Antwerke, Rutten etc. bezeichnet, hauptsächlich aber unter dem Sammelnamen **Blyden** oder **Bleiden** zusammengefasst. Schiessmaschinen hiessen **Mangen** oder Boler.

Die Bedienung der Kriegsmaschinen bildete eine besondere Zunft: die »Bleidner«, während man Bedienung und Maschine zusammen die »Arcolei« (von arcus) nannte.

Vielleicht von der Zeit der Kreuzzüge an kamen vorzüglich Schleudermaschinen in Gebrauch, welche den Namen **Tryböcke** (*trébuchets*) führten. Dieselben waren in ihrer Zusammensetzung den alten Fundibolen (Taf. XXVI, Fig. 1) nicht unähnlich, unterschieden sich von diesen aber sehr wesentlich dadurch, dass die Last, welche dort als Ladung erschien, hier das Gegengewicht bildete, durch dessen Wirkung gerade die ganze Thätigkeit der Maschine hervorgerufen ward. Am entgegengesetzten Ende des Balkens, welches jenes Gegengewicht trug, fand sich nämlich und zwar an einem weit längeren Hebelsarme als dieses, eine grosse Schleuderschlinge befestigt. Wurde nun das Gegengewicht in die Höhe gezogen, die Schleuder geladen und jenes darauf losgelassen, so musste

[1]) „Etudes sur l'artillerie“ par Napoléon. I. Bd S. 16.

[2]) „Etudes sur l'artillerie“ par Napoléon. II. Bd. S. 32.

dasselbe mit aller Wucht nach abwärts schwingen, dadurch aber den Hebelsarm der Schleuder nach aufwärts schnellen und so den Inhalt dieser im hohen Bogenwurfe entsenden. Ein Trybock, dessen grösserer Hebelsarm an 20' (6^m), der kürzere ca. 6' (2^m) Länge hatte und mit einem Gegengewichte von 60 Zollcentnern (3000 Kil.) belastet war, konnte ein 200 Zollpfund (100 Kil.) schweres Geschoss 100 Schritt (76^m) weit schleudern.

Statt des Widders wurden ähnliche, mit eisernen Spitzen etc. beschlagene Schwingbäume gebraucht, welche man **Igelswehren** hiess.

c. Schutzwaffen.

An die Stelle der alten, römischen Harnische trat, zu Anfang dieses Zeitraumes, das **Panzerhemd** *(cotte de maille)*, ein sehr geschätztes, weil zugleich schmiegsames und wenig belästigendes, auch im Ganzen nur ca. 20 Pfund (11 Kil.) schweres Schutzmittel, das aber später doch noch durch die darüber gezogene Rüstung *(armure)* verstärkt wurde, mit der weiteren Gewichtszunahme dieser aber wieder in Wegfall kam; indess wurden Stücke solcher Kettenpanzer (als sogen. Musseisen, Taf. XXV, Fig. 11, m) immer zur Bedeckung jener Körpertheile (der Gelenke etc.) benützt, welche eine gewisse Bewegungsfreiheit verlangten, oder durch die Rüstung selbst nicht gehörig geschützt werden konnten.

Die **Rüstung** war nicht allein verschiedenen Entwicklungsstufen, sondern, bezüglich ihrer Formen, selbst der Mode unterworfen, (worauf aber hier nicht näher eingegangen werden kann!) indess setzte sie sich, im Allgemeinen, doch immer aus denselben Theilen zusammen (und so mag es auch statthaft sein, die, in Fig. 11 der Taf. XXV dargestellte Rüstung Kaiser Max I., welche also erst der nächsten Periode angehört, schon der hier folgenden Erklärung zu Grunde zu legen).

Sie begann am Halse mit dem Ringkragen oder Halsberge *(hausse-col)*, der anfänglich breit auf den Schultern lag, später dagegen schmäler wurde, dafür aber an Höhe zunahm und nun Bart (b) hiess. Er war von Stahl und 2 bis 3 Pfund (1—1½ Kil.) schwer.

Der Cuirass (c) ging gegen unten in den Blechschurz oder Krebs (k) über, welcher den Unterleib deckte, später aber zu blossen »Leibreifen« reducirt wurde. Cuirass und Krebs zusammen wogen 15—20 Pfund (8—11 Kil.).

Die Arme waren durch Schulterdecken *(espaulières, e)* und die von den Ellbogenkacheln zusammengehaltenen Ober- und Vorderarmschienen *(brassarts)*, an welche sich endlich die Blechhandschuhe *(gantelettes, h)* schlossen, gedeckt. Arm- und Schulterdecken erreichten miteinander bei 6—10 Pfund (3½—5½ Kil.), die

Blechhandschuhe 3—4 Pfund (1⅓—2⅓ Kil.) Schwere. Sogen. Schwebscheiben (s) schützten die Achselhöhlen.

In ähnlicher Weise waren die Untergliedmassen mit Schenkeldecken *(cuissarts)*, Kniebuckeln *(genouillières)* und Beinschienen *(jambières)* verwahrt, deren Gesammtgewicht sich auf 8—15 Pfund (4½—8½ Kil.) belief. An den Füssen trugen besonders die deutschen Ritter bis in's 15. Jahrhundert hinein sogen. Schnabelschuhe, welche das Festhalten des Steigbügels erleichterten.

Jene Rüstungstheile, welche eine gewisse Schmiegsamkeit besitzen mussten, Handschuhe, Schulterdecken etc., waren aus Schuppenstücken, der Harnisch selbst aber aus Stahlplatten geschmiedet, woher solche Rüstungen als Plattenharnische (und ihre Verfertiger als Plattner) zum Unterschiede der, vor ihnen gebräuchlichen Ketten- und Schuppenpanzer bezeichnet wurden. Sie erlangten eine Gesammtschwere von 30—50 Pfund (16—28 Kil.).

Hiezu kam noch der, zwar gleichfalls in seinen Formen wechselnde, nun aber immer auch das Gesicht durch ein Visir *(visière, v)* schützende **Helm** *(casque, heaume)* und der **Schild** *(bouclier)*, welcher stets die halbe Mannshöhe überragte und, seiner Gestalt nach, meistens ein gewölbtes, langschenkliges Dreieck, mit abwärts gekehrter Spitze bildete. Der Helm wog 6—9 Pfund (3,36—5 Kil.), der Schild 10—20 Pfund (5½—11 Kil).

Der gemeine Mann führte einen kleineren, runden Schild und war gewöhnlich nur durch einen eisernen Cuirass und eine eben solche, wieder verschieden gestaltige Pickel- oder **Sturmhaube** *(salade)* geschützt (vergl. Taf. XXV, Fig. 5), indess der Ritter selbst sein Streitross in einen deckenden Panzer hüllte.

II. Die Kriegswaffen nach Einführung des Schiesspulvers.

Einleitung.

Obwohl das Schiesspulver in Europa erst gegen die Mitte des 14. Jahrhunderts als Triebkraft zur Anwendung kam, so war dasselbe doch lange vor diesem Zeitpunkte schon anderwärts bekannt. Es scheint ziemlich zweifellos, dass die Chinesen die ursprünglichen Erfinder des Schiesspulvers sind und dieses Gemenge von ihnen aus zu den Indiern und Arabern, durch Letztere aber schliesslich nach Europa gelangte.

Für diese Behauptungen sprechen nicht allein der Salpeterreichthum China's, wie des Orients überhaupt, sondern auch ethnographische und etymologische Entdeckungen manchfacher Art.

So wird in den ältesten Werken des Sanscrit der Salpeter und auch das Pulver als »sinesisches (d. i. chinesisches) Salz« bezeichnet, während der Gelehrte Paravey vor der französischen Akademie erörterte, dass in chinesischen Schriften eines, im Jahre 618 v. Chr. gebrauchten Geschützes Erwähnung geschehe, und der Engländer Stauton in seiner »*Embassy to China*« erzählt, dass die chinesische Mauer, die um 200 v. Chr. vollendet ward, ganz unleugbar mit Scharten und dergl. für Feuergeschütz eingerichtet sei und stets gewesen sein müsse [1]).

Anderseits sollen die Inder schon gegen Alexander den Grossen (330 v. Chr.) Feuergeschütze angewendet haben, während Mohamed 712 n. Chr. die Festung Taif mit Geschütz (Maujanik genannt) belagerte.

Auch das, bei den Belagerungen von Konstantinopel (670 u. 713 n. Chr.) durch die Sarazenen, gegen diese gebrauchte, »griechische Feuer« (*feu gregois*) des Kallinikos war ein, dem Schiesspulver verwandtes, d. h. gleichfalls salpeterhaltiges Präparat und endlich beschreibt bereits Marcus Gräcus (846 n. Chr.) in seinem, zu Oxford aufbewahrten »*liber ignium ad comburendos hostes*« ein, aus 6 Thln. Salpeter, 2 Thln. Kohle und 1 Thl. Schwefel bestehendes Pulvergemenge.

Hienach erscheint es gewiss äusserst wahrscheinlich, dass die beiden europäischen Erfinder des Schiesspulvers — **Roger Baco** in England (1220) und **Berthold Schwarz** in Mainz (1290—1320) — einfach durch das Studium arabischer u. a. Schriften und in Folge davon angestellter Versuche, zur Entdeckung dieses treibenden Elementes gelangten, das aber nun erst zu jener epochemachenden und von so entscheidenden Folgen begleiteten Anwendung gebracht wurde, welche man im Oriente wohl nie von ihm geahnt hatte.

Während die Osmanen in der Schlacht bei Liegnitz (am 15. April 1241) und auch die Mauren bei Belagerung von Alikante (1331) immer noch bloss Geschütze in Verwendung hatten, wurden nicht allein solche schon (1308) bei Belagerung von Gibraltar durch die Spanier in Anwendung gebracht, sondern bereits wenige Jahre später (angeblich 1364) zu Pistoja (500) »Knallbüchsen« mit eine Spanne langem Laufe (für die Stadt Perugia) gefertigt, mit welchen man einen Harnisch durchschiessen konnte.

Ja Berthold Schwarz soll selbst eine Handfeuerwaffe construirt oder doch besessen haben, welche heute noch im historischen Museum zu Dresden aufbewahrt und dort, eben ihrer muthmasslichen Abstammung wegen, als »Mönchsbüchse« bezeichnet wird. Dieselbe ist sogar

---

[1]) Vergl. hierüber auch „Geschichte der Handfeuerwaffen" von J. Schön, kgl. sächs. Hauptmann. Mit 32 Tafeln. Dresden, Rudolf Kuntze, 1858.

schon mit einer, wenn auch sehr primitiven, Steinfeuerzündung versehen.[1])

1. Waffen vom Beginn des Schiesspulvergebrauches (1350) bis zur allgemeinen Einführung stehender Nationalheere als Folge des 30jährigen Krieges (1650).

In diese, drei Jahrhunderte umfassende Periode, fällt die Kindheit der Feuerwaffen, von welchen dieselbe denn auch die verschiedenartigsten Modelle, neben den beibehaltenen Kriegswehren älterer Art, aufzuweisen hat. Da es aber eben die Entwicklung der Feuerwaffen ist, welche dieser Periode ihr eigenthümliches Gepräge aufdrückt und eine begreifliche Reaktion auf die überkommenen Kriegswerkzeuge des Mittelalters ausübt, so scheint es gerechtfertigt, dieselbe auch zuerst in Betrachtung zu ziehen.

a. Feuerwaffen.

Die Feuerwaffen fanden vorzüglich in den reichen, freien Städten des Mittelalters Aufnahme und weitere Entwicklung. Es erklärt sich diess nicht allein durch den hohen, industriellen Standpunkt dieser, sondern auch durch die Natur der neuen Waffen selbst, welche ganz besonders zur Städtevertheidigung geeignet erschienen und auch die Zusammenhilfe mehrerer Werkleute zu ihrer Herstellung sowohl, wie zu ihrer Bedienung bedurften. Letzteres galt speziell vom schweren Geschütze und auf solches fand ja die erste Anwendung des Schiesspulvers statt.

Das erste Pulver wurde lediglich durch Mengung seiner Bestandtheile aus freier Hand hergestellt, doch aber hiebei schon das Verhältniss von 6 : 1 : 1 wenigstens annähernd beobachtet. Diese Erzeugungsweise verbesserte sich indess bald durch den Gebrauch von Handpulvermühlen, welche bereits um 1340 in Augsburg aufkamen und auch in's Feld mitgenommen wurden.

Um die Mitte des 15. Jahrhunderts stand dagegen zu Nürnberg schon eine Pulverstampfmühle im Betriebe und im 16. wurden auch Walzmühlen angewandt. Bis zum letztgenannten Zeitraume hatte man sich aber des Pulvers immer noch in Mehlform bedient und erst gegen Ende der vorstehenden Periode begann man dasselbe zu körnen.

α. Geschütze (Taf. XXVI.)

Wenn auch die ersten Geschütze nur roh, aus hohlen, eisengefütterten Baumstämmen, oder fassdaubenartig zusammengeschweissten Eisen-

[1]) Vergl. Schön S. 10 und Fig. 3.

stäben u, s. w. hergestellt waren, so kam doch sehr bald der Metallguss für sie in Gebrauch. So bewahrt Amberg noch heute ein, dortselbst im Jahre 1301 gegossenes Kanonenrohr, während Augsburg schon gegen Ende des 14. Jahrhunderts eine Geschützgiesserei besass. Im Jahre 1475 stellten aber die Schweizer bereits Gusseisenrohre her.

Die Form der Geschütze schwankte anfänglich zwischen mehr Mörser und mehr Kanonen ähnlichen Construktionen, doch scheinen solche der letzteren Art bald den Vorzug errungen zu haben. Man warf (mit ca. ⅓ kugelschwerer Ladung) aus diesen Rohren (Fig. 7 u. 8) schwere Steinkugeln (Fig. 3) und nannte sie daher auch Steinbüchsen oder Steinrohre, neben Bombarden *(bombardes)* und Donnerbüchsen, gab jedoch den einzelnen Geschützen schon besondere, oft sehr bezeichnende Namen [1]) und Inschriften [so der »Weckauf« Fig. 8, womit Kaiser Maximilian im Jahre 1504 die Festung Kufstein belagerte]. Diese Rohre entbehrten noch der Schildzapfen und wurden mittels sehr unbeholfener Gerüste (Fig. 7) zur Aktion gebracht, konnten also noch keine eigentliche Verwendung im Feldkriege finden, sondern nur zu Belagerungen etc. gebraucht werden.

Indess vervollkommneten sich diese Geschütze noch im 15. Jahrhundert zu eigentlichen »Kanonen« oder »Karthaunen«, welche bereits eiserne Vollkugeln schossen und hiezu selbst mit ⅓ kugelschwerer Ladung bedient wurden. Daneben trieb man die Rohrkonstruktion aber auch in's Ungeheuerliche und glaubte die Wirkung der Feuerwaffe im gleichen Verhältnisse mit der Zunahme ihrer Dimensionen steigern zu können. So liess Mohamed II. eine Kanone von 27″ Seelenweite giessen; dieselbe schoss 1200 pfündige Steinkugeln, bedurfte zweihundert Menschen zur Bedienung und 70 Paar Zugthiere zum Transporte, und erforderte einen Zeitaufwand von 2 Stunden zur Ladung. Sie sprang nach wenig Schüssen.

Aehnliche Monstregeschütze finden sich noch heute in den verschiedenen Museen und Zeughäusern als Kuriositäten aufbewahrt, andere goss man später zu rationell construirten Rohren um.

Derlei Ungethüme fanden jedoch schon damals ein Gegenstück in den, durch riesige Länge (40—60 Bohrungsweiten, neben geringem Kaliber (1—3 Pfund) ausgezeichneten Feldschlangen, Serpentinen *(serpentines)*, Coulevrinen *(coulevrines)* (vergl. Fig. 9), Falkaunen

---

[1]) Es war ja auch gebräuchlich gewesen, die Schwerter u. a. hervorragende Waffen (besonders Schilde) mit Namen zu belegen. (So besass Kaiser Maximilian ein, als „Theuerdank" bezeichnetes Schwert.)

(faucons) oder Falkonets *(fauconeaux)*, welche die eigentliche Feldartillerie jener Zeit bildeten. Sie schossen eiserne, die kleineren unter ihnen auch bleierne Kugeln und wurden — als sogen. Regimentsstücke der Fusstruppen — auf Schiessgerüsten mitgeführt, welche schon den heutigen Laffeten ähnelten, aber noch der Protze entbehrten. Solch' kleinere Feuerrohre stellte man nun auch aus Schmiedeeisen her und versah manche derselben sogar mit Zügen, welche übrigens lediglich zur Forcirung des Geschosses und nicht zur Einleitung einer rotatorischen Bewegung des letzteren dienten, da sie des Dralles entbehrten.

Endlich vereinigte man auch 6, 12 und noch mehr kleine Feuerrohre auf Einem Schiessgerüste und nannte die, dadurch entstandenen Waffen Orgelgeschütze (*ribeaudequins*, *orgues*, Fig. 23).

Bei so langen und enggebohrten Rohren, wie sie oben aufgeführt wurden, mochte der Ladevorgang, besonders unter Anwendung losen und ungekörnten Pulvers, manche Schwierigkeiten bieten, und diese waren vielleicht Ursache, dass man sehr bald versuchte, dieselben für Rückladung einzurichten. Derlei Hinterlader waren gewöhnlich mit einer beweglichen Kammer (Fig. 9, k) versehen, in welche die Ladung gebracht und die dann geeignet in ihr Lager eingesetzt, dort aber durch Keile festgehalten wurde, woher solche Rohre auch den Namen Keilstücke erhielten. Es waren dazu meistens zwei bis drei, (auf dem Transport geladen mitgeführte) Kammern per Piece vorhanden, und konnte dadurch deren eine bequem geladen werden, während die andere im Rohre lag. Was man im Kleinen erprobt hatte, wandte man aber bald wieder auf grössere Verhältnisse an und versuchte so verschiedene Hinterladungseinrichtungen (vergl. Fig. 10 u. 11), in welchen sich abermals Ideen ausgeführt fanden, welche noch heute, oder heute wieder Geltung haben.

Mit der Vervollkommnung der Rohre hielt aber auch diejenige der Laffetirung und der Munition gleichen Schritt. So führte Karl VIII. von Frankreich bereits hundert Geschütze auf Wandlaffeten und zum Abprotzen eingerichtet, im Kriege mit Neapel (1495) nach Italien, während Alfons V. von Aragonien kurze Zeit vorher (1421) die feste Stadt Bonifacio auf Corsica mit »Bomben« bewerfen liess, welche aus zwei, durch Bolzen und Schrauben etc. zusammengehaltenen Halbkugeln (vergl. Fig. 15) bestanden und vorzüglich Brandzeug enthalten haben sollen. Begann so das Hohlgeschoss (dessen Brandrohr vorerst noch beim Abfeuern des Geschützes von der Mündung aus entzündet wurde!) an die Stelle der Steinbombe (Fig. 12ª) zu treten und damit wieder das Wurfgeschütz an Bedeutung zu gewinnen, so dass bei demselben mit dem 15. Jahrhundert der Mörser immer mehr in den Vordergrund trat, so versuchte man auf der andern Seite auch schon das Schlachtfeuer durch eine gewisse Vervielfältigung der Schusswirkung zu erhöhen. Man bediente sich hiezu der sogen. Ketten- und Stangenkugeln *(boulets ramés)*, wovon Fig. 16a, b, c u. d der Tafel XXVI einige Modelle darstellen, gieng aber sehr bald von diesen zu den Büchsenkartätschen über, deren erste Anwendung den Griechen (gelegentlich der Belagerung von Konstantinopel durch die Türken 1453) zugeschrieben wird und allerdings nur in dem Verfeuern starker Blei- und Eisenstücke bestand, welche in eine geeignete Holzbüchse eingeschlossen waren (vergl. auch Fig 21). Solche »Hagelgeschosse« wurden aber auch zum Sprengen eingerichtet und bildeten so die ersten Anfänge der heutigen Shrapnels.

Eine minder überraschende Verwendung — man hatte ja schon aus den alten Ballisten »Feuerkugeln« geworfen — lag in dem Gebrauche der Karthaunengeschosse als glühende Kugeln, was zuerst bei Belagerung der schlesischen Stadt Sagan (1472) stadtgefunden haben soll.

Auffallend bleibt es dagegen immer, dass die Einführung der Patronen sich bis zum Beginne des 17. Jahrhunderts verzögerte und auch dann noch anfänglich nur für schnelleres Feuern Berücksichtigung fand. Ausserdem bediente man sich (bei Vorderladern) der Ladeschaufel *(chargeoir)* und hatte das Pulver dazu in besonderen Säcken oder Fässern (vergl. Fig. 12b u. c), offen neben dem Geschütze stehen. Besser ergieng es mit der Geschützzündung, als welche schon seit Ende des 14. Jahrhunderts die Lunte (statt blosser glühender Kohle) in Gebrauch war, zu der sich dann Anfang des 17. auch das Zündlicht gesellte. Auch in der Verwendung des Pulvers als Sprengmittel blieb man nicht zurück und scheinen es in dieser Richtung speziell die Hugenotten gewesen zu sein, welche sich zuerst (1579) der Petarden (Fig. 19) bedienten.

Besonders epochemachend für die Entwickelung der Artillerie war aber die Regierungsperiode Kaiser Karl V. Hatte schon dessen ritterlicher Vorgänger, Kaiser Maximilian I. dem Geschützwesen eine grosse Aufmerksamkeit zugewendet [1]), so wollte nun Karl V. vor allem System [2]) und Ordnung in dasselbe bringen. Er liess denn bereits

---

[1]) So liess er um 1500 auch den ganzen Geschützbestand des deutschen Reiches aufnehmen und bewahrt die Hof- und Staatsbibliothek zu München unter „Codex germanicus iconographicus Nr. 222" das, hierüber von Bartholomäus Freisleben, kaiserl. Obersthauszeugmeister, verfasste, wahrhaft prachtvoll ausgestattete Werk. (Demselben sind die Fig. 8, 10, 12 und 23 der Taf. XXVI entnommen).

[2]) Nach einem, in der Bibliothek zu Paris aufbewahrten Manuscripte, be-

1521, zu Brüssel, umfassende Versuche über die besten Mass-, Gewichts- und Ladungsverhältnisse der Kanonen anstellen und hienach, zu Malaga, zwölf Mustergeschütze (die »zwölf Apostel«) giessen, welche ferner in allen seinen Staaten als Vorbild dienen sollten. Diese Modelle schossen eine 45-Pfünder Eisenkugel und hatten — nach Diego Ufano [1]) — 18 Kaliber Länge, das 155fache Kugelgewicht zur Schwere und am Bodenstücke $^{7}/_{8}$, an den Zapfen $^{6}/_{8}$ und am Halse $^{3}/_{8}$ Kaliber Wandstärke. Es waren Vorderlader und ihre Pulverchargirung soll an $^{2}/_{3}$ des Geschossgewichtes betragen haben.

Ein Muster kleinerer, aber doch nicht unbedeutender Art, stellte um dieselbe Zeitperiode (1540) der Nürnberger Jakob Hartmann in seinem Kaliberstabe (vergl. S. 333) auf.

All' solche Bestrebungen deuten auf den achtbaren Standpunkt, welchen besonders die deutsche Artillerie im 16. Jahrhunderte einnahm, und für welchen auch die, in Fig. 9 (Coulevrine), Fig. 11 (Karthaune), Fig. 12 (der Mörser »Narr«) und Fig. 20 (deutscher 12-Pfünder) der Taf. XXVI gegebenen Abbildungen damaliger Geschütze, ein klares Zeugniss ablegen.

Mit dem Eintritte des 17. Jahrhunderts begann die Feldartillerie immer mehr an Ausbildung zu gewinnen und war es besonders der Schwedenkönig Gustav Adolph, welcher hiezu die energischste Initiative ergriff. So liess derselbe (1628), um seine Artillerie so viel als möglich zu erleichtern — nach den Vorschlägen des, aus kaiserlichen Diensten zu ihm übergetretenen Obersten Wurmbrand — sogen. lederne Kanonen (*canons de cuir*) herstellen. Dieselben bestanden aus, angeblich nur $^{1}/_{4}$ Zoll starken Kupferrohren, welche mit eisernen Reifen bezogen und in den Zwischenräumen dieser — zur Ausgleichung der Oberfläche — mit Seilwerk und Gyps belegt waren. Zum Schutze der letztern Materialien diente eine Umhüllung von starkem Leder, welche der ganzen Construktion auch den Namen gab.

---

sass Karl V., um 1552 noch, 520 Geschütze von mehr als 50 verschiedenen Modellen. (Napoléon, Etudes sur l'artillerie, Tome III. p. 223.) Ueber die deutsche Artillerie zu jener Zeit schrieben ausserdem Leonhard Fronsperger, um 1566 Bürger von Ulm, in seinem „Kriegsbuch" und etwas nach ihm Senftenberg, Commandant der Artillerie von Dantzig. (Napoléon, Etudes etc. T. III. p. 264.)

[1]) Diego Ufano war Anfang des 17. Jahrhunderts Artillerie-Capitän von Antwerpen und ist der Verfasser eines wahrhaft klassischen, glücklicherweise aber auch in zahlreichen Original- wie übersetzten Exemplaren erhalten gebliebenen Werkes über das Geschützwesen: „*Trattados* (Abhandlung) *della artilleria*" 1613 (vergl. auch Napoléon, Tome III. p. 300).

Diese Geschütze hatten das Kaliber des 6-Pfünders und eine Länge von 15 Seelenweiten; sie waren fast ausschliesslich zum Kartätschschusse bestimmt und erhielten hiezu 1¼ Pfund Pulverladung. Indess litten sie an dem Uebelstande rascher Erhitzung und wurden daher bald durch leichte 4-Pfünder ersetzt, zu welchen später noch, für ⅓ kugelschwere Ladung konstruirte Feld-6-Pfünder kamen.

Mit dem dreissigjährigen Kriege und durch denselben wurde die Feldartillerie demnach zu einem vollgültigen Faktor der Taktik, während die Belagerungsartillerie vorzüglich durch die Kämpfe in den Niederlanden an Vollkommenheit zunahm. [Hier wurden (1594) auch die ersten Handgranaten und (1602) Leuchtkugeln angewandt]. Der Anfang des 17. Jahrhunders führte sodann die Haubitzen und Granaten in das Geschützwesen ein, das natürlich auf dem Gebiete der Laffetirung und Ernstfeuerwerkerei nicht minder Fortschritte machte. (So kann hinsichtlich jener erwähnt werden, dass im Jahre 1650 ein Jesuit zu Warschau die erste Schrauben-Richtmaschine hergestellt haben soll; bezüglich der Entwicklung dieser vergl. auch Napoléon T. III p. 256. »*Le livre de canonnerie et artifice de feu*«, Paris 1561).

Auch die Raketen sind in der ersten Entwicklungsperiode der Feuerwaffen schon bekannt gewesen und wohl, gleich dem Pulver, aus dem Oriente überkommen worden. 1448 soll sich Orleans mit Brandraketen vertheidigt, im 16. Jahrhunderte will man sie zu Beleuchtungszwecken gebraucht haben, von da ab, verwandte man sie aber nur mehr zu Lustfeuerwerken.

β. Handfeuerwaffen (Taf. XXV.)

Die Handfeuerwaffen entwickelten sich theils direkte, für sich selbst, aus den Versuchen, die Pulverkraft auch auf kleine Verhältnisse anzuwenden, anderntheils entstanden sie durch eine fortgesetzte Reduktion des leichten Feldgeschützes. Auf dem letzteren Wege bildeten sich vor allem schwere Wallgewehre heraus, welche man als Hand- oder Faustrohre, Arkebüsen, Terrasbüchsen (von Terasse als synonym mit Wall?) u. s. w., am allgemeinsten aber (nach dem, an ihnen angebrachten Rückstossbemmungshaken) als Hakenbüchsen (*arquebuses à croc*) bezeichnete. Man stufte dieselben bald nach ihren Kaliberverhältnissen ab und nannte die, für 2 löthige Bleikugeln bestimmten, halbe, jene für 4 löthige: ganze Haken, die für 8 Loth: Doppelhaken und solche für 16 löthige Kugeln: doppelte Doppelhaken.

Nur die halben Haken konnten mit in's Feld genommen werden und selbst diese erreichten schon über 10 Pfund Schwere, so dass auch sie nicht aus freier Hand abgefeuert, sondern hiezu auf eigene Gabeln aufgelegt wurden (vergl. Fig. 13). So lange diese Feuerwaffen jeder Schlosseinrichtung entbehrten, fanden sie — selbstverständlich — nur eine sehr spärliche Verbreitung. [Die 30 Hakenschützen, welche Augsburg (1381) im Kriege gegen die schwäbische und fränkische Ritterschaft stellte, scheinen die ersten ihrer Art gewesen zu sein.] Indess versuchte man es bald, wenigstens einen Luntenhahn *(serpentin)* an den Hakenbüchsen anzubringen, dem rasch die, fast noch wichtigere Einrichtung einer schliessbaren Pfanne *(bassinet)* folgte. So bildete sich nach und nach, aus den primitivsten Anordnungen, bis gegen Beginn des 15. Jahrhunderts hin, ein höchst sinnreicher und zugleich sehr einfacher Mechanismus in der Gestalt des Luntenschlosses *(platine à mèche)* heraus.

Das Luntenschloss (Fig. 12) bestand im Wesentlichen aus einem zweiarmigen Hebel ($a_1 a_r$), der längs der Innenseite des Schlossbleches mit einer Pivotschraube (p) befestigt war. Der rückwärtige Hebelsarm (a_r) wurde durch eine Art Stangenfeder (f) nach abwärts gedrückt, sein freies Ende bildete den Angriffspunkt für die Abzugsvorrichtung. Der vordere Schenkel (a_1) des gedachten Hebels griff in eine kleine Excentrix (e) ein, welche mittels Vierung auf eine kurze Welle befestigt war, die zugleich dem Hahne (h) als Drehungsachse diente. Der letztere endigte in zwei federnde Lippen (vergl. auch Fig 13 u. 14), zwischen welchen, mittels einer besondern Klemmschraube (s) ein Stück Lunte festgehalten wurde. An der oberen Kante des Schlossbleches fand sich eine kleine Pfanne (pf) eingesetzt, welche mit einem drehbaren, bald auch mit einem Feuerschirm verbundenen Deckel *(couvre bassinet*, d) verschlossen war und mit ihrer inneren Oeffnung an die äussere des Zündkanales stiess. Wurde der Abdrücker (ab) angezogen, damit also der kurze Arm (a_r) des Schlosshebels aufwärts gehoben, so musste sich der andere Schenkel (a_1) desselben und demnach auch die Excentrix, nach abwärts bewegen und dadurch der Hahn gegen die Pfanne geführt werden (vergl. Fig. 12ª). Liess der Druck auf das Züngel nach, so brachte die Wirkung der Stangenfeder den Hahn wieder in die vorherige Lage (vergl. Fig. 12ᵇ).

So bedeutend indess der Fortschritt war, welchen das Luntenschloss repräsentirte, er konnte doch, für sich allein, keine rasche und allgemeine Einführung der Handfeuerwaffe, speziell als Hauptwaffe des Fussvolkes veranlassen. Abgesehen von der bedenklichen Unverlässigkeit bis gänzlichen Unbrauchbarkeit des Luntenrohres bei regnerischer Witterung, hatte man es auch noch nicht vermocht, hinreichend bequeme Mass- und Gewichtsverhältnisse für ein praktisches Infanteriegewehr zu ermitteln, sondern hielt hiefür um so mehr an schweren Kalibern fest, als man ja stets noch geharnischte Gegner hatte. So kamen, speziell unter Kaiser Karl V. und zuerst bei dessen spanischen Regimentern, Luntengewehre in Gebrauch, welche 4 löthige Bleikugeln schossen und damit die stärkste Rüstung durchschlugen. Man nannte solche, wieder nur aufgelegt zu brauchende Feuerwaffen (Fig. 13) Musketen *(mousquets)*, leichtere, zum Anschlage aus freier Hand bestimmte Gewehre, bezeichnete man dagegen als Arquebüsen *(arquebuses)* und verstand demnach auch unter den Musketieren *(mousquetaires)* eine schwerere, unter den Arquebüsiren *(arquebusiers)* eine leichtere Gattung Infanterie.

Nachdem aber der Zweck der Muskete: die gänzliche Entwerthung des Harnisches erreicht war, stand man indess — Ende des 16. Jahrhunderts — nicht an, das Kaliber derselben wieder auf 2 Loth zu reduciren und dadurch eine handsamere, nicht nur von besonders ausgewählten Leuten führbare Feuerwaffe zu erlangen.

Neben der Abhängigkeit von atmosphärischen Einflüssen war es aber auch der langsame Ladevorgang, welcher einer umfassenden Annahme des Feuergewehres hindernd im Wege stand und die Beibehaltung einer guten Nähewaffe (der Lanze) für das Fussvolk unentbehrlich machte.

Man konnte mit dem Luntengewehre höchstens 1 Schuss per Minute abgeben und vermochte demnach schon mit der Armbrust die doppelte bis dreifache, mit dem Bogen aber mindestens die sechsfache Feuergeschwindigkeit zu erlangen.

Es begreift sich, dass man hiedurch in erster Linie dazu angeregt wurde, die Ladeweise des Schiessgewehres zu beschleunigen. Ohne schon Patronen zu haben, versuchte man doch die Pulverladungen gleich einzeln abgemessen mitzuführen und gab dieselben in längliche Holzkapseln (Fig. 13, k), welche an einem Bandeliere befestigt waren, das der Schütze über die Schulter hing (Fig. 13). In einem besonderen Lederbeutel (b) befanden sich die Kugeln untergebracht. Das Aufschüttpulver oder Zündkraut für die Pfanne aber, in einem Pulverhorne (h). Eigentliche Patronen wurden vor Ende des 16. Jahrhunderts nicht gebraucht und die schwedischen Regimenter Gustav Adolphs waren es, welche zuerst mit, den jetzigen ähnlichen Patrontaschen ausgerüstet erschienen.

Das Streben, die Feuergeschwindigkeit zu erhöhen, führte aber schon in den Anfängen der Gewehrtechnik zu Construktionen, welche — wenigstens der Idee nach — mit solchen der neuesten Zeit vollkommen übereinstimmten.

So fanden sich schon zu Ende des 15. Jahrhunderts »Drehlinge« (Fig. 14) in Deutschland, welche sich vom heutigen Revolver nur dadurch unterschieden, dass die Bewegung der Ladetrommel mit der Hand geschehen musste und nicht durch einen besonderen Mechanismus vollzogen werden konnte. Doch hielt eine starke Druckfeder (f) die Trommel fest, sobald einer ihrer (8) Pulversäcke in der Verlängerung der Laufbohrung stand, indem sie, mittels eines kurzen Zapfens, in die kleine Vertiefung (v) eintrat, welche sich über jedem Laderaume befand. Den einzelnen Kammern entsprachen besondere Pfannen (p), welche mit Schubdeckeln (d) verschlossen werden konnten.

Blieben solche Versuchswaffen auch vereinzelt, so können sie doch heute noch als ein Beweis der Regsamkeit angesehen werden, welche die Feuerwaffen bereits um jene Zeit in den Geistern wachgerufen hatte und der dann bald ein weiterer, sehr wichtiger Fortschritt derselben entsprang.

Es war diess die Einführung der Steinfeuer- an Stelle der Luntenzündung und wie es im 16. Jahrhundert vorzüglich Deutschland und das, speziell unter Maximilian I. und Karl V. eng mit ihm verbundene Spanien war, welches sich besonders um die Vervollkommnung der Handfeuerwaffen verdient machte, so gieng auch die Anregung zur Steinfeuerzündung speziell von einer deutschen Stadt — von Nürnberg — und von Spanien aus.

Das deutsche Radschloss *(platine à rouet)*) wurde um 1515 erfunden und hatte seinen Namen von dem, ausserhalb seiner Platte unter einem Deckel angebrachten, oder in einem besonderen Gehäuse eingeschlossenen, stählernen Rade (Fig. 16, r), dessen gerippte Peripherie durch den Boden der Zündpfanne (p) trat und das an einer Welle befestigt war, welche einestheils, innerhalb des Schlossbleches, in einer Studel (s), anderntheils im Radgehäuse (g) lagerte, ausserhalb diesem aber in einen vierkantigen Zapfen (v) endigte. Der letztere diente zum Ansetzen eines kurbelförmigen Schlüssels, mittels welchen das Rad gedreht und damit — wie sich gleich zeigen soll — das Schloss gespannt werden konnte.

Auf dem, zwischen der Studel und der inneren Fläche der Schlossplatte liegenden Stücke der Radwelle, war eine Excentrix (e) befestigt, an welcher eine kurze Spannkette (k) hieng, in deren unteres Ende der bewegliche Arm (f_1) einer Schlagfeder (f_1 f_2) griff, welche derjenigen des heutigen Perkussionsschlosses ähnelte. Wurde das Rad gedreht, so wand sich die Kette um die Peripherie der Excentrix auf, und zog damit den freien Arm (f_1) der Schlagfeder gegen den festen (f_2) derselben, versetzte jene also in Spannung. Die, zur Erhaltung dieser nöthige Hemmung, bestand in einem zweiarmigen Stangenhebel (h_1 h_2), der sich um eine vertikale Pivotschraube (d) gegen die Innenfläche des Schlossbleches hin und von dieser ab bewegen liess. Eine kleine (in der Zeichnung punktirte) Druckfeder, drängte den rückwärtigen Arm (h_2) dieses Hebels unausgesetzt vom Schlossbleche ab, presste also gleichzeitig den vorderen Stangenarm (h_1) fest gegen jenes an. Dieser vordere Schenkel (h_1) der Stange endigte in einen kurzen Hemmstift, welcher (bei a) durch eine entsprechende Ausbohrung des Schlossbleches trat und hiemit im Stande war, die Scheibe des Rades selbst zu erfassen, sobald eine, in dieser angebrachte, gewissermassen die Spannrast bildende Vertiefung auf jene Ausbohrung (a) im Schlossbleche traf. Am rückwärtigen Schenkel (h_r) des Stangenhebels fand sich endlich ein, nach innen gerichtetes Kniestück (h_1) angesetzt, welches dem Abzuge zum Angriffe diente. Die Pfanne konnte mit einem Schubdeckel (p d) verschlossen werden, dessen Fuss (d f) im Innern des Schlossbleches verschraubt war. An der Aussenseite des letzteren befand sich endlich noch ein Hahn befestigt, der auf dem freien Arme einer starken, zweischenkligen Druckfeder ruhte und zwischen seinen Lippen ein Stück Schwefelkies (vergl S. 11) festhielt, das beim Umlegen des Hahnes auf die Pfanne des Schlosses traf (vergl. Fig. 16 b). War das letztere gespannt, der Pfannendeckel zurückgeschoben und der Hahn in die eben bezeichnete Lage gebracht, und wurde jenes nun abgelassen, d. h. durch den Druck des Abzuges auf das Kniestück der Stange, der Hemmstift dieser ausgehoben, so rieb sich der Kranz des Schlossrades heftig an dem, mittels der Hahnenfeder fest gegen ihn gedrückten Schwefelkies *(pyrite)*, die hiedurch erzeugten Stahlfunken entzündeten das Aufschüttpulver und dieses die Ladung.

Man verbesserte diesen Mechanismus bald durch die Anordnung einer Federung, welche den Schluss des Pfannendeckels besorgte, sowie die Einrichtung von S t e c h t u p f e r n und V e r s i c h e r u n g e n, trotzdem war aber das Radschloss eigentlich doch nicht im Stande, speziell für den Massengebrauch die Luntenzündung zu verdrängen. Es war hiefür einestheils zu complicirt, anderntheils zu langsam in seiner Handhabung und doch auch nicht vollkommen sicher bei regnerischer Witterung. Ja man hielt am einfachen Luntenschlosse so fest, dass man es sogar mit dem Radmechanismus zu vereinigen strebte (vergl. Fig. 17), um sich des Luntenhahnes (l) wenigstens bei trockenem Wetter, oder bei eingetretenen Störungen im Radschlosse oder — zur Beschleunigung des Feuers — neben diesem bedienen zu können.

Einfacher und bereits dem späteren Steinschlosse ähnlicher, war das, gegen Ende des 16. Jahrhunderts auftretende, **spanische Schnapphahnschloss** *(platine espagnole)* construirt (vergl. Fig. 18). Es charakterisirte sich vorzüglich dadurch, dass fast alle seine Haupttheile ausserhalb und nur Stange und Abzug innerhalb des Schlossbleches angebracht waren. Gegenüber diesem Mangel besass es aber den wesentlichen Vortheil eines verbesserten Pfannendeckels (p d). Derselbe bildete hier eine starke Klappe, deren Fuss auf dem freien Arme einer besonderen Deckelfeder (d f) auflag, welche den Abschluss der Pfanne durch ihren Druck verstärkte und den ganzen Gang der Klappe regelte. Zu ihrer Handhabung war die letztere mit einem aufwärts gerichteten Ansatze versehen, dessen rückwärtige Seite (entgegengesetzt b) zugleich die Schlagfläche für den Stein des Hahnes bildete. Beim Abgange des Schlosses glitt der Pyrit mit grosser Kraft an dieser »Batterie« herab und öffnete dadurch von selbst die Pfanne für die zündenden Funken.

Der Hahn des spanischen Schlosses endigte in einen doppelten Fuss, dessen rückwärtiger Schenkel (f_1) abgerundet zugearbeitet war und unmittelbar auf dem, durch die Studel (st) geschützten, freien Arme einer starken Schlagfeder (sf) auflag. Der vordere Schenkel (f_2) war dagegen durch eine gerade Kante begränzt. Beim Zurückziehen des Hahnes spannte der hintere Fuss (f_1) desselben die Schlagfeder, der vordere (f_2) diente der Hemmung zum Angriffe. Die letztere bestand aus einer, als Winkelhebel wirkenden, (um den Drehstift d beweglichen) knieförmigen Stange, deren längerer Arm (a_1) an der Innenseite des Schlossbleches anlag, indess der einwärts gewendete, kürzere (a_2), die Verbindung mit dem Abzuge herstellte. Der vordere Stangenarm (a_1) endigte in einen starken Hemmstift (h_1), welcher durch das Schlossblech nach aussen trat und so vom Drucke der einarmigen Stangenfeder (stf) in dieser Stellung erhalten, die Ruhrast des Hahnes bildete. Ein zweiter Hemmstift (h_2) war an das freie Ende der Stangenfeder selbst angesetzt und wirkte als Spannrast. Wurde der Querarm (a_2) der Stange durch den Abzug nach rückwärts gedrückt, so hob sich ihr Längenarm (a_1) vom Schlossbleche ab, und diese Bewegung hatte nicht allein das Zurücktreten des ersten (h_1), sondern, weil die Hebelwirkung der Stange auch das freie Ende der Stangenfeder nach innen bog, gleichzeitig das Ausheben des zweiten Hemmstiftes (h_2) und damit den Abgang des Hahnes zur Folge, dessen Schlag gegen die Batterie allerdings die Sicherheit des Schusses eher beeinträchtigen konnte, als die, ohne eine solche Erschütterung eintretende Zündung des Radschlosses[1]). Dafür entbehrte dieses der Ruhrast und war seine Handhabung jedenfalls umständlicher und zeitraubender als diejenige des Schnapphahns, dessen Thätigkeit wohl auch minderen Störungen ausgesetzt war, als das, dem Eindringen des Pulverrückstandes so unmittelbar unterworfene Rad des deutschen Schlosses.

Neben dem spanischen, trat bald auch ein holländisches Schnapphahnschloss auf, das insoferne für eine Verbesserung des ersteren gelten könnte, als seine Schlagfeder nicht mehr aussen, sondern innerhalb des Schlossbleches lag und die Verbindung derselben mit dem Hahne durch ein Nussgetriebe hergestellt war.[2]) Dagegen fehlte die

---

[1]) Dieser ruhige Abgang war es, welcher das Radschloss selbst bis zur Percussionirung herauf, für Scheibengewehre etc. beibehalten liess.

[2]) Vergl. Schön: „Geschichte der Handfeuerwaffen" S. 37 und Taf. XIII, Fig. 42.

Ruhrast und blieb die Pfanne noch, ähnlich dem Radschlosse,[1]) mit einem Schubdeckel verschlossen, der jedoch, beim Ablassen des Hahnes, durch eine besondere, mit der Nuss verbundene Leitstange, von selbst zurückgestossen wurde

Das spanische Schnapphahnschloss fand auch auf türkische Gewehre Anwendung und kam bei diesen sowohl mit dem Luntenhahn verbunden,[2]) als auch in Modellen vor, welche — gegenüber der oben beschriebenen Zusammensetzung — eine besondere Vereinfachung zeigen. In der türkischen Construction[3]) ist nämlich die Schlagfeder zugleich als Pfannendeckelfeder benützt und drückt nun, mit ihrem grossen Arme von oben auf den, hiezu krapfenförmig gebildeten (vorderen) Fuss des Hahnes, mit ihrem kürzeren Schenkel aber, von unten gegen den Pfannendeckel. Derlei Schlösser sind ausserdem mit Sperrhaken-Versicherung versehen und durch eine vortreffliche Ausarbeitung ausgezeichnet. Die zugehörigen Gewehre fallen durch ihre besondere Länge auf, welche sich übrigens wohl durch das starke Ladungsverhältniss (1 : 1) erklärt, für welches sie bestimmt waren.[4])

Mit der Steinfeuerzündung waren auch andere Verbesserungen der Feuerwaffen Hand in Hand gegangen. So hatte die Schäftung eine handlichere und zweckmässigere Gestalt gewonnen, die Garnitur an Gefälligkeit zugenommen und auch die Visirung entsprechende Berücksichtigung gefunden. Wie sonst die Rüstung uud das Schwert, so wurden jetzt die Gewehre der Edlen und ihrer Leibwachen etc. mit besonderer Sorgfalt angefertigt und oft mit wahrem Luxus ausgestattet (vergl. Fig. 15).

Zu diesen Fortschritten gesellte sich nun aber auch die wichtige Erfindung der Züge. Schon zu Ende des 15. Jahrhunderts construirte der Wiener Büchsenmacher Kaspar Zollner geradlinige Züge, welche indess lediglich zur Stauchung des Geschosses und zur Aufhebung seines Spielraumes dienen konnten. Bald aber fieng man an, den Zugrinnen einen leichten Drall zu geben und die entschiedene Besserung der

---

[1]) Die Niederlande mit ihren blühenden Städten, hatten damals wohl eben so lebhafte Beziehungen zu Spanien, als zu Deutschland, so dass es ganz erklärlich scheint, wenn die Entwickelung ihrer Feuerwaffen sich spanische und deutsche Constructionen gleichmässig zum Vorbilde nahm.

[2]) Vergl. Schön S. 51 und Taf. XV. Fig. 50.

[3]) Vergl. Schön S. 37 und Taf. XII. Fig 41.

[4]) Vergl. Montecuculi's Memoiren bezw. Napoléon, Tome IV, p. 14. Auch heute noch zeichnen sich die orientalischen Handfeuerwaffen durch ihre Länge und die Anfangsgeschwindigkeit ihrer Kugeln aus.

Treffresultate, welche man hiemit erlangte, führte natürlich rasch zur weiteren Vervollkommnung (Anwendung der Pflasterladung) der gezogenen Waffen.

In Leipzig soll bereits um 1498 ein Scheibenschiessen mit gezogenen Büchsen stattgefunden haben, wieder aber scheint es Nürnberg gewesen zu sein, welches sich auch um die Vervollkommnung der ersten Präcisionsgewehre, für welche Radschloss und Tupfer einen ganz besonderen Werth hatten, hervorragende Verdienste erwarb. Im Felde traten gezogene Büchsen aber doch erst mit dem 17 Jahrhundert, d. h. speziell im dreissigjährigen Kriege auf, und stellte hiezu Landgraf Wilhelm von Hessen, um 1631, drei Kompagnien Büchsenschützen, welchem Beispiele Churfürst Maximilian I. um 1645 folgte.

All' diese Fortschritte hatten das Feuergewehr aber noch immer nicht zur ausschliesslichen Waffe des Fussvolkes erhoben. War das im 15. Jahrhunderte noch übliche Verhältniss von $^1/_{10}$, als Gesammtzahl der Hakenschützen gegenüber den übrigen Fusstruppen schon im Anfange des 16. Jahrhunderts auf $^1/_3$ und bis zu dessen Ende noch auf 1 : 1 gestiegen, so erlangte es doch im Heere Gustav Adolph's nur die Höhe von 3 : 2.

Die Reiterei führte vor Mitte des 15. Jahrhunderts noch gar keine Schusswaffen und scheint (was auch sehr begreiflich ist) sich derselben erst nach Erfindung des Rad- und Schnapphahnschlosses allgemein bedient zu haben. So war die deutsche Reiterei (Kürassiere), von Mitte des 16. Jahrhunderts an, durchgängig mit Radschloss-Pistolen bewaffnet, vorher aber nur einzelne (speziell unter Kaiser Maximilian) mit sogen. Petrinals oder Poitrinals (d. h. auf ca. 30" abgekürzten Hakenbüchsen) ausgerüstete Schwadronen »reitender Hakenschützen« und Arkebusirer gebräuchlich gewesen.

Die Pistolen hatten gewöhnlich einen Schuh lange Läufe und waren am Griffende so stark beschlagen, dass sie im Handgemenge auch als Ersatz des Streithammers dienen konnten.

Karabiner finden sich zuerst in der spanischen und niederländischen Reiterei; dort unter Alba (1507), hier unter Moritz von Oranien (1590); jene waren lediglich kurze Haken, diese dagegen, mit 2' langen Läufen versehen, näherten sich bereits den heutigen Modellen.

Vierläufige Karabiner, doppelläufige Pistolen u. s. w. fanden sich bald als Gegenstücke zum Drehlinge, während man sich ausserdem, gegen Ende der gegenwärtigen Periode, auch besonderer kurzer Streurohre (*trompons*), mit trichterförmiger Bohrung, zum Schrotschusse und sogenannter Granatenwerfer zum Verfeuern kleiner Handgranaten bediente.

b. Nähewaffen. (Taf. XXV.)

Die Nähewaffen dieser Periode unterschieden sich im Allgemeinen sehr wenig von denjenigen der vorhergehenden, wie denn auch ihre taktische Bedeutung, besonders diejenige der Hauptwaffe des Fussvolkes, der Lanze, nur langsam abnahm [1]) und diese sich noch bis zum Ende des 16. Jahrhunderts hin, sehr in Geltung zu erhalten wusste. Ja die »Lanzentaktik« gelangte sogar erst mit dem Auftreten der Feuerwaffen zur eigentlichen Blüthe und gerade Kaiser Maximilian, der Kenner und Förderer jener war es, der hiezu durch die Errichtung der deutschen Landsknechte unter Georg von Frundsberg (aus Mindelheim) am meisten beitrug.

Die Lanzen dieser wohlorganisirten Infanterie hatten 18 Fuss Länge, nur Offiziere und Unteroffiziere trugen die kürzere Hellebarde, die ausserdem auch von den fürstlichen Leibwachen und sonstigen Elitekorps geführt wurde, bei welchen sich Partisane und Cuise ja selbst bis heute, als Paradewaffen, erhalten haben (bayer. Hartschiere). Auch in der Reiterei blieb die Lanze bis zum Ende des 15. Jahrhunderts die Hauptwaffe; mit dem Auftreten der, bloss Schwert (Fig. 6) und Pistolen führenden Cuirassiere — Mitte des 16. Jahrhunderts — verschwand sie aber fast ganz aus den Reihen der Cavalerie, um (durch die polnische und russische Reiterei neuerdings zu Ehren gebracht) erst wieder mit dem 18. Jahrhunderte eine grössere Rolle in derselben zu spielen.

c. Schutzwaffen. (Taf. XXV.)

Wie die Picke, so behauptete sich auch die Rüstung nicht allein standhaft gegen die ersten Feuerwaffen, sondern sie gelangte durch diese ebenfalls erst zu ihrer grössten Vervollkommnung: sie wurde schussfest. Damit bekam sie aber auch — d. h. speziell Brustharnisch und Helm — eine solche Schwere, dass ihre Last zuletzt an die Grenze des Unerträglichen streifte. [2]) Obgleich schon Karl's des V. Musketiere den Wegfall des Panzerschutzes vorbereiteten, so ward derselbe doch erst mit dem dreissigjährigen Kriege endgültig aufgegeben, resp. auf das bis heute übliche Mass des Cuirasses der schweren Reiterei zurückgeführt.

Kaiser Maximilian I. trug eine der stärksten Rüstungen (vergl. Fig. 11),

---

[1]) Noch Montecuculi (1608—1681) nennt die Lanze die Königin der Waffen.

[2]) So bewahrt das Münchener Bürgerzeughaus einen Harnisch aus dem 16. Jahrhundert, dessen Bruststück allein 22 Pfund wiegt (Vergl. darüber auch Braun: „Das Landwehr-Zeughaus in München" 1866).

aber erst in den letzten Dezennien des 16. und den Anfängen des 17. Jahrhunderts (zur Zeit Rudolf's II.), erreichten die Harnische ihr grösstes Gewicht.

2. Waffen nach dem 30jährigen Kriege (1650) bis zur französischen Revolution (1790).

Die militärische Hauptfolge des 30jährigen Krieges: die Einführung stehender Nationalheere, wirkte besonders günstig auf die gleichartigere und einheitlichere Entwicklung der Waffen ein, deren Beschaffung nun auch nicht mehr den Einzelnen überlassen blieb, sondern durch Staatsfabriken etc. erfolgte.

a. Feuerwaffen.

α. Geschütze. (Taf. XXVI.)

In der zweiten Hälfte des 17. Jahrhunderts wurde der Gebrauch der Geschützpatronen (vergl. Fig. 21), zu welchem sich in Kurzem auch derjenige der Schlagröhrchen (Schilf-Zündröhrchen) gesellte, immer allgemeiner. Speziell von der französischen Artillerie scheinen die ersten Versuche der Herstellung von Gebirgsgeschützen (vergl. Fig. 14) ausgegangen zu sein und während man in Deutschland den Haubitzen ein besonderes Augenmerk zuwandte, beschäftigte man sich dort noch mehr mit dem schweren Wurfgeschütze. Vorzüglich war es der Steinmörser (Fig. 13a), den man häufig in Anwendung brachte und dessen Wachtelwurf man vielfach vervollkommnete. (Fig. 13b zeigt einen solchen in eine eigene Holzbüchse eingeschichtet, welch' letztere der Form der Mörserbohrung entsprach; eine besondere Feuerleitung diente zur Entzündung der geladenen Granaten beim Schusse.)

Eine wichtige Verbesserung erfuhr die Belagerungsartillerie durch die, dem damaligen französischen Generallieutenant **Vauban** zuzuschreibende Erfindung[1]) des Ricochetschusses, dessen erste Anwendung dieser geniale Ingenieur bei der, von ihm geleiteten Belagerung von Ath im Hennegau (heutiges Belgien) im Jahre 1697 versucht haben soll, wogegen sein holländischer Rivale, Generallieutenant **Coehorn**, die, nach ihm benannten, kleinen Mörser in die Festungsartillerie einführte.

---

[1]) Der Ricochetschuss soll bereits im 16. Jahrhundert von italienischen Ingenieuren in Vorschlag gebracht, aber erst durch Vauban zur Anwendung gekommen sein. (Vergl. Napoléon, Etudes sur l'artillerie, avant-propos p. VI.)

All' diese Fortschritte wurden aber weit übertroffen durch diejenigen, welche die Artillerie im 18. Jahrhunderte erwarteten. Hier sind es in erster Linie die Namen Friedrich des Grossen und Gribeauval's, welche sich an die Vervollkommnung des Geschützwesens knüpfen.

König Friedrich II., gleich bedeutend als Feldherr, wie als Staatsmann, war es, dessen Genie, ähnlich demjenigen Gustav Adolph's, vorzüglich die taktische Ausbildung der Artillerie und also speziell der Feldartillerie in's Auge fasste, während sich General Gribeauval[1]) hauptsächlich der technischen Verbesserung derselben unterzog.

So führte der Schöpfer der preussischen Grossmacht vor allem die Trennung der Feld- von der Festungs- und Belagerungsartillerie durch, und organisirte (1759) die erste reitende Artillerie, welchem Beispiele Frankreich (vergl. Napoléon T. IV. p. 162) erst im Jahre 1792, Oesterreich aber schon 1776, durch Einführung seines »Cavaleriegeschützes« folgte. Friedrich der Grosse beschränkte (1758) das Feldgeschütz auf das 3-, 6- u. 12-pfündige Kaliber und führte von letzterem leichte (12 Kaliber lange) und schwere (18 Kaliber lange) Kanonen, dafür aber keine (kurzen) 24-Pfünder (zu 12 Kaliber Länge) mehr in die Schlachten mit. Diese Anordnungen zwangen speziell Frankreich und Oesterreich zu ähnlichen Erleichterungen des Geschützes und so liess jenes noch während des 7jährigen Krieges, aushilfsweise, seine 12-Pfünder auf 16-Pfünder und seine 8-Pfünder auf 12-Pfünder ausbohren, während dieses schon früher die Länge seiner 3-, 6- u. 12-Pfünder auf 16 Kaliber reduzirte.

Mit Gribeauval's Eintritt in die französische Artillerie (1732) fiel die Einführung eines neuen Systemes in diesen zusammen. Dasselbe, nach seinem Construkteur »System Vallière«[2]) genannt, beschränkte die Kanonenkaliber bereits auf die, fast bis heute in Geltung gebliebene Reihe von 4-, 8-, 12-, 16- u. 24-Pfünder, gab den entsprechenden Rohren 25, 24, 23, 22 und 20 Bohrungsdurchmesser Länge und 280, 263, 266, 262 und 225 Kugelschweren zum Gewichte. Die Schildzapfen

[1]) Gribeauval (1715—1789) war geborener Franzose, diente auch von 1732 bis 1752 im französischen Artillerie- und Ingenieurcorps, von 1752—1762 aber, unter Kaiserin Maria Theresia, in der österreichischen Armee, woselbst er den Rang des Feldmarschallieutenants erreichte. 1763 nach Frankreich zurückgekehrt, wurde er (1776) zum Generalinspektor der Artillerie ernannt. Ueber sein System sieh' Napoléon T. IV. p. 107.

[2]) Joseph Marquis von Vallière (1717—1776) war unter Louis Auguste de Bourbon Duc du Maine, *grand-maître de l'artillerie*, Commandant des französischen Geschützwesens. Ueber Vallières System sieh' Napoléon T. IV. p. 77.

erhielten ein Kaliber zur Länge und zum Durchmesser, aber keine Angussscheiben, ihre Axe wurde um den halben Seelendurchmesser unter die Rohraxe versenkt, für das Zündloch aber ein besonderer, kupferner Zündkern *(masse de lumière)*, beim Gusse des Rohres in dieses eingeschmolzen. Der Spielraum nahm, mit dem Kaliber, von 2,25 bis 1,25 Linien ab, die äussere Verzierung der Rohre wurde wahrhaft künstlerisch angeordnet (vergl. Fig. 22).

Für die Bombenmörser blieben nur zwei Flugweiten 12" und 8,25", jene des Steinmörsers (vergl. Fig. 13a) aber zu 15" beibehalten. Dieser hatte eine conische, die Bombenmörser cylindrische, die zwölfzölligen auch birnförmige Kammern.

Den Bombenwurf vereinfachte Vallière dadurch, dass er (zuerst bei der Belagerung von Bergen-op-Zoom, 1747) eine besondere Entzündung des Brandrohres unterliess und diese gefährliche und zeitraubende Funktion — wie diess heute noch geschieht — der Pulverflamme der Ladung übertrug.

Gribeauval's reformatorische Thätigkeit (1763) begann mit der Nachahmung Friedrich des Grossen bezüglich der Trennung des Feld- vom schweren Geschütze.

Jenes wurde auf 3 Kaliber, 4-, 8- u. 12-Pfünder beschränkt und die bezüglichen Modelle Vallières, deren Massverhältnisse — wie oben berührt — sich im 7jährigen Kriege als zu bedeutend herausgestellt hatten, auf 18 Kaliberlängen, 150 Kugelgewichte und ⅓ kugelschwere Ladung, bei 1‴ Spielraum reduzirt.

Die äussere Verzierung der Rohre wurde bedeutend vermindert und dadurch das Abdrehen derselben ermöglicht, die Schildzapfen mit Angussscheiben versehen und die Axe jener nur mehr um $\frac{1}{12}$ der Bohrungsweite unter die Seelenaxe versenkt. Traube und Delphinen erhielten die heutige (auch noch in Bayern gebräuchliche) Form, die natürliche Visirlinie wurde in der höchsten Bodenfriese durch eine Kerbe, am Kanonenkopfe durch ein Korn markirt, die Feldgeschütze aber ausserdem mit einem festen Schieberaufsatze versehen und ihre grösste Schussweite auf 1250 Schritt fixirt. Die eingeschmolzenen wurden durch eingeschraubte Zündkerne ersetzt. Bei den, nach gleichen Prinzipien und sich ähnlichen Formen construirten Feld-(Kanonen-) Laffeten führte Gribeauval schmiedeiserne Achsen und gusseiserne Radbüchsen, sowie das Marschlager [1]) ein. Die Richtmaschine und die verschiedenen Bestandtheile, Tragringe u. s. w. an dersel-

---

[1]) Die Erfindung des Marschlagers wird dem österr. Feldzeugmeister Pappendorf, einem Zeitgenossen Gribeauval's, zugeschrieben.

ben, erhielten die, noch heute (in Bayern am Systeme 1836) gebräuchliche Gestalt. An den Vorderwagen wurde die Gabel durch die einfache Deichsel ersetzt, doch blieben dieselben Sattelprotzen. Alle Feldartillerie-Fahrzeuge erhielten ein und dasselbe (4'8,5" weite) Geleise, die Fortschaffung von Geschützen mittels Zuggurten und der Gebrauch des Schlepptaues wurden von ihm in's Leben gerufen und besonderer Einübung unterworfen. An Stelle der bisher gebräuchlichen Karren, setzte er einen, allen Feldkalibern gemeinschaftlichen, und zugleich für den Transport der Infanterie-Munition bestimmten, mit Sattelprotze und Sargkasten versehenen Munitionswagen (vergl. S. 415); um aber den Austausch beschädigter Theile des Artilleriemateriales durch Reservestücke zu ermöglichen, brachte er zuerst eine streng gleichheitliche Arbeit nach Schablonen und Leeren [1]) in den Artillerie-Werkstätten zur Durchführung, während er anderseits die Radhöhen und Nabbüchsen aller Vorderwagen, denjenigen des 4-Pfünders, dann der 8- und 12-Pfünder Laffeten unter sich u. s. f. gleich anordnete, also auch hiedurch manchen gegenseitigen Ersatz erleichterte.

Eine weitere, sehr wesentliche Verbesserung der Feldartillerie lag in der Einführung scharfer Kugel- und Kartätschpatronen für dieselbe.

Das Geschoss der ersteren war bereits mittels Holzspiegel und Blechkreuz an das, die Ladung enthaltende Säckchen befestigt, die Blechbüchse der letzteren entweder mit 41 Stück grösseren oder — für die nächsten Distanzen — 112 (resp. 63 beim 4-Pfünder) kleineren, geschmiedeten Schroten gefüllt.

Die französische Artillerie hatte bis dahin keine vollkommene Anschauung der Haubitzen gewonnen; [2]) Gribeauval führte auch diese und zwar eine 6zöllige (kurze! denn nur solche waren damals bekannt) mit besonderer Laffete in die Feldartillerie ein. Die zugehörige Granate erhielt, gegenüber dem Mundloche, einen verstärkenden Segmentansatz und wurde der letztere bald für alle Hohlkugeln adoptirt.

Die Thätigkeit Gribeauval's beschränkte sich aber nicht allein auf die Feldartillerie, sondern sie erstreckte sich vielmehr in gleicher Nützlichkeit auch auf die Festungs- und Belagerungs-Artillerie.

---

[1]) Zur Untersuchung der Bohrung erfand er selbst den, heute noch allgemein gebräuchlichen *étoile mobile* oder Stückseelenmesser.

[2]) Sie soll die Wirkung derselben zum ersten Male in der Schlacht bei Neerwinden (1693) kennen gelernt haben. Vallière stellte kein Haubitzenmodell auf und Napoléon sagt: „L'obusier, qui avait été inventé à l'étranger, était peu en usage chez nous" (vergl. T. IV. p. 114).

Er behielt für diese die Vallière'schen 16- und 24-Pfünder Kanonen mit geringen Modifikationen bei und führte dazu eine 8zöllige, nach denselben Grundsätzen wie die 6zöllige construirte, und wieder besonders laffetirte Haubitze (vergl. Fig. $18^{a.\ b}$) ein.

Die Vallière'schen 12 und 8zölligen Mörser erlitten unbedeutende Veränderungen, doch wurden die birnförmigen Kammern bei ersteren unterdrückt und das Verkeilen der Bomben abgeschafft. Ausserdem construirte Gribeauval noch einen 10zölligen Mörser, der — bei einer Ladung von 7 Pfund — seine Bombe über 1200 Toisen (1950^m) trug.

Neben einer besonderen Belagerungslaffete mit, gegen rückwärts divergirenden Wänden, führte Gribeauval auch eine von ihm construirte Festungslaffete (Fig. 17) ein. Beim Entwurfe derselben gieng er von dem Grundsatze aus: das Rohr mindestens 5 Fuss über die Brustwehrkrone zu heben, das Festhalten der Schussrichtung, besonders auch für das Nachtfeuer zu erleichtern und wenigstmöglich Bedienungsmannschaft zu bedürfen. Die, so entstandene »hohe Walllaffete« (vergl. auch S. 421) war die erste bekannte Rahmenlaffete und die Thatsache, dass dieselbe bis in die letzten Jahre her (z. B. in Landau) Verwendung finden konnte, beweist wohl genugsam, wie hoch ihre Erfindung gehalten werden darf.

Zur Armirung von Küstenforts setzte Gribeauval auch gewöhnliche Schiffslaffeten auf starke, zur leichteren Flankirung mit Rollrädern versehene Rahmen. Den Mörsern gab er gusseiserne, bereits ganz den heutigen ähnliche Gestelle.

Es darf wohl erwähnt werden, dass man all' diesen weitgehenden Neuerungen durchaus nicht mit offenen Armen entgegen kam. Dieselben gelangten zwar im Jahre 1765 zur Annahme, aber schon sieben Jahre später wurden sie wieder ausser Geltung gesetzt, um dafür zu den Prinzipien Vallière's zurückzukehren. 1774 entschied sich eine, besonders berufene Commission französischer Marschälle (Richelieu, Soubise, Contades und Broglie), zu Gunsten des Gribeauval'schen Systemes, das nun zum zweitenmale und damit um so mehr zur definitiven Einführung gelangte, als (1776) Gribeauval selbst nunmehr zum Generalinspektor der Artillerie berufen ward.

Unter den Vorwürfen, welche man seinen Neuerungen machte, stand die kürzere Tragweite; die geringere Treffwahrscheinlichkeit, Percussion und Göllwirkung, der grössere Rücklauf, mangelhafte Solidität und Dauerhaftigkeit u. s. w. oben an. Die Richtschraube wurde als kostspielig, unverlässig, durch Schmutz und Rost verderbend dargestellt und dagegen der alte Richtkeil hochgepriesen; das Schlepptau fand dieselbe Verurtheilung, ebenso die eisernen Achsen, das Marschlager, die einfache Deichsel u. s. w. Ja, auch dem festen Aufsatze und selbst den scharfen Patronen widersetzte man sich »weil sie den Kanonier allzusehr zum Schnellschiessen verleiteten.« [1])

Es ist doppelt erfreulich, dass ein so bedeutender Mann, dem Frankreich vielleicht nur seinen Vauban an die Seite zu stellen hat und dessen Thätigkeit es gewiss keinen geringen Theil der glücklichen Erfolge verdankt, welche seine Batterien in den Revolutions- und Napoleon'schen Kriegen errangen, — es ist doppelt erfreulich, von diesem Manne sagen zu können, dass er minder schroff gegen die Ideen Anderer auftrat, als diess seinen eigenen begegnet war. Er bewies diess wohl am besten durch die Annahme der Mörser à la **Gomer** [2]) (1785), deren Erfinder unter ihm in Diensten stand.

Neben solch' bedeutenden, selbstverständlich nicht bloss auf die französische Artillerie beschränkt gebliebenen Fortschritten, traten dort und da aber auch andere Erfindungen auf, unter denen die **Köhler**'sche Depressionslaffete (vergl. S. 428) sowie die Kasemattenlaffeten **Montalembert's** [3]) und des Holländers **Redlichkeit** (1775) in erster Linie genannt zu werden verdienen.

Minderen Werth hatten die, während des 7jährigen Krieges erschienenen »Schuwalow's« [4]) der russischen Artillerie. Es waren diess eine Art langer Haubitzen (siehe unten), deren Bohrung sich vom cylindrischen Laderaume aus derart gegen die Mündung hin erweiterte, dass sie hier einen ovalen Querschnitt bildete, dessen grössere Achse horizontal lag und die doppelte Länge der kleineren — dem Kaliber entsprechenden — hatte. Diese Geschütze erfüllten natürlich den erwarteten und beabsichtigten Zweck einer besseren Streuung der Kartätschschrote nicht, immerhin aber scheinen sie — mit den, gleichfalls um jene Zeit in Russland aufgekommenen und als Einhörner bezeichneten Kammerkanonen — die Anfänge zur Construktion langer Haubitzen und Granatkanonen enthalten zu haben.

β. Handfeuerwaffen (Taf. XXV).

Erst diesem Zeitraume, d. h. dem Beginne des 18. Jahrhunderts, war es vorbehalten, die Bewaffnung der gesammten Infanterie mit dem

---

[1]) Vergl. Napoléon T. IV. p. 148.

[2]) Vergl. S. 381.

[3]) Des Erfinders der Caponniere- oder Polygonalbefestigung.

[4]) Peter Iwan Schuwalow wurde 1741 von Kaiserin Elisabeth zum Generalmajor in der Artillerie befördert und fünf Jahre später in den Grafenstand erhoben. Er starb 1762 als Feldmarschall, nachdem er sich vielfache Verdienste um die russische Artillerie erworben hatte.

Feuergewehre zur Durchführung zu bringen. Zwei Erfindungen trugen wesentlich zum endlichen Eintritte dieses Resultates bei. Das französische Steinschloss *(platine à silex)* und das Bajonet.

Das **Steinschloss** (Fig. 19a. a. b) nähert sich in seiner Anordnung bereits ebensosehr dem heutigen Percussionsschlosse, als es noch an seine Vorläufer, Radschloss und Schnapphahn, erinnert. Seine inneren Theile sind dieselben und haben die gleiche Zusammensetzung wie jene des Percussionsschlosses, der Hahn ist dem holländischen, die Batterie mit der Pfanne dem spanischen Schlosse entnommen. Als eine wesentliche Verbesserung brachte es aber auch die Annahme des Feuersteines an Stelle des bisher gebräuchlichen, weicheren und darum minder verlässigen und rascher abgenützten Schwefelkieses mit sich. Indess vermochte selbst das Steinschloss den Luntenhahn nicht sofort zu verdrängen und das, unter Louis XIV. in der französischen Armee zur Einführung gelangte *fusil-mousquet*, wie man die ersten Steinfeuergewehre nannte, war denn auch noch (angeblich sogar auf Vauban's Vorschlag) mit dem Luntenhahn versehen. [1])

Das **Bajonet** (vergl. Fig. 20) war, nicht minder als das Batterieschloss, das Resultat eines sehr allmäligen Entwickelungsganges. Man hatte bereits die zahlreichsten Auskunftsmittel versucht, kurze Stossklingen in den Lauf gesteckt, oder solche mittels eines Charnieres am vorderen Schaftende befestigt u. s. w., ehe man zur zweckmässigen Stossklinge und zur Dülle gelangte.

Mit dem Steinschlosse und dem Bajonete nahm die Gewehrfrage aber sofort einen neuen, oder besser erst ihren eigentlichen Aufschwung. An Stelle der bisherigen schweren Musketen, oder doch neben diese, traten alsbald leichtere Gewehre, welche mit dem Stossbajonete versehen waren und Bleikugeln schossen, deren 18—20 Stück auf's Pfund giengen. Man nannte sie Flinten [2]) *(fusils)* und die mit ihnen bewaffnete (leichtere) Infanterie Füsiliere *(fusiliers)*. Aus der Flinte (vergl. Fig. 20) entwickelte sich das heutige Infanteriegewehr.

Das Steinschloss war kaum nach Deutschland gedrungen, als dasselbe, durch den Nürnberger Gottfried Hentsch (oder Hantsch) mit einer Einrichtung verbunden ward, welche abermals die Schnelligkeit des Feuers wesentlich erhöhen und daher alsbald (besonders im Heere Friedrich des Grossen) vielseitige Annahme finden sollte. Hentsch wollte das zeitraubende (indess allerdings nicht mehr aus einem besonderen Pulverhorne, sondern aus der Patrone selbst stattfindende) Aufschütten des

---

[1]) Vergl. Napoléon T. IV p. 59, pl. 89.

[2]) von *flins*, Feuerstein.

Zündkrautes ersparen und brachte zu diesem Zwecke »conische Zündlöcher« in Vorschlag und Anwendung, welche an der inneren Laufwand eine Oeffnung von 3''', an der äusseren, auf die Pfanne mündenden, einen Durchmesser von 1 Linie hatten und es so ermöglichten, dass ein Theil des, in den Laderaum geschütteten Pulvers, von selbst auf die Pfanne gelangte. Der ausserordentliche Backenschlag und das lästige Spritzen, welches diese Zündlöcher veranlassten, sowie ihre rasche, eigene Zerstörung durch heftiges Ausbrennen, womit dann natürlich der ganze Lauf unbrauchbar wurde, liessen sie indess doch bald wieder in Abnahme kommen, oder zwangen wenigstens zu einer bedeutenden Reduktion ihrer anfänglichen Dimensionen.

Wichtiger und darum von bleibenderem Werthe als Hentsch's Erfindung, war aber die — durch Leopold von Dessau[1]) — zuerst im preussischen Heere (1730) erfolgte Einführung eiserner Ladstöcke. Dieselben hatten anfänglich eine conische Gestalt, wurden jedoch schon 1773 cylindrisch hergestellt und damit auch das Wenden beim Laden erspart.

So war denn die Feuerwaffe der Infanterie endlich auf einen Standpunkt gelangt, der sie des Prädikates »kriegsbrauchbar«, selbst im heutigen Sinne, würdig erscheinen liess.

Daneben waren indess die Feuerwaffen der Reiterei in ihrem Entwicklungsgange nicht stehen geblieben.

Die Taktik dieser Waffengattung hatte sich zwar des, im vorigen Zeitraume gebräuchlichen Feuergefechtes wieder glücklich entledigt und — gezwungen durch die allgemeine Einführung des Infanteriegewehres — die Attaque im Trab durch diejenige in Galopp und Carriere zu ersetzen begonnen, den eigentlichen Werth ihrer Schusswaffen aber doch nicht verkannt. Es liegt nahe, dass gerade für diese eine so erleichterte Handhabung, wie sie beim Steinschlosse mit conischem Zündloche geboten war, ganz besonders erwünscht sein musste.[2]) Damit fieng man aber (gegen Mitte des 18. Jahrhunderts) auch an, die Cavaleriewaffen in gleichem Kaliber mit dem Infanteriegewehre herzustellen und ähnliche Modelle für dieselben festzusetzen, wie solche noch heute gebräuchlich sind. Ja in Schweden kam bereits um jene Zeit die Kolbenpistole in Vorschlag, während man anderwärts — neben den

---

[1]) Fürst Leopold von Anhalt-Dessau, auch der „alte Dessauer" genannt, war der Feldherr und Liebling König Friedrich Wilhelm I. von Preussen, des Vaters Friedrich des Grossen.

[2]) Hentsch hatte seine Erfindung auch ursprünglich (1704) speziell für Pistolen bestimmt und angewendet.

glatten, auch gezogene Karabiner für »reitende Jäger« etc. zur Einführung brachte.

Auch der Schrotschuss und die Hinterladung traten wieder auf. Jenen versuchte man selbst aus Pistolen (vergl. Fig. 21) mit trichterförmigen Läufen in Anwendung zu bringen, diese sollte — nach einem (1740 erfolgten) Vorschlage des Marschalls von Sachsen [1]) — für Reiterkarabiner und Wallgewehre in Ausführung kommen. Die bezüglichen Versuche waren indess nicht von befriedigenden Resultaten begleitet und auch Montalembert, der die Idee des Marschalls weiter verfolgte, vermochte nicht damit zu reussiren. [2])

b. Nähe- und Schutzwaffen.

Wie sich die Schutzwaffen schon gegen Ende der vorigen Periode den, heute noch gebräuchlichen zu nähern begannen, so fand diess nunmehr auch nach und nach für die Nähewaffen statt. Das Bajonet verdrängte die Picke und nur die Unteroffiziere führten dort und da noch Partisanen, welche für die Offiziere der Infanterie zu sogen. Spontons *(esponton*s*)* verkürzt wurden.

An die Stelle des Schwertes trat der Stossdegen und die verschiedenen Arten des Säbels, dessen, für die Fusstruppen gebräuchliche Modelle, sich allgemein durch besondere Geschmacklosigkeit auszeichneten. So hatte denn die Ausrüstung der Armeen auch bezüglich der blanken und defensiven Waffen allenthalben jene Gestalt angenommen, welche als die Grundlage der jetzigen gelten kann und bis zu welcher nur mehr wenige Entwickelungsstadien zu durchlaufen waren.

3. Waffen seit der französischen Revolution (1790) bis in die neueste Zeit.

Für den Abschluss des geschichtlichen Rückblickes wird es genügen, nur mehr die Fortschritte der Feuerwaffen in's Auge zu fassen; unter diesen sind es aber jedenfalls diejenigen der Infanterie, deren Vervollkommnung sich von nun an in rascherem Gange vollzieht, als die der Geschütze, denen jene somit die Bahn vorzeichnen, auf welcher sie nachzustreben haben. Hiedurch erscheint es gerechtfertigt, im gegenwärtigen Abschnitte die Handfeuerwaffen vor den Geschützen abzuhandeln.

---

[1]) Moriz Graf von Sachsen zeichnete sich schon als 13jähriger Jüngling, speziell in der Schlacht bei Malplaquet (1709) etc. durch seine Kaltblütigkeit aus. 1720 trat er als *Maréchal-de-camp* in französische Dienste und avancirte dortselbst, 1743, zum *Maréchal de France.*

[2]) Vergl. Schön S. 82 und Taf. 19. Fig. 61 u. 62.

a. Handfeuerwaffen.

Die, bereits im III. Abschnitte (S. 141 u. 142) dieses Buches erwähnte Erfindung der Knallpräparate war es, welche alsbald den wichtigsten Einfluss auf die Vervollkommnung der Kleingewehre ausübte. Der Schotte Forsyth (1807) soll der Erste gewesen sein, welcher sich lose aufgeschütteten, müriatischen Pulvers zur Gewehrzündung bediente und diese lediglich durch den Schlag des Hahnes (ohne Stein) bewirkte. Kurze Zeit später (1818) stellte der Engländer Egg die ersten Zündhütchen her, die nun bald durch Prélat und Duboubert in Paris weiter vervollkommnet wurden.

Indess bedurfte es doch geraumer Zeit (bis 1840 ungefähr), ehe die Percussionirung allgemeine Annahme fand. Einestheils hatte man wieder dort und da erhebliche Bedenken gegen die Neuerung und setzte deren Mängel weit über ihre Vorzüge, anderntheils scheute man die Abänderungskosten.

Zur Beschränkung der letzteren kam in Oesterreich (1835) ein Uebergangsmodell zur Einführung, das nach seinem Erfinder das Console'sche oder — nach seiner Munition — auch **Zünderschloss** genannt wurde. Es unterschied sich (vergl. Fig. 22) vom bisherigen Steinschlosse lediglich durch eine kleine Veränderung der Pfanne und eine anders gestaltete Batterie. In jene kam der »Zünder«, ein kurzes, mit Knallpulver gefülltes Messingröhrchen zu liegen, auf welchen diese nun, wenn sie umgelegt war (Fig. 22), mit einem, an ihrer Innenfläche angebrachten Schlagstifte drückte. Wurde der Hahn, dessen Lippen hier mit einem starken Stahlstücke armirt waren, abgelassen, so traf dieses auf die Oberfläche der Batterie, deren Stiftansatz dadurch fest auf den Zünder getrieben und so die Explosion des letzteren herbeigeführt wurde.

Man scheint in Oesterreich befriedigt genug von diesem Schlossmechanismus gewesen zu sein, um ihn, nach einigen Verbesserungen [1]) durch Feldmarschalllieutenant Baron Augustin (1841) selbst für Neubeschaffungen anzunehmen. [2]) Erst 1854 wurde derselbe wieder verlassen.

---

[1]) Vergl. Schön S. 135 und Taf. 25 Fig. 90.

[2]) Hier sei auch der **Windbüchsen** *(carabines à vent)* gedacht, mit welchen ein Theil der österreichischen Jäger, während der Revolutionskriege und später noch, bewaffnet war. Dieselben waren mit einem schmiedeisernen Kolben versehen, der die Windkammer enthielt Durch eine besondere Druckpumpe konnte die Luft in letzterer bis auf 200 Atmosphären gespannt werden. Das allmälige Ausströmen derselben erlaubte 20—24 Kugeln hintereinander zu versenden. Die Windbüchse soll schon im Jahre 1430 von Guter, nach Anderen doch erst 1560 von Hans

Es war ein Vortheil des Console'schen Schlosses, dass es das Aufsetzen eines Zündhütchens durch das weit bequemere Einlegen des Zünders in die Pfanne ersetzte. Jener war nämlich mittels einer Drahtschlinge an der Patrone befestigt, die letztere konnte daher als Handhabe beim Ergreifen und Aufsetzen benützt werden. Hatte man damit den Zünder in die Pfanne gelegt, so wurde die Batterie geschlossen, die nun den Zünder festhielt, so dass es nur eines kräftigen Risses bedurfte, um die Patrone von der Zünderschlinge abzutrennen. Diese Erleichterung des Ladevorganges scheint indess durch vielfache Versager reichlich aufgewogen worden zu sein und hatte immerhin auch den grossen Nachtheil, dass das Gewehr mit aufgesetzter Zündung geladen werden musste, während gerade in der Vermeidung dieses Uebelstandes ein Vorzug der Percussionirung gegenüber dem Steinfeuer lag.

Jene war indess kaum aufgetreten, als die Techniker Vorrichtungen zu schaffen suchten, welche das Aufsetzen der Zündhütchen besorgen sollten; es vermochte aber keine derselben zu dauernder und ausgedehnter Annahme zu gelangen.

Nicht viel mehr Erfolg hatten die, wieder mit erneuter Lebhaftigkeit auftretenden Bestrebungen nach brauchbaren Hinterladungswaffen. Die zahlreichsten Construktionen dieser Art giengen von Frankreich aus, das indess selbst nur ein Rückladungs-Wallgewehr[1]) (*fusil de rempart modèle* 1831) zur definitiven Einführung brachte. Der Verschluss desselben (vergl. Fig. 23) erinnert in der That an jenen der alten Keilstücke. Nur kann die Kammer (k) hier nicht ganz aus dem Laufe genommen, sondern lediglich um die Länge ihres Eingriffes in diesen zurückgeschoben, dann aber — zur Aufnahme der Ladung — nach oben gedreht werden. Sie bewegt sich hiezu, wie mittels Schildzapfen, um zwei starke, an ihrem rückwärtigen Ende angebrachte Stifte (s), welche in geeignete, längliche Führungsnuthen der Kammerhülse (h) eingreifen. Ist die Kammer niedergelegt und ihr vorderes, konisches Ende wieder mittels des Griffes (g) in den Lauf geschoben, so wird sie in dieser Stellung durch ein, an der linken Hülsenwand — gleichfalls im Charniere — befestigtes Verschlussstück (v) erhalten, das natürlich auch

---

Lobsinger, ebenfalls in Nürnberg, erfunden worden sein. Sie hat den Vortheil weder Rauch noch Rückstand und nur einen geringen Knall zu verursachen, ihre Wirkungen sind aber sehr ungleichmässig und nehmen — selbstverständlich — mit dem Nachlassen der Luftspannung ab. Dazu kömmt, dass das Füllen der Windkammer nicht gefahrlos ist.

[1]) Nach Vorschlägen des Lütticher Gewehrfabrikanten Falisse (vergl. darüber auch S. 301, Note 2).

zuerst herausgehoben werden muss, ehe die Kammer neuerdings geöffnet werden kann. Dass dieser allerdings sehr einfache Mechanismus keinen wirklich gasdichten Rohrabschluss zu erzeugen vermochte, bedarf wohl keiner weiteren Bemerkung, für Wallgewehre konnte er aber — speziell zur Erleichterung des Ladevorganges — immerhin genügen und so fand er denn bald in Russland Nachahmung.

Grössere Erwartungen hegte man seinerzeit von dem, 1831 in Vorschlag gekommenen Hinterladungsgewehre des französischen Arztes **Robert**, das sich vielfacher Versuche und auch einer längeren Truppenprobe durch die *Chasseurs d'Orleans* zu erfreuen hatte, aber sich doch nicht hinreichend zur Einführung empfahl und besonders sehr durch Verschleimung litt. [1])

Indessen aber hatte sich auch ein anderer Faktor des Feuereffektes — die Sicherheit des Schusses — mehr und mehr in den Vordergrund gedrängt und mit den Vorschlägen Delvigne's, Berner's u. s. w. begann jene grossartige Bewegung, welche erst in der neuesten Zeit ihrem Abschlusse näher rücken sollte und deren Entwickelung bereits im IV. Abschnitte eine eingehende Besprechung fand. [2])

Wenige Decennien genügten, um dem Infanteriegewehre alle Vorzüge zu verschaffen, nach welchen eine gute Schusswaffe überhaupt zu streben vermag: grosse Tragweite, flache Bahn, Sicherheit und Schnelligkeit des Feuers.

Es ist bekannt, mit welcher Beharrlichkeit der letztere dieser Faktoren in dem Staate festgehalten wurde, dessen Infanterie im Jahre 1866 so reiche Lorbeeren errang, und gerade diese Lorbeeren sind wohl ein vollgültiger Beweis, wie berechtigt jenes Festhalten war und wie sehr sich dasselbe auf ein richtiges Verständniss der Kriegsgeschichte gründete. Fast um drei Decennien früher als alle anderen Staaten den Werth der Percussionirung in der, durch sie ermöglichten Einheitspatrone zu erkennen und jene sofort mit dieser und der Rückladung zu vereinigen, das war ein Vorgehen, von dem sich mit vollstem Rechte gute Früchte erwarten liessen (vergl. S. 271).

---

[1]) Vergl. Schön S. 139 und Taf. 25, Fig. 92.

[2]) Bezüglich eingehender Kenntniss der meisten neueren und neuesten Rückladegewehre, sei hier des kgl. bayer. Hauptmanns A. Mattenheimer reichhaltiges Sammelwerk „die Rückladungsgewehre", Ed. Zernin, 1869, bestens empfohlen. Dasselbe enthält bis jetzt schon über 80 verschiedene Hinterladungssysteme (darunter Werder, Werndl, Berdan u. s. w.) und soll nach Möglichkeit und Bedarf stets weiter ergänzt und vervollständigt werden.

Die einzelnen Entwicklungsstadien des Gewehrschlosses, vom Luntenhahn bis zur Percussionszündung herauf, bilden gewissermassen eine fortlaufende Kette unter einander; nur Dreyse's Zündnadelmechanismus fügt sich nicht in dieselbe ein, er repräsentirt ein neues, bisher nicht versuchtes Prinzip — ihm war es vorbehalten, auch eine neue Aëra im Waffenwesen und damit in der Taktik zum Durchbruche zu bringen.

Das Cylinderschloss hat seitdem in Frankreich (Chassepot), Russland (Carlé) und Italien Annahme gefunden und auch in Bayern kann ihm eine solche vielleicht noch, neben Werder, in Berdan's (oder dieser ähnlichen) Vervollkommnung erblühen.

Das alte Zündnadelgewehr ist durch seine Nachkommen, besonders durch das Auftreten der amerikanischen Rücklader mit Metallpatronen rasch an Leistung übertroffen worden[1]) — Berdan vereinigt das Cylinderschloss mit der Metallpatrone[2]) und seine Leistungen sind vielleicht nur noch durch Magazinsgewehre zu überbieten.

Aber auch das Streben nach diesen hat sich vom Drehling bis Henry und Vetterli-Winchester ununterbrochen fortgepflanzt und wie weit es schon zur Zeit des Steinschlosses vorgeschritten war, das möge ein kurzer Blick auf eine Waffe lehren, welche sich im Münchener Bürgerzeughause findet und ihre Aufgabe nicht mit Einheitspatronen, sondern mit getheilter und loser Ladung zu erfüllen bestimmt war.[3])

Dasselbe (Fig. 21) trägt die Aufschrift „Fecit et invenit Lieutenant Wetschgy. Au." und enthält im Kolben ein Magazin für 18—20 gepflasterte Kugeln (K) von

---

[1]) Dem Vernehmen nach ist es gelungen, den Dreyse'schen Mechanismus mit einem Kautschukverschlusse zu combiniren, der dem Zündnadelgewehre die Feuergeschwindigkeit des Chassepotsystemes und dessen bequemere Handhabung (vergl. S. 285) verschafft. Die bezügliche Abänderung soll augenblicklich in Preussen in vollem Gange sein, sehr geringe Kosten verursachen und auch, ohne Nachtheil für das bisherige System, wieder entfernt werden können.

[2]) Und zwar mit einer ganz vortrefflichen. Dieselbe (vergl. Mattenheimer) ist in Bayern bereits zur definitiven Annahme vorgeschlagen und wird eine solche vielleicht auch in Frankreich finden. Ihre Messinghülse konnte bei angestellten Versuchen im Minimum 20, im Maximum 60mal wiederholt verwendet werden. (Vergl. hiezu S. 238 Note 2.)

[3]) Nach Karl von Elgger's „Kriegsfeuerwaffen der Gegenwart" (Leipzig, Brockhaus, 1868) befindet sich auch im Luzerner Zeughause ein, dem ebengenannten nicht unähnliches Magazinsgewehr aus dem 17. Jahrh. (vergl. dortselbst S. 155).

beiläufig 12^{mm} Durchmesser, deren also an 60 Stück auf ein Pfund gehen. Das Magazin ist rückwärts durch eine gefederte Klappe geschlossen, mit seinem vorderen Ende liegt es über und hinter einer kleinen Pulverkammer (Fig. 24^{c}, Pk), welche sich auf der Innenfläche des Seitenbleches (Sb) angebracht findet, 8 Ladungen zu $^{1.5}/_{16}$ Lth. aufzunehmen vermag und gegen aussen durch eine Drehklappe (pd) abgeschlossen werden kann. Kugelmagazin und Pulverkammer münden — und zwar diese (bei p Fig. 24^{b}, d. h.) unter jenem (das bei k eintritt) in die Verschlusshülse (H) des Gewehres. Letztere bildet ein cylindrisches Gehäuse, dessen Achse quer zur Rohrachse liegt und das gegen rückwärts in 2 Lappen übergeht, deren oberer die Kreuzschraube (Ks), der untere aber den Abzug aufnimmt. Nach vorwärts endigt die Verschlusshülse mit einem Muttergewinde, in welcher der, mit Sternzügen (sieh' Mündungsquerschnitt Fig. 24^{a}, Q) versehene Lauf (L) eingeschraubt ist. Die Verschlusshülse wird von einer Walze (Fig 24^{d}, W) ausgefüllt, welche sich gegen die Schlossseite hin zu einer längeren Welle (w) verdünnt, entgegengesetzt dieser aber einen Vierungskopf (vk) bildet. Der letztere dient zum Ansetzen eines Schlüssels (Fig. 24^{a}, S), dessen Platte durch eine kurze Schraube (ss) am Kopfe der Verschlusswalze festgehalten wird und der zur Handhabung dieser dient. Die Welle der Verschlusswalze geht unter der Pfanne des Schlosses durch und bildet gewissermassen den Boden derselben. Sie ist mit einer länglichen Vertiefung (Fig. 24^{d}, b) versehen, welche beim schussbereiten Gewehre nach oben zu stehen kömmt und enthält, gleich dem Vierungskopfe, am Hirnende ein Muttergewinde eingeschnitten, das zur Aufnahme einer kurzen Schraube (sw) bestimmt ist, deren breiter runder Kopf das Wellenlager (Fig. 24$^{f\ u.\ g}$, wl) abschliesst. Unterhalb des letzteren, also auch der Pfanne, findet sich an das Schlossblech (aussen) ein kleines Reservoir für Aufschüttpulver (Fig. 24^{d}, zk) angesetzt, das wieder mit einer drehbaren und zwar an seiner Bodenseite befindlichen Klappe (zd) verschlossen werden kann, gegen oben, d. h. gegen das Wellenlager hin (bei o) aber offen ist. Am Zusammenstosse der Welle mit der Verschlusswalze befindet sich an jene ein hakenförmiger Mitnehmer (Fig. 24^{d}, m) befestigt, welcher das Spannen des Hahnes und das Schliessen des Batteriedeckels zu besorgen hat.

Die Verschlusswalze selbst ist mit 2 trichterförmigen Ausbohrungen versehen, deren eine (Fig. 24^{d}, kl) zur Aufnahme der Kugeln, die andere (pl) zu jener des Pulvers beim Ladevorgange bestimmt ist. Zwei feine (bei zc mündende) Zündkanäle (zc) setzen die letztere, d. h. den Pulversack, mit der Vertiefung (b) der Walzenwelle in Verbindung. Beim schussbereiten oder eben abgefeuerten Gewehre (Fig. 24^{a}) steht derselbe (pl) natürlich in der Verlängerung der Laufbohrung.

Das Schloss (Fig. 24$^{f\ u.\ g}$) ist eine Art Rückschloss; es entbehrt der Studel, hat aber eine besondere, einarmige Stangenfeder (sf). Es wird nur durch eine Schraube (Ss) am Schafte befestigt und besitzt die weitere Eigenthümlichkeit, durch 2 Schlossplatten geschützt zu sein. Das innere, kleinere Schlossblech (bi) dient speziell zur Vereinigung der Schlosstheile, an das äussere (ba) ist Pfanne und Zündkrautkammer angesetzt. Auf der oberen Kante der inneren Schlossplatte gleitet eine Führungsstange (f s) hin und her, welche an der Brust des Hahnes festgeschraubt und dazu bestimmt ist, die Spannung des letztern zu vermitteln.

Der ganze Mechanismus setzt sich nun auf folgende Weise in Thätigkeit: Wird der Handgriff des Walzenschlüssels (Fig. 24 e, S) aus seiner (in Fig. 24 a mit I bezeichneten) Ruhelage in einem Bogen von ca. 160° (d. h. bis II) über unten nach vorwärts bewegt, so ist damit eine solche Walzendrehung vollzogen worden, dass der Fuss des Mitnehmers (Fig. 24 d, m) der Walzenwelle, gegen die Stirne der Führungskante (Fig. 24 f, fs) des Hahnes stösst; hiebei glitt der Mitnehmer auf der Innenfläche jenes Theiles der grösseren Schlossplatte (Fig. 24 f, ba) entlang, welcher das kleinere Schlossblech (b l) gegen vorwärts überragt. Wird nun die oben begonnene Bewegung des Walzenschlüssels um ungefähr weitere 20° (d. h. bis III) fortgesetzt, so fängt die Wirkung des Mitnehmers auf die Führungsstange des Hahnes an, den letzteren zu spannen, während zugleich der Hakengriff des Mitnehmers an die Aussenseite des Pfannendeckels stösst und den, gegen innen vorstehenden Rand des letzteren gerade an der Anschlussstelle von Batterie (Fig. 24 f, z) und Pfannendeckel erfasst. Eine weitere Drehung des Walzenschlüssels (abermals um ca. 20°) genügt, um den Batteriedeckel durch die Einwirkung des Mitnehmers zu schliessen (IV) und hat die Walze beinahe eine Dreiviertelwendung (V) zurückgelegt, so ist damit auch der Hahn in gänzliche Spannung versetzt. In dieser Stellung (V) stehen aber auch die Kugel- und die Pulverkammer (Fig. 24 d, kl u. pl) der Walze den Einmündungen des Kugel- und des Pulvermagazines (Fig. 24 a, k u. p) in die Verschlusshülse gegenüber. Neigt man daher das Gewehr vorne etwas nach abwärts, so können jene beiden Walzenkammern (kl und pl) sich aus ihren resp. Magazinen füllen und die eine ein Geschoss, die andere eine Ladung in sich aufnehmen. Ebenso vermag die, jetzt nach unten und rückwärts gewendete Vertiefung der Walzenwelle (Fig. 24 d, b) Zündkraut (aus dem Magazine z k) in sich aufzunehmen. Wird die Walze nunmehr im entgegengesetzten Sinne gedreht, d. h. der Handgriff ihres Schlüssels in seine frühere Lage (also von V nach I) zurückbewegt, so passirt zuerst das Kugellager (k l) an der rückwärtigen Lauföffnung vorüber und kann dabei seine Kugel in den Laderaum treten lassen, während die Pulverkammer (p l) in der Verlängerung des letzteren halten bleibt und die Zündkrautrinne (b) wieder nach oben zu stehen kömmt. Der ganze Spann- und Ladevorgang erfordert also lediglich eine Dreiviertelwendung des Walzenschlüssels über unten nach vorwärts und oben und dessen Zurückdrehen aus der neuen (V) in die Anfangsstellung (I).

Wie sehr dieser Mechanismus an Verschleimung u. s. w. gelitten und sogar Selbstentzündungsgefahren herbeigeführt haben mag, darüber ist wohl keine weitere Andeutung nöthig; diese Vorwürfe lassen aber die ganze Idee der Waffe immerhin als eine höchst sinnreiche und bewundernswerthe bestehen.

b. Geschütze.

Napoleon I. fand — besonders was die Infanterie betraf — die europäischen Heere in ziemlich gleicher Bewaffnung vor: was war natürlicher, als dass er dieses Gleichgewicht vorzüglich durch ein Uebergewicht der Artillerie zu seinem Vortheile zu stören suchte Für solchen Massengebrauch des Feldgeschützes bedurfte es aber eines wirklich beweglichen Materiales, dem doch die Gewichtigkeit nicht fehlen sollte. So waren dem grossen Kaiser die Vorarbeiten Gribeauval's wohl sehr erwünscht gewesen und Niemand wusste ihre Resultate besser zu benützen und zu vervollständigen als er. Unter ihm wurden die ›leichten‹ Batterien mit aufgesessener Mannschaft u. s. w. (Oesterreichs Cavaleriegeschützen ähnlich) in's Leben gerufen und seine Anordnung verschaffte der Feldartillerie die wesentliche Verbesserung mobiler Schmieden. Aber bald wusste England, Frankreichs unbesiegter Gegner, die Frage der Erleichterung der Artillerie weit glücklicher zu lösen, als diess bis dahin anderswo gelungen war.

Im Jahre 1807 adoptirte es die, von Congrève in Vorschlag gebrachte **Blocklaffete** und noch im gleichen Jahre versuchte es (vor Kopenhagen) die **Raketen**, bald darauf aber, im spanischen Kriege, die **Granatkartätschen** zur ersten Anwendung zu bringen.

Die weiteren Fortschritte der Artillerie und der hohe Standpunkt, welchen sie bis heute errang, dürften aus der Abhandlung des Geschützwesens im V. Abschnitte zur Genüge entnommen werden können. Ihr nächstes Streben scheint sich auf zwei Hauptpunkte richten zu sollen: Jeden Panzerschutz zu brechen und ihrer Treffsicherheit und Tragweite auch den dritten Faktor einer überlegenen Schussleistung, die Feuergeschwindigkeit hinzuzufügen.[1]) Wer würde von Gatling und Montigny sprechen, wenn ein ordentliches Präcisionsgeschütz Streu- und Sprenggeschosse mit der Geschwindigkeit des Infanteriefeuers abzusenden vermöchte?

Einem sehr wesentlichen Fortschritte sieht die Artillerie indess in der Verallgemeinung des, erst kürzlich in England zur Annahme gelangten **Moncrieff'schen**[2]) Laffetensystemes entgegen. Dasselbe beruht auf dem Prinzipe, das Rohr mit der, beim Schusse eintretenden Rücklaufbeweg-

---

[1]) In Schweden scheint man bereits in diesem Sinne vorzugehen. König Karl's allerdings nur 1,5zöllige „Karrenbüchse" auf Hinterladung und Percussionszündung mit Einheits-Metallpatronen für 2½pfünd. Granaten eingerichtet, vermag 11 Schuss per Minute zu versenden. (Vergl. Militär-Wochenblatt v. 1869 Nr. 21.)

[2]) Eine eingehende Abhandlung über die Moncrieff-Laffete findet sich in der „Zeitschrift für die Schweizerische Artillerie" Jahrg. 1869 Nr. 1. (So viel bekannt, war der englische Artillerie-Capitän Moncrieff in den zwanziger Jahren Zögling des bayer. Cadettencorps).

ung zu senken und anderseits — nach gedeckt vollzogener Ladung — durch ein Gegengewicht wieder zu heben. Verlegt man nämlich — ganz allgemein gesprochen — den Lagerpunkt der Schildzapfen von den Laffetenwänden auf den höchsten Punkt der Laffetenräder, so wird der Rücklauf dieser das Rohr sinken machen. Fände sich — entgegengesetzt dem gedachten Schildzapfenlager — ein Gegengewicht am Radkranze befestigt, so würde dasselbe beim Rücklaufe gehoben, seine Wirkung aber auch desto mehr gesteigert werden, je mehr es sich der Achsenhöhe näherte.

In einem (ca. 90° von der vorherigen Lage entfernten) Punkte, werden sich Rohr und Gegengewicht nahezu das Gleichgewicht halten — diess ist die Ladestellung, deren Stabilität durch eine Sperrvorrichtung gesichert wird. Löst man diese, so hebt das Gegengewicht nun seinerseits das Rohr geradeso zur ersten Stellung empor, wie es selbst vorher vom zurückspielenden Rohre aufwärts bewegt ward.

Diess das Prinzip eines Schiessgerüstes, das die Bedienung der Festungsgeschütze wesentlich zu erleichtern und die bezügliche Mannschaft dem feindlichen Feuer fast gänzlich zu entziehen verspricht.

Wenn es erfreulich scheint, dass hiemit wirklich Gutes auch rasch zur Anerkennung kam, so ist es wohl gestattet an einen Namen zu erinnern, dessen Träger minder glücklich bei seinem Streben war.

In den Jahren 1809 und 1816 stellte der bayerische Artilleriehauptmann **Reichenbach** zu München eingehende Schiessversuche mit einem kleinen (für den Gebirgskrieg projektirten) gezogenen Geschütze an, das ein expansibles Bleigeschoss von cylindroconischer Form und ca. 18 Lth. (310 Gr.) Schwere (Taf. XXVI, Fig. 24) verfeuerte, welches mit einem hölzernen Treibspiegel (t) armirt und mit Flügelansätzen für die 7 Züge versehen war.[1])

Einige Decennien später »erfand« Delvigne das Spitzgeschoss und Minié die Expansion, denn »die Erfindungen, welche zu sehr über ihrer Zeit stehen, bleiben nutzlos bis zu dem Augenblicke, wo sie vom Niveau der allgemeinen Kenntnisse erreicht werden.«[2])

Indess — so vielfach dieser Ausspruch auch durch die Waffengeschichte bewiesen wird, sie lehrt auch den Gegensatz desselben kennen: Nur solche Erfindungen sind von eingreifendem und bleibendem Werthe, welche nicht bloss in Einzelheiten und für spezielle Fälle, sondern allgemein und auf das grosse Ganze anwendbar sind.

---

[1]) Näheres über das Reichenbach'sche Geschütz, das sich nunmehr im bayer Nationalmuseum aufgestellt findet, ist aus Schmölzl's „Die gezogene Kanone" S. 6 zu ersehen.

[2]) Napoléon „Etudes sur l'artillerie". Avant-Propos, p. V.

Systematisches Inhaltsverzeichniss.

34 *

Zweiter Abschnitt. Nähewaffen.

Dritter Abschnitt. Allgemeine Theorie der Feuerwaffen.

Vierter Abschnitt. Handfeuerwaffen.

Seite.

Alphabetisches Sachregister.

A.

C.

G.

L.

S.

T.

Berichtigungen, Nachträge.

a. Zum Texte.

1. (Atomgewicht, Aequivalent) Bezüglich der, dem technologischen Abschnitte angefügten Noten, sei bemerkt, dass in denselben — lediglich des ungezwungeneren Styles wegen, wie es ja auch im Sprachgebrauche nicht selten geschieht — die Bezeichnungen „Atomgewicht" und „Aequivalent" als gleichbedeutend angewendet wurden; der exakte Chemiker hätte daher allerdings stets das Wort „Atomgewicht", wo es im vorliegenden Buche gebraucht ist, durch die Bezeichnung „Aequivalent" zu ersetzen.

2. (Schwefelsäure) S. 6 Z. 5 u. 6 v. unt. wolle statt:

   „nie selbst in Wasser giessen, sondern dieses auf sie geben muss"

   gesetzt werden:

   „stets selbst und nur tropfenweise in Wasser giessen muss, dieses aber nie auf sie geben darf" u. s. w.

3. (Schwefel) S. 7 Z. 17 v. ob. wolle statt:

   „bildet so die, zu Abdrücken u. dgl. gebrauchte „Schwefelleber (*foie de soufre*)"

   gesetzt werden:

   „bildet so den, zu Abdrücken u. dgl gebrauchten, amorphen **plastischen Schwefel**".

4. (Eisen) S 10 Z. 2, 3 u. 4 v. ob. wolle der Satz:

   „an Wasser gebundene (und dadurch etc. etc. . . d. i. Wasserstoff]"

   gestrichen und dafür, sammt den zugehörigen Noten, auf S. 11 Z. 9 v. ob statt der Worte: „gleichfalls Oxydhydrate" gesetzt werden.

5. (Blei) Zu S. 35 Z. 11 v ob sei bemerkt, dass das, im Handel vorkommende „Weichblei" nicht identisch mit völlig chemisch reinem, sondern gegenüber dem technischen „Hartblei" nur relativ reiner als dieses und speziell aus reiner (dieses dagegen aus schwarzer) Glätte gewonnen ist.

   S. 36 Z. 17 v ob streiche die Worte: „und — unter dem Namen Pariser-Roth — auch als Goldputzpulver."

6. (Borax) S. 39 wolle der letzten Zeile noch beigefügt werden:

   „indem es zugleich das, sich bildende Metalloxyd in seiner Glühhitze löst und sich mit ihm verschmilzt."

7. (Cyan) S. 51 Z. 21 v. ob. wolle nach dem Worte Cyan noch eingeschaltet werden:

„seinen Bestandtheilen nach!")

8. (Kyanisirung) S. 61 wolle der Z. 21 v. ob. beigefügt werden:

„Doch sprechen sich neuere Erfahrungen — speziell auch in Bayern — wieder günstiger für dasselbe aus".

9. (Birkenholz) S. 65 Z. 5 v. ob. wolle beigefügt werden:

„Ganz besonders gedeiht die Birke in Russland und wird dort auch als Schaftholz verwerthet."

10. (Form der Klingenspitze) S. 87 Z. 20 v. ob. ist 11 zu streichen, dafür aber in der nächsten Zeile nach Fig. 8 noch 10 u. 11 einzuschalten.

11. (Schiesspulver) Zu S. 132 Z. 10 v. unt. sei bemerkt, dass das preussische Geschützpulver, ebenso wie das Gewehrpulver aus 74 Thl. Salpeter, 10 Thl. Schwefel und 16 Thl Kohle zusammengesetzt ist.

12. (Distanzschätzung) Die Note 1 der S. 184 wolle dahin ergänzt werden, dass der, dort erwähnte Distanzmesser nunmehr definitive Annahme in der k. bayer. Artillerie gefunden hat (Vergl. „Vorschriften für den Unterricht im Distanzmessen bei den Feldbatterien d. k. b. Artillerie." 1868.)

13. (Remington-Gewehr) An Z. 16 d. S. 289 wolle angefügt werden:

„wogegen es nunmehr in Dänemark Annahme fand." (Vergl. hierüber Mattenheimer's „Rückladungsgewehre", Zernin, 1869, Blatt LXXXVIII.)

14. (Werdergewehr) Nach Z. 4 der S. 291 wolle eingeschaltet werden:

„Gewissermassen als eine höhere Potenz des Peabody-Gewehres, erscheint das, nunmehr in Bayern zur Annahme gelangte System „Werder". Dasselbe vereinigt den Schloss- mit dem Verschlussmechanismus und handhabt den letzteren mittels Hahn und Abdrücker, statt durch Zuhilfenahme eines beweglichen Abzugsbügels. (Näheres darüber sieh' in dem, S. 525 Note 2 citirten Werke A. Mattenhheimer's")."

15. (Reitergewehre) Zu S. 310 kann angefügt werden, dass in Bayern die Bewaffnung der Cavalerie mit Karabinern und Pistolen nach Werder's, also mit dem Infanteriegewehre gleichem Systeme, in Aussicht steht.

16. (Aufgabe der Geschütze) S. 318 Z. 19 v. unt. wolle nach dem Worte: „Distanzen" noch eingeschaltet werden:

„sowohl, als hinter Deckungen,".

17. (Büchsenkartätschen) Zu S. 440 und 441 sei bemerkt, dass die, zur definitiven Einführung gelangte, bayer. 4-Pfünder Spielraumskartätsche keinen Treibspiegel (Taf. XXII, Fig. 5, ts) mehr enthält und ein, ihr analoges Modell nun auch für den gezog. Feld-6-Pfünder Annahme gefunden hat, dessen ältere Büchsenkartätschen (Taf. XVII, Fig. 9) jedoch vorerst aufzubrauchen sind.

18. (Dynamit) S. 449 Z. 17 v. unt. wolle statt:

„Besitzer einer englischen Nitroglycerinfabrik“

gesetzt werden:

„Entdecker des Nitroglycerins (vergl. S. 139).“

b. Zu den Tafeln.

1. In Taf. IV, Fig. 6 sind (wo diess nicht der Fall) die Buchstaben C und C_1 so zu setzen, dass C_1 über C_2, C aber über a zu stehen kömmt.
2. In Taf. XVI, Fig. 5 beträgt das Rohrkaliber nicht 9,58" sondern 8,38" (vergl. S. 379 Z 4 v. unt.); Fig. 13 ist nicht in 1/4 sondern in 1/6 gezeichnet.
3. In Taf. XVIII, Fig. 7a beträgt die Kniehöhe nicht 45" sondern 36" (vergl. Note 2 d. S. 408).
4. In Taf. XXII, wäre Fig. 3 nach dem, oben zu „Büchsenkartätschen“ gegebenen Nachtrage zu berichtigen.

Druckfehler.

a. Im Texte.

S. 5	Z. 8	v. ob.	lies	**Beschaffung**	statt Bcschaffung.
„ 6	„ 17	„ unt.	„	***sulfureux***	„ *sufureux*.
„ 7	„ 9	„ „	„	Thon-,	„ Thon.
„ 8	„ 12	„ ob.	„	***oxygène***	„ *oxygene*.
„ 8	„ 15	„ unt.	„	braun**roth**	„ braun.
„ 9	„ 14	„ „	„	**ohne** Schwefelgehalt statt geringem Schwefelgehalte.	
„ 20	„ 14	„ ob.	„	**dunkelblau** statt grau.	
„ 34	„ 5	„ „	„	**20000** Pfund	„ 20,000 Pfund.
„ 36	„ 12	„ „	„	**drei** Aequiv. Blei auf **vier**, statt zwei Atomgew. Blei auf drei	
„ 37	„ 14	„ unt.	„	Metalllegirungen statt Mctallegirungen.	
„ 43	„ 9	„ „	„	**Wasser**stoff	„ Sauerstoft.
„ 47	„ 10	„ „	„	**doch**	„ d h.
„ 48	„ 11	„ ob.	„	perle —	„ perlen —
„ 48	„ 17	„ unt.	„	*acide* ***chlorique***	„ *acide muriatique*.
„ 48	„ 11	„ „	„	**7** Aequiv.	„ 8 Aequiv.
„ 51	„ 16	„ ob.	„	**jenem**	„ diesem.
„ 51	„ 18	„ unt.	„	**wie** andere stickstoffhaltige, statt mit anderen stickstoffhaltigen.	
„ 96	„ 17	„ „	„	**Hohlkehlen**	statt Holzkohlen.
„ 96	„ 2	„ „	„	**Fuss**endes	„ Endes.
„ 96	„ 1	„ „	„	verbreitert	„ verbreitet.
„ 113	„ 9	„ ob	„	Prüfung	„ Prüfuug.
„ 113	„ 18	„ „	„	ist der . nach Pulverprobe zu streichen.	
„ 115	„ 1	„ „	„	**werden**	statt wird.
„ 117	„ 10	„ „	„	**die** Zeitdifferenz statt der Zeitdifferenz.	
„ 122	„ 16	„ unt.	„	Theilen	„ Theile.
„ 128	„ 6	„ „	„	durfte	„ dürfte.
„ 129	„ 15	„ „	„	**XVI**	„ XIV.
„ 135	„ 1	„ „	„	14,18	„ 14.18.
„ 136	„ 9	„ „	„	entbundenen	„ entbundcnen.
„ 139	„ 12	„ „	„	Nebel	„ Nebel.
„ 140	„ 2	„ „	„	Nitromannit	„ Nitromonnit
„ 161	„ 1	„ „	„	Vergleiche bezüglich VC_1b Berichtigung zu Tafel IV.	
„ 164	„ 5	„ ob.	„	C_2V_2 statt CV_2	

S. 166 Z 13 v. unt. lies S^1 statt S.
„ 179 „ 9 „ ob „ dem Treffpunkt statt dem Treffpunkte.
„ 184 „ 10 „ unt. fehlt das Wort **die.**
„ 184 „ 2 „ „ lies *campagne* statt *campayne*.
„ 186 „ 8 „ „ „ horisontale · „ horisontale.
„ 187 ist die Seitenzahl verdruckt.
„ 189 Z. 17 v. unt. lies Taf. **VI** statt Taf. IV.
„ 190 „ 19 „ ob. „ Flugweise statt Flugweite.
„ 197 „ 10 „ unt. „ das statt dass.
„ 199 „ 4 „ ob „ geeignete statt geeigne.
„ 199 „ 2 „ unt. „ oder „ odcr.
„ 210 „ 8 „ „ „ und „ ünd.
„ 212 „ 18 „ ob. „ , durch „ . Durch.
„ 213 „ 3 „ „ „ Pulversackende statt Pulversenkende.
„ 229 „ 4 „ „ „ (bei as) „ (as).
„ 230 „ 10 „ unt. „ (s_1 s_2) „ (s_1 s).
„ 233 „ 6 „ „ „ ihm „ ihm.
„ 237 „ 5 „ „ „ **Lefaucheux** „ Lefaukcheux.
„ 237 „ 2 „ „ „ Hinterladungsgewehre statt Ilinterladungsgewehre.
„ 238 „ 21 „ „ „ 5^b statt 5^a.
„ 240 „ 10 „ oben ist nach Schlagkörper (5^d) einzuschalten.
„ 240 „ 11 „ „ lies $5^{e\ a.\ f}$ statt $5^{c\ a.\ f}$.
„ 243 „ 4 „ unten setze ; statt .
„ 249 „ 15 „ „ lies u. 9 „ u 8.
„ 253 „ 14 „ oben „ Taf **XI** statt IX.
„ 257 „ 11 „ „ „ Mundstücke statt Mundtsücke.
„ 263 „ 4 „ unt. „ Resultate „ Rcsultate.
„ 276 „ 14 „ ob „ dieser „ diesen.
„ 309 „ 10 „ „ „ (w w) „ (w, w_1).
„ 309 „ 12 „ „ „ (O w_1) „ (a w_1).
„ 309 „ 13 „ „ „ (O w_2) „ (a w_2).
„ 317 „ 9 „ „ „ (h h) „ (k h)
„ 329 „ 17 „ ob. „ 1) „ 2)
„ 335 ist die Seitenzahl verdruckt.
„ 335 Z. 3 v. unt. lies geschichlichen statt geschichtlichen,
„ 349 ist die Seitenzahl verdruckt.
„ 350 Z. 9 v. ob. lies 1858/59 statt 1858 59.
„ 361 „ 1 „ unt. „ **die zugehörigen** statt alle diese.
„ 365 „ 8 „ unt. „ 2) statt 3).
„ 365 „ 2 „ „ „ 1) „ 4).
„ 367 „ 1 „ ob. „ Tragweite statt Tragweit.
„ 376 „ 17 „ unt. fehlt der — nach dem Worte muss.
„ 382 „ 10 „ ob lies einem statt einen
„ 396 „ 14 „ „ „ **könne** „ könnem.
„ 399 „ 13 „ „ „ Schiessgerüste statt Schiesgerüste.

S. 418 Z. 9 v. unt. ist das , nach verbessern zu streichen,
" 421 " 16 " " lies Walllaffetom statt Walllaffete
" 429 " 6 " ob. " **geneigte** " geneigtem.
" 435 " 17 " unt. " Pressspahnböden statt Peessspahnböden.
" 456 " 7 " " " der Tempirzeiger statt den etc.
" 459 " 13 " " " **chlorsauren Kali's** statt Chlorkalis.
" 466 " 2 " " " auch statt anch.
" 503 " 15 " ob. " stattgefunden, nicht stadtgefunden.
" 511 " 4 " " " fehlt der . nach wurde.
" 515 " 16 " unt. " dieser statt diesen.
" 515 " 6 " " " Feldmarschalllieutenants statt Feldmarschallieutenants.
" 515 " 2 " " " Vallière's statt Vallières.
" 517 " 3 " " " haben statt kaben.

b. In den Erklärungen der Tafeln.

S. II Z. 9 v. ob. lies Schwanzhammer statt Schwanghammer.
" III " 11 " " " Kohlendestillirofen statt Kohlendestilirofen.
" XVII " 2 u. 3 v. unt. vertausche b und c gegenseitig.
" XIX " 13 v. unt. streiche **nicht**
" XIX " 6 " " lies **Köhler** statt Köhlert.
" XXII " 20 u. 28 v ob. lies **Shrapnel** statt Sehrapnel.
" XXII " 9 v. unt. lies **Tellers** statt Teller's.

FSC
www.fsc.org
MIX
Papier aus ver-
antwortungsvollen
Quellen
Paper from
responsible sources
FSC® C141904

Druck:
Customized Business Services GmbH
im Auftrag der
KNV Zeitfracht GmbH
Ein Unternehmen der Zeitfracht - Gruppe
Ferdinand-Jühlke-Str. 7
99095 Erfurt